경영정보시스템

김정욱 김진화 남기찬
문용은 백승익 서창갑
신미향 이기동 이상근
이재범 장윤희 함용석

博 英 社

머 리 말

정보기술의 발달은 기업에게 기회와 위협이라는 두 가지 요소를 동시에 제공한다. 모바일, 유비쿼터스, 지능형 시스템, 웹 2.0, UCC 등 많은 새로운 정보기술들은 오늘날 기업의 환경을 새롭게 바꾸고 있다. 이들은 또한 소비자와 기업 간의 관계를 새롭게 재정립하고 있다. 이러한 급변하는 새로운 경영환경에 적응하는 것이 오늘날 기업들의 커다란 과제이다. 허나 이러한 정보기술의 변화와 기업환경의 변화는 기업에게 또 다른 기회를 제공해 줄 수 있으며 기업의 생산성과 효율성을 높이는 데 크게 기여할 수 있다.

이와 같이 국내기업의 경영환경이 나날이 변화되고 있는 상황에서 기업에 있어서 정보기술 활용의 중요성이 새로이 인식되고 있다. 또한 우리나라에서 정보산업이 차지하는 비중과 산업에서의 역할이 과히 기하급수적으로 발전하고 있다. 대다수 국내기업들이 정보기술을 단순히 전산기술적인 측면에서 활용하여 왔으나 이제는 정보기술을 전략적 차원에서 활용하고 그 이상의 활용을 할 수 있는 부분에 대한 연구가 많이 진행되어 왔다. 이 책은 경영정보시스템을 공부하고자 하는 사람과 실무자들에게 경영정보시스템에 대한 정확한 개념을 이해시키고 기업에의 활용을 이해시키고자 마련한 것이다.

경영정보시스템은 기업경영활동에 정보기술을 접목, 활용시키는 차원으로 이해, 발전되어야 한다. 기업에 경영정보시스템이 제대로 구축되어 활용되려면 기술적인 면 이외에 경영정보시스템 현상을 연구하고 강의하면서 조직과 인간행위가 고려되지 않은 경영정보시스템 관련기술은 생명이 없다는 것을 느끼게 되었다. 3자 간의 유기적인 조합의 정도가 성공적인 경영정보시스템 개발 및 이용 척도가 될 수 있는 것이다.

2007년 10월

대표 저자 **이 재 범**

차　　례

제 3 장 사용자와 MIS

차 례

제 3 장 사용자와 MIS

제 6 장 MIS 개발

제 7 장 MIS 원가

제11장 인공지능, 전문가시스템, 인공신경망

제12장 정보기술과 e-Business

제 1 장

컴퓨터 정보처리의 기본 개념

기업은 생산 · 인사 · 재무 · 회계 · 마케팅 등의 각 기능별 활동을 통해 운영되고, 이러한 활동들은 많은 양의 정보를 필요로 하며, 동시에 많은 데이터를 처리하여 새로운 정보를 산출해낸다. 이와 같이 기업경영에 있어서 필요한 정보를 처리하고 제공하는 컴퓨터시스템을 경영정보시스템이라 한다. 경영정보시스템은 기업이 필요로 하는 정보를 효율적으로 저장 · 관리하고 원활하게 유통시켜 주는 기업의 중추적인 역할을 담당하고 있다. 이러한 역할을 수행하는 정보시스템의 가장 핵심적인 정보기술 중의 하나가 바로 컴퓨터인 것이다.

기업은 컴퓨터를 도입하여 대량의 정보를 체계적으로 관리하고, 업무를 보다 신속하고 정확하게 처리하며, 나아가 컴퓨터를 기업이 생존과 경쟁우위의 확보를 위한 도구로 활용하고 있다. 그러나 정보시스템의 이러한 기능은 조직의 구성원, 특히 경영자나 관리자가 컴퓨터를 비롯한 정보기술에 대해 더 많이 더 정확하게 알고 있는 경우 더욱 효과적으로 활용될 수 있다.

본 장에서는 경영정보시스템의 핵심이라 할 수 있는 컴퓨터에 관한 기본적인 개념들과 컴퓨터 정보처리에 관한 내용에 대해서 학습하고자 다음과 같은 내용으로 구성하였다. 그리고 본 장의 내용을 학습함으로써 앞으로 학습하게 될 많은 정보시스템 개념들을 이해하는 밑거름이 될 것으로 기대한다.

1

MINI CASE

"유비쿼터스로 버스운행시스템을 업그레이드한다"

서울시가 2004년 7월부터 버스운행정보시스템(BMS)을 운영한다. 이는 위성지리정보시스템(GPS)과 무선통신을 기반으로 실시간 버스운행정보를 파악하여 버스의 배차간격 및 정시성을 혁신적으로 개선한 시스템(Bus Management System)이다. 구체적으로 BMS는 차내장치를 설치한 버스와 종합사령실을 유·무선 네트워크로 연결해 버스의 위치나 사고정보 등을 승객, 버스회사, 운전자에게 실시간으로 보내주는 첨단 교통정보시스템이다. 정보처리 과정은 아래와 같다.

① 버스의 차량단말기에서 위성을 통해 차량에 대한 GPS 위치 좌표를 수신
② 수신된 GPS 좌표를 이용하여 차량 단말기에서 버스의 위치, 운행속도, 도착 정류장 등을 검출한 후 해당 자료를 무선데이터 통신망을 통해 버스종합사령실(BMS)로 송신
③ 버스로부터 수신된 데이터를 이용하여 실시간 버스운행정보 가공
④ 실시간 버스운행정보를 시민 및 운전자에게 제공(운전자단말기, 유무선 인터넷, ARS를 통해서)

BMS로 버스의 위치정보가 실시간 공유되면 버스회사엔 운영의 효율화를, 승객에겐 시간절약을, 운전자엔 안전운행을 가능하게 한다. 그리고 과속이나 무정차 단속효과도 있어 교통인전에도 중요한 계기가 될 것이라는 예측을 하고 있다.

출처: 전자신문, 2004년 7월 2일자

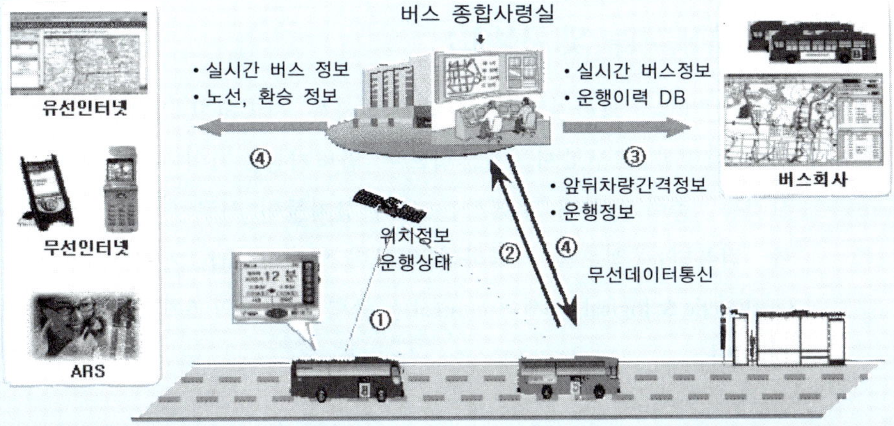

1.1 컴퓨터에 대한 이해

컴퓨터란 '사용자로부터 데이터를 입력받아 이를 처리하고 그 결과를 돌려주는 기능을 가진 기계'로 정의할 수 있다. 다른 용어로 EDPS(Electronic Data Processing System) 또는 ADPS(Automatic Data Processing System)라고 하는데, 이는 프로그램이 지시하는 절차에 따라 주어진 범위 내에서 자동적으로 대량의 데이터를 고속으로 처리하기 때문이다. 또 컴퓨터는 인간의 두뇌가 지니고 있는 창조적 사고능력은 없지만, 인간의 행위 가운데 보고, 듣고, 기억하고, 통제하고 의사를 전달하는 기능을 모방해내고 있다.

그런데 컴퓨터라는 기계는 그 자체가 그러한 작업을 자동적으로 수행하는 것은 아니다. 어떤 데이터를 입력받아, 어떻게 처리하고, 어떠한 형태로 결과를 출력해 내느냐 하는 데이터 처리과정은 컴퓨터라는 기계에 따로 심어져 있어야 한다. 즉, 컴퓨터는 기계적인 부분인 하드웨어(H/W, hardware)와 기계적 장치를 동작시키는 소프트웨어(S/W, software)로 구분된다.

1.1.1 컴퓨터의 특징, 기능 및 구성요소

컴퓨터는 과학자들이 복잡한 계산을 신속하고 정확하게 계산하기 위해 발명한 도구로서, 기본적으로 입력기능, 기억기능, 제어기능, 연산기능, 출력 기능을 수행하는 여러 장치들이 서로 연결되어 작동된다. 즉, 컴퓨터는 정보를 처리하기 위하여 입력(input), 기억(memory), 연산(arithmetic & logical), 제어(control), 출력(output)의 5가지 기능을 수행하고 있다.

- 프로그램에 의해 데이터를 자동으로 처리한다.

- 대량의 데이터를 저장할 수 있고, 기억된 데이터를 신속하게 검색할 수 있다.
- 데이터의 산술적인 연산과 비교, 이동 등의 논리적 연산을 수행한다.
- 수치데이터 이외에 문자, 영상, 한글, 음성 등 다양한 데이터를 처리할 수 있다.
- 통신망에 의해 다수의 사용자가 정보를 교환할 수 있으므로 시간적, 공간적 한계를 극복할 수 있다.
- 복잡하게 변하는 정보회 사회에 직질하게 내응할 수 있도록 도와준다.

오늘날의 컴퓨터는 자동성, 신속성, 정확성, 대용량성, 범용성 등의 특징을 가지고 있으므로 데이터 처리와 인간의 의사결정에 유용한 도구로 사용되고 있으며, 그 이용범위를 넓혀가고 있다. 이같은 컴퓨터는 기계적인 부분인 하드웨어와 기계적 장치들을 동작시키는 소프트웨어로 구성되어 있다. 여기에 관해서는 다음절에서 설명하기로 한다.

1.1.2 컴퓨터의 활용부문

컴퓨터는 많은 양의 자료를 저장하여 이를 빠르게 처리, 가공하여 필요한 정보를 제공하는 문명의 利器로 등장하였다. 따라서 이러한 컴퓨터는 어느 한 분야에만 국한되지 않고 사회 전반적인 분야에서 활용되고 있다.

(1) 상업분야

현대의 사회에서 상거래는 그 규모가 이미 인간의 수작업으로 처리될 수 있는 단계를 넘어섰다. 따라서 각종 상업행위는 보다 조직적이고 관리적인 면을 필요로 하고 있다. 이러한 기대에 맞게 대두된 것이 컴퓨터이며, 오늘날 대부분의 회사들은 경영정보시스템(MIS, Management

Information System), 의사결정지원시스템(DSS, Decision Support System), 근거리통신망(LAN, Local Area Network), 사무자동화(OA, Office Automation) 등에 활용되고 있다.

- MIS는 기업경영에 관한 정보를 제공해 주는 컴퓨터시스템으로 판매, 재고 그리고 기업경영에 도움을 주는 여러 데이터들에 대한 정보를 관리자들에게 제공할 수 있는 업무 프로그램들이 개발되면서부터, MIS라는 용어는 여러 종류의 업무 프로그램들을 총칭하는 용어로 발전되었다. 오늘날 MIS는 의사결정지원시스템, 인적자원관리시스템, 프로젝트관리시스템, 데이터베이스 관리시스템 등을 모두 포함하는 넓은 개념으로 사용되고 있다.
- DSS는 의사결정지원시스템이라고 하는데, 사용자들이 기업의 의사결정을 보다 쉽게 할 수 있도록 하기 위해 사업 자료를 분석해 주는 컴퓨터 응용 프로그램들을 의미한다. 기업체의 판매량 비교, 신제품 예측 등의 업무에 적용할 수 있으며, 정보를 도식화하여 나타내줄 수 있으며, 경우에 따라서는 전문가시스템이나 인공지능 등이 포함될 수 있으며, 이를 통해 기업의 최고경영자나 다른 의사결정그룹들에게 도움을 줄 수 있는 소프트웨어를 의미한다.
- ERP(Enterprise Resource Planning) 또는 전사적 자원관리는 제조업을 포함한 다양한 비즈니스 분야에서 생산, 구매, 재고, 주문, 공급자와의 거래, 고객 서비스 제공 등 주요 프로세스 관리를 돕는 여러 모듈로 구성된 통합 애플리케이션 소프트웨어 패키지를 의미한다. 여기에는 재무 및 인적자원관리 모듈 또한 포함되어 있어서 회사 전반적인 업무가 통합적으로 전산화된 시스템을 의미한다.
- 인터넷 전자상거래와 더불어 비즈니스 규모가 커짐에 따라 데이터웨어하우스(Datawarehouse)가 등장하게 되었다. 이것은 기업이 최신의 정보자원을 활용하기 위한 장소를 의미한다.
- OLTP(OnLine Transaction Processing)시스템은 사회가 복잡해지고

거대화됨에 따라 기업에서 사용하는 데이터의 양이 증대되었는데, 이와 같이 기업 업무시스템에서 증대되는 데이터를 관리하고 분산하기 위해서 사용되는 시스템이다. 이는 기업 내 업무처리의 단위인 트랜잭션을 바로 처리할 수 있는 기능과 기업의 증대된 데이터를 효율적으로 분산, 관리해 준다. 그 밖에도 데이터웨어하우스에서 부문별, 특정용도별로 필요한 데이터를 분류한 데이터마트(datamart), EDI(Electronic Data Interchange), EC(Electronic Commerce) 등 다양한 시스템들이 활용되고 있다.

(2) 행정분야

국가 여러 행정분야에서도 컴퓨터가 활용되고 있다. 예를 들어, 인구통계조사, 국세청의 과세업무, 국가의 행정전산망, 전자도서관 등 많은 부문에서 활용되고 있다.

- 인구조사: 컴퓨터를 이용하지 않고 인구조사를 실시할 때는 여러 단계를 거쳐서 최종 통계결과가 나오기까지 몇 년씩이나 소요되었다. 이런 인구조사에 컴퓨터를 이용하면 인구통계뿐만 아니라, 다양한 설문조사까지도 신속 정확하게 처리할 수 있고, 막대한 예산과 시간도 절약된다.
- 과세업무: 세금을 공정하게 부과하기 위해서 국세청에서는 상거래를 할 때, 발행되는 세금계산서의 과세데이터나 근로소득의 과세데이터를 컴퓨터에 입력하여 세금에 대한 조사와 조정을 공정하게 과세할 수 있다.
- 국가 행정전산망: 행정전산망을 중앙부서로부터 지방의 말단 행정부서에 이르기까지 모든 기관에 컴퓨터를 설치하여 여러 가지 행정업무를 신속하고 효율적으로 수행할 수 있도록 한다. 또한 광범위한 정보를 데이터베이스로 구축해 놓고, 국민들도 이를 편리하게 이용하게 된다.
- 전자도서관: 오늘날 도서관의 관리자가 직면하고 있는 가장 심각

한 문제점은 공간과 시간이다. 수많은 책, 잡지, 신문, 보고서 등을 보관할 건물을 건축하는 데 많은 비용이 소요되고, 늘어나는 자료들을 정리 및 관리해야 하는 도서관 직원들의 업무량도 늘어나고 있다. 전자도서관을 구축하여 자료들을 데이터베이스화하고, 이를 사용자들이 인터넷을 이용하여 편리하게 열람, 자료 검색 및 수집할 수 있도록 함으로써 매우 편리해지고 있다.

(3) 교육분야

학습활동을 위한 것으로 컴퓨터 보조학습(CAI, Computer Aided Instruction)과 같이 교실에서 학생들이 컴퓨터를 학습도구로 활용해서 교육의 효과를 높이는 방법이다. 최근에는 Web 개념이 도입되어 WBI(Web Based Instruction)와 같은 인터넷을 이용한 교재와 학습평가시스템 등이 도입되고 있다. 최근 인터넷을 통한 교육방송의 보급으로 많은 학생들이 양질의 교육을 편리하게 지역차이 없이 접할 수 있다. 뿐만 아니라, 다양한 교육 콘텐츠를 개발하여 보급함으로써, 시간과 장소에 구애받지 않고 교육 수요자들의 욕구를 만족시키고 있다.

(4) 의료분야

과학적 진단이나 치료, 입·퇴원 관리, 병원 사무자동화 등의 분야에서 컴퓨터가 널리 활용되고 있다. 과학적 진단을 위한 것으로는 방사선이나 초음파를 컴퓨터와 결합시켜 환부의 단면을 영상으로 나타내고, 정확한 진단을 할 수 있도록 하는 단층 촬영 등에 컴퓨터가 활용되고 있다. 그리고 의사가 질병을 정확히 진단할 수 있도록 환자의 과거 질병 기록 및 처방, 각종 검사 결과와 증상 등을 종합해 주는 의료진단시스템 등이 있다.

(5) 사무자동화

문서작성이나 데이터 처리 등을 위한 사무기기의 개별적인 활용 단계에서 개인용 컴퓨터에서의 문서 작성, 프린터, 그래픽 처리 기기, 팩

시밀리, 광디스크, 데이터베이스 등으로 발전하였다. 이러한 기기들은 사무실이나 빌딩, 공장 등 제한된 구역 내에서 서로 문자나 음성 또는 영상으로 정보를 주고받을 수 있도록 근거리 통신망으로 연결되고, 나아가 공장 창고, 판매장, 관계 회사 등과 부가가치 통신망으로 이어지기도 한다.

(6) 공장자동화

사람이 작업하기에 위험도가 높은 공장이나 단순 반복업무에는 컴퓨터에 제어를 받는 무인로봇 시스템을 이용하여 안성성과 생산성을 늘리고 있다. CAD(Computer Aided Design)시스템은 주로 비행기 날개 자동차 구조 등의 설계와 전자공학 분야에 이용되어 왔으며 최근에는 그래픽이 개발되어 설계기술의 발전에 더욱 크게 기여하고 있다.

위에서 제시된 여러 가지 분야뿐만 아니라 출판, 교통 및 항공, 과학, 농업, 수산업, 점포자동화, 빌딩자동화, 지리정보시스템인 GIS (Geographic Information System), 위성위치확인시스템인 GPS(Global Positioning System) 등 다양하게, 더 많은 분야에서 활용되어 우리들의 생활을 편리하게 해 줄 것이다.

1.2 하드웨어

컴퓨터는 2차 세계대전 당시 미사일의 탄도거리를 측정하는 데 필요한 계산 기능을 제공하기 위해 만들어졌다. 이러한 계산의 목적으로 개발된 컴퓨터는 오늘날 문자, 음성, 화상과 같은 다양한 데이터를 처리할 수 있는 기계로 발전하였다. 또한 근래에 이르러 컴퓨터는 통신기술과 접목되어 데이터의 처리뿐만 아니라 데이터의 전송, 관리 및 조회와 같은 다양한 통신기능도 수행하게 되었다.

이러한 기능을 수행하는 컴퓨터의 하드웨어는 [그림 1-1]과 같이 사용자로부터 데이터를 입력받는 입력장치(input device), 지시에 따라 주어진 데이터를 처리하는 중앙처리장치(Central Processing Unit, CPU), 처리된 결과를 출력하는 출력장치(output device), 그리고 프로그램과 데이터를 저장하는 보조기억장치(secondary storage device)로 구성되며, 입출력장치와 보조기억장치를 주변장치(peripheral device)라고도 한다.

1.2.1 중앙처리장치(CPU: Central Processing Unit)

흔히 CPU 또는 마이크로프로세서라고 부르며 컴퓨터의 가장 핵심이 되는 부분이다.

중앙처리장치는 입력된 데이터가 실제로 처리되는 부분으로 이는 다시 주기억장치, 제어장치 그리고 연산장치로 구성된다. 주기억장치(main memory 혹은 primary storage unit)는 처리할 프로그램과 데이터를 일시적으로 저장하며, 제어장치(control unit)는 주기억장치에 저장된 프로그램을 읽어서 이를 해석하고 필요한 장치에 명령을 전달하여 이를 수행하도록 지시한다. 한편, 연산장치(arithmetic logic unit)는 제어장치의 지시에 따라 산술연산, 혹은 논리연산을 수행한다.

[그림 1-1] 컴퓨터 시스템의 하드웨어 구성요소

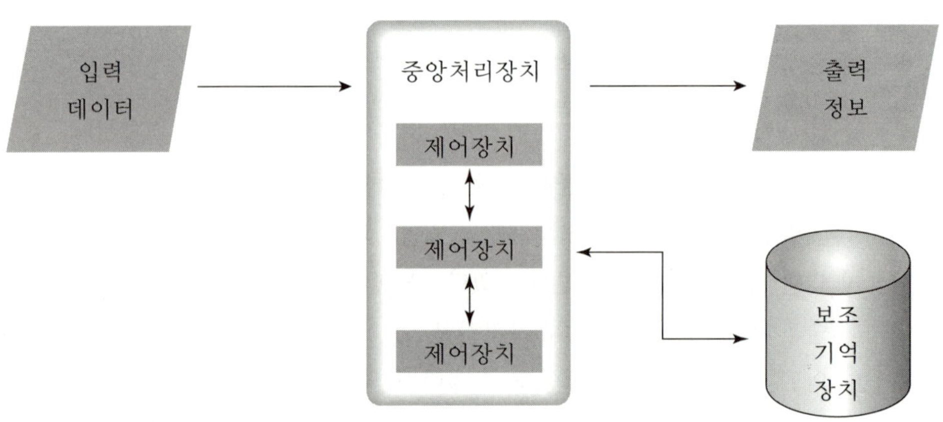

중앙처리장치의 성능을 나타내는 단위

- MIPS(Million Instructions Per Second): 1초 동안에 처리할 수 있는 명령의 개수를 100만 단위로 표시한 것으로 1초에 몇백만 개의 명령을 실행할 수 있는지를 나타낸다.
- 클럭(Clock)속도: 1초 동안 발생하는 클럭 펄스의 주파수를 의미하며, 일반적인 PC의 경우 클럭속도가 빠르면, 처리속도가 빠르다고 말할 수 있다.
- 메가헤르츠(MHz): 중앙처리장치가 동작하는 클럭속도의 단위로, 전기적 주파수의 단위를 표시한다.

(1) 주기억장치

입력장치를 통해 들어온 데이터나 보조기억장치의 자료를 받아 기억하는 장치로, 간단히 메모리라고도 하며, RAM과 ROM으로 구성된다. 이는 컴퓨터 데이터 처리장치의 작업장소 역할을 하는 반도체 칩(semi-conductor chip)으로 구성되어 있다.

- RAM(Random Access Memory): 자료의 읽고 쓰기가 모두 가능하여 사용자가 임의로 내용을 저장하거나 읽을 수 있으며, 전원이 꺼지는 경우 저장된 내용이 지워져 버리는 휘발성(volatility) 메모리이다.
- ROM(Read Only Memory): 기억된 내용은 단지 읽을 수만 있는 읽기 전용 기억장치로 전원이 중단되어도 내용이 지워지지 않는 비휘발성 메모리이다.

(2) 제어장치

제어장치는 다른 장치들의 작동을 제어하고 지시하는 장치로 컴퓨터의 중추신경에 해당한다. 따라서, 컴퓨터를 구성하는 모든 장치들은 제어장치의 통제를 받는다. 즉, 제어장치는 주기억장치에 저장된 프로그램을 읽어서 해석하고, 그 명령에 따라 다른 장치를 제어하거나 다른 장치에 수행하여야 할 작업내용을 전달하게 된다. 제어장치의 작동은 기억장치로부터 명령을 읽어와서 이를 해석하는 명령주기(instruction cycle)와 해독된 명령을 관련된 장치들에게 전달하여 수행을 지시하는 실행주기(execution cycle)로 구분된다.

(3) 연산장치

연산장치, 혹은 산술 · 논리 연산장치는 데이터처리에 필요한 산술과 논리연산을 수행한다. 즉, 제어장치로부터 지시를 받아 덧셈, 뺄셈, 곱셈, 나눗셈과 같은 산술연산과 두 개의 값을 비교하여 참(true)과 거짓(false)의 값을 계산하는 논리연산을 수행한다.

1.2.2 입력장치

입력장치에는 숫자나 문자, 그림 혹은 소리 등의 데이터를 컴퓨터가 이해할 수 있는 형태로 바꿔주는 키보드(keyboard), 마우스(mouse), 스캐너(scanner) 등이 있다. 그 밖에 데이터를 훨씬 손쉽게 입력할 수 있도록 고안된 장치로서 광학판독기(optical reader), 터치스크린(touch sensitive screen), 조이스틱(joystick), 음성인식장치(voice recognition device) 등이 있다.

- 키보드는 미리 키보드상에 정해져 있는 숫자, 문자 그리고 기호들을 입력하는 가장 기본적인 입력장치이다.
- 마우스는 빛의 반사나 볼의 움직임에 의하여 상대적인 위치를 인식하여 포인터 모양을 화면에 표시하고, 사용자가 마우스의 버튼을 누르거나 끌어서 여러 가지 명령을 선택하거나 수행하고, 혹은 다양한 형태의 그림을 그릴 수 있도록 하는 입력장치를 말한다. 마우스와 유사한 형태로써 전자펜은 펜 모양의 입력장치로서 화면에 나타나는 그림을 직접 가리키거나 전자펜의 입력을 인식할 수 있는 패드(pad)에 손으로 쓴 글자나 그림을 나타내어 컴퓨터에 입력할 수 있다.
- 스캐너는 영상처리를 위한 사진이나 도형, 문자 등의 화상정보를

읽을 수 있는 이미지 입력장치이다.

- 광학판독기는 빛을 이용하여 숫자, 문자, 기호 등의 데이터를 컴퓨터가 이해할 수 있는 형태로 전환하는 장치인데, 정해진 원칙에 따라 입력매체의 특정 위치에 기계나 사람이 표시해 놓은 기호를 읽어서 컴퓨터가 이해할 수 있는 형태로 바꿔주는 OMR(Optical Mark Reader), 특수 인쇄된 글자나 문자들을 인식할 수 있는 OCR(Optical Character Reader) 그리고 막대모양의 기호로 표시된 데이터를 인식하는 바코드 판독기(BCR: Bar-Code Reader) 등이 있다.
- 터치스크린은 화면에 나타나는 메뉴를 손가락으로 누르면 그 메뉴가 처리되도록 고안된 입력장치이고, 조이스틱은 컴퓨터 게임 등에 주로 이용되는 장치로, 막대 모양의 손잡이를 움직여서 화면상의 물체를 움직이게 하는 입력장치이다.
- 음성인식장치는 사람의 음성패턴을 분석하여 전기적인 형태로 바꾸고, 이를 미리 저장되어 있는 명령어 목록의 명령들과 비교하여 해당 명령을 찾아 수행하게 된다. 음성인식장치는 사용자에게 보다 편리한 인터페이스를 제공하는 미래의 입력장치로 대두되고 있다.

1.2.3 출력장치

컴퓨터에 의해서 처리된 결과는 사용자, 즉 사람이 알아볼 수 있는 형태로 출력되어야 한다. 대표적인 출력장치로는 처리결과를 화면에 제시하여 주는 화면표시장치와 종이에 인쇄하여 주는 프린터장치 등이 있다.

- 화면표시장치에는 일반 모니터(Cathode Ray Tubes), 액정 디스플레이(Liquid Crystal Display), 그리고 플라즈마 디스플레이(Plasma Display Pannel) 등이 있다. 일반 모니터(CRT)는 화면을 여러 개의 작은 점으로 나누어 각 점에 전자빔을 쏘아 문자나 그림을 나

타내도록 하는 것인데 주로 데스크탑 컴퓨터에 이용된다. 액정 디스플레이(LCD)는 두 개의 유리판 사이에 액정을 주입하고 여기에 전기 신호를 보내 표시하는 장치로, 주로 노트북 PC, 전자시계, 액정 TV, 전자계산기, 자동차나 항공기의 속도표지판과 같이 다양하게 이용된다. 플라즈마 디스플레이(PDP)는 휴대용 컴퓨터에 주로 이용되며, 두 장의 유리판 사이에 네온과 아르곤의 혼합가스를 넣고 전압을 가해 가스의 방전으로 빛을 내는 플라즈마 방전현상을 이용하여 화면을 표시하는 장치이다. 고해상도에 휴대가 편리하지만 가격이 비싸다.

화면표시장치의 성능을 나타내는 단위

- 픽셀(Pixel : Picture Element): 화면에 표시되는 점을 말하며, 화소라고도 한다. 픽셀 수가 많을수록 해상도가 높고, 해상도가 높을수록 화면이 선명하다는 의미이다.
- 해상도(Resolution): 모니터의 선명도를 나타내는 단위로 인치당 점의 수(DPI : Dot Per Inch) 또는 화면의 픽셀 개수로 표시한다.

- 프린터는 컴퓨터가 처리한 결과를 문자, 숫자, 그림과 같이 사람이 인식할 수 있는 형태로 종이에 인쇄하여 주는 장치인데, 도트 프린터(dot-matrix printer), 레이저 프린터(laser beam printer), 그리고 잉크젯프린터(ink jet printer) 등이 있다. 도트프린터는 리본과 활자를 종이에 때려서 인쇄하는 충격식 방식을 이용하고, 레이저 프린터는 복사기와 같이 레이저 빔을 이용하여 만들어 낸 이미지를 토너를 이용하여 종이에 인쇄하는 방식을 사용한다. 잉크젯 프린터는 잉크분사 방식을 이용한다.
- 플로터(plotter)는 펜을 이용하여 종이 위에 정교한 디자인을 그리는 데 이용된다. 플로터는 고품질의 칼라 그래픽스가 가능하기 때문에 청사진이나 엔지니어링 설계도면을 그릴 때 주로 이용된다.
- 음성출력장치는 컴퓨터가 처리한 결과를 스피커를 통해 출력하는 형태이다. 음성출력이 이용되는 예로는 사운드(sound)가 나오는 게임 프로그램이나 컴퓨터를 이용한 작곡을 들 수 있다.

1.2.4 보조기억장치

보조기억장치는 프로그램이나 데이터를 파일의 형식으로 저장하는 장소로, 사용자가 필요에 따라 기록하거나 지울 수 있으며 전원이 꺼지더라도 데이터가 지워지지 않는 비휘발성을 가지고 있다. 보조기억장치에는 자기테이프(magnetic tape), 자기디스크(magnetic disk) 그리고 광디스크(optical disk) 등이 있다.

- 자기테이프는 자기처리를 한 플라스틱 테이프에 데이터를 저장하는 방식으로 카세트 테이프와 유사한 방식으로 데이터를 저장한다. 즉, 데이터를 저장하거나 읽기 위해서는 테이프의 앞에서부터 차례대로 쓰거나 읽어야 하는 순차적인 접근방식(sequential access method)을 사용한다. 자기테이프는 저장용량당 가격이 저렴하고 데이터 보관이 비교적 안정적이기 때문에 일괄처리방식에서 대량의 데이터를 저장하거나 백업(backup)용으로 데이터를 저장하는 경우에 많이 사용되고 있다. 자기테이프가 데이터의 순차적인 접근만이 가능한 반면 자기디스크는 원하는 곳에 직접 데이터를 읽거나 쓸 수 있는 직접 접근방식(direct access method)의 저장장치이다.
- 자기디스크는 자기산화물을 입힌 원반으로 보통 플로피 디스크와 하드디스크로 구분된다. 플로피 디스크(floppy disk)는 음반과 유사한 방식으로 가볍고 휴대가 간편하다. 하드디스크(hard disk)는 여러 장의 디스크를 겹쳐 놓은 것과 같아서 보다 많은 양의 데이터를 저장할 수 있으며, 외장을 튼튼하게 하여 컴퓨디 내부에 장착할 수 있도록 함으로써 안정성이 높다.
- CD-ROM(Compact Disk-Read Only Memory)은 레이저 빛을 이용하여 데이터를 기록하고, 읽어낼 수 있는 광디스크이다. 기록된 데이터를 읽을 수만 있고 수정이나 기록은 불가능하며, 거의 영구적으로 자료를 저장·보관할 수 있어 멀티미디어의 저장매체로

많이 이용되고 있다.

- DVD(Digital Video Disk)는 크기는 CD와 같으면서 훨씬 큰 대용량을 기록할 수 있는 멀티미디어 환경에 맞는 광디스크로, 뛰어난 화질과 완벽한 입체음향의 구현이 가능하고 동영상 데이터를 135분 정도 기록할 수 있다. 차세대 영상을 주도해나갈 정보매체로 활용되고 있다.

1.3 소프트웨어

컴퓨터의 구성요소인 소프트웨어는 컴퓨터에서 사용되는 모든 프로그램으로 구성되어 있다. 하드웨어는 소프트웨어 없이는 제기능을 수행하지 못한다. 소프트웨어에는 컴퓨터 하드웨어의 각 부분을 운영하는 역할을 담당하여 컴퓨터를 사용자가 사용할 수 있도록 제공해 주는 시스템 소프트웨어가 있다. 그리고 회계관리 프로그램, 인사관리 프로그램 등과 같이 사용자가 필요로 하는 데이터를 직접 처리하여 결과를 제공하는 응용 소프트웨어가 있다. 사용자는 응용 소프트웨어를 통하여 컴퓨터를 사용하며, 시스템 소프트웨어는 하드웨어를 응용 소프트웨어

[그림 1-2] 소프트웨어의 분류

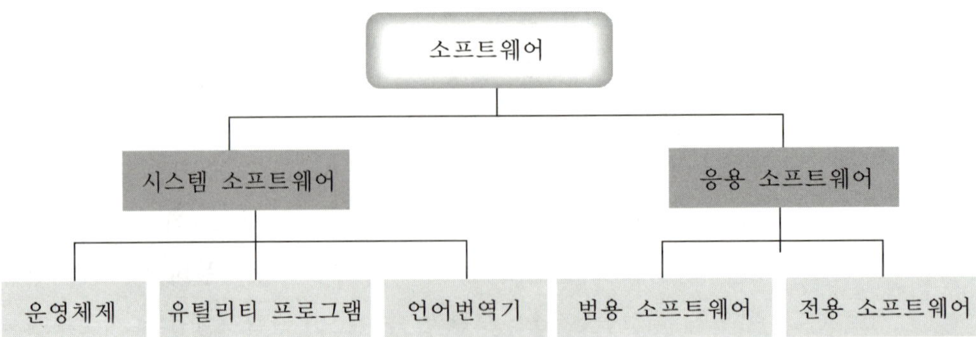

가 사용할 수 있도록 한다. 소프트웨어 분류는 [그림 1-2]와 같다.

1.3.1 시스템 소프트웨어

시스템 소프트웨어는 컴퓨터가 자체의 내부 기능을 통제하고 응용 소프트웨어를 실행시키기 위해 사용하는 소프트웨어로서, 하드웨어 자원의 할당과 응용을 제어하여 응용 소프트웨어가 실행될 수 있게 한다. 시스템 소프트웨어의 종류로는 운영체제, 유틸리티 프로그램, 언어번역 프로그램 등이 있다.

(1) 운영체제(Operating System)

운영체제는 컴퓨터의 운영을 관리하기 위한 일련의 프로그램이다. 운영체제는 오퍼레이팅 시스템 또는 OS라고 부른다. 이는 응용 프로그램과 같은 일반 다른 프로그램이 실행되지 않을 때마다 컴퓨터를 제어하는 기능을 하기 때문에, 하나의 프로그램이 실행을 중단하자마자 OS는 컴퓨터를 제어하여 다른 프로그램의 실행을 시작하도록 돕는다.

OS는 다음과 같은 3가지 주요 기능—과정관리, 자원관리, 데이터 관리—을 가지고 있다.

- 과정관리(process management): 프로그램의 실행을 관리하는 컴퓨터가 수행하는 하나의 처리과정이다. 운영체제는 모든 프로그램의 실행을 추적하여 실행 프로그램을 정하여 필요시 프로그램을 실행하고 실행상의 오류가 발생하였는지 프로그램의 실행을 검토·확인한다.
- 자원관리(resource management): 컴퓨터는 주기억장치, 입출력장치 및 보조기억장치 등 많은 자원으로 구성되어 있다. 운영체제는 필요한 자원을 각 처리과정에 할당한다. 운영체제는 주기억장치와 보조기억장치에 프로그램과 데이터를 저장할 장소를 결정하고 프로그램에 의해서 사용될 입출력장치를 결정한다.

- 데이터관리(data management): 운영체제는 컴퓨터의 주요 구성요소 사이에 데이터의 전송을 다루고 있다. 데이터가 입출력될 때마다 운영체제는 주기억장치와 입출력장치 간의 데이터의 전송을 제어한다. 주기억장치와 보조기억장치에 있는 데이터나 데이터파일 간의 전송은 운영체제의 다른 부분에 의해 다루어진다.

1) 운영체제의 특성에 따른 분류

모든 운영체제가 동일한 특성을 가지고 있지는 않다. 운영체제의 특성에 따라 몇 가지로 구분하면 다음과 같다.

- 단일작업(single-tasking) vs 다중작업(multi-tasking)

일부 운영체제는 한번에 단지 하나의 프로그램만을 실행하는 것을 허용하게 된다. 이러한 운영체제는 현재 프로그램의 실행이 완료되기 전에는 다른 프로그램을 실행하지 않는다. 이러한 처리과정을 단일작업(single-tasking)이라고 하며, 이와 같은 운영체제에는 단지 하나의 프로그램이 주기억장치 속에 있다.

다른 운영체제로는 1회에 하나 이상의 프로그램을 동시에 실행하는 것을 의미하는 다중작업(multi-tasking)을 허용한다. 이 운영체제는 모든 프로그램이 주기억장치에 있다. 비록 CPU는 한번에 단지 하나의 프로그램으로부터 지시사항을 실행할 수 있지만 운영체제는 하나의 프로그램이 완료되지 않고서도 두 번째 프로그램을 실행할 수 있다.

- 개인사용자(Single-user OS) vs 다수사용자(multiple-user OS)

개인사용자(Single-user OS)는 한번에 한 사람만이 컴퓨터 사용을 허용하는 운영체제이다. 사용자가 실행할 프로그램을 결정하였다면 다른 사용자는 동시에 프로그램을 실행할 수 없게 된다.

반면에 다수사용자 운영체제(multiple-user OS)는 다수의 사용자가 각각의 프로그램을 동시에 수행하게 되므로 멀티태스킹이 된다. 다수사용자 운영체제를 사용하는 기법을 시분할(time-sharing)이라고 한다. 이러한 기법을 활용하는 운영체제는 모든 사용자에게 프로그램을 실행할 최소한의 시간을 할당한 후에 최초 사용자에게 나머지 시간을 되돌려준다. 이러한 처리과정은 너무 순식간에 이루어지기 때문에 사용자는 전혀 느끼지 못하게 된다.

○ 배치(batch) vs 인터랙티브(interactive)

초기의 운영체제는 프로그램과 데이터가 컴퓨터에서 처리되기 전 배치(batch)로 준비되어야 한다는 것을 의미하는 배치 운영체제였다. 컴퓨터는 첫번째 프로그램을 수행하고 모든 데이터를 배치로 처리하면 그 다음 프로그램으로 가서 그 데이터를 처리한다. 이러한 운영체제는 프로그램이 실행될 때 사용자가 데이터를 입력하는 것을 허용하지 않는다

오늘날 운영체제는 프로그램이 실행될 때 사용자와 상호작용하는 것을 의미하는 인터랙티브(interactive) 운영체제이다. 인터랙티브 운영체제는 프로그램과 데이터가 배치로 준비되고 사용자 상호작용 없이 처리된다. 그래서 현재 운영체제는 인터랙티브와 배치처리를 제공한다.

운영체제가 다수사용자와 상호작용을 할 때 각 사용자는 가끔 반응을 기다리기 위해 몇 초를 기다리게 된다. 실시간(realtime OS)이라고 일컬어지는 일부 시스템은 처리요구에 대해 즉각적으로 반응하게 된다. 일반적으로 이러한 운영체제의 "사용자들"은 실시간으로 즉각적으로 반응해야 하는 기계나 장비이다. 예컨대, 병원의 중환자실에서 환자들을 감시하는 장비를 제어하는 컴퓨터에 대한 운영체제는 환자의 질병에 대한 비정상적인 변화에 즉각적으로 반응해야만 한다.

○ 실제기억장치(real memory) vs 가상기억장치(virtual memory)

컴퓨터의 한계점 중 하나가 프로그램을 저장하는 데 활용되는 주기억장치의 용량이다. 프로그램은 주기억장치에 저장하기에 용량이 너무 크기 때문에 주기억장치에 저장될 필요가 있는 일부 프로그램들은 활용되고 있는 것보다 더 많은 공간을 필요하게 되었다. 일부 운영체제는 활용 가능한 주기억장치 혹은 실제기억장치(real memory)에 적합한 프로그램만을 실행할 수 있다. 그러나 다른 운영체제는 주기억장치에서 프로그램을 수행하기에는 너무나 크기 때문에 보조기억장치를 활용하여

마치 컴퓨터가 실제 기억용량보다 훨씬 더 많은 기억용량을 가지는 것과 같이 보이게 한다. 이러한 운영체제를 가지는 것같이 보이는 컴퓨터의 기억용량은 가상기억장치(virtual memory)라고 부른다.

2) 운영체제 종류

DOS

DOS는 Disk Operating System의 약자로 1981년 마이크로소프트사에 의해 개발되어 퍼스널 컴퓨터에서 가장 널리 이용되어 왔던 운영체제이다. DOS는 사용자가 컴퓨터에 명령어를 하나씩 입력하는 명령형(command line) 방식이어서 명령어를 일일이 외우지 않으면 안되어서 사용이 어려운 편이다.

DOS의 경우 초보자들이 컴퓨터 화면을 보면 깜빡이는 커서밖에 아무것도 도움을 주지 않아 컴퓨터가 어렵게 느껴진다. 명령어를 잊었을 때도 친절히 안내하는 기능도 없이 틀린 명령이라는 메시지만을 던져줄 뿐이다.

그러나 일단 DOS 명령어를 숙지하고 나면 오퍼레이팅 시스템을 통제하기가 아주 쉬워진다. 그래서 하드웨어와 밀접한 프로그램을 다루는 사람들은 DOS와 같은 환경을 선호하는 사람들도 있다.

윈도우즈

마이크로소프트 윈도우즈(Windows)는 퍼스널 컴퓨터에서 가장 대표적인 GUI(Graphical User Interface) 오퍼레이팅 시스템이다. GUI는 글자보다는 그림을 이용하여 사용자들이 친숙하고 쉬운 환경에서 일할 수 있게 하기 위한 것이다. GUI를 기반으로 한 매킨토시가 성공을 거두자 이에 대응하기 위해 IBM호환기종 캠프에서는 마이크로소프트 윈도우즈를 내놓았으나 별로 빛을 보지 못하다가 버전 3.1이 발표되면서 널리 이용되기 시작하였다. 그러나 윈도우즈 3.1을 위시한 그 이전 버전들은 DOS를 필요로 하였기 때문에 오퍼레이팅 시스템이라기보다는 오퍼레이팅 환경(operating environment)이라고 하는 표현이 더 적합하였다.

그러나 윈도우즈 95는 명실상부한 멀티태스킹 오퍼레이팅 시스템으로 32비트 마이크로프로세서의 장점을 활용할 수 있도록 설계되었다. 윈도우즈 오퍼레이팅 시스템은 데이터 파일이나 프로그램을 나타내는 아이콘(icon)과 대화상자 그리고 창(window)으로 구성되어 있고, 거의 모든 윈도우즈 프로그램들은 메뉴나 명령어가 유사하여 하나의 윈도우즈 프로그램을 배우면 다른 것도 쉽게 배울 수 있는 장점이 있다.

윈도우즈 98은 윈도우즈 95에 비해 사용하기가 더욱 편리해졌다. 마우스 단추를 한번 클릭하여 파일을 열거나 창에 표시되는 찾아보기 단추를 사용하는 등 바탕화면 옵션을 적절히 변경하여 컴퓨터를 쉽게 탐색할 수 있으며, USB(universal serial bus)방식을 채택하여 새로운 하드웨어를 쉽게 추가할 수 있으며, 컴퓨터를 다시 시작하지 않고도 새로운 하드웨어를 설치한 다음 바로 사용할 수가 있다. 또한 FAT 32 파일시스템을 사용할 수 있어 보다 안정적이고 뛰어난 파일관리를 제공하고 있다. 윈도우즈 98의 두드러진 특징으로는 언제라도 WWW(World Wide Web)에 쉽게 접근할 수 있으며, 통합된 환경을 제공해 주고 있다는 것이다.

○ 윈도우즈 NT

마이크로소프트 윈도우즈 NT(Windows New Technology)는 클라이언트-서버 컴퓨터환경에서 다수의 사용자가 동시에 사용할 수 있도록 만들어진 오퍼레이팅 시스템이다. 윈도우즈 NT는 윈도우즈 95와 마찬가지로 DOS 없이도 사용이 가능한 완벽한 오퍼레이팅 시스템으로 사용자 계정(account)을 만들고 시스템 보안을 관리하는 프로그램인 User Manager 기능, 네트워크의 상태를 측정하는 프로그램인 Performance Monitor 기능 등을 포함하고 있다.

○ OS/2

OS/2(Operating System 2)는 32비트 마이크로프로세서를 이용하는 IBM 컴퓨터를 위해 만든 오퍼레이팅 시스템이다. 윈도우즈와 마찬가지로 OS/2도 그래픽 사용자환경(GUI)에서 사용할 수 있도록 되어 있으며, DOS나 윈도우즈 하에서 운영되는 프로그램들도 OS/2에서 운영이 가능하다. OS/2는 원래 IBM과 마이크로소프트사가 공동으로 시작하였으나, DOS응용 프로그램의 작동이 시원치 않아 별로 성공적이지 못하였다.

◎ 매킨토시 시스템 8.5

애플사의 매킨토시 오퍼레이팅 시스템은 가장 먼저 그래픽 사용자 환경인 GUI를 사용한 OS이다. 매킨토시 시스템 8.5는 멀티태스킹을 지원하는 오퍼레이팅 시스템이다. 매킨토시 오퍼레이팅 시스템에서 DOS나 윈도우즈 프로그램의 사용이 가능하나 IBM 호환기종 컴퓨터에서 작동할 때에 비해 속도가 느리다.

◎ 유 닉 스

유닉스(UNIX)는 1970년대 초에 벨연구소(Bell Laboratories)에서 다수의 사용자를 위해 만들어진 오퍼레이팅 시스템인데, 오늘날 중·대형 컴퓨터와 워크스테이션에서는 유닉스가 거의 표준적인 OS로 자리를 잡아가고 있다. 그러나 유닉스는 컴퓨터를 전공하고 연구소에서 근무하는 사람들에 의해 만들어졌기 때문에 일반사용자들에게는 쉽지 않다는 단점이 있다. 그래서 초창기에는 주로 대학이나 연구소에서 많이 사용되다가 1980년대에 AT&T가 컴퓨터시장에 뛰어들면서 급속한 성장을 거듭하면서 중·대형컴퓨터의 포터블(portable) 오퍼레이팅 시스템으로 자리를 잡아가고 있다. 유닉스는 여러 사람들이 동시에 사용할 수 있는 다중사용자(multi-user) 시스템으로 적합하기 때문에 워크스테이션을 중대형 컴퓨터에 연결하는 시스템으로 널리 이용되고 있다.

◎ 리 눅 스

리눅스는 1989년 핀란드 헬싱키대학에 재학중인 리누스 토발즈(Linus Torvalds)가 PC에서 유닉스를 사용할 수 있도록 해보자는 관점에서 개발되었다. 리눅스는 기본적으로 인터넷을 통해서 무료로 다운받을 수 있어 무료로 사용할 수 있다는 점이 강점이다. 그리고 강력한 다중

처리, 가상메모리, 공유 라이브러리, 뛰어난 메모리관리 시스템, 강력한 TCP/IP 네트워킹 등 기존의 윈도우 NT에서 제공하는 많은 기능들을 대부분 갖추고 있어 점차 사용하는 사람들이 늘어나는 추세에 있다. 뿐만 아니라 리눅스 배포판 정도만 있어도 다른 소프트웨어의 추가구입 없이 데스크탑 플랫폼부터 웹서버, 메일서버, DNS 서버, FTP 서버, 대규모 가상 웹호스팅 서버까지 구축할 수 있는 장점을 가지고 있다. 한편 리눅스는 전문가가 아니면 설치하기 어렵고, 리눅스가 유닉스 운영체제의 하나이므로 유닉스에 대한 이해가 선행되어야 한다는 단점도 있다.

(2) 유틸리티 프로그램

시스템 소프트웨어에는 운영체제 외에도 유틸리티 프로그램과 언어 번역기가 있는데, 유틸리티 프로그램은 사용자가 시스템을 유지·관리하는 일을 도와준다. 즉, 파일정렬(sort), 파일탐색, 파일출력, 파일복사 등과 같은 기능을 수행하는 소프트웨어이다. 유틸리티 프로그램의 대표적인 기능을 열거해 보면 다음과 같다.

- 디스크를 포맷팅(formatting)하는 기능
- 사용 가능한 메모리를 체크하고 메모리를 최대한 활용할 수 있게 하는 기능
- 파일을 복사·이동·삭제하는 기능
- 삭제되거나 손상된 파일을 복구하는 기능
- 바이러스(virus)가 컴퓨터에 침입할 수 없도록 보호하는 기능
- 각종 하드웨어장치를 감시하여, 시스템의 성과를 극대화할 수 있도록 성과를 측정하는 기능

유틸리티 프로그램의 기능 중에는 운영체제에 통합된 부분도 있고, 별도의 유틸리티 프로그램으로 제공되는 기능도 있다. 위에서 열거한 기능 중 상당 부분은 초창기에는 별도의 유틸리티 프로그램으로 출발하였으나, 운영체제의 일부로 포함되어 가고 있다. 최근에는 컴퓨터 네트

워크의 사용이 증가해 감에 따라 네트워크 관리, 전자우편(e-mail)과 같은 기능까지 운영체제에 통합하려는 움직임이 일고 있다.

(3) 언어번역기

언어번역기(language translator)는 특수한 목적의 시스템 소프트웨어로 프로그래머들이 작성한 프로그램을 컴퓨터가 이해할 수 있는 기계어(machine language)로 바꾸는 기능을 한다. 즉, 고급언어의 경우 프로그래머가 작성한 프로그램을 원시코드(source code)라고 하는데, 컴퓨터가 이를 읽을 수가 없기 때문에 컴퓨터가 이해할 수 있는 객체코드(object code)로 바꾸어 주게 되는데, 이러한 기능을 언어번역기 프로그램에서 수행한다는 의미이다. 언어번역기는 그 특성에 따라 다음과 같이 나누어진다.

- 어셈블러(assembler)
- 컴파일러(compiler)
- 인터프리터(interpreter)

어셈블러는 하위수준 언어인 어셈블리 언어(assembly language)로 작성된 프로그램을 기계어로 변환시켜주며, 컴파일러는 COBOL, C, FORTRAN과 같은 고급수준 언어로 작성된 프로그램을 기계어로 번역하는 기능을 한다. 인터프리터는 BASIC으로 작성된 프로그램을 한 문장씩 번역하여 실행시키는 기능을 한다.

컴파일러와 인터프리터는 고급언어로 짜여진 프로그램을 기계어로 바꾸어주는 시점에 차이가 있다. 컴파일러는 전체의 프로그램을 한꺼번에 번역하는데, 컴파일러에 의해 만들어진 객체코드(object code)는 저장되었다가 언제든지 필요할 때 이용된다. 반면 인터프리터는 프로그램 명령을 한 줄 단위로 번역해 가는데, 인터프리터에 의해 만들어진 객체코드는 저장할 수가 없다. 따라서 필요할 때마다 프로그램의 번역작업이 이루어져야 한다. 인터프리터는 프로그램을 한 줄 단위로 변환하기 때문에 프로그램의 오류를 조기에 발견할 수 있는 장점이 있는 반면에, 프로그램이 완성된 뒤 전체 프로그램을 변환시키려고 하면 시간이 오래 걸리는 단점이 있다.

1.3.2 응용 소프트웨어

특정한 업무수행을 지원하기 위해 작성된 프로그램을 말한다. 사용하는 대부분의 소프트웨어는 바로 이 응용 소프트웨어를 말하며, 일반적인 사용자들에게 있어서 하드웨어적인 지식이나 운영체계와 같은 전문적인 지식보다는 실질적인 측면에서 응용 소프트웨어의 활용이 부각되고 있다. 정보시스템을 기업에 활용하기 위한 소프트웨어의 핵심이 바로 응용 소프트웨어인 것이다. 응용 소프트웨어는 회계분석, 판매분석 및 자재소요분석 등과 같은 전용 소프트웨어와 최종사용자의 정보처리 작업을 위한 워드프로세스, 스프레드시트 및 데이터베이스와 같은 범용 소프트웨어로 구분할 수 있다. 그 밖에 수학, 엔지니어링, 일기예보 등과 같은 과학계산용 소프트웨어, 통계분석을 위한 SAS, SPSS와 같은 통계용 프로그램 등이 있다.

1.4 프로그래밍 언어

1.4.1 프로그래밍 언어의 유형

프로그래밍 언어는 시간의 변천에 따라 다음과 같이 5세대로 구분할 수 있다.

(1) 1세대 언어: 기계어(machine languages)

기계어(machine languages)는 컴퓨터의 가장 기본적인 언어로 컴퓨터가 최초로 발명되었을 때 컴퓨터에 사용되는 유일한 언어였다. 그래서 기계어는 프로그래밍 언어의 제1세대라 불려진다.

기계어의 지시사항은 기본적인 연산을 위한 운영코드로 구성되어 있고, 지시사항은 2진형태인 0과 1의 조합으로 표현되었다. 각 유형의 컴퓨터는 서로 다른 기계어를 가지므로 한 컴퓨터에 쓰여진 프로그램은 다른 컴퓨터에 호환될 수 없기 때문에 기계어를 기계종속적(machine dependent)이라고 말한다. 기계어는 기계와 종속관계이다.

기계어는 컴퓨터가 직접 해석하거나 인식할 수 있는 유일한 언어이다. 기계어로 프로그래머는 컴퓨터가 할 수 있는 모든 것을 제어할 수 있기에, 그래서 매우 효율적인 프로그램을 작성할 수 있다. 그러나 기계어로 프로그램을 작성하는 것은 프로그래머가 이진코드나 수를 기억해야 하기 때문에 매우 어렵다. 그래서 기계어는 오늘날 정상적으로 사용되지 않고 있다.

(2) 2세대 언어: 어셈블리어(assembly language)

컴퓨터가 출현할 당시에 전문가들은 기계어를 사용하여 프로그램을 작성하는 것보다 더 쉬운 방법이 있다고 생각했다. 이러한 생각은 단어와 기호의 2진코드로 표현되는 명령어를 대체하게 되었다. 2진 연산코드는 연산을 대체할 기호코드에 의해 대체되었다. 따라서 2진 연산코드를 ADD로 대체하게 되었다.

그러나 이러한 방법으로 쓰여진 프로그램은 기계어가 아니기 때문에 그들이 실행되기 전 기계어로 변환되어야만 한다. 변환과정은 각각의 기호를 동일한 이진형태로 변환하는 것을 포함하고 있다. 이러한 전환과정을 어셈블리(assembly)라 부르며 이러한 언어를 어셈블리 언어(assembly language)라고 불려진다. 변환하는 어셈블리 언어의 변환프로그램은 어셈블러(assembler)라고 부른다.

각 유형의 컴퓨터가 그 자신의 기계어를 가지기 때문에 각각은 자신의 어셈블리 언어를 가지게 된다. 그래서 어셈블리어는 기계와 종속관계(machine dependent)에 있다. 이와 더불어 각 유형의 컴퓨터는 어셈블리 언어를 기계언어로 전환하기 위한 자신의 어셈블러 프로그램(assembler program)을 필요로 한다.

(3) 3세대 언어: 고급수준언어 또는 절차언어(COBOL, BASIC, C, FORTRAN 등)

3세대 언어로 쓰여진 프로그램은 실행되기 전 기계어로 변환되어야만 한다. 이를 위해서 컴파일러(compiler), 인터프리터(interpreter)라고 불리는 시스템 프로그램이 작동된다.

3세대 언어는 어셈블리어나 기계어와 같이 특정의 기계에 종속되어 있지 않기에 기계독립적(machine independent)이다. 3세대 언어를 사용하는 프로그래머들은 컴퓨터가 할 수 있는 것을 1~2세대 언어보다 훨씬 적게 통제하게 되고 1~2세대 언어 프로그램보다 덜 효율적이며 기계어로 번역할 경우 시간이 많이 소요되는 단점이 있다. 그러나 C, C++, COBOL, Visual Basic 및 FORTRAN과 같은 널리 사용되는 3세대 언어는 1~2세대 언어보다 배우기 쉽고 프로그램을 작성하기가 용이한 특성을 가진다.

(4) 4세대 언어(4GL): 비절차언어(SQL, FOCUS, NATURAL 등)

조직내 소프트웨어 개발업무의 적체 위기를 극복하고, 프로그램 개발의 생산성을 높이기 위해 등장한 또 다른 언어가 제 4 언어(fourth generation language: 4GL)이다. 제 4 세대 언어는 고급수준언어보다 한 단계 높은 언어로 사용자에게 많은 편의를 제공한다. 특히 4세대 언어는 전문 프로그래머가 아닌 일반 사용자들도 쉽게 사용할 수 있게 함으로써 최종 사용자 컴퓨팅(End-User Computing)의 확산에 크게 기여하였다. 즉 제 4 세대 언어의 가장 주된 특징은 비절차적(non-procedural) 언어라는 점이다. COBOL이나 C와 같은 고급언어를 절차적 언어라고 하는데, 여기서는 일할 내용을 논리적 순서에 따라 작성하지 않으면 안된다. 비절차적 언어에서는 컴퓨터가 일할 내용을 순서에 관계없이 제시하면 되므로 컴퓨터 전문가가 아닌 일반 사용자들에게는 훨씬 작성이 용이하다.

(5) 5세대 언어: 자연언어(natural Language)

4세대 언어 중에 하나인 SQL로 프로그램을 작성하려면, 사용자는 데이터베이스 구조가 어떻게 생겼는지, 문장을 어떻게 만들어야 하는지에 대한 규칙 등을 알고 있어야 한다. 그러나 자연언어의 대표적인 예인 Natural Language사에서 만든 Natural Language는 영어문장을 SQL 명령어로 바꾸어주는 작업을 하는 언어이다. 아직 자연언어는 널리 이용되고 있지는 않으나, 여기에 대한 연구와 개발이 활발히 진행되고 있어 얼마 지나지 않아 데이터베이스 시스템과 응용 패키지들이 자연언어를 일부 사용하게 될 것으로 보인다.

1.4.2 그 밖의 프로그래밍 언어

(1) 객체지향 프로그래밍 언어

앞서 설명한 3세대 언어는 가장 일반적으로 널리 사용되고 있는 언어이다. 이러한 3세대 언어는 2가지 그룹으로 대별할 수 있는데, 전통적 프로그래밍 언어와 객체지향 프로그래밍 언어가 그것이다. 앞서 언급된 FORTRAN, C, COBOL, BASIC 등은 전통적인 프로그래밍 언어에 해당된다.

최근 컴퓨터의 하드웨어 가격은 급속하게 하락하고, 성능은 좋아지는 데 비해 소프트웨어 부분의 생산성은 크게 개선되지 않고 있어 소프트웨어 위기론이 대두되었는데, 이같은 상황에서 프로그래밍의 생산성을 높이기 위해서 개발된 언어가 바로 객체지향 언어(Object-Oriented Language)이다. 객체지향형 프로그래밍은 전통적인 프로그래밍과 크게 다르다. 일반적인 프로그래밍에서는 컴퓨터가 처리해야 할 일을 순차적으로 작성하는 절차(procedure)에 중심을 두는 데 비해, 객체지향 프로그래밍에서는 화면상의 대화박스(dialog-box)와 같은 객체(object)에 중점을 둔다. 객체란 절차와 데이터를 하나로 묶어 특정한 작업을 수행하도록 만들어진 것으로 프로그램 도중 특정 작업이 필요할 때에는 그 작업에 해당하는 객체를 복사하여 사용하면 된다. 이와 같이 객체지향 프로그래밍에서는 소프트웨어를 부품처럼 만들어 두었다가 필요할 때 꺼내 쓰면 되기 때문에 개발의 생산성을 크게 높일 수 있게 된다.

객체지향 프로그래밍 언어 중에서 가장 널리 이용되고 있는 것이 C++과 Visual Basic이다. C++은 C 언어에 객체지향 프로그래밍의 장점을 살려 1980년대에 만들어진 언어이다. C와 마찬가지로 C++은 강력하고 효율적인 언어이나 배우기가 어려운 점이 흠이다.

Visual Basic은 1990년대 초 마이크로소프트사에 의해 개발된 언어로 BASIC 프로그래밍 언어를 객체지향 언어로 다시 만든 것이다. Visual Basic은 전문 프로그램 업체에서 많이 사용하고 있으며, 전통적인 프로그래밍 언어에 비해 프로그램 작성시간을 절반 이하로 줄일 수 있다는 장점이 있다.

(2) 인터넷 프로그래밍 언어

웹페이지를 설계하는 데 인터넷과 더불어 특별한 프로그래밍 언어가 사용되고 있다. 이러한 목적으로 사용되는 주요 언어가 HTML (Hyper-Text Markup Language)이다 HTML언어를 사용하는 웹페이지 개발자는 텍스트나 그래픽으로 페이지의 폼을 배치할 수 있고 다른 페이지로 하이퍼링크(Hyperlink)라고 부르는 연결을 제공한다. 개발자는 페이지가 어떻게 포맷되었는지를 나타내는 페이지에서 태그(tag)라고 부르는 간단한 코드를 제공함으로써 이를 수행하게 된다. HTML을 사용하지 않고 웹페이지를 개발하기 위한 소프트웨어가 활용되고 있다. 이를 웹에디터라고 하는데, 이러한 유형의 소프트웨어는 페이지에서 필요한 태그를 자동적으로 설정한다. 나모, 드림위버 등이 여기에 해당한다.

웹페이지에서 사용되고 있는 또 다른 언어인 자바(Java)는 C++과 유사하지만 배우기가 훨씬 쉬운 월드와이드웹(World Wide Web)을 위한 보편적인 프로그래밍 언어이다. 이는 웹 페이지에서 흔히 볼 수 있는 계속 움직이는 애니메이션을 작성하거나, 사용자가 입력한 정보에 근거하여 막대 그래프를 그리기가 쉽다. 자바가 크게 인기를 얻게 된 것은 1995년 초에 넷스케이프사가 웹 페이지에 내장된 자바 프로그램을 실행할 수 있는 네비게이터 2.0 제품을 출시하면서부터이다. 이 웹브라우저는 자바문서를 HTML프로그래머들도 작성할 수 있다는 점이 장점이다. 프로그래머들은 '애플릿'이라 불리우는 자바 프로그램을 개발한 후 자바 컴파일러(compiler) 소프트웨어를 통해 바이트 코드(byte code)라고 하는 기계 프로그램을 생성시킨다. 이 바이트 코드는 HTML 문서 내에서 불러 실행시킬 수 있다. 이러한 기법의 적용으로 프로그램 실행속도가 빨라지고 프로그램 전이성(portability)도 높아지게 되었다.

1.5 컴퓨터의 정보처리

기업이나 조직체의 활동에서 발생하는 데이터를 수집하고 이를 체계적으로 정리 · 처리하여 저장함으로써, 필요한 정보를 추출하여 분배할 수 있도록 하는 것을 정보처리라고 한다.

데이터(data)는 현실세계로부터의 단순한 관찰이나 측정을 통해서 수집된 사실 또는 값을 의미하며, 이러한 사실이나 값이 의사결정에 도움을 주기 위하여 유효한 해석이나 데이터 상호간의 관계로 나타날 때 또는 의사결정에 도움을 주기 위해서 필요한 가공과정을 거쳤을 때, 이를 정보(information)라고 한다.

정보처리의 목적은 가장 정확한 최신의 정보를 적시에 제공함으로써, 한 조직체의 내부적 운영과 외부적 상황에 관련된 유용한 의사결정을 하도록 하는 데 있다. 이러한 목적을 위해 정보처리는 많은 데이터의 저장, 필요한 여러 가지 정보의 요구, 신속한 정보처리 등을 필요로 하므로 컴퓨터에 의한 정보처리가 편리하고 효율적이다. 따라서 정보처리라고 하면, 일반적으로 컴퓨터에 의한 데이터의 자동처리를 의미한다.

이와 같이 오늘날 컴퓨터의 사용이 날로 증대하고 있는 이유 중의 하나는 데이터처리 기능을 컴퓨터가 효율적으로 수행해주고 있기 때문이다. 정보처리는 데이터의 신속하고 정확한 데이터의 입력, 입력된 데이터의 가공과 처리, 생산된 정보의 검색 및 분배가 적절하게 이루어져야 한다.

1.5.1 데이터의 표현

컴퓨터가 처리하는 정보는 문자와 숫자 이외에도 그림, 음성 등 다양한 형태이다. 컴퓨터가 다양한 형태의 정보를 다루기 위해서는 일정한 표현양식이 필요하다. 컴퓨터는 어떤 형태의 정보든 0과 1의 조합에 의해 표현하고 있다. 0과 1은 정보를 표현하는 최소의 단위로 바이너리 디지트(binary digit)라고 하는네, 보통 줄여서 비트(bit)라고 부른다. 이러한 0과 1의 조합은 인간이 사용하는 거의 모든 정보를 표현할 수 있게 해준다. 컴퓨터에서 이진수를 사용하는 이유는 이진수는 전기적인 두 가지 상태를 표현하기가 쉽기 때문이다. 즉, 전등에 불이 켜지거나 꺼진 상태, 카드에 천공이 안되었거나, 천공이 된 상태, 전압이 낮거나 높은 상태, 자화의 방향이 왼쪽이거나 오른쪽인 상태 등에 따라 '0'과 '1'로 쉽게 표현할 수 있다. 비트는 2진수 체계이므로 1비트는 2개(2^1)의 데이터, 2비트는 4개(2^2)의 데이터, n비트는 (2^n)의 데이터를 표현할 수 있다. 이러한 0과 1의 나열은 2진법으로 표현된 수를 의미한다.

8개의 비트를 모아서 바이트(byte)라고 하며, 일반적으로 하나의 문자를 표현하는 기본 단위가 된다. 즉, 시스템에서는 8비트를 기본 단위로 하여 한 개 또는 여러 개를 사용하여 모든 정보를 표현하는데, 이

[표 1-1] 단위의 수치

단위	정확한 수치	대략의 수치
킬로바이트(KB)	1,024 byte	천 byte
메가바이트(MB)	1,045,576 byte	백만 byte
기가바이트(GB)	1,073,741,824 byte	10억 byte

정보의 기본 단위를 바이트(byte)라고 한다. 따라서 한 바이트는 하나의 문자에 해당된다.

일반적으로 컴퓨터의 기억용량이나 저장장치를 얘기할 때, byte를 이용하는데, 우리가 흔히 사용하는 킬로바이트(kilobyte), 메가바이트(megabyte), 기가바이트(gigabyte)를 계산하면 [표 1-1]과 같다.

(1) 숫자 데이터의 표현

숫자 데이터는 사칙연산의 대상이 되는 데이터를 말하는 것으로, 정수 데이터 형식과 실수(부동 소수점) 데이터 형식, 10진 데이터 형식이 있다.

(2) 문자 데이터의 표현

문자 데이터에는 숫자, 영문자, 특수문자, 한글, 한자 등이 있으며, 이들 각각을 구별할 수 있도록 여러 비트를 모아서 조합하여 나타낸다. 이들 문자 데이터의 표현 방식에는 여러 가지가 있는데, 일반적으로 2진화 10진코드(BCD, Binary Coded Decimal), 확장 2진화 10진코드(EBCDIC, Extended Binary Coded Decimal Interchange Code) 등이 있다. 대부분의 컴퓨터에서는 ASCII 코드나 EBCDIC 코드를 사용하고 있다.

(3) 화상 데이터의 표현

화상표시 장치에 화상을 나타내는 방식을 그래픽스(graphics)라고 한다. 화상 데이터의 표현에서는 컴퓨터 화면을 여러 개의 점의 모임으로 보고, 이러한 1개의 점을 픽셀 또는 화소(pixel)라고 한다. 초기에는 이 1개의 픽셀에 대해 '0' 또는 '1'로 나타내어 '0'의 부분은 밝게 하고, '1'의 부분은 어둡게 하여 전체적으로 이미지의 형태가 이루어지게 하였다. 따라서 기억장소에는 한번에 1개의 화면의 모든 점에 대응하는 데이터를 0과 1의 표현으로 기억하고 있다.

그러나 요즈음에서는 이러한 방식에서 좀더 발전하여 1개의 픽셀에 대하여 3개의 비트를 주어, 000에서 111까지 나타내어 각 픽셀에 대하여 화상을 표시하고, 밝기를 조절할 수 있게 되어 더욱 선명하고 다양한 화상을 나타낼 수 있게 되었다.

(4) 한글, 한자 데이터의 표현

한글을 컴퓨터 내부에서 처리하는 방법에는 완성형과 조합형이 있다. 완성형은 완성된 한 개의 글자에 대해서 코드 값으로 표현하는 방법이며, 조합형은 한글을 초성, 중성, 종성을 이루는 자음과 모음에 대하여 코드 값을 할당하여 이를 조합하여 한글을 표현하는 방식이다. 현재는 공업진흥청에서 KSC 5601로 완성형으로 한글을 처리하는 방식을 국가의 표준으로 하고 있다.

한자는 글자 단위로 코드를 지정해야 하고, 문자수가 많기 때문에 ASCII 코드나 EDCDIC코드를 적용할 수가 없다. 따라서 1987년 8월에 공업진흥청에서 발표한 한글과 한자 코드를 완성형으로 사용하고 있다.

1.5.2 정보처리시스템의 형태

정보처리를 위한 여러 가지 시스템의 형태는 다음과 같다.

(1) 일괄처리시스템

일괄처리시스템은 처리할 데이터를 일정 기간이나 일정량이 되도록 수집하여, 이를 일괄적으로 처리하는 방식이다. 이러한 일괄처리시스템은 초기에 고가의 컴퓨터의 효율을 높이기 위하여 사용되었던 방식으로서, 수집된 데이터가 주컴퓨터에 의하여 일괄적으로 처리된다.

일괄처리시스템은 작업당 단위 처리비용이 적게 들고, 수집된 데이터가 일괄적으로 처리되어 컴퓨터 시스템의 생산성이 매우 높다는 장점이 있다. 그러나 일정 기간이나 일정량의 기간이 지난 다음에야 처리가 가능하므로 즉각적인 응답이 어려우며, 일괄처리를 하는 데 여러 가지의 준비 작업을 해야 하는 단점이 있다.

(2) 실시간처리시스템

실시간처리시스템은 일괄처리에서 필요했던 처리 준비작업이 없이 필요한 정보를 주어진 시간 내에 즉시 처리하는 방식으로, 온라인(on line)처리시스템이라고도 한다. 온라인시스템은 입력 자료가 그 발생원으로부터 직접 컴퓨터로 들어가며, 출력 자료가 사용되는 곳으로 직접 전달되는 시스템으로서 자료가 최초로 수집된 때부터 컴퓨터에 의해 최종 처리될 때까지 사람의 개입 필요성을 배제한 시스템을 말한다. 이에 비해 오프라인(off line)은 어떤 주변기기의 작동이 해당 시스템의 중앙처리장치의 제어하에 있지 않고 처리되는 형태이다. 데이터가 실시간으로 처리되기 위해서는 주컴퓨터 외에도 원격 터미널과 주컴퓨터 사이에 정보를 신속히 주고받을 수 있는 통신장치가 있어야 한다.

온라인처리시스템의 장점은 일괄처리와는 달리 데이터처리를 위한 사전준비 단계가 절약되고, 데이터처리의 회전주기가 단축된다. 단점으로는 통신제어장치와 많은 원격 단말장치의 연결로 인하여 구조가 복잡하고, 유지 보수 및 회복이 어렵다. 또한 데이터가 발생하는 즉시 처리하기 위한 계속적인 시스템 가동으로 작업당 데이터 처리비용이 많이 든다.

(3) 시분할처리시스템

시분할처리시스템은 중앙에 주컴퓨터를 설치하고 주위에 원격 터미널을 설치하여, 주컴퓨터는 각 원격 터미널에 일정한 처리시간을 순서적으로 할당하며, 원격 터미널은 할당된 시간 안에 주컴퓨터를 이용하여 데이터를 처리하는 방식이다.

터미널 사용자는 마치 주컴퓨터를 혼자서 사용하는 것과 같은 데이터 처리를 수행하며, 이 때 처리하는 일은 주컴퓨터의 지시와는 관계없이 각자 임의의 업무를 처리할 수 있다. 이러한 시분할처리시스템은 용량이 큰 컴퓨터가 다수의 사용자를 가질 수 있는 장점이 있어서 현재 많이 이용되고 있다.

(4) 분산처리시스템

분산처리시스템은 각 지역에 컴퓨터를 설치하고, 이를 통신회선으로 연결하여 데이터를 발생한 그 지역에서 처리하는 동시에 타 지역이 데이터가 필요하면 통신회선을 이용하여 즉시 처리하는 방식이다. 이 시스템은 분산처리기, 네트워크, 분산데이터베이스 등으로 구성된다.

분산처리기는 그 지역에서 발생하는 데이터를 독점적으로 처리하는 지역 처리기로, 그 데이터들은 완전히 처리하거나 또는 일부만 처리하고, 처리 불가능한 부분은 다른 처리기에서 처리하여 결과를 종합하기도 한다. 이러한 지역 처리기로는 보통 소형 컴퓨터를 많이 이용하고 있다. 네트워크는 각 지역 처리기들을 통신회선으로 연결하여 다른 처리기의 자원까지도 공용할 수 있도록 해주는 시스템을 말하는 것으로, 모든 지역 처리기는 특정의 통신규약에 따라 통신하게 된다.

분산데이터베이스는 데이터가 지리적으로 분산되어 있는 데이터베이스를 말하는 것으로, 이 데이터들은 가장 많이 사용되는 지역의 처리기에 저장되어 있다. 네트워크 내의 모든 데이터들은 분산 · 저장되어 있지만, 하나의 데이터베이스로 취급되어 어떤 지역 처리기에서도 서로 이용할 수 있다.

분산처리시스템은 현지 문제에 대한 신속한 파악과 조치가 가능하고 책임 구분이 용이하며 새로운 지역에 대한 시스템 확장이 용이하다는 장점이 있으나, 시스템 고장시 회복이 매우 어렵다는 단점이 있다.

현재로서는 가격이 저렴하고, 신뢰성과 융통성이 있는 소형 컴퓨터와 통신망의 출현으로 대부분이 분산처리시스템 체제로 전환하고 있으며, 특히 업무를 지리적으로 분산하여 처리하고 있는 은행의 경우 이 시스템이 많이 활용되고 있다.

■■ 요 약

본 장에서는 경영정보시스템을 구성하고 있는 정보기술 중에서 가장 기본이 되는 컴퓨터에 대한 이해와 컴퓨터의 정보처리에 대해서 설명하였다.

컴퓨터란 사용자로부터 데이터를 입력받아 이를 처리하고 그 결과를 돌려주는 기능을 가진 기계로 정의할 수 있는데, 컴퓨터라는 기계는 그 자체가 그러한 작업을 자동적으로 수행하는 것이 아니라, 어떤 데이터를 입력받아, 어떻게 처리하고, 어떠한 형태로 결과를 출력해 내느냐 하는 데이터 처리과정은 컴퓨터라는 기계에 따로 심어져 있어야 한다. 즉, 컴퓨터는 기계적인 부분인 하드웨어(H/W, hardware)와 기계적 장치를 동작시키는 소프트웨어(S/W, software)로 구성되어 있다. 컴퓨터는 정보를 처리하기 위하여 입력(input), 기억(memory), 연산(arithmetic & logical), 제어(control), 출력(output)의 5가지 기능을 수행하고 있으며, 자동성, 신속성, 정확성, 대용량성, 범용성 등의 특징을 가지고 있다. 컴퓨터는 데이터 처리와 인간의 의사결정에 유용한 도구로 사용되고 있으며, 그 이용범위를 넓혀가고 있다. 컴퓨터 하드웨어는 마우스 · 키보드 · 음성인식 · 스캐너 등과 같은 입력장치, 주기억장치 · 제어장치 · 연산장치로 구성된 중앙처리장치, CRT · 액정모니터 · 프린터 · 음성출력장치 등과 같은 출력장치, 디스크 · 하드디스크 · CD-ROM · DVD 등과 같은 보조기억장치로 구성되어 있다. 프로그램 작성시에 사용하는 프로그래밍 언어에는 기계어를 의미하는 1세대 언어, 어셈블리어와 같은 2세대 언어, C · FORTRAN · COBOL · BASIC과 같은 고급언어인 3세대 언어, SQL과 같은 비절차언어인 4세대 언어, 자연언어인 5세대 언어로 구분한다. 그리고 C++, Visual Basic과 같은 객체지향 프로그래밍 언어와 HTML, JAVA와 같은 인터넷 프로그래밍 언어도 있다. 컴퓨터의 데이터처리 방식으로는 0과 1로 표현하는 2진법을 기본으로 해서 숫자 데이터, 문자 데이터, 화상 데이터 등을 표현하고 있으며, 이러한 데이터 처리방식에 따라서 일괄처리시스템, 실시간처리시스템, 시분할처리시스템, 분산처리시스템으로 구분할 수 있다.

∷ 연습문제

1. 시스템 소프트웨어와 응용 소프트웨어의 차이를 설명하시오.
2. 1킬로바이트는 대략 몇 바이트 정도 되는가?
3. 컴퓨터는 하드웨어와 소프트웨어로 나누어지는데, 각각은 다시 어떻게 분류되며, 해당되는 예들을 열거하시오.
4. 컴퓨터를 구성하는 장치들과 각각의 기능에 대해서 설명하시오.
5. 시스템 소프트웨어의 의미와 역할에 대해서 설명하시오.
6. 컴퓨터의 정보처리 형태에 대해서 설명하시오.

"디지털 주사기로 병원위기 넘긴다!!"

전사적자원관리(ERP) · 데이터웨어하우스(DW) · 고객관계관리(CRM) 등 정보기술(IT) 인프라로 인해 병원이 달라지고 있다.

국내 주요 대형병원들이 원무 및 처방전달시스템(OCS), 의료영상저장전송시스템(PACS), 전자의무기록(EMR) 등 병원업무 개별 프로세스의 정보화에만 주력하던 이전과는 달리 전체업무 프로세스를 통합하고 종합적으로 분석하는 경영차원의 접근을 시도하고 있는 것이다. 의료개방화에 대비하고 악화되는 수익성 구조개선을 위해서는 진료 프로세스 중심의 정보화에서 탈피, IT를 통한 총체적 접근이 필수적이기 때문이다.

이에 따라 신규 병원 개원을 준비하는 중앙대학교의료원, 건국대병원의 전체 의료정보시스템 아키텍처에서 ERP, DW 등이 중요한 위치에 포진해 있을 정도다. 이미 일산병원 · 명지병원 · 아산병원 등은 DW를, 전북대병원은 ERP를 구축했으며, 서울아산병원도 뉴소프트기술과 공동으로 2차 ERP 개발에 착수한다.

◇ 병원 디지털화 현황을 살펴보면, 최근 대대적으로 병원 디지털화를 추진하는 곳으로 가천의대 길병원 · 연세의료원 · 중앙대의료원 · 건국대병원 등을 꼽을 수 있다. 연세의료원은 2004년 7월9일 유비쿼터스 호스피털 프로젝트 착수보고회를 갖고 내년 4월을 목표로 ERP 및 DW 구축에 나섰다. DW를 통해 기존 시스템의 연구자료와 통계지원의 한계를 극복해 축적된 데이터를 체계적으로 활용하자는 것이 주요 목표다.

중앙대학교 의료원도 그 동안 데이터 통합에 문제점이 있다고 판단, DW 부문에 집중적으로 투자하고 있다. 건국대병원은 2005년 8월 새 병원 개원에 맞춰 우선적으로 ERP를 도입하기로 결정한 데 이어 OCS 등으로 데이터가 쌓인 이후 DW를 구축한다는 계획이다. 길병원도 전략경영을 실현한다는 차원에서 병원업계에서는 처음으로 전체 모듈의 ERP를 구축하는가 하면 DW, CRM 등 모든 분야에 걸쳐 총체적인 투자를 진행하고 있다.

◇ 병원업계에서 정보시스템을 도입하는 원인을 살펴보면, 병원업계가 OCS 등 진료 프로세스 중심의 정보화에서 IT투자를 병행하게 된 것은 무엇보다 의료개방화에 따른 무한경쟁시대에 대한 부담감 때문이다. 또 갈수록 깊어지는 수익성 악화를 극복하기 위한 경영차원의 접근이 필요해진 것도 한 이유다. 과거와 달리 고객을 기다리는 것이 아니라 직접 찾아가야 하는 상황에서 다른 병원과의 서비스 차별화를 위해서는 IT의 차별화가 무엇보다 필수적이라는 것이다. 특히 기존 경영진의 감각적인 경영보다는 체계화된 데이터를 통한 경영에 대한 요구도 늘어나고 있다.

가천의대 길병원의 디지털화 총괄책임자는 "외국시장 개방과 급변하는 IT환경에 대응하기 위해서는 회계 부문 등 전체 병원경영 체계를 글로벌 표준화에 맞추는 것이 시급하다"고 말했다. 이에 따라 그간 OCS 등으로 축적해 온 자료를 체계적으로 활용하자는 움직임도 일고 있다. 중앙대의료원의 의료정보 개발 총괄책임자는 "그 동안의 데이터 개더링에 한계를 느껴 DW나 데이터 마트를 구축할 수밖에 없을 것"이라고 설명했다.

◇ 아직도 많은 병원들이 ERP나 DW보다는 병원업무에 직접 연관되는 솔루션 도입에 관심을 보이고 있는 것이 현실이다. 성공적인 구축 사례가 부족한데다 투자에 대한 부담감도 만만치 않기 때문이다. 하지만 병원정보시스템실 관계자들은 경영정보 솔루션의 확산 · 도입은 지속될 수밖에 없을 것으로 단언한다. 대학병원정보협회 회장은 "아직까지 일부 대형병원에서 ERP나 DW를 추진하고 있는 것처럼 보이지만 실제로 대부분의 병원이 내부적인 검토를 했을 것"이라며 "이러한 추세가 주류를 이룰 것"으로 전망했다. 이에 따라 솔루션 공급업체들의 움직임도 활발하다. 실제 삼성SDS, LG CNS, 현대정보기술 등 주요 시스템통합(SI) 업체들은 올해 들어 중앙대병원, 길병원 등 대형 병원과 계약을 맺고 ERP, DW를 포함한 의료정보시스템 구축에 주력하고 있다. 최근 디지털병원세미나를 개최한 한국IBM도 병원 관계자와 의료컨설팅업체 및 솔루션업체들로 구성된 헬스케어 버추얼 전담팀을 구성해 의료업계를 공략하고 있다.

출처: 전자신문, 2004년 7월 16일자

■ 사례 연습문제

병원 업계의 정보시스템 도입 및 디지털화의 근본적인 이유는 무엇인가?

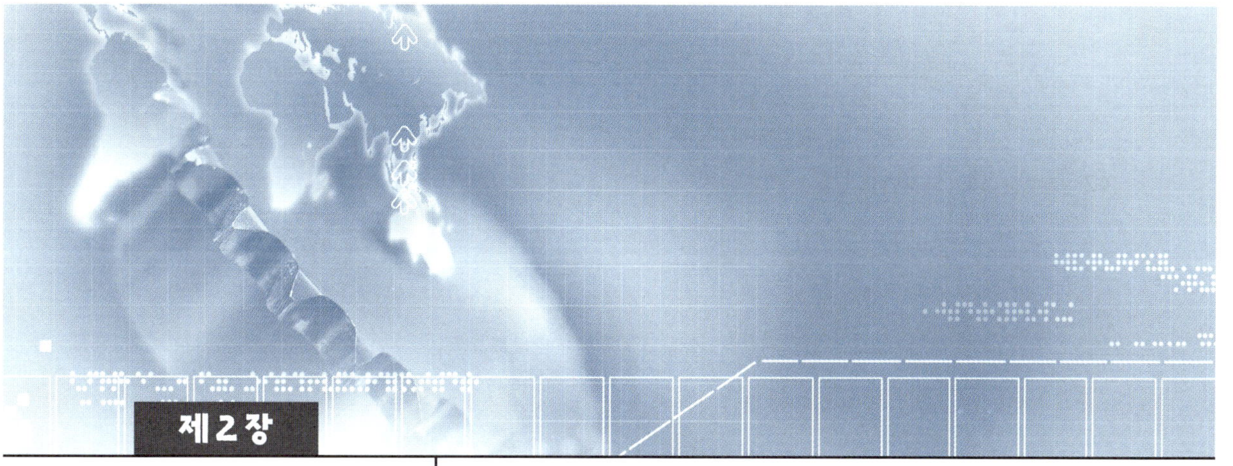

제 2 장

MIS의 개념

오늘날 기업에서 경영정보시스템(Management Information Systems: MIS)은 전략적인 위상을 갖고 있다. 급격하게 변화하는 경영환경에서 기업이 생존을 하려면 정보기술을 전략적으로 활용을 하여야 한다. 기업은 정보기술을 이용하여 조직, 프로세스 및 기능을 변화시킬 수 있고 또한 시장과 고객의 변화를 예측할 수 있다.

기업에 근무하는 임직원들이 MIS에 대하여 언급을 하지만 올바른 MIS의 개념을 이해하고 있는 경우는 매우 적은 것 같다. 정보화, 전산화, 정보기술의 활용, 전사적 자원관리(Enterprise Resource Planning: ERP) 패키지의 도입, 전략적 정보시스텝(Strategic Information System: SIS)의 두입, 의사결정 지원시스템(Decision Support System: DSS) 도입, 고객관계 관리(Customer Relationship Management: CRM)시스템 구축 등 많은 용어들이 언급되는데, 이들이 MIS와는 어떠한 차이가 있는 것인지 이해할 필요가 있다.

본 장에서는 MIS의 개념을 정의하고 MIS의 구조를 설명하고자 한다. 또한, 경영과 정보기술 패러다임의 변화를 살펴보고 정보기술의 발달에 의한 MIS의 발전과정을 언급하고자 한다.

2

MINI CASE

사례로 알아본 MIS 개념 및 정리

구영소 과장은 S가구회사의 시스템 분석가이다. 김동용 부장은 시스템 개발부의 책임자로서 구 과장의 보고를 받는 위치에 있다. 김 부장과 구 과장은 정보시스템 장기계획 수립을 위한 기본적인 접근방법에 대하여 고민하고 있는 중이다.

S가구의 현행 정보시스템 수준은 부서별 업무 담당자가 본인의 담당 업무를 효율적으로 처리하기 위하여 하위시스템별로 개발하거나, 패키지를 구매하여 사용하고 있다. 회계시스템의 경우 패키지를 사용하기 때문에 다른 하위시스템으로부터 전표들이 자동으로 인터페이스 되지 않아 회계 전표담당자는 많은 업무부담을 가지고 있다. 또한 회계시스템 중에서 원가관리시스템은 원가계산을 위한 기초 자료들이 구매, 생산, 인사, 영업 관리시스템에서 원부재료 수불실적, 인건비 사용내역, 제품 재공품 생산실적, 제조비용 등이 자동으로 집계되어야 하지만, 여러 종류의 컴퓨터에서 개발되거나, 패키지를 사용하고 있어서 원가 기초자료 집계에 많은 어려움을 갖고 있다. 그리고 업무적으로도 영업관리의 제품 수불 시스템의 경우 제품 수불이 제품 종류별로 이루어지고 있어서, 제품규격의 원가계산 단위인 원가관리 시스템에서는 사용하기 어려운 구조로 되어 있다. 이런 상황 때문에 구 과장은 현업의 원가관리 시스템 개발 요구를 진행하고 있지 못하는 형편이다. 경영진을 위한 정보시스템의 경우 하위시스템이 여러 종류의 프로그램과 패키지로 운영되고 있어서 구축이 어려운 상황이다.

그러나 경영진에서는 지금까지 필요한 투자를 많이 했는데 MIS는 왜 경영 의사결정을 위하여 필요한 정보가 제공되지 못하는지 불만을 가지고 있다. 이것에 대하여 김 부장은 현행 시스템에 필요한 부분만 보완하여 경영자가 원하는 정보를 산출하도록 구 과장에게 지시하였다. 그러나 구 과장은 정보시스템에서 정보의 흐름은 하위시스템에서 발생된 금액과 수량 정보들이 회계시스템이나 EIS에 자동으로 인터페이스 되어야 한다고 주장한다. 그러나 현재는 여러 하위 업무에서 필요에 의해 개발되어서 통합 시스템으로 구축하기가 불가능하다고 말하고 있다. 일시적인 방편으로 필요 정보를 산출하더라도 장기적인 관점에서는 새롭게 통합 시스템을 개발하는 것보다 더 많은 비용이 소요된다고 생각하고 있다. 따라서 구 과장은 새로운 MIS 개발 이전에 회사의 비전과 경영 목표에 맞도록 업무 프로세스를 재설계하고, 이것을 바탕으로 정보시스템 설계와 개발이 필요하다고 주장하고 있다. 게다가 새로운 정보기술을 이용하여 각 업무 부문을 전략적인 시스템으로 유도하여야 한다고 주장하고 있다.

2.1 MIS 개념과 정의

2.1.1 MIS 개념의 등장

오늘날 모든 기업은 경영과 정보기술의 집합체인 MIS를 갖고 있다. 기업에서 자료를 수집하여 의사결정에 필요한 정보를 산출하는 모든 집합체를 MIS라고 정의할 수 있다([그림 2-1] 참조). 즉, 기업경영에 필요한 정보를 제공하기 위하여 자료를 수집하여 처리할 수 있는 조직 내의 집합체를 뜻한다.

예컨대, A부서의 회계담당자가 손익계산서를 작성하기 위해서는 생산 및 구매부문 등에서 필요한 자료를 추출하여 계산한 후 손익계산서의 적합한 항목에 계정을 할 것이다. 이 때 손익계산서를 작성하기 위하여 관여하고 동원된 모든 것—조직 내의 인력, 기구, 자본, 프로세스, 정보기술 등—이 MIS이다.

기업의 임직원은 문제해결에 필요한 방법, 절차, 기구 혹은 모델 등을 이용하여 정보를 산출한다. 이러한 문제해결 방법 및 절차 등을 자동화시킴으로써 임직원은 신속하고 정확한 정보를 제공받아 보다 효율적이고 효과적인 의사결정을 내릴 수 있는 것이다. 자동화의 주역은 컴퓨터의 하드웨어와 이를 제어·통제하고 활동하게 하는 모든 형태의 프로그램인 소프트웨어, 그리고 데이터베이스 및 네트워크, 또한 최근에는 인터넷 정보기술 등이다.

[그림 2-1] 경영정보시스템

임직원은 조직 내에서 업무수행, 경영관리, 분석 및 의사결정 기능을 지원하는 데 필요한 정보를 제공받기 위해 컴퓨터 시스템을 이용하게 된다. 필요한 정보를 적시에 제공받기 위해서 정보시스템은 조직 전체적으로 결합되어 있어야 하며 컴퓨터 하드웨어와 소프트웨어는 물론, 분석, 계획, 통제 및 의사결정에 필요한 모델, 그리고 데이터베이스 등을 이용해야 한다. 조직 전체적으로 결합되었다는 의미는 하나의 거대한 구조가 아닌 하위 부분들이 통합될 수 있게 설계된 것을 의미한다. 여기서 임직원은 사용자를 뜻하며 사용자는 컴퓨터(기계)와 상호작용을 통해 정보를 산출하게 된다.

개념적으로, 경영정보시스템은 컴퓨터 없이도 존재할 수 있으나 실제는 컴퓨터 없이 실행이 불가능하다. 따라서, 문제는 컴퓨터가 경영정보시스템에 어느 정도 사용되고 있는가 하는 것이다. 사용자-기계시스템의 개념은 어떤 과업은 기계에 의해서, 어떤 과업은 인간에 의해서 더 잘 수행될 수 있다는 사실에 기초한다. 여기서 사용자란 데이터 입력, 시스템 운영, 출력의 활용에 관계된 모든 사람을 지칭한다. 사용자와 컴퓨터는 양자간 일련의 상호작용을 통해 결과가 얻어지는 통합된 시스템을 형성한다.

컴퓨터를 기초로 하는 사용자-기계시스템의 특성은 시스템 개발자와 사용자 모두가 알아야 할 요구사항에 영향을 준다. 즉, 컴퓨터를 기초로 한다는 의미는 경영정보시스템 설계자가 컴퓨터 활용에 관한 지식을 갖고 있다는 뜻이고 사용자-기계 상호작용의 개념은 시스템 설계자가 정보 처리자로서 인간의 능력과 정보 사용자로서의 인간행위를 이해해야 하는 것을 의미한다.

2.1.2 MIS 정의

MIS는 경영시스템에 정보기술이 도입될 때 조직이라는 변수에 의하여 구현 가능한 함수로 표현될 수 있다. 즉, MIS를 다음과 같이 표현할 수 있다.

$$\text{MIS} \leqq f\text{조직(경영시스템, 정보기술)}$$

경영시스템은 임직원, 업무활동, 프로세스, 조직구조, 제도 및 규정, 조직문화 등으로 구성된다. 기업은 정보기술을 활용하여 전략적인 비교우위를 가져가려고 한다. 정보기술을 활용하여 영업부문에서 생산공정을 통제할 수 있으면 고객에게 제안한 납기를 준수할 수 있게 된다. 경영시스템에 정보기술이 접목됨으로써 정보시스템이 구현되는 것이다.

정보기술은 통합과 24시간 언제 어디서나 연결하여 주는 능력을 제공한다. 신속하고 정확한 정보 제공 능력도 갖게 해주는데 이를 위해서는 경영시스템과 정보기술이 조화롭게 접목되어야 한다.

기업에서 구현되는 MIS의 수준을 높게 하기 위해서는 정보기술 활용 능력을 높여야 하고 이를 위해서는 경영시스템의 고도화 작업이 선행되어야 한다. 예컨대, 프로세스를 단순화하기 위하여 프로세스 리엔지어링 기법을 이용하여 업무 및 조직 혁신을 할 수 있고 제도와 규정도 변화시켜야 할 필요가 있다.

모든 기업조직은 MIS를 보유하고 있으며 이는 수준의 문제이다. MIS는 최고경영자의 경영철학 및 리더십에 의해서 수준이 결정될 것이다. 최적화된 경영시스템에 조화롭게 정보기술을 접목시킬 때 최고 수준의 MIS를 구현할 수 있을 것이다.

2.1.3 MIS 개념의 발전

각 회사는 자사에 독특한 정보산출 구조를 갖고 있으며 이러한 구조가 정보기술을 이용하여 자동화 체제로 전환될 필요가 있다. 기업의 경영환경이 급변하면서 생존 및 성장의 한 수단으로써 정보산출 구조를 재편성하여 보다 효율적이고 효과적으로 활용해야 할 필요성이 대두되고 있다.

국내에 MIS 개념이 도입되던 초기에 많은 사람들은 MIS를 고도로 통합된 거대한 단일 시스템으로 인식하고 있고, 조직 내의 모든 기능들이 하나의 통합된 정보시스템 안에서 동시처리가 가능해야 하는 것으로 생각하였다. 그러나 이러한 거대한 단일시스템은 이론적으로는 가능하지만 실무적으로는 너무 복잡하여 실제 적용이 불가능한 것이므로 급기야 "MIS는 허상이다(MIS is a Mirage)"라는 회의론이 존재하는 실정이다.

그러나 1970년대 중반 이후 MIS 분야의 기술적 발전과 대상업무 내용의 확장에 따라 MIS의 구체적 포괄내용은 질적·양적으로 발전되었다. G. Davis & M. Olson 등의 여러 연구자들에 의해서 MIS 개념은 실무적 차원에서 재정립되었고, MIS는 이를 구성하는 하위 시스템들의 총합으로(MIS as a federation of subsystems) 정의되어, 이에는 DP, DSS, EIS 등이 포함되는 것으로 이해되고 있다.

[그림 2-2]는 MIS 개념을 포괄적으로 보여주는 그림이다. MIS는 DP와 DSS를 포괄하는 개념으로 정의될 수 있다.

정보시스템에 대한 일치된 이론은 없으나 시스템 사용자나 설계자는 정보시스템에 대한 개념적인 모델을 필요로 한다. 본 절에서는 Anthony, Simon & Gorry-Scott Morton의 이론을 소개하고자 한다.

[그림 2-2] 조직계층별 업무특성

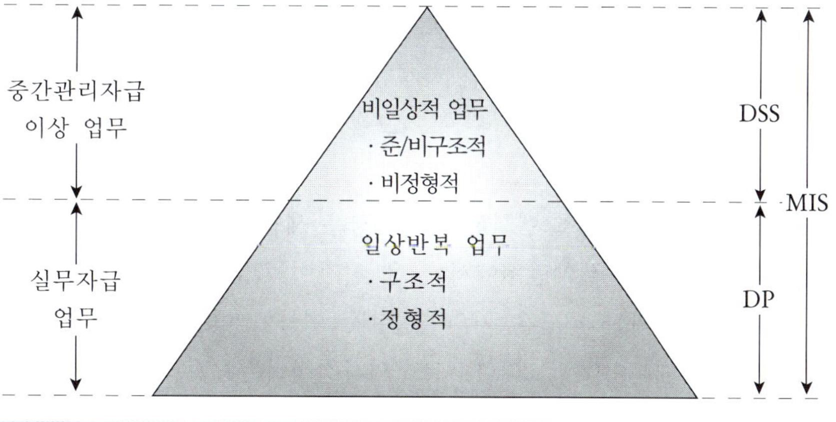

(1) Anthony

Anthony에 의해 제시된 준거 틀은 여러 가지 다른 유형의 의사결정에는 여러 가지 다른 유형의 정보가 요구된다는 사실에 기초한다. Anthony가 제시한 3가지의 의사결정유형은 다음과 같다.

① 전략적 계획은 조직의 목표를 설정하는 과정이며, 이들을 달성하기 위한 수단이다. 따라서, 계획자는 환경과 조직 간의 관계에 초점을 맞추어야 한다.

② 경영통제의사결정은 관리자가 전략적 계획과정에서 설정된 목표를 달성하는 데 필요한 자원을 획득하여 효율적이고 효과적으로 사용하기 위한 과정을 뜻한다.

③ 업무통제의사결정은 특정한 업무를 효율적이고 효과적으로 수행하도록 확인하는 과정이다.

(2) Simon

Anthony는 의사결정활동의 목적에 관심을 가졌고 Simon은 문제해결의 방법 및 기법들에 관심을 가지고 있었다. Simon은 의사결정의 유형에는 프로그램화가 가능한 것과 그렇지 못한 것의 두 가지가 있다고 제안하고 있다. 프로그램화된 의사결정은 일상적(routine)이며 반복되는 경향이 있다. 즉, 어떤 특정한 절차는 그 상황이 일어날 때마다 반복적으로 적용될 수 있다. 프로그램화된 의사결정은 설계단계에서 시간이 적게 요구된다.

반면, 비프로그램화된 의사결정은 새롭고 비구조적이다. 이러한 의사결정에서는 설계단계에서 많은 시간이 필요하다. 비프로그램화된 의사결정에 대한 해답은 거의 없는데, 이들이 이전에는 나타나지 않았던 것이기 때문이다. 그러나 어느 의사결정이든지 위에서 언급한 두 가지 중 하나에 극단적으로 치우치지는 않는다. 조직에서 내려야 하는 의사결정들은 프로그램화된 것과 비프로그램화된 것 사이의 연속선상의 어딘가에 속하게 될 것이다.

여러 유형의 의사결정 기법들은 그 기법에 적합한 각각의 문제들을 해결할 수 있다. 프로그램화된 의사결정은 전통적으로 습관이나 사무처리절차, 혹은 다른 적합한 수단들에 의해 이루어졌다. 프로그램된 의사결정을 해결하기 위하여 수학적 모델링, 시뮬레이션 등의 기법이 활용되어 왔다.

비프로그램화된 의사결정은 판단이나 직관, 경험을 통해서 해결되는 경향이 있다. 비프로그램화된 의사결정에 대한 해결방법들에는 컴퓨터를 이용한 자료분석프로그램, heuristic 기술을 위한 의사결정자의 훈련, heuristic 프로그램 등이 포함된다.

(3) Gorry-Scott Morton

Gorry와 Scott Morton(1971)은 Anthony와 Simon의 연구결과를 종합하여 정보시스템을 위한 매우 흥미 있는 틀(framework)을 개발했다. 그들의 노력한 결과가 [표 2-1]에 나타나 있다. 이 matrix는 Anthony의 운영통제에서 전략적 계획에 이르는 의사결정 유형들을 구조적인 단계에서 비구조적인 단계로 분류하고 있다.

구조적인 의사결정은 탐색 · 설계 · 선택의 의사결정 단계들이 구조화되어 있고 비구조적인 문제는 3단계 모두가 비구조화되어 있으며 양자간에는 준 구조적 문제들이 존재한다는 것이다. matrix 안의 내용은 조직 내 의사결정 유형들의 예이다.

[표 2-1]에서 보듯이 기존 대부분의 정보시스템들은 구조적이고 운영 통제적인 분야의 문제들을 해결하는 것으로 나타나고 있다. 대부분

[표 2-1] Gorry-Scott Morton의 준거 틀

분 류	운영통제	경영통제	전략적 계획
구조적	주문처리 외상매출처리	예산 종업원 보고서	창고위치 운송방식의 혼합
준구조적	재고통제 생산계획	변화분석	신제품 도입
비구조적	현금관리	종업원 관리	연구개발을 위한 계획

의 조직에서 이러한 문제들은 유사하며 매우 쉽게 이해될 수 있는 것들이다. 비용절감을 예측하고 성취하기 위한 의사결정을 메커니즘하는 것은 이보다 덜 구조적인 의사결정을 메커니즘화 하는 것보다 용이하다.

조직에 대해 가장 결정적인 영향을 가지는 의사결정들은 매우 비구조적인 특성을 갖고 있다. 비구조적 문제들을 위한 시스템의 개발은 중요한 과제이며 구조적 문제들을 위한 시스템의 개발보다 실패할 위험도가 높다. 비구조적 의사결정의 목표나 설계기술들은 구조적 의사결정의 그것들과 다르다. 구조적인 경우에, 정보시스템의 목표는 일반적으로 정보처리를 향상시키는 것이지만 비구조적인 정보시스템의 목표는 조직의 목표달성능력을 향상시키고 의사결정자의 정보력을 제고시키는 것 등이다.

Gorry-Scott Morton모델과 같은 틀(framework)은 여러 가지 다른 종류의 시스템들을 연구하는 데 있어서 우리의 사고에 도움을 줄 수 있다. 즉, 어떤 시스템이 어떤 종류의 관리지원을 제공하며 문제의 특성이 무엇인지 등과 같은 질문을 통하여 대상시스템을 파악하게 된다. 시스템의 유형에 따라 개발 수행 전략들도 달라질 수 있다. 구조화된 거래처리시스템을 설계하는 일은 회사의 전략계획을 세우는 데 사용할 모델을 구축하는 일과는 다른 것이다.

MIS는 Gorry-Scott Morton의 준거 틀에서 제시할 수 있는 모든 종류의 정보시스템을 일컫는다고 정의할 수 있다.

DSS는 의사결정권자의 의사결정을 지원하는 시스템으로 통상 업무계획작성, 문제해결을 위한 여러 가지 대안들을 분석하고 해결방안을 모색하는 등의 업무수행에 활용된다. DSS에는 여러 개의 의사결정모형이 있어 불확실한 상황에 대비하여 의사결정권자의 문제해결을 용이하게 도와 주며 사용자와는 대화식으로 응답할 수 있게 설계되어 있는 것이 특징이다.

Gorry-Scott Morton의 틀에 의하면 DSS는 준구조적인 문제의 특성을 해결하는 중간관리자급 이상의 의사결정을 내리는 각 단계를 지원하는 시스템으로 정의할 수 있다. DSS의 설계자는 기술적으로 유능해야 할 뿐만 아니라 의사결정자들을 관찰하고, 이해하고 철저히 파악할 수 있어야 한다. 복잡하고 집중화된 모델보다 쉽게 이해할 수 있고, 설치할 수 있는 작고 간단한 모델이 더 강조된다. DSS의 개발절차는 점점 전개해가면서 최종 사용자의 폭넓은 참여를 필요로 한다.

1980년대 중반부터 미국의 많은 기업들은 정보시스템을 그들의 경쟁업체들에 비하여 우위를 차지하기 위한 수단으로 간주하기 시작했다. 경영계획과 통제를 지원하기 위하여 정보시스템의 활용을 통해 기업은 더 효과적이고 효율적인 경영을 추구해 왔지만 경쟁적 우위를 얻기 위해 정보시스템을 사용하는 것에 대한 강조는 새로운 것이다.

몇몇 큰 기업들은 정보기술의 전략적 사용을 통하여 경쟁적 우위를 획득했다. 예를 들어, American Airlines의 Sabre시스템은 항공사의 운항일정을 제공하는 예약시스템으로써 예약취급사가 항공편을 체크할 때 자사의 운항일정이 우선 제시되도록 설계되어 있다. 따라서 예약 취급 회사들은 American 항공편에 승객들을 예약할 가능성이 더 많이 있다.

기업이 전략적 우위를 차지할 수 있는 기본적인 전략행동으로 차별화, 비용절감, 혁신, 성장 그리고 동맹의 형성을 들 수 있다.

또한 1980년대 중반 이후 PC가 보급되면서 최종사용자 컴퓨팅 개념이 MIS의 구조나 설계에 영향을 미쳤다. 사용자가 직접 데이터에 접근하고, 모델을 개발하고, 정보처리를 수행할 수 있도록 하는 개념이다. 이와 같은 발전은 컴퓨터 처리능력의 증대와 기술비용의 절감으로 가능하게 되었다. 많은 조직에서 MIS의 기능은 정보자원의 중앙집중적 통제로부터 사용자 스스로 정보시스템의 개발과 운영을 통제할 수 있도록 지원하는 방향으로 변화되었다.

1990년대 중반부터 국내기업에도 ERP가 도입되기 시작하였다. 해외에서는 1980년대 하반기부터 Y2K문제를 해결하기 위하여 ERP에 투자를 시작하였지만 국내 기업들은 정경유착과 관치금융의 그늘에서 벗어나 경영관리를 제대로 하기 위한 수단으로 ERP를 찾게 되었다.

동시에 인터넷 기술이 급격하게 상용화되면서 Extended ERP의 개념인 CRM, SCM에도 국내 기업들이 투자를 하고 있다.

2.2 MIS의 구조

MIS는 개념적 구조와 물리적인 구조로 구성된다. 이 구조를 MIS의 의사결정지원, 경영활동, 조직기능의 측면에서 설명한다.

2.2.1 의사결정을 위한 MIS 지원

(1) 의사결정

경영관리자가 조직체에서 업무를 수행하는 데 여러 문제에 봉착하게 되는데, 이들을 해결하기 위해서는 문제해결에 가장 적합한 방안을 모색해야 한다. 여러 방안을 비교 분석한 후 문제해결을 위한 최적의 방안을 선정하는 행위가 의사결정이라고 할 수 있다. 일반적으로 정보시스템은 의사결정을 지원하기 위한 것이라고 정의되어 왔다. 정보가 어떻게 사용되는지 알기 위해서 의사결정 과정을 검토할 필요가 있다.

(2) 문제발견 및 해결

경영관리자는 의사결정을 하기 전에 문제를 인식하여야 한다. 의사결정자의 생각과 현 상태가 다를 때 문제가 발생된다. 예를 들어, 매출액이 기대치 이하일 때 문제가 나타나게 된다. 경영관리자는 이상적인 모델과 현실 간의 차이가 발견되면 그 차이를 제거하기 위한 방법을 모색한다. 문제의 존재를 파악한 다음 의사결정자는 그 원인을 도출해야 한다. 예컨대, 재고의 누적 또는 과대한 광고 예산과 같은 문제가 발생하였을 때 의사결정자는 이러한 상태를 해결하기 위한 조치를 강구하려고 한다. 경영관리자는 문제를 예측하고 이를 해결하기 위한 방안을 계획하게 된다.

(3) 의사결정단계

문제의 발견과 해결에 있어서 의사결정자는 끊임없이 의사결정 사이클에 접하게 된다. 문제의 본질은 무엇이고 원인은 무엇인가? 어떠한 추가적 자료가 필요하며 어떻게 하면 해가 충족되는가? 문제해결을 위한 이러한 주요 단계들은 문제해결을 위한 의사결정을 제시하여 준다.

의사결정은 구조적 측면에서 여러 가지로 다양하다. 구조적인 의사결정은 미리 계획되고 명시될 수 있는 반면, 비구조적인 의사결정은 그렇지 못하다. 구조화된 의사결정은 명확한 의사결정 규칙이 사전에 명시될 수 있다는 의미에서 프로그램이 가능하다고 할 수 있다. 이것은 프로그램이 가능한 의사결정들이 자동화될지라도 반드시 의사결정이 자동화된다는 것을 의미하는 것은 아니다. 비구조적인 의사결정은 프로그램이 불가능하다. 구조화되어 있고 프로그램이 가능한 이사결정은 정규적이며 반복적이고 비구조화된 의사결정은 비반복적이며 비정규적인 경향이 있다.

정보시스템에 대한 지원은 이와 같은 두 가지 의사결정 형태에 따라 달라진다. 그러나 어떤 의사결정은 쉽게 이와 같은 분류에 부합되지만 대부분의 의사결정은 프로그램이 가능한 부분과 프로그램이 불가능한 부분을 모두 갖고 있다.

(4) 구조적이고 프로그램 가능한 의사결정

프로그램이 가능한 의사결정인 경우에 의사결정 규칙이나 절차를 준비할 수 있다.

이것은 일련의 단계, 흐름도, 의사결정 표, 혹은 공식 등으로 표시될 수도 있다. 구조화되어 있는 프로그램이 가능한 의사결정은 명시될 수가 있기 때문에 구조적인 업무들은 전문지식이 필요하지 않은 하위수준의 관리자들에 의해 처리될 수 있다. 구조화된 의사결정은 비록 사람이 재검토하는 것이 바람직하다고 할지라도 자동화가 수반되어야 한다. 이러한 의사결정의 예로는 재고 주문 공식과 신용허가 규칙 등을 들 수 있다.

구조적인 의사결정에 대한 정보시스템의 요구사항은 필요한 자료의 입력, 정확하고 완전한 입력을 확인하는 검증절차, 의사결정논리를 사용한 입력처리, 행동에 적합한 형태로 프로그램화된 결정의 출력 등을 위한 분명하고 명확한 절차이다. 유용한 출력이 되기 위해서는 사용 용도가 분명해야 하며 출력을 받는 사람이 합리적인 의사결정을 할 수 있도록 도움을 주어야 한다.

가능한 모든 상태를 다루는 의사결정절차나 규칙을 정의할 수는 없다. 이런 경우에는 의사결정규칙이 가장 일반적인 상태에 적용되도록 작성하고 규칙이 적용될 수 없는 비일상적인 경우에는 전문지식을 갖고 있는 의사결정자에게 맡기는 것이 바람직하다.

(5) 비구조적이고 프로그램 불가능한 의사결정

비구조적인 의사결정은 미리 설정한 의사결정 절차를 갖지 않는다. 이러한 의사결정은 매우 드물게 발생하고 의사결정 과정이 충분히 이해되지 않거나 미리 설정된 의사결정 절차를 적용하기에는 변화가 심하다.

비구조적인 의사결정을 지원하기 위한 요구사항으로는 자료에의 접근과 문제해결에 적용될 수 있는 다양한 분석을 들 수 있다. 그러나, 자료 요구사항을 사전에 완전히 알 수 없기 때문에 자료 검색은 특수 검색요청을 허용할 수 있어야 한다. 상호 대화식으로 조회 및 분석을 할 수 있는 의사결정지원은 비구조적인 의사결정에 적절한 형태의 정보시스템 지원이다.

2.2.2 경영활동과 MIS 구조

경영 관리자가 어떤 정보를 필요로 하는지 어떻게 판단하는가? 정보요구에 대한 결정은 의사결정과 경영목표에 의해 결정된다. 예를 들면 한 회사가 순이익을 50% 증가시키는 것을 목표로 한다고 가정해 보

자. 이 경우 목표달성을 위해 어떠한 제품을 중점적으로 관리해야 하는지에 대한 결정이 요구된다. 이러한 제품의 선택은 공장확장 혹은 외부에서의 제품구매에 관한 의사결정을 필요로 한다. 의사결정자들은 부분적으로 경영정보시스템으로부터 산출되는 정보를 기초로 한다. 회사가 순이익의 50%증가를 목표로 함에 따라 각각의 제품이 얼마나 잘 팔리고 있는지를 나타내주는 보고서가 매우 중요하게 된다. 이와 같은 보고서는 더 많은 이익을 가져다 줄 수 있는 대체품의 생산에 관한 의사결정을 제시할 수 있다.

관리를 위해 요구되는 정보를 결정하는 이와 같은 접근방법을 잘 활용하기 위해서는 정보시스템 개발이 필수적이다. 시스템 개발을 책임지고 있는 시스템분석가는 MIS가 지원하는 의사결정과 경영목표들을 항상 명심해야 한다.

MIS는 경영활동을 지원하며 이것은 MIS의 구조가 경영계획 및 통제활동의 계층적 측면에서 분류될 수 있음을 의미한다. 기업활동에 관한 의사결정은 전략적 계획, 경영통제 그리고 운영통제 차원의 3단계로 구분될 수 있다. 전략적 의사결정은 사장과 임원이 포함된 최고경영층에 의해서, 경영통제 의사결정은 과장 및 부장급의 중간경영층에 의해서, 그리고 운영통제 의사결정은 실무자급에 의해 내려지고 있다.

이와 같은 모든 3단계 의사결정은 [그림 2-3]에서 보듯이 각 단계별로 필요한 정보를 산출하는 데 기초가 되는 거래자료를 관리하는 정보처리에 의존하게 된다.

[그림 2-3]에서 보듯이 경영활동과 정보처리는 상호 관련되어 있다. 예컨대 운영수준에서의 재고통제는 정확한 거래처리에 의존한다. 경영통제수준에서의 주문 빈도에 대한 의사결정은 운영 결과의 정확한 요약에 의존한다. 그리고 전략적 수준의 운영과 경영통제의 결과는 전략적 목표, 경쟁자의 행위, 재고전략의 수립 등과 관계가 있다.

전략적 계획에 필요한 정보의 특성과 운영통제에 필요한 정보의 특성 사이에는 뚜렷한 차이점이 있으며, 경영통제 및 전술적 계획은 그 중간에 위치한다. 이와 같은 차이가 있을 때 전략계획을 지원하는 정보

[그림 2-3] 3단계 의사결정 정보처리

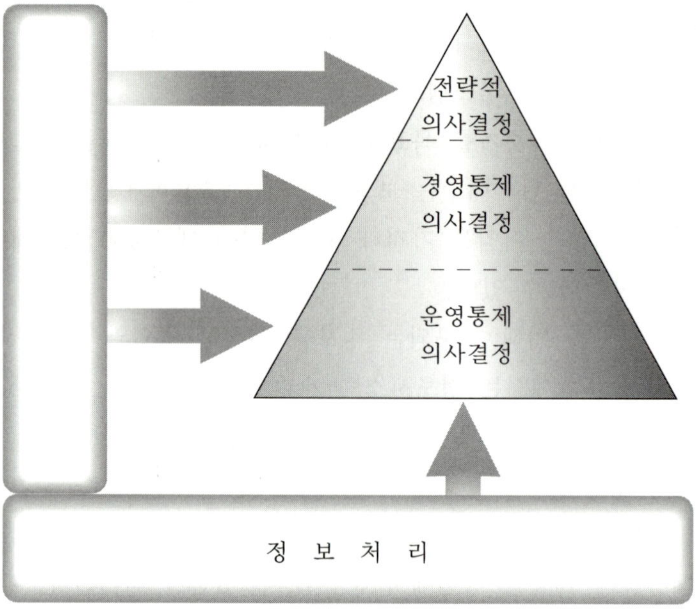

시스템은 운영통제를 지원하는 정보시스템과 달라야 한다.

전략적 의사결정은 경영진에 의해서 조직의 목표를 설정하고 이러한 목표를 달성하기 위한 장기계획을 수립하는 내용을 포함한다. 전략적인 의사결정의 대상은 미래지향적이며 문제의 성격을 파악하기가 어렵고(비구조적) 불확실성이 높아서 판단하기가 난해한 경우가 많다. 이러한 의사결정에는 공장의 위치결정, 자금에 관한 결정, 그리고 생산할 제품에 대한 결정 등이 포함된다.

경영통제의사결정은 전략적으로 결정한 사항을 실행하는 내용을 포함한다. 여기에는 조직의 목표를 추구하는 데 필요한 자원의 분배, 공장 배치문제, 예산분배 그리고 생산일정 작성 등이 포함될 수 있다.

운영통제의사결정의 대상은 특정한 업무가 효율적이고 효과적으로 수행되도록 확인하는 것에 대한 것이다. 이러한 의사결정은 기업의 일선 감독자에 의해 이루어진다. 여기에 해당되는 관리자는 사전에 결정

[표 2-2] 의사결정유형별 정보의 특성

정보의 특성	의사결정의 유형		
	운영통제	경영통제	전략적 계획
근 원	내부	←——→	외부
범 위	잘 정의되고 좁음	←——→	매우 넓음
요약의 수준	세부적임	←——→	집약되어 있음
시 간	과거 지향적	←——→	미래지향적
정확도 요구	높음	←——→	낮음
활용빈도	매우 잦음	←——→	드뭄
불확실 정도	낮음	←——→	높음
구조화정도	높음	←——→	낮음

되어 있는 표준화된 기준을 갖고 업무를 수행한다. 운영적 의사결정에는 외상거래의 승인 혹은 취소, 상품 재주문 시점과 주문량의 결정, 그리고 작업할당 등이 포함된다. 이상에서 설명된 3단계 의사결정에 필요한 정보의 특성은 [표 2-2]와 같이 요약할 수 있다.

(1) 운영적 의사결정을 위한 정보시스템

운영적 의사결정 과정은 미리 설정된 절차와 의사결정규칙을 사용하며 상당부분이 프로그램화될 수 있고 수행절차는 일반적으로 거의 변하지 않는다. 운영적 의사결정과 이에 따른 조치는 1일에서 1주일 정도의 단기간에 수행되어야 한다.

운영통제를 지원하는 유형은 거래처리, 보고서 처리 그리고 조회처리 등이고 이들은 사전 명시된 의사결정규칙을 이행하거나 사용자가 취하게 될 의사결정을 실명하는 출력을 제공하는 여러 가지 의사결정 절차를 갖는다. 운영적 의사결정을 위한 데이터베이스에는 주로 거래로부터 생성된 내부자료가 포함되어야 한다. 자료 항목은 일반적으로 최신의 것이다.

(2) 전술적 의사결정을 위한 정보시스템

부서의 관리자들은 성과를 측정하여 통제조치를 결정하고, 운영 요원들이 적용할 의사결정규칙을 만들고, 할당된 경영자원을 활용한다. 이러한 업무를 수행하기 위해서 경영통제정보가 필요한데, 이는 추세 관찰, 성과차이 분석 등에 대한 답을 제시할 수 있어야 한다. 통제 과정에서 관리자들은 표준 · 기대 · 예산 등의 계획된 성과, 계획된 성과와의 차이, 차이발생 이유, 행동경로의 분석 등과 같은 형태의 정보를 필요로 한다.

경영통제를 위한 데이터베이스는 계획 표준 · 예산 등에 관한 자료와 산업 비교와 비용지수와 같은 외부자료로 구성되어 있다. 경영통제 활동을 지원하는 처리 요구사항에는 문제를 발견하고, 계획 및 예산을 준비하고 수정해 줄 수 있는 모델, 표준과의 차이를 처리해 주는 프로그램, 의사결정 자료분석을 하는 문제분석모델, 문제상황을 분석하고 관리평가에 필요한 해답을 제공하기 위한 의사결정모델 등이 포함된다.

(3) 전략적 의사결정을 위한 정보시스템

기업 목표를 달성할 수 있도록 전략을 개발하는 것이며 조직에서 근본적인 변화가 발생할 수 있을 정도로 장기적인 경향이 있다. 예를 들면, 전자상거래로 진출하는 것에 대한 결정 등이다.

전략적 계획수립은 경영통제활동처럼 주기적이고 정기적으로 수행될 필요가 없다. 전략계획 수립에 필요한 자료는 일반적으로 다양한 원천에서 처리되고 요약되어야 한다.

여기에는 상당한 외부자료를 필요로 한다. 기업의 현재 및 미래 활동분야에 대한 경제전망, 현재 및 미래의 정치환경, 조직의 현재능력과 성과, 각 나라의 산업 전망 등이다.

전략계획을 위한 데이터베이스에는 판단의 기초가 되는 자료들이 수집되어 있어야 한다. 대부분의 자료는 정기적으로 수집될 수 없으며 사전에 명시되기 어려운 것들이다. 이와 같은 이유 때문에 전략계획 활동을 위한 정보시스템 구축이 불가능하다는 주장도 있다. 시장 및 경제 전망에 관한 평가에 필요한 사실과 추측 등을 효율적으로 코드화하여 저장하고 검색하는 데는 어려움이 있다.

2.2.3 조직의 기능과 MIS 구조

정보시스템 구조는 정보를 사용하는 조직기능 측면에서도 설명될

[표 2-3] 조직기능 하위시스템 내의 정보처리 응용

조직기능 경영활동	하위시스템				
	마케팅	생산	물류	정보처리	최고경영자
기능	제품, 서비스의 판매 촉진, 판매 관련 모든 활동	제품 엔지니어링, 생산설비계획, 설비 일정계획 및 운영, 생산요원 훈련 품질관리	구매, 수납, 재고통제, 배송	정보처리 서비스 및 자원 제공	조직 기능과는 별도로 운영
거래처리	판매주문, 촉진	생산지시, 조립지시, 부품완성 등	구매요청, 주문, 제조 지시, 수납 보고, 선적 지시 등	자료 및 프로그램 수정, 변경 요청, 프로그램 제안 등	정보조회, 의사결정 지원
운영통제	판매사원 채용, 일일 판매계획, 매출량 분석	생산계획과 성과비교, 애로요인 파악	재고회전보고, 거래 선 성과 요약, 운송업자 성과분석 등	일일업무 계획, 장비 고장 보고 등	회의일정 계획, 통제, 일정관리
경영통제	마케팅 계획과 성과 비교	표준과 실제와의 비교	예상재고와 실재고 비교, 구매원가 파악, 재고회전율 계산	전문요원 성과분석, 프로젝트 진척관리	계획수행 평가
전략계획	새로운 시장 개척, 판매전략 구축	제조방법, 자동화 대체방법	배송정책, 거래처 선정, 생산·구매 결정	기능 조직 결정, IS 계획, 정보용도 결정	영업방향 결정, 필요 자원 확보

수 있다. 조직 기능을 분류하기 위한 표준은 없지만, 제조기업에서 전형적인 기능에 영업, 생산, 재무, 회계, 물류, 인사 그리고 정보시스템을 포함시킬 수 있다. 최고경영자를 별도의 기능으로 생각할 수도 있다. 이들 각각의 기능 조직은 고유한 정보 요구를 갖고 있으며 이에 알맞게 설계된 정보시스템 지원을 필요로 한다.

앞 절에서 MIS는 조직의 기능별 하위시스템을 지원하도록 설계된 정보시스템들의 연합으로 정의된 바 있다. 각 기능별 하위시스템은 기능과 관련된 모든 정보처리를 수행하기 위해 운영될 것이다. 각 기능별 하위시스템 내에는 거래처리, 운영통제, 경영통제 그리고 전략적 계획을 위한 응용 분야들이 있다. [표 2-3]은 조직기능 하위시스템 내의 정보처리 응용 분야의 예를 보여주고 있다.

예컨대, 마케팅 하위시스템의 마케팅 기능은 제품 및 서비스의 판매촉진과 판매에 연관된 모든 활동을 포함한다. 처리되는 거래는 판매주문, 판매촉진 등이 있고, 운영통제 활동에는 판매사원의 채용과 훈련, 일일 판매계획과 촉진활동 그리고 지역별 · 제품별 · 고객별 주기적인 매출량 분석 등이 포함된다.

경영통제에서는 마케팅 계획과 전반적인 성과와의 비교에 관심을 두고 있으며, 고객 · 경쟁자 · 경쟁제품 그리고 판매사원 관리 등에 관한 정보를 필요로 한다.

마케팅 기능을 위한 전략적 계획으로 새로운 시장개척과 마케팅전략 구축 등을 들 수 있다. 전략적 계획을 위한 정보 요구사항에 고객분석, 경쟁자분석, 소비자분석, 소득예측, 인구분포예측, 기술예측 등을 포함시킬 수 있다.

2.3 경영과 정보기술 paradigm의 변화

2.3.1 경영 paradigm의 변화

MIS는 급속하게 변화하는 경영환경에 효율적으로 대처하기 위하여 중요한 수단으로 인식하게 되었다. 마이클 해머와 제임스 챔피는 기업의 환경변화에 대하여 고객중심, 경쟁의 심화, 변화의 가속도를 밀하고 있다. 즉 기업이 경쟁에 능률적으로 대처하기 위해서 고객을 만족시킬 수 있는 원 스톱 서비스를 제공하여야 하며, 이를 위해서는 정보시스템의 지원이 필요하게 된다. 그리고 새로운 기업 역량과 잠재력을 확보하기 위히여 비즈니스 프로세스의 극적인 개선이 필요히다. 이러한 기업의 변화욕구 지원하기 위하여 정보기술 환경은 Mainframe 컴퓨터 환경에서 클라이언트 서버환경으로 변화하였으며, 지금은 글로벌환경의 시장경쟁을 지원할 수 있는 웹기술 환경으로 발전하게 되었다.

이러한 경영환경과 정보기술의 변화에 대응하기 위하여 기업 내부의 조직문화, 제도도 변화를 요구받고 있다.

(1) 조직변화

조직구조는 컴퓨터 사용에 따른 중앙집권화와 분권화의 두 가지로 나누어진다. 즉, 중앙집권화 조직에서는 보통 호스트컴퓨터 중심의 중앙집중식 자료처리를 사용하며, 분권화 조직에서는 분산처리 형태의 다운사이징 방식을 사용하였다. 과거에는 시스템 다운이나 지연을 고려하여 정보기술과 조직의 업무처리 방식을 연계하였으나, 요즘은 정보기술의 발달로 업무조직의 처리방식의 한계를 초월하게 되었다.

직무구조는 정보기술 사용에 따른 직무 내용의 변화와 IT 사용을 위한 직무 변화를 가져오게 된다. 이에 따라 인력구조도 MIS 성숙 정도와 조직 상황적 요인에 따라 변하게 된다.

(2) 조직 내 상호관계 변화

경영관리층 내에서 MIS 사용이 확대될수록 커뮤니케이션이 증가하나 하위 계층에서는 업무 자동화가 되면서 단말기를 통한 작업이 많아 직원 상호간 커뮤니케이션은 줄어들고 또한 수직적 커뮤니케이션도 감소하게 된다.

조직권력의 재분배 측면에서는 정보자원의 중요성이 인식되고, MIS 부서의 업무가 보다 전문적이고 모든 부서 업무를 지원하고 연결하기 있기 때문에 MIS 부서의 권력이 커지게 된다. 따라서 이로 인한 조직 내에서 권력 재분배와 MIS 부서 요원들의 상이한 성과 측정기준, 보수체제, 독특한 MIS 부서 문화가 자리잡게 되었다.

시스템 요원은 MIS 실행에서 필연적으로 따르는 변화 과정에서 변화 담당자로서 변화지향적, 문제해결 지향적, 장기적 성과를 추구하는 역할을 수행해야 한다,

2.3.2 BPR의 등장

Michael Hammer는 Business Process Reengineering(BPR)의 목표는 현재의 성취도에서 100% 내지 그 이상의 효과를 얻는 것이라고 하였다. BPR은 '매출 실적을 나타내는 중요한 척도인 비용, 품질, 서비스,

[표 2-4] 점진적 개선과 BPR의 차이점

구 분	점진적 개선	BPR
변화의 정도	부가적	근본적
시 작 점	현재 프로세스	무에서 출발
변화의 횟수	계속적	한번에
소요시간	짧다	길다
참 여 도	상향식(bottom-up)	하향식(Top-down)
적용범위	좁다	넓다
위 험 도	낮다	높다
기본도구	통계	정보기술

속도 등의 기업 핵심요소를 극적으로 향상시키기 위하여 업무 프로세스 전 과정을 근본적으로 완전히 새롭게 재설계 하는 것' 이라고 정의하였다. 이러한 정의에는 다음의 개념들이 포함된다.

첫째, '극적(dramatic)인 향상' 을 이룬다는 개념은 BPR이 점진적인 변화를 추구하는 것이 아니라, 업무성과의 획기적인 향상을 추구한다는 것이다. 또한 점진적인 개선에서처럼 미세한 변화를 이루는 것이 아니라, 낡은 것을 버리고 새로운 것으로 과감하게 대체해야 한다는 것이다.

둘째, '근본적(fundamental)' 이라는 개념은 BPR을 실행함에 있어서 우리가 현재 행하고 있는 일을 왜 해야 하는지, 혹은 왜 지금과 같은 방법으로 실행해야 하는지와 같은 가장 근본적인 질문을 하는 데서 시작한다는 의미이다.

셋째, '급격하게(radical) 설계' 한다는 개념은 현존하는 모든 구조와 절차를 버리고 전체적으로 새로운 업무처리 방법을 만들어 내는 것을 의미한다.

넷째, 분석의 대상은 바로 '업무 프로세스(process)' 이다. 프로세스란 하나 이상의 입력을 받아들여 고객에게 가치 있는 결과를 산출하는 행동들의 집합을 의미한다. 그러므로 이러한 프로세스에서 불필요하거나 중복되거나 낭비적인 요소를 제거하지 않고서는 경영혁신이 이루어질 수 없는 것이다. 그러므로 이러한 프로세스에서 불필요하거나 중복되거나 낭비적인 요소를 제거하지 않고서는 경영혁신이 이루어질 수 없는 것이다. 이러한 개념들을 통해 볼 때 BPR이란 업무 프로세스의 정확한 파악으로부터 프로세스의 가치를 극대화할 수 있는 방향으로 혁신되어야 하는데, 시장에서 프로세스의 가치를 평가하는 비용, 품질, 서비스 그리고 속도의 관점에서 재설계되어야 한다는 것이다.

마지막으로 BPR을 정보기술을 도구로 활용하여 프로세스의 성과를 극대화하는 것이다. 즉, 프로세스를 재설계할 때 정보기술을 이용하여 프로세스를 대체하거나, 지원하게 함으로써 획기적인 성과를 달성하고자 하는 것이다. 이러한 개념들을 통해 볼 때, BPR이란 정보기술을 이용하여 업무 프로세스의 정확한 파악으로부터 출발하여 기업의 조직문화에 이르는 기업의 경영시스템 전체를 재구축함으로써, 성취도를 대폭 적으로 증가시키려는 새로운 경영혁신 기법이라고 정의할 수 있다.

2.3.3 TQM의 등장

전사적 품질경영(Total Quality Management: TQM)을 이해하기 위한 품질의 정의는 아주 다양하다. 과거의 품질 개념은 설계, 제조, 검사 등으로 영역을 한정하였었다. 따라서 품질수준은 일정한 설계나 요구조건에 대하여 얼마나 충실했는가에 의해 결정되었다. 그러나 오늘날의 품질은 고객의 니즈에 대한 신속성과 유연성이 중요한 요소가 되기 때문에 전통적인 생산자 관점에서의 품질개선 노력은 더 이상 적합하지 않다.

TQM의 주창자인 Feigenbaum은 품질을 고객 기대에 대한 적응도로 정의하면서 소비자 지향적인 품질 개념의 중요성을 강조하였다. 품질의 개념이 고객의 잠재적 요구조건에 대한 충족 측면으로 확장된 것이다. 따라서 TQM이란 전사적이고 전략적인 차원에서 고객만족을 위한 지속적인 업무 프로세스의 개선 노력이라 할 수 있다.

2.3.4 ERP의 등장

ERP시스템의 출현 배경은 1970년대 재고와 생산을 합리적으로 관리할 목적으로 개발된 자재 소요량 계획(Material Requirement Planning: MRP) 패키지로부터 생산자원계획(Manufacturing Resources Planning: MRP Ⅱ) 패키지를 거쳐 발전된 개념이다. MRP의 목적은 재고를 줄이기 위한 자재 수급 관리시스템이었다. MRP는 기준 생산계획과 부품 표, 재고 정보의 3가지 정보에 따라 구체적인 제조일정과 자재 생산, 조달 계획을 계산하는 기법으로, 자재 수급관리와 재고의 최소화가 주목적이었다. 하지만 이는 생산 능력이나 생산 현장에서의 제약을 고려하지 않았으며, 생산 현장에서 생산 현황을 파악하고 계획과 실행 결과를 조정하기 위한 피드백 기능을 갖추지 못했다.

이에 따라 1980년도에 MRP의 확대된 시스템인 MRPⅡ가 등장하였다. MRPⅡ는 판매계획, 생산계획, 주생산계획, 자재소요량 계획, 생산능력 계획, 가공 및 조립 계획의 순서를 설정하고, 피드백을 이용한 폐쇄경로를 설정하여, 시뮬레이션을 통한 기업활동의 변화에 대한 효과를 평가하는 시스템이다. 즉 MRPⅡ는 자재뿐만 아니라 생산에 필요한 모든 자원을 효율적으로 관리하고 원가절감을 하기 위한 것이다.

90년대 들어 급변하는 글로벌경영 환경에서 IT자원을 활용한 첨단의 신경영기법을 필수적으로 도입해야 하는 상황에 처하면서 등장한 것이 ERP시스템이다. ERP시스템은 MRP, MRPⅡ의 과정을 거쳐 IT자원을 기반으로 하여 기업활동 전반의 모든 경영자원을 관리하고자 시작되었다. ERP시스템은 생산, 영업, 물류, 회계, 인사, 구매, 재고 및 서비스 등 전사적으로 자원을 효율적으로 관리하는 것이 목적이라고 할 수 있다.

ERP는 기업 내의 업무 기능들이 조화롭게 동작할 수 있도록 설계된 어플리케이션 시스템들의 집합으로 기업 내 경영활동의 최적화를 통해 정보시스템의 효과를 극대화하며, 기업의 정보활용을 위한 전체적인 기반을 제공하여 정보시스템의 전략적 활용을 가능하게 한다.

ERP의 구성은 ERP벤더별로 다르며, 또한 구축하는 기업별로 사용하는 부문도 다르다. ERP를 기업 내부 업무 통합뿐 아니라 기업 외부로 확장시킨 확장형 ERP시스템(Extended ERP)도 등장하였다. 고객관계관리(Customer Relationship Management: CRM)와 공급망 관리(Supply Chain Management: SCM) 등으로 확장되어 기업간 업무 프로세스를 최적화하는 시스템으로 발전하고 있다.

2.3.5 eBusiness의 등장

인터넷 기술을 포함한 정보기술을 이용하여 기업경영(Business)을 디지털화하는 것이 eBusiness의 개념이다. 인터넷상에서는 고객이 글로벌화되어 있다. 고객은 한번의 클릭으로 세계에 있는 웹사이트를 어디든지 방문할 수가 있다.

또한, 고객은 기업이 제공하는 정보보다 더 많은 정보를 갖고 회사를 방문하기 때문에 eBusiness 환경에서 고객의 욕구를 만족시키는 것은 더욱 어려운 문제이다.

경영의 패러다임이 1930년대 이후에 통합의 원리에서 분업으로 바뀌었고 1980년대 하반기에 정보기술을 이용한 리엔지어링 기법의 등장으로 전문화와 통합으로 변경되었다. 인터넷 기술 환경에서는 고객이 기업 내부에서 많은 업무를 관여하는 환경으로 변환되어 가고 있다.

다양한 고객 지향적인 정보기술의 발전으로 과거의 off-line유통이 on-line유통과 결합되고 있고, 산업의 전통적인 경계도 무너져가고 있어 다양한 경쟁이 예고되고 있다. 이러한 환경에서는 기업의 핵심 역량관리가 중요하며 outsourcing이 활성화되어 가고 있다.

eBusiness에서는 유통, 경쟁, 협력, 고객에 있어서 세계화되어 가고 시장의 경계가 붕괴되어 결합되어 가고 있어 끊임없이 고객 중심적인 새로운 비즈니스 모델이 요구된다.

또한, 낮은 진입 장벽으로 이익과 경쟁이 압박을 받고 중간상이 소멸하고 가격이 투명해지는 등 시장의 경제성 제고로 핵심 역량을 이용한 비즈니스 프로세스 모델을 항상 새롭게 발전시켜가야 한다.

인터넷에서 고객의 로열티는 낮기 때문에 완벽한 고객정보를 기반으로 고객과의 관계관리를 해야 하고 맞춤형 24시간 글로벌 고객서비스로 차별화를 해나가야 한다.

기업의 비즈니스 목적은 변화되지 않는다. 그러나 정보 활용, 고객관리, 프로세스의 합리화를 이용하여 비즈니스 방식은 변화시켜야 한다.

미국의 웰즈파고은행은 고객에게 편리성 제고를 통한 이익의 극대화라는 목적을 달성하기 위해 1988년 24시간 일대일 폰뱅킹 서비스를 도입했고 1995년 인터넷뱅킹 서비스를 개시하여 현재 24시간 서비스를 제공하고 있다. 고객과의 접촉 창구를 다양화하기 위해 스타벅스 회사와 제휴하여 원스톱 쇼핑서비스를 제공하고도 있다.

Business를 eBusiness로 전환한다는 것은 기업의 관리 절차 및 행위를 근본적으로 변화시킨다는 것이고 비즈니스의 초점을 내부에서 외부로 전환시키는 것이다. 기업의 내부 프로세스부터 eBusiness로 전환시켜서 원가를 낮추어 저렴한 가격으로 고객에게 공급하는 것이고 Cyber 공간이 제공되어 언제 어디서나 누구든지 거래가 가능한 환경으로 전환이 되는 것을 의미한다.

거래의 주도권은 점진적으로 공급자에서 소비자로 이전되고 기업은 개인화되고 customized된 상품과 서비스를 제공해야 살아남을 수 있게 된다.

인터넷 스피드만큼 신속한 비즈니스 의사결정을 지원할 수 있도록 정보기술 활용 관점의 전환이 필요하다. 이렇게 되려면 기업의 Global Mind는 필수적인 사항이다.

요 약

본 장에서는 MIS의 개념을 정의하고 MIS의 구조를 설명하였다. 또한, 경영과 정보기술 패러다임의 변화를 살펴보고 정보기술의 발달에 의한 MIS의 발전과정을 언급하였다.

경영정보시스템은 경영환경의 변화와 정보기술의 발달로 패러다임이 많이 바뀌었다. 정보기술 측면에서 살펴보면 과거 1980년도 초반 실무 담당자의 업무처리 효율성에 중점을 두었던 EDPS환경에서, 1990년도 초반에는 전체적 경영관점의 업무시스템으로부터 최고경영자의 의사결정도 지원하기 위한 통합시스템으로 발전하게 되었다. 그리고 1990년 말부터 최근에 들어서는 웹 기술의 발달로 정보시스템을 전략적인 조직관리와 기업의 경쟁우위를 차지하기 위한 도구뿐 아니라 고객을 참여시키는 수단으로도 활용하고 있다.

본 장에서는 오늘날 기업에서 전략적인 위상을 갖고 있는 경영정보시스템(Management Information Systems: MIS)과 급격하게 변화하는 경영 환경에서 기업이 생존을 하려면 정보기술을 전략적으로 활용을 하여야 함을 학습하였다. 기업은 정보기술을 이용하여 조직, 프로세스 및 기능을 변화시킬 수 있고 또한 시장과 고객의 변화를 예측할 수 있다.

본 장을 통해 정보화, 전산화, 정보기술의 활용, 전사적 자원관리(Enterprise Resource Planning: ERP) 패키지의 도입, 전략적 정보시스템(Strategic Information System: SIS)의 도입, 의사결정 지원시스템(Decision Support System: DSS) 도입, 고객관계 관리(Customer Relationship Management: CRM) 시스템 구축 등 많은 용어 및 이들이 MIS와는 어떠한 차이가 있는 것인지 이해하였다.

연습문제

1. 경영시스템과 MIS는 어떠한 관계가 있는가?
2. 정보기술이란 무엇인가?
3. 경영철학이 MIS에 어떠한 관계가 있는가?
4. 기업문화가 MIS의 수준과 연관이 있는가?
5. MIS를 어떻게 정의할 수 있는가?
6. MIS의 개념이 어떻게 발전하였는가?
7. MIS가 전략 수단으로 활용될 수 있는가?
8. MIS와 ERP는 어떠한 차이가 있는가?
9. BPR과 ERP는 어떻게 연계되는가?
10. eBusiness는 무엇인가?

사례 A

The Shoppers Delight Corporation(SDC) 사례

뉴욕에 기반을 둔 대형 회사인 Merchant Master Ltd. 소유의 Shoppers Delight는 중서부 산업계와 농업의 중심지에 기반을 두고 1980년에 설립되어 급속하게 성장을 하고 있는 이윤을 낮게 책정하여 판매하는 소매체인이다. 설립된 이후 이 회사는 현재 서부와 북서 태평양 지역에 걸쳐 45개의 상점을 운영하고 있는 상태로 성장을 했다. 45개의 상점 각각에는 판매에 필요한 모든 형태의 상품 재고를 갖추고 있으며, 취급하는 주요 품목은 가구, 의자, 자동차 부품, 운동용품, 정원수 및 용구, 가정용품 그리고 장난감과 약품 등이 있다. 또한 각 상점은 완전한 슈퍼마켓식으로 운영 관리되고 있고, SDC는 모기업에 의해 소유되지 않은 별도의 운영회사와 계약을 체결하여 회사의 운영을 맡겨 왔다. SDC는 젊은 경영진에 의해 운영되고 있다. 이들은 회사를 성공적으로 운영해 나갈 수 있는 근본적인 이유는 MIS를 활용하기 때문이라고 굳게 믿고 있다. 기업활동을 시작한 첫날부터 기업운영과 경영활동 모두가 컴퓨터를 이용한 자료처리에 의해서 지원을 받아왔다.

한 기업을 성공적으로 이끄는 것은 상품을 파는 능력에 기인한다고 할 수 있기 때문에 SDC는 컴퓨터에 의한 자료처리 능력을 판매와 서비스에 통합하여 운영하는 것을 매우 강조해 왔다. 한 가지 주목할 만한 기업마케팅 기능의 특징으로 각각의 지방 상점에서 취급하고 있는 거의 모든 상품을 중앙에서 일괄적으로 구매를 하고 있는 점을 들 수 있다. 모든 상품의 재고는 단일 창고 시설에 받아들여져 보관되고 분배된다. 각 상점은 추가적인 상품 재고를 보유하고 있지 않기 때문에 중앙에 있는 창고의 선적에 전적으로 의존하고 있다.

이러한 중요한 업무를 수행하기 위해 여러 개의 정보시스템이 사용되는데 이 중에서 가장 중심이 되고 있는 것이 Merchandise 시스템이다. 1997년 6월까지 SDC의 모기업은 SDC의 영업활동에 대한 보고를 분기별로 받아왔다. 그렇지만, 현재는 SDC영업활동에 대한 보다 밀접한 감독과 아울러 미국 동부지역과 Gulf 해안지역에 또 다른 판로를 구축하기 위한 타당성 조사를 하기 위한 방안을 모색하고 있다.

1997년 7월 2일, SDC 경영진은 Merchandise Masters의 사장으로부터 현재 운영되고 있는 MIS에 대한 사세한 보고서와, 이와 더불어 MIS를 구축할 당시 업무를 분석하는 과정에서 다루지 못했던 문제가 있을 경우 이를 극복할 수 있는 방안을 알려 달라는 요청을 받았다. SDC가 광범위하게 분산된 미국의 각 지역에서 급속히 성장하고 있기 때문에, 경영진은 경영활동 어느 부문에 문제가 있다고 확신하지만, 문제가 어디에 있는지 어떻게 접근하여 문제를 파악할 수 있는지는 잘 모르고 있었다. 더욱이, SDC 경영진은 정확하게 어떠한 정보가 모기업에 전달되어야 분기별 보고서가 보완될 수 있는지를 결정해야 할 필요성을 느끼고 있다.

(1) 의사결정 지원시스템

SDC에서 처음 구현되어 설치 · 운영된 시스템이 회계시스템이었다. 이 시스템은 SDC 전 기업의 외상매입금에 관한 자료를 처리하고 감시하도록 설계되어 있다. 75개의 각기 다른 상품부서에서 취급하는 19만 이상의 다른 품목이 200개 이상의 각기 다른 판매자와 공급자로부터 구매되고 있다. 회계시스템에 의해서 각각의 판매자로부터 구입한 상품에 대한 자금유통 과정이 감시되고 통제되고 있다.

판매자 정보는 판매자의 이름과 주소, 판매자 번호, 각 주문당 지불해야 할 총금액, 현금 할인조건, 현금 할인을 받기 위해 지불되어야 할 금액과 지불일시 등이 포함되어야 한다. 그러므로, 만일 한 판매자에게 각기 다른 세 개의 주문을 하였을 경우, 판매자 정보에는 세 개의 각기 다른 entry가 있게 되는데 각각의 entry에는 주문한 금액과 지불 만기일이 포함되어 있어야 한다. 새로운 구매자료는 판매자로부터 송장을 받을 때 입력된다. 판매 자료 항목으로는 판매자 번호, 송장번호, 송장에 표시된 금액, 송장에 기입된 날짜, 현금할인을 받기 위해 지불되어야 할 날짜 등이다. 이 시스템은 모든 구매조건 혹은 송장 금액의 신속한 지불로 인한 현금 할인 등을 확인한 후에 판매자에게 자동적으로 수표를 발행한다. 송장금액이 지불되면 외상 매입에 관한 기입이 제거된다.

회계시스템과 인접하여 쓰여지는 시스템으로 재고 원장시스템이 있다. 이 시스템은 각각의 상점뿐만 아니라 전체 기업을 위한 문서 계획시스템으로서의 역할을 한다. 기업 전반에 걸친 사업계획이 시스템에 입력된다. 이 계획은 각 상점의 주간별 계획뿐 아니라 특정 상점 내에 판매 부서별로 예상판매 단위와 금액, 판매가격, 가격의 인상과 인하, 그리고 부족함이 예상되는 상품을 포함하는 세부계획에 이르기까지 자세하게 분류되어 있다. 이 계획에 의해서 경영관리 요원과 마케팅담당 요원들은 문서화된 주간계획을 바탕으로 자신들의 활동을 세밀하게 계획할 수 있는 미래에 대한 견해를 제시할 수 있다.

재고 원장시스템에는 실시간에 판매 실적에 관한 자료를 입력하고, 이 시스템은 이를 활용하여 계획된 영업활동 수준과 실제 업적을 비교해 줄 수 있는 주간 혹은 월간 보고서를 작성할 수 있는 자료를 제공한다. 이 시스템에 의한 주요 보고서는 월간 판매보고서로서, 마케팅 요원들은 이 보고서를 참조하여 계획판매량, 실제 판매량, 그리고 계획과 실제 간의 차이 등에 관한 정보를 얻을 수 있다. 이러한 정보는 각 상점별 그리고 상점 내의 각 부서별로 세분되어 있다. 이 보고서를 참고하게 되면 어느 상점이 판매 계획과 얼마간의 차이가 있고 또한 관리자들의 업무활동을 추적하여 차이에 대한 이유를 분석하여 필요한 조치를 강구할 수 있게 되는 것이다.

SDC는 외상매입금 시스템과 함께 비용시스템을 활용하고 있다. 이 시스템의 주 사용 목적은 1년 경비 사용계획을 세워 예상 비용을 월별로 분류하는 데 있다. 매주마다 외상매입금 시스템으로부터 비용에 관한 자료가 비용시스템에 송달되는 데 이 자료는 월간 비용 보고서에 포함된다. 비용시스템을 유지 및 활용하는 주된 이유는 계획된 비용 수준과 실제 비용 간에 차이를 분석하는 데 있다. 실제비용이 차이가 나는 이유는 여러 분야에서 찾을 수가 있는데, 예상에 벗어나는 비용 지출에 관한 보고서를 보게 되면 보다 심각한 문제나 손실이 발생하기 전에 어떠한 특정 문제를 제거할 수가 있게 되는 것이다.

(2) 상품관리시스템

상품관리시스템은 SDC기업 활동을 성공적으로 이끄는 가장 중요한 요소이며 또한 다른 모든 정보시스템의 중심이 되고 있다. 즉, 모든 다른 시스템들이 상품관리시스템에 연결되어 있는 것이다. SDC는 45개의 상점으로 구성되어 있는 체인으로서 19만 개 이상의 다른 제품과 상품을 단일 창고에서 공급을 받아 판매를 하고 있으며 SDC 경영진은 1997년 회계연도의 총 판매 예상금액이 500만 달러를 넘을 것이라고 기대하고 있다. 이러한 면을 고려할 때 SDC는 재고관리 등에 관한 보다 정확하고 신속한 정보를 접할 필요성이 있는 것이다. 상점의 관리자들과 상품구매자들에게 동일한 종류의 정보가 제공되어서 그들의 의사결정을 도울 수 있어야 하는데, 상품관리시스템이 이를 가능하게 해주는 것이다.

상품관리시스템은 기본적으로 재고 관리를 철저하게 할 수 있게 설계되어 있지만 이 시스템을 사용하는 사람들 모두에게 마케팅에 관한 정보도 제공할 수 있다. 상점에서 판매되고 있는 모든 상품이 이 시스템에 의해서 통제 및 관리되고 있다. 각 상점에서 팔리는 상품의 15% 정도가 전체 판매액의 75% 를 차지하고 있다.

상품관리시스템은 데이터베이스에 250만 개 품목을 갖고 있다. 판매 및 상품구매에 관한 자료는 실시간으로 관리되고 있다. 상품관리시스템에서 산출되는 결과를 살펴봄으로써 이 시스템이 얼마나 중요하고 유용한지를 알 수가 있다. 이 시스템에 의해서 제공되는 중요한 보고서 중의 하나가 재고상황 보고서이다.

SDC의 구매 담당자들은 실시간에 재고상황 보고서를 볼 수 있다. 이 보고서에는 상점의 각 부서 및 상품 분류별로 상품에 관하여 요약한 판매자료 등이 포함되어 있다(예컨대, 건강 및 미용용품 - 헤어드라이어). 항목별로 자세하게 정리된 보고서에는 영업 마감 시간까지 판매된 상품에 관한 모든 자료가 포함되어 있다. 상품 구매자들은 시기 적절하고 최신의 정보를 항상 조회할 수 있다.

재고상황 보고서에는 현재의 재고에 관한 정보 및 상품 판매 상황에 관한 정보가 포함되어 있다. 상품의 재고가 바닥난 경우는 보고서에 '×'표가 표시되어 구매자의 관심을 불러일으키게 된다. 각 상점의 관리자들도 또한 재고상황을 실시간으로 볼 수 있다. 그들에게는 다른 상점들과 비교를 위한 정보도 제공될 수 있다. 즉, 작년의 동일한 4주간의 판매 실적을 기준으로 한 예상 판매량에 관한 정보가 제공될 수 있다. 상점 관리자들은 그들의 판매실적을 작년의 판매실적과 계획된 예상 판매 수준과의 비교를 통해서 신속히 인식할 수 있는 것이다. 또한, 상점 관리자들은 다른 상점의 품목별 판매 실적 정보를 볼 수가 있다. 이를 통해 관리자들은 다른 상점과 영업실적 비교를 할 수 있어 경쟁의식을 고취시킬 수 있게 된다.

SDC상품 구매자들에게 가장 유용하게 사용되는 것이 재고활동 보고서이다. 이 보고서는 주별로 작성되고 이에는 전주에 발생된 모든 판매실적 및 상품구매자료가 포함된다. 또한 이 보고서에는 품목명, 현 보유량 및 주문량, 마지막으로 실재고를 파악한 날, 판매자, 그리고 비용 및 소매가격 등에 관한 자료가 포함된다.

SDC는 10개의 숫자(10 digit)로 품목 번호를 결정짓는 상품분류 기법을 사용하고 있다. 새로운 상품 품목이 판매 목록에 추가될 때, 기입 형식이 있어 이를 완성시킨 후 시스템에 입력시킨다. 이와 동시에, 재고가 있는 모든 다른 품목과 구분하기 위하여 새로 추가된 상품 품목에 확인번호가 주어진다. SDC는 자신의 상품번호를 사용하고 있고 구매 주문을 하기 위해 사용되는 시스템에 있는 판매자의 품목번호를 이용하고 있다. SDC에 의해 사용되는 품목번호는 판매부서 번호와 개별 번호를 합하여 10 digit이다. 이 품목 번호는 품목간의 차이를 매우 분명하게 구분하여 준다. 예컨대, 손잡이의 색만 다른 두 개의 재고품목이 있다면 각기 다른 품목 번호를 갖게 되는 것이다. 상품 품목을 공급하는 판매자들의 판매자 번호도 또한 10 digit이다(상품이 처음으로 구입될 때 판매자 번호가 주어진다. 판매자에 관한 적절한 자료가 시스템에 입력될 수 있도록 양식을 손으로 기입한다). 그러므로 상품 구매자들은 상품을 품목별, 제품 영역별, 혹은 판매자별로 검토할 수 있게 되는 것이다.

상품의 품목별 관리를 더욱 강조하기 위하여, 구매자들은 보고서가 작성될 때 특정한 상품의 구분 내에서 자신들이 임의로 품목을 분류할 수 있다. 현재 보유하고 있는 상품들의 수량에 관한 정확한 자료를 입증하기 위해, 보고서에는 창고에 있는 각 품목을 실제로 파악한 마지막 날이 기입되어 있어야 한다. 만일 창고에서 재고를 파악한 날이 최근이 아니거나 보고서에 기입된 수량이 옳지 않다고 생각되면, 구매자들은 특정 품목에 대해 새로이 재고를 파악하라고 요청할 수가 있다.

상품관리시스템에는 자동적으로 상품 품목을 주문할 수 있게 되어 있다. 자동적으로 상품을 주문할 수 있도록 되어 있음으로써 기업이 낮은 이윤을 추구하며 영업활동을 성공적으로 수행하고 있는 것이다. 재고수준을 파악하여 재주문수준을 결정하는 모델이 시스템에 갖추어져 있어서 자동적으로 상품 주문 과정이 수행되는 것이다. 구매자에게 각 상품을 저장해야 하는 수량을 결정해 주는 가중 평균과 지수평활(exponential smoothing) 기법을 이용하여 결정된 수요예측 자료가 상품 관리시스템에 입력된다. 그러면, 시스템에 의해 재주문 수준을 결정해 주는 모델이 활용되어 상품을 창고에서 출고시키도록 하는 양식이나 상품 재주문양식이 작성되어 수요에 맞추어 상품이 제시간에 상점에 도착되도록 할 수 있게 된다. 상품이 공급자와 판매자들로부터 공급되는 lead time이 재주문수준 결정 모델에 고려되어 있고 또한 계절 상품에 대해서는 계절에 따르는 수요에 맞추어 재고를 조절할 수 있게 되어있다. 따라서, 계절에 따른 변화를 상쇄하기 위해 주문량을 변화시킬 수 있는 것이다.

시스템을 사용하여 얻어지는 정보는 SDC의 성장을 위해 매우 중요하게 활용되고 있다. 한 품목의 재고가 없다는 것은 상점의 이윤과 고객의 상실을 의미하므로 정확한 재고 수준 파악과 판매 자료관리가 SDC 기업 운영에 필수적인 것이다.

상품 구매자들은 품목에 관한 누적 비율이나 판매액의 누적 비율을 보여주는 도형을 시스템에 의해 제공받을 수 있다. SDC는 4개의 정보시스템을 활용함으로써 기업을 꾸준히 성장시킬 수 있었고 경쟁이 치열한 소매시장에서 지속적으로 이윤을 내고 이를 유지할 수 있는 것이다. 만일 이러한 시스템을 갖고 있지 못했다면 SDC라는 기업이 과연 존재할 수 있는지 누구든 의심을 할 것이다.

■ 과제의 목적

이 사례연구는 SDC가 기업활동에서 MIS를 활용하고 있는 상황을 묘사하고 있다. SDC의 사례를 연구하는 목적은 MIS가 기업 활동을 위해 전략적으로 활용될 수 있는 방안을 알아보기 위한 것이다.

SDC의 사례를 수차례 반복해서 읽어야 할 것이다. 상황을 제대로 이해하고 있는지를 확인하기 위해 질문에 답을 하기 전에 사례발표 그룹 요원과 충분히 토의를 하는 것이 바람직하다. 질문에 답을 할 때에는 오로지 현재의 SDC영업활동과 경영발전을 위해 계획된 내용에만 국한해야 한다. 사례에 있는 내용이 질문에 답을 줄 수 있을 만큼 자세하고 충분하게 기술되어 있지 않기 때문에 SDC의 기업 활동 상황을 보다 충분히 묘사하기 위해 필요한 가정을 할 필요가 있다. 상황 묘사를 위해 필요한 모든 수단을 이용하는 것이 좋다.

■ 요구사항

1. 경영환경의 변화는 어떠한가? 10년 뒤 어떠한 변화가 예상되는가?
2. SDC 현재의 강·약점은 무엇인가?
3. SDC의 경영전략은 무엇인가? 이를 실행하는 경영조직은 어떠한가?
4. SDC에서의 MIS의 역할은 무엇이며, 어떠한 방법으로 기업전략을 뒷받침하고 있는가?

사례 B

General Electronics

80년대에 웰치 회장은 사업구조 개편 등 전략경영의 실천으로 GE를 성장 발전시켜 왔으나, 80년대 중반 이후 GE의 경영성과는 감소추세에 들어섰음을 알게 되었다.

미국 제조기업의 경쟁력 강화요인을 극복하기 위해서는 사업구조 개편, 제도개선 등 기존의 경영기법으로는 한계가 있다는 점을 직시하고, 웰치 회장은 일본식 경영기법을 GE에 도입하고자 대대적인 경영혁신 활동에 착수하였다. 이는 긴 역사를 지닌 GE가 내부적으로 너무 비대하고 조직체계가 관료적으로 운영되고 있다는 문제점을 인식하였기 때문이다.

혁신운동의 방향이 집중될 수 있도록 GE는 Work-out 프로그램을 실시하였고, 이를 통해 GE가 추구하는 목표로 벽이 없는 조직, 단순화, 자신감의 3가지를 설정하였다. 또한, 경영혁신의 성과를 이루기 위해서는 활동의 결과가 이익, 매출 등 경영 성과와 직결되어야 하고 결과에 대한 평가는 10년 후에 실시한다는 장기 안목과 전략의 일관성을 강조하였다.

GE는 80년대 사업구조 개편을 통하여 규모가 획기적으로 확대되는 과정에서 조직이 급속히 팽창되었고, 이를 효율적으로 관리·통제하기 위해 중앙집권적인 피라미드 조직을 구축하게 됨에 따라 계층간 벽이 형성되었다. 또한 업무를 너무 세분화시켜 개인간, 부서간의 벽이 형성되었으며, 사업영역의 확대로 인해 사업 부문간의 인적 교류도 원활하지 못하여 사업 부문간의 벽도 높아지는 등 GE그룹 내의 공동체의식이 점차 희박하여졌었다.

웰치 회장은 이러한 계층간, 부서간, 사업간의 벽을 없애고 GE그룹 전체의 통합 효과를 극대화시키기 위하여 90년대 경영 비전으로 벽이 없는 조직을 제안하였던 것이다.

또한, 90년대 기업 경영의 성패는 소비자 대응, 제품개발, 시장진입, 국제화 등 경영 전부분에 걸쳐 환경 변화에 신속히 대응하는 능력에 달려 있고, 이를 위해서 조직의 모든 구성원이 공감대를 갖고 신속히 업무 수행을 해야 한다고 강조하였다. 신속성 확보에 가장 큰 장애요인으로 업무의 복잡성을 들 수 있고, 이를 극복하기 위해서 업무의 단순화는 필수 과제로 강조하고 있다.

웰치 회장은 벽이 없는 조직과 업무 단순화를 추구하기 위해서 조직구성원 개개인이 능력 계발을 통하여 자신감 배양이 전제되어야 한다고 하였다.

Work-out은 3단계의 과정으로 이루어진다. 1단계는 업무 활동에 초점을 맞추어 불필요한 작업을 제거하여 프로세스를 개선하는 것이다. 2단계는 고객과 종업원이 만족할 수 있고, 품질과 생산성을 향상시킬 수 있는 프로세스를 구축하는 것이다. 3단계는 세계에서 가장 생산성이 높은 기업이 될 수 있는 문화를 구축하는 것이다.

Work-out 프로그램에서는 협력업체, 고객, 딜러, 유통업자까지 참여시켜 벽이 없는 조직목표를 실천해가고 있으며, 대학교수 등 외부 전문가를 조정자로 활용하며 토론 주제의 선정과 진행을 담당시켜 프로그램이 원활히 진행되도록 하였다.

경영혁신의 초점은 고객과 프로세스

GE는 조직을 보다 근본적으로 혁신시키기 위해 조직 문화가 변화될 수 있도록 프로그램을 운영하고 있다. 조직 분위기를 변화시키기 위해 능력 있는 종업원을 양성하고, 경영혁신의 초점을 고객과 프로세스에 두고 있다.

GE는 프로세스 Process-Mapping기법을 이용하여 전통적인 경영 방식인 목표관리 제도에서의 결과중시 경영에서 탈피하여 과정중시 경영으로 전환시켜 가고 있다. GE는 회사의 주요 기능을 기획, 개발, 제조, 판매 등의 Process로 분류하고 Process별 고객을 명확히 한 후, 고객의 기대 사항인 품질, 납기, 비용 등을 철저히 파악하여 이를 충족시킬 수 있는 최적의 Process를 만들어 가고 있다.

고객의 욕구 변화에 따라 Process의 개선이 필요한 경우 기존의 Process단계를 명확히 파악하여 Process Map을 표기한 후, Process의 단계별 공급자 및 고객과의 대화를 실시하여 Process 개선 방향을 결정한다. 이러한 과정에서 GE는 Brainstorming을 이용하여 Process의 단계를 축소하거나 재조정하여 변화 무쌍한 고객의 요구를 수용하는 Process를 구축하고 있다.

여기서 고객의 요구에 부응한다는 의미는 제품과 서비스의 수준을 무조건 높이는 것이 아니라 고객이 원하는 수준에 맞추는 것을 뜻한다. 이처럼 GE가 추진하고 있는 경영혁신의 기본방향은 고객의 욕구에 맞는 제품과 서비스를 낮은 비용과 높은 품질로 보다 신속히 제공할 수 있기 위해서 업무 Process별로 기존의 기능별 조직의 벽을 뛰어넘는 개혁을 추진하는 것으로 함축할 수 있다.

■ 요구사항

GE에서 MIS의 역할을 추론하여 보시오.

제3장

사용자와 MIS

조직 내에 MIS 도입은 좋건 나쁘건 영향을 미치며 그로 인해 조직 구성원인 개인에게 변화를 주고 나아가서 조직 전제에 대한 변화를 가져오게 된다. 특히 ERP 등 전사적인 프로젝트의 경우에는 업무 프로세스의 변화, 조직 구조의 변화 그리고 현업의 업무 역할 변화를 초래하며 이러한 엄청난 변화에 적응하기 위해 환골탈태의 시간들을 보내게 되는 경우가 많다. 흔히들 MIS의 도입으로 단위당 원가절감이나 효율성 문제 등의 1차적 영향만을 고려하는데, 눈에 보이지 않는 장기적인 2차적 영향이 더 중요하게 여겨져야 할 것이다. 즉, MIS는 조직구성원 개인의 변화에서부터 의사결정, 의사소통, 권력과 갈등, 나아가서 조직의 통제와 권한, 조직구조까지도 변화를 일으킬 것이다. 결국 MIS의 도입은 경영조직 전반에 영향을 미치게 되는 것이다.

MIS의 도입은 인간이 가지는 정보처리의 한계를 극복하는 노력에 도움을 줄 것이며, 의사결정과정을 지원하게 될 것이다. 조직구성원은 정보시스템의 사용자로서 MIS의 활용을 통해 영향을 받게 된다. MIS의 도입에 따르는 개인의 저항감이 발생하는데, 이것을 줄이기 위해 MIS 개발과정에 사용자가 참여하는 방안을 고려해야 한다.

조직 내에서 운영되는 MIS는 개인뿐만 아니라 전반적인 조직구조와 직무인력구조, 그리고 기업전략과 밀접한 관계를 갖게 된다. 조직의 변화와 MIS는 장기적인 관점에서 서로 영향을 주는 관계이다. MIS의 구축은 조직의 구조나 형태에 맞게 구현되어야 하고 MIS는 조직 내에서 운영되므로 상호 영향을 주게 된다. 아울러 직무와 인력구조에도 MIS의 도입으로 인해 변화가 예상된다. 또한, 기업의 목표 및 전략 계획은 MIS의 계획에 영향을 미치고 또한 MIS계획에 의해 기업의 목표와 전략이 수정되는 경우도 살펴볼 필요가 있다.

본 장에서는 MIS와 조직구성원 개인 및 조직구조 그리고 기업전략이 상호간에 미치는 영향에 대해서 살펴보고자 한다. 이를 위한 조직구조 및 리더십 관련 이론들을 고찰하고 나아가 경영층의 리더십과 나아가 기업문화가 MIS에 어떠한 영향을 미치는지도 살펴보고자 한다.

3

MINI CASE

동부제강 · 볼보코리아의 MIS 사례

동부제강

동부제강에서는 2003년 2월부터 경영혁신을 추진하며 ERP와 SEM시스템을 도입하면서 회사의 업무 관행을 획기적으로 변화시키자 현업 담당자들의 엄청난 저항에 직면하였다. 오랜 업무 관행에 익숙해져 ERP 프로세스는 동부제강에 맞지 않다는 언행을 서슴지 않는 공격적인 행위와 ERP 프로젝트에 무관심한 행동, 그리고 TFT에 책임을 전가시키는 행위들이 여러 부서에서 발생하는 것을 관찰할 수 있었다. 변화관리에 집중하는 것이 중요하다는 것을 알고 있었으나 일정계획상 10월부터 TFT 멤버가 교육을 진행하는 것은 거의 불가능한 일이었다. 사용자교재와 매뉴얼 등 교육준비와 9월의 통합테스트와 10월의 데이터 이관 훈련으로 시간이 부족하였기 때문이었다. 30여 명의 TFT 인원이 동부제강의 수많은 ERP 현업사용자들을 두 달의 기간 동안에 다 교육하는 것도 사실상 불가능한 상황이었다. 많은 고심을 거듭한 끝에 이런 어려움을 극복하고자 TFT 요원을 대신할 '불씨요원'으로서 현업강사 요원을 양성하기로 하였다. 현업의 Key user들 중에 현업에 능통한 젊은 구성원을 대상으로 강사 64명을 정예요원으로 선발하였다. 강사교육은 7월부터 9월까지 파트타임으로 진행되는 사전교육단계, 강의스킬 향상을 위한 2박 3일의 강의스킬 양성과정, 그리고 10월 1, 2주에 10일간에 걸쳐서 풀타임으로 모듈에 대한 집중교육을 하였다. 사내강사 양성 결과 교육기간 대비 실력향상이 인정된다는 평가를 받았고, 교육이 끝난 후 전원이 현업교육에서 주 강사나 보조강사로 활동하였다. 그 뒤 현업강사들은 ERP 사용자 교육 이후에도 현업의 핵심멤버이자 ERP '불씨요원'으로 병행테스트와 시스템 오픈 때 가장 중요한 도우미 역할을 수행하였다. 현업이 불씨가 되어 전사에 혁신의 불씨를 뿌리는 것은 MIS 개발자가 교육을 하는 것보다 훨씬 더 큰 효과가 있다고 생각된다. 왜냐하면 같은 현업 업무를 하던 구성원들이 직접 변화된 프로세스와 시스템을 설명함으로써 훨씬 더 효과적인 변화분위기와 심리적인 해빙 역할을 할 수 있기 때문이다. 총 12개 모듈에 단위과정 수가 109개 과정, 본사 5곳과 공장 6곳 그리고 지사 1곳 등 모두 12개 교육장에서 강의가 이루어졌다. 이를 통해 연 인원 3,703명, 연간교육시산 1만 5,162시간, 교육참식률 97%의 실적으로 현업 사용자 교육을 성공리에 수행할 수 있었다.

볼보코리아

ERP라는 새로운 시스템을 개발하자 사용자들은 기존에 자신들이 익숙해 있는 업무 프로세스와 똑같이 시스템을 개발하도록 종용하였다. 특히 국내 영업과 생산계획 그리고 서비스 부문 등 거의 전 부문에 걸쳐서 이러한 현상이 발생했다. 이들은 “불규칙 선수금이나 불균등 할부금 판매 등의 영업프로세스가 없어지고 ERP에 있는 영업 프로세스만으로 바뀌면 국내영업부문에서는 판매가 절대 이루어질 수 없다” 또는 “생산부문에서 호기별 설계변경이 없어지고 ERP에 있는 날짜별 설계변경으로 바꾸면 재고가 무지하게 늘어날 것이다”라고 단언하였다. 그 이유는 자신이 익숙해져 있는 업무를 보존하고, 또한 자신의 직무에 대한 위협, 직위에 대한 위협을 느끼면서 자신만이 할 수 있는 업무를 유지하기 위해서였다. 그러자 ERP시스템이 매우 복잡해져서 더 이상 구현이 어려울 정도의 설계가 이루어질 수밖에 없었다. 이 프로젝트의 PM과 모듈 리더들은 여러 번의 회의를 거듭한 결과 시간이 오래 걸리더라도 최고 경영자에게 위험관리보고서를 제출하고 업무 프로세스를 ERP에 맞추도록 사용자에 대한 변화관리를 할 것을 결정하였다. 시스템을 성공적으로 가동하고 1년여 후에 프로세스 혁신에 의한 여러 효과가 나타나면서, 이들은 어려움을 무릅쓰고 사용자에 대한 변화관리에 치중한 시스템 개발 전략에 대한 결정이 맞았다고 확신하게 되었다.

3.1 사용자의 참여와 의사결정

3.1.1 사용자의 개념

MIS의 구성요소 중에서 변화에 적응하고 조절할 수 있는 유일한 구성요소는 인간이다. 그러므로, MIS 성공에 가장 중요한 요소는 인간이다. 인간은 분석가로서, 설계자로서, 사용자로서 매우 중요한 역할을 수행하고 있다. 특히 사용자로서는 MIS의 성공에 매우 중요한 요소가 된다. MIS가 성공적으로 구현되려면 사용자의 정보활용에 관한 요구사항이 명확해야 한다.

MIS의 사용자는 시스템의 출력을 이용하는 1차적 사용자와 시스템의 입력을 만들거나 작동시키는 2차적 사용자로 구분할 수 있으나 통상 1차적 사용자를 지칭한다.

3.1.2 사용자의 참여

사용자의 참여란 사용자의 요구사항을 시스템의 분석 및 설계, 구현, 운영에 반영하는 사전적인 참여라고 할 수 있다. 사용자 참여는 사용자 집단의 대표자들이 시스템개발 과정에 참여하는 것이다. 이러한 사용자 참여는 MIS의 성공적인 구현을 위해서 필요하다. 사용자를 참여시키는 목적은 시스템의 수용도(acceptance)와 품질(quality), 만족도(satisfaction), 이용도(usage)를 향상시키고 조직의 효율성, 생산성 및 효과성을 높이며 시스템에 대한 저항을 줄이기 위해서이다. 그러므로 사용자의 참여 정도가 높으면 높을수록 MIS가 성공적으로 구현될 확률이 높아진다.

Mumford는 시스템개발과정에서 사용자 참여유형을 3가지로 설명하고 있다.

1) 자문적 참여(consultative)

이는 전략계획의 목표를 설정하고 이에 대한 동의를 구하는 데 적합하다. 이 과정에서 이루어지는 주된 결정은 시스템 전문집단에 의해 이루어지지만 시스템의 목표나 형태는 사용자 부서의 요구에 의해 결정된다.

2) 대표적 참여(representative)

이는 시스템을 정의하는 단계에 적합하다. 시스템에 관련된 모든 사용자 집단계층과 직능의 대표자가 시스템 설계팀에 참여하는 형태로서 주로 중간관리계층에서 참여하게 된다.

3) 동의적 참여(consensus)

사용자 부서의 모든 사람이 시스템 설계과정 전반에 관련을 맺으며 대개 토론의 형태로 참여한다.

Ives와 Olson은 시스템 개발과정에서 사용자의 참여 정도를 6가지로 분류하고 있다.

① 불　　참

사용자가 참여하지 않거나 참여요청을 받지 않은 경우에 해당한다.

② 상징적 참여

사용자에게 자료가 요구되지만 그 자료가 반영되지 않는 경우이다.

③ 충고에 의한 참여

사용자의 의견이 설문지나 면담에 의해 파악되고 이 결과가 반영되는 경우이다.

④ 약한 통제에 의한 참여

사용자가 시스템 개발단계마다 승인을 하는 경우이다.

⑤ 수행에 의한 참여

사용자가 설계팀의 구성원이 되어 실제로 활동하거나 혹은 시스템 개발부서와 공식적인 중간연락자가 되어 있는 경우이다.

⑥ 강력한 통제에 의한 참여

사용자 부서의 예산으로 개발비용이 부담되거나 전반적인 조직의 성과평가가 사용자의 개발노력에 좌우되는 경우의 참여형태이다.

사용자의 참여는 항상 많은 것만이 최적이 아니고 항상 동일하게 사용자 참여 정도를 유지할 필요도 없다. 사용자의 참여는 성공적인 MIS 구축을 위한 가장 기본적인 방법이지만 개발단계에 맞게 적정한 참여가 이루어져야 한다. 즉, MIS를 개발하는 각 단계마다 적절한 수준에서의 사용자 참여가 있어야 할 것이다.

(1) 사용자의 저항감

사용자는 일반적으로 일상적인 일과 구습에 젖은 사고방식을 가지고 있고, 이미 결정된 해결책에 시스템을 맞추려고 하는 습성이 있으며, 성공이 불확실한 시스템 혹은 싫은 사람과의 작업을 꺼리는 습성이 있다. 이러한 특징으로 인하여 사용자 참여는 그 자체에 저항요인이 있다고 할 수 있다. 현실적으로 거의 모든 시스템 개발시에 사용자의 무관심 또는 저항은 불가피하게 발생한다. 또한, 시스템에 유용한 공헌을 못하는 사용자의 참여나 시스템의 실제 사용자가 아닌 사람이 참여하는 경우는 사용자 참여로 간주할 수는 없다. 조직구성원으로서 사용자가 저항하는 구체적인 요인은 다음의 9가지로 설명할 수 있다.

① 지위에 대한 위협

새로운 시스템에서 감독자가 기술자로 바뀔 수 있다.

② 자아 존재에 대한 위협

정보처리직무가 없어질 수 있다.

③ 경제적 위협

업무가 자동화되는 경우 직급이 낮은 현장 감독직이 감소되거나 직무자체가 없어질 수 있다.

④ 직무의 복잡성

감독자를 새로이 채용하거나 새로운 직종의 전문기술자를 감독해야 할지도 모른다.

⑤ 안전에 대한 위협

최고경영자는 그가 개인적으로 가지고 있던 정보를 잃게 되고 컴퓨터 출력에 의존하게 될지 모른다.

⑥ 조직의 상하관계 변화

새로운 정보시스템의 도입으로 인해 권력관계가 변하게 되고 조직의 상하관계까지도 변화를 가져올 것이다.

⑦ 명확한 직무정의와 좀더 유용한 정보를 얻기 위해서 보다 높은 수준의 분석기술이 요구될 것이다.

⑧ 시간압력의 증가

MIS는 협력작업을 요구하며 그 협력작업이 달성되도록 정보를 시간 내에 제공해야 할 것이다.

⑨ 인간관계의 변화

작업집단뿐 아니라 비공식집단들도 변화할 것이다.

사용자 저항행위의 유형을 3가지로 구분할 수 있다. 물리적이든 아니든 간에 문제를 의도적으로 일으키는 공격행위, 실제는 다른 이유 때문에 일어나는 문제를 MIS에 책임을 전가시키는 투사행위, 그리고 원하는 정보에 대한 요구를 충족시켜 주지 않을 경우 시스템을 무시해 버리는 회피행위를 들 수 있다. 사용자들은 자신의 문제에 대해서 깊이 인식하고 있지만 MIS에 의한 시스템적 문제해결 방안을 발견하고 실용화 계획을 세우는 것은 그들에게 용이한 일이 아니다. 한편, 개발자 역시 사용자의 환경을 적절하게 파악하는 능력이 미숙한 상태에서, 사용자에게 MIS 개발에의 요구사항이 무엇이냐고 질문하는 것도 적절하지 못한 것이다. 효과적으로 개발된 시스템이라 하더라도 최종사용자가 시스템을 받아들이느냐 거부하느냐에 의해서 MIS의 궁극적인 성공이 결정된다는 점에서 시스템에 대한 사용자의 저항감 정도를 파악하는 것이 중요하다. 올바른 사용자 참여를 유도함으로써 어느 정도 사용자의 저항감은 해결할 수 있을 것이다.

올바른 사용자 참여를 위해서는 사용자로 하여금 MIS에 대한 기대감, 가능성을 올바르게 갖도록 하는 것이 중요하다. 또한, 구체적인 분석 및 설계기법의 숙련보다는 MIS 개발과정에 사용자로서 정보요구사항의 표현 및 개발자와의 효과적인 협력방식 등에 관한 잘 계획된 교육 및 훈련을 지속적으로 실시하는 것이 바람직하다. 시스템의 구축뿐만 아니라 운영을 위해서도 지속적인 교육 및 훈련은 매우 중요하다. 또, 경영자들은 실질적이고 일관된 지원정책을 통하여 기업의 경쟁력을 높이는 MIS의 도입 및 개발에 참여하는 사용자에게 유리한 여건을 조성해 주어야 할 것이다.

3.1.3 의사결정과 MIS

(1) 의사결정단계

의사결정은 여러 대안(alternatives) 중에서 가장 좋은 대안을 합리적으로 선택하는 과정으로서 집단의 효율성과 성과에 가장 근본적인 요인이 된다. 특히 ERP와 같이 이미 프로그래밍이 되어 있는 패키지를 가지고 시스템을 구축할 때에는 의사결정만 신속·정확하게 되면 반 이상 성공한 것으로 판단할 수도 있다. 왜냐하면 ERP 패키지의 경우에는 의사결정만 되면 파라미터를 셋팅하는 방식으로 시스템 구축이 비교적 수월하게 이루어지기 때문이다.

이러한 의사결정의 단계는 일반적으로 상황의 진단(diagnosis), 대안의 탐색, 대안의 비교분석, 그리고 최적대안의 선정단계로 구성되어 있다.

Simon은 의사결정의 단계를 탐색(intelligence), 설계(design), 선택(choice)의 3단계로 나누어 설명하고 있다. 탐색단계는 의사결정을 필요로 하는 문제증상의 감지와 정보수집, 처리, 분석에 따른 상황파악 및 문제의 진단을 포함한다. 설계단계는 문제해결을 위한 대안의 구상과 대안의 비교, 분석과정을 포함한다. 그리고 선택단계는 문제해결에 가장 적합한 대안을 선택하여 집행에 옮기는 과정을 포함한다.

(2) 의사결정의 차이

MIS의 이용목적은 효과적이고 효율적인 의사결정에 있다. 그런데, 사용자인 의사결정권자는 각기 다른 인지유형을 갖고 있어 의사결정유형이 다를 수 있다. 그러므로 이들의 의사결정을 지원하는 MIS를 성공적으로 구축하여 활용시키려면 사용자들의 인지유형 특성을 고려해야 할 필요가 있다.

의사결정의 개인차이에 대한 연구로 인지유형(cognitive style)에 관한 연구가 있다. 인지유형이라고 하는 것은 한 개인이 의사결정을 하는 데 사용하는 자료나 정보의 인지 · 수집 · 분석 · 해석하는 과정에서 나타나는 일련의 고정된 유형의 행동양식을 말한다. 이러한 인지유형은 인지구조나 인지능력보다는 의사결정과정에 중점을 두고서 분류된다. 이것은 의사결정 과정 중에 개개인의 정보를 조작하고 변화시키는 과정을 의미한다.

인지유형의 가장 기본적인 분류로 Carl Jung의 분류가 있다. Jung은 인지유형을 정보수집과 정보평가의 두 차원으로 구분하여 정보수집 차원에 감각(sensing)과 직관(intuition), 그리고 정보평가 차원에 사고(thinking)와 감정(feeling)으로 구분하였다. 감각은 사실 자체에 근거하여 자료나 정보를 수집하고, 직관은 관계와 가능성에 근거하여 자료나 정보를 수집하는 행동양식을 말한다. 사고는 분석과 논리로서 자료나 정보를 평가하고, 감정은 직접실행과 개인적인 가치에 중점을 두고 자료나 정보를 평가 · 처리하는 행동양식을 말한다.

인지유형에 대한 연구는 MIS 설계와 관련이 있다. 컴퓨터를 기초로 하는 시스템은 체계적인 의사결정을 하는 사람에 의해 설계되는 경향이 있다. 시스템 사용자가 체계적인 성격의 소유자라면 이러한 시스템을 기꺼이 사용하려 할 것이다. 그러나 이러한 시스템은 직관적인 의사결정자에게는 부적합하다. 직관적인 성향의 의사결정자들은 광범위한 대안의 탐색이 가능해야 하며, 처리순서의 변경이 허용되는 시스템을 원하며, 사용자가 상세수준과 일반수준을 쉽게 이동할 수 있도록 허락되어야 하고, 또한 사용자가 출력형태(그래픽, 언어 등)에 대해 어느 정도 통제를 할 수 있는 시스템을 선호할 것이다. 사용자의 의사결정 유형에 따라 시스템의 설계도 영향을 받고, 구축 후 시스템 사용 정도도 영향을 받을 수 있다. 일반적으로 체계적인 의사결정을 하는 MIS 설계자와 직관적인 의사결정을 하는 MIS 사용자 사이에 갈등이 존재할 수 있으며, 훌륭한 MIS 설계자는 사용자의 성격까지도 파악하며 일을 해야 할 것이다. 실제로 체계적인 의사결정을 하는 MIS 설계자가 MIS 프로젝트 구축 도중에 직관적인 의사결정을 하는 사용자와 마찰을 빚어 프로젝트를 중단하고 회사를 떠난 사례도 존재한다.

3.2 경영조직개념과 MIS

3.2.1 경영조직구조

조직구조는 조직 하위시스템들의 배열과 이에 수반되는 분업 및 계층적 권한관계를 의미한다. 여러 이유로 조직의 구조는 상이하다. MIS를 개발하면서 기업의 조직구조를 파악하고 염두에 두는 일이 매우 중요하다. 그 기업의 조직구조에 따라 의사결정의 과정이나 커뮤니케이션 방법 등 MIS 개발에 중요한 영향을 미치는 내용이 달라지기 때문이다. 상이한 조직의 형태를 이해하기 위해서 조직구조의 기본개념들 중 계층적 권한, 전문화, 공식화, 집중화에 대하여 살펴보겠다.

전통적인 조직구조는 피라미드형 구조인 계층적 지위로 설명할 수 있다. 각 직위는 그 직위에 따라 명령에 대한 권한이나 권위를 갖는다. 즉, 직위수준이 높을수록 권한은 커진다. 또한 각 지위는 통제범위를 갖는데, 이는 관리자가 감독해야 하는 내용을 의미한다. 조직은 수행될 업무의 본질, 필요한 직접 감독의 정도, 각 수준에서 의사결정에 대한 규칙이나 절차 등에 따라 어떤 수준에서는 매우 좁은 통제범위를 가지며 또 어떤 수준에서는 매우 넓은 통제범위를 가질 수 있다. MIS 구축시에 관리자의 역할, 분석 범위, 결재 프로세스 등의 설계에 있어 조직구조를 고려해야 한다. 이러한 조직구조에 따라 업무 프로세스가 혁신적으로 변화되기도 하고, 정체되거나 퇴보되기도 한다.

전문화란 조직 내에서의 분업을 의미한다. 전형적인 조직은 기능(마케팅, 생산, 회계 등의 기능분야)에 따라 분화되어 각 기능 내에서 전문화를 촉진한다. 조직은 제공하는 제품이나 서비스뿐 아니라 경영자의 조직철학에 따라 전문화의 정도가 달라진다. 전문화의 개념이 정보시스템 개발에도 적용된다. 일반적으로 조직은 기능적으로 전문화시키면 기능간에 서로 상이한 전문성 및 훈련을 요하므로 전문화된 각 기능분야에 적합한 시스템이 개발되어야 한다.

공식화의 정도는 조직의 활동과정에서 규칙과 절차가 존재하는 정도를 말한다. 공식화의 지표로 여러 가지 상황을 처리하기 위한 의사결정과정이 프로그램화되어 있는 정도를 들 수 있다. 규칙이 사전에 명시되어 있는 경우 공식화의 정도가 크다고 할 수 있다.

조직의 중앙집중화 정도는 일반적으로 의사결정을 하는 계층의 조직 내 수준에 따라 결정된다. 고도로 집중화된 조직에서 대부분의 의사결정은 계층의 상위 정점에서 발생한다. 즉, 의사결정권한이 하위 층에 많이 위임될수록 분권화가 크다. MIS 개발시에 구매기능과 구매조직이 집중화되어 있느냐, 여러 부서로 분권화되어 있느냐에 따라 업무 프로세스가 판이하게 변화되고, 이에 따라 MIS 설계가 달라지므로, 그 기업의 경쟁력 향상에 어느 방식이 더 도움이 되는지를 심사숙고하여 결정해야 한다. 집중화는 공식화와도 관계가 있는데 고도로 공식화된 조직에서 하위수준에 있는 업무담당자들은 그들에게 제시되는 규칙과 절차에 따라서만 의사결정을 한다.

(1) 제품(서비스)조직

조직은 생산이나 마케팅과 같이 기능별로 구조화될 수 있는가 하면, 제품(서비스)별로 구조화될 수 있다. 최근의 제품 또는 서비스별 조직은 대부분 사업부 형태를 나타내며 책임경영체제를 가지는 경우가 늘어나고 있다. 각 제품 혹은 서비스 조직은 그 자체 내에 생산, 마케팅, 회계 등의 기능을 가짐으로써 과정보다는 결과를 중요시 하는 조직구조가 된다. 예로 TV나 냉장고 등 가정용품, 셀룰러폰, 반도체 등 산업용품과 같은 제품집단을 구조화시킨 고객 제품조직을 가지는 삼성전자를 생각할 수 있다.

(2) 프로젝트조직

프로젝트조직에서 경영자들은 프로젝트들에 할당되며, 각각의 프로젝트 관리자가 통솔한다. 프로젝트조직은 그 목적을 달성하기 위해 각기 필요한 기술과 능력을 가진 요원들이 모이고 목적이 달성되면 해산된다. 정보시스템부서에서 종종 시스템 분석자와 프로그래머들이 작업관리를 위해 프로젝트조직을 이용한다. 프로젝트조직은 제품 혹은 서비스별 조직의 동적 형태로 볼 수도 있다. 프로젝트의 임시적 특성으로 인해 상이한 프로젝트간의 자원 획득, 조정, 재할당을 위해서는 특별한 대책이 필요하다. 프로젝트 관리자는 프로젝트 지속기간 동안 권한을 갖는다.

(3) 매트릭스조직

매트릭스조직은 [그림 3-1]과 같이 종합부문을 나타내는 행과 기능부문을 나타내는 열로 구성된 행렬로 설명될 수 있다.

조직은 제품 혹은 서비스 집단에 대해 기능적 조직의 각 수준과 수평관계를 갖는 별개의 통합부서(그림에서 제품 A, B, C 관리자)를 갖는다. 이에 영향을 받는 조직의 각 수준은 기능에 대해서는 수직적 권한관계를 갖고, 제품 또는 서비스에 대해서는 수평적 권한관계를 갖는다.

[그림 3-1] 매트릭스조직

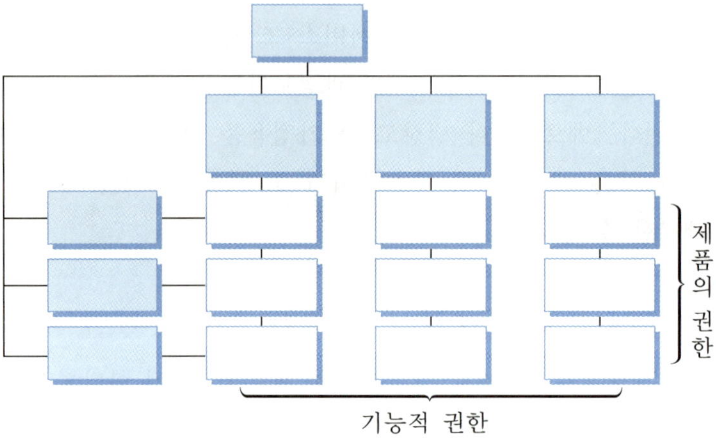

3.2.2 조직구조와 정보처리

조직화에서 어떤 조직구조가 가장 적합한가를 결정하는 최적의 기준을 결정하는 것이 중요하다. 이에 대한 접근법으로 조직의 정보처리와 커뮤니케이션 요구사항에 기초하는 조직설계에 관한 상황접근법이 있다. 상황접근법의 기본전제로서 조직구조가 다양한 이유는 상이한 조직간에는 과업 불확실성의 차이가 있고, 이 불확실성을 다루기 위해 정보를 처리하고 커뮤니케이션하는 능력의 차이에 의해 설명된다는 것이다.

조직의 정보처리 요구는 과업의 불확실성, 의사결정과 관련되는 단위부서의 수, 조직단위의 상호의존성 등과 같은 요소들의 영향을 받는다. 예컨대, 과업의 불확실성이 클수록 효과적인 성과를 확보하기 위해 처리되어야 하는 정보의 양이 많아진다.

조직의 정보처리 요구사항을 충족시키기 위한 대응책은 다음과 같다. 정보처리 양을 조정하는 메커니즘에 운영절차 및 의사결정규칙과 권한의 계층이 있고, 여유자원을 활용하여 정보처리요구를 감소시킬 수 있으며, 수직적 정보시스템과 수평적 조직형태는 정보처리능력을 증가시킨다.

운영절차와 의사결정규칙이 사전에 명시되어 있다면 공식화의 증가로 조직간의 조정은 단순화된다. 권한계층은 의사결정규칙과 운영절차로 커버할 수 없는 비일상적인 상황을 처리하는 데 사용된다. 자기조직적 하위시스템, 여유자원, 자족적 구조 등이 조직 내에 존재하면 조직의 정보처리요구는 감소하게 될 것이다. 정보시스템이 수직적 및 수평적으로 구조화되어 있다면 조직 내 내부커뮤니케이션의 증가로 정보처리능력은 증가된다.

3.2.3 조직문화와 권력

정보시스템 설계자는 적합한 정보시스템 설계를 위해 조직문화와 조직권력을 이해해야 한다.

조직은 문화를 가지며 조직 내의 하위단위도 문화를 갖는다. 그러나, 이것은 잘 드러나지 않으며 모호할 수 있다. 문화는 설립자나 그 후의 강력한 지도자들의 지배적인 사상 또는 그 조직의 역사, 기술단계, 과거의 성공에 대한 경험 등에 의해 형성된다. 상이한 조직문화로 인해 조직에 제공되는 자료와 정보가 부여하는 가치에 차이가 생긴다. 예를 들어, 경리담당자는 정확성을 강조하는 문화를 가지며, 판매요원은 판매량에 초점을 두는 문화를 갖는다. 따라서 판매요원은 업적달성을 위해 많은 비용을 사용하는 것에 대해 개의치 않는다. 이와 같이 조직 내에서 정확성의 문화를 가진 경리담당자와 비용이 아닌 결과의 문화를 가진 영업부 직원 사이에 갈등을 일으킬 수 있다.

조직 내에서 정보시스템 기능은 전문적 가치, 훈련, 정보시스템 전문가의 신념 등에 근거를 둔 문화를 갖는다. 이들의 문화는 컴퓨터 전문용어에 의해 강화된다. 컴퓨터 응용프로그램에 대한 설계는 설계자의 문화가치를 반영하거나 이는 사용자들에게 적합하지 않기 때문에 문화의 충돌이 자주 있게 된다.

조직 내에서의 권력은 목적을 성취하기 위해 인적·물적 자원을 획득하는 능력을 의미한다. 권력은 조직 전체에 균등하게 분포되어 있지 않다. 권력의 차이와 그 원인을 파악하면 조직의 기능 및 조직 내의 개인들을 지원하는 정보시스템의 설계와 개발에 도움이 된다. 효과적으로 정보시스템을 구축하여 운영하려면 경영자원이 필요한데 이러한 자원은 조직의 다른 부서와 경쟁하여 획득해야 한다. 이 경쟁에서 조직적 권력과 개인의 권력 모두가 중요한 변수이다.

정보시스템 담당중역은 적절한 정보시스템을 개발하기 위한 경영자원 획득에 충분한 조직적 권력을 소유하지 못하고 있는 것이 일반적 현실이다. 정보시스템 중역이 필요한 권력을 획득하는 방법으로 다음의 2가지를 고려할 수 있다. 첫째, 조직이 활용할 수 있는 주요 경쟁전략수단으로써 정보와 정보시스템의 역할을 이해해야 한다. 둘째, 정보시스템의 역할에 대하여 조직 내의 다른 사람을 이해시킨다. 이러한 방법을 통하여 정보시스템 담당중역은 정보시스템의 중요성을 강조할 수 있고, 정보시스템이 조직의 전략수단으로 인식되어감에 따라 조직에서 필요한 권력을 확보하게 될 것이다.

3.2.4 조직변화와 조직학습

시스템이 쇠퇴하지 않고 계속 유지되려면 환경의 변화에 대응하여 변화되어야 한다. 시스템은 목표의 변화, 조직학습 등의 이유 때문에 변화한다. 조직도 제품과 마찬가지로 일반적으로 탄생-성장-죽음의 사이클이 있다. 조직의 성장 현상은 [그림 3-2]에서와 같이 S자형 곡선으로 묘사될 수 있다.

조직 자체가 변화하듯이 조직의 목표도 변화한다. 조직은 개개인의 목표가 있는 개인들의 연합으로 볼 수 있고 개인들 연합의 목표는 구성원들간의 협상으로 나타난다. 이러한 협상은 연합구성원들의 변화와 환경변화에 따라 변화하게 된다.

조직학습이란 조직이 행위-결과의 관련성을 밝히고 오류를 식별하여 수정하며 업무처리절차 및 규칙, 서류양식 작성, 컴퓨터프로그램 활용 등에 관한 것이 종업원들에게 전달될 수 있도록 조직에 축적되는 것

[그림 3-2] 조직의 성장사이클

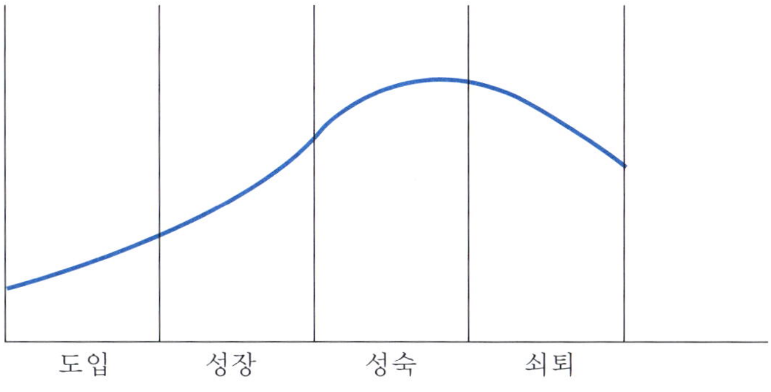

을 의미한다. 조직학습은 관리관행과 조직에 존재하는 제반 환경인 조직문화, 그리고 조직에 설계되어 있는 학습 메커니즘에 의해 촉진되고 조장된다. 그러나 조직학습은 종종 관리자들의 행위를 수정하도록 요구하므로 이를 저지하는 개인들의 행위로 인해 방해되고 저지된다.

3.2.5 조직변화모델

정보시스템을 새로이 도입하면 조직변화를 일으킨다. 시스템변화에 적용시킬 수 있는 이론적인 모델로 Lewin의 3단계 모델이 있다. Lewin의 모델은 다음과 같이 해빙 · 변화 · 재동결의 3단계로 설명될 수 있다.

해빙단계에서 정보시스템은 조직내 변화의 분위기를 조장하고 사용자들과의 새로운 시스템에 대한 협약을 한다. 변화단계에서는 조직의 정보흐름이 분석되고 새로운 시스템의 설계와 개발, 설치가 이루어진다. 재동결 단계에서 새로운 시스템이 제도화되고 활용된다.

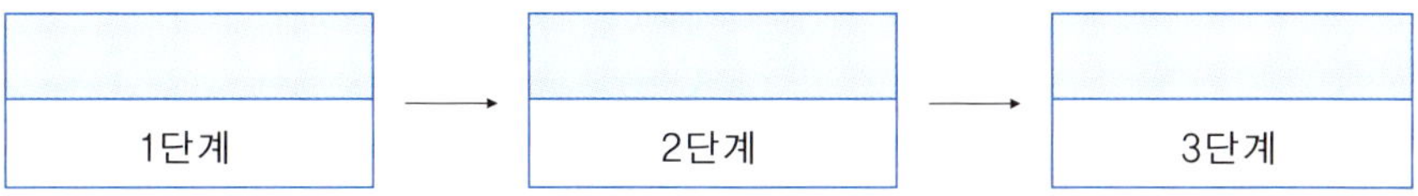

조직변화에 따르는 기대효과는 정보시스템 설계시에 고려되어야 한

다. 왜냐하면, 새로운 정보시스템을 도입한다는 것은 조직단위간의 경계를 변경시킬 수 있는 중요한 조직변화를 의미하기 때문이다. 시스템 설계자는 조직 밖에 있는 외부인일 수도 있는데, 이 경우 이들은 변화로 인해 영향을 받게 될 사람들의 기대, 현존하는 권력균형, 조직, 문화, 이해상충 등을 알지 못할 수 있다. 따라서 새로운 시스템은 '해빙'이 발생되지 않는 환경에 도입될 수도 있다.

비록 변화가 필요하고 바람직하다 할지라도 조직이 통제되지 않을 정도의 높은 변화속도를 감당하기는 어렵다. 정보시스템을 도입하는 경우 새로운 시스템에 소요되는 비용 중 상당부분은 사용자를 새로운 시스템에 숙달되도록 훈련시키는 데 들어간다. 시스템 사용명령, 화면 및 보고서형식, 용어, 절차들이 모두 새롭게 변화됨으로써 새로운 시스템에 대한 학습이 필요하기 때문이다. 특히, 기존시스템이 학습되고 그 절차들이 습관화된 상태에서의 변화는 입력 · 처리 · 출력에서의 모든 절차가 사용자를 혼란시키고 사용의 어려움과 소요시간을 증가시킬 수 있다.

정보시스템을 새로이 도입할 경우 조직변화를 촉진시킬 수 있는 정보를 시스템 설계시에 반영시킬 수 있다. 적합한 정보는 조직이 해빙되고 변화에 순응되도록 지원해 주기 때문에 이를 파악하는 것은 중요하다. 적절한 정보를 얻기 위해서 조직상황에 관한 기본적 변화를 알릴 수 있는 내부, 혹은 외부의 중요 변수를 밝히고, 이들 변수 사이의 중요한 관련성을 밝혀야 한다. 또한, 조직변화의 필요성을 알리기 위해 다소 상충된 자료를 보고하여 불확실성이 존재하는 것을 알려야 한다.

3.2.6 경영이론

기업의 정보시스템은 경영자의 관리를 지원하므로 성공적인 MIS를 위한 전제조건은 MIS를 설계하는 사람들이 경영을 이해해야 한다는 것이다. 그러므로 경영관리자는 MIS 설계에 직접적으로 참여해야 한다. 정보시스템전문가로서 MIS 설계자는 경영이론을 이해하고 있어야 한다. 본 절에서는 특히, 정보시스템 설계와 관련된 조직이론, 동기부여 이론, 리더십 유형, 그리고 직무설계에 대하여 살펴보겠다.

(1) 조직이론

조직이론은 기업 경영자원의 배열 및 집합에 관한 것이다. 사람 또는 조직흐름과 관계된 구조적인 것을 다루며 때로는 인적자원에 수반되는 재화, 기계 등의 배열과도 연관이 있다. 이에는 고전학파, 행동학파, 상황학파 등의 이론이 있다.

고전학파의 조직이론에 의하면 경영자원은 기능적 라인에 따라 배열되어야 하고 조직구조는 명확해야 하며 조직의 모든 구성원은 전문화되고 확정된 임무를 가져야 한다. 행동학파는 이에 비공식적인 구조 또는 비공식적 커뮤니케이션의 흐름을 추가하였다. 반면에, 상황학파에 의하면 조직하에는 최선의 방법이 없으며 모든 연구결과 등은 각각의 적합한 상황에 이용될 수 있다고 하였다.

이러한 조직이론들 대부분이 정보관리와 의사결정과정 등과 관련이 있다. MIS는 어떠한 모든 형태의 조직에서도 커뮤니케이션과 의사결정 흐름을 개선하기 위한 기회를 제공해야 한다. 따라서 MIS 설계시에 관리수준과 조직집단에 관심을 쏟아야 하며, 이러한 구조들이 정보요구들에 대해 갖는 효과에도 관심을 가져야 한다. 또한 MIS 설계에서 중요한 것은 비공식적 조직구조에 대해서도 관심을 가져야 한다. 공식적인 시스템에 의해 충족되지 않는 정보요구들이 확인되도록 해야 하며 가능한 공식적 MIS 내에 이러한 흐름들을 결합시켜야 한다.

(2) 동기부여

초기 경영이론은 인간의 동기부여에 관한 견해에 대해 다소 기계적이었다. 즉, 조직구성원의 목표는 조직목표와 동일하거나 최소한 조직목표에 순응하는 것으로 간주하였다. 그러나 후에 일기 시작한 인간관계운동은 사회시스템으로서의 조직개념을 확립시켜 주었다.

동기는 인간으로 하여금 특정한 활동을 수행하게 해주는 원인이다.

이것은 개인의 충동이나 욕구의 입장에서 설명될 수 있다. 높은 봉급 같은 보상은 종업원들에게 동기부여가 되며, 이로 인한 직무만족은 높은 직무성과로 연결될 수 있다. 최근에 기대이론(expectancy theory)이라 불리는 동기부여이론이 관심을 받고 있다. 기대이론은 한 사람이 선택하는 행동경로가 3가지 심리적 세력, 즉 개인적 신념, 개인의 가치, 개인적 기대의 상대적 강도에 달려 있다고 설명한다.

(3) 리더십 유형

리더십이란 특정한 목표를 달성하도록 집단을 설득하거나 동기를 부여하는 개인 간의 영향력을 말한다. 일반적으로 독재적 유형과 지원적 유형의 2가지를 예로 들 수 있다. 독재적 유형은 주로 경제적 보상에 의해 영향을 받는다는 인간동기의 기계적 관점에서 출발한다. 반면에, 지원적 유형은 직무만족을 중요한 동기부여로 보며 모든 개인들은 책임을 맡을 수 있는 능력이 있다고 본다. 독재적 유형에서 리더는 정책을 결정하고 수행하는 데 필요한 지시를 하며, 명령에 대한 이유를 거의 수정하지 않는다. 지원적 유형의 리더는 하급자에게 영향을 주는 의사결정에 대해 자문을 구하며 하급자들이 창의력을 발휘하도록 고무한다.

리더십 행위에서 적합한 유형은 하급자들이 자신의 행위를 현재, 또는 미래의 만족으로 보는가의 정도에 따라 결정되어야 한다. 리더는 성과를 높이는 데 필요한 환경을 제시하고 욕구충족을 성과에 의존시켜 하급자들이 동기를 부여해야 한다. 예컨대, 모든 종업원들의 능력을 신뢰하고 이들이 회사에 이익을 극대화시켜 주도록 노력한다고 믿고 있는 조직에서는 이익과 관련된 직무에 보다 많은 사람들이 관련되어 보다 적은 수의 관리계층을 갖게 된다. 이 경우 종업원들이 전문화되도록 허용되기 전에 다른 부서의 어려움을 배우기 때문에 상대방에 대한 의심보다는 동조성을 갖게 된다.

(4) 직무설계

직무설계는 직무특성에 대한 진단을 통해 종업원들의 동기와 만족감을 증가시켜 줄 수 있는 방법이다. 종업원들의 동기에 영향을 주는 것은 기능다양성, 과업일체성, 과업중요성, 자율성, 직무로부터의 피드백 등이다.

한 과업을 위해 정보시스템을 도입하는 것은 직무설계에 변화를 초래하며 정보시스템은 새로운 직무를 창출한다는 면에서 직무설계와 정보시스템은 연관이 있다.

3.2.7 사회기술적 시스템으로서의 조직

개인욕구와 조직목표가 일치하지 않을 때 낮은 성과와 저항, 그리고 기타 역기능적인 결과가 생길 수 있다. 정보시스템의 도입으로 개인적인 욕구와 조직목표 사이의 관계를 변화시킴으로써 이러한 역기능들을 해소할 수 있다. 그러기 위해서는 조직을 개인 관점뿐 아니라 조직 전체적 측면에서도 바라보아야 한다. 이를 위해서 시도된 것이 사회기술적인(socio-technical) 설계의 개념이다.

[그림 3-3] 수정된 Leavitt의 조직시스템 모델

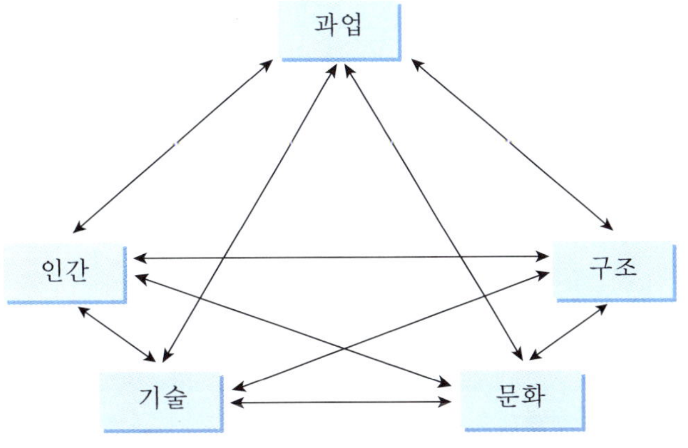

Leavitt에 의하면 조직은 과업, 기술, 구조, 인간으로 표현되는 4개의 상호 관련된 요소로 구성되어 있다. 많은 경영이론가들은 이에 조직문화를 추가한다. [그림 3-3]은 수정된 Leavitt의 모델을 보여준다.

Leavitt모델은 조직변화를 이해하는 데 도움이 된다. 조직을 구성하는 요소간의 상호의존성 때문에 한 요소의 변화는 다른 요소에 피할 수 없는 영향을 준다. 그런데 대부분의 시스템 설계자들이 일반적으로 따르는 접근법은 과업과 기술에만 초점을 두며 이들이 인간과 구조에 미치는 영향은 완전히 무시한다.

이러한 점을 보완하기 위하여 시스템 설계의 사회기술적 접근법이 개발되었다. 이 접근법의 목표는 기술적 효율성뿐 아니라 높은 직무만족으로 이끄는 시스템을 만드는 것이다. [그림 3-4]는 사회기술적 접근법을 설명하고 있다. 이는 사무시스템을 설계하는 데 적합하다.

[그림 3-4] 사회기술적 시스템 설계

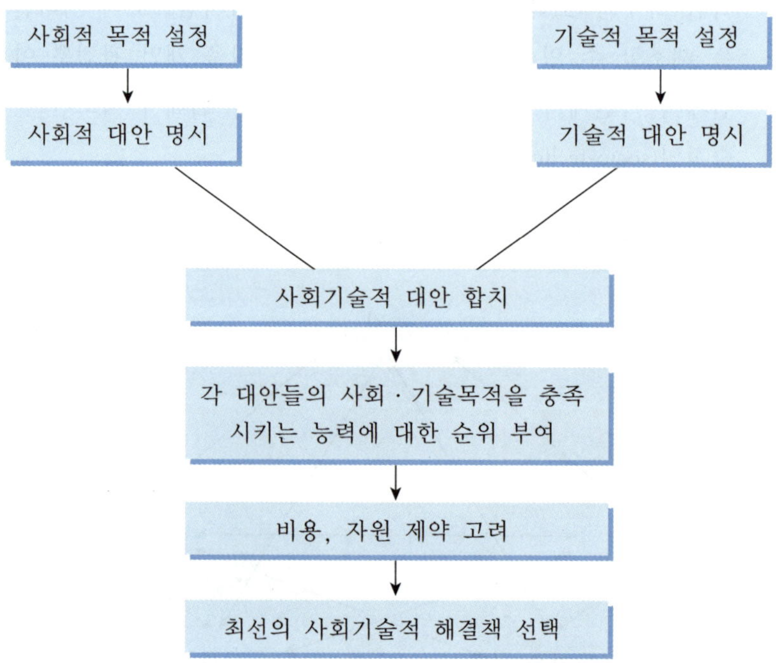

3.2.8 정보시스템 설계와 조직구조

앞에서도 살펴본 바와 같이 정보시스템과 조직구조는 상호간에 영향을 미친다. MIS는 조직구조에, 그리고 조직구조는 MIS 설계 및 이용에 영향을 준다. 경영이론은 정보시스템 설계대안에 관한 선택안을 제시해 줄 수 있다.

통제범위가 좁은 계층구조를 갖고 있는 조직일수록 상위계층에서 더욱 공식적인 통제정보를 필요로 한다. 정보시스템은 조직의 전문화에 대응하여 전문화되고 조직의 공식화를 증가시키며, 어떤 정도의 중앙집중화에도 맞게 설계될 수 있어야 한다. 정보시스템은 또한, 조직의 특성에 따라 기본조직을 수정하여 제품 혹은 서비스조직, 프로젝트조직, 매트릭스조직 등을 모두 지원하도록 설계되어야 한다. 정보시스템을 이용하는 조직의 메커니즘은 정보처리와 커뮤니케이션의 필요성을 감소시킨다.

조직문화는 정보 요구사항과 시스템 수용에 영향을 미치며 조직 권력은 정보시스템 계획, 자원할당, 구현과정에서 조직행동에 영향을 준다. 컴퓨터시스템은 정보에 대한 접근을 용이하게 해줄 수 있어 조직권력을 향상시켜 주는 도구가 될 수도 있다.

조직의 변화는 정보시스템에 지대한 영향을 미친다. 정보시스템 설계에 앞서 해당 조직의 성장사이클을 이해해야 하며 시스템 구축을 위한 요구사항 결정과정에서 목표를 정확히 정의하도록 노력해야 한다. 기존 정보시스템이 안정되어 있는 경우 정보시스템 변경에 대한 통제를 확보할 필요성이 있다.

일반적인 소식이론을 포함한 동기부여 이론, 리더십의 유형, 직무설계 등의 조직에 관한 경영이론은 MIS 설계자가 알아야 할 전제조건이다. 조직을 사회기술적 시스템으로 이해한다는 것은 사회기술적 고려사항 모두가 관련되어 있다는 것을 이해할 때에 시스템의 요구사항을 결정하고 직무설계에 대한 접근법을 제시할 수 있는 것을 의미한다.

독재적이며 비참여적인 리더유형과 기계적인 동기부여가 가정되는 상황에서 정보시스템 설계는 덜 복잡하다. 그러나 실제적으로 다음과 같은 요소들이 존재함으로써 정보시스템 설계에 어려움을 제시한다. 첫째, 모든 관리자가 동일한 유형의 리더십을 갖지는 않는다. 둘째, 모든 작업집단이 참여에 대해 동일한 욕구를 갖지는 않는다. 셋째, 전산화가 과업의 다양성을 줄이고 직무에 대한 흥미를 줄여준다. 따라서 성공적인 정보시스템의 설계를 위해서는 동기부여, 리더십 유형, 직무설계를 포함한 직무만족, 인간적 혹은 사회적 특성 등을 반드시 고려하여야만 한다.

3.3 조직에 대한 MIS의 영향

3.3.1 조직의 구조에 대한 영향

(1) ERP시스템에의 조직변화 이론 적용

새로운 MIS의 도입은 조직의 변화를 야기시키는 주요한 요인이 된다. 이러한 변화는 반드시 가치의 전이를 수반한다. 변화로 인해 긍정적인 결과가 나오기도 하고 부정적인 결과가 나오기도 하며, 모든 사람들은 긍정적인 변화를 이루기 위해 노력하고 각자 맡은 일에 최선을 다한다. 일반적으로 사용되는 조직변화의 모델로 Kolb-Frohman의 7단계 모델과 Lewin의 3단계 모델이 있다.

Kolb-Frohman의 조직변화의 모델에는 Scouting(예비), Entry(진입), Diagnosis(진단), Planning(계획), Action(실행), Evaluation(평가), Termination(종료) 단계가 있다. 이 모델은 조직변화를 자연적인 성장과 쇠퇴과정으로 설명하고 있는 모형이다.

Lewis의 모델에는 해빙(unfreezing), 변화(change), 재동결(refreezing) 단계가 있다. 해빙의 목적은 우선 동기를 유발시키고 개인 또는 집단이 변화를 위한 준비를 갖출 수 있게 하기 위한 것이다. 변화의 필요를 강조하기 위해 개인에게 작용하고 있는 힘을 재편성하는 과정, 즉 얼음이 녹아 차차 풀리듯이 태도나 감정을 서서히 누그러지게 하는 과정이다. 이 해빙과정에서는 개인의 몸에 배어 있는 관습, 풍습 및 전통에 의해 일을 처리하는 낡은 방식을 무너뜨리고 새로운 행동양식을 받아들이기 위해 준비를 하는 과정이다. 변화단계는 개인이 변화에 대한 동기부여가 되면 새로운 행동패턴을 받아들일 준비를 갖추는 단계이다. 이 과정은 동일시(identification)와 내면화(internalization) 중 어느 한쪽에 의해 일어날 가능성이 높다. 동일시는 개인의 환경 내에 하나, 또는 그 이상의 모델을 제공받고 자신을 그 모델처럼 만들려고 노력하면서 새로운 행동양식을 배울 때에 일어난다. 내면화는 개인이 어떤 상황에 처해 있을 경우, 그 상황에서 성공적으로 대처해 나가야 하는 새로운 행동을 요구할 때 일어난다. 동일시와 내면화는 양자택일하는 식으로 어느 하나를 선택하는 것이 좋은 것이 아니고, 효과적인 변화를 위해서 이 둘을 변화전략에 적절하게 결합시켜야만 좋은 결과를 가져오게 된다. 재동결은 새로이 획득된 행동이 그 개인의 퍼스낼리티가 있는 정서관계 속에 정형화된 행동을 굳어지는 과정을 의미한다.

이 모델은 변화가 시작되기 전에 조직구성원들과 변화에 대한 공감을 해야 된다는 것을 강조하고 있다. 변화가 완료된 후에도 훈련 및 평가 등에 의해서 변화를 제도화·정형화하는 것도 중요하다. 이러한 조직변화의 모델은 MIS 도입시뿐만 아니라, MIS 설계 및 운영의 차원에서도 고려해야 한다.

특히 ERP와 같은 대단위 MIS시스템의 경우에는 위와 같은 조직변화 모델에 매우 유의하여 구축하고 발전시켜 나가야 한다. Lewis의 모델에 입각해보면 ERP의 경우에는 변화(change) 이전의 해빙(unfreezing)부터가 시간이 많이 소요된다. 기존의 업무를 넘어서고 업무 프로세스를 획기적으로 변화시키는 경영혁신을 해야 하기 때문이다. ERP는 시스템 구축 도중에, 그리고 구축 후에 어쩔 수 없이 겪게 되는 적응과정을 제대로 넘기지 못하면 성공하기 어렵다. 적응과정의 어려움을 실패라고 인식하기 때문에 효과가 없다는 단정을 하는 것이고, 구축을 완료한 이후에는 유지를 위한 노력에 대해서는 큰 비중을 두지 않고 있다는 점이 실패를 자초하게 되는 것이다. 다시 Lewis의 모델에 입각해보면 변화단계를 거쳤다고 하더라도 재동결(refreezing) 단계에 매우 유의하여야 경영혁신 기반이 공고해지고, 지속적인 경영혁신을 위해서는 이와 같은 해빙, 변화, 재동결의 조직변화 모델의 과정을 여러 차례 극복해야만 진정한 성공이 보이기 때문이다. 물론 한번 이러한 변화를 극복하면 그 다음은 상대적으로 비교적 수월해지지만 최고경영층에서 인내심을 가지고 지속적으로 후원해 주어야 가능할 것이다.

ERP의 가장 중요한 역할은 기업에게 지속적으로 변화할 수 있는 기반을 제공하는 것이다. 따라서 ERP 프로젝트는 시스템 가동으로 종료되어서는 안되고 가동 후에도 지속적으로 효과를 극대화하기 위해 노력해야만 한다. ERP의 이러한 접근의 중요성은 최근에 일부 컨설턴트들을 중심으로 제기되었다. James와 Wolf는 ERP를 도입한 기업은 ERP 가동 후에 리엔지니어링, CRM 도입, e-business 적용 등을 통해 IT 비용을 절감하는 단계, 프로세스를 효율화하는 단계, 프로세스의 성과를 향상하는 단계 등을 거쳐 궁극적으로는 경쟁적 이점을 달성하는 단계에 도달할 수 있으며, 이를 위해서는 ERP의 구축보다는 구축 이후의 활동이 더욱 중요하다고 강조했다.

ERP의 효과는 대부분의 경우 구축 이후의 활동, 즉 ERP를 사용하면서 발견된 이슈들을 해결하면서 나타나게 된다. 이러한 효과는 프로젝트를 시작할 때에는 예상하지 못했던 경우가 많다. 그래서 ERP는 두 얼굴이며 곧 ERP의 가장 정확한 속성이다. 효과가 없거나 실패로 보기에는 선부른 경우가 많으며 성공이라고 확신하기 까지는 엄청난 수고와 노력이 필요하다.

(2) 조직에 대한 영향

컴퓨터는 조직의 전략, 수익과 비용, 조직구조, 그리고 개인 직무에 영향을 미친다. 많은 조직들은 경쟁우위(competitive edge)를 얻기 위하여 컴퓨터를 사용하여 왔다. 컴퓨터는 조직이 더 효과적으로 업무를 수행하도록 지원하여 왔다. 조직은 추가적 수익을 내기 위하여 컴퓨터를 사용하였고 비용절감을 위해 일상업무를 자동화하였다. 컴퓨터를 사용하는 또 하나의 이유는 산출물의 질을 높이는 것이다. CAD (Computer-aided-design)가 산출물의 질을 높이는 좋은 예이다. 절차의 복잡성, DB의 통합성, 넓은 지역에 걸친 의사소통의 필요성 때문에 컴퓨터 시스템은 문제를 해결하는 유일한 방법으로 인식되는 경우가 많다.

(3) 조직구조에 대한 변화

Leavitt와 Whisler(1958)는 컴퓨터가 조직구조에 미치는 영향을 연구하였다. 이들에 의하면 컴퓨터는 조직이 최고경영층에 의해 완전 통제될 수 있도록 가능한 중앙집중식 관리를 할 수 있도록 해야 한다고 주장하였다. 그러나 이 주장은 광범위한 지지를 받지 못하였는데 그 이유는 다른 여러 회사에서 컴퓨터가 도입된 후에 분권화된 예에서 찾을 수 있다. 그러나 조직구조 변수를 설명하는 Leavitt모델은 유명하다.

Leavitt모델은 과업, 기술, 구조, 구성원의 4가지 구성요소를 설명하고 있다. 먼저 과업은 조직구성원 각자가 수행하는 직무로써 조직체에서 주어진 공식적인 직무와 그 직무를 수행하는 과정에서 자생적으로 발생되는 역할로 구분할 수 있다. 기술은 '생산시설이나 정보처리기기 등' 하드웨어기계와 도구를 의미할 때가 많다. 그러나 넓은 의미에서 기술은 생산관리나 정보처리 프로그램 등 각종 경영 아이디어와 방법 및 모형 등도 포함한다. 따라서 기술은 사람이나 기계를 사용하여 입력자원을 산출로 전환시키는 데에 적용되는 모든 물질적 기계와 도구, 그리고 기법과 아이디어를 의미한다. 구조는 조직체의 구성형태와 부문화 방법, 그리고 절차와 규율 등을 포함한다. 마지막으로 구성원은 조직체를 형성하고 있는 인력을 의미한다.

이들 요소는 조직체에서 상호의존적 관계를 유지하고 있다([그림 3-5] 참조). 즉, 새로운 기술은 관련 직무를 자동화시키거나 기계화시킴으로써 이들 직무를 없애버리거나 감소 또는 변형시킨다. 따라서 조직구조에 변화를 가져오고 다른 직무와의 연결관계와 전체적인 업무의 흐름

[그림 3-5] Leavitt의 조직구조변수모델

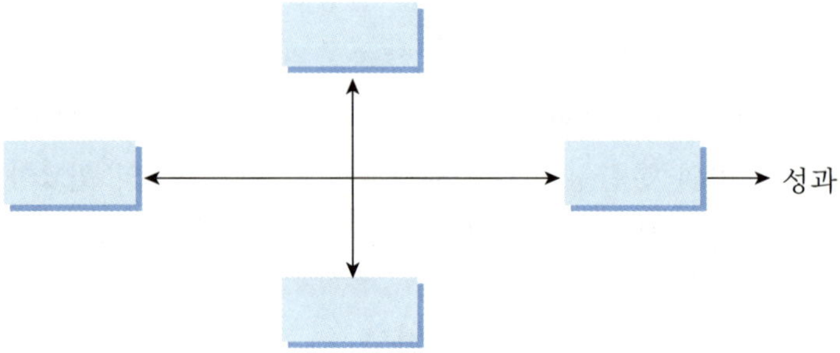

에도 변화를 가져온다. 또한 새로운 기술은 새로운 기술 인력과 직무수행 인력을 요구하게 되므로 전반적인 인력구성에도 변화를 가져온다. 이와 같이 기술은 과업과 구성원, 그리고 조직구조 등 경영조직에 많은 변화를 가져온다.

그런데 항상 기술이 선행하여 경영조직에 변화를 가져오는 것은 아니다. 조직체의 인력수준이 고도화됨에 따라서 직무 내용을 고급화시키려는 노력이 증가하고, 또 그 과정에서 새로운 기술을 도입하고 이를 활용하는 경향도 높아진다. 그뿐 아니라, 조직구조를 간소화하고 이를 개선하려는 노력은 사무절차의 자동화와 인력의 절감 등 조직체의 기술시스템과 인력구성에 많은 변화를 가져올 수 있다. 그리고 직무의 개선과 변화는 이에 적합한 인력의 기술 수준과 행동을 요구한다. 이와 같이 직무와 구성원, 그리고 구조의 어느 한 요소의 변화로 인하여 기술과 다른 조직체요소에 변화를 가져오기도 한다. 기술과 직무, 그리고 인력과 조직구조는 상호 의존적 관계에서 서로 영향을 주면서 조직체의 성과에도 영향을 미치고 있다. 따라서 이들 요소간의 상호 적합한 관계를 유지시킬 때 조직체의 성과를 증대시킬 수 있다.

대부분 시스템 설계자들은 과업과 기술에만 초점을 두기 때문에 구성원과 구조에 미치는 효과를 무시하는 경향이 있다. 여기서 MIS의 도입과 같은 기술변화는 개인이 수행하는 업무와 과업달성을 촉진시킴으로써 조직구조에도 영향을 미친다.

컴퓨터에 의한 정보처리에 의해 조직의 부서 수가 감소되고 계층 수도 줄어들어 전체 조직구조를 간소화시킬 수 있다. 컴퓨터의 활용은 조직내부의 직무내용에 큰 변화를 주므로 종래의 승진경로에도 많은 영향을 미칠 것이다. 특히 컴퓨터 환경하에서 효율적인 성과를 가져올 수 있는 자질과 능력은 종래의 직무경험이나 조직체 내부의 훈련으로 양성되기 어려운 측면도 존재한다.

(4) 조직 내의 MIS 성장단계이론

MIS 계획수립을 위한 하나의 모델로 Nolan은 일종의 상황이론에 근거를 두어 MIS의 특징들을 성장단계별로 설명하였다. 이 개념은 정보시스템이 특정 단계에서 다른 단계로 이행하기 위해서는 반드시 정해진 성장단계에 따라 그 과정이 진행된다는 것이다. 이것은 현재 MIS발선 수준을 신난하고 앞으로의 방향을 계획하고 실징하는 데 유용한 모델로 활용될 수 있다.

[표 3-1]은 MIS 성장단계를 설명하고 있다.

3.3.2 직무 및 인력구조에 대한 영향

(1) 직무에 대한 영향

정보시스템의 도입은 조직구조상에 충격과 변화를 야기시킬 뿐 아니라, 조직구성원의 직무내용이나 직무환경에도 여러 가지 영향을 미칠 것이다. 컴퓨터활용은 정보처리에 관한 직접 노동을 줄이고, 직무를 구조화 또는 자동화시킴으로써 직무내용을 향상시킨다고 할 수 있다. 정보자료를 활용하는 분석업무를 증가시킴으로써 직무의 내용을 고급화시키게 되는 것이다.

전통적으로 중간경영자의 임무는 상급경영진의 정책 결정에 따라 사무작성 요원이나 행정요원이 수행할 행동지침을 마련하고, 구체적인 작업경과를 관리하며, 다시 상급경영자에게 그 결과를 보고하는 데 있었다. 그러나 MIS와 같은 컴퓨터시스템의 도입으로 중간경영자의 역할

[표 3-1] Nolan의 MIS 성장단계

단 계	통제 및 여유의 수준
초 기(Initiation)	주로 비용을 절감시키기 위한 목적으로 소수 사용자들에 의한 컴퓨터 시스템의 초기 설치. 주로 회계분야에 먼저 컴퓨터시스템이 도입되는 경우가 많음. 분권화된 통제 및 최소한의 계획수립 낮은 통제, 정보시스템 계획이 미비하거나 없음
확 장 기 (Contagion)	컴퓨터시스템 이용에 의한 효용의 증가를 기업 내에서 인식하게 됨으로써 많은 새로운 응용시스템이 개발되고 점차 비용의 급격한 상승에 따른 위기 발생. 컴퓨터 사용을 보급하기 위한 전산부서 규모의 증가, 계획의 결여, 비용증가와 통합의 비용이 두드러지게 나타남.
통 제 기 (Control)	무계획적인 컴퓨터 사용증가 억제를 위한 조직 통제의 설정 및 비용/효과 기준의 적용, 집중화, 높은 통제, 정보시스템 계획이 강조되며 이를 위한 운영위원회가 설치된다.
통 합 기 (Integration)	응용시스템의 통합, 조정된 통제 계획 수립의 확립, 정보시스템과 조직의 합치 서로 다른 시스템에 존재하는 데이터들을 통합함으로써 각각의 시스템들간의 데이터 교환이 가능하게 된다.
데이터관리 (Data administration)	데이터관리에 초점, DBMS를 개발하게 되며 조직의 전략적 우위에 공헌하는 시스템 개발을 촉진함.
성 숙(maturity)	지금까지 개발된 경영정보시스템이 제 역할을 충분히 수행하며 조직목적에 부응함. 통제기에 설치된 운영위원회가 전반적인 통제를 수행하고 있으며 정보서비스가 기업의 주요 기능영역이 되고, 사용자들은 MIS에 대한 전문지식이 개발되어 최종사용자 컴퓨팅이 실현된다.

이 근본적으로 변해버렸다. 많은 중간경영자의 기능이 상급경영진이 직접 할 수 있는 기능으로 흡수되어 버렸다. 즉, 중간경영진의 전문기술의 일부를 빼앗아 버린 것이다. 이는 상급경영자가 필요로 하는 정보가 중간경영자의 중재 없이 현장에서 곧바로 상급경영자에게 흘러가기 때문이다.

컴퓨터시스템의 도입과 자료의 분산처리에 의해 경영조직은 현재 변화해가고 있다. 산업사회의 전형적인 피라미드 형태가 아니라 전체적으로 수평적인 평평한 구조가 될 수 있다. 상급경영자도 그들의 경영능력에 컴퓨터의 적절한 이용이 불가피하게 되었다.

컴퓨터시스템 영향에 대한 이전의 연구들은 사용자 반응과 관련이 있는 것이 많다. Turner는 직무와 직무내용에 컴퓨터가 어떠한 영향을 미쳤는가에 대해서 광범위하게 문헌연구를 하였다. Turner는 컴퓨터를 기초로 한 시스템은 업무와 일의 속도를 증가시켜 일상업무를 가중시킨다고 하였다. 그러나 시스템의 부정적 측면을 완화시키기 위해 새로운 직무를 창조하여 문제해결의 범위와 기회를 넓혀야 한다는 것도 제시하였다. [표 3-2]는 컴퓨터의 활용과 직무내용의 변화를 요약하여 보여주고 있다.

컴퓨터의 도입은 직무내용을 고급화시키는 현상을 가져오게 된다. 정보시스템의 통합화와 정보기술수준이 향상됨으로써 개인용 컴퓨터, 데이터베이스, 통신망 등의 활용이 대폭 증가되어 보다 자율적인 정보의 탐색과 문제해결 활동이 증가되어 직무의 내용이 고급화될 것이다.

컴퓨터는 직무환경에도 변화를 야기시킨다. 컴퓨터 도입 초기에는 자료의 통일화, 양식의 표준화, 정보처리절차의 일률적 규정 등에 의해 공식화·구조화 경향이 나타나지만 MIS의 성장이 지속됨에 따라 정보시스템이 사용자중심으로 바뀌고 분산 처리시스템의 활용 요구가 많아

[표 3-2] 컴퓨터 활용과 직무내용의 변화

과업요소	사무직	관리직
정보자료의 분석	+	++
판단력	+	++
직무수행 계약	++	++
직무직식	++	++
정확성	++	+
책임	+	+
집계입수	−−	−
정보자료의 보관	−−	−−

++: 많은 증가 +: 약간의 증가
−−: 많은 감소 −: 약간의 감소

[표 3-3] 직무환경 요소의 변화

직무환경 요소	사 무 직	관 리 직
마감규정	＋＋	＋＋
작업 페이스의 통제	－－	－
부서간의 협조	＋＋	＋＋
직무수행 방법의 자율성	－－	－
과업의 다양성	＋	＋＋

++: 많은 증가　+: 약간의 증가
--: 많은 감소　-: 약간의 감소

져 오히려 공식화·구조화 경향이 줄어들게 될 것이다. [표 3-3]은 컴퓨터의 도입이 직무환경 요소에 어떠한 영향을 주는지 설명하고 있다.

(2) 인력구조에 대한 영향

컴퓨터는 정보처리에 관련된 인력에 가장 많은 변화를 야기시킨다. 거래자료를 수집하고 집계하는 경리부서의 인력과 기타 실무부서에서의 거래정보자료를 처리하는 인력에 가장 많은 영향을 준다. 컴퓨터 도입 초기 단계에 정보처리에 관련된 사무직 인력을 감소시키는 동시에 관리 및 기술인력의 비율을 증가시킨다. 초기단계에는 단순사무직 인력이 감소되는 효과가 이들을 감독해 온 관리자들의 필요성도 적게 하여 관리계층에도 영향을 미칠 수 있다. 그러나 반드시 인력의 감소 효과를 가져오는 것만은 아니다. 컴퓨터시스템이 이전에는 할 엄두를 내지 못했던 부가가치 있는 업무를 수행하도록 도와줌으로써 보다 지식 전문가를 많이 필요하게 인력구조를 바꿀 수도 있다.

3.3.3 기업전략에 대한 영향

(1) 조직목표와 MIS 계획

MIS의 도입목표는 기업의 경영전략을 지원하는 차원에 두어야 한다. 그러므로 조직의 목적목표·전략과 일치하는 정보시스템 개발계획이 수립되어야 한다. 정보시스템 개발계획은 조직의 목표와 전략 이외에 산업, 정부규제, 고객, 공급자 등의 외부환경과 경영철학과 같은 조직내부적 제약 그리고 기업의 위험 및 잠재적 결과에 대한 가정 등이 고려되어 결정되어야 한다. MIS는 기업의 중·장기전략을 보다 효과적으로 달성시킬 수 있는 수단으로써 활용될 수 있으며, MIS가 구축되면 경영자는 관리영역을 넓힐 수 있고, 보다 정확하게 전략목표를 달성시킬 수 있게 된다. [그림 3-6]은 조직의 목표를 달성시키기 위해 MIS가 어떻게 계획되어야 하는지를 보여주고 있다.

정부규제, 사회경제적 조건, 외국정부의 행동, 국제관계, 경쟁자의

[그림 3-6] 조직의 목표와 MIS 계획

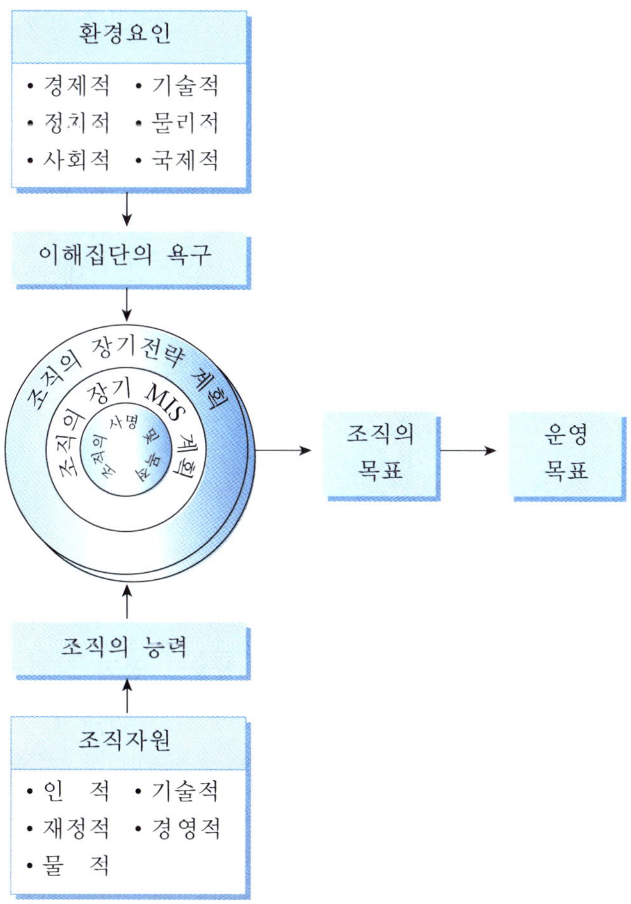

행동, 기술발전, 정치상황과 같은 외부환경요인이 조직 내 이해집단의 욕구를 결정한다. 반면에 조직의 생존과 성장은 이러한 이해집단의 욕구충족능력에 달려 있다. 또한 이러한 이해집단에 대한 욕구충족능력은 조직의 상품 및 서비스 제공 능력 등 조직자원의 내부요인에 달려 있다.

이와 같이 경영관리층 환경요인에 의한 이해집단의 욕구와 조직의 내적 능력을 분석하여 조직의 사명 및 목적정립, 장기 전략계획작성, 장기 MIS 계획 등을 순서대로 전개하여 보다 구체적인 조직목표와 운영목표를 설정할 수 있다.

(2) MIS의 전략적 활용

MIS 장기계획은 조직의 전략을 달성하는 데 활용될 수 있다. MIS의 전략적 활용방안으로 다음의 4가지를 들 수 있다.

1) 저렴한 구매가격

전사적인 네트워크와 데이터베이스를 구축함으로써 가장 저렴한 공급처를 찾아 구매활동을 할 수 있게 된다. 회사 내 부서간의 상호 정보교환이 완벽하지 못해서 발생되었던 비싼 가격의 공급처를 보다 저렴한 가격으로 공급할 수 있는 곳으로 바꾸어 원가를 절감시키고 상품가격을 인하시킬 수 있게 된다.

2) 새로운 서비스 제공

고객들에게 경쟁자들 보다 새로운 형태의 서비스를 제공함으로써 기업의 매출을 확대시킬 수 있다. 보험회사에서 고객에게 가장 적합한 보험을 선택해 주는 소프트웨어의 활용을 통한 보험판매, 증권회사의 경우 다양한 데이터베이스를 이용하여 각 주식의 가격과 추세 등을 검색하고 그래프화시킬 수 있는 컴퓨터시스템의 활용, 혹은 증권투자 경험이 많은 사람들의 지식을 전문가시스템에 입력하여 컴퓨터를 통한 증권상담을 제공하는 것 등이 그 예가 될 수 있다.

3) 원가절감

예컨대, 운반비 비중이 큰 정유나 제철회사의 경우 중간저장소나 물류센터 등의 위치, 규모 그리고 최소비용의 배달경로 등을 계산하는 계량적 모형을 이용하면 원가절감 효과를 기대할 수 있다. 이와 같은, 내부적 원가절감으로 이윤을 극대화시키는 전략을 달성할 수 있다.

4) 고객기호의 신속한 파악

각 점포에 연결된 종합적인 네트워크의 구축으로 즉각적인 판매정보를 수집하여 신제품에 대한 고객들의 반응을 빠른 시간 내에 파악하여 제품의 존속 여부와 생산량 조정, 제품의 특성과 신제품 개발 방향 등이 적시에 파악되어 적절한 판매대책이 수립될 수 있게 된다.

요 약

조직 내의 MIS 도입은 좋건 나쁘건 영향을 미치며 그로 인해 조직 구성원인 개인에게 변화를 주고 나아가서 조직 전체에 대한 변화를 가져오게 된다.

MIS의 구성요소 중에서 변화에 적응하고 조절할 수 있는 유일한 구성요소는 인간이다. 사용자의 참여란 사용자의 요구사항을 시스템의 분석 및 설계, 구현, 운영에 반영하는 사전적인 참여라고 할 수 있는데, 이러한 사용자의 참여는 성공적인 MIS 구축을 위한 가장 기본적인 방법이지만 개발단계에 맞게 정정한 참여가 이루어져야 한다. 즉, MIS를 개발하는 각 단계마다 적절한 수준에서의 사용자 참여가 있어야 할 것이다.

의사결정은 여러 대안 중에서 가장 좋은 대안을 합리적으로 선택하는 과정으로서 집단의 효율성과 성과에 가장 근본적인 요인이 된다.

MIS의 이용목적은 효과적이고 효율적인 의사결정에 있다. 그런데 사용자인 의사결정권자는 각기 다른 인지유형을 갖고 있어 의사결정유형이 다를 수 있다. 그러므로 이들의 의사결정을 지원하는 MIS를 성공적으로 구축하여 활용시키려면 사용자들의 인지유형 특성을 고려해야 할 필요가 있다.

조직구조는 조직 하위 시스템들의 배열과 이에 수반되는 분업 및 계층적 권한관계를 의미하는데 MIS를 개발하면서 기업의 조직구조를 파악하고 염두에 두는 일이 매우 중요하다. 이러한 조직구조의 기본개념은 계층적 권한, 전문화, 공식화, 집중화의 개념으로 세분화될 수 있으며, 또한 이러한 조직은 제품(서비스)조직, 프로젝트조직, 매트릭스조직 등으로 분류할 수 있다.

조직화에서 어떤 조직구조가 가장 적합한가를 결정하는 최적의 기준을 결정하는 것이 중요하고 그에 따라 조직의 정보처리 요구사항을 충족시키기 위한 대응책을 찾는 것이 매우 중요한데, 여기에는 정보처리량을 조정하는 메커니즘 운영절차 및 의사결정규칙과 권한의 계층이 있고, 여유자원을 활용하여 정보처리 요구를 감소시킬 수 있으며, 수직적 정보시스템과 수평적 조직형태는 정보처리능력을 증가시키는 방법 등이 있다.

정보시스템 설계자는 적합한 정보시스템 설계를 위해 조직문화와 조직권력을 이해해야 한다. 조직 내에서 정보시스템 기능은 전문적 가치, 훈련, 정보시스템 전문가의 신념 등에 근거를 둔 문화를 갖는다. 이들의 문화는 컴퓨터 전문용어에 의해 강화된다. 컴퓨터 응용프로그램에 대한 설계는 설계자의 문화가치를 반영하거나 이는 사용자들에게 적합하지 않기 때문에 문화의 충돌이 자주 있게 된다. 또한 정보시스템 중역이 필요한 권력을 획득하는 방법으로, 조직이 활용할 수 있는 주요 경쟁전략수단으로써 정보와 정보시스템의 역할을 이해해야 하며, 정보시스템의 역할에 대하여 조직 내의 다른 사람을 이해시켜야 한다.

시스템이 쇠퇴하지 않고 계속 유지되려면 환경의 변화에 대응하여 변화되어야 하는데, 여기에는 조직이 행위, 결과의 관련성을 밝히고 오류를 식별하여 수정하며 업무처리절차 및 규칙, 서류양식작성, 컴퓨터 프로그램 활용 등에 관한 것이 종업원들에게 전달될 수 있도록 조직에 축적되는 것을 의미하는 조직학습이 필수적이다. 이러한 조직학습을 통해 도입, 성장, 성숙, 쇠퇴의 과정이 반복되면서 정보시스템의 발전을 이루게 된다.

기업의 정보시스템은 경영자의 관리를 지원하므로 성공적인 MIS를 위한 전제조건은 MIS를 설계하는 사람들이 경영을 이해해야 한다는 것이다. 그러므로 MIS 도입시 조직이론, 동기부여, 리더십 유형, 직무설계, 이 네 가지 측면에서의 명확한 이해가 필수적이다.

새로운 MIS의 도입을 통해 모든 사람들은 긍정적인 변화를 이루기 위해 노력하고 각자 맡은 일에 최선을 다한다. ERP의 가장 중요한 역할은 기업에게 지속적으로 변화할 수 있는 기반을 제공하는 것이다. 이러한 ERP 도입의 효과는 대부분의 경우 구축 이후의 활동, 즉 ERP를 사용하면서 발견된 이슈들을 해결하면서 나타나게 되는데, 이러한 효과는 프로젝트를 시작할 때에는 예상하지 못했던 경우가 많다.

컴퓨터는 조직구조의 변화에도 큰 역할을 하는데, Leavitt 모델은 과업, 기술, 구조, 구성원의 4가지 구성요소를 설명하고 있다. 직무와 구성원, 그리고 구조의 어느 한 요소의 변화로 인하여 기술과 다른 조직체 요소에 변화를 가져오기도 하는 등 기술과 직무, 그리고 인력과 조직구조는 상호의존적 관계에서 서로 영향을 주면서 조직체의 성과에도 영향을 미치고 있다.

조직 내의 MIS 성장단계이론을 보면, MIS는 초기, 확장기, 통제기, 통합기, 데이터관리, 성숙의 6개의 단계를 거쳐 성장한다.([표 3-1] 참조).

정보시스템의 도입은 조직구조상에 충격과 변화를 야기시킬 뿐 아니라, 조직구성원의 직무내용이나 직무환경에도 여러 가지 영향을 미칠 것이다. MIS와 같은 컴퓨터시스템의 도입으로 많은 중간경영자의 기능이 상급경영진이 직접 할 수 있는 기능으로 흡수되어 버리고, 이러한 변화를 토대로 경영조직이 산업사회의 전형적인 피라미드 형태가 아니라 전체적으로 수평적인 평평한 구조가 될 수 있다. 또한 인력구조에 대해서도 많은 변화를 야기시키는데, 컴퓨터 도입 초기 단계에서 정보처리에 관련된 사무직 인력을 감소시키는 동시에 관리 및 기술인력의 비율을 증가시키며, 이전에는 할 엄두를 내지 못했던 부가가치 있는 업무를 수행하도록 도와줌으로써 보다 지식 전문가를 많이 필요로 하도록 인력구조를 바꿀 수도 있다.

MIS의 도입목표는 기업의 경영전략을 지원하는 차원에 두어야 한다. 그러므로 조직의 목적목표, 전략과 일치하는 정보시스템 개발계획이 수립되어야 한다. 즉, 경영관리층 환경요인에 의한 이해집단의 욕구와 조직의 내적 능력을 분석하여 조직의 사명 및 목적정립, 장기전략계획 작성, 장기 MIS 계획 등을 순서대로 전개하여 보다 구체적인 조직목표와 운영목표를 설정할 수 있다.

■■ 연습문제

1. 시스템 개발에 사용자를 참여시키는 목적은 무엇이며 사용자는 어떠한 형태로 참여를 하는가?
2. 조직구성원으로서 사용자가 저항하는 요인들에 대해 설명하시오.
3. MIS 개발시에 의사결정이 중요한 이유를 생각해보고, 특히 의사결정의 인지유형 관점에서 설명하시오.
4. 경영조직구조에 대해 설명하고 조직구조와 정보처리의 관계를 설명하시오.
5. 조직의 문화와 하위 부서의 문화가 MIS 개발에 미치는 영향을 생각해보자.
6. Lewis의 조직변화 모델을 생각해보고, ERP와 같은 대규모 MIS 구축시 조직을 변화시키기 어려운 이유가 무엇인지 설명하시오.
7. MIS 설계자가 알아야 할 조직이론에는 어떠한 것들이 있는지

나열하고, 각 조직이론의 중요성을 생각해보자.

8. Leavitt의 조직구조 변수 모델의 4가지 요소를 기술하시오.
9. Nolan의 MIS 성장단계를 기술하시오.
10. MIS가 어떤 과정을 거쳐서 직무구조를 변화시킬 수 있는지를 설명하시오.
11. MIS가 인력구조에 미치는 영향을 기술하시오.
12. 기업전략이 MIS 도입에 미치는 영향과 MIS를 전략적으로 활용하는 방안에 대하여 설명하시오.
13. 동부제강에서 현업을 활용히여 ERP 교육을 시키고 변화관리에 성공하게 된 과정을 기술하시오.

한국타이어의 SEM을 통한 책임경영 구현

(1) 회사 소개

한국타이어는 서울 본사와 대전공장 및 금산공장이 있으며 미국의 뉴저지에 판매법인, 유럽에 네덜란드, 독일, 프랑스, 영국, 이탈리아, 스페인 판매법인이 있으며, 일본, 호주, 캐나다에도 판매법인이 있고 중국의 강소, 가흥에 2개 공장을 보유하고 있는 타이어 생산업체이다.

미국경제의 장기 침체조짐과 급격한 달러 하락 속에서도 한국타이어는 최근에도 최대 매출과 이익의 신장을 거듭하고 있다. 1999년 미국 포드사 납품으로 해외 신차시장 진출에 성공한 뒤 해를 거듭하며 볼보, 미쓰비시, 다이하츠를 포함한 세계 유수의 자동차 메이커에까지 납품을 확대시켰으며, 자회사인 중국법인도 중국 승용차시장에서 높은 시장점유율을 보이며 선전하고 있다. 한발 더 나아가 2003년 1월 미쉐린과 파트너십 체결을 통해 높은 기술력을 재인식시키고, 브랜드 가치를 높여 나가고 있다.

(2) ERP 및 확장형 ERP 추진과정

여타 국내기업보다 비교적 ERP를 늦게 구축하기 시작한 한국타이어는 제조중심의 기업에서 시장지향적인 기업(Market-Driven Company)으로 변신하면서 ERP의 데이터를 획기적으로 활용하여 조기 결산 및 책임경영체제를 이룬 기업이다.

한국타이어사는 조직의 핵심역량 강화를 위한 기반 조성, 조직의 구조적 변화 및 책임경영체제 기반 구축, ERP 구축을 통한 글로벌 통합 기반 조성이라는 3가지 주요 목표를 가지고 2000년 7월에 ERP 프로젝트를 시작하였다. PI 추진을 위하여 "Change Now! Or Never"라는 모토를 내걸고 PI 실행전략을 수립하였다.

1단계로 국내 본사 및 대전, 금산 공장에 ERP시스템을 구축하면서 동시에 미국 판매법인 ERP시스템을 완료하였다. 2단계로 유럽의 6개 법인과 일본 판매법인의 ERP시스템을 완료하고 국내 CPM(Corporate Performance Monitoring)시스템을 확장형(extended) ERP 차원에서 구축하였다.

한국타이어 시스템의 특징은 ERP뿐만 아니라 공정계획을 위해 SCM 솔루션인 Rithm 패키지의 FP모듈을 동시에 구현한 점과 물류/창고시스템으로 EXE 패키지를 도입하는 등 단기간에 여러 패키지를 구현하고 이의 활용을 정상화시켰다는 점이다.

이러한 한국타이어의 ERP 도입 과정도 여타 회사와 마찬가지로 순탄치만은 않았다. ERP 가동 직후에는 ERP를 수정한 프로그래밍의 결과물의 에러로 인해 출하 업무가 마비되고 창고에 재고가 적체되기 시작했다. 그 결과로 해외 딜러에게 납기 약속을 지키지 못하고 딜러들의 불만이 누적되었으며 딜러가 한국타이어와의 거래를 중단하겠다는 위협적인 상황이 전개되기도 했다. 사용자들은 익숙하지 않은 화면과 업무 프로세스에 거부감을 느끼고 ERP 가동을 중지시키고 예전의 시스템으로 돌아가자는 목소리가 커지기에 이르렀다. 급기야 사장의 지시하에 PI를 담당했던 상무는 공장에서 며칠 밤을 새우며 시스템 정상화에 몰두하였으며 전체적으로 시스템을 세우고 전체 시스템을 점검하고 통합테스트를 새로이 실시하기도 했다.

이러한 위기 속에서도 한국타이어는 이러한 긴박한 상황이 변화관리의 일환임을 인식하고 사용자들에게 절대로 과거 시스템으로의 회귀는 없다는 점을 주지시키고, 오히려 ERP 교육 결과를 영어점수처럼 인사평가에 반영을 시키도록 했고 ERP 능력별로 급수를 매겨서 더욱더 사용자 변화관리에 매진하였다.

그 결과로 ERP시스템 가동 후 6개월이 지나면서 최대 출하를 기록하고 국내 대리점과 해외 바이어들도 한국타이어의 스피드 경영과 신속한 납기회답에 만족하였으며, 매월 3일이면 CEO가 시스템으로 결산 상황을 직접 보고, 회사의 주요 의사결정을 할 수 있게 되었다.

한국타이어는 여기에 만족하지 않고 Post-ERP 혁신을 지속적으로 추진하기로

[그림 3-7] 한국타이어 CPM시스템 화면

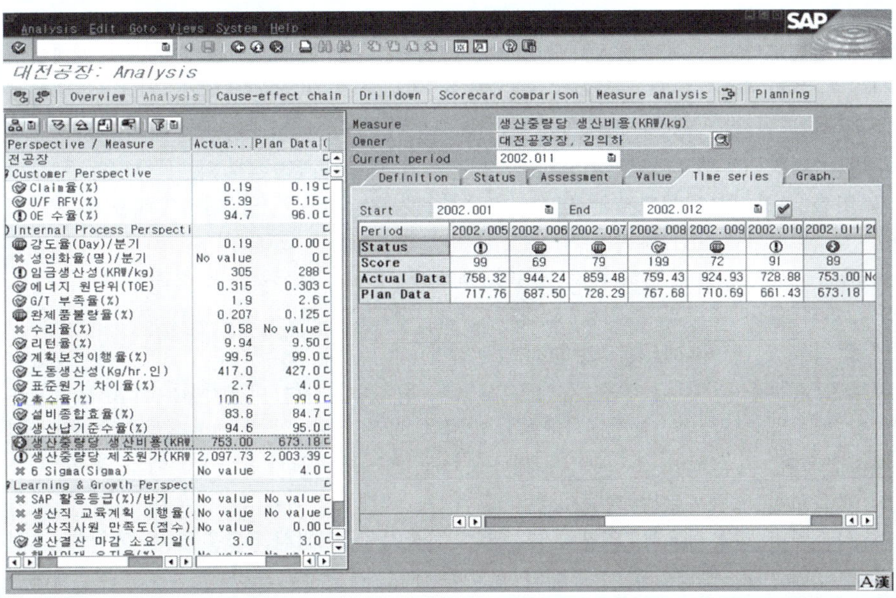

결정하였다. 특히 한국타이어의 CEO는 ERP가 일회성으로 끝나는 것이 아니고 ERP를 활용하여 지속적인 경영혁신 활동을 하도록 부서장들을 독려하였다. 이에 따라 2단계 구주의 6개 판매법인과 2개의 중국공장에도 ERP시스템을 구축하는 글로벌 경영체계를 계획하고, '수익성에 기반한 성장'이라는 신 비전을 선포하였다. 새로운 비전에 대한 실천의 일환으로 전사 전략과 연계한 균형성과지표(BSC)를 도출하고, SEM차원에서 전략의 실행과 성공 여부를 관리하는 CPM(Corporate Performance Monitoring)시스템을 도입하였다.

ERP에서 정확하게 실시간으로 나오는 데이터를 기반으로 전사, 사업부, 팀별 핵심성과지표(Key Performance Indicator)를 최종 확정하고, 책임경영을 강화하는 조직평가시스템 구축을 마련하는 동시에 공정성을 제고할 수 있는 평가시스템을 구축하고, 우수인재 확보, 유지 및 동기부여를 가능케 하는 임직원 보상시스템을 구축하였다.

(3) 조직 및 전략에 미치는 영향을 고려한 SEM 도입과정 및 의미

이러한 SEM체제의 도입도 엄청난 저항에 부딪혔다. 우선 임원부터 팀장들에 이르기까지 핵심성과지표를 도출하여 합의하고, 각 핵심성과지표의 목표치를 합의하는 데 많은 시간이 소요되고 현업의 공격적인 반발이 발생했다. 기존의 보수주의 문화에서 책임성과체계로 문화를 변화시키는 것은 오랜 관행을 바꿔야 하기 때문에 매우 힘들었다. 더구나 한국타이어에서는 각 부서의 업무가 서로 밀접히 연계되어 이것을 핵심성과지표로 분할하여 관리하면 부서 이기주의만 팽배해지고, 업무 협조가 전혀 되지 않을 것이라는 의견이 팽배하였다. 이러한 의견을 최고경영자의 솔선수범과 후원으로 하나씩 변화시키고, 사장부터 핵심성과지표와 그 목표치에 합의하고 이를 연봉 및 인센티브와 연계시킴으로써 모든 임원의 합의와 이해를 이끌어낼 수 있었다. 결국 SEM체제의 도입 첫해부터 경상이익이 2,000억원대로 5배 가량 증가하고 주식가격도 급격히 오르자 SEM체계가 서서히 정상궤도에 오르기 시작했다.

이와 같이 주주의 이익을 극대화시키는 성과중심의 문화풍토를 조성함과 동시에 임직원 인센티브제도를 전략실행을 위한 성과관리 시스템과 연계함으로써 성과제도의 효과를 극대화시키는 강력한 수단이 되었다. 이는 바로 MIS 도입과 더불어 혁신 활동의 일환으로 확장형 ERP인 SEM을 전사 전략 및 보상시스템으로 확대 연계시켰으며, 시스템이 조직에 미치는 영향을 조직에 대한 변화이론에 맞추어 꾸준히 교육시킨 변화관리의 성공이라고 그 결과를 해석할 수 있다. 특히 문화를 바꿔야 시스템이 정상적으로 운영될 수 있는 전사적인 SEM시스템은 MIS 도입이 조직과 전략에 미치는 영향을 고려해야 한다는 점을 극단적으로 보여주는 좋은 사례라고 할 수 있다.

제 4 장

MIS 조직

정보자원이란 좁은 의미의 정보뿐 아니라 정보를 제공하는 데 필요한 하드웨어, 소프트웨어, 통신기술, 사무자동화 전반, 정보시스템 아키텍처, 정보기술 인력, 정보시스템 기능의 구조 그리고 조직에서 정보시스템을 활용하는 조직원들의 마인드와 문화 등을 모두 포함한다. 조직의 정보자원은 조직 전반에서 관리되어야 하지만 보다 전략적으로 관리해나가기 위해서는 IS 조직의 역할이 요구된다. IS 조직은 기업의 정보화를 기획, 운영, 조정하는 등 정보화 업무를 실질적으로 추진하는 주무부서로서, 기업의 정보자원을 구성하는 핵심 부분이면서 동시에 정보자원관리(Information Resource Management: IRM)의 주된 책임을 가지고 있다.

조직의 정보자원 범주 가운데 IS 전문인력의 관리는 무엇보다 중요하다. 오늘날 IS 인력은 기업에서 가장 대표적인 지식 근로자로서 조직의 경영 비전을 현실적으로 지원하는 IS 전반의 관리업무, 즉 기획 및 구축, 운영 등의 업무를 실행하는 핵심정보자원이다. 이제 IS 인력은 더 이상 기술자로서의 역할에 머무르지 않고 경영지식, 관리기술, 인간관계기술 등을 고루 갖추고 다양화된 활동 영역에서 조직의 변화 대리인, 경영문제 해결자, 정보기술을 통한 경쟁기회 탐색자 등의 역할을 요구받고 있다.

본 장에서는 이상에서 논의한 IS 조직과 조직원들에 대한 핵심 이슈에 대해 다루고자 한다. 제 1 절에서는 기업의 정보자원을 보다 효율적으로 관리하기 위한 IS 조직의 구조 및 형태에 관하여 알아본다. 제 2 절에서는 IS 인력자원의 직무유형과 경력방향, 그리고 그들의 역량 개발방안 등에 대해 다룬다. 제 3 절에서는 경영혁신을 리드하는 IS 조직혁신의 유형 및 영향요인, 그리고 성과에 대해 살펴본다.

4

MINI CASE

연방형 IT 조직으로의 전환

미래 IT 조직은 어떤 모습일까. 국내 기업들의 IT 부서는 대부분 중앙집중형 조직 형태를 보이고 있다. 이것은 여러 가지 장점이 있다. 하지만 IT가 비즈니스로부터 동떨어져 움직이는 문제점도 노출시키고 있다. 이에 따라 일부 IT 전문가와 CIO들은 연방형 IT 조직을 새로운 IT 조직의 미래상으로 제시한다.

연방형 IT 조직은 중앙 IT 조직과 별개로 현업에 IT 조직을 두어 IT와 비즈니스의 연계를 긴밀히 유지한다. 중앙 IT 조직은 전사 차원의 IT 기능(IT 기획, IT 프로젝트 관리, IT 인프라 관리 등)을 수행하고, 현업 부서에 전진 배치된 IT 조직은 각 현업 부서의 IT 요구(애플리케이션 개발 등)를 해결한다. 아직 소수에 불과하지만 국내에서도 몇몇 기업은 연방형 IT 조직으로 그 형태를 변화시키고 있다.

한국신용정보

신용평가기관인 한국신용정보는 이미 연방형 IT 조직으로 IT 조직 형태를 변화시켰다. 한국신용정보는 중앙 IT 조직(정보기술지원실과 MIS팀)과는 별개로 각 사업본부에 IT 조직을 전진 배치시켰다. 한국신용정보는 평가사업본부, 정보사업본부, 관리사업본부, 리서치&컨설팅 등의 사업본부를 두고 있는데 이들 사업본부에 IT 조직이 모두 전진 배치되어 있는 것이다. 각 사업본부에 전진 배치되어 있는 IT 조직의 예산 및 인사권은 모두 본부장들이 쥐고 있다.

삼성전자

삼성전자도 중앙의 전사 IT 조직과 현업에 전진 배치된 IT 조직 등 이원화된 IT 조직구조를 갖고 있다. 삼성전자의 정보전략그룹은 전사 차원의 IT 기능을 수행하는 중앙 IT 조직이다. 그러나 이와 함께 각 사업부 그리고 프로세스 조직(구매, 생산, 마케팅 등)에 IT 조직이 전진 배치되어 이들의 요구를 현장에서 해결해주고 있다(현업에 배치된 IT 조직은 정보전략이라는 이름을 갖고 있지는 않지만 경영혁신 등 다양한 명칭으로 IT 조직으로서의 기능을 수행하고 있다).

삼성생명

삼성생명은 중앙 IT 조직인 정보전략팀과는 별도로 자산운용BU, 상품BU, 법인BU에(해당 사업부를 지원하는) IT 조직을 신설했다(자산운용BU는 이전부터 전담 IT 조직이 존재했다. 법인BU는 조직 형태는 아니지만 이러한 기능을 수행하는 전담 IT 인력이 현업에 전전배치됐다). 삼성생명의 이병근 CIO는 현업의 요구가 있고, 그 필요성이 인정될 때는 IT 조직을 현업으로 계속 내려 보낼 계획이라고 밝혔다.

각 기업은 자신이 처한 환경에 따라 자신에 적합한 IT 조직 형태를 취하면 된다. 따라서 연방형 IT 조직 형태가 모든 기업에게 만병통치약이 될 수는 없다. 그러나 중앙집중형 IT 조직과 분산형 IT 조직의 장점을 극대화하고 반면 단점을 최소화하는 연방형 IT 조직 형태는 국내 기업에게 여러 가지로 시사하는 바가 크다고 할 수 있다.

출처: CIO, 2002년 12월 1일

4.1 MIS 조직의 구조

IS 관리자들이 조직 및 인력 문제를 다룰 때 반드시 고려하여야 할 중요한 문제는 다음과 같다. 첫째, 전체 조직 내에서 IS 조직의 위치와 보고 구조를 어떻게 구성해야 하는가에 관한 문제와, 둘째, IS 조직 내부의 자체 구조를 어떻게 설계하느냐 하는 것이다. IS 조직의 위치와 구조형대는 정보기술의 발진, 경영조직의 비즈니스 프로세스의 변화, 정보자원의 집중화와 분산화 정도, 기업조직의 규모나 특성, 정보화 활용 요구 정도, 정보시스템 기능과 역할의 변화 등에 따라 달라져 왔다.

정보시스템이 기업에서 활용되기 시작한 1950년대부터 1960년대까지는 그 기능이 회계 혹은 재무의 하위기능으로 인식되어 전통적인 회계 업무에 적용되는 자료처리 역할에 한정되었다. 그러나 정보기술이 발전하고 경영의 모든 기능이 속도와 생산성, 품질의 향상을 요구받게 됨으로써 정보시스템은 경영의 주활동과 지원 활동을 모두 지원하는 전사적인 도구가 되었다. 정보시스템은 정보보고 시스템, 의사결정지원 시스템, 전략정보시스템의 역할을 거쳐 1990년대 이후에는 e-business 시대가 도래하여 기업의 사업방향을 새롭게 제시하고 다양한 가능성을 제공하는 역할을 수행하고 있다. 이와 같이 정보시스템이 기업운영을 효율화하는 기능에 머물지 않고 기업의 성과를 획기적으로 향상시키고 경영혁신을 실현 가능케 하는 전략적 무기로서의 역할을 수행하게 됨에 따라 정보시스템의 기능과 규모는 확장되었고, IS 조직의 위치 및 구조 형태 또한 계속적으로 변화되고 있다.

4.1.1 MIS 조직의 위치

IS부서가 기업 조직 내의 어느 위치에 자리하느냐 하는 것은 정보시스템을 성공적으로 구축하고 정보자원을 효율적으로 관리하는 데 매우 중요하다. IS 조직의 위치는 MIS 기능과 역할에 대한 보고 수준을 결정해 주고 전 조직원들의 IS에 대한 이해와 지원 정도에 영향을 미친다. 먼저 IS 조직이 업무의 진행 상황을 어디에 보고해야 하는가를 결정하는 것이 중요하다. 최고정보담당 임원(Chief Information Officer: CIO)의 지위와 CIO의 보고를 받는 사람들의 지위는 IS 기능에 대한 경영진의 이해를 반영하는 것이다. IS 기능의 보고관계는 IS가 어떤 기능에 초점을 맞추느냐에 따라서도 변화될 수 있다. 만약 IS가 재무회계 라인에 보고한다면 마케팅, 생산 또는 물류 부문보다는 재무나 회계 분야의 응용프로그램이 더 강조되는 경향이 있음을 의미한다. CEO가 MIS의 역할이 기업 각 부문의 기능을 종합적으로 지원하고 나아가 기업전략을 리드하는 것으로 인식하고 MIS에 관한 업무보고를 직접 받을 때 MIS의 성공 가능성은 매우 높다. [그림 4-1]은 IS 조직이 기업에서 차지할 수 있는 위치에 대한 대안을 보여주고 있다. IS 조직은 하나의 독립부서, 사용자 부서 내에, 또는 별도의 서비스 기능 부서로서 위치할 수 있다. IS 조직의 위치는 기업에서 IS 기능이 가장 효과적으로 발휘될 수 있도록 IS 부서의 위치가 결정되어야 한다.

[그림 4-1] MIS 조직의 위치

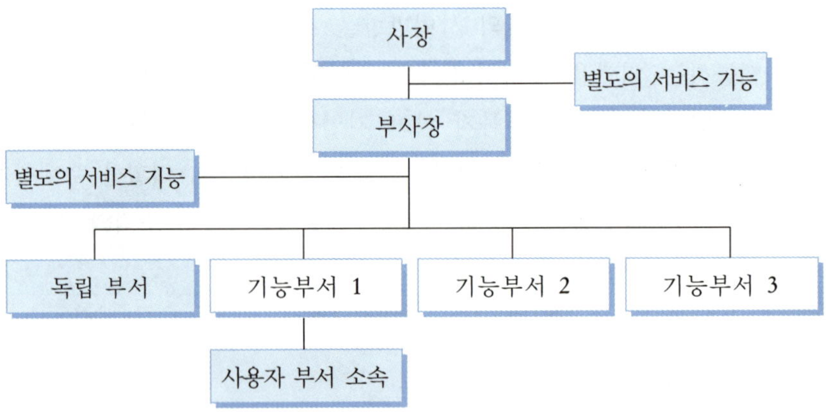

4.1.2 MIS 조직의 형태

IS 조직의 형태는 정보기술 환경 및 경영 프로세스의 변화에 따라 중앙집중형 조직형태에서 분산형 조직형태로, 또 절충형으로 변화하였다. 1980년대 이후 정보기술 환경이 메인 프레임 환경에서 PC나 미니 컴퓨터, 그리고 통신 기술의 발전에 따라 다운사이징 되어 중앙에서 사용자 부서에 있는 정보 자원들을 관리할 수 있게 되고 사용자에게 보다 나은 서비스를 제공하여야 하는 필요성에 따라 중앙 집중형에서 분산형으로 변모되었다. 컴퓨터 장비나 데이터베이스를 조직 전역에 걸쳐 분산하는 것뿐만 아니라 개발 기능과 개발 절차의 관리통제 또한 전 조직에 분산시키는 것이 가능하게 되었다. 그러나 1990년대 이후에 조직 내의 수많은 PC와 사용자 부서 단위의 응용 프로그램들은 전사적인 관점에서 정보자원의 비효율적 관리와 다양한 리스크를 안게 되었다. 이에 따라 분산형과 집중형의 관리형태를 절충하는 혼합형태가 제시되어 보다 효율적인 정보자원 관리구조를 탐색하게 되었다. 이는 운영은 분산처리 형태를 띠지만 정보기획이나 데이터베이스 통제는 중앙처리 형태를 갖게 되는 형식이다. IS 조직의 중앙집중화와 분산화를 구분하는 주요 요소는 하드웨어가 설치된 위치, 데이터베이스가 설치된 위치, 하드웨어와 소프트웨어의 선택 권한, 소유권과 통제 그리고 정보시스템 요원의 소속 등이다. IS 조직의 중앙집중형과 분산형에는 장·단점이 있다. 각 조직 형태의 특징과 장·단점을 [표 4-1] 에 정리하였다.

오늘날 CIO를 포함한 경영진들은 IS 조직이 개발 및 운영 중심의 기능에서 벗어나 IS의 핵심 기능을 재정의하고 다양한 조직상황을 융통성 있게 지원하도록 혼합형, 절충형의 형태로 정보자원 관리를 수행하려는 경향을 추구한다.

그러나 다음과 같은 IT 관리 기능에 대해서는 중앙 IS 부서에서 관리하는 것이 바람직하다.

- 사용자들에 대한 통합적 지원과, 컨설팅, 훈련

[표 4-1] IS 조직 형태의 중앙집중화와 분산화

구 분	특 징	장 점	단 점
중앙집중화	• IS 본부에서 전사적으로 현업에 IT 서비스를 제공함 • 일반회계, 급여, 인사 등 조직 전반의 공통적인 기능 업무/중앙집중식일 때 경제적인 업무/작은 규모의 조직기능/항공예약 업무와 같이 정보의 통합을 위해 기술적으로 중앙집중식 정보처리가 요구되는 업무 등에 적합함	• 전사적 정보요구에 즉각적 대응 가능 • IS 통제가 용이하고 전사적 통합화 가능 • 자원과 노력의 중복 제거로 규모의 경제 실현/효율적임 • 보안이 용이함 • IS 인력의 전문화, 기술축적이 용이함 • 보고나 평가 목적을 위한 재무 및 운영자료를 종합하기 용이함 • 전체적인 구도하에 IS 인력을 채용하고 관리하여 효율적임	• 어플리케이션 개발 우선 순위에 있어 부서간의 의견 조정이 어려움 • 사용자에 대한 이해 부족으로 상호간 커뮤니케이션의 어려움/시스템 산출물에 대한 만족도 저하 발생 • 사용자의 긴급한 요구와 필요에 신속히 부응하기 어려움
분산화	• IS 조직을 각 사업부 혹은 기능 부서로 분산시키는 형태로 각 사업부/기능부서의 사업추진 방향이나 전략에 빠르고 탄력적으로 대응하는 것을 목적으로 함 • 신속하고 융통성있는 응답시간이 요구되는 상황이나 업무의 성격상 분산된 운영이 필요한 경우에 융통성있게 관리 가능 • IS 조직의 예산이나 인사권을 해당 사업부의 임원이 결정함	• 조직 단위의 요구에 신속하고 적합한 결정 가능 • 사용자 요구에 부응하는 정보요구 및 서비스 제공 • 응용 프로그램의 관리 용이(유지보수 신속) • 현업 업무를 잘 파악하여 사용자들의 요구사항을 효과적으로 반영함 • 커뮤니케이션 원활함 • PC, 미니컴퓨터 등 적은 비용으로 운영 가능 • 작업의 복잡성이 줄어들어 빠르고 정확한 정보처리로 신뢰성 향상 • 사용자의 적극적인 참여와 IS 인력의 책임감 증진 • 자원분배에 있어 타 부서와 경쟁할 필요 없이 효율적으로 처리함	• 전사적 관점의 계획 통제의 어려움 • 정보자원의 중복 • 상이한 시스템 구성 및 설계, 사용되는 데이터 양식, 보고 양식 등에서 비호환성, 비일관성으로 인한 장애 발생 가능 • 어플리케이션의 중복 개발로 예산 낭비, 비표준화로 인한 재개발 등의 문제 발생 가능

연방형	• 중앙집중형과 분산형의 문제를 보강하기 위한 형태로 중앙 IS 조직은 IT 표준화 및 공동 인프라 등을 관리하는 전사 차원의 서비스를 제공하고, 개별 어플리케이션 개발 기능은 각 사업부 및 기능부서로 분산시키는 이원적 구조형태임 • IS 본부의 정보기술 지원실은 시스템 관리, 네트워크 관리, IT 기획/지원 기능 등을 수행하며, 개발팀은 전사적인 IS 개발 요구를 지원하거나 IS 고유의 내부 업무를 수행하여 분산된 IS 조직을 지원	• 각 사업본부에 IS 개발 인력들이 전담 배치되기 때문에 현업의 요구사항을 근거리에서 신속하고 정확하게 지원하여 사용자들의 만족도 증진 • 분산화 형태에서 발생할 수 있는 사업부, 기능 부서간의 서로 다른 IT 기술구조로 인한 표준화 문제를 전산조정위원회나 중앙 IS 조직에서 방안을 제시하고 통제관리할 수 있는 융통성 증가	• 기업의 규모가 작을 때는 비용의 비효율성 초래 • IT 기본 방침과 예산 등에 있어 이원화된 IS 조직이 유기적으로 움직이도록 관리하는 것의 어려움 • 현업과 IS 중앙의 의견에 합의가 어려운 경우 발생

- IT의 방향 지시와 표준화, 아키텍처의 개발
- 조직 전체를 지원하는 공통의 시스템 개발이나 구입
- 기업 데이터 센터의 운영과 광범위한 데이터통신 네트워크 및 네트워크 백본의 구축
- 조직 내의 다양한 시스템과 기술들의 통합
- 경쟁우위를 위한 최신의 정보기술에 대한 조사와 개발
- IS 전문가 인력 관리

4.1.3 MIS 조직의 내부 구조

IS 조직구조는 전체 조직에서 IS 기능이 원활하게 실행될 수 있는 방향으로 고려되어 효율적인 사용자 요구를 충족시켜 줄 수 있도록 조직되어야 한다. IS 조직구조에 영향을 미치는 주요 요인들을 나열하면

다음과 같다.

- 조직의 경영 특징, 즉 조직의 규모, 사업 범위, 활동 영역, 상품 및 서비스의 수와 범위, 사업 본부 및 경영기능 부서의 구조와 그들의 위치
- CIO의 조직 내의 위치 및 영향력
- 정보시스템에 의해 관리되는 기술 및 상품의 유형들
- 조직 내의 IS의 역할
- IT에 대한 경영 관리자들의 조직적 이해 및 책임의식 등

작은 규모의 기업이라면 단순히 새로운 어플리케이션을 개발하고 현재의 어플리케이션을 유지보수하는 작은 IS 조직을 구성할 수 있다. 여기에 IS 계획 및 관리를 담당하는 팀이 추가될 수 있다. 전통적인 IS 조직의 핵심 기능은 IS 개발과 운영으로서 매우 집중화되고 과업지향적 구조이다. [그림 4-2]와 같이 분석가와 프로그래머들은 새로운 프로젝트가 시작될 때마다 변동 배치된다. 운영부분은 IS 구조형태가 집중화되어 있거나 분산화되어 있던 간에 중앙 IS 부서에 의해 관리 통제된

[그림 4-2] 전통적인 IS 과업 조직구조

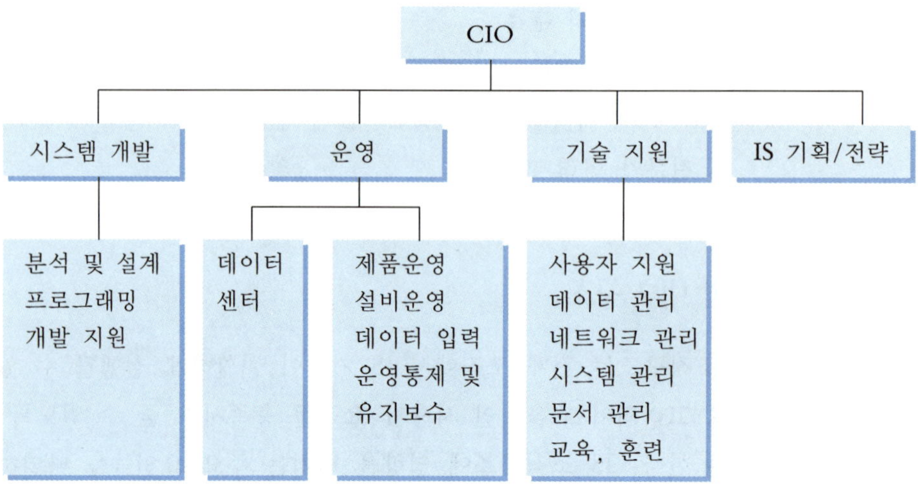

다. 전통적인 IS 조직의 초점은 시스템 개발과 운영, 그리고 전문화와 관련한 비용 효율성에 있다. 일반적으로 IS 전문가들은 IS 부서 내외의 업무 변동이 거의 없어 경력이 일관된다.

[그림 4-3]은 오늘날 많은 기업에서 수용하고 있는 분산화된 IS 조직구조이다. 경영기능에 분산된 IS 조직구조는 사업본부, 혹은 핵심 기능부서에 응용시스템을 개발하고 유지하는 IS 인력을 분산 배치하는 것이다. IS 전문가들은 크게 서로 다른 현업기능 업무를 지원하는 개발 그룹과, 전반적인 IT 지원 서비스를 담당하는 스텝 그룹으로 분류된다. 경영기능 영역으로 분류된 IS 조직의 초점은 특정한 고객 집단의 요구에 대한 최선의 지원이다. 따라서 IS 인력은 중앙 IS 그룹에 소속되어 있거나 사용자 그룹에 속해 있던 간에 현업 인력 혹은 IS 인력과 협력하여 중재자의 역할을 원활히 수행하여야 한다. 시간이 지날수록 시스템 개발 요인과 사용자 간에는 인간관계가 강하게 형성되어 의사소통은 원활해지며 시스템 구현이 용이해진다. 그러나 부서간 자원분배에 있어 불균형이 발생할 수 있다.

[그림 4-4]는 사용자 부서에 대한 서비스의 질과 IS 관리 효율간의 균형을 유지하는 매트릭스 조직 구조이다. 중앙의 시스템 개발 부서는

[그림 4-3] 경영기능 영역에 속한 IS 조직구조

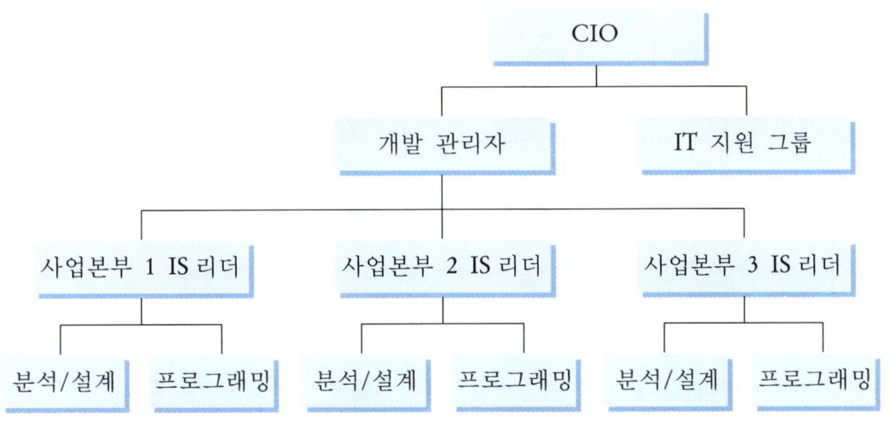

기능 분야별 관리자에게 기술적 지도, 조정, 표준화 등의 지원을 제공한다. 이 조직에서는 프로그래밍 관리자에게 보고하는 프로그래머 팀과 분석가 팀, 그리고 프로젝트 관리자에게 보고하는 프로젝트 리더로 구성되는 하부조직으로 나뉜다. 새로운 프로젝트는 프로젝트 리더에게 할당되고 그는 분석 및 프로그래밍팀과 협력하여 프로젝트팀을 구성한다. 프로젝트 리더와 분석 및 프로그래밍 리더, 혹은 프로젝트 관리자와 프로그래밍 관리자들은 어플리케이션의 개발 진행 상황을 현업 부서장에게 보고하면서 동시에 정보시스템 부서의 담당 관리자에게도 보고한다. 매트릭스 조직의 장점은 기능적 조직의 장점을 그대로 살리면서 사용자의 요구를 반영할 수 있는 체계를 갖출 수 있다는 점에서 매우 효율적이다. 그러나 프로젝트를 진행하는 개발 인력들은 각각 두 개의 라인에 있는 관리자들에게 보고해야 하는 어려움이 있으며, 이해 관계자들간의 책임과 권한 관계에 갈등이 존재할 가능성이 있는 경우 적합하지 않다. 프로젝트의 평가 또한 상이한 시각을 가진 상위 관리자들에게 평가될 수 있으므로 일관성을 가지고 진행하기 어려운 경우가 발생하기도 한다.

그 밖에 [그림 4-5]와 같이 최종 사용자를 보다 신속하고 적극적으

[그림 4-4] 매트릭스 IS 조직구조

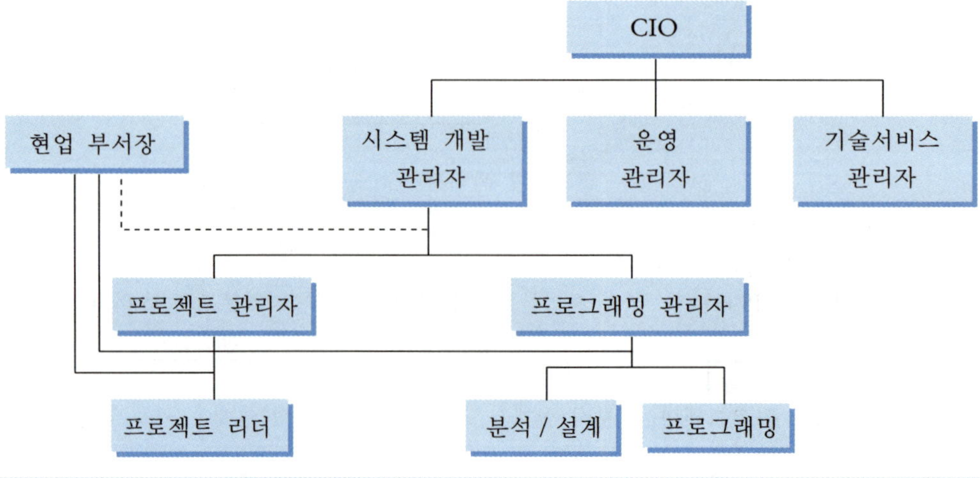

로 지원하는 IS 조직구조로서 가상 정보시스템 조직 형태가 등장하고 있다. 이는 기업 내외의 IS 전문가들로 구성된 하나의 팀이 특정한 비즈니스 프로세스를 지원하는 프로젝트 기반의 형태로 서비스를 제공한다. 가상 정보시스템 팀은 프로젝트를 수행하는 데 요구되는 시스템 분석가, 프로그래머, 프로젝트에 필요한 다양한 IT 전문 기술을 보유한 인력들 그리고 사용자 부서의 업무 전문가 및 고객, 벤더, 컨설턴트 등으로 구성될 수 있다. 가상 정보시스템 팀은 항시적으로 존재하면서 지원할 수도 있지만 프로젝트가 종료되면 해체되었다가 새로운 프로젝트에서 여건이 되는 새로운 여유 인력으로 팀이 구성될 수도 있다. 가상 정보시스템 조직은 조직의 경계를 넘어 외부 전문가들이 포함된다는 특징과, 개방적이고 상호 작용적인 팀 중심의 조직으로 사용자 부서의 요구를 적극적으로 수용하고 신속하고 융통성 있게 문제를 해결할 수 있다는 장점을 갖는다.

최근에는 기업 내에 존재했던 IS 조직이 다양한 형태로 분사하는 경향을 보인다. 완전독립 회사로 분사하여 IS 아웃소싱 업무를 전담하는 형태와, 자회사적 분사 등의 형태를 띠는 방안 등으로 다각화되고 있다. 그와 같은 변화는 기업의 규모와 IS 조직의 규모, 독자적인 비즈니스 모델의 수립 가능성, 모기업 및 계열 기업사, 각 사업본부 등과의

[그림 4-5] 가상 IS 조직구조

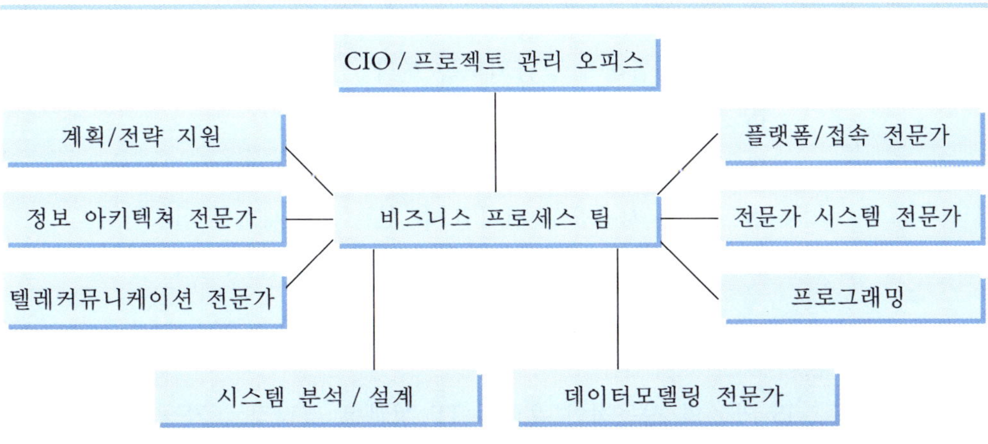

안정적인 관계 등의 여하에 따라 방향을 결정할 수 있다.

4.2 MIS 조직에 대한 경영 지원

IS 조직의 기능이 성공적으로 활성화되기 위해서는 몇 가지 요소가 고려되어야 한다. IS 최고책임자의 사무실을 CEO 사무실 가까이에 두고 보고체계를 용이하게 하여 IS에 대한 지원과 전사적 이미지 제고를 향상시키도록 하는 것, 중역들의 IS 교육활동을 지원하고 프로젝트에 적극적으로 참여하도록 하는 것, 경영환경의 변화에 따라 융통성있고 신속하게 IS에 관한 의사결정을 수행하기 위한 조직 및 기구 등의 제도적 장치를 마련하는 것 등이다.

(1) CEO(Chief Executive Officer)의 역할

IS 기능에 대한 최고경영자의 태도와 행동은 IS의 성공적인 활용에 매우 중요하다. 최고경영자의 바람직한 역할은 다음과 같이 정리할 수 있다.

- IS 기능의 최고책임자를 최고의사결정권자에게 밀접하게 위치시켜 IS 기능의 활동보고를 직접 받고 IS와 관련한 정보가 전체 조직으로 원활하게 공급되도록 한다.
- IS 기능을 위한 자원 공급을 적절히 한다.
- IS 계획 수립 및 실행 업무에 관여하여 리더십을 발휘한다.
- IS 구축과 사용을 촉진시킬 수 있는 보상제도를 실시한다.
- IS 최고책임자를 경영 임원급의 일원으로 선정한다.

(2) CIO(Chief Information Officer)

IS 기능의 성공적인 운영과 IT 성과를 결정짓는 가장 중요한 요인

가운데 하나는 IS 리더의 존재이다. 1980년대 중반 이후 많은 기업들은 정보시스템의 기능과 역할을 경쟁전략의 핵심 수단으로 인정하기 시작하면서 IS의 실행 현황을 최고경영층에게 보고하고 IS 조직을 전략부서로 이끌 수 있는 관리자가 필요함을 인식하게 되었다. CIO는 기술 관리자가 아닌 경영 관리자로서 임원급에 해당되며, 기업 전반의 정보시스템과 정보기술을 관장하고 기업의 전략 계획과 주요 의사결정에 직접 참여하며 IS 조직의 활동이 경영목표 및 전략과 연계해서 원활히 수행되도록 하는 책임을 갖는다. 기업에서 CIO의 직위에 대해 정의된 역할은 그 기업이 IS 조직으로부터 기대하는 것이 무엇인지에 대한 정도와 수준을 가늠하게 한다. CIO는 [그림 4-6]과 같이 크게 3가지 영역에서 다양한 역할자가 되어야 한다.

첫째, 경영진 영역에서는 다음과 같은 역할을 수행한다.

- 조직의 경영전략과 정책 수립에 참여하며 경영전략과 연계한 정보시스템 전략을 수립한다.
- IS 조직의 역할과 기능을 파악하여 조직에서 정보시스템의 이용 가능성을 인식하고 실현시킬 수 있도록 추진한다.
- CEO나 다른 부문의 경영진들에게 정보시스템의 가능성을 이해시키고 필요한 교육 기회를 제공하여 정보자원에의 예산을 확보할 수 있도록 한다.

[그림 4-6] CIO의 활동 영역

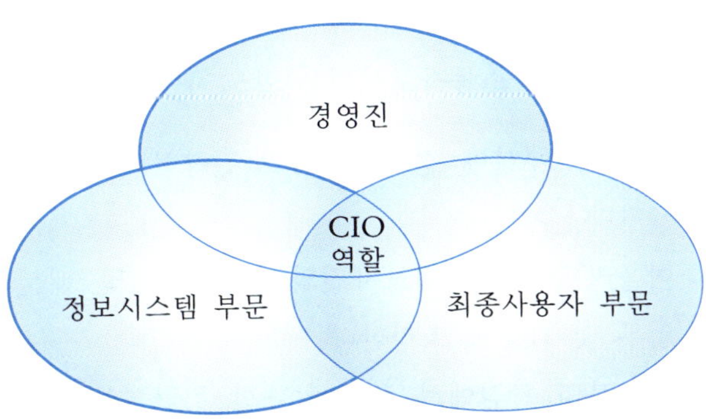

- 조직 내·외부의 주체들을 연결시킬 방안을 마련하여 조직 전반을 성공적으로 정보화하는 데 기여한다.
- IS를 통해 경영 프로세스 개선을 지원할 책임을 가지며 변화 대리인의 역할을 수행한다.
- IS와 관련한 정부 규제나 법적 규약에 대해 인식하고 대응 방안을 마련한다

둘째, 정보시스템 부문 관리자로서의 역할을 수행한다.

- 정보시스템 비전을 수립하고 IS 전문가들의 리더로서 역할 모델이 되도록 하며, IS 전문가들의 과업성과를 향상시킬 수 있도록 동기부여한다
- IS 조직 내부의 예산안을 수립하고 최신 정보기술에 대한 인식과 평가를 통해 IT 구입이나 아웃소싱, 개발 의사결정을 수행한다.
- 조직의 문제를 해결할 최선의 솔루션을 제시한다.
- 기업에서 필요로 하는 정보자원을 배분, 조정, 통제한다.
- IS 인력을 채용 및 관리하며 조직원들에게 적절한 권한을 부여한다.
- IS 인력 및 사용자들에 대한 고육, 훈련 방안을 마련하고 결정한다.
- 응용 시스템의 개발 우선 순위를 결정한다.

셋째, CIO는 현업과 정보시스템 부서간의 갈등을 관리하면서 이해를 도모하고 전사적으로 시스템 활용도가 높아지도록 최종사용자 부문과의 원활한 의사 소통자로서의 역할도 수행하여야 한다.

- 경영 각 부분에 정보시스템의 전략적 의의와 활용 방법 등을 전달한다.
- 어플리케이션과 정보자원의 우선순위 및 배분과 관련한 부서간 업무 및 갈등을 조정한다.
- 사용자의 관점에서 정보에 대한 접근성을 개선시키고 고객 서비

스를 증진시킬 수 있는 IS 방안을 마련한다.

이상의 역할을 성공적으로 수행할 수 있는 CIO가 되기 위해서는 다양한 측면의 자격 요건을 갖추어야 한다. 아래의 역량들은 IS 연구분야에서 파악된 IS 관리자들의 핵심 역량들로서 CIO가 먼저 역할 모델이 되어야 한다.

첫째, 인간관계 능력이다.

- 리더십,
- 다양한 이해 관계자들 및 IS 조직원들과의 원활한 관계 유지를 위한 커뮤니케이션 능력
- 객관적이고 융통성 있는 의사결정 능력
- 포용력과 협력적인 자세

둘째, 경영 지식 및 업무 경험과 관련한 능력이다.

- 조직의 목표와 전략을 이해하고 정보시스템을 활용하여 사업 기회를 포착할 수 있는 경영마인드
- 경영환경 및 자사 사업 분야에 대한 이해와 경험
- 전략수립 능력과 혁신 능력
- 변화관리 능력
- 손익 마인드와 자원 배분 능력
- 다양한 정보시스템 프로젝트가 성공적으로 수행되도록 관리하는 능력

셋째, 정보기술과 관련한 능력이다

- 최신 정보기술을 이해하고 조직에의 도입 적합성을 파악할 수 있는 능력
- 정보자원 관리에 대한 능력
- 정보자원을 전사적으로 배분하여 최선의 정보기술 인프라를 구축하도록 하는 능력

미래의 IT 리더, 혹은 CIO들은 조직이 처해있는 상황에 따라 그들에게 기대하는 적합한 역할자가 되어야 한다. 리더십을 갖춘 IT 전략가로서 IT와 비즈니스에 대한 전문성을 갖추고 IT에 대한 비전을 제시할 수 있어야 한다. IT를 통해 프로세스 혁신과 비즈니스 혁신을 리드할 수 있는 혁신가로서의 면모도 필요하다. 더불어 IS 조직과 정보자원을 원활하게 관리해 나갈 수 있는 관리적 능력과 경험이 필요하다. 향후 기업이 필요로 하는 CIO의 역량은 기술 관리자로서의 면모보다는 비즈니스와 IT에 대한 지식과 경험을 기반으로 하여 혁신성과 리더십, 그리고 커뮤니케이션 능력을 고루 갖추고 기업 전체와 IS 조직을 조화롭게 리드할 수 있는 경영자로서의 자질이다.

(3) IT 조정위원회(IT Steering Committee)

IT 조정위원회는 주요 IT 이슈에 대해 최고경영진들의 이해, 합의, 동의를 이루는 의사결정기구이다. IT 투자규모가 나날이 증가하고 IT와 관련한 의사결정이 기업의 모든 조직, 부서에 영향을 미치기 때문에 경영진들이 주요 IT 이슈에 대해 파악하고 이를 경영전략과 연계시키기 위하여 그 필요성이 요구된다. 즉 최고경영자, 재무담당 최고임원, 정보담당 최고임원, 그리고 현업의 주요 임원진이 참여하여 시스템 개발의 우선순위를 정하고 정보시스템 기능을 기업 전체의 요구와 일치시키도록 한다. IT 조정위원회의 가장 중요한 일 중의 하나는 정보기술에 대한 장기 계획과 IS 조직의 장단기 계획을 설정하고 이를 기반으로 기업의 자원을 배분하는 역할이다. 기업은 IT 조정위원회의 운영을 통해 IS 기능의 중요성을 조직원들에게 강조함으로써 IS의 성공 가능성을 높일 수 있다. 조정위원회의 책임자는 대부분 기업의 최고경영자이며 IS 조직원들은 준비된 IT 평가자료들을 위원회에 보고하고 정보기술 전문가가 기술적 조언을 맡는다. 위원회의 모임은 정기적이고 지속력이 있도록 하여야 하는데, 기업의 상황에 맞게 결정하는 것이 바람직하다.

조정위원회의 역할을 나열하면 다음과 같다.

- IS전략이 기업의 전략과 연계되도록 시스템 개발의 우선 순위와 방향을 결정한다.
- IS에 대한 자원 할당을 승인한다.
- 기업 조직에서 IS 기능의 구조 문제를 결정한다. IS 자원의 중앙 집중화 또는 분산화 문제가 이에 해당된다.
- IS에 대한 공유된 책임의식의 형성과 진행중인 IS 활동에 대한 정보가 자유롭게 전달되도록 한다.
- IS 핵심 요원에 대한 인사관련 면담 및 승인을 한다.
- IS 기능의 성과를 측정하고 평가하여 IS 부서와 자원에 대한 감사활동을 수행한다.

(4) 정보센터(Information Center)

정보센터라는 용어는 1976년 IBM이 공식적으로 쓰기 시작하였다. 정보센터는 최종사용자의 정보처리 문제점을 보다 신속히 지원하기 위한 정보서비스 그룹으로서 다음과 같은 서비스를 제공한다.

첫째, 사용자들에게 컴퓨팅과 관련한 문제의 해결을 지원한다. 구체적으로 훈련과 교육, 응용 시스템 개발 지원, 프로토타입 프로그램 개발, 디버깅 지원, EUC 시스템 식별, 네트워크 요구사항 식별, 어플리케이션의 유용성에 대한 컨설팅, 데이터 접근 지원, 인터넷/인트라넷 응용 지원, IS 전문가들과 공식적인 커뮤니케이션 수단 제공, 시스템 매뉴얼과 라이브러리의 생성 지원 등이다.

둘째, 일반적인 기술적 지원을 제공한다. 이에는 보안과 통제 지원, 하드웨어와 소프트웨어 선택 및 설치 지원, 응용 시스템 패키지와 개발 도구의 선정 지원, 소프트웨어 설치와 갱신 지원, 질의어와 보고서 생성 패키지 지원, 정보통신 장치의 설치 및 이용 지원, 데이터베이스 백업, 복구 및 보관에 대한 가이드라인의 수립이 포함된다.

셋째, 일반적인 행정적·관리적 지원 서비스를 제공한다. 문서화 지원과, 현재 조직의 컴퓨팅 이슈에 관한 정보를 분배할 수 있는 체계를 제공한다. 소프트웨어, 하드웨어, 어플리케이션 시스템에 대한 사용자들의 즉각적인 요구를 위한 핫라인의 설치와 운영, 정기적이고 비정기적인 사용자 그룹 미팅을 주관한다.

정보센터는 다음과 같은 전문역량을 갖춘 인력에 의해 운영되도록 하여야 한다.

- 경영지식, 업무 프로세스 분석 기술, 소프트웨어 패키지에 대한 지식
- 현재 조직에서 운영중인 기본적인 하드웨어 지식
- 요구되는 정보의 원천을 찾아낼 수 있는 지식
- 인내력과 적극성
- 커뮤니케이션을 포함하는 인간관계 기술
- 프로그래밍 기술, IS 관리자의 직접적인 관리 없이도 프로그램을 완성할 수 있는 마인드, 적극성 그리고 최종사용자에 대한 서비스 정신 등이 필수적으로 요구된다.

오늘날 정보센터는 기업들 상황에 맞는 다양한 IS 조직의 구조형태를 지향하면서 중앙집중형태를 보완하고자 할 때 사용자 부서의 교량역할을 하는 팀으로서 활용하기도 한다.

(5) 외부 컨설턴트

많은 기업들은 대규모의 IS 프로젝트를 성공적으로 수행하는 데 객관적인 평가와 정보지식을 통해 내부 조직원을 지원해 줄 외부 전문가의 자문을 받고 있다. 이들은 컨설턴트, 교수 또는 비경쟁업체의 전문가로 구성될 수 있다. 이들은 IS의 책임자, 기업의 IT 조정위원회 또는 대규모 프로젝트의 팀장 등과 상담하고 자문을 한다. 또한 외부 자문위원은 정기적으로 회사에 상주하여 프로젝트팀이나 IS 관리자들이 작성한 보고서를 검토하여 IS에 관한 기능과 프로젝트 상황을 평가한다. 외부 컨설턴트는 기술에 관한 지식이 부족한 관리자들과 경영 개념이 부족한 기술 인력간의 관계를 중재하고 상호간의 이해를 증진시키는 역할을 함으로써 조직 내부의 갈등과 커뮤니케이션의 문제를 지원한다.

4.3 MIS 인력관리

정보시스템 인력은 전형적인 전문지식 근로자로서 독자적인 업무 수행과 책임, 권한에 있어 자율성을 최대한 보장받기 원하는 독립적인 성격이 강하여 조직 내의 다른 부문과는 이질적인 문화를 갖는다. 그들은 조직에 대한 몰입도가 낮고 자신의 직업에 대한 몰입으로 대체하는 경향이 있다. 이들의 성장욕구는 평균 이상이고 사회적 욕구는 평균 이하이며, 이직률이 매우 높다.

최근에는 IS 인력의 직무와 관련하여 다음과 같은 변화가 등장하였다.

- 전사적 차원의 IT 기획 업무의 비중이 높아졌다.
- 작업의 성격이 신규 개발에 비해 유시보수의 비중이 높아져 가고 있다.
- 자체 개발보다 패키지의 이용과 아웃소싱의 가능성이 커지고 있다.
- 분산화된 환경과 EUC의 등장으로 사용자에 의한 시스템 개발을 지원하고 컨설팅하는 역할이 증가하는 추세이다.
- 웹 기술과 고급 개발툴의 이용이 많아져 응용 프로그램 개발에 필요한 기술수준이 감소되고 작업에 대한 도전의욕이 감퇴되고 있다.

전통적으로 IS 전문가들은 최신 장비와 응용이 요구되는 기술적으로 복잡한 프로젝트에 동기부여가 되었으나, 위에 기술한 새로운 기술 환경에서도 IT 업무를 성공적으로 수행하여 조직성과에 기여하도록 IS 관리자들은 다양한 방법들을 통하여 IS 전문인력들의 사기를 진작시키고 업무성과를 독려하여야 한다. 미 CIO지 Best Practice Exchange 멤버들에 의하면 다음과 같은 관리방법이 IS 전문가들의 사기를 크게 높일 수 있다고 한다.

- 다른 기능 부서의 조직원들보다 IS 인력들에게 가장 중요한 사항

이라 할 수 있는 훈련, 기술 개발의 제공이다. 과중한 업무에 의한 시간적 제약과 예산의 문제가 존재할지라도 IS 인력들에게 일정한 교육 기회를 제공함으로써 전략부서 일원으로서의 자긍심과 능력을 갖출 수 있도록 한다.

- 금전적 보상과는 다른 인정의 욕구를 충족시켜 준다. IS 인력들이 기업의 핵심 비즈니스와 관련된 일을 수행하고 있다는 것을 인식시킴으로써 사기가 진작되어 기여능력이 커질 수 있도록 한다.
- 일반 부서원들과는 다른 금전적 보상체계를 갖춘다. 과중한 업무와 전문지식을 통해 조직에 공헌하고 있음에 대해 기업이 충분히 인식하고 있음을 보여주어야 한다.
- CIO 및 스텝들간 계속적으로 의사소통할 수 있는 방안을 마련하여 정보를 공유하고 명확하게 프로젝트 상황을 인식할 수 있도록 한다. 또한 여러 팀들이 상호 신뢰하고 개방적인 관계를 구축하여 협력하는 환경에서 아이디어를 공유할 수 있도록 학습 조직의 문화를 구축한다.
- IS 관리자의 리더십과 관심은 IS 인력들을 동기화시킬 수 있는 가장 큰 힘이다.

기업이 IS 인력들에게 최신 기술과 지식을 요구하면서도 다른 조직 부문과 동일한 인사관리 체계를 동일하게 적용하게 되면 업무에 대한 동기부여와 조직에 대한 충성도를 기대하기 어렵다. 따라서 IS 인력들이 최선의 전략적 업무를 수행할 수 있도록 IS 조직구조, 합리적인 경력체계, 보상체계를 갖추고 동기를 유발시켜야 IT를 통해 기업의 전략을 리드하고 사용자 부서를 지원하는 역할을 성공적으로 수행할 수 있다.

4.3.1 MIS 인력의 직무 유형

전통적으로 IS 인력의 업무 유형은 기획, 개발, 운영 업무로 구분하여 왔다. 그러나 최근 정보기술 분야가 복잡하고 다양하게 확산되면서 IS 직무분야는 시스템 분석, 개발 및 유지보수 업무에서 기획, 컨설팅, 전략, 전사적 아키텍처, 혁신 등으로 다변화되고 있다. 이에 따라 IS 인력은 크게 세 가지 유형의 직무 그룹으로 구분될 수 있다. 첫째, 순수 기술 인력들로 구성된 기술지향적 업무 그룹이다. 전형적인 IS 전문가들의 업무인 시스템 개발 및 유지보수 업무와 데이터베이스 및 네트워크 관리, 운영체제 관리 등을 담당한다. 둘째, 업무 프로세스를 분석하여 시스템에 반영하고 프로세스 혁신을 도모하며, 조직의 IT 전략이나 아키텍쳐를 계획하고 수립하는 업무 영역이다. 셋째, 개발된 시스템을 유지하고 정보자원을 관리하는 유형의 직무 영역이다. 아직은 IS 부문에서 전통적인 조직구조와 체계가 대부분이나 다양한 IS 직무를 보다 효과적으로 수행할 수 있도록 조직을 재구성할 필요가 있다. [표 4-2]는 IS 영역의 다양한 직무 유형을 분류하여 설명하고 있다. 각 영역으로 엄격하게 구분하기 어려운 통합적 성격의 업무들이 존재하므로 각 기업의 업무 특성과 조직 현황에 따라 달라질 수 있다.

4.3.2 MIS 인력의 경력경로

IS 인력들에게 장기적인 비전을 제시할 수 있는 경력경로를 설계하는 일은 모든 CIO들의 책임인 동시에 고민이다. 최근 약 10여 년에 걸쳐 IS 전문인력은 정보시스템 활용분야의 확대와 사용자정보 요구의 전문화 및 고급화, 정보기술의 역동적인 발전에 따라 그들의 역할과 직무에 있어 변화를 요구받고 있다. IS 인력의 직무가 다양해지고 요구되는 역할이 증가함에 따라 구태의연한 IS 경력경로를 보다 다변화시킬 필요가 대누되었다.

지금까지 IS 전문 인력들은 대부분 기능 분야의 직무에서 출발하여 그 기능의 관리직으로 올라가고 최종적으로 일반관리자가 된다. 따라서 많은 IS 조직의 경우, 시간이 지날수록 IS 인력을 일반관리자로 만드는 경향이 있다. 그러나 관리자로서의 관심과 자질이 부족한 기술 지향인에게 승진에 따라 자동적으로 관리자 역할을 부여하는 것은 바람직하지

[표 4-2] IS 직무 유형

대분류	직무 유형	직무	직무 활동 내용
시스템 지향적 업무 조직이 필요로 하는 정보의 요구사항을 분석하여 조직의 정보흐름과 체계를 이해하고, 경영의 각 부문을 체계적인 정보시스템 아키텍처로 구축하는 업무의 카테고리	정보전략 수립/ 시스템 타당성 분석	정보전략/기획자	조직의 정보화 필요를 파악하고 타당성 분석/우선순위 선정, 정보화 전략 수립
	전사적 아키텍처 기획/설계	EA(Enterprise Architecture)기획가	IT에 기반하여 조직의 업무, 시스템, 정보 등에 관한 청사진을 기획/설계
	경영분석 (Business Analysis)	업무 분석가	업무 프로세스 분석하여 개선방안 마련
	업무혁신 (Process Innovation)	BPR 전문가	IT를 활용하여 업무 프로세스를 혁신함
	e-biz 기획/관리	e-biz 전문가	e-biz 모델을 개발하고 사업화를 위한 시스템 기획, 구축 및 관리 조직이 필요로 하는 지식을 분석/관리
	지식 관리 시스템 분석 및 설계	지식관리전문가 시스템 분석가/설계가	기능 업무를 시스템화할 수 있도록 사용자요구 분석, 기본/상세 설계
	데이터베이스 기획, 구축 및 운영통제	DBA(Data Base Administrator)	전사적 정보요구를 파악하여 데이터베이스를 기획 · 구축 · 지휘하며 운영을 통제
기술 지향적 업무 시스템의 개발 및 유지보수 업무와 정보통신망의 설계 및 구축, 관리, 데이터베이스 관리, IT 연구개발/기술지원/품질보증 등의 업무 카테고리	응용 프로그램의 개발 유지, 보수 프로그래밍	시스템 프로그래머,	어플리케이션의 개발과 관련한 모든 활동 각종 오류를 발견하고 제거하거나 업무내용 및 환경의 변화에 따르는 사용자요구의 변화에 부응하여 프로그램이나 제반 절차를 개선시키는 등의 활동
	Web/e-Commerce	Web 전문가	Web 어플리케이션의 디자인, 개발, 유지보수 활동
	정보기술 연구	정보기술 연구가	소프트웨어 패키지, 개발 방법론/기법, 프로그램 언어 등 최신의 정보기술을 학습 및 연구하고 도입 타당성을 분석
	데이터베이스 관리	데이터 관리자	데이터베이스를 관리하고 수정, 보완함

	프로젝트 감수, 품질 보증	품질관리 전문가	어플리케이션 개발 프로세스 각 단계를 검증하고 관리하는 품질관리 활동
	네트워크의 설계, 구축, 관리	네트워크 관리자	조직 내외를 연결하는 네트워크의 설계, 구축, 관리 활동 수행
	기술 아키텍처 구축, 관리	TA(Technical Architecture) 기획/관리자	어플리케이션과 데이터의 실행을 위해 요구되는 정보기술의 구성을 구축, 표준설정 및 관리활동
운영 지향적 업무 시스템이 정상적으로 운영되도록 하고, 업무의 변동에 따른 시스템 보완을 지원하는 업무	프로젝트 관리	프로젝트 관리자	정보기술에 기반한 다양한 프로젝트가 성공적으로 진행되도록 방법론에 기초하여 프로젝트 관리를 수행함
	IT의 도입으로 비롯된 경영 전반의 변화 관리	변화 관리자	IT의 도입으로 인한 업무, 제도, 프로세스, 구조상의 변동 사항들을 지원하고 설득함
	형상관리 활동	문서 관리자	시스템 개발 과정상이나 운영상에서 산출물의 형상관리, 문서화 작업
	보안 관리	보안 담당자	시스템 보안절차의 수립 및 점검 안전위반 사항에 대한 지속적인 모니터링
	시스템 운영	시스템 운영자 오퍼레이터 데이터 통제요원	기존 시스템의 계속적 운영을 통해 사용자가 필요로 하는 정보를 산출해 내는 기능으로 자료의 획득과 입력, 컴퓨터 시스템의 기계적 운영, 출력정보의 배분 등의 활동
	행정 지원	IS 행정담당자	IS 주기능이 효율적으로 이루어질 수 있도록 인력관리, 설비 및 비품의 관리, 문서수발 등과 같은 제반 지원 활동
	정보센터 업무	정보센터 담당자	정보센터의 제 활동들을 계획하고 진행
기타	IT 관련 컨설팅	IT 컨설턴트	조직 내의 IT 관련한 문제(하드웨어, 소프트웨어, 데이터베이스, 네트워크)들에 관한 해결방안을 다양한 제품 및 서비스를 통해 제시하는 활동

않다. 기술적으로는 고도의 전문가이지만 팀원들에게 동기를 부여하는 리더가 되기에는 부족한 경우가 많기 때문이다. 미 CIO지가 539명의 IT 중역을 대상으로 한 '2003년 CIO 현황조사' 결과에서 보면 CIO의 82%가 그들의 주된 경력이 IT라고 응답하였다. 그러나 미 CIO지가 역시 같은 해 5월에 수행한 조사에 의하면 많은 IS 전문가들이 자사의 CIO에 대한 주된 불만으로 CIO가 IT 내부의 변화를 제대로 인식하고 커뮤니케이션하지 못하고 있으며, 협력적인 팀 환경을 조성하는 능력이 부족하고, 미래의 IT 리더를 양육하는 데 시간과 노력을 기울이지 않는다고 하였다. 즉 관리자로서 해야 할 일과 조직원들의 사기 진작과 능력 개발을 위한 노력에 부족함이 많다는 것이다. 이는 대부분의 CIO들이 기술보직에서 성장함으로써 CIO가 갖추어야 할 전사적인 차원에서의 관리자 역량을 충분히 갖추지 못하고 있다는 것이다.

따라서 관리적 경력경로로 성장하려는 IS 인력들은 현업과 IS 조직, IS 조직 내에서의 어플리케이션 팀간의 순환보직제도 등을 통하여 다양한 경험을 쌓게 하고 직급에 따라 관리 책임을 부가시킨다. 반면, 상위 기술 전문가로 진급하는 기술경로의 IS 인력에게는 기술적 책임은 증가하나 관리는 하지 않도록 배려하고 각각의 기술 영역에서 지속적으로 업무경험을 쌓을 수 있게 하여 전문성을 높이고 해당 분야에서 최고의 기술 전문가로 성장하도록 한다.

Lee 등(1995)은 향후 IS 전문가들의 활동의 재구조화가 앞으로의 경력방향에 기본적인 변화를 가져올 것으로 예측하였는데, 프로그래머, 시스템 분석가, 프로젝트 관리자, IS 조직관리자를 거치는 단일한 경로에서 벗어나 기술자 경로와 관리자 경로로 발전하는 이중 경력경로, 혹은 다양한 영역에 위치하여 전문화된 업무를 수행할 수 있는 경력경로들이 요구될 것으로 예측하였다. 조직에서는 IS 인력들이 다기능 경력경로로 발전할 수 있도록 기술전문가, 관리자, 전략가 등의 경력경로로 다양하게 설계하고 성과 평가방법을 직무 특성에 맞게 개발하는 것이 필요하다. 예를 들어, 분석가는 프로젝트를 위해 사용자 부서의 조정 인력으로 배치되어, 이 부서에서 능력을 발휘하고 친숙해진 후에 그 부서의 라인 조직에 있는 직위를 수락하고 경력경로를 발전시킬 수 있다. IS 기획 및 업무혁신 부서에서 업무를 수행하는 경우 기업전략, 조정기획과 같은 업무 방향으로 성장할 수도 있다. 한편, 전문기술 경로를 지향하는 IS 전문인력들에게는 관리자 경로와는 차별화된 동기부여 수단과 평가방안, 승진방안 등이 합리적으로 마련되어 자신의 직무역량을 충분히 발휘하고 장기적인 경력목표를 향해 안정되게 나아갈 수 있도록 해주어야 조직에 공헌할 수 있다.

[그림 4-7]은 전통적인 피라미드 계층구조를 벗어나 융통성이 증가된 다면화된 경력경로의 한 예를 보여주고 있다. IS 조직으로의 배치 초기에는 프로그래밍을 중심으로 하는 기술 업무를 수행하게 되나 자신의 성격적 특성, 기술적 관심도, 숙련도, 경력지향 목표 등에 따라 기술군, 운영군, 경영관리군, 기획 및 전략관리군 등으로 발전할 수 있다. 현업관리자로 나아갈 수 있는 개방성과 융통성이 있으나 자신의 역량 및 관심 직무에 따라 지속적인 기술 전문가로 성장할 수도 있다. 최고기술 책

[그림 4-7] IS 인력의 경력경로

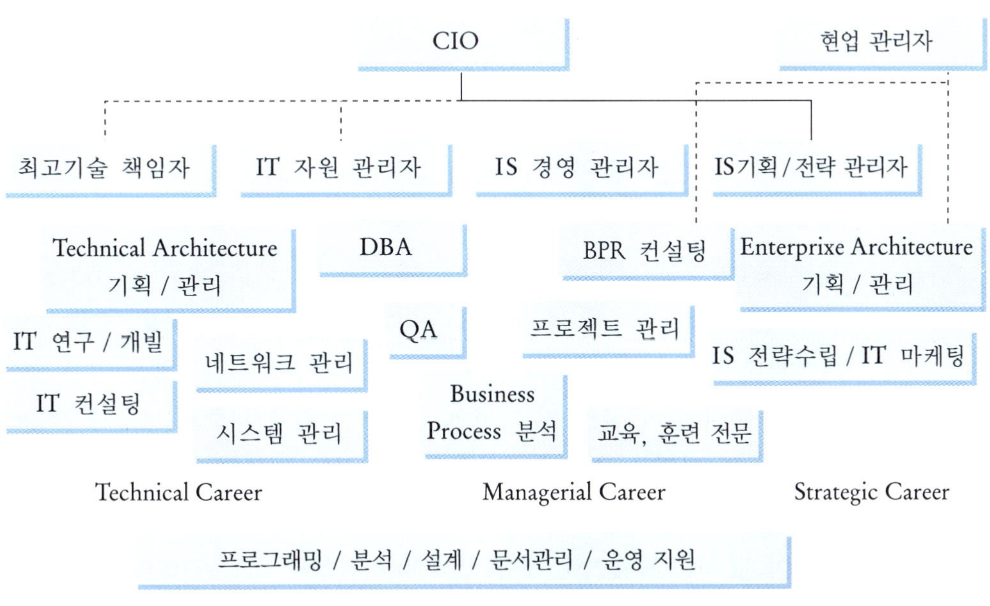

임자나 IT 자원 관리자는 IS 부문의 최고관리 임원인 CIO로 승진할 수 있으나 기술 전문가로 남아 관리적인 책임에 얽매이지 않고 기술적 성취도를 높일 수 있다. 다양한 IS 전문가들의 경력방향을 위해서는 복합적이고 다면적인 지식과 기술에 있어 각각 상이한 중요도와 초점을 맞추어야 한다. 미래의 IS 경력개발에 있어 요구되는 역량은 전반적으로 기업환경 및 경영업무, 프로세스 지식, 조직 행위, 그리고 대인관계 기술 등, 비기술적 요인들의 중요성이 커질 것으로 전망되고 있다.

4.3.3 MIS 전문가의 역량 개발

전통적인 인적자원 관리가 현재 지향적 지식이용 중심이었다면 역량 중심의 인적자원 관리는 미래 지향적 지식창조 중심에 기초하고 있다. 역량 중심의 인적자원 관리의 핵심은 인적 자원의 개발이다. 환경변화가 빠르게 진전되면 정형화된 직무 분장과 업무 절차만으로는 조직을 운영할 수 없게 되어 끊임없이 변화하는 업무 프로세스와 작업 여건에 조직 구성원이 융통성 있게 적응하면서 수월성을 보여주어야 한다. 결국 조직원의 역량에 의해 기업의 경쟁력이 좌우되는데 IS 전문인력이 갖추어야 할 역량에 대한 요구는 빠르게 변화하는 기술 속도만큼 낙후 속도가 빨라지고 새로워지고 있다. 직무역량이란 실무자가 과업을 성공적으로 수행하는 데 필요로 하는 지식(Knowledge), 기술(Skill), 그리고 태도 및 조직 대응능력(Attitude 혹은 Ability)으로서 KSA로 약칭되며 핵심 직무역량으로 간주된다.

IS 인력은 국가의 정보 인프라스트럭쳐 개발의 필요성, 수많은 전자상거래 프로젝트, 양질의 금융 서비스, 다국적 기업경영을 위한 수요 등의 요구에 따라 국가 및 기업의 경쟁력 차원에서 중요 변수로 작용하게 되어 IS 인력을 충원하고 능력을 개발하는 일은 현실적으로 가장 중요한 기업 관리 이슈의 하나이다. IS 전문가들은 불과 15~20년 전에 하드웨어 및 소프트웨어에 대한 단편적인 지식과 개발 기술에 대한 능력을 요구받던 것과 달리, 현재는 산업 및 경영 업무에 대한 이해와 지식뿐 아니라 커뮤니케이션 기술, 팀워크 기술, 리더십 기술 및 업무 프로세스를 혁신적으로 리드할 수 있는 전략적인 안목에 대한 역량까지를 요구받고 있다. 2001년부터 2003년까지 수행된 정보기술 프로세스 능력 성숙도 수준 조사에 의하면[컨설팅과 한국소프트웨어진흥원 소프트웨어공학센터] 조사대상 국내기업들 중 상당수가 능력 성숙도에 있어 초기 1단계인 것으로 나타났고, 핵심 프로세스 영역의 목표를 충족하기 위해 이행하여야 하는 공통 수행 항목(Common Festures: CF)의 평균 준수율에서는 능력부문(Ability to Perform: AP)에 해당하는 자원 및 교육, 훈련 부분이 국내 기업들에게 계속적으로 가장 부족한 소프트웨어 프로세스 개선(Software Process Improvement: SPI) 여건인 것으로 조사되었다. 빠른 기술 및 지식의 발전 속도와 내용에 맞추어 조직원의 역량을 지속적으로 보완하고 개선하기 위해서는 체계적인 교육이 필요하다.

[표 4-3]은 IS 전문가 역량 개발을 위한 교육, 훈련 프레임워크의 한 예시이다. [표 4-3]에서 제시된 바와 같이 향후 IS 전문가들이 갖추어야 할 지식 및 기술 영역은 직무에 상관없이 의사소통 기술과 팀워크 기술, 설득기술, 리더십 등을 포함하는 인간관계 기술 영역이 중요한 것으로 여러 연구에서 나타나고 있다. 다음으로 경영 프로세스 및 IT와 관련한 문제에 대한 이해, 계획과 통제, IT 기술 적용 능력, 투자분석 등을 포함하는 경영지식 영역이 중요하게 나타났으며, 타당성분석, 사용자 요구분석 및 설계기술 영역, 그리고 문서화, 구조적 프로그램 설계, 데이터 구조설계 등의 기술적 요인들이 요구된다. 이것은 IS 전문가들이 조직에서 기술과 비즈니스를 연계하는 역할의 중요성이 커지고 있기 때문이다. IS 부문의 관리자는 물론이고 기술자 경로로 발전하는 전문가들의 경우에도 경영목표 및 전략과 연계한 IT 전략, 기획, 평가 등과 관련한 업무 비중이 높아지는 가운데 다양한 시스템 사용자들과의 협업 기회가 많아지고 있다. 기업의 인력 개발 담당자들이나 IS 관리자들은 IS 영역의 변화 동향을 인식하고 장기적인 관점의 미래 지향적 교육, 훈련 프로그램을 마련하여 다양한 영역으로 직무가 확산되고 있는 IS 전문가들의 역량개발 욕구를 지원하여야 한다.

[표 4-3] IS 인력에 대한 교육, 훈련 프레임워크 제안

교육, 훈련 내용	초 급	중 급	고 급
경영지식/관리 기술	고객만족 경영 경영기능 업무 프로세스 이해 (생산, 회계, 영업, 물류 등) 산업환경 이해	경영에의 IT 기술 적용 능력 전략경영과 SIS IT 관련 법률 정보시스템 조직관리 업무 프로세스 분석/개선	경영전략 수립/ISP BPR IT 아웃소싱 손익분석/투자분석 IT 마케팅
인간관계 기술	리더십 개발 커뮤니케이션 동기부여 협력 창출	코칭과 권한위임 효과적인 의사결정 갈등 및 변화관리 성과공유 전략적 사고	고객 관리 문제 해결력 개발 효과적인 협상
S/W 공학 관련 기술	RDB 아키텍처 설계 소프트웨어 프로세스 개선 ISP/EA/TA 개발방법론	요구사항 관리 프로젝트 관리 IT 감사/감리	형상관리 품질관리
IT 지식 및 기술	e-biz 관련 기술 IT 핵심 요소기술 구조적 분석 및 설계 기술	e-biz 구축 기획 Web/복합 플랫폼에서 시스템 구현	최신 정보기술 동향 파악/적용

4.4 MIS 조직의 혁신

최신의 IT를 도입하여 새로운 정보시스템과 정보서비스를 개발함으로써 조직의 경영성과를 극적으로 개선하고자 하는 것이 IS 혁신이라고 볼 때 IS 혁신의 중심은 IS 부서에 있다. 따라서 IS 혁신의 성공은 IS 조직 내부의 혁신 역량에 의존한다. 기업에서 요구하는 IS의 새로운 역할들이 성공적으로 수행되고 소프트웨어 산출물과 서비스 품질에 대한 요구, IS 투자성과에 대한 요구 등이 충족되기 위해서는 IS 조직 자체

의 혁신적인 변화가 선행적으로 요구된다. 이에 IS 관리자는 IS 조직의 구조, 과업 프로세스, 관리 활동, IS 구성원들의 과업의식 및 역량, 그리고 IS 조직문화가 혁신적으로 개선될 수 있는 방법을 신중하게 고려하여야 한다.

[표 4-4]는 Swanson이 분류한 IS 혁신의 유형을 제시한 것이다. 유형 1의 혁신은 IS 조직 내에서 수행되는 혁신이다. 그러나 유형 2와 유형 3의 혁신 또한 IS 조직의 리드와 지원이 요구되는 것으로, 정보시스템과 정보기술을 도구로 하여 조직에서 수행되는 모든 종류의 혁신에 IS 조직이 적극적으로 참여하고 있다. 특별히 IS 조직의 혁신은 IS 조직 관리 영역에서의 혁신과 기술 영역에서의 혁신으로 나누어 볼 수 있다. IS 조직혁신의 관리 영역은 새로운 정책, 절차, 조직구조, 관리기법의 도입을 통해 IS 과업의 관리 프로세스 부분에서 보다 효과적인 체계로 전환하는 것이며, IS 인적자원 영역에서의 혁신을 포함한다. 앞절에서 설명한 바와 같이 IS 조직구조가 경영 및 정보기술 환경에 따라

[표 4-4] IS 혁신 유형

IS 혁신의 유형	대상 영역	혁신의 성격	혁신의 예
유형 1A 유형 1B	IS 조직	IS 관리 프로세스 혁신 IS 기술 프로세스 혁신	CIO /DA 어플리케이션 프로토타이핑 CASE 및 개발방법론 Software Process Improvement 아웃소싱
유형 2	IS 조직과 경영조직	IS의 경영관리 프로세스 혁신	회계시스템 정보센터, BPR, ERP, e-biz
유형 3A 유형 3B 유형 3C	IS 조직과 경영조직 IS 조직과 경영조직 및 조직 외부	IS의 경영기술 프로세스 혁신 IS의 경영상품 혁신/경영통합 혁신	MRP 항공예약시스템 CIM 온라인 고객주문 시스템 인터넷 영화, 잡지, 신문 EDI, CALS, SCM, CRM, e-Commerce

보다 효과적인 형태와 내부구조를 지향하고 아웃소싱하거나 독립적으로 분사하는 과정 또한 IS 조직의 혁신적인 변화라고 볼 수 있다. 반면 기술 영역에서의 혁신은 IS 개발 과업을 수행함에 있어서 새로운 지식 및 기술, 기법, 아이디어를 채택하여 개발공정을 개선시키고 보다 성공적인 IS를 개발하는 것을 목표로 한다. 기술적, 관리적, IS 조직구조 그리고 IS 인적자원 측면에서의 혁신은 상호 관련되어 있으며 한 가지 차원의 혁신이 성공적으로 구현되면 다른 차원의 혁신을 촉진한다.

4.4.1 MIS 조직혁신의 영향 요인

IS 환경에 대한 이해를 기초로 할 때 IS 혁신의 과정은 IS 조직의 특성과 IS 전문가들의 특성에 의해 부분적으로 설명되고, IS 기술 환경 및 기업의 경영환경과 기업특성에 의해서도 설명된다. 기업의 특성적 요인들은 IS 조직혁신의 필요를 유발시키고 혁신이 성공적으로 수행될 수 있도록 하는 조직의 지원적인 힘과 자원을 제공한다. 조직의 규모, 최고경영자의 지원, 기업 전략, IT 기술정책, IS 역할의 중요성에 대한 조직의 인식, 혁신적 기업문화 등의 요인들이 이에 해당된다. 그러나 IS 조직의 혁신이 성공적으로 도입되고 실행되기 위해서는 선행적으로 IS 조직의 내부 특성이 혁신을 가능하게 하는 내용으로 갖추어져야 한다. IS 조직의 규모, 전문화 정도, 직무순환 제도, 혁신에 대한 훈련, 외부와의 정보교류, 제도적인 리더십, 참피온의 존재, IS 기대와 성과와의 차이 등은 IS 조직혁신에 긍정적인 영향을 미치는 요인이다. 반면 혁신에 대한 불안과 IS 조직의 역할 불확실성은 IS 조직혁신을 저해하는 요인이다. IS 조직의 특성과 함께 전문 기술환경의 영향을 받는 IS 조직원들의 혁신적인 성향과 전문적인 지식 및 기술수준 또한 혁신과 밀접한 관계를 갖는다.

4.4.2 MIS 조직혁신의 성과

IS 조직이 혁신하게 되면 그 영향력과 성과가 IS 영역에 국한되지 않고 직·간접적으로 경영조직 전반에 큰 파급효과를 가져다 준다. IS 조직의 혁신 성과는 궁극적으로 시스템 생산성과 품질 부문에서의 정량적인 혁신성과를 목표로 하고 있다. 그러나 IS 조직혁신의 과정을 통해IS 조직원들에게 나타나는 인적 부문의 혁신성과, 즉 효율적인 프로젝트 관리 방식의 필요성을 인식하게 되고, 새로운 과업 지식과 기술을 습득함으로써 전문성이 향상되어 자부심을 갖게 되는 것, 사용자와의 긴밀한 협조체계를 통해 경영에 대한 이해와 참여가 높아지는 것 등의 혁신성과는 궁극적으로 IS 생산성과 품질의 향상을 가능하게 한다. 또한 IS 업무 프로세스의 관리 영역에서 관리체계가 개선되어 조직 전반의 능력수준과 업무 효과성이 증진되는 정성적인 측면의 성과도 수반된다.

IS 조직의 혁신 성과는 단기적으로는 IS 조직의 관리, 기술, 인적 영역에서 나타남으로써 기업에서 요구하는 고품질의 정보시스템과 서비스가 산출되지만 궁극적으로는 IS로 인한 경영의 새로운 사업 가능성까지 창출되기 때문에 IS 조직혁신의 성과는 일개 경영 단위 부서의 혁신성과로 간주되기보다는 조직 전사적인 중요성을 띠는 것으로 인식되어야 한다.

∷ 연습문제

1. 기업 내에서 IS 조직의 위치와 형태 그리고 내부 구조는 어떠한 요인에 의하여 결정되어지는가? 최근의 IS 조직구조의 경향은 어떠한가?
2. 기업에서 CIO의 주된 역할은 무엇이며, 특히 IS 조직 내에서는 어떠한 의미를 갖는가?

3. 오늘날 IS 전문가들의 직무 유형에는 어떠한 것들이 있으며, 바람직한 경력경로의 설계를 어떻게 하여야 하는가?
4. 오늘날 IS 전문가들에게 요구되는 핵심 직무 역량들은 무엇인가? 왜 그와 같이 다양한 역량들이 요구되는가?
5. IS 혁신의 유형에는 어떠한 것들이 있으며, IS 조직혁신에 영향을 미치는 요인들은 무엇인가?

조직혁신의 여섯 가지 성공 요인

능력있는 IT 인력들이 IT 부서에서 오래 버티지 못하고 회사를 떠나는 일은 없는가. 당신의 IT 인력들은 IT 전문가로서 성장하고 싶어한다. 또한 그들은 자신이 성장할 수 있는 명확한 경력경로를 보고 싶어한다. 이러한 IT 인력들의 요구를 당신은 충족시켜 주고 있는가?

99년 5월 어느 날, BC카드의 CIO인 ㅅ 상무는 정보시스템본부의 각 팀장들을 한 자리에 불러 모았다. 그리고 그는 정보시스템본부 각 팀장들을 바라보며 무엇인가 중요한 말을 꺼내려는 듯 심각한 표정을 짓고 있었다. 잠시 동안의 정적이 흘렀다. 그리고 그는 BC카드의 정보시스템본부가 프로세스 측면이나 조직체계 측면에서 갖고 있는 문제는 무엇이고, 앞으로 어떤 방향으로 이를 해결해 가야 하는지에 대해 물었다.

"그날 회의에서 제기한 질문의 핵심은 한마디로 IT 부서의 혁신을 위해, 무엇이 문제이고 어떻게 해법을 찾아야 하는지에 관한 것이었다. 즉 IT 부서의 일하는 방식(업무 프로세스), 조직체계, 인사체계의 문제는 무엇이고, 앞으로 이를 어떻게 개선시켜 나가야 하는지에 대해 실무 책임자들의 솔직한 이야기를 듣고자 했다"고 BC카드의 ㅅ CIO는 당시를 회고한다. ㅅ 상무는 기획 업무쪽에서만 계속 일을 해왔다. "기획쪽에 있으면서 IT 조직을 바라보면 항상 답답했다. 변화가 필요하다는 생각이 들곤 했다"고 ㅅ CIO는 털어 놓는다. 다시 말해 그는 정보시스템본부가 프로세스, 조직체계, 인사체계 등의 여러 부문에서 개선의 여지를 갖고 있었고, 어떤 식으로든 이에 대한 변화가 필요하다고 느끼고 있었던 것이다.

인사·조직 전문 컨설팅업체인 한국 윌리암 엠 머서의 ㄱ 박사(지사장)는 IT 인력들은 무엇인가 정체되어 있는 자신의 모습에 늘 불만을 갖고 있다고 설명한다. "기업 조직 내의 IT 인력들은 무엇인가 남들(특히 IT 전문 공급업체들의 IT 인력들)보다 뒤떨어져 있다고 항상 느끼고 있다. IT 인력들이 이렇게 느끼는 그 뒷편에는 이들을 generalist로 만드는 조직체계와 인사체계의 문제점이 숨어 있다." 국내 대부분의 CIO들도 IT 부서의 조직체계에 문제점이 있다는 것을 잘 알고 있다(지난해 12월 CIO매거진 설문조사 결과, 국내 CIO 10명 중 8명이 IT 부서 조직 혁신이 필요하다고 응답했다. 2002년 1월 1일자 'CIO관심사' 설문조사 내용 참조).

"IT 조직에 무엇인가 문제가 있다는 것은 모두들 이미 잘 알고 있는 사실이다. 문제는 그것을 밖으로 꺼내 진지하게 공론화한 다음, 체계적인 개선 노력을 기울이는 데 소극적이라는 것"이라고 ㅅ 상무는 털어 놓는다. "이전의 CIO들이나 IT 부서의 실무자급 부장, 팀장들도 어떤 변화가 필요하다는 것에 대해서는 모두들 공감하고 있었다. 즉 필요성에 대해 이견을 제시하는 사람은 없다. 하지만 누구 하나 그것을 행동으로는 옮기지 못했다. 그것을 행동으로 옮겼을 때의 IT 인력들의 저항과 반발이 눈 앞에 훤히 보였기 때문에 아무도 십자가를 지려고 하지 않았다." 이러한 상황 속에서 ㅅ 상무는 98년 12월 정보시스템본부로 자리를 옮겨 IT 업무를 책임지게 되었다. 이전까지 머리 속에 가지고 있던 IT 조직에 대한 알 수 없는 답답함을 풀 수 있는 기회가 온 것이다. IT 조직은 여러 문제점을 안고 있었지만 ㅅ 상무는 우선 일하는 방식(프로세스)과 조직체계에 대한 개선이 가장 시급하다고 생각했다. BC카드는 먼저 IT 부서의 조직체계 혁신 작업에 착수했다.

기능중심 조직으로

당시 BC카드의 IT 조직, 즉 정보시스템본부는 8개의 팀으로 구성되어 있었다. 즉 개발과 관련해 회원개발, 가맹점개발, 승인업무, 부가사업개발 등 4개 팀이 운영되고 있었다. 그리고 운영 및 지원과 관련해서는 시스템운영(주로 하드웨어운영), 정보기술팀(데이터베이스관리 및 미들웨어), 운영, IT기획 등 4개 팀이 움직이고 있었다. 이렇듯 BC카드의 IT 조직은 다분히 업무 중심의 조직구조를 갖고 있었다. 이를 기능중심으로 재편하여 IT 조직의 전문성을 높이고 IT 서비스의 수준을 한 단계 끌어올리는 것이 ㅅ CIO에게는 무엇보다 중요했다. 그리고 이를 토대로 IT 인력들의 직무만족도를 높이고자 하였다. "조직구조가 업무중심이다 보니 한 사람이 현업의 IT 요구도 받고, 이를 설계/분석하고, 프로그래밍, 적용까지 모두 하고 있었다. 따라서 그 사람이 없으면 업무가 돌아가지 않는 일까지 발생하곤 했다. 한 사람이 하나의 업무에 너무 깊이 묶여 있었기 때문에 해당 인력의 업무를 변경하고 싶어도 변경하기가 사실상 매우 힘들었다. 이러한 것은 (조직 차원에서) 조직운영에 대한 유연성이나 탄력성을 떨어뜨리는 결과를 가져왔다."

이외에도 당시 IT 조직이 갖고 있는 문제점들은 적지 않았다. IT 인력들이 반복적인 업무 때문에 매너리즘에 빠지곤 했다. 그리고 이렇듯 매너리즘에 빠지다 보니 자신이 저지르는 논리적 오류를 발견 못하고, 실수를 되풀이 하곤 했다. 하는 일에 대한 문서화 작업도 제대로 이뤄지고 있지 않았다. "모두 내 머리 속에 모든 것이 있는데 문서화 작업은 왜 하느냐는 식이었다. 그럴 시간이 있으면 개발업무에 좀 더 시간을 투자하겠다라는 반응이 대부분 IT 인력들의 머리 속을 채우고 있었다"고 ㅅ CIO는 밝힌다. "이런 상황에서 직원들은 항상 과로에 시달렸다. 늘 피곤한 모습이었다. 일은 많이 하는 것처럼 보였지만 그렇다고 업무 생산성이 높은 것도 아니었다"고 ㅅ 상무는 털어 놓는다.

이러한 문제점을 해결하기 위해 ㅅ CIO는 99년 5월 이후, 본격적인 조직 재설계 작업에 들어갔다. 조직 혁신을 어떻게 추진해 나갈 것인지를 놓고 정보시스템본부 각 팀장들과 3개월 이상 계속 회의를 가졌다. "3개월 동안 IT 부서의 조직체계 혁신을 위한 사전 준비 작업을 진행한 것이나 마찬가지다. 다시 말해 3개월 동안 팀장들과의 수많은 논의를 통해 조직변화의 청사진을 함께 그려 나갔다." 여기서 나온 결론은 아주 간단하고 명료했다. 조직 형태를 IT 인력들이 신바람을 갖고 일할 수 있도록, 다시 말해 직무에 대한 만족도가 큰 모습으로 변화시키는 것이었다. 그리고 보다 구체적으로는 IT 조직을 기존의 업무중심 조직에서 기능중심 조직으로 바꿔, 전문성을 강화해야 한다는 것으로 모아졌다.

이러한 큰 그림이 나온 이후 BC카드는 조직체계 변화를 위해 많은 준비 시간을 가졌다. 오랜 논의와 공감대형성 등의 준비작업을 거쳐 BC카드는 2000년 10월, IT 부서의 조직을 기능 중심으로 변화시켰다. BC카드는 기존의 업무중심의 8개 팀(회원개발, 가맹점개발, 승인업무, 부가사업개발, 시스템운영, 정보기술, 운영, IT 기획팀)을 설계팀, 개발팀, 표준화팀, 운영팀, 시스템팀 등의 기능중심 조직으로 변화시켰다. IT 부서의 업무 프로세스 각 단계별(현업요구분석, 설계, 프로그래밍, 테스트) 기능 중심으로 조직체계를 변화시킨 것이다. 기존 조직을 변화시켜 새롭게 만든 설계팀은 현업요구분석기능과 설계기능을 수행하고 있다. 그리고 개발팀은 프로그래밍 기능과 테스트 기능을 하고 있다. 그리고 기존의 정보기술팀과 시스템 운영팀을 묶어 시스템팀이라는 단일 조직으로 만들었다. 그리고 "어플리케이션 개발의 품질과 생산성을 높이기 위해 이전에는 없던 표준화팀을 새롭게 만들었다"고 BC카드 정보시스템본부 표준화팀의 ㅇ 팀장은 설명한다.

중요한 고려 사항들

BC카드 ㅅ CIO에게 IT 부서의 조직체계를 변화시키는 작업은 그리 쉬운 일이 아니었다. "조직체계 변화는 항상 민감한 문제다. 쉽게 손댈 수 있는 성질의 것"이 아니라고 그는 말한다. 그렇다면 그가 BC카드의 IT 조직체계를 손댈(?) 수 있었던 것에는 어떤 특별한 비결이 숨어 있는 것일까.

그렇지 않다고 그는 말한다. "오히려 아무것도 몰라서 이러한 변화를 시도할 수 있었지 않았나 하는 생각이 든다. IT 부서의 분위기나 사정을 구석구석까지 잘 알고 있었다면 오히려 그러한 변화를 시도하기 힘들었을 것이다." 사실 IT 부서의 조직체계 변화는 많은 CIO들이 그 필요성을 느끼고 있는 부분이다. BC카드의 ㅅ CIO는 조직체계변화를 시도함에 있어 CIO들이 중요하게 고려할 사항들이 존재한다고 말한다. 그렇다면 IT 부서의 조직 재설계를 성공적으로 수행하기 위한 필요한 요인들은 무엇일까.

1. 변화에 대한 공감대를 폭넓게 형성하라

BC카드의 ㅅ CIO는 IT 부서의 조직체계 변화에 있어 가장 힘들었던 점은 IT 인력들 스스로 변화가 필요하다는 생각을 갖게끔 마인드를 바꾸는 것이었다고 토로 한다.

BC카드의 ㅅ CIO는 변화의 필요성에 대한 공감대를 형성하기 위해 IT 인력들과 지속적인 대화의 시간을 가졌다고 말한다.

"IT 인력들이 CIO를 신뢰할 수 있도록 만드는 것이 중요하다. IT 인력들이 CIO를 믿을 수 있을 때만, 순조롭게 이러한 조직변화를 진행할 수 있기 때문이다."

하지만 모든 IT 인력들로부터 공감대를 얻어 낼 수는 없다. ㅅ CIO도 여기서 예외는 아니었다. BC카드의 ㅅ CIO도 BC카드 정보시스템본부 내의 모든 IT 인력들로부터 공감대를 얻어 낼 수는 없었다.

"정보시스템본부 내의 IT 인력들과 많은 대화의 시간을 가졌다. 시간을 갖고 충분히 이야기하는 것이 중요하다. 이를 통해 때로는 설득하고, 변화의 필요성에 대한 동의도 얻어 냈다. 이를 바탕으로 조직 변화를 무리 없이 진행할 수 있었다."

2. 단계적으로 조직 변화를 유도하라

BC카드 ㅅ 상무가 IT 부서의 조직 재설계를 생각하고 있는 CIO에게 건네는 또 다른 중요한 조언은 '자신의 IT 인력들이 어느 정도까지 변화를 수용할 수 있는지' 면밀히 파악해야 한다는 것이다.

"자신의 IT 인력들이 새롭게 변화되는 조직을 얼마나 수용할 수 있는지 세심히 판단해야 하는 것이 무엇보다 중요하다. 다시 말해 IT 인력들이 받아들이기 힘든 수준의 변화를 가져올 경우, 조직변화는 자칫 실패할 수 있다."

BC카드의 ㅅ CIO도 이에 대해 세심한 주의를 기울였다. 사실 BC카드는 현업 요구 분석팀, 설계팀, 프로그래밍팀, 테스트팀 등으로 조직을 보다 세분화할 생각이었다. 그러나 이럴 경우 IT 인력들이 감당해야 하는 변화의 크기가 너무 크고, 현재 BC카드 IT 조직의 역량이 이렇듯 세분화된 조직체계로 가기에는 부족하다고 판단했다. 따라서 요구분석과 설계를 묶어 과도기적으로 일단 설계팀이라는 조직을 만들고, 프로그래밍과 테스트를 통합해 개발팀이라는 조직으로 만들어, 변화의 크기를 조절했다.

BC카드 IT 인력들이 받아들일 수 있는 변화의 크기와 수준을 고려해, 변화의 강도를 적절히 조절한 것이다. 다시 말해 변화에 완급을 조절하며 단계적으로 조직 변화를 유도해 가고 있는 것이다.

(BC카드는 앞으로 여건이 갖춰지면 설계팀은 요구분석팀과 설계팀으로 그리고 개발팀은 프로그래밍팀과 테스트팀으로 세분화할 예정이다. 그러나 여기에는 관리와 통합이라는 또 다른 이슈가 숨어 있다.)

3. 변화에 대한 명확한 그림을 보여줘라

조직체계 변화시 CIO들은 '변화된 조직 속에서 내 모습은 무엇이냐'는 IT 인력들의 의문에 대해 명확한 그림을 보여줘야 한다고 세계적인 인사·조직 전문컨설팅업체인 한국 윌리암 엠 머서의 ㄱ 박사는 조언한다.

"조직변화가 IT 인력들에게 어떤 영향을 미치는지에 대해 무엇인가 구체적인 모습을 CIO들은 제시해 줘야 한다. 이것이 불명확하거나 희미해서는 안 된다. 변화 이후, IT 인력의 모습을 명확히 보여주지 못하면, 자칫 미완의 성공에 그칠 가능성이 높다."

4. 경력개발 계획을 함께 수립해라

이렇듯 조직 변화 후에 IT 인력들의 모습이 어떠해야 하는지 명확히 제시하기 위해서는 나름대로의 인재상과 경력개발 계획이 준비되어 있어야 한다. 특히 IT 인력들에 대한 경력개발 계획을 수립하는 것은 CIO들에게 매우 중요한 이슈라고 한국 윌리암 엠 머서의 ㄱ 박사는 강조한다.

"정말 똑똑한 IT 인력들은 기업의 IT 부서에서 오래 버티지 못하고 모두 나가버린다. 왜 이러한 일이 벌어지는지 CIO들은 진지하게 고민해야 한다. 그들에게 IT 조직에서 어떻게 발전할 수 있는지에 대한 비전을 보여줘야 하는데, 그렇지 못하다는 것이다. 이것은 국내 대부분의 IT 조직이 안고 있는 문제점이다."

5. 가능하다면 문서화 작업을 미리 실시하라

한국 윌리암 엠 머서의 ㄱ 박사는 IT 부서의 조직 변화를 고려하고 있는 CIO들에게 가능하다면 먼저 문서화 작업을 철저히 수행하라고 조언한다. IT 조직에서 수행하는 각 업무에 대한 문서화 작업이 어느 정도 이뤄져 있으면 조직 변화가 한결 수월해질 수 있다고 그는 말한다.

개발, 운영 등의 업무별로 문서화가 되어 있어야 조직 변화가 수월해질 수 있는데 이것이 제대로 되어 있는 국내 IT 조직은 거의 없다. 때문에 조직 변화를 시도할 경우 이러한 작업을 동시에 추진할 수밖에 없다. 이것은 IT 인력들의 부담을 가중시키는 요인으로 작용할 수밖에 없다.

BC카드의 경우도 조직 혁신 작업을 수행하기 전에는 문서화가 되어 있지 않았다. BC카드의 ㅅ 상무는 "개발한 소스조차 개별적으로 관리하고, 문서화가 안되어 있었기 때문에 인수인계 등이 주먹구구식으로 이뤄질 수밖에 없었다"고 설명한다. BC카드는 조직 혁신 작업을 추진하면서 문서화 작업을 함께 추진했고 현재 이를 대부분 완료했다. BC카드는 조직 혁신을 통해 새롭게 만든 표준화팀이라는 조직을 중심으로 문서화 작업을 추진하고 있다. BC카드 표준화팀의 ㅇ 팀장은 "표준화팀은 형상관리(변경관리)툴, CASE툴 등을 도입해, 개발업무를 표준화하고 있다"고 설명한다.

현재 BC카드는 그 동안 수행했던 IT 프로젝트들을 모두 문서화하고 있다. 오는 3월이면 문서화 작업을 마무리할 수 있을 것으로 ㅅ 상무는 내다보고 있다. 각 업무 단계에서 무슨 일을 했고, 어떤 일이 이뤄졌는지에 대한 문서화가 전제되어야 기능중심 조직으로 IT 조직의 기능을 재편하는 데 용이할 수 있다. 때문에 문서화 작업에 대한 준비 작업을 미리 생각할 필요가 있다고 한국 윌리암 엠 머서의 ㄱ 박사는 조언한다. "문서화란 이전까지 IT 인력 개개인의 머리 속에 있는 경험지식을 조직의 지식으로 꺼내서 축적하는 것을 말한다. 일종의 IT 조직의 지식경영 전초단계로 볼 수 있다. 아울러 이를 통해 조직의 사람 의존도를 낮출 수 있고, 조직 재편도 용이하게 수행할 수 있다."

6. 조직 변화시 늘어나는 인력 수요를 관리하라

BC카드의 ㅅ CIO는 조직체계를 변화할 경우, 단기적으로 IT 인력들이 해야 하는 일들이 늘어나게 된다고 설명한다. "조직체계가 변화될 경우 과도기적으로 바뀐 업무도 해야 하고, 기존업무도 해야 하며, 예전에는 하지 않던 문서화 작업도 해야 한다. 조직 변화와 함께 해야 하는 일이 이전과 비교해 상당히 늘어날 수밖에 없다." 이러한 늘어나는 업무량이 그대로 IT 인력들에게 전가됐을 때, 이는 적지 않은 스트레스로 작용할 수 있다. 그리고 이러한 스트레스는 조직 변화에 걸림돌이 될 수 있다.

BC카드의 ㅅ CIO는 증가하는 인력수요, 즉 업무량을 IT 인력들의 부담으로 이어지지 않도록 어떻게 관리를 하느냐도 CIO들이 조직 변화시 신경 써야 하는 한 요인이라고 설명한다. BC카드는 그 해법을 외부 아웃소싱을 통해 찾았다(다시 말해 BC카드는 조직 변화를 위해 그만큼 예산을 확보하고 돈을 쓴 것이다). 예를 들어 BC카드는 조직 변화로 인해 발생하는 IT 인력들의 업무부담을 덜어주기 위해 문서화 작업의 경우, 외부 아웃소싱 인력들을 활용해 수행했다. IT 인력들은 외부 아웃소싱 인력들이 정리한 문서들을 검토만 하도록 해 업무부담을 일정 정도 덜어준 것이다.

가져갈 것과 버려야 할 것

모양, 즉 조직은 기능에 의해 규정될 수밖에 없다. IT 조직이 어떤 기능을 제공할 것이냐에 따라 그 모양새가 결정되는 것이다. 그리고 그 모양새는 다시 기능에 영향을 미친다. IT 조직 형태가 '이래야 한다'는 정답은 존재하지 않는다. 중요한 것은 각 기업의 상황과 환경에 맞는 최적의 조직 형태를 찾는 것이다. BC카드

정보시스템본부 표준화팀의 ㅇ 팀장은 “자신의 IT 조직 규모, 업무기능, 업무량 등에 따라 스스로에게 맞는 조직 형태를 찾아야 한다”고 설명한다. 성공적인 조직 변화를 위해 고려해야 할 사항들은 앞서 지적한 것 외에도 더 많이 존재한다고 한국 윌리암 엠 머서의 ㄱ 박사는 말한다. “IT 조직 재설계 작업에 들어가기에 앞서 중요하게 고려해야 하는 것이 존재한다. 즉 자신이 가져갈 IT 기능과 그렇지 않은 IT 기능이 무엇인지에 대해 곰곰히 따져볼 필요가 있다. 모든 IT 기능을 IT 부서에서 제공하려는 생각은 버려야 한다. 다시 말해 IT 기능 중에서도 핵심역량과 비핵심역량을 나눠야 한다. 이것이 전제된 다음에 IT 조직을 어떻게 가져갈 것인지에 대한 고민이 이뤄져야 한다.”

강한 의지와 실행력

BC카드는 몇 가지 어려움을 겪기도 했지만 비교적 성공적으로 IT 조직을 변화시켰다. BC카드의 IT 조직 혁신은 각종 어플리케이션의 품질 향상과 어플리케이션의 오류 감소로 이어졌다(BC카드는 IT 조직 혁신과 프로세스 혁신 작업도 함께 추진했다. 이러한 여러 가지 효과들은 조직뿐만 아니라 일하는 방식도 함께 변했기 때문에 가능할 수 있었다). “IT 조직 혁신과 프로세스 혁신을 통해 IT 조직의 생산성이 전반적으로 크게 올라갔다”고 BC카드의 ㅅ CIO는 설명한다. IT 조직 혁신은 현업부서에게도 좋은 반응을 얻고 있다. 이전까지는 회원개발, 가맹점개발, 승인업무 등 개발 부서가 업무에 따라 제각각 나뉘어져 있었기 때문에, 현업에서는 어떤 경우에 각각의 개발팀과 하나하나 개별적으로 접촉해야 하는 일도 있었다. 그러나 지금은 개발팀이 통합되어 있기 때문에 하나의 채널로 IT 조직과 만날 수 있다. 물론 IT 부서들도 이제 하나의 채널을 통해 현업과 커뮤니케이션하고 있기 때문에 현업의 요구를 보다 잘 수용할 수 있게 됐다. BC카드의 IT 부서는 새롭게 재편된 조직 속에서 이제 정해진 절차와 방법을 지키며 업무를 수행하고 있다. 또 문서화 작업을 통해, IT 인력 각자의 생각을 정리하고 또한 책임관계를 더욱 명확히 하고 있다.

2000년 10월부터 본격적으로 추진된 BC카드의 IT 조직 혁신 작업은 ㅅ CIO에게 험준한 산의 정상을 오르는 일이었다. BC카드의 ㅅ CIO의 지난해 5월은 정상을 오르기 위해 비로소 베이스 캠프에 도달한 시기였다고 말한다. “이 때 설계팀, 개발팀 등의 IT 인력들과 한 자리에 앉아 IT 조직 혁신이라는 정상에 오는데 무엇이 문제인지, 필요한 것은 무엇인지 등에 내해 다시 한번 진지한 대화를 가졌다. 정상을 앞두고 공격조가 제대로 나가지 못하고 있었기 때문이다.” BC카드의 ㅅ CIO는 오는 3월이 되어야 비로소 IT 조직 혁신이라는 정상에 오를 수 있을 것으로 내다보고 있다.

“실질적으로는 지난해 하반기부터 변화된 조직 형태 속에서 IT 부서가 움직이기 시작했다. 아직도 안정화 단계라고 할 수 있다. 하지만 오는 3월이 되면 조직이 보다 안정화되고, 문서화 작업도 완료되기 때문에 정상에 깃발을 꼽을 수 있을 것이다." 인사조직 컨설팅 전문업체인 한국 윌리암 엠 머서의 ㄱ 박사는 BC카드의 IT 조직 혁신은 국내 다른 기업들에게도 몇 가지 의미를 갖는다고 설명한다. "BC카드는 직접 변화를 실천에 옮겼다는 점에서 시사하는 바가 크다. 국내 기업들은 IT 부서의 조직체계에 문제가 있다는 것을 모두 알고 있지만 직접 실천으로 옮기지는 못하고 있다. BC카드는 IT 부서의 조직체계에 무엇인가 문제가 있다는 점을 알고, 더 이상 이러한 조직 형태로는 안 되겠다는 인식을 행동으로 옮겼다. 그리고 그 변화를 이뤄냈다. 그 변화된 모습이 현재는 비록 만족스럽지 않을 수도 있다. 하지만 이는 앞으로 계속해서 개선해 나가면 된다. 변화의 필요성을 깨닫고, 스스로 그 변화를 위해 노력했다는 점 자체 만으로도 BC카드는 시사하는 바가 크다고 할 수 있다."

제 5 장

MIS 계획 작성

MIS 계획(MIS Planning)이란 장래 개발 및 구축할 여러 시스템과 기반구조에 대한 포괄적인 도입 과정을 명시하는 것이라고 할 수 있다. 다시 말하면 조직의 정보기술 활용목표를 설정하고 장차 조직에서 실행해야 할 잠재적인 응용시스템을 규명하는 과정이다. MIS 계획에는 기업의 전략, 주변 환경과 상황, 시스템 도입의 필요성, 예산 등 구성요소에 대한 일정이 들어 있으며, 시작부터 종료에 이르기까지 진척도를 점검해 볼 수 있다. 조직의 전체 계획이 세워지면 MIS 계획은 그 일부분으로서 포함된다. 즉, 기업의 목표가 결정되면 MIS의 목표, MIS의 조직 및 가용 자원, MIS 개발능력 평가를 위한 관리활동 등이 연이어 결정된다.

MIS 계획의 목표는 조직으로 하여금 끊임없이 변화하는 내부적 · 외부적 환경에 효과적으로 적응할 수 있도록 정보기술 및 정보시스템의 잠재적 가치를 극대화하는 것이다. 따라서 현대 경영환경의 특성(고객, 경쟁, 변화), 새로운 기술의 출현과 확산, 경영환경의 변화요인(신제품이나 신공정의 개발, 경영혁신의 추진) 등으로 인해 MIS 계획의 필요성이 증대되고 있다.

MIS 계획은 관점에 따라 여러 형태로 구분할 수 있다. 크게 계층적 관점과 기간적 관점이 있다. 계층적 관점으로는 전략적, 전술적, 운영적 계획으로 볼 수 있고, 기간적 관점으로는 단기적, 중기적, 장기적 계획으로 볼 수 있다. 최근 정보시스템의 영향력 증대로 인하여 보다 전략적이며 보다 장기적인 계획 설계가 필요해지고 있다. 그러나 세부 운영시에는 여전히 다양한 기간과 다양한 계층을 만족시킬 수 있는 계획의 설계가 필요하다.

본 장에서는 MIS 계획의 정의와 필요성에 대해 설명하고자 한다. 또한 MIS 계획의 여러 형태와 MIS 계획의 실제 과정 예시, MIS 계획의 방법론, 정보시스템 아키텍처 등에 대해 언급하고자 한다.

5

MINI CASE

엑손모빌(Exxon Mobil)에서의 MIS 계획수립과 중앙집중화

일년에 약 2,300억 달러의 판매고와 전세계 125개국에서의 운영으로 볼 때, 엑손모빌은 명실상부한 다국적 기업이다. 회사는 원래 정보자원을 비집중화하는 것을 선호했다. 일년에 정보기술로 10억 달러를 소비한 후, 회사는 분산환경에서 각 지역 경영자들이 나른 시억에서 한 의사결정과는 무관하게 정보기술에 대한 의사결정을 하고 있었다는 것을 깨달았다. 사업단위간 의사소통은 빈약하고, 자원은 낭비되고, 최종사용자들은 불평을 했다. 전사적 정보기술을 재개혁하는 것이 절실하게 필요하였다.

정보기술 컨설턴트와 함께 일하는 계획수립팀을 구성하기 시작했다. 현존하는 시스템의 분석을 통해 많은 중복이 있음을 확인했다. 그 팀은 하나의 운영체제와 표준화된 응용프로그램에 기반을 둔 새로운 중앙집중형 아키텍처를 제안했다. 계획수립팀은 정보시스템 부서에서 40%의 인력감축이 가능하며, 대량구매에 따른 소프트웨어 구매비용을 절감할 수 있다고 추정했다. 중앙집중형 시스템으로 가기 위해 회사는 6개의 주전산기 데이터센터를 2개로 합쳤으며, 모든 계류중의 정보기술 프로젝트를 중단시켰고, 모든 정보시스템 부서에서 직원의 평가를 능력기반으로 수행했나. 1997년에 성보시스템 부서 식원의 수는 4,400명에서 2,400명으로 줄었다. 성공을 보장하기 위해 회사는 Ellen McCoy라는 CIO를 임명했다. 그녀는 비표준 하드웨어와 소프트웨어에 대한 검토기준을 엄격히 적용하였다. 게다가 비표준 항목들은 최종사용자 계정에서 지불하도록 하였다.

정보시스템과 비즈니스 이슈에 대해 각 부서경영자와 정보시스템 경영자들을 교육시킴으로써, McCoy는 자기의 정책을 더 잘 이해시키고, 서로 다른 직책에 있는 경영자들의 협력을 이끌어냈다.

심층탐구

정보시스템 부서의 직원수를 줄이는 것이 어떻게 가능한가? 중앙집중화된 아키텍처의 장점은 무엇인가?

출처: Condensed from D. Gross, 'Getting the Lead Out,' CIO, April 15, 1997.

e-Business **시대를 위한 경영정보시스템, 임규건 · 김광용 · 김민용 · 서우종 · 안병석 공역, 사이텍미디어, 2003.**

5.1 MIS 계획의 수립 과정

5.1.1 MIS 계획의 정의

인간을 둘러싼 환경이 끊임없이 변화하듯이, 기업을 둘러싼 환경도 끊임없이 변화한다. 이러한 환경의 변화에 대응하기 위해서 기업은 경영혁신을 위한 방법을 지속적으로 찾아야 하고 그에 따른 경영전략을 수립해야 한다. 이는 기업의 경영목표를 올바로 세우는 것이라고도 할 수 있다. 경영목표를 정립하기 위해서는 기업의 창업에서부터 현재까지 쌓아온 경험과 활동을 평가하고, 내부와 외부의 환경을 직시하고, 단기추이와 장기추이를 모두 예측해야 하며, 궁극적으로는 지속적인 경쟁우위를 확보하기 위한 노력을 계속해야 한다. 이처럼 수립된 경영목표를 달성하기 위해서, 여러 전략 및 전술을 개발하고 적용하는 과정이 경영계획(business planning) 작성이라고 할 수 있다.

현재 정보기술의 발전은 기업으로 하여금 목표달성을 위해서 필요한 경영정보를 적시에 제공받도록 이끌고, 해당 전략 및 전술을 지원하는 정보시스템의 구축을 돕는다. 정보시스템의 구현을 위해서 실제로 많은 기업들이 인적·물적 자원을 오랜 시간에 걸쳐 투자하고 있다. 그렇기 때문에 정보시스템에 효과적인 투자를 하기 위해서, 또 효율적인 시스템 개발과정을 위해서 정보시스템 계획(information systems planning)이 필요하다.

MIS 계획이란 장래 개발 및 구축할 여러 시스템과 기반구조에 대한 포괄적인 도입 과정을 명시하는 것이라고 할 수 있다. 시스템은 대개 응용시스템(applications)을 의미하며, 의사결정과 업무처리를 할 수 있는 정보시스템을 뜻한다. 기반구조는 보다 물리적인 하부토대(infrastructure)를 의미하는데 하드웨어, 소프트웨어, 네트워크, 데이터베이스와 같은 것들을 말한다. 기업차원에서 경영계획을 세울 때는 인사, 재무 등 다른 부서들의 계획과 함께 정보시스템 계획을 세우게 된다. 따라서 정보시스템 계획은 기업 경영 목표와 일치함과 동시에 단기/장기적인 미래의 모습에 적용이 가능해야 한다.

5.1.2 MIS 계획의 의의

일반적으로 정보시스템 개발 프로그램은 크게 〈계획 및 프로그래밍 → 개념적 설계 → 구체적 설계 → 구현〉의 4단계로 나눌 수 있다. 이러한 단계를 보면 어떤 시스템 개발도 계획이 먼저임을 알 수 있다. 또 각 단계와 그 결과물인 시스템 개발은 중첩되고 또 순환과정을 거친다.

기업(또는 조직)의 정보화를 효과적으로 추진하고 정보시스템을 효율적으로 개발 및 운영하기 위해서 도입 및 운영의 전 과정을 경영적 관리과정(management process)에 따라 이해하고 분석하는 것이 필요하다.

MIS 계획에는 기업의 전략, 주변 환경과 상황, 시스템 도입의 필요성, 예산 등 구성요소에 대한 일정이 들어 있으며, 시작부터 종료에 이르기까지 진척도를 점검해 볼 수 있다. 조직의 전체 계획이 세워지면 MIS 계획은 그 일부분으로서 포함된다. 즉, 기업의 목표가 결정되면 MIS의 목표, MIS의 조직 및 가용 자원, MIS 개발능력 평가를 위한 관리활동 등이 연이어 결정된다.

정보시스템의 도입은 그 대상이 조직 전체이며, 다분히 미래지향적이다. 구체적인 개발 이전에 철저한 준비과정이 필요하다. 정확한 계획표를 작성한다면 불필요한 비용발생요인을 제거할 수 있고 도입기간을 줄일 수 있기 때문이다.

5.1.3 MIS 계획의 필요성

대부분의 조직에서는 의사결정을 할 때, 전략적 결정은 최고경영진이, 관리적 결정은 중간경영진이, 운영적 결정은 하위경영진이 맡아서 하고 있다. 그러다가 컴퓨터와 정보기술이 확장되면서 단순반복적인 업무조차도 관리적이고 전략적인 업무에 영향을 미칠 정도가 되었다. 즉

MIS 계획은 조직의 방침(policy)에 큰 힘을 미칠 수가 있게 된 것이다. 정보시스템의 도입 또한 보다 전략적으로, 보다 장기적으로, 보다 종합적으로 수준이 높아지고 있다. 때문에 이전보다 더더욱 인적·물적 자원이 필요하고 시간과 비용이 소요된다. 그러므로 효과적인 계획설정이 수립되어야 함은 지극히 당연하다.

MIS 계획이 필요한 이유는 여러 가지가 있다. 첫째, 하루가 다르게 빠른 속도로 변하는 정보기술을 효과적으로 도입하기 위해서이다. 사업전략과 정보기술의 올바른 접목을 통해 사업목표의 극대화를 이루기 위해서 MIS 계획이 필요하다. 이를 통해서, 자원 배분을 적절히 할 수 있고 전체 경영과정에 조화롭게 순응할 수 있다. 둘째, 주요 문제에 대처하고 자원 낭비를 방지하기 위해서이다. 인터넷으로 대표되는 통신망 구조에서 특히 중요한 문제 중 하나가 보안 문제이다. 사실 온라인 환경의 가장 취약한 문제 중 하나가 보안 문제라고 할 수 있다. 한정된 자원을 이용해서 최대의 성과를 거두기 위해서는 어디에 사용할 것인지 계획을 세워야 한다. 인적자원부문은 정보시스템에 있어서 특히 중요하므로 인력수급계획과 교육훈련계획은 중요하다. 이 외에도 많은 주요 문제를 처리하기 위해서 시스템 구축시 대책을 세우는 과정이 필요하다고 하겠다. 또한 이런저런 활동중에 중복 자료가 쌓이고, 필요한 자료를 제때 찾을 수 없는 경우가 많이 발생한다. 최대한 중복되는 자료를 제거하고 빠른 검색 및 추출을 유도하게끔 시스템을 구축하려는 의도가 꼭 필요하다.

5.1.4 MIS 계획의 역사

20세기 중반부터 시작된 컴퓨터의 발전은 단지 새로운 도구의 등장이 아니었다. 컴퓨터에 통신기능이 결합되고 계산능력이 점점 나아짐에 따라 개인 및 조직의 의사결정에 크나큰 도움을 주는 하나의 시스템이라는 체계를 가지게 되었다. 초기에는 응용프로그램의 개발과 시스템의 구축을 위한 정보기술에 큰 관심이 있었다. 이런 기업의 운영적

(operation) 차원의 계획이 주로 이루어지다가 정보시스템 활용이 고도화되고 집약적이 되면서 기업의 경영적(management) 차원으로서의 계획까지 적극적인 정보기술의 응용이 강화되었다.

이에 기업에서도 최고경영진이 나서서 정보기술을 통하여 얻을 수 있는 잠재적 이익을 고려하여 많은 프로젝트를 수립하기 시작했다. 그리고 그 프로젝트를 수행하기 위한 자원할당을 분석하고, 비용효과 분석을 실행하고, 일정을 짜는 등 일련의 과정을 처리하기 위한 계획을 세운다. 많은 기업들은 이러한 계획을 처리하기 위한 장기적인 전략적 정보기술 계획(strategic IT plan)을 가질 필요를 인식하게 되었고 이러한 계획을 보다 체계적이고 이론적으로 구성하려는 움직임이 일어났다.

5.2 MIS 계획의 여러 형태

MIS 계획은 관점에 따라 여러 형태로 구분할 수 있다. 크게 계층적 관점과 기간적 관점이 있다. 계층적 관점으로는 전략적, 전술적, 운영적 계획으로 볼 수 있고, 기간적 관점으로는 단기적, 중기적, 장기적 계획으로 볼 수 있다. 최근 정보시스템의 영향력 증대로 인하여 보다 전략적이며 보다 장기적인 계획설계가 필요해지고 있다. 그러나 세부 운영시에는 여전히 다양한 기간과 다양한 계층을 만족시킬 수 있는 계획의 설계가 필요하다.

5.2.1 전략적 정보시스템 계획

전략적 정보시스템 계획(Strategic Information Systems Planning)은 경영전략을 수립함으로써 생성되는 기업목표와 업무처리 동인(고객 요구사항, 정보시스템 역량 등)을 기초로 하여, 경영전략과 정보시스템 전략을 일치시키는 정보시스템 아키텍처를 개발하는 데 그 목적이 있다. 따라서 구현하고자 하는 정보시스템의 기본틀을 세운다는 점에서 MIS 계획의 가장 기초적인 시작과정이라고 할 수 있다.

예를 들자면, 기업 내에 정보시스템 부서를 조직화하고, 기업목표와 발맞추어진 정보시스템 목표를 세우고, 정보시스템 목표 달성을 위한 개별 전략 및 전술을 수립하고, 필요 단계별로 정보 자원을 할당하고 그 자원을 사용하기 위한 문서제작 등이 전략적 계획이라고 할 수 있다.

전략적 MIS 계획은 여타 계획의 기본 참조 계획이 되므로 계획 구체화의 뿌리가 되기 때문에 하부조직이 아닌 고위층의 주도로 진행된다.

전략적 정보시스템 계획의 목표(O'brien, 1999)

가. 정보시스템과 사업 사이의 조정(business alignment)
경영전략, 기업목표, 정보시스템 개발 등을 같은 맥락에서 추진되게 한다.

나. 경쟁 우위(competitive advantage)
정보시스템 개발을 통해 경쟁회사나 경쟁업종보다 혁신적이며 전략적인 경쟁우위를 점하도록 한다.

다. 자원 관리(resource management)
정보시스템 운영요원, 하드웨어 및 소프트웨어, 자료 및 정보, 통신망 등 정보시스템의 각종 자원을 보다 효과적·효율적 관리를 가능토록 한다.

라. 정보기술 아키텍처(information technology architecture)
정보시스템에 대한 기업내부방침을 정하고 이에 따라 조직 관리에 토대가 되는 기본틀을 설계한다.

5.2.2 전술적 정보시스템 계획

전략적 정보시스템 계획(Tactical Information Systems Planning) 단계에서 개발한 경영전략과 정보시스템 전략에 기반을 두고 보다 구체적인 활동을 명시한다. 첫째, 정보시스템 아키텍처를 구현하는 새롭고 발전된 정보시스템을 개발하기 위한 프로젝트 제안서를 작성한다. 둘째, 그 프로젝트를 평가하고 우선 순위를 정한 다음, 각각의 프로젝트에 해당하는 시스템 개발기간을 계획한다. 셋째, 끝으로 전략적 정보시스템 계획을 이행하기 위해 필요한 정보시스템 자원, 자금 그리고 조직 변화를 구현하기 위해 필요한 자원의 적절한 배분 계획을 수립한다.

5.2.3 운영적 정보시스템 계획

연간 운영예산을 수립하고 시기에 적절한 신규 정보시스템을 개발하는 등의 프로젝트를 수행하기 위한 것이 운영적 정보시스템 계획(Operational Information Systems Planning)이다. 연간 운영예산에 해당하는 것들은 시스템 운영, 시스템 개발, 시스템 유지보수에 필요한 자원 등을 구체적이고 상세하게 명시한다. 프로젝트 계획은 중요한 운영적 계획 기능의 하나로서 해당 프로젝트에 속하는 정보시스템 개발에 대한 일정과 추진계획을 짜넣는 것이다.

5.2.4 장기적 정보시스템 계획

장기적 정보시스템 계획은 거의 10여년의 미래를 내다보고, 기업이 필요로 하는 정보 요구사항과 경쟁우위를 확보하기 위한 정보시스템 개발 계획이다. 따라서 단계적 정보시스템 계획 중에서도 전략적 정보시스템 계획과 그 맥을 같이한다. 그러나 전략적 정보시스템이 고위층에서 주도되는 것과 달리 장기적 계획은 중간관리자 계층에서 실행된다. 예를 들면, 향후 정보기술의 추이와 기업내 도입시 문제점 등을 살펴보고, 그에 따른 수집된 정보를 통해서 필요한 정보 요구사항을 분석하고, 도입을 위한 현재의 적용 가능한 자원을 비교하는 것 등이다. 기업 환경의 변화가 극심해짐에 따라 그 갱신이 자주 이루어지는데, 주로 매년 또는 심각한 필요사항 발생시 이루어진다.

5.2.5 중기적 정보시스템 계획

중기적 계획에서는 현 상황에서 기업에 필요한 정보 요구사항을 충족시켜 주는 정보시스템 개발을 위한 측면이다. 중기적이란 기간은 대개 5년 정도를 의미한다. 장기적 계획에서 짜여진 계획을 좀더 세밀하고 구체적으로 발전시킨 단계이다. 예를 들면, 정보시스템 개발 프로젝트를 입안하고, 그 프로젝트들 간의 우선순위를 결정하고, 프로젝트 실행에 필요한 정책과 자원 및 제약조건들을 배분하고, 결과적으로 중기적 계획의 산출물인 기초계획서(master plan)를 제출한다.

이 기초계획서에는 장기적 정보시스템 계획서를 기초로 해서 정보시스템 부서 및 기업내 각 부서별 담당자와 정보시스템 위원회의 구성원 그리고 중간관리자급의 임원들이 참석하여 세부 내용을 심의하고 추가 및 삭제한다.

5.2.6 단기적 정보시스템 계획

단기적 정보시스템 계획에서는 중기적 정보시스템 계획에서 작성된 기초계획서(master plan)를 가지고 연간계획과 같이 1,2년 안에 써먹을 수 있는 단기간의 계획목표를 달성하기 위한 세부 운영기준을 세우는 단계이다.

예를 들면, 프로젝트별 업무 진행과 일정 또는 예산 등에 관련된 연간계획서 작성이 주요 내용이다. 또한 향후 진행될 프로젝트의 정보자원 사용계획과 운영계획과 같은 세부 실질내용 등이 포함된다. 단기적 계획은 장기·중기적 계획을 거쳐서 탄생된 최종적인 계획서이며, 정보시스템 확보와 현재 프로젝트의 통제 및 수정 등의 기능을 포함하고 있다.

5.3 MIS 계획의 실제 과정 예시

5.3.1 전략적 계획 수립

정보시스템의 유용성과 중요성이 커져 가면서 각 기업들은 기업전략과 정보시스템의 융합을 통한 경쟁우위를 얻기 위한 노력을 부단히 경주하고 있다. 정보시스템의 초창기인 1978년, 킹(W. R. King)은 조직 전체의 전략집단을 정보시스템 전략으로 바꾸는 것이 전략적 정보시스템 계획 수립과정이라고 설명하고 있다. 즉, 조직 전체 전략집단을 이루는 사명, 목표, 기본 전략, 조직 특성과 같은 것들이 정보시스템 전략집단을 이루는 시스템 목표, 시스템 제약, 시스템 설계 전략으로 전환되는 것이다.

(1) 조직전략집단

1) 사　명

사명(mission)이란 논의의 대상이 되는 조직이 무엇이고, 그 조직의 존재 이유는 무엇인가 하는 기본적인 문제를 결정하는 것이다. 즉, 'IBM은 전 세계에 컴퓨터 하드웨어와 솔루션 등 제품 및 서비스를 제공하는 기업이다' 라는 식으로 서술하는 것이다.

2) 목　표

목표(objective)는 조직이 장차 도달하고자 하는 위치를 말하는 것이다. 예를 들자면, '올해 우리 기업은 국내시장 점유율을 50%로 높이려고 한다' 또는 '인력수급과 노사문제에 갈등이 없도록 한다' 하는 것들이다.

3) 기본 전략

조직 목표 달성을 위한 행동방향으로서 의사결정의 기준이 된다.

즉, 교육훈련의 질을 높임으로써 생산성 향상을 도모한다. '비관심 지역이나 그 동안 비중이 적었던 지역을 새로운 판로로 개척하기 위하여 해당 지역에 지점을 설립한다' 하는 것들이다.

4) 조직 특성

변화 수용력, 컴퓨터와 정보기술 이해력, 위기관리능력 등이다.

(2) MIS 전략집단

1) 시스템 목표

기업 목표 달성에 MIS가 무엇을 제공해 줄 수 있는지, 그리고 어떠한 도움을 줄 수 있는지를 의미한다. 이는 조직목표보다 구체적으로 정의되어야 한다.

2) 시스템 제약

조직 내외부의 여러 가지 통제사항이 걸림돌로서 작용할 수 있다. 이런 것들을 명시적으로 열거해서 문서화함으로써 효과적인 MIS 계획이 수립될 수 있다.

3) 시스템 설계 전략

정보시스템 설계시 기본방향 설정과정에서 시스템 성격, 시스템 평가기준 같은 것들이 생각될 필요가 있다.

(3) 전략적 MIS 계획 수립과정

조직전략집단에서 MIS 전략집단으로 전환되는 과정이다.

1) 조직전략집단 파악

조직의 이해당사자들에 대한 세세한 구조를 파악하는 것이 선결되어야 한다. 또 이해당사자들에 대한 조직적 대응과 전략을 제시하면서 조직의 기본전략을 구체적으로 정의한다. 이것이 끝나면 최고경영자의 의견과 검토과정이 반영된다.

2) MIS 전략집단으로 전환

명시된 조직전략과 MIS 목표, MIS 제약 요건, MIS 설계방향 등이 설정된다. 이 과정은 일선담당자의 경험과 지식에 의지할 수밖에 없기 때문에 표준을 만들기 어렵다. 한 가지 예를 들자면 다음과 같다.

[그림 5-1] 전략적 MIS 계획 수립과정의 한 예

이해당사자(경영진, 종업원, 주주, 고객 등)

↓

조직전략집단		
조직목표	기본전략	조직특성
시장점유율 50%로 확대	연구개발비 증액	IT 기반의 하드웨어 제조업체

↓

MIS 전략집단		
MIS 목표	MIS 제약	MIS 설계전략
최근 경영업체 및 환경에 대한 정확하며 적절한 정보제공	시스템에 포함시킬 정보부족과 단계별 보고 작성기능부족	- 설계시 차별이용 기능 부여 - CBD 기반 시스템 설계

5.3.2 장기적 MIS 계획

장기적이라는 의미는 MIS 전략 실천을 위한 전반적인 과정을 계획하고 그에 필요한 자원을 추정해서 짠 계획이며, 기간은 5~10년 정도이다. 장기계획은 특정 프로젝트보다는 사용자 요구사항과 그 요구사항 충족을 위한 서비스 유형을 주로 다룬다.

(1) 장기적 MIS 수립과정

1) 정보수집

- 조직의 MIS 전략
- 향후 쓰일 하드웨어와 소프트웨어 변화추이
- 인적자원 이용 추세
- 조직의 외적 변화(무역장벽, 정책변경 등)
- 사용자들이 원하는 정보 포트폴리오
- MIS 관리자와 일반 관리자가 본 시스템 문제점

2) 전반적 소요자원 분석

자원 유형, 소요량, 소요기간 등을 판별하고 자원 조달과 운영계획을 세운다.

3) 장기계획서 작성

1)과 2) 단계의 결과물이 정보시스템과 조직에 미치는 내용을 문서화하는 것이다. 장기계획서에는 계획 목표, 미래의 정보시스템 환경 및 사용자 예측, 부서 규모와 구조, 담당자 장단점 등이 포함된다.

◎ 유 의 점

전략적 정보시스템 계획의 범위 내에서 연속적인 갱신, 수정, 보완이 이루어지도록 짜여야 한다. 또한 전문적 위원회 및 최고경영진의 감수를 받는 것이 바람직하다.

5.3.3 중기적 MIS 계획

장기적 MIS 계획이 개념적 수준에 머물러 있는 데 비해 보다 구체적이며 일선 운용이 가능토록 변환시킨 약 2~5년 정도의 계획이다. 기업의 경영목표를 달성하기 위해 장기계획을 기반으로 한 정보시스템 개발 및 구축 계획인 것이다. 빠른 환경 변화의 추이에 맞추기 위한 이유 등으로 인해서 장기계획과 중기계획은 같은 의미로 쓰일 때가 많다.

(1) 실행 프로젝트 개발

계획 기간중에 실행될 프로젝트를 결정할 때, 프로젝트는 응용시스템 개발 프로젝트와 자체 시스템 프로젝트로 구분된다. 전자는 현업부서에서 주로 사용하고 후자는 시스템 자체의 효율성을 높이기 위한 목적으로 개발된다. 이러한 프로젝트들에는 여러 가지가 열거되는데, 개발중인 시스템, 개발 착수 전인 시스템, 긴급 개발 요청 시스템, 미래 개발 시스템, 전면 재개발 시스템 등이 그것이다.

(2) 프로젝트 우선순위 결정

기업에서 제공하고 운영할 수 있는 자원은 한정되어 있으므로, 지금부터 구축할 수많은 프로젝트를 한번에 해낼 수는 없다. 따라서 가장 필요하고 유용한 것부터 순차적으로 개발해야 한다. 그 우선순위를 가리는 기준은 여러 가지가 있는데, 조직목표와 전략에 부합하는지 여부, 실행에 따르는 기술력 있는지 여부, 프로젝트간 인과관계 여부, 시스템 적응능력 여부, 수익성 여부, 현존 및 개발중인 프로젝트와 상충하는 일이 없는지 여부 등이다. 정량적 파악이 상당히 어려우므로 올바른 정성적 파악을 위해서는 일선 관리자, 사용자 담당자, 최고경영진이 한데 모여서 체계적인 결정을 내리도록 해야 한다.

(3) 프로젝트 실행계획 수립

여러 자원과 운용일정을 잡는 단계로서 프로젝트를 실행시 편리하게 하도록 몇 개의 세부 프로젝트로 나눈다. 세부 프로젝트당 필요한 자원을 배분한다. 자원을 수량화해서 조달방법 및 일정에 대해서 계획을 세운다.

(4) 문 서 화

중기계획은 기초계획서(master plan)가 가장 중요하다고 할 수 있다. 차후 단기계획과 세부 프로젝트 계획에도 기본틀이 되므로 문서화과정은 중요하다. 상세 내용으로는 기업 환경, MIS 환경, 현상분석, 하드웨어/소프트웨어/인사 계획, 예산 편성 등이 있다.

5.3.4 단기적 MIS 계획

1년의 연간계획처럼 짧은 기간의 달성을 위한 것으로, 중기계획에서 내려온 프로젝트를 바탕으로 가장 상세하고 치밀한 계획을 세우는 단계이다.

(1) 단기계획 특징

정보시스템 부서의 주도로 진행되며, 정보시스템 관리자들이 중요한 역할을 수행한다. 특히 초기에는 사용자들의 요구사항이 계획에 크게 적용되지 못한다.

(2) IBM 연간행사

시스템 신규개발 및 기존 시스템 유지보수, 표준 설정, 교육 및 훈련 계획, 신규 설비와 사원 배치, 예산 등.

5.3.5 Wetherbe(1993)의 4단계 정보시스템 계획모형

정보시스템 계획을 용이하게 하기 위한 여러 모형 중에서 Wetherbe(1993)의 4단계 정보시스템 계획모형을 설명하고자 한다.

Wetherbe의 4단계 모형은 순서대로 전략정보계획 → 정보 요구사항 분석 → 자원 할당 → 프로젝트 계획의 과정을 밟는다.

(1) 전략적 정보계획(SIP: Strategic Information Planning)

조직의 경영계획과 궤를 같이하는 정보시스템 프로젝트의 내용과 특징을 규명하도록 짜인 장기적 기업경영이 조직 전체적으로 바람직하다. 만일 시스템 계획시 사용자의 요구만 일방적으로 채택된다면 조직의 요구나 필요와는 상관없이 성과없는 정보시스템 계획의 출발이 될 것이다. 실제 수행하는 활동은 정보시스템의 임무 규정, 시스템의 이용 가능성과 수용능력 및 주위 환경평가, 조직목표 및 전략평가, 정보시스템의 목표와 전략 및 잠재효과 평가 등이다. 이를 통해서 얻을 수 있는 결과물은 정보시스템 약정 개선, 정확한 조직전략 평가, 정보시스템 활동의 목표와 전략과 방침 규정 등이다.

이러한 일련의 활동을 수행하기 위해서 시나리오 접근법, 주요 성공요인, 경영시스템 계획 등의 방법이 동원되는데, 이에 대한 설명은 다음 절에서 자세히 나올 것이다.

(2) 정보요구사항분석(Information requirements analysis)

조직의 정보 요구사항을 파악하여 어떤 응용시스템을 개발해야 하는지를 제시하는 정보 아키텍처를 만들어야 한다. 조직의 정보요구사항 분석은 조직의 의사결정과 운영처리를 지원하는 데 해당되는 필요사항을 규명하는 것이 선결이다. 조직 정보 요구사항 분석은 조직의 전반적인 범위에 해당하므로 개별 응용시스템에 대한 정보 요구사항 분석과는 나르나.

Turban 등(1996)이 제시한 한 가지 예를 들면 우선 조직의 업무와 업무자료를 결정하는 것에서부터 시작한다. 업무에는 구매, 판매, 서비스 등과 같은 기업의 일상적인 활동이 있다. 또 업무자료에는 업무를 구성하는 것들, 이를테면 공급자, 고객, 제품 등이 포함된다. 이것을 행렬로 나타내면 [표 5-1]과 같다.

[표 5-1] 정보요구사항분석 행렬

업무자료 / 업무	공급자	고 객	제 품
구 매	3		2
판 매		2	3
서비스		3	2

그리고 각 셀(cell)에 업무책임자와의 면담과 같은 도움을 받아서 중요도(또는 가중치)를 부여한다. 중요도만으로도 많은 정보의 가치를 나타낼 수 있지만 좀더 많은 정보를 얻기 위해서 이용가능성을 첨가할 수도 있다(예: 이용가능성 * 중요도). 이렇게 해서 얻은 값은 특정 업무자료가 가지는 해당 업무의 중요성을 나타낸다고 볼 수 있다. 이 값은 시스템 개발시 타당성 검토나 프로젝트 우선순위 결정, 중복 방지 등에 쓸 수 있다.

(3) 자원 배분(resource allocation)

조직 내의 각 부서들은 저마다 제안한 시스템이 개발되기를 원하므로 자원의 효율적 배분은 특히 중요하다 하겠다. 이해관계를 조정하면서 동시에, 경영목적과 경영전략의 합리적 이행을 지원할 수 있는 시스템 개발과 운영에 우선적인 자원할당이 이루어지도록 해야 한다.

시스템 개발시에는 필수 프로젝트와 조직 하부구조를 동시에 검토해야 한다. 지금 반드시 도입해야 하는 필수 하드웨어 또는 소프트웨어가 있을 것이고, 또 그것을 수용할 수 있는 조직의 기본 하부구조의 구축이 세워져 있어야 한다. 이러한 경우 우선순위를 결정하려면 투자수익률 분석, 비용/효익 분석 등이 있다.

(4) 프로젝트 계획(project planning)

개별 정보시스템 개발의 구체적 일정 및 자원을 계획하는 것을 의미한다. 필요한 기능을 갖춘 시스템을 한정된 예산과 정해진 기한 내에 완수하도록 계획을 수립하고 관리해야 한다. 항상 프로젝트 계획 실행 시 문제가 되는 것은 거의 예외 없이 기한 문제이다. 마감에 쫓겨 기능이 부실한 시스템 또는 결함이 있는 시스템을 개발한다면 유지보수에 더 많은 비용과 인력이 들어갈 수 있다. 따라서 합리적이고 업무처리에 도움을 주는 프로젝트 계획 수립이 무엇보다도 중요하다고 하겠다.

5.4 MIS 계획의 방법론

여러 방법론이 계획수립에 사용되며 또 방법론을 지원하는 도구도 많이 있다. 이들 대부분은 산업, 경쟁, 경쟁력을 조사하는 전략조사를 수행하고, 그것들을 기술과 연관짓는다. 그런 후 대안이 될만한 응용프로그램이 무엇인지 밝혀내고, 응용프로그램의 타당성과 위험을 검토한다. 그 다음 자원할당에 초점을 맞추는 수행계획을 수립한다. 마지막으로 프로젝트가 수행된 후 프로젝트와 전략평가가 이루어진다.

5.4.1 시나리오 접근법(Scenario Approach)

1950년대에 랜드社(Rand Corporation)의 허먼 칸(Herman Kahn)은 기업에 있어서 기업의 장기 전략수립 및 예측을 위한 개발방법론을 내놓았는데, 그것이 시나리오 접근법이다. 시나리오 접근법이란 미래의 환경이나 추세와 같은 변화를 예측하여 대안 시나리오(alternative scenario)를 작성하고 실행함으로써 미래를 현실화하는 방법이다. 그러나 단순히 가능성만 있는 미래의 사건을 현실화하기 위한 시나리오를 작성하는 것은 쉬운 일이 아니다. 따라서 현재 기업이 처해 있는 상황을 충분히 분석하여 그것을 바탕으로 미래예측이 효과적인 시나리오를 작성해야 한다.

시나리오 접근법은 어느 정도 비공식적이면서도 보다 현실적인 전략적 계획방법이다. 그렇게 된 이유는 가상현실연습(virtual world/microworld)에 참가하여 현실세계의 축소된 문제를 겪어볼 수 있기 때문이다. 맞부딪칠 가능성이 있는 여러 가지 시나리오를 미리 만들고 이해하고 평가하면서 현실세계의 문제를 연습해 볼 수 있는 것이다.

계획 단계에서 여러 관리자들이 미래의 사업이 어떻게 될 것인지에 대한 가정을 하고, 그 장래 사업에 정보시스템이 어떤 역할을 얼마나 할 것인지에 대한 가정을 미리 해 볼 수 있다. 대체적인 시나리오를 작성하려면 여러 가지 환경요인들이 거론된다. 예를 들면, 정치, 사회, 기술 변화 추세, 사회상에 대한 가치관 이해 등이다. 이러한 요인들에 의해 경영전략이 변화될 수 있다.

효과적인 시나리오 작성절차의 예

- 시나리오 분석을 위한 변수와 기간 확정
- 정보시스템 계획 시나리오에 관련되는 모든 이해당사자(공급자, 유통업자, 소비자, 경쟁자, 종업원, 관리자 등)들의 요구사항 파악
- 정치, 경제, 사회, 산업의 현재 상황과 불확실성 파악
- 이전 단계에서 추출된 사항을 종합하여 최선 시나리오(best case scenario), 최악 시나리오(worst case scenario), 최다발생 시나리오(most likely case scenario)를 작성한다. 기준은 최다발생 시나리오이다. 다만 최선/최악 시나리오는 혹시 모를 상황에 대비하기 위해 남겨둔다.
- 이렇게 작성된 시나리오라도 다양한 상황과 변수에 대비하기 위해 항상 수정할 수 있도록 한다.

시나리오 접근법으로 적용한 정보시스템 계획의 장점

- 정보시스템 계획 실무자가 단기적이 아닌 장기적인 계획수립을 가능토록 하게 해준다.
- 환경변화의 원인 및 대처방안 간의 관계를 설명해준다.
- 정량(quantity)적으로 표현하기 어려운 정성(quality)적인 변화요인을 반영할 수 있다.
- 기업내 공통적 대화수단으로 사용할 수 있다. 따라서 조직구성원간 공동체의식을 조성할 수 있으며, 환경변화를 조기경보할 수 있으므로 발생하는 문제점에 대해서 사전 대비할 수 있다.

5.4.2 주요성공요인 방법

주요성공요인(CSF: Critical Success Factors) 방법은 John Rockart에 의해 개발된 정보시스템 계획 방법이다. 핵심은 특정 조직의 정보 요구사항(information requirements)은 주요성공요인에 의해서 결정된다는 것이다. 주요성공요인이라 함은 기업의 성공에 중요하다고 판단되는 몇 가지 요인들이고, 그 수는 약 3~6개이다. 이 요인들은 조직의 목표 달성과 높은 성과를 이루기 위해 요구되는 주요 영역들이다. 즉, 기업이 성공하기 위해 반드시 성취되어야 하며 그렇지 못할 경우 경영에 지장을 가져다 주는 사항을 의미한다. 따라서 이러한 주요성공요인의 성과물을 지속적으로 측정하여 경영자에게 보고할 수 있는 정보시스템을 설계하고 구축해야 한다. 이런 이유로 주요성공요인 방법은 따로 전략적 분석 방법(strategic analysis)으로도 불린다.

(1) 기업목표 설정

주요성공요인 도출을 위해서는 기업목표의 설정과 그 과정을 유심히 우선적으로 살펴야 한다. 또한 그것을 위해서는 기업 자체와 기업환경에 대한 깊은 이해가 필수적이다. 이는 주요성공요인의 원천이며 조직구조, 업무처리과정, 각 부서간 목표 등을 알 수 있는 근거이기 때문이다.

(2) 문제와 요구사항 파악

조직에 대한 연구가 끝나면 최고경영진 또는 실무자 등을 면담하고 실명을 듣는 등의 방법을 통하여서 현재 조직이 처한 문제와 요구사항 등을 체계적으로 파악해야 한다. 보다 구체적인 주요성공요인 추출을 위한 문제 및 요구사항 파악 방식을 구성해야 한다.

(3) 주요성공요인 추출

조직의 각 구성원, 특히 관리자와 실제 업무 담당자에게 파악한 문

[그림 5-2] CSF 기법을 통한 개발 예

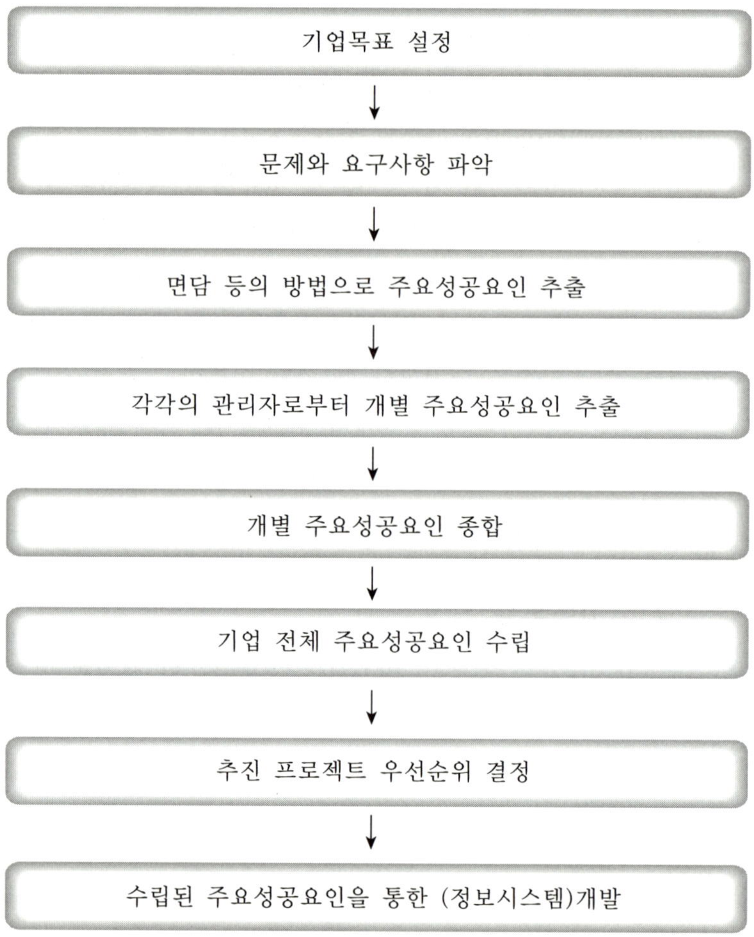

제와 요구사항이 담긴 설문서를 제시하여 전사적인 주요성공요인, 부서별 주요성공요인, 개인별 주요성공요인 등 각각의 구체적 내용을 측정하도록 한다. 이 결과를 종합하여 구체적인 주요성공요인을 추출한다.

(4) 추진 프로젝트 우선순위 결정

지금까지의 과정을 거치면 도입해야 할 정보와 정보시스템, 응용시스템 등의 목록과 우선순위를 작성할 수 있다.

(5) 실제 시스템 개발

우선순위에 기반하여 구체적 실행계획이 도출되면 이에 맞추어서 시스템 개발, 도입, 구현을 할 수 있다. 지금까지의 전 과정은 다시 처음 단계로 돌아가서 차후 좀더 나은 주요성공요인 도출을 위한 피드백으로 삼을 수 있다.

주요성공요인은 산업별, 기업별로 다르다. 예를 들어 어느 기업의 목표가 매출액 증가라면 그에 해당하는 주요성공요인은 비용 절감, 광고확대, 신기술 개발 같은 것이 될 것이다. 따라서 정보시스템을 계획할 때 기업의 최고경영진과 같은 주요 관리자들에게서 주요성공요인에 대한 일차적인 의견을 수렴한 뒤, 조직목표와 이 목표달성에 필수적인 요인들을 결정한다.

CSF기법의 장점은 첫째, 고위관리자를 대상으로 하기에 실제 의사

[그림 5-3] 주요성공요인의 예

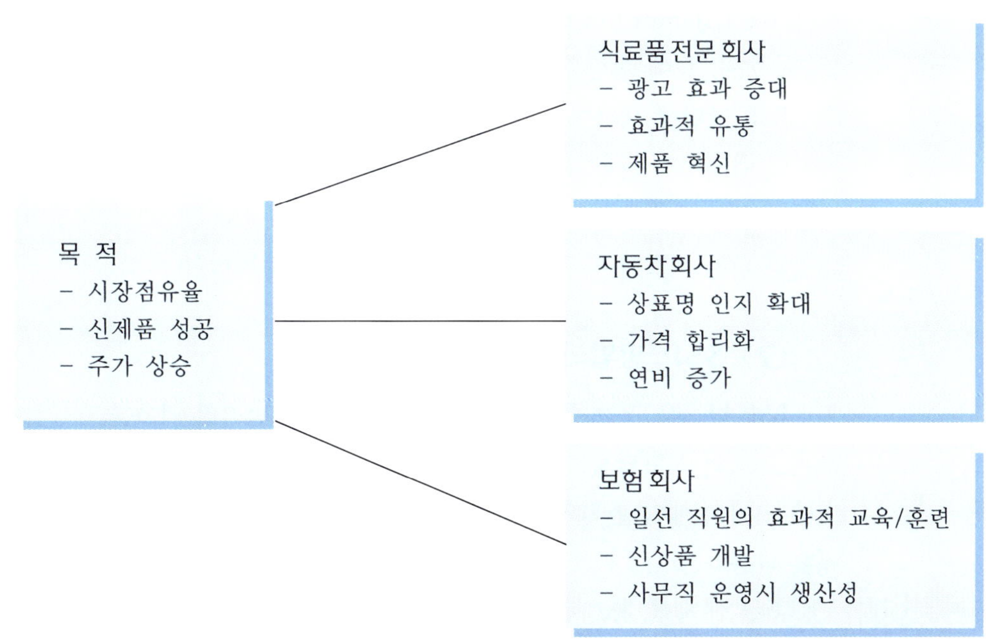

결정에 필요한 사항들을 포함할 수 있다. 둘째, 부서별 또는 기업 전체적인 주요성공요인에 대한 정의가 내려지므로, 환경변화에 따라 주요성공요인이 다르게 나타날 수 있다. 그러므로 주요성공요인들을 정기적으로 갱신해서 대응력을 키울 수 있다. 셋째, 적용시 최종적으로 나오는 결과 및 정보량이 적은 편이어서 간단하고 비용도 적다.

이런 장점이 있지만 개별요인을 전사적 요인으로 적용할 수 있는 기준이 미비하므로 각 분야의 성공요인들을 혼동하면 정작 중요한 요인이 등한시될 수 있다.

5.4.3 경영시스템 계획(BSP: Business Systems Planning) 방법

(1) BSP 방법의 의의

경영시스템 계획(BSP: Business Systems Planning)은 조직의 장·단기적 정보요구사항을 충족시키기 위해 정보시스템 계획을 수립하는 데 사용한다. BSP는 실상 IBM에 의해 개발된 이래, Andersen Consulting의 Method/1, James Martin과 Clive Finkelstein의 정보공학(Information Engineering) 등에 영향을 주었다.

BSP 방법에 의하면 자료는 기업의 중요한 자원이며, 그것은 조직 전체적인 관점에서 관리되어야 한다는 가정을 기본개념으로 바탕에 깔고 있다. 따라서 정보시스템 구축시 조직 전체를 대상으로 한 계획 방법이며 조직의 기본 계획인 사업계획과 연계된 계획 수립 방법이다.

(2) BSP 방법의 목적

BSP 방법은 정보시스템의 계획 및 개발에 전반적인 기초를 제공함으로써 조직의 목표달성 및 의사결정을 효과적으로 지원하기 위한 것이며, 결국 조직 전체적 관점의 정보구조 개발 계획이라고 할 수 있다. 세부 목적은 다음과 같다.

우선 조직의 장기 · 단기적 정보 요구사항을 충족시킬 수 있는 정보시스템 계획을 제공하되 조직의 사업계획과 연계시켜야 한다.

둘째, 각 부서별 목표와 업무수행에 영향을 덜 받는 공식적이고 객관적인 정보시스템 우선순위 구축방법을 제시한다.

셋째, 조직변화나 환경요인에 영향을 덜 받는 정보시스템 계획을 수립하여 미래에도 효과를 충분히 낼 수 있는 시스템 구축을 하기 위함이다. 이는 투자의 정당성을 확보하기 위해서도 필수적이다.

넷째, 기업목표를 달성하기 위한 정보자원의 배분 및 관리를 위해서이다.

다섯째, 정보시스템이 매우 효과적이며 기대에 부응할 수 있고, 의사소통을 활발하게끔 할 수 있다는 것을 조직구성원과 사용자, 각 부서에 인식시키고자 한다.

여섯째, 자료는 기업의 중요한 자원이며, 반드시 모든 구성원이 효과적으로 사용할 수 있도록 자료의 계획, 관리가 이루어져야 한다.

(3) BSP 방법 실행

BSP 방법의 기본 전제는 조직의 정보시스템을 계획할 때는 하향식(top-down), 실행할 때는 상향식(bottom-up)이어야 한다는 점이다. 경영전략으로부터 시작해서 기업의 업무처리 과정을 정의하고, 관련 자료 클래스를 정의하는 하향식 계획을 일단 작성한다. 그 다음 양자간 관계를 분석하여 정보 아키텍처를 정의한다. 그러면 정보 아키텍처로부터 조직의 데이터베이스를 정의할 수 있고, 경영전략을 지원하는 응용시스템들을 식별하는 상향식 실행이 가능하다. 물론 이렇게 식별된 응용시스템 중에서 우선순위가 높은 것부터 개발한다.

BSP의 두 가지 기본 구축사항은 업무처리과정(business process)과 자료 집단(data class)이다. 업무처리과정이라는 것은 기업의 자원을 관리하기 위해 요구되는 의사결정과 활동집단이다. 또 자료 클래스는 기업에 있는 종업원과 같은 기본적인 자료 항목을 나타내는 것이다. 처리과정과 자료 클래스는 서로서로를 생성하고 이용한다. 따라서 이러한 양자간의 관계를 하나의 행렬(matrix) 형태로 나타내면 많은 정보를 얻을 수 있다.

[그림 5-4] BSP 실행 방법

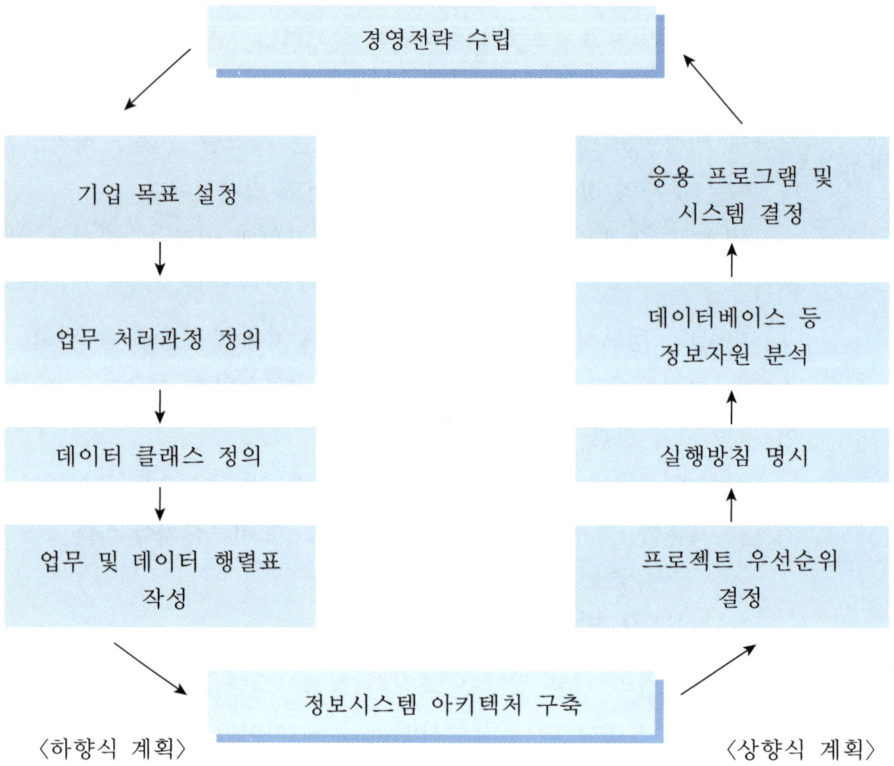

[표 5-2] 업무처리과정과 자료집단 간의 행렬

업무 \ 자료	시장예측	가격	판매계획	재고	주문량
물품주문		C			C
생산계획			U	U	
판매계획	U		C		
재고관리				U	

위 표에서 'C'는 업무실행시 데이터가 생산(create)되고 있음을 나타내고, 'U'는 업무실행시 활용(use)되고 있음을 나타낸다. 이렇게 파악되고 분석된 자료를 기초로 해서 정보시스템 아키텍처를 결정하게 된다. 이렇게 결정된 정보시스템 아키텍처는 전사적인 정보흐름을 보여주는 도면이라고 할 수 있다.

(4) 사업 문제의 평가

사업과 해당 시스템간의 관계가 설정되면 문제와 우선순위를 결정하기 위해 관리자와 심층면접을 할 수 있다. 관리자들에게는 문제 확인, 가능한 해결책, 가치 진술, 문제를 발생시키는 또는 문제에 영향을 주는 업무 등에 대해서 질문받는다. 이러한 것에 대한 요약보고서를 취합하여 정보시스템 필요사항을 중역의 관점으로 제공해야 한다.

[표 5-3] BSP 심층면접

주요 문제	자질 있는 인력 검증 능력 부족
문제 해결	인적자원에 대한 더 나은 정보제공
가치 진술	우수 인력 유지, 사기 진작
정보 필요사항	기술 재고 시스템(Skills Inventory System)
영향을 주는 업무내용	인적 자원

(5) BSP 장점과 단점

BSP를 통해서 전사적 정보흐름을 분석함으로써 정보시스템 결정에 대한 종합적 근거를 얻을 수 있다. 즉 자료의 풍부함으로 인해 경영의 효과를 높이는 도구로서 사용될 수 있다는 뜻이다. 특히 어떤 시스템이 기업에 얼마나 영향을 미치고, 어떤 정보시스템이 우선순위에 얼마나 영향을 미치는지 등을 파악하여 정보시스템의 효과나 필요성을 평가할 수 있다.

또, 정보시스템 관리자 자신은 최고경영진에게 정보시스템의 중요성을 제고시킬 수 있고 의사소통을 증가시킬 수 있는 방편이 된다. 투자 획득, 기업 전체의 합의를 얻는 데에 유용한 수단이 된다.

시스템 자체로서도 조직 전체 구조에 발맞춘 정보시스템 구축이 가능하고, 자료의 일관성과 공유성을 보장할 수 있다. 이리하여, 개발자 위주가 아닌 사용자 위주의 시스템 개발이 가능해진다.

그에 비해 BSP 방법은 그만큼 인력 및 비용이 많이 든다. 완벽한 조사에서 분석까지 6개월에서 1년까지 걸리는 경우가 많다. 즉 그만큼 많은 자료가 쌓여서 처리 및 분석이 지극히 어렵고, 미래보다는 현재상황을 반영하는 정보 요구사항이 나오게 된다. 또 대부분의 내용이 중간관리자급이나 고위층으로부터 주도되는 만큼 실무자나 일선관리자의 견해가 소홀히 취급될 수 있다.

5.4.4 정보시스템 성장단계 방법

정보기술이 도입되어 확장될 때 고유한 특성을 가지는 몇 가지 단계로 구분된다는 것이 정보시스템 성장단계 이론이다. 이는 특정단계에서 다음 단계로 이동시 반드시 정해진 단계에 따라 성장이 진행된다는 의미이기도 하다.

다음은 1979년 Richard L. Nolan의 정보시스템 성장의 6단계 모형을 서술한 것이다. 이 모형에 의하면 정보시스템이 조직에 도입되면 6단계를 밟아가며 성장해 나간다고 볼 수 있다. 특징적으로는 통제단계의 어느 한 전환점에서부터는 컴퓨터관리가 데이터자원의 관리로 넘어간다는 점이다. 따라서 조직에 축적된 지식과 기술의 발전이 이 전환점에 이르면 정보시스템 부서 조직이 재편되고 새로운 관리에 따른 새로운 성장이 시작된다는 시사점을 얻을 수 있다.

(1) 초기 단계(Initiation)

조직에 컴퓨터 시스템을 처음 도입할 때 어떤 사람들은 정보시스템에 대해 잘 모르기 때문에 시스템 개발에 소극적일 수 있다. 일단은 다수의 사용자에게 접근이 수월한 운영시스템(operational systems)이 개발되고, 이어서 비용절감을 위해 사무자동화 및 일괄처리의 형태를 부여하게 된다. 이쯤 되면 관리자의 정보시스템에 대한 계획과 통제는 느슨해지고, 정보시스템 각 부서는 신기술 학습에 대한 부담이 가해진다. 때문에 시스템간 집중화(centralization) 노력이 발생한다. 주로 비용절감 및 조직의 기본요구사항 충족을 위한 시스템 설치가 목적이다.

(2) 확장 단계(Expansion)

응용시스템에 대한 수혜를 기대하면서 시스템 요구수준이 높아지기 때문에 정보시스템은 급속히 성장한다. 따라서 각 부서는 다양한 요구를 충족시키기 위해서, 하드웨어 구입, 직원 충원, 예산 배정, 통신망 구축 등의 활동을 시작한다. 여전히 정보시스템 사용에 대한 통제와 관리는 적은 편이다.

(3) 통제 단계(Control)

관리자는 항상 시스템 개발과 사용에 드는 비용만큼 편익을 얻을 수 있는지 관심을 가진다. 그렇게 되면 자연히 정보시스템 예산의 증가가 둔화되고, 시스템 개발 계획과 사용에 대한 통제가 시작된다. 시스템 개발의 적체 및 사용자 불만이 고조되고 컴퓨터 사용 비용을 사용자 부서에 부과하는 비용부과시스템이 들어서게 된다. 이는 모두 정보시스템 예산 절감에 대한 노력이다. 정보시스템을 계획하고 통제하기 위한 운영위원회가 설치된다.

(4) 통합 단계(Integration)

의사소통과 데이터베이스를 통해 현 가동중인 시스템들을 통합하는 것은 많은 시간과 비용이 든다. 정보시스템 부서는 사용자에게 해결책 대신 서비스를 제공하고, 사용자는 자신들이 사용하는 시스템에 책임을 진다. 이 단계에서는 컴퓨터 사용에 있어서 부서와 사용자 사이에 전환이 생긴다. 각 업무별 · 기능별 응용시스템들이 조직 전반에 걸쳐 통합된 시스템으로 거듭나게 된다.

(5) 자료관리 단계(Data Administration)

업무처리 과정보다도 정보 요구사항에 따라 응용시스템의 접점, 즉 포트폴리오를 구성하게 되고 해당 정보의 조직내 공유방안에 대해서 노력하게 된다. 사용자들이 정보의 가치를 이해하게 되고, 정보 공유의 중요성에 대해 인식하게 됨에 따라 데이터베이스의 많은 활용이 이루어진다. 즉, 데이터 사용 계획 및 통제에 대한 데이터 관리 기능이 중요시 된다. 시스템 활용을 통한 전략적 우위를 점하고자 하는 노력이 시작된다.

(6) 성숙 단계(Maturity)

조직에서는 정보시스템 이용 계획이 경영계획과 면밀히 조정된다. 정보자원에 대한 전략적 계획을 하고, 기업 전사적인 시스템 구축이 이루어진다. 각 부서와 사용자들은 자원 배분에 대해 연대책임을 지게 된

[그림 5-5] Nolan의 정보시스템 성장 6단계

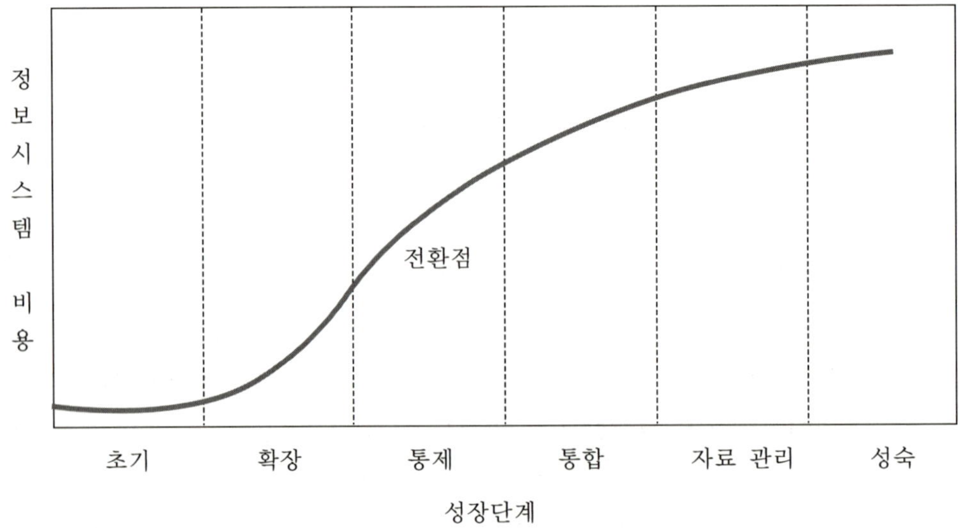

다. 이제는 정보시스템이 전략적으로 중요한 요소가 된다. 정보서비스가 기업의 주요 기능부문이 되고 최종사용자컴퓨팅(End User Computing) 환경이 실현된다.

상기 서술한 Nolan의 방법론은 구체적 타당성이 많이 부족하기는 하지만 유용한 관점을 분명히 제공해 준다. 이를 테면, 성장단계에 있어서 정보시스템 비용 지출의 변화를 예상하여 계획하도록 하고 각 단계의 성격에 맞게 시스템 관리를 유도할 필요가 있다는 점이다. 통제단계에 들어설 때 표준화 노력이 일어날 것을 예상하고 낭비적 요소를 줄이기 위한 방안을 연구하는 것 등의 방법이 있다.

이 모형은 ERP, WWW 등과 같은 많은 정보시스템 관련 성장에 적용시킬 수 있다. 전자우편(E-mail)의 발전도 이에 적용시켜 볼 수 있다. 처음 이메일의 사용은 일반 종이우편보다도 적었지만 급격한 성장을 이루었다. 그러다가 많은 기업과 서버에서 이메일의 부작용(스팸 메일 등) 등의 단점을 깨닫고 자정작용이 많이 이루어졌다. 현재는 이메일과 휴대전화의 문자메시지의 연동 등 새로운 기능이 부가되는 등 보다 성숙한 현상을 볼 수 있다.

5.4.5 목적 및 수단 분석(E/M Analysis; Ends/Means Analysis)

목적 및 수단 분석(Ends/means analysis)은 조직, 부서, 개별관리자 등의 각 수준에서 정보 요구사항을 결정하는 데 사용하는 정보시스템 계획방법이다. 이 방법은 먼저 목적물(또는 산출물)에 초점을 둔다. 이를 테면, 제품이나 서비스 같은 것들이 그런 것들이다. 그것이 정해지면 목적을 달성하기 위해 사용되는 수단을 정의한다. 수단은 투입물이나 업무처리 과정 같은 것들이다. 산출물은 다시 투입물로 투입되는 업무처리 과정을 거친다.

이러한 목적 및 수단 분석 기법은 효율성과 효과성 두 가지에 관심을 가진다. 간단히 정의하면 효율성은 투입물을 산출물로 변환시키는 데 필요한 자원량을 말한다. 또, 효과성은 어떤 하나의 처리과정에서 나온 산출물이 또 다른 처리과정의 투입물이 되기 위한 요구사항을 얼마나 잘 충족하는가 하는 것이다. 이들을 측정 방법으로 표현한다면, 효과성은 "재고가 부족한 항목의 수"라고 할 수 있고, 효율성은 "재고 유지 비용"이라고 할 수 있다.

효과성과 효율성은 필요에 따라 중요한 것이 다르다. 다른 계획 방법에서는 주로 효율성을 측정하지만, 목적 및 수단 분석 방법에서는 효과성 정보도 많이 제공한다. 따라서 데이터베이스 도입시에 많이 이용된다.

5.4.6 성숙 단계와 MIS 계획

1989년 Earl은 많은 조직의 MIS 방법론과 계획과정을 비교해본 결과 정보시스템에 대한 경험과 성숙도별로 5단계 구분이 가능하다고 하였다. 각 단계에 속하는 조직이 단계를 거쳐가면서 성숙해 나간다는 것이다.

1) 기술주도형 계획이란 아직 경험이 일천한 조직이 현 상황을 깊이 인식하고 보다 효율적인 정보기술의 쓰임새를 찾는 데 주 관심사를 둔다.

2) 방법중심형 계획에서는 전단계에서 쌓인 경험과 경영 요구사항에 맞는 정보기술의 활용이 주 관심사가 되고, 기업목표를 이룰 수 있도록 우선순위에 맞춘 자원배분을 설정한다. 여기에 시나리오 접근법, 주요성공요인, 경영시스템 계획(BSP: Business Systems Planning)과 같은 방법론이 동원된다.

3) 관리중심형 계획에서는 어느 정도의 정보화가 진행된 조직이 반드시 겪게 되는 여러 가지 표출된 문제로 인한 혼란 상태를 해결하기 위한 것이다. 조직내부 및 외부에 퍼져 있는 문제해결에 대한 다양한 관점과 의견을 수집하고 조정하는 일이 이루어진다.

4) 사업주도형 계획에서는 지금까지 진행시킨 정보시스템을 통해서 전략 우위, 경쟁 우위를 높이려 하지만 그 기회를 잡고 전략적 잠재력

[표 5-4] 성숙단계와 MIS 계획

	1단계	2단계	3단계	4단계	5단계
명칭	기술주도형	방법중심형	관리중심형	사업주도형	조직주도형
중심과제	정보기술/ 정보시스템 적용분야의 개발 및 확장	사업상 요구사항 명시	구체적 정보시스템 개발 계획	전략 우위, 경쟁 우위 확보	사업전략과 연계
기본목표	경영진을 납득시킴	우선순위 합의	정보기술/ 정보시스템 적용의 균형적 개발	전략적 기회 검토	정보기술과 정보시스템 통합
추진부서	정보시스템 부서	최고경영진	사용자와 정보시스템 부서	사용자와 최고경영진	사용자/ 경영진/ 정보시스템 등의 부서간 협조
접근방법	상향식	하향식	상·하향식 연계	Inside-out (사용자의 창의적 사고 기반)	다중접근
계획 정도	무경험/무인식	불명확	복잡성	조급성	성숙성

을 발휘하기에 미약한 시스템 활용에 대비하려 한다. 때문에 조직 자체보다도 실제 사용자들의 의견과 조언을 받아들여 시스템 운영에 도입시키는 과정이 강조된다.

5) 조직주도형 계획에서는 마지막 단계에 이르렀기 때문에 기업전략과 정보시스템 전략의 단단한 연계구축을 목표로 한다. 특히 각 조직구성원들 스스로가 정보시스템 계획의 중요성과 자신들이 해내야 할 역할 및 책임을 공감해야 한다. 그리고 조직 자체 또한 고유한 업무방식과 조직기반구조에 맞는 계획수립이 가능토록 해야 한다.

5.4.7 조직환경적 요인과 MIS 계획

(1) 정보시스템 부서와 책임자의 위치

정보시스템이 기업의 운영에 미치는 영향이 크고 기업의 전략적인 수준에서 취급되는 경향이 잦아지고 있다. 따라서 효과적인 정보시스템 계획을 수립할 때 장애물이 될 수 있는 조직의 형태는 크게 두 가지이다. 하나는 중요한 의사결정이 정식 토의과정에서 도출되는 것이 아니라 비공식적이고 권력이 집중된 한 사람에 의해 나오는 조직의 경우이다. 또 하나는 정보시스템 부서와 여타 부서들이 물리적, 심리적으로 떨어져 있는 조직이다.

정보시스템 운영자의 지위는 책임자가 정보시스템 개발 추진시 조직 전체에 영향력을 미칠 수 있는 지위와 실제 권한이 같이 맞물려 돌아갈 때 그 정보시스템 계획이 효과적으로 수립·운영될 수 있다. 정보시스템의 개발과 운영이 기업전략에 부합하기 위해서는 기업전략 수립과정에 정보시스템 관리자가 적극적으로 참여할 수 있는 지위에 있어야 한다. 이는 실행과정에 있어서 적절한 부서간 협조와 조직구성원간의 신뢰를 얻기 위해서도 필수적이다.

(2) 조직의 고유 특성

각 조직은 그 문화, 경영 방식, 규모 등이 천차만별이다. 조직의 공식화 정도도 중요한 조직의 특징 중의 하나이다. 조직 자체가 비공식적이고 최고경영진 사이의 관계도 비공식적인 관계를 띠고 있다면 공식적이고 절차적인 정보시스템 계획을 세우기가 어려워진다. 당연히 공식적인 조직이라면 정보시스템 계획수립시 그 절차와 운영에 대한 많은 사람의 의견과 참여가 이루어진 계획수립이 성공적인 정보시스템 실행을 보장할 것이다.

또 일반적으로 조직 규모, 조직 복잡성, 응용시스템 적용범위 등이 커질수록 정보시스템 계획의 필요성도 동시에 높아진다. 그러나 만일 그 조직의 규모가 지극히 작고 복잡하지 않다면 공식적인 조직인가 하는 여부는 중요하지 않을 수도 있다.

5.5 정보시스템 아키텍처

정보시스템 아키텍처(Information System Architecture)는 조직 기반구조(organizational infrastructure)의 한 형태로서 정보시스템을 이루는 여러 구성요소의 필요성과 중요성을 이해시킴과 동시에 기타 연계 시스템 및 조직의 하부구조로서 배치되는 것이다. 물리적인 면만 보자면 하드웨어, 소프트웨어, 데이터, 인적자원, 의사소통(communication), 업무처리 절차(process) 등이 결합되고 연계되는 것을 의미한다. 이는 요구되는 정보사항, 고수준의 구조틀, 논리적 계획 등을 충족시키기 위한 정보자원의 통합이며 물리적이고 조직적으로 명시되어야 한다.

정보시스템 아키텍처가 만일 잘못 구성된다면 필연적으로 정보흐름이 막히고 정보품질이 왜곡된다. 결국 사업을 망치는 결과를 초래한다. 기업별로 그리고 산업별로 다양한 정보요구사항이 있고 설계사항이 있다. 점점 복잡해지고 변화하는 사업욕구를 충족시켜줄 아키텍처 환경이 필요하다.

5.5.1 중앙집중형

오랜 세월 기업 아키텍처의 기본이었다. 하나의 컴퓨터에 모든 통제와 처리에 관한 권한을 수고 여타 장치에 필요시 자원을 배분하는 방식이다. 그러다가 클라이언트/서버(Client/Server)의 사용이 증가하고 컴퓨터 자원들이 상호 협력하는 방식으로 변화하게 되었다. 업무처리시 사용할 자료를 중앙에서 관리 및 저장하기 위해서 중앙집중형(centralized architecture) 방식은 앞으로도 계속 유지될 것이라고 보는 견해가 많다. 특히 작금의 인터넷과 인트라넷 환경에서는 주 컴퓨터에 저장된 정보를 이용하는 방식이 매우 유용하다.

무엇보다도 중앙집중형 방식은 "규모의 경제"를 적용시킬 수 있다. 비용 대비 효과를 생각해 보아도 소규모이면서 많은 자원을 갖추는 것보다, 하나의 대규모 컴퓨터 자원을 갖추고 많은 사람들이 사용하게 하는 것이 훨씬 이롭다. 또한 관리가 용이하고 중복되는 경우가 적으므로 효율적이다. 기업 측면에서도 특히 중요한 기업 자료가 중앙집중 컴퓨터에 있다면, 보호 및 통제가 손쉽다.

5.5.2 분 산 형

아키텍처 선택시 컴퓨팅 요구사항 관점에서 다루어져야 한다는 것이다. 개별적 욕구를 개별적 컴퓨팅을 통해 충족시키는 방식이다. 개인용 컴퓨터(PC)의 보급과 성능이 날로 증가함으로써 사용자 자신이 직접 통제할 수 있는 분산형 환경도 저렴한 비용으로 구축이 가능하게 되었다. 해당 자료를 필요한 장소에서 더욱 가까이 입력, 검증, 관리가 가능하다.

분산형(noncentralized/decentralized architecture) 방식을 채택하면 다소 중복의 가능성이 있을 수 있지만, 보다 융통성 있게 시스템을 만들 수 있다. 비용측면에서 고용량의 비싼 주 컴퓨터(main computer)로 교체할 필요 없이 분산배치된 하나의 컴퓨터를 더 추가하는 것이 이로울 수 있다. 또, 하나의 컴퓨터가 고장 났다고 해서 시스템이 정지하는 일도 없다.

이처럼 중소규모의 컴퓨터들이 등장하게 됨에 따라 서로 통신망으로 연결되고 동료 대 동료 아키텍처(peer-to-peer architecture)라는 데이터와 기타 자원을 서로 공유할 수 있는 새로운 형태의 시스템이 나타났다. 이 동료 대 동료 아키텍처는 기본적으로 분산형 아키텍처의 모습을 띠고 있으며 하나의 컴퓨터에는 자료, 처리장치, 프린터 같은 여러 자원을 다른 컴퓨터와 공유한다. 분산환경 속에서는 어떤 한 개인용 컴퓨터(PC)에서 문서 작성 작업을 하여 프린트 서버의 역할을 하는 다른 컴퓨터에게 작업 결과를 전송하여 프린트할 수 있다. 이와 같이 분산형 아키텍처에서는 하나의 단일 컴퓨터가 서버와 클라이언트의 역할을 동시에 수행할 수 있으므로, 컴퓨터간 서비스 요청 및 제공이 가능하다.

5.5.3 혼 합 형

중앙집중식이든 분산형이든 한쪽의 극단을 추구할 필요는 없다. 사실 많은 분산형 시스템이 클라이언트/서버 아키텍처에 기반을 두고 있다. 문제는 정보를 어디에 둘 것인가, 무슨 정보를 저장할 것인가 하는 것이다.

5.5.4 최종사용자형

개인용 컴퓨터(PC)는 일반 최종사용자에게 더할 수 없는 힘과 자유와 융통성을 부여한다. 이러한 최종사용자를 위해서 어떤 아키텍처이든지 개인용 컴퓨터 사용자를 고려해야 한다. 개인용 컴퓨터 사용자를 위하여 데이터베이스와 인터넷과 인트라넷을 포함하는 네트워크 구축에 접근토록 해야 한다.

5.5.5 클라이언트/서버 아키텍처

클라이언트와 서버는 LAN, WAN, ISDN과 같이 통신망으로 연결되어 있는 장치이다. 클라이언트가 응용프로그램을 통해 생산한 자료를 가지고 서비에 인쇄 및 자료 검색과 같은 요청을 할 수 있다. 보통 강력한 기능의 소수의 서버가 많은 클라이언트의 요구를 수행한다. 서버의 내용이나 위치, 일처리 방식, 자료 저장 등에 상관없이 클라이언트의 요청을 받아들여야 한다. 클라이언트/서버 아키텍처(client/server architecture)에서는 집중화된 데이터베이스를 가지고 있다.

여러 아키텍처의 큰 차이점은 컴퓨터들간의 관계 및 분업 정도라고 할 수 있다. 클라이언트/서버 아키텍처의 이점은 사용자가 자료에 쉽게 접근할 수 있고, 통신망 상의 자료와 인쇄장치 같은 자원을 효율적으로 이용할 수 있다는 점을 들 수 있다. 또한 확장가능성(scalability)이 크다는 것도 있다. 컴퓨터의 추가 및 개선, 처리 및 저장 용량 확충 등을 손쉽게 할 수 있다. 그리고 호환성이 좋아서 다양한 공급자가 제공하는 하드웨어와 소프트웨어를 쓸 수 있다.

그에 비해 단점으로 들 수 있는 것은 작업이 컴퓨터 자체 내에서보다 통신망을 경유하여 이루어지는 경우가 많아서 자료와 시스템 관리에 대한 부담이 많아진다는 점이다. 많은 클라이언트의 요구사항과 그들 간의 통제 및 관리가 만만찮은 작업인 것이다.

5.5.6 기존 시스템의 재구축

새로운 아키텍처를 구축했다고 해도 이전까지 쓰던 기존 시스템을 제거할 수는 없는 노릇이다. 이런 기존 시스템(legacy)은 변화된 구조에서도 여전히 사용할 수는 있지만, 현재와 미래의 가치에 대한 평가와 안정성, 투자 회수 등을 면밀히 고려해야 한다. 어쨌든 사업이 요구하는 사항을 충족시킬 수 있는 올바른 규모(rightsize)로 가는 것이 중요하다.

5.6 경영혁신과 인터넷환경을 위한 MIS 계획

5.6.1 BPR과 정보시스템

(1) BPR의 정의

BPR(Business Process Re-engineering: 직무처리재설계)은 보는 관점에 따라 그 의미가 조금씩 다르다. 최초로 BPR을 개념화한 Michael Hammer는 “비용, 품질, 서비스, 속도와 같이 경영성과의 핵심이 되는

지표들을 정보처리 기술을 이용하여 경영혁신을 이루고, 결과적으로 핵심적 성과에서 극적인 향상을 이루기 위해 기업 업무 처리과정을 기본적으로 다시 생각하고 근본적으로 설계하는 것" 이라고 하였다. 그 밖에도 Thomas Davenport & James Martin은 "경영혁신과 정보처리기술간의 유기적 결합으로 업무 처리과정의 재구축을 실현하는 것"이라고 정의하였다. 또한 이순철은 "기존의 업무방식을 근본적으로 재고려하여 과격한 비즈니스 시스템 전체를 구축하는 것으로서, 프로세스를 근본단위로 업무, 조직, 기업문화까지의 전 부문에 대하여 성취도를 대폭적으로 증가시키는 것"이라고 정의하고 있다. 여러 학자들이 저마다 다른 정의를 내리면서도, 이러한 서술에는 다음과 같은 공통적인 개념들이 포함되어 있다.

가) 고객지향 경영
나) 원점(zero-base)에서부터 다시 발상 또는 근본적인 재설계
다) 기본적인 구조틀(framework)에 도전
라) 업무 처리과정(process)를 대상으로 함
마) 획기적인 성과 향상을 목표
바) 정보기술 이용

(2) BPR의 특징

BPR은 경쟁 우위를 이끌어 내고 지속적으로 유지하기 위해 실시된다. 부드럽고 점진적인 변화보다는 다소 과격한 변화를 목적으로 하고, 전사(全社)적인 광범위한 업무처리를 대상으로 하기 때문에 여러 부서를 연계로 한 다중 범위 설정이 필요하다. 또한 단기간 간헐적으로 실시하면서도 대폭적인 변화를 만들어 내야 하고, 보다 고급관리자(중역 정도의 위치)의 역할이 처음부터 끝까지 계속적으로 중요하다. 그리고 무엇보다도 정보기술이 거의 필수적으로 사용된다는 점을 들 수 있다.

(3) BPR의 필요성

21세기를 맞이하면서 기업의 경영환경은 빠르게 변화하고 있으며, 이러한 환경변화에 능동적으로 대응하여 경쟁우위를 자체적으로 유지하기 위해서는 조직의 전반적인 몸체와 인체의 혈액순환과 같은 업무 처리과정을 새로운 경영환경에 적합하게 재설계를 하여야 한다.

기업 규모가 커짐에 따라 조직의 복잡성 증대, 업무 처리과정의 단편화, 혁신과 창의성의 결핍, 업무의 상호관련성에 대한 이해부족, 부서간 이기주의 팽배, 조직의 유연성 결여, 관료제에 의한 조직의 마비현상 등의 문제점들이 발생하였다. 이러한 문제점들의 해소를 위해서 혁신적인 변화관리를 가능케 하는 BPR이 필요하다.

정보기술은 정보화시대를 맞이하면서 기업 경영자원 및 조직운영에 핵심적 요소로 인정받고 있다. 정보기술 활용효과를 극대화하기 위해서는, 조직과 업무 처리과정이 보다 효율적으로 재설계된 시스템을 토대로 정보기술이 활용되어야 한다. 반면에 효율적인 업무 재설계를 위해서는 정보기술의 적극적 활용이 요구되고 있다. 이와 같이 정보기술의 적극적 활용에 따른 성과를 극대화하기 위해서는 업무재설계가 병행되어야 한다.

(4) BPR과 정보계획수립과의 연계 필요성

최근 BPR 기법을 도입하여 경영혁신을 활발히 추진하여 경쟁력 우위를 점하려는 기업의 노력들이 많이 시도되고 있다. 그러나 이러한 조직변화 시도가 기대에 못 미치는 경우가 흔한 실정이었다. 그 이유로는 구체적 조직변화 방법론이 없었고, 정보시스템 및 정보기술에 대한 구체적인 계획 없이 조직변화 시도가 진행된 경우가 많았다는 점들을 들 수 있다.

BPR이 정보시스템 계획에 기초가 되어야 하는 이유는 다음과 같다.

첫째, 업무 처리과정의 획기적 변화를 불러일으키기 위해서는 변화에 대한 내용이 처음부터 확실하게 명시되어 있어야 한다.

둘째, 조직목표와의 일관성을 갖기 위해서는 변화방향을 정해주는 기업모형이 뚜렷이 만들어져 있어야 한다.

셋째, 업무 처리과정의 변화 가능성을 발견하기 위해서는 조직계획과 정보기술 계획의 통합을 통해서만이 그 성과를 보장할 수 있다.

즉, BPR이 성공적으로 진행되기 위해서는 시스템 계획 단계에서부터 계획되어야 한다. 왜냐하면 전략적 상황이 고려될 수 있고 최고경영진의 참여가 가능하기 때문이다. 그러므로 업무를 조직목적에 따라 재설계하려는 노력과 조직목적에 맞는 정보구조를 구축하려는 노력이 상호 연계되어야 할 필요가 있다.

5.6.2 인터넷환경에서의 MIS 계획

앞으로 점차 비중이 커질 인터넷환경에 대비한 계획은 전략적 정보시스템 계획 수립의 한 부분으로 볼 수 있지만, 독립적이고 자율적으로 추진될 수 있다. 때문에 특별히 e-planning으로 불리기도 한다. 일반 응용프로그램을 포함한 전사적(全社的) 기반구조 설립이 전략적 정보시스템 계획 수립이라면, 특별히 e-planning은 e-business를 위한 기반구조를 구축하고 응용시스템 및 응용프로그램 간 조정을 결정하는 등의 일련의 의사결정과정을 이루어가는 것을 의미한다.

물론 현재 온라인의 비중은 여전히 오프라인에 비하면 미미할 정도이고, 그나마도 일반 소비자와의 거래보다는 B2B(기업 대 기업) 환경이 대부분의 비중을 차지하고 있다. 그러나 그 성장속도와 거래량은 나날이 증가하고 있다. 게다가 지금의 조직을 이루는 하부구조에는 정보기술 구소가 중요한 일부로서 채용되고 있다. 따라서 MIS 계획과 e-planning은 상호독립적이면서 상호연관성을 모두 가지고 있다. E-planning은 조직 활성화에 이바지하여야 하며, 빠른 의사결정을 도와야 하며, 변화에 대응하도록 융통성을 가지면서 전체 조직과 계획설정에 이바지하여야 한다.

■■ 요 약

정보기술과 MIS 계획 수립은 급격하게 변화하는 사업과 경쟁환경의 도전에 기업이 적응하도록 도움을 줄 수 있다. MIS 계획(MIS Planning)이란 장래 개발 및 구축할 여러 시스템과 기반구조에 대한 포괄적인 도입 과정을 명시하는 것이라고 할 수 있다. 다시 말하면 조직의 정보기술 활용목표를 설정하고 장차 조직에서 실행해야 할 잠재적인 응용시스템을 규명하는 과정이다. MIS 계획에는 기업의 전략, 주변 환경과 상황, 시스템 도입의 필요성, 예산 등 구성요소에 대한 일정이 들어 있으며, 시작부터 종료에 이르기까지 진척도를 점검해 볼 수 있다. 조직의 전체 계획이 세워지면 MIS 계획은 그 일부분으로서 포함된다. 즉, 기업의 목표가 결정되면 MIS의 목표, MIS의 조직 및 가용 자원, MIS 개발능력 평가를 위한 관리활동 등이 연이어 결정된다.

MIS 계획의 목표는 조직으로 하여금 끊임없이 변화하는 내부적, 외부적 환경에 효과적으로 적응할 수 있도록 정보기술 및 정보시스템의 잠재적 가치를 극대화하는 것이다. 따라서 현대 경영환경의 특성(고객, 경쟁, 변화), 새로운 기술의 출현과 확산, 경영환경의 변화요인(신제품이나 신공정의 개발, 경영혁신의 추진) 등으로 인해 MIS 계획의 필요성이 증대되고 있다.

MIS 계획은 관점에 따라 여러 형태로 구분할 수 있다. 크게 계층적 관점과 기간적 관점이 있다. 계층적 관점으로는 전략적, 전술적, 운영적 계획으로 분류할 수 있으며 기간적 관점으로는 단기적, 중기적, 장기적 계획으로 분류할 수 있다. 최근 정보시스템의 영향력 증대로 인하여 보다 전략적이며 보다 장기적인 계획설계가 필요해지고 있다. 그러나 세부 운영시에는 여전히 다양한 기간과 다양한 계층을 만족시킬 수 있는 계획의 설계가 필요하다.

기업의 경영목표를 달성하기 위해 장기 계획을 기반으로 한 정보시스템 계획모형에는 Wetherbe(1993)의 4단계 정보시스템 계획모형을 예로 들 수 있다. Wetherbe의 모형에는 전략정보계획 → 정보요구사항분석 → 자원할당 → 프로젝트 계획의 과정의 4단계로 이루어져 있다.

MIS 계획의 방법론에는 시나리오 접근법(Scenario Approach), 주요 성공요인(Critical Success Factors), 경영시스템 계획(Business Systems Planning), Richard L. Nolan(1979)의 정보시스템 성장 6단계 모형, 목적 및 수단 분석(Ends/Means Analysis) 등이 있다.

정보시스템 아키텍처의 종류에는 중앙집중형(centralized architecture), 분산형(non-centralized/decentralized architecture), 혼합형, 최종사용자형(PC), 클라이언트/서버 아키텍처(Client/Server Architecture) 등으로 분류할 수 있다.

BPR(Business Process Reengineering)은 직무처리재설계, 업무재설계로 Michael Hammer 교수가 제시하였다. BPR은 비용, 품질, 서비스, 속도와 같이 경영성과의 핵심이 되는 지표들을 정보처리 기술을 이용하여 경영혁신을 이루고, 결과적으로 핵심적 성과에서 극적인 향상을 이루기 위해 기업 업무처리과정을 기본적으로 다시 생각하고 근본적으로 재설계하는 것을 의미한다.

끝으로 인터넷환경에서의 MIS 계획으로는 점차 비중이 커질 인터넷 환경에 대비한 계획이다. 인터넷환경에서의 MIS 계획은 전략적 정보시스템 계획 수립의 한 부분으로 볼 수 있지만, 독립적이고 자율적으로 추진될 수 있다. 이것을 e-Planning이라고 한다. e-Planning은 e-business를 위한 기반구조를 구축하고 응용시스템 및 응용프로그램간 조정을 결정하는 등의 일련의 의사결정과정을 이루어가는 것을 의미한다.

■■ 연습문제

1. MIS 계획의 정의와 필요성에 대해 서술하시오.

2. MIS 계획의 계층적 관점과 기간적 관점에 대해 서술하시오.
3. Wetherbe(1993)의 4단계 정보시스템 계획모형에 대해 서술하시오.
4. 시나리오 접근법(Scenario Approach)을 정의하여라.
5. 주요성공요인(CSF : Critical Success Factors)을 정의하여라.
6. 경영시스템 계획(BSP: Business Systems Planning)의 장점과 단점에 대해 서술하시오.
7. Richard L. Nolan(1979)의 정보시스템 성장의 6단계 모형에 대해 서술하시오.
8. 정보시스템 아키텍처(Information System Architecture)의 종류에 대해 서술하시오.
9. 업무재설계(BPR: Business Process Reengineering)를 정의하여라.
10. 인터넷환경에서의 MIS 계획에 대해 서술하시오.

새로운 시스템이 ELIE TAHARI사를 최고 패션 혁신기업으로 유지시키다

Elie Tahari는 대부분의 대형 백화점에 진출한 패션 선도기업으로, "shop-in-shop" 개념을 만들었다. Neiman Marcus, Bloomingdales 그리고 Saks Fifth Avenue와 같은 고품격 패션 백화점에 Elie Tahari 콜렉션을 전시하기 위한 상점 내 별도의 전용 공간이 마련되어 있다.

Elie Tahari는 정보시스템을 이용한 균형 있는 혁신을 위해 노력하고 있다. Tahari는 운영 효율성 유지와 새로운 비즈니스 기회의 활용을 위해 정보시스템을 이용하고 있다. 새로운 시스템은 Tahari의 관리자들이 창고, 공장, 그리고 각 상점에서 어떤 일이 일어나고 있는지 정확히게 알 수 있도록 하며, 그 정보에 대한 적절한 행동을 취할 수 있도록 지원한다. 예를 들어, 만약 특정 재킷이 상점에서 유행할 가능성이 보이면 이 회사는 즉각적으로 그 재킷을 제작하여 4~6주 이내에 영업장에서 판매할 수 있도록 한다. 의류업체에서 이렇게 신속하게 반응하는 것은 매우 어려운 일이다.

몇 년 전까지만 해도 Tahari는 이렇지 못했다. 비즈니스 프로세스와 사업 확장을 담당하는 부사장 Mickey Klein은 회사에서 유통센터 그리고 소매점까지의 상품 추적하기 위해 발송 통보를 하는 것 이외에는 별다른 관심을 갖지 못했었다. 소매점으로부터 받은 영업데이터는 혼란을 야기시킬 만큼 신뢰성이 떨어졌다. Tahari 의류를 판매하는 소매 체인으로부터의 영업보고서는 엑셀 파일 또는 EDI (Electronic Data Interchange) 문서로 전달되었다. 전송된 데이터는 불완전하고 중복적이며 일관성이 없었다. 일부 소매점들은 실제 매출액을 보내는 반면에, 다른 소매점들은 매출액의 증감률을 보내 오는 등 일관성이 부족하였다. 2명의 전일제 직원이 소매점에서 보내온 영업보고서의 안전성과 정확성을 확인하기 위해 주초에 꼬박 이틀을 소비하였다. 결과적으로, Tahari 관리자들은 주 중반이 되어서야 영업보고서를 볼 수 있었다.

Klein은 소매점으로부터의 영업 데이터를 수집하고 주문보고서를 제공하는 시스템을 개발하였다. 전사 데이터 웨어하우스(data warehouse)에 데이터를 수집하기 위해, 매주 점포로부터 소매점 데이터를 수집하고 정제하도록 Edifice와 KWI (Kliger-Weiss Infosystems)와 계약을 체결하였다.

Tahari사는 이어서 Information Builder사의 WebFOCUS라는 소프트웨어 패키지를 기반으로 InSeam이라는 분석 및 보고 시스템을 개발하였다. Inseam은 권한을 부여받은 사용자가 주문, 재고, 영업 그리고 재무에 관한 보고서를 스스로 얻을 수 있도록 한다. 보고서를 만들기 위해 필요한 데이터는 Computer Generated Solutions사의 Apparel Computer Systems이라 불리는 산업표운영 패키지에 저장된 정제된 주간 소매점 데이터, 출하 및 재고 데이터가 이용된다. Apparel Computer Systems은 중형 컴퓨터인 IBM AS/400에서 운영되고 있으며, WebFOCUS는 HP ProLiant DL380 G3 서버에서 운영되고 있다.

영업 담당 임원들은 어떤 상품이 팔리고 있는지, 그리고 고객들이 무엇을 주문하고 있는지 등을 파악할 수 있게 되었다. 또한, 그들은 각종 보고서 생성을 위해 특정 정보를 요청할 수도 있게 되었다. 많은 보고서에 적절한 상품의 사진이 첨부되고, 이 모든 것들이 웹 브라우저를 통해 접근이 가능하게 되었다. 사용자들이 상세한 내용을 보기 위해 드릴 다운(drill down)을 함으로써 맞춤형 보고서를 만드는 것이 가능해졌다. ReportCaster라 불리는 WebFOCUS 도구는 Inseam에 의해 만들어진 모든 보고서를 정해진 시기 또는 수시로 이메일을 통해 보낼 수 있도록 지원한다. Klein은 매일 재무와 주문 상태를 요약한 이메일 메시지를 자동으로 받고 있으며, 모든 영업 담당 임원들은 주목할 만한 주문을 정리한 주간 보고서를 받는다.

이러한 WebFOCUS 어플리케이션들은 사용자가 손쉽게 정보를 검색할 수 있도록 한다. 사용자들은 간단한 마우스 클릭만으로도 Inseam에서 마이크로소프트 엑셀 워크시트로 테이블을 보낼 수 있다. Tahari사는 더 복잡한 재무나 영업보고서의 작성을 지원하기 위해 WebFOCUS 전문가를 두고 있다.

WebFOCUS의 보고서 작성환경은 각 사용자가 다른 사람이 작업한 것에 접근하지 못하도록 보안을 설정할 수 있다. 예를 들어, 영업보고서는 부서별로 구분되어 있으며, 재무보고서는 권한을 부여받은 회계 담당자만이 볼 수 있다.

정보에 대한 이러한 즉시 접근성으로 Elie Tahari사는 창고에 있는 재고를 줄일 수 있었으며, 각 상점에 필요한 상품을 신속하게 배달할 수 있게 되었다. 또한 출하-배달 프로세스의 비용이 15% 가량 줄어들었다.

■ 사례 연습문제

Elie Tahari사는 소프트웨어 패키지와 최종사용자 개발도구를 이용하여 어떻게 효과를 보았는가? 이런 도구들을 효과적으로 사용하기 위해서는 어떤 관리, 조직, 그리고 기술 문제가 강조되어야 하는가?

출처: John McCormick, "Elie Tahari: Ready to Wear," Baseline Magazine, September 2004; and Information Builders, "Elie Tahari Ltd. Unveils New End-User Reporting Framework," www.informationbuilders.com, accessed September 21, 2004

경영정보시스템 디지털기업경영, 김우주 · 백종현 · 서우종 · 오경주 · 한창희 공역.

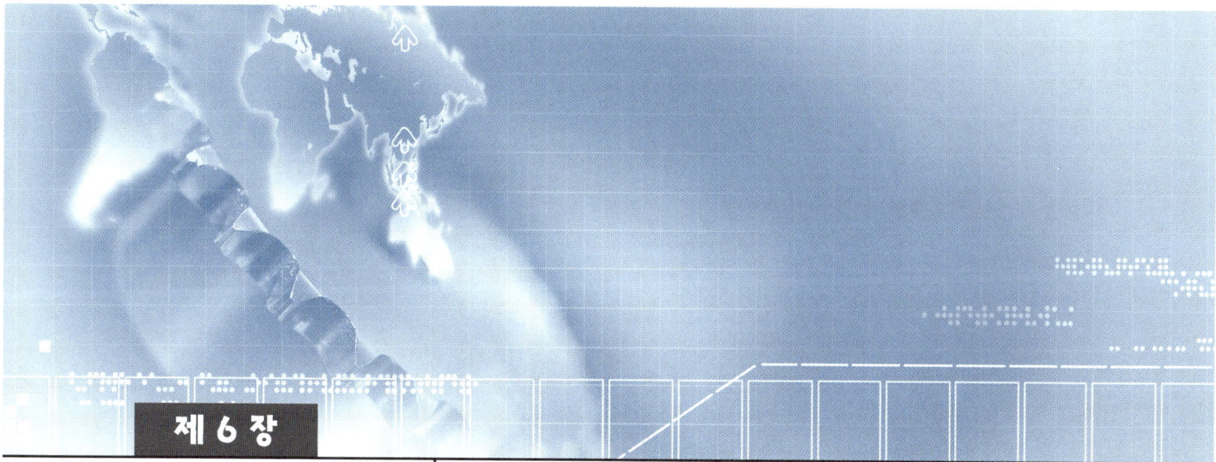

제 6 장

MIS 개발

이번 장에서는 시스템 분석가들이 어떻게 정부를 구조화하여 프로세스 모델로 변경하는지에 대하여 배워 보기로 하겠다. 프로세스 모델은 비즈니스 시스템(정보시스템)에서 어떻게 작동하는지 표현하는 방법 중에 한가지이다. 이러한 표현 방법을 사용함으로써 시스템에서, 혹은 시스템과 시스템 사이에서 데이터가 어떻게 처리되고, 작동하는지에 대하여 보다 쉽게 알 수 있다. 프로세스 모델은 현재 시스템의 사용 설명서로서 사용되거나, 새로운 시스템을 개발하고자 하는 경우에 참조할 수 있다.

오늘날에 사용되고 있는 프로세스 모델링 기법에는 여러 가지 기법들이 존재하고 있으나, 이 장에서는 가장 흔하게 사용되고 있는 기술 중의 한 가지인 데이터 흐름도(Data flow diagrams)에 초점을 맞추고 이야기하도록 하겠다.

데이터 흐름도(DFDs)는 데이터 자체에 초점을 두고 있는 표현 방법이 아니다. 데이터 흐름도(DFDs)는 정보시스템의 프로세스의 동작에 초점을 두고 있는 방법이라고 할 수 있다. 이러한 프로세스 모델링은 시스템 분석가에게 요구되는 가장 중요한 기술 중의 한 가지이다.

정보시스템은 물리적이나 논리적으로 표현될 수 있는데, 이 장에서는 논리적인 프로세스 모델에 대하여 이야기하도록 하겠다. 물리적인 표현방법은 시스템의 프로세스가 처리하는 데이터가 인터넷 웹이나 혹은 일반 종이문서에서 종합되는지, 데이터가 대용량의 데이터베이스나 혹은 서류 캐비닛에서 존재하는지 등의 시스템 구축에 요구되는 것들을 이야기한다고 할 수 있다. 시스템 분석가는 먼저 시스템의 구현적인 부분을 제외하고 비즈니스가 어떻게 동작하는지에 대한 논리적인 부분에 초점을 맞추어야 한다.

따라서, 우리는 이 장에서 데이터 흐름도(DFDs)가 문법적으로 어떻게 표현되며, 어떻게 데이터 흐름도(DFDs)를 읽어야 하는지에 대하여 설명하겠다. 그리고 어떻게 이러한 데이터 흐름도(DFDs)가 정보시스템에서 어떠한 적용이 되는지에 대하여 알아보도록 하겠다.

6

MINI CASE

정보시스템 구현

정보시스템을 구현하지 않은 경우를 통하여 어떠한 불편한 점이 있으며, 이러한 불편한 점을 해소할 수 있는 방안과, 정보시스템이 어떠한 방식으로 구현되어지는 것에 대하여 한 매장 관리자의 이야기를 통하여 알아보자.

“자, 볼까요? 우리매장에는 계산기에 저장되는 그날의 일일 현금을 종합하는 점원이 있습니다. 유아복, 임산복, 아동복과 같은 각각 초기 합산을 한 다음에 점원은 각 품목별 합산과 총합이 적혀있는 메모를 나에게 줍니다”라고 Luis Asperilla가 말한다. 26개의 프렌차이즈를 가진 Bonton's라는 의류 관련 그룹에서 일하고 있는 시스템 분석가 Pamela Coburn는 South Street의 관리자인 Luis에게 이야기하고 있다. 그리고 그녀는 매장 안에서 발생되는 데이터 흐름에 관해서 이해하려고 한다. Luis가 계속해서 말하기를 “그리고 나서 저는 일일 영수증을 재확인하고, 어떠한 문제가 있지 않나 확인합니다. 그리고 나면, 저는 일일 영수증을 각각의 품목별로 분류에 들어가게 됩니다. 그리고 회계원장에 그날의 총합을 기록하고, 은행에 입금을 하게 됩니다. 모든 일일 영수증은 제 사무실 회계원장에 보관합니다.” Pamela가 묻기를 “다른 복사본은 있나요?” Luis가 대답하기를 “글쎄요, 뉴욕에 있는 프렌차이즈 본부에 모든 주간 정보를 요약한 주간 보고서가 있습니다. 월말마다 출력한 자료를 보냅니다. 그리고 나서 만약 5주를 기다리고 나면, 복사본이 돌아 오게 됩니다. 월간별로 각각의 보고서를 수작업으로 종합합니다. 종종 작업하면서 얼마나 많은 실수를 하는지 아마 놀라실걸요. 그리고 나면 반기의 재고가 맞도록 서류를 작성합니다. 뉴욕 본부에 있는 모든 서류 작성자와 대응하기 위해서 복사본을 보관합니다. 저는 항상 그들에게 제가 보낸 서류가 옳은지 확인하기 위해서 복사본을 달라고 독촉합니다.” Luis가 계속해서 이야기하기를 “뉴욕 본부에 있는 컴퓨터들은 매우 좋아 보이는데요. 입력상에 많은 오류가 발생될지 모르기 때문에 선반 위의 제 회계 원장은 연말까지 점점 무거워지는군요. 마찬가지로 매장에서 무슨 일이 일어날지 항상 생각합니다”라고 Luis가 신중하게 덧붙여서 말했다. “우리는 고객이 할부정책과 그것에 대한 정보 등과 같은 내용들을 일일이 적기에는 너무 힘이 듭니다. 저의 책상에는 몇 권의 노트가 있습니다. 도시의 다른 관리자와 비교해서 매우 체계적이라는 것을 알게 될 거라고 생각합니다.” Luis가 설명한 데이터 흐름에 대한 데이터 흐름도를 그려라. 구현하는데 있어서 어떠한 물리적인 장벽이 있는가? 데이터 흐름도에 나타난 가게의 데이터 흐름을 Pamela는 극복할 수 있는가? 이러한 데이터 흐름과 데이터 흐름도에 대하여 다음 장에서 공부하여 보도록 하자.

6.1 데이터 흐름도(DFDs) 구성요소

데이터 흐름도(DFDs)는 문법적인 규칙과 기호의 집합으로 나타내어진다. 데이터 흐름도(DFDs)에 사용되는 기호로는 총 4가지(프로세스, 데이터 흐름, 데이터 저장소, 외부 개체)가 있다. 각 요소들은 시각적으로 서로 다른 모습을 가지고 있으며, 표현 방법에는 일반적으로 크게 2가지의 표현 방법을 사용하여 나타내고 있다. 첫번째 표현 방법으로는 Chris Gane과 Trish Sarson이 개발한 표현 방법이며, 두 번째로는 Tom DeMarco와 Ed Yourdan이 개발한 표현 방법이다. 우리는 이 중에서 Chris Gane과 Trish Sarson이 개발한 표현방법을 사용하여 데이터 흐름도에 대하여 살펴보기로 하겠다.

[그림 6-1]은 Chris Gane과 Trish Sarson, Tom DeMarco와 Ed Yourdan이 제안한 데이터 흐름도 기호를 도식화하여 나타낸 것이다. 그림의 위에서부터 데이터 흐름, 프로세스, 데이터 저장소, 외부 개체를 나타내고 있다. 각각에 대한 자세한 내용에 대하여 알아보도록 하자.

6.1.1 데이터 흐름

데이터 흐름도(DFDs)에서 데이터 흐름(Data Flow)은 다음 [그림 6-1]에서와 같이 단일 방향의 화살표로 나타내어지며, 그 의미는 정보시스템 내에서 한 장소에서 다른 장소로의 이동을 표현하고자 하는 경우에 사용된다. 데이터 흐름의 이름은 일반적으로 명사로서 표현된다. 이러한 이유로는 데이터 흐름이 데이터의 어떠한 요소를 포함하고 흐르는지 나타내어지기 때문이다.

예를 들어, 병원 정보시스템에서 데이터의 흐름이 발생된다고 한다면, 환자 정보데이터의 흐름은 환자의 이름, 주소, 전화번호 등과 같은 데이터의 요소를 포함하고 있을 것이다.

[그림 6-1] 데이터 흐름도 기호

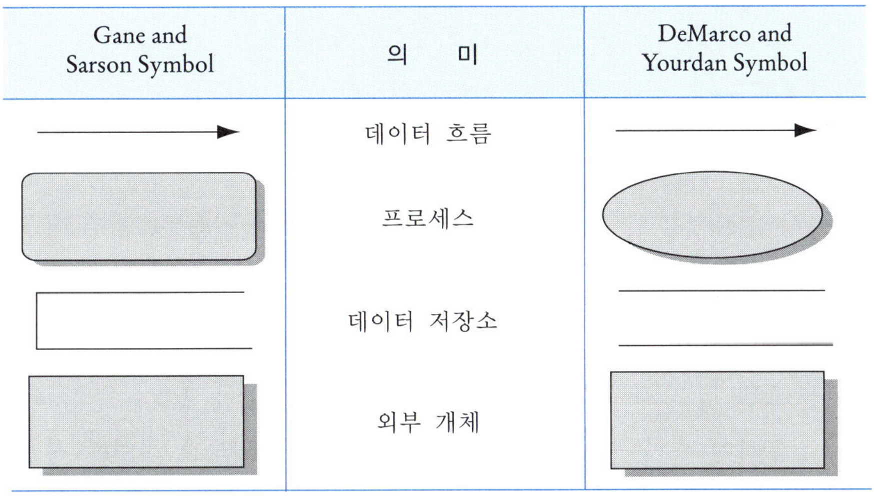

또한 데이터 흐름은 프로세스 간을 연결하여 주는 역할을 하고 있다. 데이터의 흐름은 반드시 프로세스 안으로 들어가게 되거나 혹은 프로세스로부터 나와야 한다. 이 때 데이터 흐름의 방향의 화살표가 가리키고 있는 방향으로 흐르게 된다. 모든 프로세서는 반드시 최소한 한 개의 출력 데이터 흐름을 나타내 주어야 한다. 만약에 어떠한 프로세스에서 출력 데이터 흐름이 없다고 한다면 해당 프로세스는 어떠한 작업 수행을 하지 않는 프로세스라고 할 수 있다. 마찬가지로, 프로세스는 최소한 하나의 입력 데이터 흐름이 있어야 한다. 입력이 없으면 출력이 없기 때문이다.

6.1.2 프로세스

프로세스(Process)는 정보시스템 내부에서 데이터가 저장 혹은 변형되는 것과 같은 작업이나 행위이다. 프로세스의 표현은 사각형으로 표현하고 있으며, 정보시스템이 복잡해지는 경우에는 각각의 프로세스를 순서에 따라 숫자로 표기하기도 한다. 이러한 프로세스는 수동적이거나 자동적으로 이루어지게 되는데, 프로세스의 명명은 한 가지의 명사와 동사를 조합하여서 사용하게 된다. 이 때 이름은 다른 프로세스와의 혼동을 피하기 위하여 간결하게 만드는 것이 좋다. 예를 들어 병원 정보 시스템의 경우라고 한다면 환자검색, 환자갱신 등과 같은 표현방법을 들 수 있다.

6.1.3 데이터 저장소

데이터 저장소(Data Store)는 [그림 6-1]에서와 같이 한 쪽 부분이 뚫려 있는 사각형의 모양이다. 데이터 저장소의 명명은 혼동을 피하기 위하여 명사를 사용하여 이루어지며, 식별 번호를 붙여서 사용하기도 한다. 모든 데이터 저장소는 최소한 하나의 입력, 출력 데이터 흐름을 가지고 있어야만 한다. 저장되어 있는 데이터는 이러한 데이터 저장소는 물리적으로 데이터가 저장되는 것을 표현하는 것이기도 한다. 데이터 저장소에 저장되어 있는 데이터는 새로운 데이터가 입력이 되는 경우에 새로운 데이터가 누적, 혹은 갱신이 되도록 한다.

6.1.4 외부 개체

외부 개체(External Entity)는 정보시스템 외부에 존재하는 사람, 조직 등과 같은 것을 표현한다. 외부 개체의 심볼 표현은 [그림 6-1]에 나타내어진 것과 같이 모서리에 각이 있는 사각형으로 표현한다. 데이터는 한 개 이상의 외부 개체에서 발생되며, 시스템은 한 개 이상의 외부 개체에 정보를 생성시켜 주어야 한다. 즉, 외부 개체는 데이터의 시작과 데이터의 끝을 표현한다. 이러한 외부개체를 데이터 흐름도에 나타내고자 하는 경우에, 일반적으로 가장 많이 실수하는 경우가 시스템 내부의 사람들을 외부 개체로 포함하는 것이다. 작업을 하는 사람들은 프로세스의 일부분이지 시스템의 외부에 있는 것은 아니다. 이러한 작업을 하는 사람들은 프로세스 설명에서는 존재하고 있으나, 데이터 흐름도에는 절대 포함되지 않는다. 하지만 다른 프로세스들을 실행하기 위해 시스템으로부터 정보를 사용하는 사람들, 혹은 어떠한 정보를 시스템에 입력할지 결정하는 사람들은 외부 개체로 문서화된다. 흔히, 외부 객체를 소스/싱크로 구분하여 이야기한다. 소스는 데이터가 시작되어지는 지점을 이야기하며, 싱크는 데이터가 여러 가지 작업을 거쳐 최종적으로 끝나는 지점을 이야기한다.

6.2 데이터 흐름도(DFDs)의 규칙

데이터 흐름도를 작성하는 과정에는 지켜져야 할 규칙들이 존재하고 있다. 하지만 많은 사람들이 데이터 흐름도를 작성하다 보면 많은 실수를 범하고는 한다. 이러한 실수들 중에서 일반적으로 범하고 있는 오류를 통하여 문법적으로 옳은 데이터 흐름도와 틀린 데이터 흐름도를 예시로 들어, 올바른 데이터 흐름도 작성방법에 관하여 알아보도록 하겠다.

아래 [그림 6-2]는 일반적으로 범하기 쉬운 오류의 예시이다. 이

[그림 6-2] 데이터 흐름도의 일반적인 오류

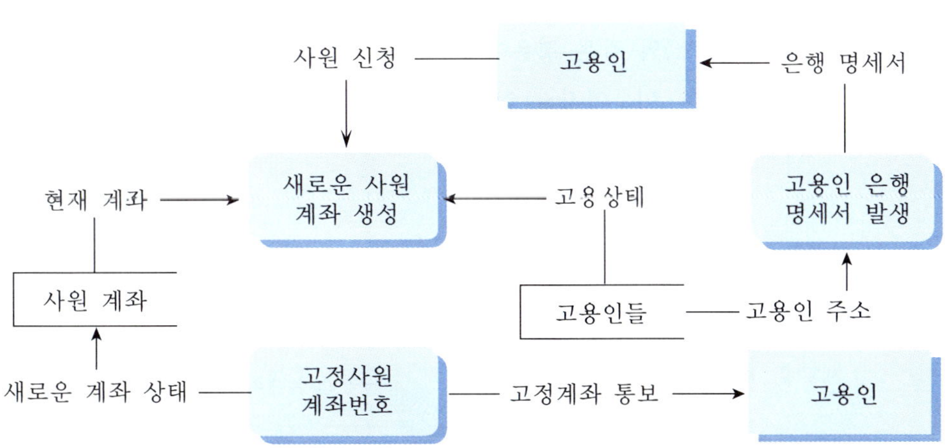

그림에서 보면 데이터 흐름도의 작성시에 잘못된 부분을 크게 3가지로 볼 수가 있다. 이 3가지의 주의해야 할 오류에 대하여 살펴보면 다음과 같다.

(1) 블랙 홀(Black hole)

첫번째로 [그림 6-3]의 프로세스(새로운 사원 계좌 생성)을 보게 되면 데이터 흐름이 입력만 존재하고 출력을 존재하고 있지 않다. 이러한 프로세스를 블랙홀이라고 부르며 이러한 경우는 데이터가 입력이 되지만 입력이 된 데이터가 사라지게 된다.

[그림 6-3] 블랙홀(black hole)

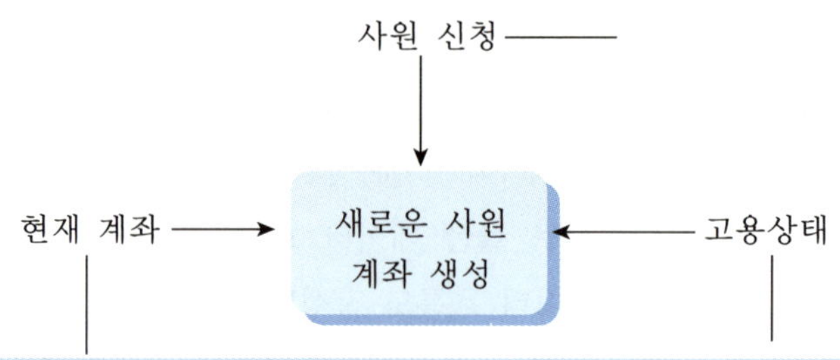

(2) 미라클(Miracle)

두 번째로 오류를 범할 수 있는 경우는 [그림 6-4]의 프로세스(고정사원 계좌번호)와 같은 경우이다. 이 프로세스의 경우에는 데이터 흐름의 입력은 전혀 이루어지지 않고 있으나 데이터 흐름의 출력이 발생하고 있는 경우이다.

[그림 6-4] 미라클(miracle)

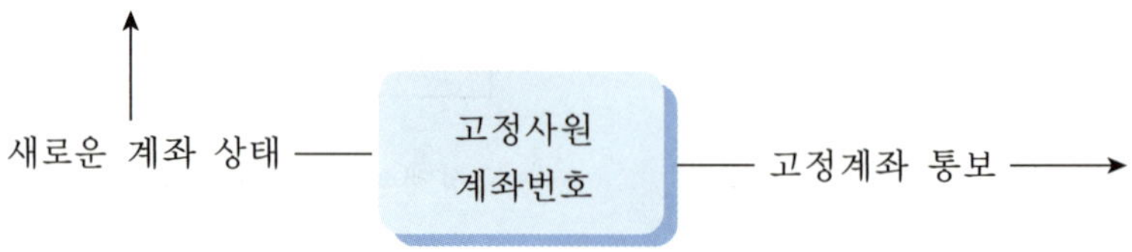

(3) 그레이 홀(Gray hole)

마지막으로 [그림 6-5]에 표현되어 있는 프로세스(고용인 은행명세서 발생)이다. 이러한 프로세스와 같은 경우는 우리는 그레이 홀(Gray hole)이라고 부른다. 이러한 그레이 홀과 같은 경우가 가장 많은 오류를 범하게 되는 경우라고 볼 수 있다.

[그림 6-5] 그레이 홀 (Gray hole)

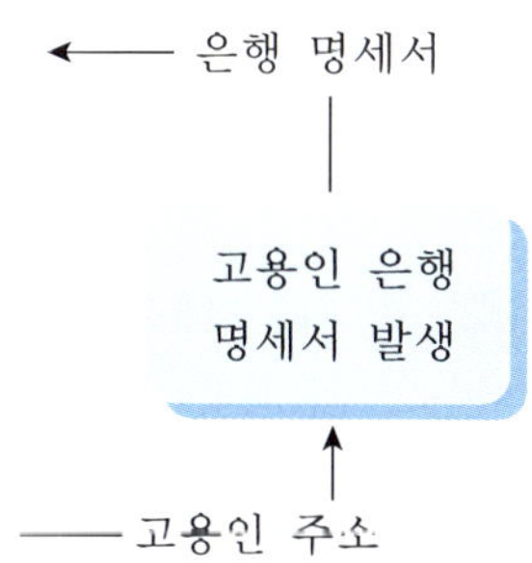

그레이홀 오류를 범하게 되는 이유에는 여러 가지 이유가 존재하고 있지만 가장 범하기 쉬운 실수를 크게 3가지로 볼 수 있다. 프로세스의 ① 이름을 잘못 지은 경우, ② 입력과 출력 데이터 흐름의 이름을 잘못 지은 경우, ③ 불완전한 사실들을 적용한 경우, 이러한 3가지의 이유가 그레이 홀을 유발하는 가장 보편적인 이유들이며, 이러한 그레이 홀의 경우에는 출력 데이터의 값이 정확한 값을 줄 수 없으므로 주의하여야 할 것이다.

위의 3가지의 오류를 범하지 않기 위해서는 데이터 흐름도를 작성하는 방법에 있어서의 몇 가지의 규칙을 지켜야 한다. 이러한 데이터 흐름도 작성의 규칙에 대해서 알아보도록 하자.

□ 프로세스(Process)

A. 오직 출력만 가진 프로세스는 존재할 수 없다. 데이터를 받는 곳이 없으니 데이터를 만들어 내는 것과 같은 것이다(미라클).

만약에 어떠한 객체가 출력만 가지고 있다면, 그러한 객체는 데이터의 소스(데이터의 시작)일 것이다.

B. 입력만 존재하는 프로세스는 없다(블랙홀). 만약에 입력만 존재하는 객체가 있다면, 그것은 싱크(데이터의 끝)일 것이다.

C. 프로세스는 동사적인 표현으로 표기된다.

□ 데이터 저장소(Data Store)

D. 데이터는 직접적으로 하나의 데이터 저장소에서 다른 데이터 저장소로 이동될 수 없다. 데이터는 반드시 프로세스에 의하여 이동되어야 한다.

E. 데이터는 직접적으로 외부 데이터 소스에서부터 데이터 저장소로 이동될 수 없다. 데이터는 반드시 외부 데이터 소스로부터 받은 프로세스에 의하여 데이터 저장소로 옮겨져야 한다.

F. 데이터는 직접적으로 데이터 저장소에서 외부 개체(싱크)로 이동을 할 수 없다. 데이터는 반드시 프로세스에 의하여 이동되어야 한다.

G. 데이터 저장소는 명사적인 표현으로 표기된다.

□ 외부 개체 소스/싱크(External entity)

H. 데이터는 직접적으로 외부 개체(소스)에서 외부 개체(싱크)로 이동될 수 없다. 만약에 시스템과 연관이 있는 데이터라고 한다면 반드시 프로세스에 의하여 이동되어야 한다. 그렇지 않다면, 데이터 흐름은 데이터 흐름도(DFDs)에 나타낼 수 없다.

I. 외부개체(소스/싱크)는 명사적인 표현으로 표기된다

□ 데이터 흐름(Data Flow)

J. 데이터 흐름은 기호들 사이에서 오직 한쪽 방향만을 가진다. 프로세스와 데이터 저장소 사이에서는 양방향이 가능하지만, 이러한 경우는 데이터 저장소의 데이터 갱신 전에 읽는 것을 보여주

[그림 6-6] 데이터 흐름도 작성 방법

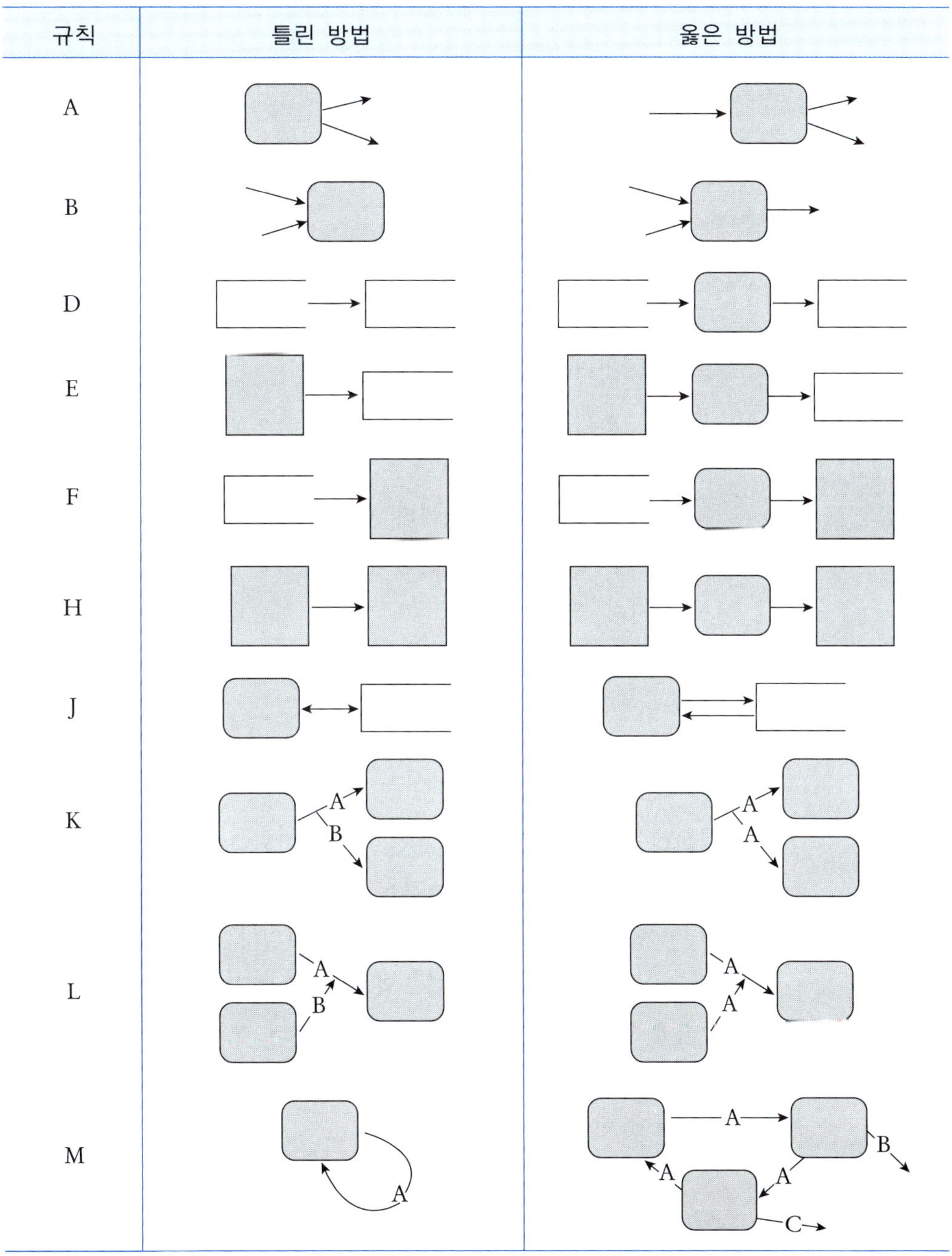

기 위한 경우이다. 하지만 일반적으로 각각 다른 시간에 이러한 작업이 발생되므로 2개의 분리된 화살표로 나타내어준다.

K. 분기되는 데이터의 흐름은 정확히 같은 데이터가 동일한 위치에서 2개 이상의 다른 프로세스, 데이터 저장소, 외부 개체(소스/싱크)와 같은 곳으로 데이터가 이동하는 것을 의미한다. 이러한 것은 일반적으로 동일한 데이터의 다른 복사본이 다른 장소로 보내지는 것을 나타낸다.

L. 합쳐지는 데이터의 흐름은 2개 이상의 다른 위치의 프로세스, 데이터 저장소, 외부 개체(소스/싱크)로부터 동일한 데이터가 오는 것을 의미한다.

M. 데이터 흐름은 한번 처리된 동일한 프로세스로 직접적으로 돌아갈 수가 없다. 이러한 것은 최소한 하나의 데이터 흐름을 조정하고, 몇몇의 다른 데이터 흐름을 생산하는 프로세스가 있어야만 가능하다. 따라서 원래의 데이터 흐름이 시작된 프로세스로 돌아갈 수가 있다.

N. 데이터 저장소로의 데이터 흐름은 데이터의 갱신을 의미한다(혹은, 삭제나 변경).

O. 데이터 저장소로부터의 데이터 흐름은 데이터의 추출이나 사용을 의미한다.

P. 데이터 흐름은 명사적인 표현으로 표기된다. 하나 이상의 데이터 흐름은 같은 데이터 흐름을 묶어서 같은 화살표로 나타내어질 수 있으며, 명사적인 표현으로 표기된다.

여러분은 올바른 데이터 흐름도와 데이터 흐름도 작성에 관한 몇가지의 규칙에 대하여 공부하였다. 이제 데이터 흐름도에는 어떠한 종류가 존재하고 있으며 어떤 식으로 구분을 할 수 있으며, 어떻게 구분지어야 하는지에 대해 알아보도록 하자.

6.3 데이터 흐름도(DFDs)의 분할

우리는 앞에서 어떠한 방법으로 데이터 흐름도를 읽어야 하며, 작성하는 규칙 등에 대하여 공부하였다. 이번에는 어떻게 데이터 흐름도를 사용해서 정보시스템을 구축하기 위하여 적용하며, 각 프로세스들에 대하여 분할(decomposition)하게 되는지 알아보도록 하겠다.

□ 상황도(Context diagram)

시스템에 대한 일반적인 범위, 환경 등과 같은 내/외부 여건적인 면을 고려하여 시스템에 대한 관계를 나타내게 되는데, 이러한 표현을 상황도라고 한다. [그림 6-7]에 나타나 있는 상황도의 경우에는 하나의 프로세스와 3개의 외부 개체만 존재하고 있으며, 데이터 저장소는 존재하고 있지 않다. 3개의 외부 개체의 경우는 데이터의 소스/싱크를 나타내고 있으며 시스템환경의 경계를 의미하고 있다. 앞에서 이야기했지만

[그림 6-7] 음식주문 시스템의 상황도

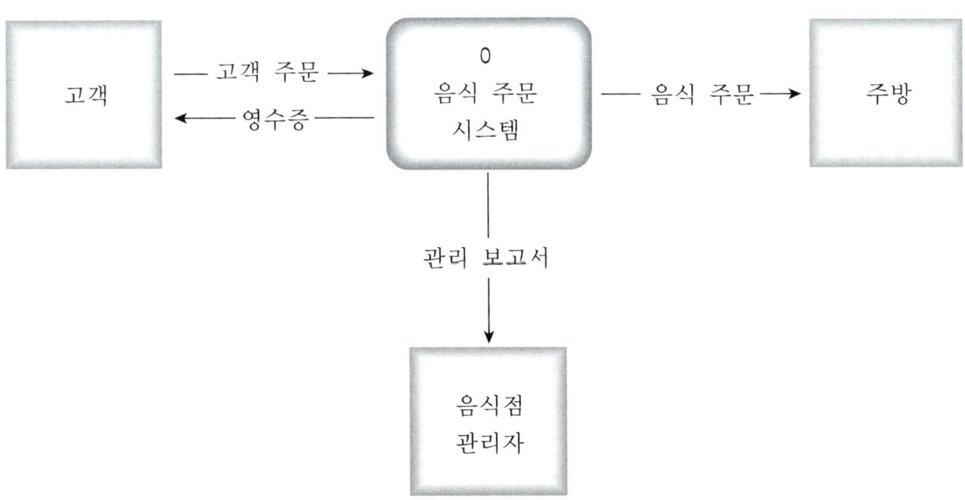

프로세스의 단계를 구분하기 위하여 숫자로서 단계를 표현하고 있는데 상황도의 경우에는 '0' 이라는 표현을 통하여 상황도임을 알려준다.

이러한 상황도를 그린 다음에 분석가의 다음으로 해야 할 일은 어떠한 작업들이 하나의 프로세스로 표현이 가능한지 생각해 보는 것이다. [그림 6-7]에 나타나 있는 상황도의 경우를 고려하여 보면 [그림 6-8]과 같은 데이터 흐름도를 작성할 수 있게 된다. 이와 같은 데이터 흐름도는 프로세스의 수준에 따라서 등급을 나뉠 수가 있다. 하위로 내려갈수록 수준은 올라가게 되며, 각 해당 프로세스에 대하여 상세하고 자세한 데이터 흐름을 보여주게 된다. 우선 [그림 6-8]의 경우에는 수

[그림 6-8] 수준-0의 데이터 흐름도

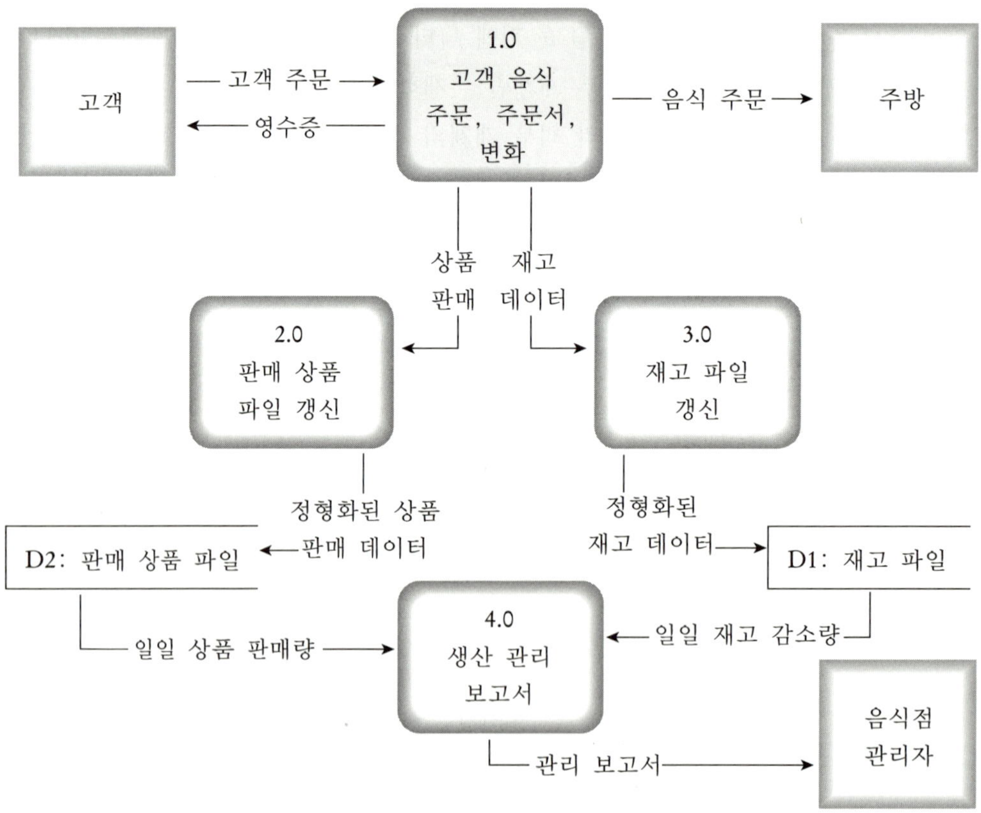

준-0의 데이터 흐름도라고 할 수 있으며, 수준-0 하위의 흐름도에 대해서는 이후에 이야기하도록 하겠다.

[그림 6-8]에 나타난 수준-0의 음식 주문 시스템 데이터 흐름도를 보면 크게 4개로 나뉘어진 보다 세분화된 프로세스를 볼 수 있다. 각 프로세스들은 이 시스템의 주요한 기능을 나타내고 있으며, 각각의 기능을 정리하면 다음과 같다.

- 서로 다른 외부 개체(소스)로부터 데이터를 포착한다(프로세스 1.0).
- 데이터 저장소의 유지(프로세스 2.0과 3.0)
- 데이터이 생성과 다른 외부 개체(싱크)들로의 분배(프로세스 4.0)
- 데이터의 변형 운영에 대한 상위 수준의 묘사(프로세스 1.0)

[그림 6-8]에 나타나있는 프로세스 1.0의 '고객 음식 주문, 주문서, 변화' 를 보게 되면 프로세스 과정을 통하여 총 4가지의 데이터 흐름을 나타내고 있다. 각각의 데이터 흐름을 보게 되면, 첫째, 음식 주문은 주방으로 전송이 이루어지며, 둘째, 고객 주문은 상품 판매 목록으로 변환된다. 셋째, 고객 주문은 정형화된 재고 데이터로 변환된다. 마지막으로 프로세스는 고객에서 영수증을 생성하여 전송하게 된다. 이처럼 상황도를 기반으로 하여 작성된 데이터 흐름도의 각 프로세서들은 각각의 업무를 처리하고 있다. 이제, 나머지 프로세스의 처리에 대하여 간략히 알아보도록 하자. 프로세스 2.0의 경우를 보게 되면 '판매 상품 파일 갱신' 이란 이름으로 되어 있으며, 이 프로세스의 출력은 '정형화된 상품 판매 데이터' 라는 데이터 흐름으로 표현되고 있다. 이 데이터 흐름은 다시 '판매 상품 파일' 이라는 데이터 저장소로 입력이 되어 데이터를 갱신하게 된다. 그 다음 '일일 판매 상품량' 이라는 데이터 흐름이 데이터 저장소로부터 출력이 되어 '관리 보고서 생성' 이라는 프로세스로 입력이 이루어진다. 이와 같이 유사한 방법으로 프로세스 3.0의 경우에도 데이터 흐름이 발생되어 데이터의 입력과 출력이 이루어진다. 이러한 프로세스들의 출력인 최종 데이터 흐름들은 프로세스 4.0의 입력으로 발생되어 '관리 보고서' 를 출력한다. 이처럼 일련의 데이터 흐

름을 보여주고 있는 데이터 흐름도의 경우에는 데이터들이 언제 발생되고, 얼마나 생성되며, 어느 정도나 빈번하게 이루어지는지에 대하여 알 수는 없다. 따라서 데이터 흐름도에 나타나 있는 시스템의 많은 물리적인 사항에 대하여 표현을 하고 있지 않다.

앞에서 이야기한 것처럼, 데이터 흐름도의 경우에 각 프로세스의 상세한 내용을 표현하는 경우에는 프로세스의 숫자 표기를 달리 하여준다. 따라서, 어떠한 프로세스의 상세화한 데이터 흐름도인지 식별할 수 있도록 한다. 위의 [그림 6-9]의 경우에는 [그림 6-8]에 나와 있는 프로세스 1.0을 상세화한 데이터 흐름도라고 할 수 있다. 따라서 각 프로세스의 표기는 앞자리를 1로 하여 주며, 소수점 뒷자리의 표기를 달리 함으로써 해당 데이터 흐름도가 어떠한 프로세스를 상세화한 것인지 알 수 있도록 한다(프로세스 1.1, 1.2, 1.3 등).

이처럼, 데이터 흐름도를 보다 수준이 높은 데이터 흐름도로 상세

[그림 6-9] 수준-0의 프로세스 1.0을 상세화한 수준-1의 데이터 흐름도

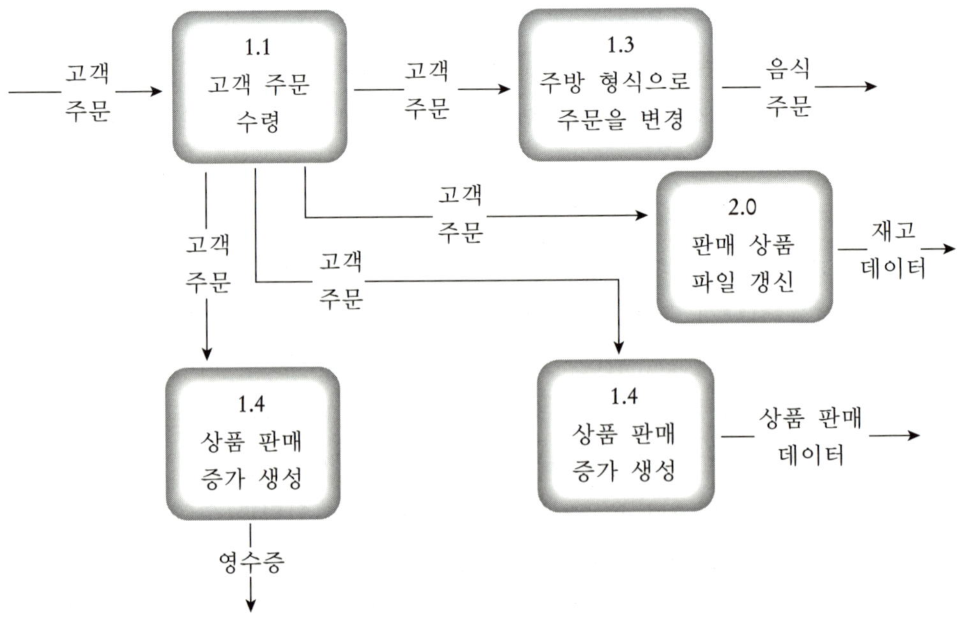

하게 표현하기 위해서는 지켜야 할 몇 가지의 규칙들이 있다.

□ 데이터 흐름도 구성 고급 규칙

1. 한 수준의 혼합적인 데이터 흐름은 다른 수준에서 구성되는 분리된 데이터 흐름으로 분리되어질 수 있다. 그러나 새로운 데이터가 추가되어서는 안되며, 혼합적인 모든 데이터는 한 개 이상의 하위흐름에서 표현되어야 한다.
2. 프로세스의 입력은 반드시 해당 프로세스로에서의 출력으로 충분히 생산되어야 한다(데이터 저장소에 저장되어 있는 데이터 포함). 따라서 모든 출력은 생산될 수 있으며, 입력의 모든 데이터들은 어디론가 이동된다. 다른 프로세스로이거나 혹은 프로세스 외부의 데이터 저장소 혹은 해당 프로세스의 분해를 보여주는 보다 상세한 데이터 흐름도에 나타나게 된다.
3. 예외적인 상황인 경우, 최하위 수준의 데이터 흐름도에서 전송되는 데이터를 나타내기 위하여 새로운 데이터 흐름을 추가할 수 있다. 이러한 데이터 흐름은 일반적으로 에러 메시지(예, 고객을 알 수 없음: "새로운 고객 생성을 원하십니까?")를 표현하거나 혹은 확인 공지사항(예, "이 기록을 삭제하기 원하십니까?") 등이다.
4. 데이터 흐름을 나타내는 선들이 서로 교차되는 것을 피하기 위해서는 데이터 흐름도의 데이터 저장소와 외부 개체(소스/싱크)를 반복적으로 나타낼 수 있다. 데이터 저장소 기호에 중간 수직선을 이중선으로 표시하거나 외부 개체(소스/싱크) 사각형의 모서리에 대각선을 사용하는 등 추가적인 기호 사용을 할 수 있다.

위의 규칙들은 앞에서 이야기했던 데이터 흐름도 작성 규칙과 함께 유의하여 데이터 흐름도 작성을 하여야 한다. 특히, 데이터 흐름도를 분해하여 보다 상세화하는 경우에는 위의 4가지 규칙들을 엄수해야 한다. 위의 4가지 규칙은 데이터 흐름도의 완전성, 일관성을 유지하는 데 많은 영향을 주고 있다. 완전성이란 데이터 흐름도가 만들고자 하는 시스템의 구성요소들을 모두 포함하고 있는가에 대한 것이며, 일관성이란 보다 하위 수준의 데이터 흐름도를 작성하고자 하는 경우에 높은 수준의 데이터 흐름도와 낮은 수준의 데이터 흐름도가 서로 같은 정보를 가지고 있는가에 대한 사항이다.

6.4 UML(Unified Modeling Language)

이번 부분에서는 시스템 구축 방법에 대하여 배워 보도록 하겠다. 시스템을 구축하는 과정에는 여러 가지 방법과 과정이 존재하고 있지만, 우리들은 객체 지향 시스템 개발에 주로 많이 쓰이고 있는 UML에 대하여 공부하도록 하자. 앞으로 UML이 무엇이고, 종류는 어떠한 것이 있는지, 어떻게 사용할지 알아보도록 하고, 최종적으로 UML을 사용한 사례 순서로 설명하도록 한다.

6.4.1 UML이란 무엇인가?

여러분이 만약 집을 짓는다고 가정해보자. 처음부터 무턱대고 건축에 쓰이는 자재와 방안의 구조, 건물의 색상들을 선택하여 집을 짓는다면, 정상적인 탄탄한 집을 짓기라는 것은 굉장히 어려울 것이다. 이러한 상황을 예방하기 위해서는 설계라는 과정을 통하여 방의 구조는 어떻게 할 것이며, 자재는 어떠한 것을 사용하고, 건물의 색은 어떠한 색으로 할 것인지 기술하고, 이러한 과정이 마치게 되면 실제 건물공사에 들어가게 된다. 시스템을 구축한다는 과정도 건물을 만드는 것처럼 매우 유사한 방법으로 구축을 하게 된다. 건물의 설계도에 해당하는 것이 UML이라고 생각하면 이해하기 훨씬 쉬우리라 생각된다. UML에서 시스템에 포함되는 다양한 요소들이 서로 어떠한 관계를 가지고 동작하게 되는지에 대한 일종의 청사진이라고 할 수 있다.

이러한 UML은 1997년 Object Management Group(OGM)에 의해서 공표가 되었으며 이후 관리 개발되어 왔다. 초기의 UML은 표준안으로 채택이 되지 않았지만 꾸준한 발전을 통하여 OGM에 의하여 표준으로 제정된 이후에 많은 기업들이 시스템 및 어플리케이션 개발에 많은 관심을 보이면서, 오늘날의 UML로 존재하게 되었다.

6.4.2 객체 지향적인 UML

UML은 객체 지향적이라는 큰 특징을 가지고 있다. 이러한 특징 외에도 그래픽적이라는 특징도 가지고 있다. UML이 존재하기 전에는 어떠한 방법들이 존재하였는지 그리고 객체 지향적이라는 것은 무엇인지에 대하여 설명하도록 하겠다.

UML이 사용되기 전에는 크게 2가지의 방법이 존재하고 있었다. 이 두 가지 방법은 프로세스 지향적인 방법(POA: Process Oriented Approach)과 데이터 지향적(DOA: Data Oriented Approach)인 방법으로 볼 수 있다. 프로세스 지향적이라는 것은 우리가 앞에서 살펴보았던 데이터 흐름도(DFDs)라고 할 수 있다. 프로세스 지향적인 기법이라는 것은 시스템의 프로세스를 구조화하여 처리순서 등에 초점을 맞추고 개발하는 방법이라고 할 수 있다. 이러한 방법과는 다르게 데이터 지향적인 방법은 시스템에 존재하는 데이터의 관계를 어떻게 설정하고 유지하는가에 중점을 둔 방법이라고 할 수 있다. 대표적인 방법으로는 ER 다이어그램이 존재하고 있다. 이러한 ER 다이어그램을 통하여 각 데이터간의 속성과 관계를 명확히 할 수 있다. 이러한 기존의 방법의 경우에는 몇 가지의 단점을 가지고 있다. 가장 큰 난점으로는 프로세스와 데이터 두 개의 분야로 생각하기 때문에, 어느 한쪽에 변경이 생기는 경우에는 다른 한쪽의 경우에는 변경을 주어야 하지만 그렇지 못하는 경우가 있기 때문이다. 자주 변경이 발생되는 시스템의 경우에는 크게 문제가 되지는 않지만 자주 변경이 요하는 시스템이나 혹은 그렇지 않은 시스템이라고 하더라고 변경을 수었을 경우에 많은 비용과 시간이 필요하다는 것이다.

이러한 문제점을 해결하기 위하여 등장한 것이 UML이고 UML은 객체 지향적인 방법으로서 이러한 문제를 해결하고 있다. 객체 지향적이라는 것은 다음과 같다고 할 수 있다. 객체 지향적인 개념은 여기서는 간단하게 소개하기로 하겠다.

(1) 캡 슐 화

캡슐화라는 것은 한 객체가 다른 객체에게 메시지를 송신하고 호출함으로써 상호작용을 할 수 있는데, 서로 다른 쪽의 속성과 조작은 외부에서 볼 수가 없다. 따라서 내부적인 구조를 공개할 필요가 없을 경우에 이러한 방법을 사용할 수 있다.

(2) 추 상 화

객체로 표시할 수 있는 내용은 일반적인 내용으로 나타낼 수 있다. 예를 들어 설명을 하면 "빨간색 자동차"라는 객체가 존재한다면, "자동차"라는 일반적인 개념으로 추상화할 수 있다.

(3) 인스턴스

인스턴스의 개념은 객체에 대한 구체화한 내용이라고 할 수 있다. 예를 들어 "빨강색 스포츠 자동차"와 "빨간색 지프"는 다르다고 하는 경우에 여기서 나타내는 색상과 자동차의 종류, 이러한 요소들은 각각 인스턴스라고 할 수 있다.

(4) 상 속 성

개체와 객체가 존재하는 경우에 하나의 객체의 속성이 다른 객체의 속성을 포함하는 경우가 존재할 수 있다. 즉, 객체 A와 객체 B가 존재한다고 한다면, 객체 A의 내용이 객체 B에서 모두 포함한다고 객체 A는 객체 B의 상위 수준에 존재한다고 할 수 있다. 따라서 공통적인 요소를 나타내는 객체를 모두 상속하고 그 외의 요소들을 개별적으로 가지고 있음으로써 데이터의 중복적인 표현을 피하고자 하는 것이 상속성의 개념이라고 할 수 있다. 예를 들어 "빨간 자동차"와 "오렌지색 바이크" 이러한 개념들은 "운송수단"이라는 객체의 하위적인 개념이 들어가게 되며, "운송수단"이라는 객체는 바퀴, 엔진, 핸들 등과 같은 공통적인 속성을 가지게 되어 하위 개념의 "빨간 자동차," "오렌지색 바이크" 등은 각 객체들만이 가지고 있는 다른 속성들만 가지고 공통적인 속성은 "운송수단"의 상위 객체에게서 상속을 받으면 된다는 것이다.

(5) 다 형 성

간단하게 이야기 해서 다형성이라는 것은 한 가지의 형태가 여러 가지의 다른 형태로 존재할 수 있다는 것이다. 실생활에서의 예를 보면, "먹는다"라는 동작은 "밥을 먹는다," "과자를 먹는다," "국수를 먹는다" 등의 표현이 가능하다. 즉 시스템에서는 한 가지의 동일한 메시지로서 다른 의미의 다른 객체에게 메시지를 주어 호출 또는 동작을 하도록 할 수 있다는 것이다.

6.4.3 UML의 다이어그램

우리는 앞에서 이야기해서 알고 있겠지만, 시스템과 어플리케이션 개발에 도움을 주는 것이 UML이라는 것을 알 수 있다. 이러한 UML을 쉽게 이해하도록 도와주는 것은 다이어그램이라고 할 수 있다. 이러한 다이어그램 중에서 많은 사람들이 사용하고 있는 몇 가지의 표준 다이어그램에 대하여 설명하도록 하겠다. 설명하고자 하는 다이어그램은 사용 케이스 다이어그램, 시퀀스 디이어그램, 클래스 다이어그램, 컴포넌트 다이어그램이며 이러한 다이어그램 외에도 스테이트 차트 다이어그램, 액티비티 다이어그램, 협력 다이어그램, 디플로이먼트 다이어그램, 전개 다이어그램 등이 존재하고 있지만 다이어그램에 대한 공부가 목적이 아니므로 설명은 하지 않도록 하겠다.

□ 사용 케이스 다이어그램(Use Case Diagram)

사용 케이스 다이어그램은 사용자들과 액터간의 상호작용을 나타낸다. 사용 케이스는 시스템의 기능을 표현하고 사용자의 관점에서 바라본 시스템의 요구사항을 의미한다. 액터라는 것은 시스템으로부터 정보를 받거나 혹은 시스템에게 정보를 제공하는 사용자를 의미한다. 때로는 시스템 자체를 의미하기도 한다. 그래서 사용 케이스 다이어그램의 주용 사용 목적은 사용 케이스들과의 관계뿐만 아니라 주요 프로세스들 간의 관계, 시스템 개발자들이 시스템의 기능적인 요구사항 등을 시각화하여 보여주는 것에 있다. 간단하게 사용 케이스 다이어그램을 도식화하면 [그림 6-10]과 같이 나타낼 수 있다. 다이어그램에 대한 사용 케이스를 보여주는 방법으로는 다이어그램에 타원으로 표현을 할 수 있다. 타원의 이름은 타원의 중앙이나 혹은 타원의 아래에 일반적으로 표

[그림 6-10] 사용 케이스 다이어그램

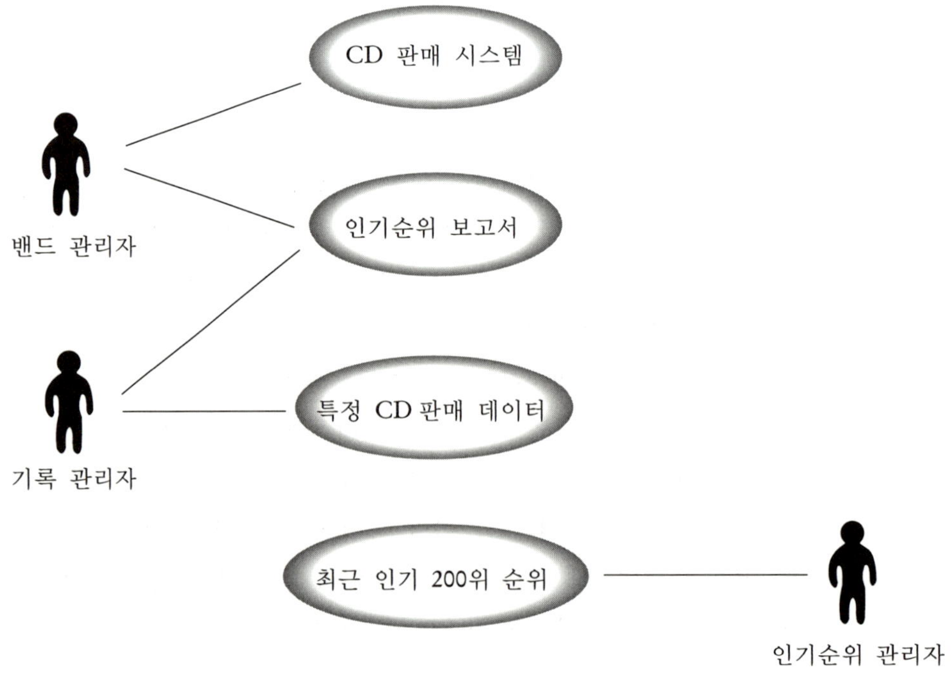

기하도록 한다. 액터의 경우에는 사람 모양으로 표현할 수 있으며, 다이어그램과의 관계는 선으로 연결하여 표현하도록 한다.

[그림 6-10]은 밴드 관리자가 밴드가 발매한 CD에 대한 판매 통계와 인기 순위 보고서를 볼 수 있는 시스템을 보여준 것이다. 또한 기록 관리자는 특정한 CD의 판매 통계 보고서와 인기순위 보고서를 볼 수 있다. 하지만 반대로 생각한다면 위의 다이어그램에서 표현하지 않은 관계는 실제로 구현되어 있지 않은 부분이다. 따라서 정확히 어떠한 기능이 시스템상에서 구현되어 있는지를 쉽게 알 수 있다.

□ 시퀀스 다이어그램(Sequence Diagram)

시퀀스 다이어그램은 사용 케이스 다이어그램에서 실행되어지는 기능의 흐름을 보여주는 경우에 사용된다. 다이어그램으로 도식화하자면 [그림 6-11]에서와 같이 나타낼 수 있다. 이 다이어그램은 사용자가 현금 자동인출기를 통하여 현금을 송금하는 과정을 순차적으로 보여주고 있다.

과정을 간단하게 살펴보면 사용자에 해당하는 액터는 다이어그램 상단에 표시되어 있다. 시스템에서 관련되어 있는 객체들도 상단에 표시되어 있다. 각각의 객체들에서 나와 있는 점선들과 화살표는 서로 주고받는 메시지를 표시하고 있다. 메시지들에 표시되어 있는 번호를 보게 되면 시스템의 순서를 쉽게 알 수 있다. 사용자가 처음에 현금 자동지급기에 카드를 넣으면서 시작된다. 사용자가 입력한 카드가 맞는지 확인하고 비밀번호의 입력을 요구, 확인하게 된다. 사용자에게 송금하고자 하는 방법을 물은 후에 금액을 확인한 후 잔액 여부를 확인한다. 잔액이 사용자가 요구한 금액보다 많거나 같은 경우에 송금을 실행하고 일련의 과정을 마치게 된다.

이처럼, 시퀀스 다이어그램은 시스템에서 발생하는 일련의 과정을 순차적으로 보여주기 때문에 해당 시스템의 프로세스 순서를 쉽게 파악할 수 있다.

[그림 6-11] 시퀀스 다이어그램

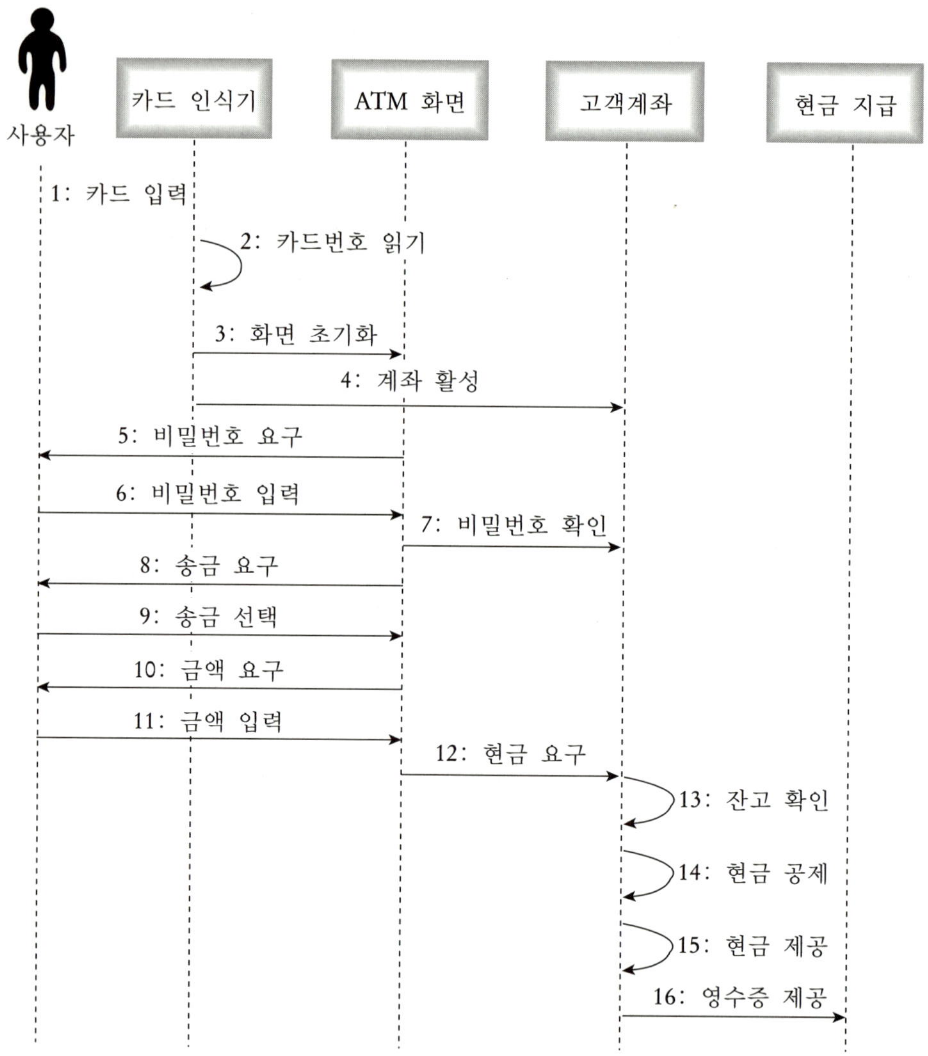

◻ 클래스 다이어그램(Class Diagram)

클래스 다이어그램은 시스템 내부에 존재하는 다른 클래스 혹은 엔티티와의 관계를 보여준다. 즉, 시스템의 정적인 구조를 보여주고 있다. 이러한 클래스 다이어그램은 주로 프로그래머들이 자신들이 구현한 클래스들을 보여주기 위한 방법으로 많이 사용되고 있다. 위의 시퀀스 다이어그램의 예에서 보여준 예를 클래스 다이어그램으로 표현하여 나타내면 [그림 6-12]와 같이 나타내어 줄 수 있다. 다이어그램에서는 하나의 클래스를 하나의 큰 사각형으로 표현하고 있다. 하나의 사각형은 크게 3개의 작은 사각형으로 나뉘어져 있는 것을 확인할 수 있을 것이다. 제일 위의 사각형은 해당 클래스의 이름을 나타내고 있으며, 두 번째 사각형의 경우에는 해당 클래스가 가지고 있는 속성들을 나타내고 있다. 속성들은 클래스를 구성하는 정보의 부분들이라고 생각하면 될 것이다. 마지막 부분에는 각각의 클래스에서 동작을 할 수 있는 기능들이 명시되어 있다. 또한 클래스와 클래스 간의 통신은 실선으로 표시되어 있다.

따라서 위의 다이어그램을 보면 계좌라는 클래스는 카드 입력기,

[그림 6-12] 클래스 다이어그램

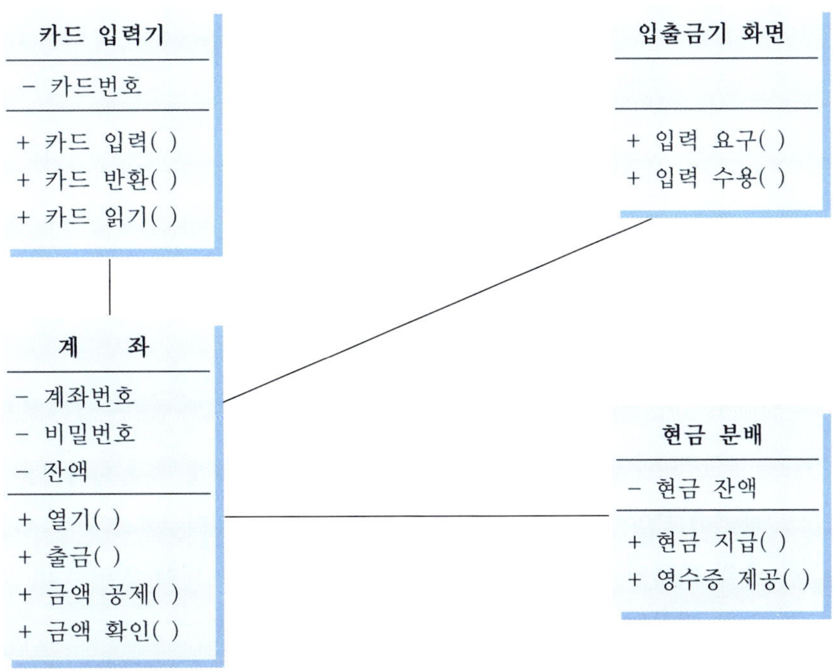

입출금기 화면, 현금 분배라는 3개의 서로 다른 클래스와 통신을 하고 있음을 알 수 있다.

◻ 컴포넌트 다이어그램(Component Diagram)

컴포넌트 다이어그램은 시스템을 구성하고 있는 소프트웨어 컴포넌트를 표현해 주는 방법이다. 컴포넌트들과의 관계가 어떠한 종속관계를 가지고 있으며 서로'어떠한 연관을 가지고 있는가를 알 수 있도록 하여 준다. 이러한 다이어그램은 매우 상위 수준의 다이어그램에 속하게 된다. UML을 이용하여 도식화 하면 [그림 6-13]처럼 표현할 수 있다. 보고 도구라는 컴포넌트를 중심으로 하여 서로 다른 3개의 servelet 2.2 API, JDBC API, 인기순위 보고서라는 컴포넌트와 연결되어 있는 것을 알 수 있다. 따라서 보고 도구라는 컴포넌트는 다른 3개의 컴포넌트에 종속되어 있는 나타내고 있다.

[그림 6-13] 컴포넌트 다이어그램

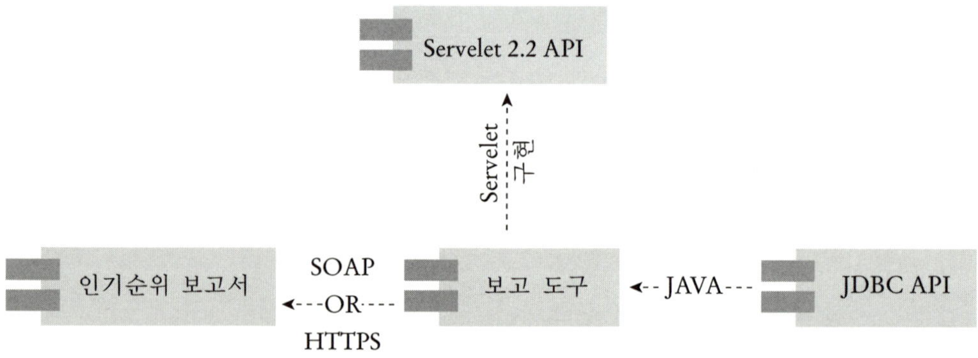

위의 4개의 다이어그램을 통하여 UML에서 사용되어지는 다양한 다이어그램에 대하여 알아보았다. 이제는 이러한 UML을 그리는 도구 중의 하나인 Rational Rose를 사용하는 방법에 대해 알아보고, 보다 복잡한 예시를 통하여 학습하도록 하겠다.

6.5 UML 작성 도구

시스템 작성을 위한 UML 도구에 대하여 알아보고, 사용법과 실제 적용 사례에 대해서 알아보도록 하겠다. 우리가 알아보고자 하는 UML 작성 도구로는 Rational에서 개발한 Rose라는 도구이며, 버전은 2003 Enterprise edition을 통하여 알아보도록 하겠다.

6.5.1 Rational Rose란 무엇인가?

Rational Rose란 UML을 사용하여 소프트웨어 시스템을 분석, 설계할 수 있는 소프트웨어 제품이라고 할 수 있다. 코드로 시스템을 작성하기 전에 미리 모델링을 해 놓으면 시스템 아키텍처가 정확한지 아닌지를 보다 쉽게 알 수 있다. 또한 비즈니스 모델링을 지원하기 때문에 시스템과 관련된 주변의 업무 파악도 쉽게 하도록 도와준다. Rational Rose가 실제 업무에 주로 쓰이는 분야는 프로젝트 팀이 존재한다고 할 때 세부적인 팀들간에 서로의 의사반영과 팀 내부에서 서로 요구하는 의사반영을 지원하도록 하여 주며, 이러한 부분 외에도 개발자들은 기본적인 시스템의 골격을 표현하는 코드를 작성할 수 있도록 하여 준다. 특히, 다양한 프로그래밍 언어를 지원하기 때문에 시스템간에 연동을 요구하는 경우나 다른 종류의 시스템으로 변환하고자 하는 경우에 많은 도움을 준다. 혹은 현재 시스템을 보다 발전시키고자 하는 경우에도 리버스 엔지니어링 방법을 지원하기 때문에 기존의 시스템을 기반으로 하여 보다 확장성이 용이한 장점을 가지고 있다. 이러한 특징들을 3가지로 정리하면 다음과 같다.

□ 변경이 용이

Rational Rose는 개발자 혹은 사용자가 UML 모델 요소들을 추가,

삭제, 변경할 때마다 자동적으로 모델 전체에 변경을 주게 된다. 이러한 변경이 시스템에 적합한지 검사할 수 있는 기능을 가지고 있어 모델의 오류와 완전성을 확인할 수 있는 기능을 제공하고 있다. 만약 이러한 기능이 없는 시스템 작성 도구라면, 한쪽 시스템에서 추가, 삭제, 변경이 일어나는 경우에 해당 시스템에 연결되어 있는 다른 시스템에서도 개발자들이 수정을 요하는 방법에 비하면 매우 효율적이고 효과적이라고 볼 수 있다. 또한 수정을 한다고 하더라고 시스템 전체적으로 오류 및 완전성의 검증이 필요하기 때문에 많은 인력과 시간을 소요하게 되는 것에 비하여 매우 발전되었다고 할 수 있다.

□ 다양한 프로그래밍 언어 지원

Rational Rose에서는 다른 도구들에 비하여 보다 강력한 코드 생성 기능을 제공하고 있다. 작성된 모델을 다양한 프로그래밍 언어인, ANSI C++, JAVA, Visual Basic, Visual C++, C++ 등 외에도 다양한 언어로의 변환이 가능하다. 반대로 작성된 코드로부터 모델 추출이 가능하다. 모델과 작성 코드가 별도로 가는 것이 아니라 병행적으로 이루어지기 때문에, 시간과 인력을 절약할 수 있을 뿐만 아니라, 모델과 작성 코드가 일치하기 때문에 시스템 설계의도에 보다 정확하게 부합할 수 있는 장점을 가지고 있다.

□ 팀 작업을 지원

Rational Rose는 시스템 전체의 모델을 해당 팀들이 서로 분할하여 작성하고 설계된 모델을 통합할 수 있는 기능을 제공하고 있다. 따라서 팀들간에서 서로 독립된 작업을 할 수 있도록 도와줌으로써 보다 효율적인 업무활동을 지원하고 있다.

이러한 기능을 지원하는 Rational Rose의 버전은 크게 3가지로 나뉘어질 수 있다. 각각의 버전과 기능은 다음과 같다.

○ Rose Modeler

시스템에 관련된 모델만 작성할 수 있는 제한적인 기능을 제공한다. 따라서 코드 생성과 리버스 엔지니어링 기능을 사용할 수 없다.

○ Rose Professional

코드 생성을 지원하지만 한 가지의 언어로밖에 생성이 안 되는 제한이 있다.

○ Rose Enterprise

코드 생성 기능을 지원하며 C++, JAVA, Visual Basics, Oracle8, XML 등과 같은 다양한 언어로의 변환이 가능하다. 또한 모델간에 서로 다른 언어로의 구현이 가능하다.

6.5.2 Rational Rose의 화면 및 사용법

Rational Rose 소프트웨어를 실행시키게 되면 [그림 6-14]와 같은

[그림 6-14] Rational Rose 초기 화면

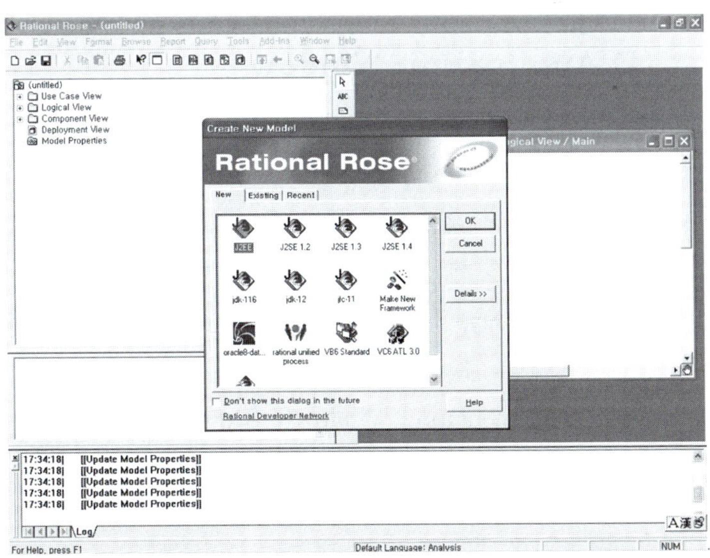

모습을 나타내게 된다. 이 화면은 파일을 더블 클릭하여 로드하였을 때의 화면은 아니며, 프로그램 자체를 실행시켰을 경우에 나타나는 화면이다. 제일 위의 가운데 윈도우 창을 보면 원하는 모델을 선택하여 작업을 할 수 있도록 하여 준다. 이제, 창을 닫고 Rational Rose의 주요 기능에 대하여 살펴 보도록 하자.

사용자가 Rational Rose를 사용하여 작성하다 보면 총 7개의 창을 통하여 작업을 하거나 혹은 정보를 입력, 통보받게 된다. 이러한 7개의 창은 다음과 같이 나열할 수 있다.

① Application Window
② Documentation Window
③ Overview Window
④ Browser Window
⑤ Specification Window
⑥ Diagram Window
⑦ Log Window

이제 각각의 창에 대하여 세부 내용에 대하여 알아보기로 하겠다.

(1) Application Window

Application Window는 Rational Rose를 사용하면서 가장 자주 보게 되는 창이기도 하며 모든 Window를 포함하는 창이기도 하다. [그림 6-15]에 나타나 있는 것이 Application Window의 모습이며, 포함하고 있는 기능 등에 대하여 표시하고 있다. Application Window는 Title Bar, Menu Bar, Tool Bar 등을 제공하고 있으며 그 외에 다른 모든 창을 포함할 수 있다. 그림에서는 Diagram Window, Log Window, Documentation Window, Browser Window 등을 나타내고 있으며, 그 외의 다른 창들은 상황과 사용자의 요구에 따라 나타내어 질 수 있거나 닫을 수가 있다. 이제 Application에서 제공하고 있는 기능들에 대하여 하나씩 알아보도록 하겠다. 단, Title Bar는 다른

[그림 6-15] Application Window

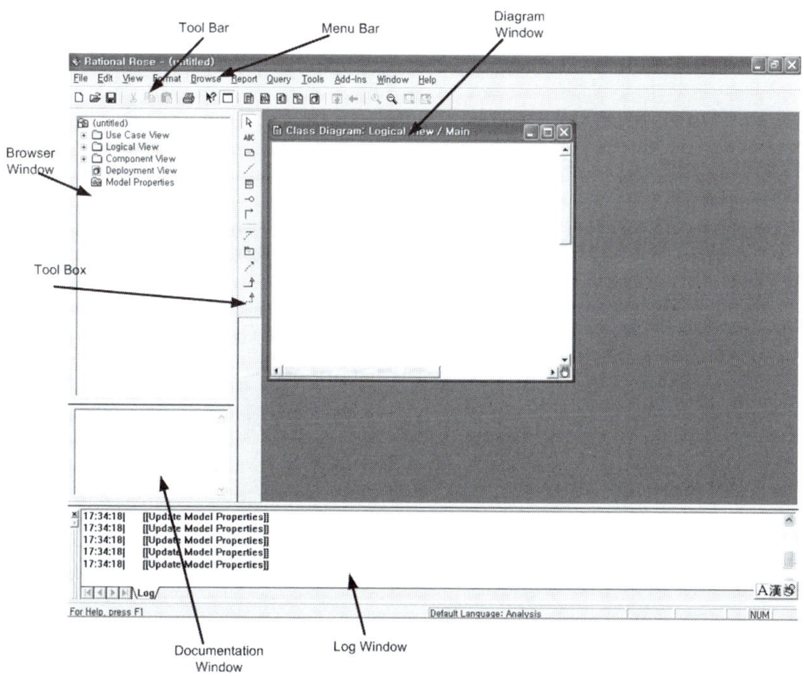

Window에서도 제공하는 각 창의 Title을 표시하고 있으므로 설명을 하지 않도록 하겠다.

1) Tool Bar

Tool Bar의 기능은 일반적으로 많이 사용하는 명령어들을 모아 놓은 것이라고 할 수 있다. Tool Bar에서 지원하는 기능은 모두 아이콘으로 표시되어 있으며 각각의 아이콘들이 의미하는 기능에 대하여 살펴보겠다. 각 아이콘들이 의미하는 내용은 [그림 6-17]에 나와 있다.

[그림 6-16] Tool Bar

[그림 6-17] Tool Bar 기능

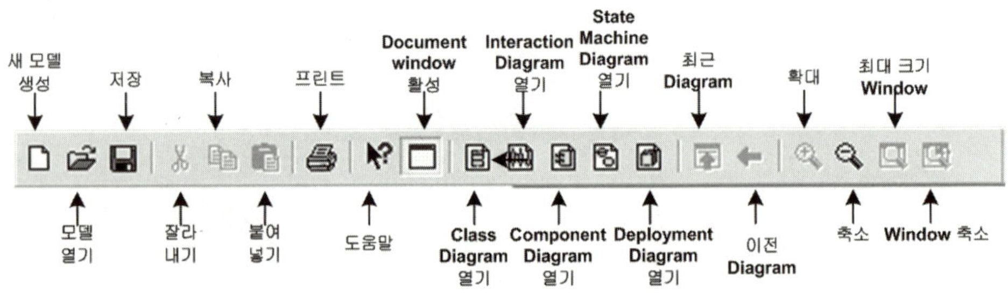

Tool bar는 사용자의 편의대로 아이콘들을 정리하여 나타낼 수 있다. 즉, 표시를 원하는 아이콘들과 그렇지 않은 아이콘들을 선택하여 표시할 수 있다.

2) Tool Box

Tool Box는 Diagram 작성에 관련된 다양한 기능을 제공하고 있다. 따라서 Diagram의 종류에 따라서 다른 Tool Box를 보여주고 있으며 [그림 6-18]에 나타나 있는 Tool Box는 Class Diagram의 작성시에 나타나는 Tool Box이다. Tool Box 역시 Tool Bar와 마찬가지로 사용자의 편의에 따라 해당 아이콘들을 편집할 수 있다. 따라서 자주 사용하거나 자주 사용하지 않는 아이콘들을 표시 또는 삭제가 가능하다.

[그림 6-18] Tool Box

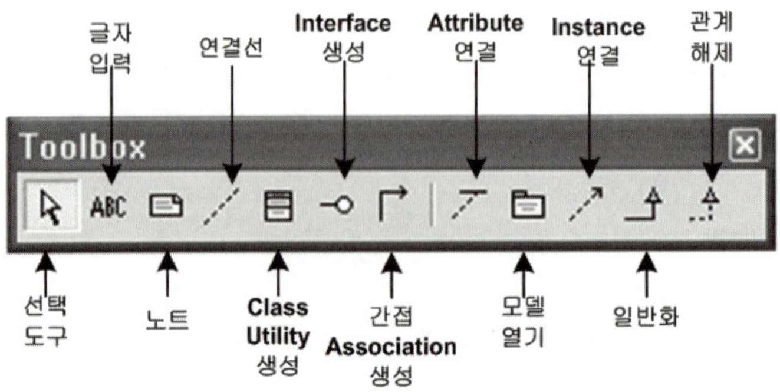

(2) Documentation Window

Documentation Window는 모델의 요소나 모델 간의 관계를 설명하기 위하여 사용된다. [그림 6-19]에 Documentation Window의 모습이 나와 있으며, 안에 들어가는 내용은 사용자가 적을 수가 있다.

입력 방법은 생성간 모델이나 관계를 선택하여 Specification Window에서 입력을 하게 되며, 이에 들어가는 설명을 통하여 다른 사용자와 혼선을 방지하기 위하여 많이 사용된다.

[그림 6-19] Documentation Window

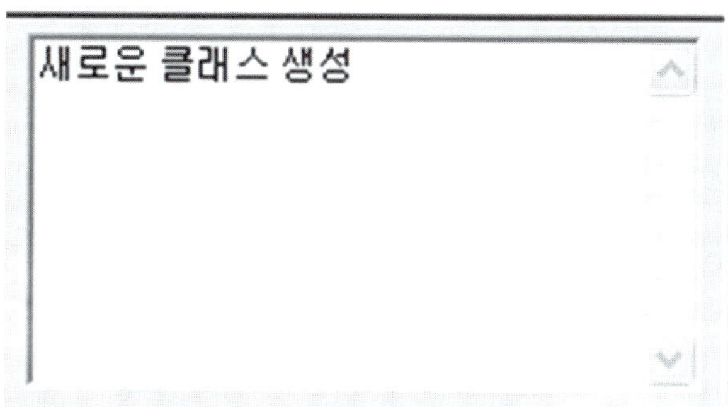

(3) Overview Window

Overview Window의 기능은 사용자가 작성한 모델이 작업하고 있는 창보다 크다고 하는 경우에 창의 우측 하단에 존재하는 손바닥 모양을 클릭하고 있는 동안에 활성화되어 사용자에게 작업중인 창에 보이지 않는 전체 모델을 표시해 주게 됩니다. Overview Window를 통하여 사용자는 큰 모델을 작성하는 경우에 한눈에 개략적인 모델을 볼 수 있어 모델 작업에 편의를 제공하게 됩니다.

[그림 6-20] Overview Window

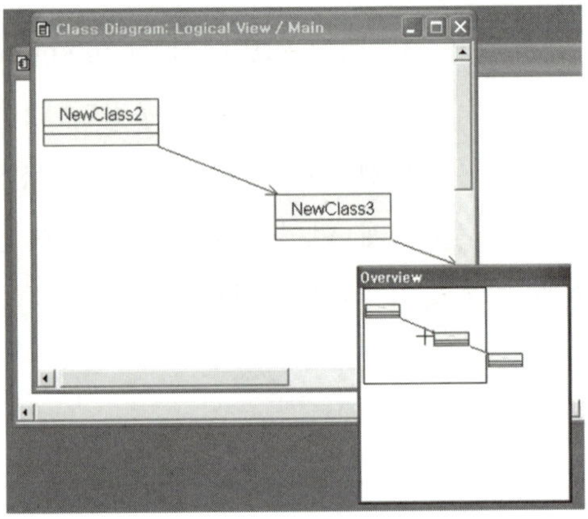

(4) Browser Window

Browser Window는 사용자가 작업하는 과정에서 모델 요소들은 보다 편하게 수정, 삭제, 생성하는 데 도움을 주는 기능을 한다. 또한 사용자가 작성한 모델들을 계층적으로 보여주는 기능을 제공함으로써 현재 작성중인 모델과 과거에 작업을 했던 모델이 어느 계층에 속하는지 쉽게 알 수 있도록 하여 준다.

[그림 6-21] Browser Window

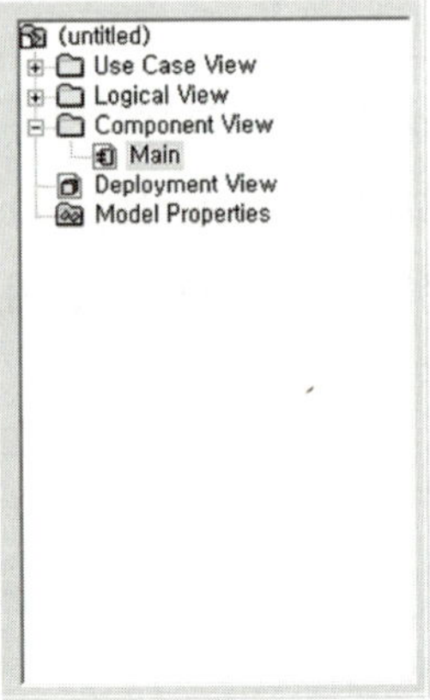

(5) Specification Window

Specification Window는 모델 요소의 속성이나 관계에 대하여 수정할 수 있는 기능을 제공한다. 해당하는 모델에 대하여 수정을 하게 되면 관계를 이루고 있는 다른 모델들도 자동적으로 수정이 가능하다.

[그림 6-22]는 Specification Window의 모습이다. 해당하는 모델에 대하여 이름을 작성하고 Documentation Window 창에 나타나는 내용을 기술할 수 있다. Specification Window를 활성화하는 방법에는 해당 모델을 더블 클릭하는 방법과 Browser Window에서 더블 클릭하여 활성화시키는 두 가지의 방법이 있다.

[그림 6-22] Specification Window

(6) Diagram Window

Diagram Window는 모델 요소를 실제로 연결하여 관계를 이루고 작업하는 Window라 할 수 있다.

[그림 6-23]은 Diagram Window의 모습을 표현한 것이며, 모델들을 Window에 표시하여 작업을 하기 위해서는 Tool Box에서 사용자가 작업하고자 하는 아이콘을 선택하여 아이콘의 크기를 정하여 표현하여 주거나 모델들간의 관계를 화살표로 연결하여 설정할 수 있다.

[그림 6-23] Diagram Window

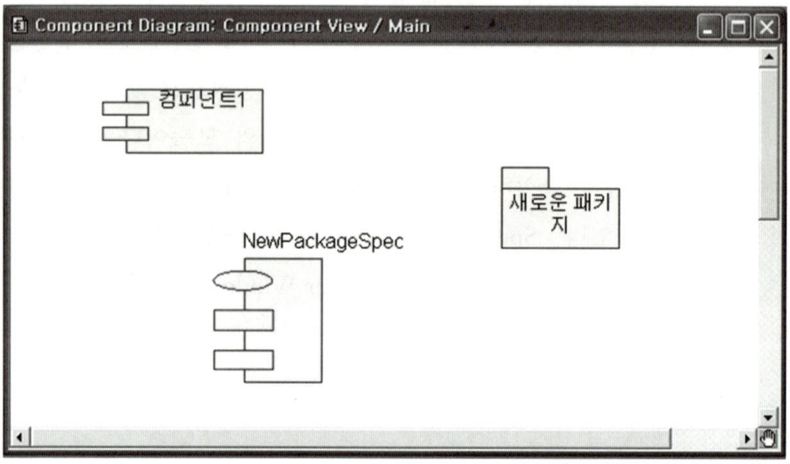

(7) Log Window

Log Window는 사용자가 요구한 명령, 혹은 동작의 결과, 동작에서 발생하는 에러와 같은 사항들을 Log Window에 나타내 줍니다. 내용의 표시는 2가지로 나뉠 수가 있는데 처음에는 어떠한 이벤트가 발생한 시간을 표시하며, 두 번째는 발생된 이벤트의 내용이다. Log Window의 모습은 [그림 6-24]에 나타나 있다.

여기까지 UML에서 나타내고자 하는 내용과 의미 및 UML 작성 도구에 대하여 간략하게 알아보았다.

[그림 6-24] Log Window

요 약

우리가 앞에서 공부한 내용을 간단하게 정리하여 보자. 데이터 흐름도, UML 2가지에 대하여 공부하여 보았다. 2가지의 공통점은 우리가 시스템을 구축하는 과정에 들어가기 전에 미리 시스템의 구성은 어떠한 형태를 취하고 있으며 데이터와 사용자, 그리고 프로세스들 간에는 어떠한 이벤트와 동작이 일어나는지 알아보았다. 이러한 시스템 분석 및 설계 과정은 우리가 건물을 짓기 전에 설계도를 작성하는 과정과 같은 과정이라고 할 수 있다. 따라서 정확한 분석과 설계과정을 통해야만 초기에 의도하고자 했던 시스템을 구축할 수 있다.

따라서 데이터 모델링을 하는 단계에서 시스템 분석가는 시스템의 데이터가 유용성 있는 정보로 변환되는 과정을 그림으로서 보여주게 된다. 전체적인 모델링의 마지막 단계까지 거치게 되면 사용자의 요구와 비즈니스 운영을 지원하는 논리적인 모델이 완성이 된다. 논리적인 모델을 구성하는 방법 중에 우리가 공부한 데이터 흐름도는 정보시스템 안에서 데이터의 전송과 이동을 보여준다. 데이터 흐름도는 총 4가지 종류의 기호로서 표현된다. 4가지의 내용은 데이터 처리를 하는 프로세스, 데이터의 이동을 나타내는 데이터 흐름, 정보시스템에 접근하는 것을 표현한 외부 개체(소스/싱크), 마지막으로 데이터의 저장을 나타내는 데이터 저장소 4개의 표현으로 이루어진다. 사용에 있어서의 규칙으로는 이름, 숫자, 방향 등과 같은 데이터 흐름도 작성에 대한 규칙이 존재하고 있으며, 이러한 규칙을 준수하여야 올바른 데이터 흐름도를 작성할 수 있다. 데이터 흐름도는 피라미드 형태와 유사하게 제일 위에서 시작해서 점점 넓어지면서 세부적으로 표현이 가능하다. 제일 상위에 존재하는 데이터 흐름도는 시스템의 범위와 외부와의 연결 유무를 표현하여 준다. 내부적인 표현은 수준-0부터 수준이 점차적으로 증가하면서 세부적으로 나타나게 된다. 수준을 증가하여 데이터 흐름도를 작성하는 경우에는 상위의 수준와 하위의 수준에 존재하는 데이터의 의미와 존재 유무를 반드시 고려하고 작성하여야만 전체적으로 일관성이 있는 데이터 흐름도를 작성할 수 있다.

UML은 시스템 개발단계에서 개발자, 사용자, 의뢰인 등 이와 관련된 모든 사람의 시각을 종합할 수 있는 객체지향 방식의 개발 방법이다. 하지만 UML을 통하여 시스템이 무엇을 의도하는지를 알 수는 있지만, 어떻게 작동하는지는 알 수는 없다. 이러한 UML에서 제공하는 몇 가지의 다이어그램이 존재하는데 각각의 다이어그램은 개발 단계와 그 의미가 다르게 사용된다. 시스템 분석 및 개발 단계별로 살펴보게 되면 초기분석 단계에서는 비즈니스 모델과 사용 케이스 모델이 적합하며, 상세적인 분석과 구축 단계 과정에서는 시스템 내부의 이벤트 흐름을 잘 표현하는 액티비티 다이어그램이 적절하다. 시퀀스 다이어그램과 협력 다이어그램은 개발한 객체들이 어떠한 상호작용을 표현하는 데 사용된다. 또한 클래스 다이어그램도 객체간의 관계와 객체를 구성하는 내용을 나타내는 데 사용한다. 이처럼 UML에서 지원하는 다양한 다이어그램은 그 성격에 맞게 적절한 단계에서 사용할 수 있다.

∷ 연습문제

1. 데이터 흐름도(DFDs)를 사용하는 목적은 무엇인가?
2. 그레이홀 오류를 범하게 되는 이유에는 어떤 것이 있는가?
3. 상황도는 무엇인지 설명하고, 예를 제시하시오.
4. UML이란 무엇인가?
5. 객체 지향적인 기법은 프로세스 지향적인 기법과 어떻게 다른가?
6. UML 작성 도구는 어떤 것이 있으며, 특징은 무엇인가?

MIS 개발 사례

1. 사례 요약

UML을 이용한 사례로는 미국 Lincoln, NE에 위치하고 있는 C사를 대상으로 하였다. 이 기업의 기업간 기업(Business-to-Business) 거래를 개선하고자 사용하고 있던 시스템을 분석하였다. 이 기업의 업무 목적은 목재에 관련된 제품과 소비자를 위한 종이 등을 기업간 기업으로 연결하여 거래를 할 수 있는 마켓플레이스(Market Place)를 제공하는 것이다. 따라서 여기에 참여하는 기업들은 합리적인 가격에 제품을 판매하고 구입하고자 하는 목적을 가지고 있다. 하지만 이 기업의 현재 시스템으로는 구매자와 판매자에게 만족스러울 만한 서비스와 정보를 제공하지 못하는 실정이기 때문에 이러한 사항을 개선하기 위하여, 전체 시스템을 세밀하게 검사하여 개선하고자 한다. 따라서 실시간의 경쟁가격, 판매자와 구매자의 거래 비밀 보장, 가격 유동성, 가격 투명성, 시장 유동성들 간에 원활하게 시스템이 작동하게 하는 것에 있다.

2. 기술적 플랫폼

시스템의 개선을 위하여 사용할 기술적인 플랫폼은 객체 지향 플랫폼 기반의 객체 지향 기법으로 디자인하여 작성하였다.

3. 적용 하드웨어

사례에 적용된 기업의 하드웨어는 Sun Microsystems 플랫폼에 최적화되게 운영될 계획이다. 사용될 시스템은 Sun Blade 100이며 64-bits의 높은 성능을 가진 UtralSPARC[tm]-lie CPU 사용되었다. 그 외의 부수적인 하드웨어로는 입출력을 위한 PCI bus가 사용되며 USB와 IEEE1394 인터페이스도 적용되었다.

운영시스템은 JAVA2 플랫폼을 기반으로 작동할 것이며, 소비자와 전체적인 네트워크 어플리케이션의 설치 및 발전을 위한 end-to-end 아키텍처를 지원할 수 있다.

4. 적용 소프트웨어

JAVA, C++, Perl 등의 다양한 분석 결과 JAVA가 해당 시스템에 적합하여 JAVA 를 사용하기로 했다. JAVA가 단순한 아키텍처에 적합했으며, 객체 지향, 휴대성, 분배력, 높은 성능, 인터프리터 방식, 멀티-스레드, 동적과 보안 등에 강한 특징을 가지고 있기 때문에 사용하기로 하였다.

5. 디자인 언어

시스템 디자인을 위한 언어로는 우리가 앞에서부터 배워 왔던 UML(Unified Modeling Language)을 사용하였다.

6. 컴포넌트 아키텍처

기본적인 아키텍처는 3-tier(Database Server, Application Server, Presentation Server)를 사용하였으며 이러한 사용은 방화벽(Firewall) 등과 같은 보안상을 고려하여 구성되었다.

7. 기존 시스템 문제

기존 시스템의 문제들을 분석해야지만 이러한 사실을 바탕으로 새로운 시스템의 설계에서 보완하고 개선할 수 있다. 기존의 시스템의 문제점은 아래와 같이 정리할 수 있다.

1. 기존의 시스템은 많은 양의 거래 주문을 처리하지 못하고, 데이터 간의 높은 충돌 위험을 가지고 있다.
2. 거래 데이터가 방대하게 할당되어 시스템이 이를 처리하는 동안에 속도가 느려진다. 따라서, 처리능력이 매우 비효율적이다.
3. 해당 기업은 구조의 전체적인 모습을 볼 수가 없었다. 포함하고 있는 어플리케이션이나 확장을 위해서는 UML 모델로 구조화하여 디자인할 필요가 있다.
4. 해당 기업이 소비자에게 보여주는 인터페이스 화면은 이해하기 어렵게 구성되어 있어 소비자가 사용하는 데 많은 어려움을 겪고 있다.
5. 기존의 시스템은 주문과 요청 프로세스가 같은 객체에 구성되어 있다. 이러한 결과로 이러한 것을 따로 구분하여줄 프로세스가 필요하게 된다. 따라서 이러한 부분을 따로 분리하여 디자인해야만 한다.

8. 어플리케이션 요구사항

어플리케이션에서 기존의 시스템에 가지고 있는 문제점과 보완하여야 할 사항은 아래와 같이 볼 수 있다.

1. 고객이 해당 기업에 가입하기 전에 프로세스를 거치게 되어 있다. 이러한 의미는 실제로 해당 기업의 고객이 되기 전에 데이터들이 저장되고 있다는 의미이다.

2. 고객의 만족을 위해서는 고객의 순위와 상품의 질에 대한 등급을 줘야 하는 필요가 있다.
3. 판매자와 구매자는 계속해서 시스템을 통해서 입찰과 요청을 해야 한다.
4. 판매자와 구매자는 실제적인 거래를 하기 전에 현재의 입찰과 요청에 대하여 상세하게 알 수 있어야 한다.
5. 고객은 정상적인 등록과정을 마친 후에 개인 비밀번호를 가져야 하며, 고객은 비밀번호를 변경할 수 있도록 하여야 한다.

9. 시스템 설계 및 분석

시스템 설계 및 분석에서는 시스템 설계를 위한 가정 사항을 살펴본 뒤에 실제로 기존의 시스템을 개선하기 위해서 작성되어진 다이어그램과 이에 따른 기능들을 살펴봄으로써 해당 기업 사례에 대한 전반적인 UML 모델이 어떻게 작성되었는지 살펴보기로 하겠다.

(1) 가정 사항

아래에 나와 있는 사항은 시스템을 개발하는 동안에 세운 가정들이다.

1. 고객은 종이류에 관련된 거래를 하기 위해서는 이에 관련된 경험과 지식을 가지고 있어야만 한다.
2. 기업은 거래된 품목의 정보를 유지하고 있을 수 있다.
3. 각각의 입찰과 요구는 더 작은 요구와 입찰에 의하여 소멸될 수 있으며 단, 기존보다 많지 않은 수요와 요청에 의하였을 때이다.
4. 고객의 계좌는 매달 말일에 결산되어야 한다. 왜냐하면 결산결과 잔액이 부족할 경우에 고객은 돈을 입금해야 거래가 가능하기 때문이다.
5. 제품정보는 어떠한 변화라도 일어났을 경우에 자동적으로 갱신되어야 한다.
6. 고객은 기업에게 정확한 다양한 제품의 주소지를 입력해야 한다. 왜냐하면 판매자와 구매자는 오직 마켓플레이스를 통하여 거래하기 때문이다.

(2) 사용 케이스 다이어그램(Use Case Diagram)

[그림A]에 나타나 있는 것은 우리가 사례를 통해서 알아보고 있는 C사의 사용 케이스 다이어그램을 도식화하여 나타낸 것이다. 사용 케이스 다이어그램은 사용 케이스와 액터들 간에 어떠한 관계를 나타내는지 보여주는 다이어그램이다. 각각의 액터가 어떠한 의미를 가지고 있으며 어떠한 기능을 하는지 알아보도록 하겠다.

[그림 A] C사의 사용 케이스 다이어그램

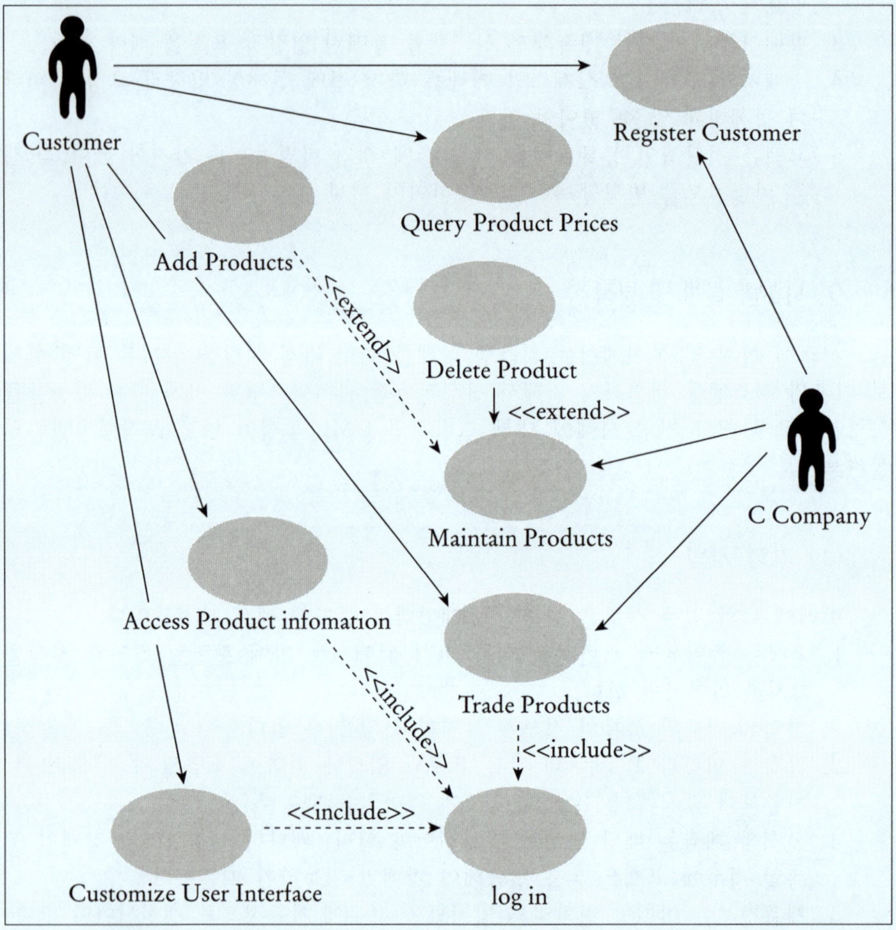

① 고객(Customer)

고객 액터는 C사에 접속할 때 2가지의 옵션을 가지고 있다. 우선 새로 가입을 하기 위하여 등록하기 위한 과정과 최근의 제품가격을 알아보기 위한 사이트 접근은 로그인을 하지 않아도 된다. 두 번째는 이와는 반대로 반드시 로그인을 해야 하는 경우이다. 이러한 경우는 제품거래, 제품정보 접근, 커스터마이징된 사용자 화면 접근인 경우이다.

② C 회사(C Companay)

C사는 시스템에 등록한 고객을 검증하고 평가할 수 있다. 또한, 거래하는 제품

과 거래행동에 관한 정보를 유지할 수 있다.

③ 고객 등록(Resister customer)

종이와 관련된 거래와 내부에 포함되어 있는 정보를 얻기 위해서는 고객은 C사에 고객으로 등록을 해야만 한다. 그러나 등록하지 않은 고객이더라도 제품가격과 일반적인 정보는 볼 수 있다.

④ 가격정보 요청(Query product prices)

등록된 고객 혹은 미등록 고객이 현재 제품가격에 대한 요청을 하는 과정이다.

⑤ 제품 유지(Maintain Products)

C사는 마켓플레이스를 통하여 거래된 정보 유지와 현재 거래중인 제품에 대한 정보를 추가, 삭제, 갱신할 수 있다.

⑥ 제품거래(Trade Products)

고객이 제품을 사거나 팔기 원할 때 처리되는 과정이다. 이러한 과정은 C사에 접속하여 처리될 수 있다.

⑦ 맞춤화된 사용자 화면(Customize User Interface)

고객이 자신이 원하는 제품에 대한 정보들만을 보고 싶은 경우에는 고객이 제품정보 표시 설정 등에 몇 가지 제한적인 사항을 추가하여 자신에게 맞는 제품정보만을 볼 수 있는 과정이다.

⑧ 로그인(Log in)

고객은 제품의 거래, 제품정보에 대한 접근, 맞춤화된 고객 화면을 원하는 경우에는 반드시 로그인을 해야 한다.

⑨ 제품 추가(Add product)

거래를 위한 새로운 제품을 추가하고자 하는 경우에는 C사는 이곳을 통하여 제품을 추가하여야만 한다.

⑩ 제품 삭제 (Delete product)

사용자가 거래를 원치 않거나 더 이상 제품이 필요가 없는 경우에 C사는 시스템으로부터 이러한 제품들을 삭제할 수 있다.

(3) 클래스 다이어그램(Class Diagram)

[그림 B]는 C사의 클래스 다이어그램을 도식화하여 나타낸 것이다. 이제 각각

의 클래스 다이어그램을 구성하고 있는 클래스들은 어떠한 것들이 있는지, 그리고 어떠한 기능을 하고 있는지에 대하여 알아보도록 하겠다.

[그림 B] C사의 클래스 다이어그램

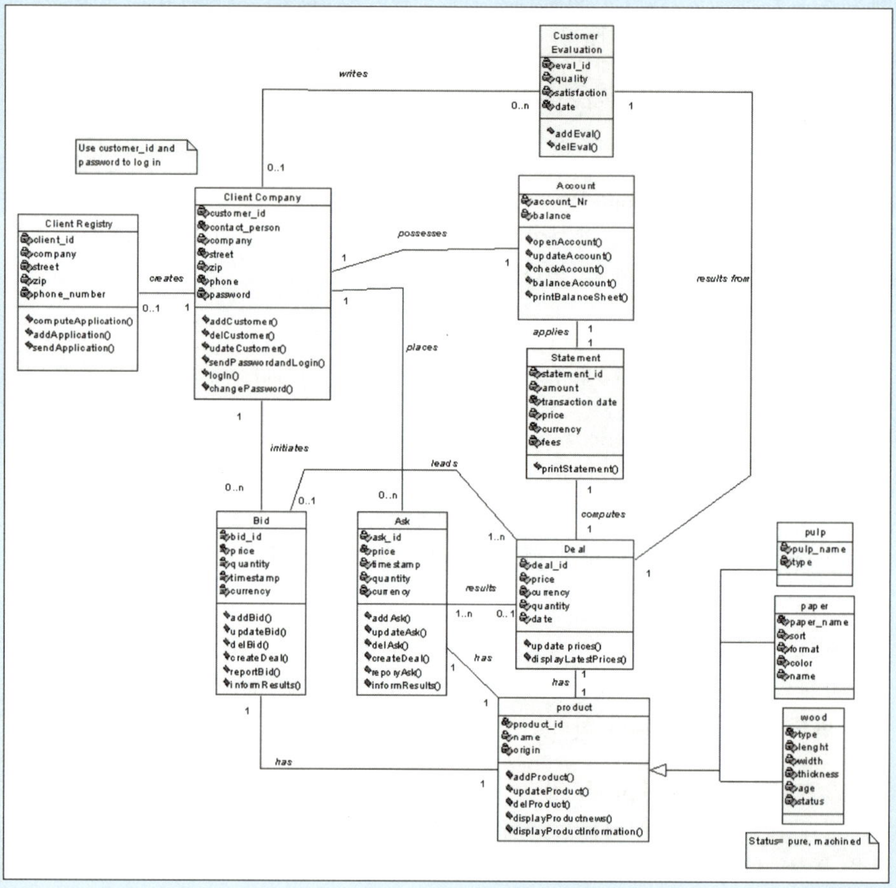

1) 클래스 설명

클래스 다이어그램에 속하고 있는 클래스들의 이름과 기능들을 나열하면 다음과 같다.

① 고객 회사(Client Company)

종이와 관련된 제품의 판매와 구매를 위한 고객들을 반영하는 클래스이다. 이 클래스에서는 전화번호, 담당자, 로그인 정보, 비밀번호, 고객 아이디 등과 같은 일반적인 정보를 저장하고 있다.

② 고객 등록(Client Resistry)

이 클래스는 C사가 제공하는 마켓플레이스에 가입하여 실질적인 고객이 되기 위한 등록 과정을 지원하는 클래스이다. 고객의 주소, 전화번호 같은 것을 저장한다. 등록 과정이 마치게 되면 고객 회사 클래스로 데이터가 이동되어진다.

③ 고객 평가(Customer Evaulation)

이 클래스는 고객이 거래에 따른 제품의 질과 고객의 만족도에 대하여 보여주는 기능을 한다. 여기에는 일자에 따른 제품의 질과 만족도가 표시되어진다.

④ 입찰(Bid)

제품을 사기 위하여 제시하는 가격을 보여주는 것이다. 고객이 제시한 가격은 타임스탬프(Timestamp)를 통하여 시간과 날짜, 가격 등을 포함한다.

⑤ 요청(Ask)

제품을 판매하기 위하여 가격을 보여주는 것이다. 고객은 제품을 얼마에 팔기를 원한다고 요구하며, 이 때의 고객이 제시한 가격에는 입찰과정과 마찬가지로 타임스탬프로서 시간과 날짜 등의 정보를 포함한다.

⑥ 거래(Deal)

거래는 입찰과 요청의 과정을 통하여 이루어진다. 가격과 제품의 양은 날짜를 포함하여 저장된다.

⑦ 제품(Product)

여기에는 거래가 가능한 제품들이 저장된다. 제품의 원산지의 이름이 저장된다.

⑧ 펄프(Pulp)

펄프 제품에 대한 특정한 정보가 저장되어지며, 특정한 정보란 상황에 따라 변화가 되어질 수 있다.

⑨ 종이(Paper)

종이 제품에 대한 색상, 형태 등과 같은 특정한 정보가 저장된다.

⑩ 나무(Wood)

나무 제품에 대한 종류, 길이, 폭, 굵기, 상태 등과 같은 정보가 저장된다. 상태란 원목이냐 가공목이냐 등의 종류를 이야기한다.

⑪ 상태(Statement)

상태 클래스는 각각의 거래에 대한 작성된 증거이다. 여기에는 금액, 운송 날짜, 가격, 거래에 대한 비용 등이 포함되어 저장된다.

⑫ 계좌(Account)

여기에는 고객의 계좌에 대한 현재 잔액이 저장된다. 이 클래스는 간단한데 왜냐하면 금액 거래에 대한 기록이 없기 때문이다. 그러나 고객이 원한다면 출력하여 따로 보관이 가능하다.

2) 관계(Relationship)

앞에서 설명한 각각의 클래스들은 다른 클래스들과 연관을 가지게 되는데 이러한 연관 관계가 어떠한 연관을 가지고 있는지에 대하여 기술한 것이 관계에 대한 내용이다. 각각의 클래스들이 다른 클래스와 연관을 가지고 있는 내용은 다음과 같다.

고객 회사(Client Company) to 고객 등록(Client Registry)	1 대 0 혹은 1의 관계
고객 회사(Client Company) to 고객 평가(Customer Evaluation)	0 혹은 1대 다의 관계
고객 회사(Client Company) to 계좌(Account)	1 대 1의 관계
고객 회사(Client Company) to 요청(Ask)	1 대 0 혹은 다의 관계
고객 회사(Client Company) to 입찰(Bid)	1 대 0 혹은 다의 관계

입찰(Bid) to 거래(Deal)	0 혹은 1 대 다의 관계
입찰(Bid) to 제품(Product)	1 대 1의 관계

요청(Ask) to 거래(Deal)	0 혹은 1 대 다의 관계
요청(Ask) to 제품(Product)	1 대 1의 관계

거래(Deal) to 제품(Product)	1 대 1의 관계
거래(Deal) to 상태(Statement)	1 대 1의 관계

거래(Deal) to 고객 평가(Customer Evaluation)	1 대 1의 관계

상태(Statement) to 계좌(Account)	1 대 1의 관계

3) 메소드(Method)

클래스 다이어그램에 나타나 있는 메소드 들에 대한 설명은 다음과 같이 나타날 수 있다. 여기에는 상당히 많은 메소드들이 등장하고 있기 때문에 몇 가지의 메소드에 대하여 설명하고 다음 다이어그램으로 넘어가기로 하겠다.

① 고객 추가() (AddCustomer())

C사는 재무 상태를 평가한 다음에 새로운 고객을 추가할 수 있다.

② 고긱 삭제() (DelCustomer())

여기서는 시스템으로부터 고객을 삭제할 수 있다.

③ 고객 갱신() (UpdateCustomer())

C사 혹은 고객 스스로 정보를 갱신할 수 있다.

④ 비밀번호 로그인 선송() (SendPasswordLogin())

새로운 고객이 정상적인 등록을 마친 후에 이 메소드는 자동적으로 새로운 비밀번호와 로그인을 위한 고객 아이디를 전송하게 된다.

⑤ 로그인() (Login())

이 메소드는 고객의 로그인 처리를 제공하고 시스템의 다른 객체로의 고객의 로그인이 자동적으로 이루어지도록 하여 준다.

⑥ 비밀번호 변경() (ChangePassword())

고객이 주어진 비밀번호를 변경할 수 있도록 처리하여 주는 메소드이다.

위에 명시한 메소드 외에도 많은 메소드가 C사의 클래스 다이어그램에 존재하지만 우리가 배운 내용이 어떻게 적용되었는지에 초점을 맞추고 있기 때문에 메소드에 대한 설명은 여기서 줄이기로 하겠다.

(4) 시퀀스 다이어그램(Sequence Diagram)

시퀀스 다이어그램은 우리가 앞에서 공부한 내용과 마찬가지로 시스템 내부에서 각각의 프로세스들이 순차적으로 처리되는 내용을 보여주는 다이어그램이다 우리가 사례로 공부하고 있는 C사의 고객 등록 과정을 보여준 시퀀스 다이어그램은 [그림 C]이며, 상품 구매 과정을 보여준 시퀀스 다이어그램은 [그림 D]를 통하여 알 수 있다.

1) 고객 등록 시퀀스 다이어그램

시스템 외부의 고객 액터가 등록 데이터를 등록하면, 고객 등록(client registry)은 다른 액터로 데이터를 전송하게 된다. C사의 직원이나 시스템은 평가 후에 고객의 요구사항이 충족된다면 데이터는 고객 회사(client company)로 보내진다. 이곳에서 고객에서 비밀번호와 로그인 아이디를 할당하게 되며, 고객은 주어진 비밀번호를 변경함으로써 정상적으로 받았다는 것을 표현하게 된다.

[그림 C] C사의 고객 등록 시퀀스 다이어그램

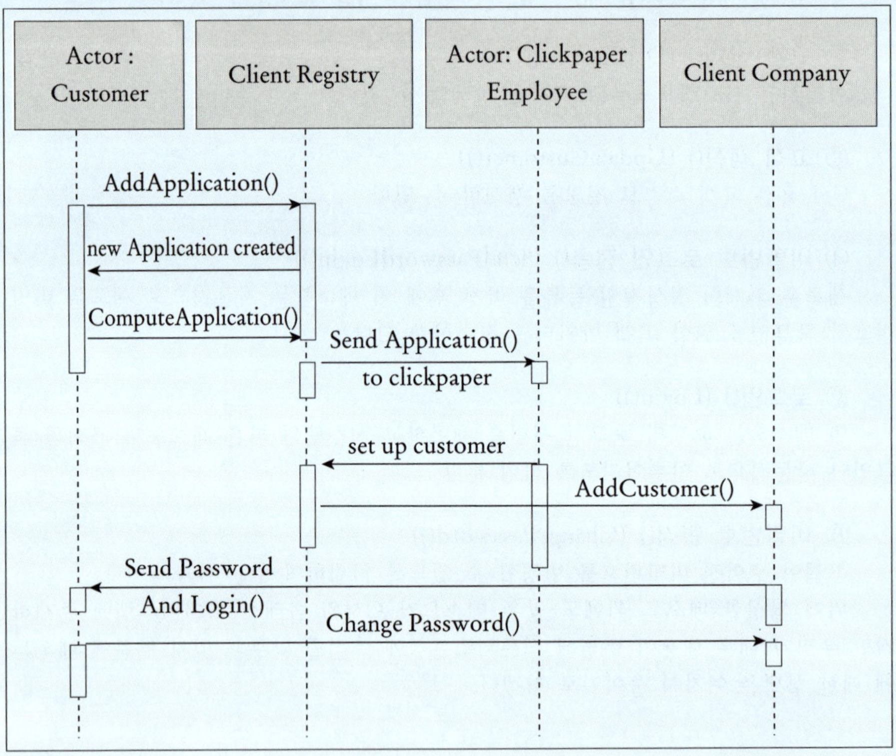

2) 상품 구매 시퀀스 다이어그램

고객은 시스템의 고객 회사(client company)에 로그인하게 되고 가격과 제품의 양을 정하여 입찰하게 된다. 입찰(bid) 클래스는 C사의 직원에서 보고를 하게 되며, 직원은 입찰을 평가하고 거래의 생성이나 입찰의 결과를 돌려 보낸다. 최종적으로 고객은 결과에 대하여 통보받게 된다.

[그림 D] C사의 상품 구매 시퀀스 다이어그램

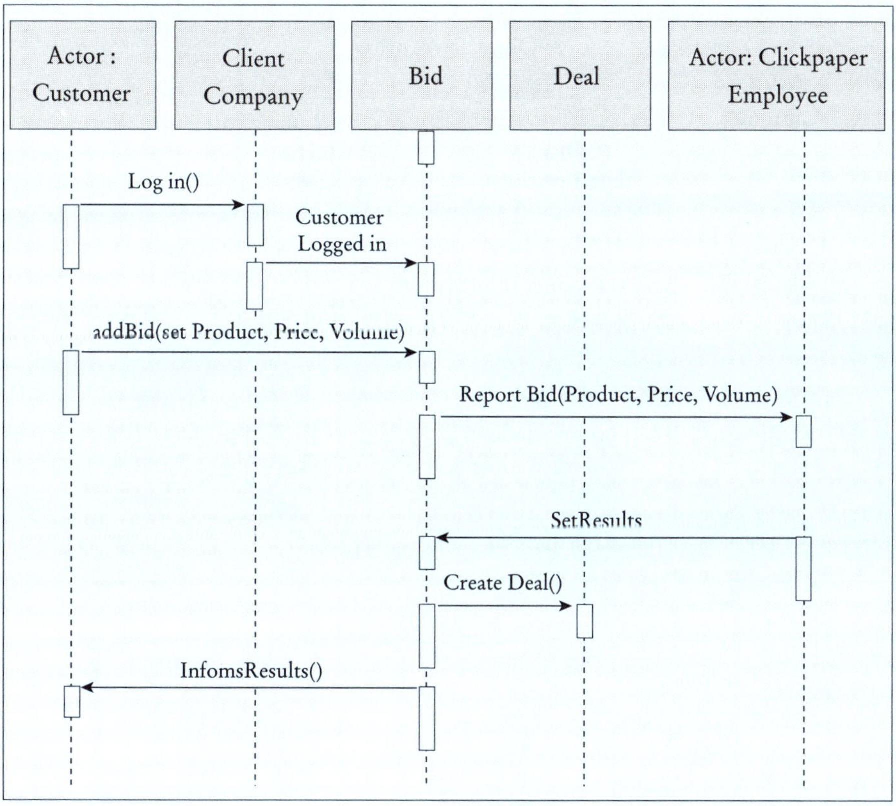

(5) 협력 다이어그램(Collaboration Diagram)

협력 다이어그램에서는 C사의 2가지 프로세스를 통하여 어떻게 구성되어 있는지를 알아보도록 하겠다.

1) 제품가격 요청(Query Product Price)

[그림 E]를 통하여 제품가격을 요청하였을 경우에 협력 다이어그램을 볼 수 있다. 고객이 시스템에 로그인을 하지 않고 접속 후에 거래로부터 최근 제품가격을 요청할 수 있다. 따라서 고객은 최근에 거래되었던 제품의 가격을 알 수 있는데, 이때의 가격은 매 초마다 갱신이 되어진다.

[그림 E] C사의 제품가격 요청에 대한 협력 다이어그램

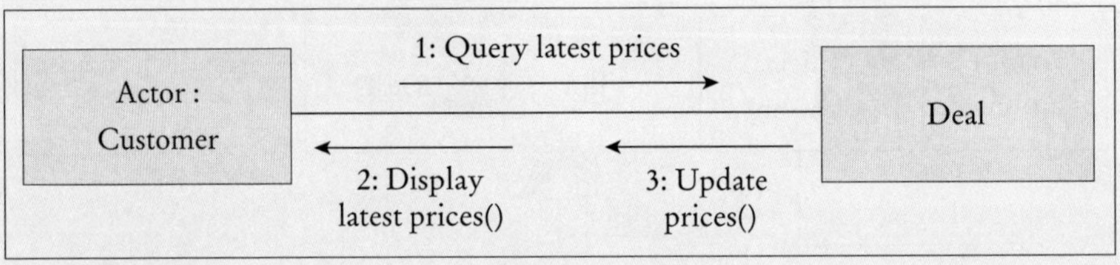

2) 제품정보접근(Access Product Information)

제품정보에 접근할 경우에 처리되어지는 협력 다이어그램은 [그림 F]에 나타나 있다.

시스템 외부의 고객이 시스템에 접근하기 위하여 로그인을 하게 된다. 그 후에 고객의 화면에는 팝업창(pop-up window)를 통하여 제품 소식을 알려 주게 된다. 팝업창을 통하여 고객은 자신이 원하는 제품정보를 선택하여 정보를 얻을 수 있다.

[그림 F] C사의 제품정보접근에 관한 협력 다이어그램

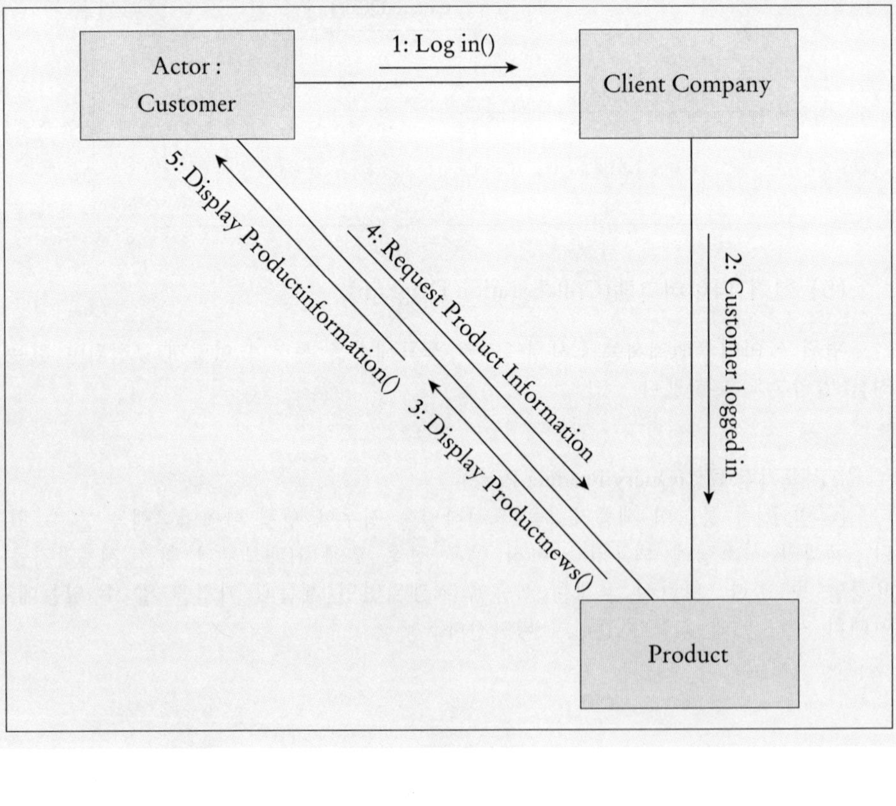

(6) 활동 다이어그램(Activity Diagram)

C사의 요청에 따른 거래 프로세스를 통하여 활동 다이어그램에 대해 알아보고자 한다. [그림 G]는 이에 해당하는 활동 다이어그램을 나타낸 것이다.

• 고　　객

먼저 고객은 어떠한 종류의 제품을 원하는지 얼마나 많은 양의 제품을 구매하고, 해당 제품의 가격은 얼마인지 정하게 된다. 만약 원하는 제품을 찾을 수가 없다면 고객은 주문을 취소하거나 상세하게 찾아 볼 수 있다. 고객은 주문한 양을 변경하여 원하는 양을 소설하여 구매가 가능하다. 고객이 원하는 가격의 제품을 찾을 수가 없다면 주문을 취소하거나 가격을 다시 조정하여 제품을 찾을 수 있다.

• C 사

C사는 고객의 주문을 평가할 수 있으며 고객이 제안한 제품과 제품의 양, 가격에 대하여 찾을 수 있다. C사는 여기에 맞는 결과를 고객에게 제공하며, 이러한 결과를 토대로 고객은 자신이 원하는 제품의 가격과 양을 주문하게 된다.

(7) 스테이트 차트 다이어그램(State Chart Diagram)

마지막으로 소개되는 다이어그램은 스테이트 차트 다이어그램이다. 입찰에 대한 스테이트 차트 다이어그램을 통하여 공부하도록 하겠다. [그림 H]에는 C사의 입찰에 대한 스테이트 차트 다이어그램을 보여주고 있다.

입찰이 시작되면 검색 프로세스가 시작된다. 한 명의 고객은 많은 수의 입찰을 할 수 있다. 입찰이 변경된 정보가 없거나 맞는 거래를 생성하지 못한다면 입찰은 사라지게 된다. 그러나 만약 참여한 고객이 반응이 없거나 입찰 상태가 변경되었다면 검색 프로세스가 다시 시작된다. 반면에 고객은 특정 입찰에 대하여 삭제하거나 취소할 수 있다.

[그림 G] C사의 활동 다이어그램

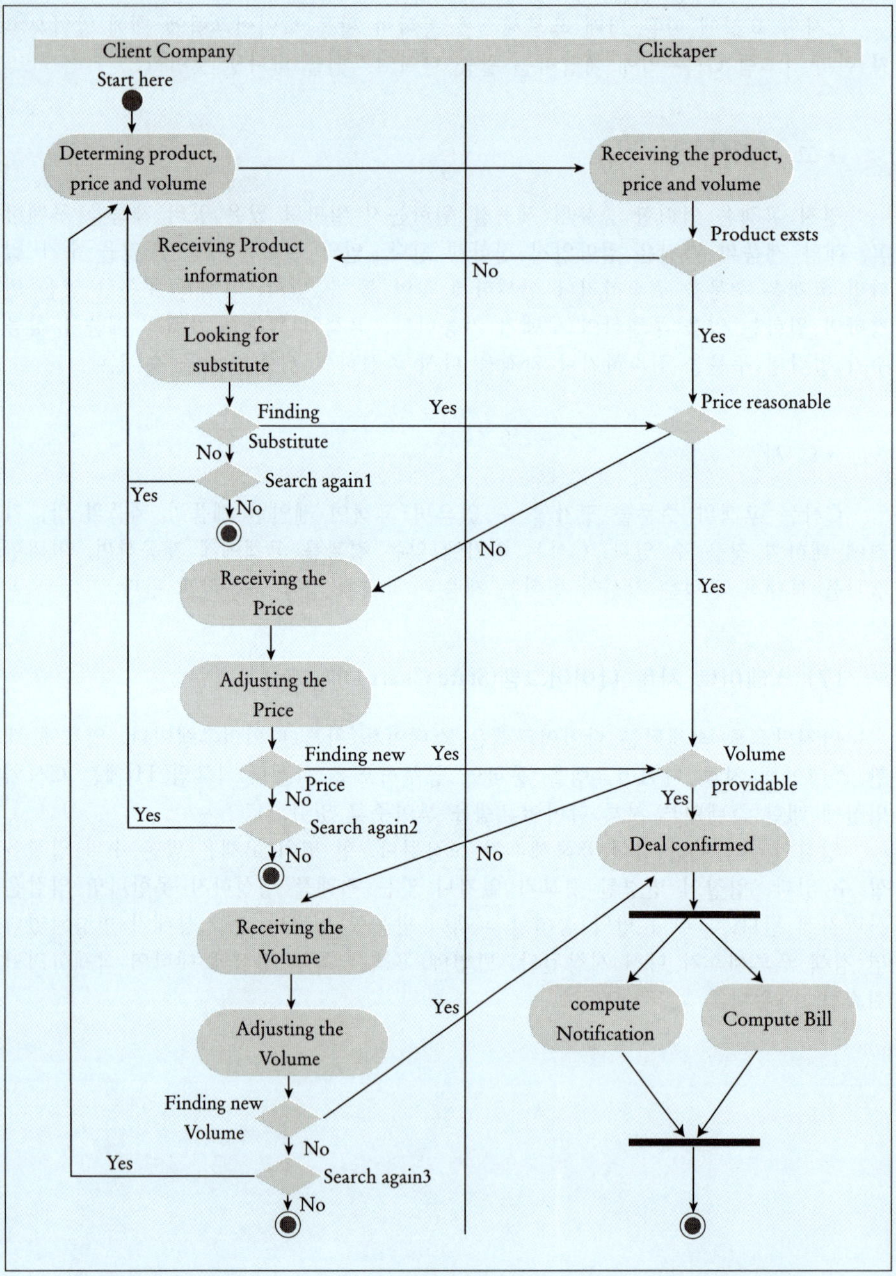

[그림 H] C사의 입찰에 관한 스테이트 차트 다이어그램

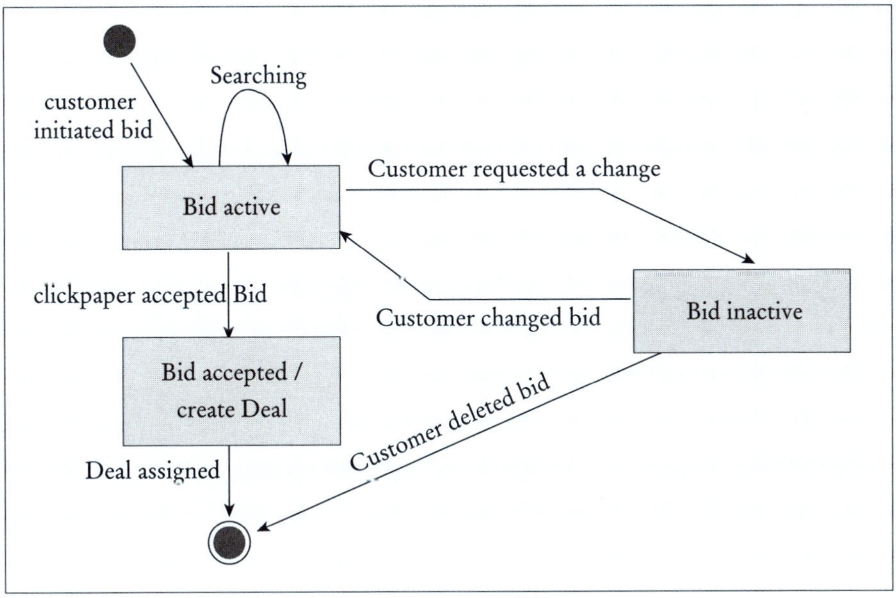

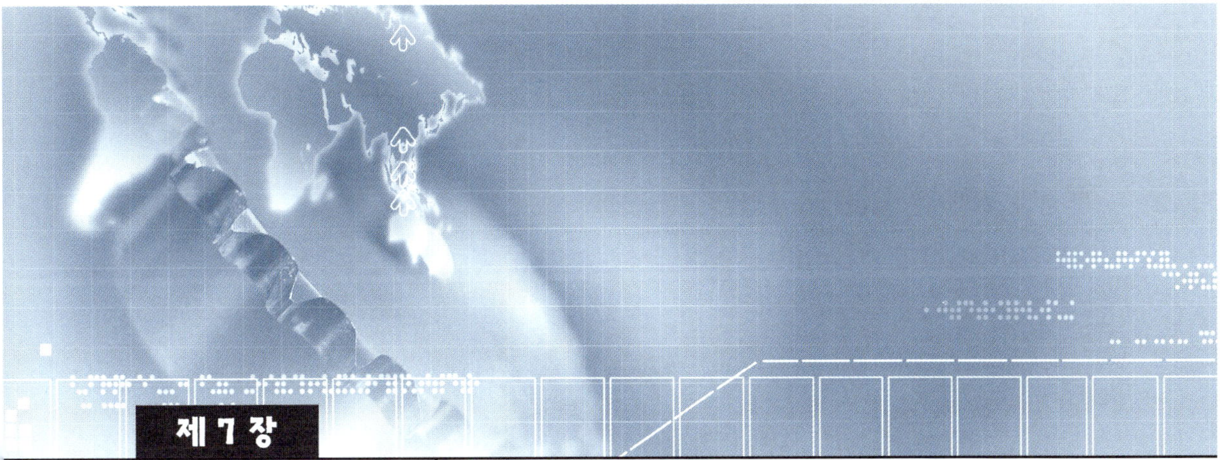

제 7 장

MIS 원가

e-Business시대가 정착됨에 따라 업무가치 증대 및 효율성 향상 등 조직의 경쟁력을 높이기 위해 IT 투자 규모를 꾸준히 늘리고 있지만, 이를 통해 실제 기업 및 구성원의 성과 향상에 대해서는 확신을 가지고 있지 못하는 실정이다. MIS 분야에 있어서 IT 투자에 의한 성과에 대해 많은 연구가 이루어졌지만, IT 투자가 기업성과에 직접적으로 미치는 영향에 대해서는 명확한 결과를 제시해 주지 못하고 있다. 대규모 IT 투자비용에 비하여 얻을 수 있는 성과 측면이 확실하게 드러나지 않음으로써 IT 투자를 주저하는 기업들이 늘어나고 있는 것이다.

지난 수년간 IT 비용이 지속적으로 증가함에 따라 IT 투자의사결정 및 평가를 위한 성과분석은 최근 가장 중요한 이슈가 되고 있다. 그러나 IT 투자와 성과 간의 상관관계를 규명하기 위한 많은 노력에도 불구하고 IT 투자에 대한 경영적인 효과를 체계적으로 분석하는 것은 매우 어려운 일로 인식되고 있다. 따라서 IT 투자로 인해 발생하는 효과들을 제대로 파악하고, 이를 더욱 계량적이고 객관적으로 측정할 수 있는 기준을 마련하는 것은 IT 투자의 가치를 평가하는 데 매우 중요한 요소라 할 수 있다.

본 장에서는 'IT 비용은 어떻게 구성되는가', 'IT 투자의 성과는 무엇인가' 등을 중심으로 IT 투자대비 효과분석, 'IT 비용을 어떻게 조달할 것인가'와 관련된 IT 비용청구시스템(Charge Back System) 등에 대해 살펴보고자 한다.

7

MINI CASE

정보시스템 투자에 대한 연구

1. 호주의 백제 공작기계회사는 투자규모가 총 1,800만 달러나 되는 유연생산시스템(FMS)을 도입·설치하였다. FMS 운영에 따른 생산성 향상 효과로는 설치된 기계의 수가 68대에서 18대로, 종업원 수는 215명에서 12명으로, 작업장 면적은 10만3천 sq. ft.에서 3만 sq. ft.로, 평균 작업처리시간은 35일에서 1.5일로 감소하였다. 그러나 2년 동안의 비용절감은 금액으로 환산하여 총 690만 달러에 불과한 것으로 나타났다. 비록 노무비 절감은 앞으로 20년 동안 총 150만 달러에 달할 것으로 예상되나, 실제 현가로 계산해 보면, 투자수익률은 10% 미만으로 나타났다. 일반적으로 미국이나 영국 기업에서 적용하는 최소투자수익률이 15% 이상이며, 최소 투자회수기간이 5년 이내인 점을 감안해보면, 백제 공작기계회사의 FMS 프로젝트는 경제성이 없는 것으로 판명된다. 그러나 생산성과 운영성과에 대한 종합적인 효과는 대단한 것으로 인식되고 있으며, 특히 다품종소량생산에 대응하는 생산시스템의 융통성 증가는 매우 유용한 것으로 판단하고 있다.

2. 영국의 한 섬유제조업체의 이사회에서는 전산화된 생산계획 및 통제시스템 개발에 관한 사업계획서를 검토하였다. 이러한 시스템을 도입하고자 하는 이유는 최근 소매점의 판매시점관리시스템에서 수집된 소비자 구매행위에 관한 정보를 활용하여 유통소요시간을 단축하기 위한 것으로 여기에는 통합적인 생산계획 및 통제 시스템의 구축이 요구되고 있기 때문이다. 그러나 불행하게도, 현재 경기가 다소 침체되어 있고 매우 느린 속도로 호전될 전망을 보이고 있어, 계획된 IT 프로젝트는 경제적 타당성이 별로 없는 것으로 판정되었다. 하지만 이사회는 동 프로젝트를 승인하였다. 왜냐하면 경쟁사가 유사한 시스템을 도입하여 소매점과의 정보통합을 시도하고 있기 때문에 이에 대한 우려로 경쟁전략적인 면에서 고려되어야 한다고 판단하였기 때문이다.

7.1 MIS 비용

7.1.1 IT 평가를 위한 기본 틀

IT 투자는 기업의 경영목표 달성과 경쟁력 향상에 기여할 수 있는 IT 시스템을 도입, 개발 및 운영 유지하는 제반 활동이다. 최근 10년 동안 많은 기업들이 IT에 투자해 왔지만, 이러한 투자가 기업 경쟁력에 얼마나 많은 기여를 했는지는 그 동안 정확한 분석이 이루어지지 않았다. IT 투자의 목적은 투자를 통해 다양한 정량적 효익과 정성적 효익을 도모함에 있고, 따라서 이러한 효익을 가늠할 수 있는 IT 투자 평가 체계의 확보는 올바른 IT 투자 의사결정을 위한 핵심 과제이다.

IT는 적용대상이나 활용분야가 다양하다. 이것은 IT 도입목적, 기술의 특성, 확실성과 위험도 등에서 많은 차이가 있다는 것을 뜻한다. 결국 이러한 다양한 IT 프로젝트에 적용할 수 있는 투자 분석기법 또한 다양하게 존재한다는 것이다. 따라서 다양한 목적에 부합하는 여러 가지 IT 평가방안을 설정해놓고 적용하는 것이 바람직하다.

[표 7-1]은 IT 활용 목적에 따른 구분으로 IT 활용의 본질과 적절

[표 7-1] IT 평가를 위한 기본 틀

목 적	목 표	특 징	평가방법
생산성 내지 경영성과	효율성 효과성	유형의 이익 명확한 논의	재무분석 순현가법
새로운 관리방식	변 화 유연성	혁신적인 개념 다양한 차원	다요인 분석 행렬표
경쟁우위	제품 - 시장의 위치 선정 경쟁의 불균형	확고한 비전 상업적 판단	전략적 분석법 테스트법
신사업 분야 개척	경영 다각화 성장	모험적 사업 위험과 불확실성	사례 조사 사업계획 수립

하게 적용 가능한 평가 방법에 대한 내용을 설명하고 있다. 제1열은 IT 활용의 형태를 나타내고, 제2열은 IT 프로젝트가 추구하는 목표를 나열하고 있다. 제3열은 IT 활용의 특성을 나타내며, 제4열은 각 특성에 맞는 적합한 평가기법을 설명하고 있다. 물론 [표 7-1]은 IT 활용 목적에 따른 구분으로서 완벽하게 상호 배타적으로 되어 있지는 않다. 따라서 맨 마지막 열에 나타난 투자기법이나 평가방법은 경우에 따라서는 서로 혼합하여 사용할 수 있다. 그러나 개념적으로는 각 유형의 차이를 구분하여 설명해 볼 필요가 있다.

만일 IT의 활용목적이 생산성 및 성과 향상이라면 그 목표는 효율성과 효과성으로 대표될 수 있으며, 생산성, 품질, 대응력, 산출물 등에 관한 사항으로도 표현될 수 있다. 실제로 이 경우에는 IT 도입에 대한 사전, 사후의 유형적인 성과를 측정할 수 있다. 다만 IT를 활용함으로써 향상된 생산성이나 개선된 경영성과가 실제로는 경영관리자의 시간절약, 새로운 기술의 도입, 주요 의사결정의 지원에 의해서 달성되는지에 대하여는 논란의 여지가 있을 수 있다. 여기서는 투자평가기법으로서 재무적 분석방법이 적합하다. 생산성 내지 경영성과의 향상이 순현가법(NPV: Net Present Value) 계산시 계량적으로 파악될 수 있으며, 투자회수기간, 재무제표의 영향, 투자수익률 목표로도 동시에 반영될 수 있기 때문이다.

만일 IT를 도입하는 목적이 새로운 경영 관리방식을 도입하는 것이라면, 그 목표는 변화의 달성이라고 집약될 수 있다. 실제로 이러한 목적으로 IT를 도입하는 경우는 근본적인 변혁을 수반하는 경우가 많다. 예를 들면 새로운 조직의 설계, 혁신적인 생산 공정기술의 도입, 작업의 재설계 등을 의미한다. 따라서 이러한 투자사업의 타당성 평가는 재무적 요인과 함께 비재무적인 요인을 새로운 측정지표로 개발하여 계량화할 수도 있으며, 또는 가중치를 할당한 점수를 산정하여 비교할 수도 있다.

만일 IT 도입의 목적이 경쟁우위의 추구라고 하면, 그 달성목표는 제품-시장에서의 비교우위 확보이다. 다시 말해 IT는 내부운영상의 목표뿐만 아니라 외적인 목표도 달성할 수 있어야 하며, 궁극적인 목표는 경쟁우위를 확보하자는 것이다. 그러나 이러한 목표는 너무 추상적일 수 있으며 구체적인 대안의 모색이 생략되기 쉽다. IT의 전략적인 활용이 성공적이기 위해서는 IT목표에 대한 정확한 비전이 전제되어야 한다. 이와 같이 IT의 혁신적인 활용은 IT 자체뿐만 아니라 타 요인들도 함께 고려해야 하며, 해당 투자사업의 타당성이 상업적 측면에서도 입증되어야 한다. 따라서 경쟁우위를 위한 IT 프로젝트인 경우 마이클 포터(Michael E. Porter)의 경쟁전략 분석모형을 이용하여 IT가 기업의 경쟁요소와 경영전략에 미치는 영향을 분석해 볼 필요가 있다. 그러나 기본 아이디어를 검증하고자 할 때에는 프로토타이핑 기법이 적합하며, 전통적인 재무적 평가방법을 적용한다든가 IT를 일단 전면적으로 도입 · 운영한 후에 결과를 사후적으로 검토하는 것은 적합하지 않다고 할 수 있다. 이와 같이 시장에서 테스트를 먼저 시도한 후에 필요하면 비용과 이익분석도 시행할 수 있을 것이다.

만일 IT를 활용하여 새로운 사업기회를 포착하려고 한다면, 그 달성목표는 서비스산업으로 진출하여 업종다각화를 추구하든가, 정보서비스 분야에서의 지속적인 성장을 추구하는 형태로 나타난다. 다시 말해 IT 투자는 실제 새로운 분야의 창업을 의미하며, 투자사업의 특징은 한마디로 모험투자로 불릴 수 있다. 결국 IT 투자에 대한 평가방법은 창업에 따른 사업계획 수립과 검토를 뜻하게 된다. 따라서 이러한 경우는 마치 창업자가 금융 지원을 받기 위해 은행가에게 사업계획서를 작성하여 제출하는 요령과 같다. 이때에는 자금수요, 투자수익률, 시장조사 및 계획, 운영관리 등에 대한 분석에 초점이 맞추어진다. 때로는 사업위험 및 불확실성에 대한 분석을 위해 대안적인 시나리오 분석을 포함하기도 한다.

지금까지 설명한 4가지 평가의 기본 틀은 IT 프로젝트 평가 때 관리적인 처방을 제공한다. 이에 대한 기본적인 원칙을 요약해 보면 다음과 같다.

- 다양한 IT 사용자는 다양한 특성을 가진다.
- 현실적으로 보아, 전략적 의사결정을 요하는 많은 투자사업자들은 재무적 분석을 하지 않는다.
- IT의 평가문제는 일반적인 투자사업의 평가문제와 별로 다르지 않다.

7.1.2 IT 비용분석

일반적으로 비용을 측정하고 관련 자료를 수집하는 것은 이익 측정보다 훨씬 쉽다. 그러나 여기서도 어떠한 비용항목을 분석에 포함시킬 것인가 하는 문제가 있다. 아래의 [표 7-2]와 같이 IT 프로젝트의 사용

[표 7-2] IT 평가를 위한 기본 틀

항 목	구성요소	내 역
개발비용	H / W	해당 시스템의 관련 서버, 클라이언트, 주변기기, 네트워크를 비롯한 새로운 하드웨어 구입비용
	S / W	상용 애플리케이션 S/W 구입비, 해당 시스템관련 소프트웨어(개발툴 이외의 관련된 메시징, 원격 연결 소프트웨어 비용 포함) 비용
	외주용역비	새로운 하드웨어, 소프트웨어를 설치 · 배치하는 데 들어가는 인건비, 컨설팅 용역비
	내부인건비	초기 시스템 개발에 투입되는 내부 인력의 개발 인건비
운영비용	유지보수비	해당 운영시스템의 실제 운영인력에 대해 도급계약 기준의 기술등급상 용역비를 적용한 유지보수 노동비용, 운영기간 동안 최종사용자에게 전달하는 데 드는 비용
	고도화비용	H/W(용량, 신기술, 장비의 용량 증가율 등), S/W(Upgrade, 재개발) 등 기존 시스템의 고도화를 위해 투자되는 비용, System Life Cycle 변화 비용
공통비용		네트워크, 보안설비, BRS(Business Recovery System), OA, 기계실 구축, 통합관리
기타비용		해당 시스템에 대한 교육비, 국내외 통신비, 인터넷사용료, 시스템에 관련된 소모품, 다운타임으로 인한 손실비용

자 측면에서 부담해야 할 비용요소들을 열거해 보았다. IT 비용은 개발비용과 운영비용, 공통비용, 기타비용 등으로 구분할 수 있다. 그 외에 시스템의 능력이 실제수요를 감당하지 못할 때 발생하거나 시스템의 능력이 실제수요보다 클 경우, 즉 유휴자원이 생길 경우에 발생하는 비용인 기회비용은 시스템에 대한 투자결정에 있어서 매우 중요하다.

IT 비용의 규모는 해당 기업의 IT 수요에 의해서 결정이 될 것이다. 적정한 IT 비용의 규모는 기업 외부환경의 기회·위협요소와 기업 내부요소 등을 함께 고려하여야 할 것이다. 즉 IT에 대한 전략적 계획에 따라 IT 수요에 대한 문제나 적정 지출규모 문제 등에 대한 해답을 제공하게 될 것이다. 또한, IT 시스템의 개발과 유지보수 및 연구개발 분야에 대한 비용배분 문제 등도 결정될 것이다.

최근 기업들은 IT 지출비용을 대소에 상관없이 고정자산으로 인식해야 한다고 보고 있다. IT를 단지 비용의 지출이라는 차원에서 자본투자의 차원으로 인식하는 것은 회계처리의 변화 이상의 것으로 받아들여지고 있다. 이것은 IT 관리통제에 대한 근본적인 변화를 가져오는 것으로서 자금지출 문제, 프로젝트 타당성 문제, 책임회계 시스템, 성과측정 등 전반적인 부분에서의 변화를 가져오고 있다. IT 비용 지출을 자본적 투자로 간주하는 것은 [표 7-3]과 같다.

IT 지출 비용이 점점 늘어나면서 IT 지출을 투자 개념으로 파악하려는 추세가 많아지고 있지만 투자로서 IT 관리는 더욱더 정교한 분석방법을 필요로 한다. 기업들은 종종 외적 요인보다 내적 요인에 의해

[표 7-3] 투자로서의 IT 관리

비용지출	자본투자
소규모	대규모
전술적 관점	전략적 관점
해야만 하는가?	안할 수 없다.
중단 - 진행	중단 없는 진행
비용분석	투자평가
자체조달	자본예산
원가관리	이익관리

정성적인 방법에 의한 투자를 시행하고 있다. 내적 요인이라는 것은 사업부간의 투자우선순위를 결정하고, 기술력과 관리능력 등 기업의 비재무적 자원에 대해서도 검토를 하는 것을 의미한다. 실제로 IT 프로젝트는 기술인력, 하드웨어 및 소프트웨어 조달능력, 경영관리 능력, 조직의 저항 여부, 기존 시스템과의 연계성 등의 복합적인 비재무적 요인들을 고려하여 결정되어진다.

IT 지출을 비용으로 처리하느냐 혹은 자본으로 처리하느냐 하는 문제는 자본조달의 문제로 국한시키지는 않는다. IT 투자와 관련된 의사결정 과정은 다음과 같다. IT 프로젝트가 양의 순현가를 제공하는 경우, 즉 프로젝트로부터 기대되는 이익이 비용을 웃도는 경우와 투자의 한계이익이 한계비용을 웃도는 경우는 프로젝트를 채택한다는 것을 의미한다. 결국 IT에 관한 비용지출 또는 투자지출은 이윤창출이라는 기업목표를 달성하는지의 여부에 따라 결정되어진다. 일반적으로 신규 프로젝트에 대한 투자가 결정되면 프로젝트와 관련성이 가장 높은 해당 사업조직에서 신규개발 프로젝트의 자금조달 책임을 담당한다. 그러나 다른 신규개발 사업의 경우와 달리 IT 프로젝트에서는 부족한 자금지원에 대한 IT 책임자의 불만이 표출되는 경우가 자주 있다. 이러한 문제는 단지 총액적인 자금지원의 과다 문제가 아니라 지속적으로 IT 관련 지출의 타당성을 입증시켜야 할 필요성에 대한 어려움과 최근 IT 자금지원이 부족해지는 경향이 있기 때문이다.

7.1.3 타당성 분석

[표 7-1]에서 언급된 4가지 유형의 평가방법 중 어떠한 대안을 선택하였는지에 무관하게 IT 프로젝트의 비용 및 이익에 대한 자료수집은 반드시 필요하다. 특히 IT 프로젝트에서는 재무적인 분석차원에서 한 걸음 더 나아가 다른 평가요인에 대한 비용 및 이익 측면의 고찰이 필요하다.

매코시(McCosh)가 제시한 바에 의하면 비용 및 이익을 분석할 때에는 경제적인 타당성뿐만 아니라 기술적 · 운영적인 타당성도 감안해야 한다고 주장하였다. 이러한 점은 기업의 정보시스템이 DP(Data Process) 개념에서 IT 개념으로 전환됨에 따라 더욱 그러하다. 경제적 타당성 분석은 기업에 미치는 손익의 측면만을 강조하여 분석을 시행하는 것이다. 특히 기업에 미치는 이익을 측정하는 것이 문제가 될 수 있으며 앞의 [표 7-1]에서 기본적인 접근방법을 설명한 바 있다. 투자사업의 기술적 타당성은 주로 기술 전문가에 의해서 검토되기는 하나, 이후에 경영층의 확인작업이 반드시 필요하다. 여기에는 다음과 같은 질문사항이 있을 수 있다.

- 필요한 기술이 도입가능하고 일반적으로 증명된 기술인가?
- 이러한 기술은 활용할 수 있는 적합한 기술인력을 보유하고 있는가?
- 다른 시스템과 기술의존성 문제는 없는가?
- 현재 추진하고자 하는 프로젝트로 인해 새로운 기술적 리스크가 발생할 우려는 없는가?
- 관련 기술들과 인터페이스 문제는 충분히 검토되었는가?
- 관련 제반 기술과의 인터페이스는 꼭 필요한 것인가?
- 현 프로젝트는 전체 정보기술체계와 일관성을 유지할 것인가?

위와 같은 질문에 대한 해답을 구하는 과정이 결국 프로젝트의 기술적인 타당성을 검토하는 동시에 프로젝트의 위험요소와 추진상의 난제 등을 함께 분석하는 것이다. 운영적인 타당성 검토는 사용자 측면의 평가 문제이다. 실제로 운영적 검토는 IT의 투자 구현과 활용에 따라 발생하는 기대이익을 산출해내는 과정이므로 매우 중요하다. 따라서 다음과 같은 질문에 대한 해답이 운영적 검토시 제기되어야 한다.

- 필요한 자료가 수집가능하고 신뢰성이 있는가?
- 운영에 필요한 절차나 규범이 존재하는가?
- 프로젝트를 위해 경영층이 적극적으로 지원하고 참여하는가?

- IT 도입이 개인과 조직에 미치는 영향을 지원하고 참여하는가?
- 사회 및 조직전반의 개선에 기여할 수 있는가?
- IT 활용에 따라 영향을 받을 수 있는 제3자를 고려하고 있는가?

지금까지 설명한 경제적 · 기술적 · 운영적 타당성 평가에 대한 내용은 [표 7-4]에 요약되어 있다. [표 7-4]는 IT 투자 사업을 재무적인 분석에만 의존하지 않고 프로젝트가 내포하고 있는 다양한 측면에 대한 포괄적인 검토의 필요성이 있다는 것을 시사하고 있다. 실제 [표 7-4]에 기술된 내용은 가공공장에서 작업장 관리자료 수집을 목적으로 IT를 적용하고자 할 때의 투자분석 상황을 예시하고 있다. 우선 3가지 평가부문에 대하여 그 타당성 검토 결과를 제시하고 있으며, 특별한 기회와 위험요인들을 열거하고 있다. 이렇게 함으로써 모든 타당성 고려 사항을 망라한 광범위한 분석이 가능해지고 경영층, 전산 전문가와 사용자들 모두에게 IT 투자 사업이 갖는 의미를 인식하게 하는 데 도움이 된다.

한편, [표 7-4]와 같은 3차원적인 분석을 사용할 경우, 각 프로젝트의 투자위험과 기대이익에 대한 주관적인 판단이 가능해진다. 따라서 기업 전체적으로는 모든 투자 사업에 대한 위험과 기대이익 사이의 상쇄효과를 감안하여 적정한 프로젝트의 조합을 찾아내는 것이 중요하다. 예를 들면 기업 전체의 위험을 되도록 낮게 하려면 여러 투자사업 중

[표 7-4] 타당성 분석의 틀

기 준	타당성	위험도	기 회
경제적	50%까지의 생산성 향상, 30%까지의 유휴시간감소	정보의 관리적 활용과 후속 조치 및 투자에 달려 있음	자동하와 생산원가 감소 가능성이 있음
기술적	새로운 기술 도입이 있음	새로운 응용방식의 도입으로 기술적 인터페이스 문제가 발생됨	통합된 생산, 관리 시스템 습득의 기회 제공
운영적	현장 운영상 별 영향이 없음	집행에 대한 작업자의 우려 예상, 자문이 필요함	품질관리 분임조 활동의 시작을 유도함

위험도가 높은 프로젝트를 제한적으로 선택하면 된다. 또한 재무관리이론에서와 같이 위험도를 분산시키는 방법은 서로 역의 상관관계가 있는 프로젝트를 동시에 선정하는 것이다.

7.2 IT의 ROI

기업의 경쟁력을 알아보는 지표 중의 하나가 투자대비효과(ROI : Return On Investment)이다. 투자대비효과는 기업이 어느 정도의 비용을 투자하여 얼마만큼의 이익을 올리는지를 알아보는 지표이다.

> ※ 투자대비효과(ROI)
> = 순효과(net benefit) / 비용(cost)

전통적인 ROI 분석은 비용과 효과를 조사하고 계산하여 프로젝트를 추진할 가치가 있는지 평가하는 것이다. 이러한 재무적 기법들이 IT 예산이 줄어들고, IT 투자의 성과에 대한 회의적인 시각이 생겨나면서 IT 투자에 대한 효과를 분석하는 방법으로 많이 활용되고 있다.

7.2.1 IT의 효과

단순히 IT 비용 및 이익의 상관관계를 분석한 것만으로 IT가 과연 기업에게 도움이 되는지에 대해서 단언할 수 없다. 현재 IT를 통한 기업의 성과에 대한 실증적인 분석이 그리 많지 않은 상태에서 무턱대고 IT를 추진하라고 말하기에는, 받아들이는 입장에서도 권유하는 입장에서도 상당히 껄끄러운 것이 사실이다. 경쟁기업이 추진하고 있으니까라는 식의 인식으로는 제대로 된 IT 추진이 힘들뿐더러 나중에 경영개선 성과도 기대하기 힘들 것이다.

[그림 7-1] IT 역할의 변화

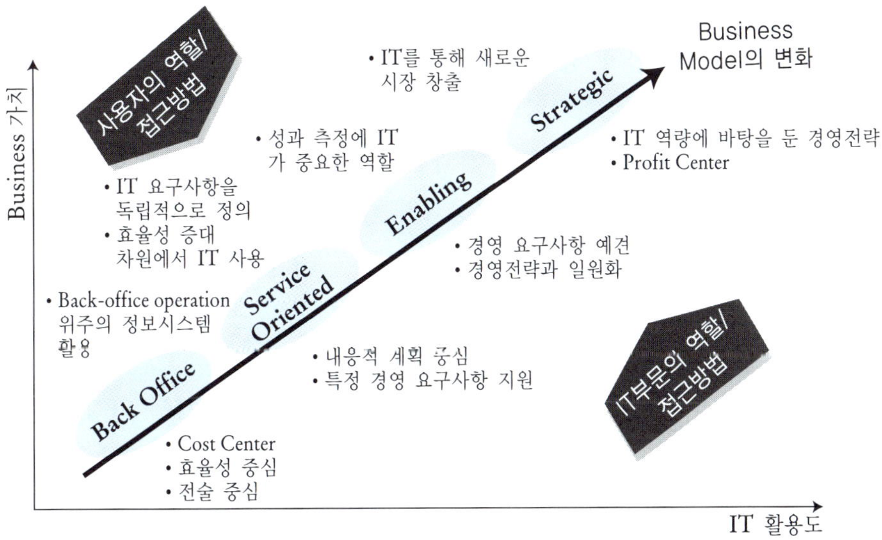

그러면 과연 IT가 기업에게 어떤 긍정적인 효과를 미칠 수 있을까? IT가 본격적으로 진행되기 시작한 1990년대 중반 이후부터 기업 생산성을 높이는 데 IT가 직·간접적으로 긍정적인 영향을 미친다는 결과가 보고되기 시작했다. 이전까지는 IT가 생산성에 미치는 효과가 부정적이라는 생산성 역설(productivity paradox)에 대한 논의가 제기되었지만, 이는 생산성 통계과정상의 측정오차에 기인한다는 논리와 IT로 인한 생산성 증가의 시차가 존재한다는 논리에 의해 반박되었다. 이와 더불어 1990년대 중반 이후에는 IT 선진국의 장기호황 및 생산성의 지속적 상승이 IT 혁신에 기인한다는 데 의견이 모아지기 시작했다. [그림 7-1]은 IT 역할의 변화에 대해 나타내고 있다.

IT가 생산성에 어떤 경로로 영향을 미치는지에 대해서도 의견이 분분하지만 크게 두 가지로 나눌 수 있다. 첫째, IT의 발전 그 자체가 직접적으로 생산성에 영향을 미치는 부분과, 둘째, 정보화를 통한 여타 부분의 보완을 통해 간접적인 방식으로 추가적인 생산성 상승효과를 가져올 수 있고, 기존에 존재하지 않던 산업이 정보화를 통해 등장함으로써 전체 경제의 생산성을 상승시키는 효과를 들 수 있다.

중소기업정보화경영원(2004) 분석에 의하면 IT 수준은 기업성과, 특히 중소기업의 경영성과지표에 유의적으로 높은 영향을 미치는 것으로 나타났다. 중소기업의 IT 수준에 관한 지표를 추출한 후 이를 기업경영성과지표와 분석해본 결과 정보화 활용수준이 높으면 높을수록 매출액과 이익액의 증가에 긍정적인 효과를 가져왔으며, 조직의 환경변화 적응도와 조직분위기를 개선하는 데도 영향을 미쳐, 중소기업이 시대흐름에 뒤처지지 않고 시시각각 변하는 다양한 고객의 요구에 순발력 있게 대처하는 데 도움이 큰 것으로 분석되었다.

특히 IT 수준 지표 중 활용수준이 기업의 성과에 가장 큰 영향을 미치는 것으로 나타나, 중소기업이 대기업의 정보화 수준을 쫓아가기 위해 보다 많은 투자를 하는 것도 중요하지만, 상대적으로 적은 투자로도 효과를 극대화할 수 있도록 활용능력 제고에 보다 많은 노력을 기울일 필요가 있다는 것을 시사하고 있다. 또한 네트워크의 구축은 기업 내 비용 감소뿐만 아니라 기업 외부 측면에서 정보화를 통해 판매비용 절감, 유통 및 홍보비용 감소 등을 가져와 기업의 이익 증가에 기여하고 있는 것으로 나타나, 정보화 수준이 높아질수록 기업의 경쟁력 제고에 기여하는 것으로 분석할 수 있다.

반면 정보화 수준의 향상을 위해서는 IT 관련 투자뿐 아니라 기업의 IT 관련 유지 및 보수비용 증가를 야기하기 때문에 단기적으로 일반관리비 절감에는 유의적인 효과를 미치지 못하는 것으로 나타났다.

당해연도만을 대상으로 분석한 결과에 대해서는 경기변동에 따른 효과일 뿐이라고 이해할 수도 있겠지만, 다년간에 걸친 시계열자료를 구축해 종업원 규모별, 업종별로 집단을 나누어 분석해도 IT 수준 향상은 기업의 총매출액 및 1인당 매출액 증가에 긍정적인 영향을 미친 것으로 분석되므로, 이를 통해 정보화는 기업경쟁력에 긍정적으로 작용한다는 것을 알 수 있다.

이 모든 측면을 고려할 때 IT는 기업 경쟁력에 유의적인 영향을 미치는 것이 분명하며, 이는 기업경영환경이 어려울 때, 즉 경기침체기에 기업경쟁력 감소를 최소화하여 기업의 경기대응력을 높여줄 수 있다고 할 수 있다.

7.2.2 생산성 패러독스

지난 반세기에 걸쳐, 많은 조직들이 수조(兆) 달러를 IT에 투자해 왔다. 이러한 IT 투자 지출은 당연히 조직의 변화를 야기하게 되고, IT는 거의 모든 업무프로세스에 필요한 것으로 인식되어 왔다. 그러나 대부분의 IT 투자는 1970년대에서 1980년대에 이르는 기간 동안, 서비스 분야에서 제일 많은 투자가 있었지만 생산성 향상은 제조업보다 낮았다. 이와 같이 IT에 대한 투자와 기업의 성과는 아무런 관계가 없다거나 혹은 부(負)의 영향을 미치는 결과가 나오는 것을 생산성 패러독스(productivity paradox)라고 한다.

생산성 패러독스를 이해하기 위해서는, 우선 생산성의 개념을 이해할 필요가 있다. 경제학자들은 생산성을, 생산량을 투입량으로 나눈 것으로 정의한다. 생산량은 생산된 단위(예를 들어, 안전성 증가와 가솔린 단위당 달릴 수 있는 거리)의 변화에 의해 추가로 조정될 필요가 있다. 투입량에 대한 생산량에 대한 비율을 단순히 시간단위로만 계산했다면, 이를 노동생산성(labor productivity)이라 한다. 경제적 투자 및 물자와 같은 다른 투입량이 포함되는 경우, 이러한 비율을 다요인 생산성(multifactor productivity)라 한다.

경제학자들은 생산성 이슈를 최근에 와서야 광범위하게 연구하고 있으며, 생산성 패러독스에 대한 다양한 해석들을 제시하고 있다. 이러한 패러독스에 대한 여러 가지 설명들은 다음과 같은 3가지 범주로 분류될 수 있다.

첫째, 데이터 또는 분석에 대한 문제들은 IT로 인한 생산성 이득을 명확히 나타내지 못한다. 제조업에서는 비교적 쉽게 생산량을 계산할 수 있고 투입한 자원을 측정할 수 있다. 그러나 은행이나 호텔과 같은 서비스산업에서는 산출과 투입을 쉽게 측정하기가 어렵다.

둘째, IT로 인한 생산성 이득은 타 분야의 손실로 상쇄된다. 어느 한 회사에서 IT의 이용으로 시장점유율을 증가시킬 수 있었지만, 이로 인해 다른 회사의 산출이 감소하였다면 산업 전체의 생산성은 그다지 증가하지 않을 것이다. 이러한 현상은 조직 내에서도 일어날 수 있다. 컴퓨터 시스템에 투자하여 그 시스템을 이용하는 영역의 종업원 수를 감소시킬 수 있었지만 다른 비생산적 영역에서 더 많은 종업원이 필요하게 되었다면 정보시스템 이용으로부터 오는 생산성은 그리 크지 않을 것이다.

셋째, IT로 인한 생산성 이득은 IT 비용 또는 손실에 의해 상쇄된다. IT 그 자체가 실제로 생산성을 증가시키지 않을 수 있다. 정보시스템 이용에 따른 노동생산성만 고려한다면 시스템을 이용하는 종업원의 작업시간을 투입으로 하고 작업처리량의 증가를 산출로 계산하게 된다. 그러나 실제 투입에는 업무를 담당하는 작업자의 소비시간 외에도 다른 요인들이 있다.

이와 같은 생산성 상쇄요인들은 대부분 정보기술 자체의 문제보다는 정보기술의 운영관리상의 문제로부터 야기된다. 많은 경우에 이러한 상쇄요인들은 보다 나은 계획 수립과 효율적 관리기법을 통해 통제가능하다. 그러므로 정말 중요한 것은 IT가 전반적으로 생산성을 어떻게 증가시키는가 혹은 실제 그러한가가 아니라, 어떻게 생산성을 향상시키는가에 관한 것이다.

IT의 생산성 패러독스를 주장하는 것이 현명하다고만 할 수는 없지만 그렇다고 무조건 잘못이라고 할 수도 없다. IT 투자를 맹목적으로 하는 기업은 실적개선을 전혀 기대할 수 없을 것이다. IT 투자가 오히려 기업의 문제점을 증폭할 것이기 때문이다. 그러나 IT 투자를 현명하게 하는 기업은 적절한 관리를 통하여 실질적인 성과를 거두어 갈 것이다.

7.2.3 IT의 투자 대비 효과분석

IT 투자에 대한 성과평가 목적은 투자를 통해 발생하는 효익, 비용 및 위험을 분석하여 투자의 효율성과 효과성을 측정하고, 궁극적으로 투자대비효과(ROI) 및 기업가치(corporate value) 극대화에 기여하기 위함이다. 그러나 IT 투자에 대한 성과평가는 IT 투자로부터 수익이 발생하기까지의 시간(revenue distance), 기회비용, IT 도입에 따른 조직혁신, 고객과 관련된 가치, 혹은 경쟁자들의 모방 등과 같은 이유 때문에, 무형적 성과들의 정량화된 측정이 쉽지 않다. 그럼에도 불구하고 앞선 몇몇 CIO들은 IT ROI 측정에 대한 과학적인 접근을 시도하고 있다.

[그림 7-2]는 IT 투자 평가시 고려해야 할 3가지 요소에 대해 제시하고 있다. 정보화 투자평가의 목적은 투자를 통해 발생하는 효익, 비용, 위험을 분석하여 투자의 효율성과 효과성을 측정하고 궁극적으로는 투자대비 효과 및 기업가치 극대화에 기여하기 위한 것이다(박주석).

성공적인 IT ROI 분석을 위해서 우선 고려해야 할 사항으로는 정보화 투자와 관련된 내부 및 외부 환경변화에서 요청되는 투자 성과평가

[그림 7-2] IT 투자 평가의 세 가지 요소

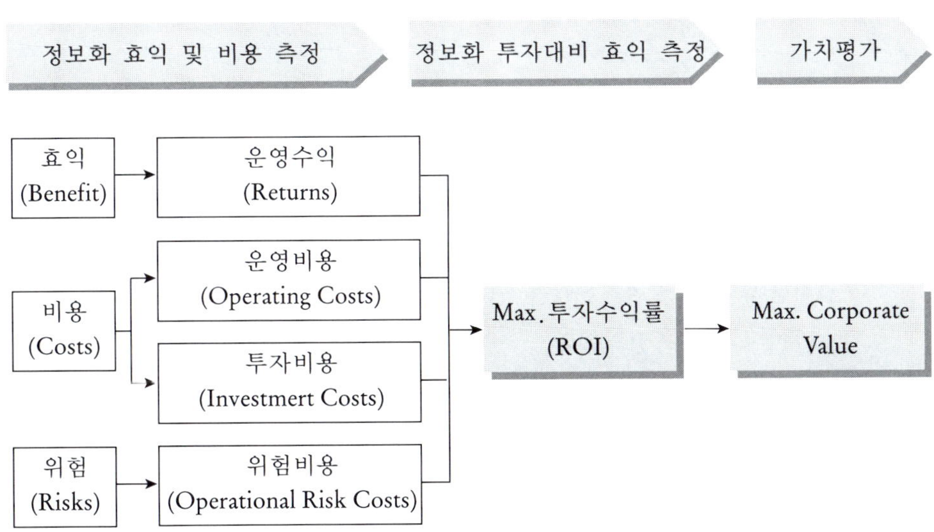

올바른 정보화 투자평가를 위해 고려해야 할 핵심 요소는 "효익," "비용" 및 "위험"이다.

의 필요성을 정확히 파악하여야 한다. IT 투자의 성과평가를 어떻게 정의하고 어떤 목적으로 추진할 것인지를 명확히 하여 접근방식과 평가범위 및 대상을 결정하고 공유하여야 한다. 따라서 IT 투자 대비 효과분석은 정보시스템뿐만 아니라 IT와 관련된 활동, 조직, 비용, 효과 등을 대상으로 기술적 관점의 분석이 아닌 경영자 관점의 분석을 의미한다. IT 투자 대비 효과분석은 정보화를 통한 비즈니스의 가치 창출을 평가하기 위한 것으로 투자 타당성 및 당위성을 분석해 정보화 가치를 입증하고 실질적인 효과를 산출하여 실현할 목표와 정책을 형성하는 것이다. 즉 IT 투자 실행 이전에는 정보화 투자의 의사결정을 합리화하고 투자 실행 이후에는 정보화에 의한 사업적 이익의 극대화를 통해 궁극적으로 비즈니스 가치 창출자로서 IT의 역할을 정립하는 것이다.

7.3 비용청구시스템

7.3.1 MIS 비용의 처리

MIS 비용의 처리방법으로는 MIS 부서의 비용으로 처리하는 방법과 각 사용자 부서로 하여금 어떤 형태로든 그 비용을 나누어서 분담하는 방법인 비용청구시스템(charge back system)이 있다. 1977년 노란(Nolan)은 비용청구시스템이 실효를 거두기 위해서 갖추어야 할 특성을 [표 7-5]와 같이 4가지로 정의했다.

또한, 비용청구시스템의 유형은 비용할당(cost allocation)과 표준요율(fixed rate) 이용방법이 있다. 비용할당은 MIS 비용의 전부 혹은 일부를 각 사용자 부서의 시스템이용 정도에 따라 할당하는 방법으로 원가개념에 의한 비용배분 방식의 일종이다. 표준요율(fixed rate) 이용방법은 정보시스템 부문의 비용에는 무관하게 사용자 부서가 정보서비스를 일정한 만큼 비용을 부과하되, 비용부과에 있어서는 사전에 일정한 표준요

[표 7-5] 비용청구시스템의 특성

특 성	의 미
이해가능성 (understandability)	사용자들이 그들에게 청구된 비용과 자신의 업무를 연결시켜 이해할 수 있어야 한다.
통제가능성 (controllability)	사용자 또는 그들의 관리자가 자신들의 비용을 통제할 수 있어야 한다.
책임성 (accountability)	비용청구 관계 자료는 사용자에 대한 성과평가의 근거로 이용되어야 한다.
비용-수익대응성 (cost-benefit incidence)	비용을 청구받은 사용자는 곧 그 서비스로 인한 이익을 직접적으로나 간접적으로 받았어야 한다.

율을 정해놓고, 기준이 되는 자원의 사용량에 이 요율을 곱하여 비용을 산정하는 방법이다.

7.3.2 MIS 비용의 회수

정보시스템 부서가 제공하는 데이터 검색, 보고서 프린트, 전자우편 송수신, 거래자료 처리 등의 서비스에 대해 사용자에게 비용을 부과하는 방법에는 아래와 같은 것들이 있다.

첫째, 어떤 조직에서는 정보시스템 부서가 비할당 비용센터(unallocated cost centre)의 역할을 하기도 한다. 즉, 모든 정보시스템 비용은 기업의 간접비용으로 취급하고 사용자 부서에 대해 비용을 부과하지 않는다. 이 방식의 문제점은 IT가 공시된 가격이 없는 공짜로 인식되어져, 사용을 관리하고 낭비를 막을 기회가 없어진다는 것이다.

둘째, 실제 비용과 사용 정도에 근거해 IT의 모든 비용을 골고루 사용자에게 분배하는 것이다. 이 방식은 비용회수(chargeback, chargeout 또는 cost recovery)의 한 형태이다. 정확한 비용할당이라는 말은 그럴듯하게 들리지만, 실제로는 많은 문제점들을 야기할 수 있다. 사용량을 가장 정확하게 측정하는 과정은 아마도 사용자가 전혀 이해할 수 없는 기술적인 요소들을 반영하게 될 것이다. 만약 고정비용이 전체 조직을 통하여 매달 변하는 총사용량에 근거해서 할당된다면, 단위부서별로 부과되는 비용은 그들의 사용량이 일정한 경우에도 변화할 것이다. 이러한 점은 비용회수 시스템에 대한 신빙성을 감소시킬 수 있다.

셋째, 행위지향 비용회수시스템이다. 이 시스템의 주요 목적은 사용자의 행위에 영향을 주는 것이다. 예를 들면, 낮은(또는 높은) 비용을 부과하는 것에 의해 특정 IT 사용을 고무(또는 저하)할 수 있다. 실행하기가 조금 더 어렵기는 하지만, 조직의 성공에 IT와 그것의 효율적인 관리가 중요한 역할을 한다는 것을 인식시킬 수 있다. 행위지향 비용회수 시스템은 무상제공에 대한 과잉사용이라는 비용 비할당센터의 문제를 피할 수 있을 뿐 아니라, 비용을 모두 사용자에게 충분히 부과시키면서도, 수요가 공급을 초과하는 희귀자원의 사용을 감소시킬 수 있다.

행위지향 비용회수시스템은 개선된 비용통제체계를 통하여 조직의 효율성을 높이는 것 이외에도, 좀더 효율적으로 IT의 사용을 촉진시킬 수 있다. 높은 초기 비용이 한정된 수의 초기 사용자에게만 부과되기 때문에, 충분히 부과된 비용은 미래에 큰 이득을 줄 수도 있는 신기술의 실험을 종종 위축시킨다. 한편, 행위지향 비용회수는 보조금을 지급하는 방법에 의해서 기술에 대한 연구와 조직학습을 장려할 수도 있다. 행위지향 비용회수 체계가 미칠 수 있는 영향에 관한 예로는 다음과 같

[표 7-6] 행위지향 비용회수시스템의 일반적 목표

효율성 – 일 처리를 올바르게 하는 것	효과성 – 올바른 일을 하는 것
• 자원낭비를 줄인다. • 희소자원의 사용을 줄인다. • 한가한 시간대의 사용을 권장한다(업무량의 균일화) • 비경제적이고 최적화되지 못한 행동, 즉 개별 부서에는 도움이 되는 것처럼 보이지만 전체 조직에는 해가 되는 행동은 반대한다.	• 조직의 전략과 목표에 부합하는 IT 사용을 장려한다. • 실험, 기술적 동화, 조직학습을 장려한다. • 잉여자원의 생산적인 사용을 장려한다. • 전체 조직단위에 걸친 데이터 공유를 장려한다. • 새로운 개발보다 소프트웨어의 재사용을 장려한다. • 사용자와 정보시스템과 부서간의 의사소통을 개선시킨다.

은 것들이 있다. [표 7-6]은 행위지향 비용회수시스템의 일반적 목표인 효율성과 효과성을 설명하고 있다.

행위지향 비용회수시스템을 수행하기 위한 3단계는 다음과 같다.

첫째, 목표를 결정하여라. 이를 위해서는 정보시스템 부서의 직원, 조직의 계획에 정통한 임원, 회계부서의 직원 그리고 이 분야의 자문위원 등의 공조가 필요하다. 이들로 구성된 그룹은 조직의 목표와 계획, 현재와 미래에 요망되는 정보기술 능력 그리고 산업 및 기술의 동향을 고려하여, 비용회수 시스템이 장려 또는 반대할 필요가 있는 일반적인 목표와 구체적인 행동방식을 결정한다.

둘째, 적절한 측정단위를 결정하여라. 비용회수시스템의 성공 여부는 사용자가 이해할 수 있고, 통제 가능한 그리고 독단적이기보다는 공정하다고 여겨지는 측정치를 가지고 있느냐에 달려 있다. 추상적인 컴퓨터용어('중앙처리장치 사용시간(CPU second)' 같은 것)보다는 실제적인 결과(예를 들면, 가공된 청구서 숫자)를 사용하는 것이 낫다. 계산은 정확하고, 확인 가능하고, 매달 일정해야 한다. 그러나 그들은 처음에 품질이 낮은 서비스를 제공하거나 사업 활성화를 위해 서비스의 가격을 비용보다 낮게 측정할 수 있기 때문에, 판매자가 제공하는 서비스를 가늠하기 위한 측정치에 대한 주의가 요망된다.

셋째, 시스템을 실행하고 지속적으로 보완하여라. 마지막 단계는 새로운 비용회수시스템을 실제 운영하는 것이다. 다른 정보시스템과 마찬가지로, 초기에 오류가 있을 수도 있고, 사용자가 필요한 기능의 추가를 요구할 수도 있다. 그 외에도 기술, 조직경영, 전략, 계획의 변화를 반영하기 위해 시스템의 정기적인 갱신(update)이 필요하다.

이외에도 다양한 비용회수방법들이 있다. 그 이유는 비용을 측정하는 것이 매우 어렵기 때문인데, 이는 특히 여러 개의 독립 운영 단위들이 중앙집중형 시스템을 공유하는 회사에서 그러하다. 비용회수시스템의 이러한 여러 어려움들은 아웃소싱을 주도하는 요소 중 하나가 될 수 있다.

7.4 결 론

IT 평가의 궁극적인 목적은 정보화를 통한 비즈니스의 '가치' 창출을 평가하기 위한 것으로, 투자 타당성 및 당위성을 분석해 IT 가치를 입증하고 현실 타당성 있는 효과를 산출하여 실현할 목표와 정책을 형성하는 것이다. 즉 투자 실행 이전에는 IT 투자의 의사결정을 합리화하고 투자 실행 이후에는 IT에 의한 사업적 이익의 극대화를 통해 궁극적으로 비즈니스 가치 창출자로서 IT의 역할을 정립하는 것이다.

과거 정보시스템의 가치는 비용 절감, 신기술 도입 차원의 맹목적 시도, 구축에 따른 난이도에 초점이 맞추어져 있었다. 하지만 최근에는 투자 이상의 구체적인 효과 창출, 투자 회수 기간, 정보시스템의 경영 전략 구현을 위한 도구화 등 매우 현실적인 경영 효과에 초점이 맞추어지고 있다. 따라서 최근 CEO들은 정보화 투자성과 평가에 대해 더욱 설득력 있고 과학적인 결과를 원하고 있으며, 단순한 재무적 시스템 효과보다는 종합적인 비즈니스 효과에 대한 ROI 평가를 중요시하고 있다.

다가오는 미래에 IT가 더욱 기업의 경제활동에 핵심적인 역할을 하게 될 것을 부인하는 사람은 없다. IT 투자는 지속적으로 이루어져야 하며 무엇보다 중요한 것은 이와 더불어 기업조직이 환골탈태해야 한다는 것이다. IT를 이용한다는 것은 단순히 웹사이트 하나를 운영하는 것에 그치는 것이 아니다. IT의 생산성 향상 효과를 극대화할 수 있도록 지속적인 IT 투자와 기업조직의 변화가 요구된다.

특히 미래의 디지털 경제에서 성공적으로 사업을 수행하기 위해서는 기업 CEO의 역할이 더욱 중요해진다. 새로운 IT가 채택되었을 때 CEO는 이에 필요한 조직의 변화 방향을 결정해야 한다.

이때의 조직변화는 IT의 성공 여부를 좌우하는 또 다른 혁신의 과정이므로 심사숙고하여 가장 적합한 조직의 변화방향을 설정해야 하며 일단 설정되면 과감하게 조직변화를 추진해 나가야 하는 임무가 CEO에게 주어지는 것이다. 결국 미래의 디지털 경제에서 우리 기업, 우리 경제의 성공 여부는 IT에 걸맞는 기업조직변화에 달려 있다 해도 과언이 아닐 것이다.

요 약

IT 투자는 기업의 경영목표 달성과 경쟁력 향상에 기여할 수 있는 IT 시스템을 도입, 개발 및 운영 유지하는 제반 활동이다. 이러한 IT 투자의 목적은 다양한 정략적 효익과 정성적 효익을 도모함에 있고, IT 활용 목적에 따라 직질한 평가방법이 제시된다. 일반적으로 IT 비용은 운영비용, 공통비용, 기타비용 등으로 구성되며, IT 비용의 규모는 해당 기업의 IT 수요에 의해서 결정된다. 또한 기업 외부환경의 기회·위협요소와 기업 내부요소 등을 고려하여야 하며, IT 비용은 경제적, 기술적, 운영적 타당성을 감안하여 분석하여야 한다.

그렇다면 IT 비용의 조달방법은 어떻게 할 것인가? 그 방법은 3가지가 있다. 첫번째는 정보시스템 부서를 하나의 비할당적 비용센터로 보는 것과, 두 번째는 정보시스템의 모든 비용을 사용자들에게 사용정도에 따라서 배분하는 비용부과 시스템인 할당적 비용센터가 있다. 마지막으로 사용자의 행위에 영향을 주는 행위지향 비용회수시스템이 있다.

지난 수년간 IT 비용이 지속적으로 증가함에 따라 IT 투자의사결정 및 평가를 위한 성과분석은 최근 가장 중요한 이슈가 되고 있다. 그러나 IT 투자와 성과간의 상관관계를 규명하기 위한 많은 노력에도 불구하고 IT 성과를 명확하게 나타내지 못하는 것은 IT 투자로부터 수익이 발생하기까지의 시간(revenue distance), 기회비용, IT 도입에 따른 조직혁신, 고객과 관련된 가치, 혹은 경쟁자들의 모방 등과 같은 이유로 인해 무형적 효과들의 정량화된 측정이 쉽지 않기 때문이다.

사실 IT 투자성과평가는 체계적인 방법론이 부재한 상태에서 IT와 관련된 하나의 부서나 개인이 분석하기에는 무리가 있다. 단순히 정보시스템의 사업적 가치만을 계산하기 위한 작업이라면, IT 투자 평가를 이해하고 IT 투자의 최적화와 IT의 전략적 활용도를 높이겠다는 본래의 취지를 놓치게 될 것이다. IT 투자성과평가가 한두 번쯤 해보고 마는 일회성 이벤트가 아니라, 반드시 사전 평가에서 사후 평가까지 한 사이클이 되도록 수행해야 한다는 것이다. 그래야 데이터가 누적되고 그 경험치가 영향을 미쳐 두 번째, 세 번째 평가에서는 결과가 더 나아질 것이다.

성공적인 정보시스템을 위해서는 IT 추진 프로세스 전 과정에 있어서 체계적이고 일관성 있는 관리가 필요하며, IT 투자 대비 효과분석은 이를 위한 적극적이고도 가시적인 효과 달성의 수단을 제공하고 있다.

연습문제

1. IT 비용은 어떻게 구성되며 IT 투자의 목적은 무엇인가?
2. IT 프로젝트의 경제적 평가기법은 어떤 것들이 있는가?
3. IT 프로젝트의 효과에 대한 것은 어떻게 측정할 것인가?
4. IT 프로젝트의 소요되는 자금은 어떻게 조달할 것인가?
5. IT ROI에 대해 설명하시오.

사 례

1. KT 사례

KT의 정보시스템본부에게 IT 투자에 대한 비즈니스 가치를 평가하는 작업은 이제 일상적인 업무가 되어 버렸다. KT는 IT가 비즈니스에 미치는 영향을 정량적 그리고 정성적으로 분석하고 있으며, 이를 근거로 예산까지 할당하고 있다. 뿐만 아니라 비즈니스에 미치는 영향이 미미한 시스템에 대해서는 그 이유가 무엇인지, 그리고 해당 시스템의 비즈니스 가치를 높이기 위해서는 어떻게 해야 하는지에 대한 구체적인 방법을 파악해 IT의 비즈니스 가치를 높이고 있다.

KT는 지난해 정보화투자 평가체계 구축 작업을 마치면서 22개 주요 시스템들에 대한 비즈니스 가치를 측정했다. 이들 22개 시스템은 연간 10억원 이상의 투자비용을 발생시키거나 사용자 불만이 많은 시스템, 구축된 지 얼마 안 되는 신규 시스템들이다. 이들 시스템의 비즈니스 가치는 시스템을 사용하는 현업 사용자들의 평가를 통해 측정했다. 그리고 그 효과는 정성적인 효과뿐만 아니라 정량적인 화폐가치로까지 도출되었다.

하지만 KT의 이러한 IT 성과평가에 대해 몇 가지 의문을 제기할 수 있다. 즉 IT의 가치를 측정한 것이 정말로 정확한 것인가라고 물을 수 있는 것이다. 아울러 그렇게 해서 나온 수치가 어떤 의미를 갖느냐라고 반문할 수도 있다. 예를 들어 지식경영시스템의 ROI가 150%로 측정됐다고 할 경우, '150%라는 측정 수치가 과연 정확한 것이냐'라는 의문이 제시될 수 있다. 그리고 '150%라는 ROI 수치가 어떤 의미를 갖느냐' 하는 물음도 제기될 수 있는 것이다. IT의 가치를 화폐로 측정했는데 이것이 정확하냐에 대해서는 속 시원하게 말할 수 없지만 중요한 것은 IT가 비즈니스에 미치는 영향 또는 효과를 정량적 화폐가치로까지 측정하고 있다는 것이다. 정확도를 높이고 정교화하는 것은 앞으로 계속 노력을 기울여야 할 부분이다.

그렇다면 IT가 비즈니스에 미치는 영향을 수치로 나타냈을 때 이것이 갖는 의미는 무엇일까. KT는 이 수치를 IT의 생산성을 높이는 기본정보로 활용하고 있다. ROI가 낮은 시스템은 보다 생산성을 높이고 ROI가 높은 시스템은 이를 계속 유지하기 위해 노력하고 있는 것이다. KT는 사후 IT 성과를 평가하고 투자우선 순위를 정하기 위해 '정보화투자 평가체계 구축' 작업을 시작했다. 그러나 초기의 이러한 생각은 IT의 생산성을 높이고, 제고하는 방향으로 변화되었다.

KT는 IT 성과평가 작업을 통해 IT의 생산성, 즉 가치를 높이고 있다. KT는 주요 지표를 통해 IT의 생산성을 관리하고 있다. 즉 IT가 비즈니스에 미치는 가치를 높이는 기본 골격은 시스템의 수준과 품질이 좋으면 현업에서 이를 많이 이용하게 되고, 그렇게 되면 효과가 커진다는 것이다.

이에 따라 KT는 각 시스템에 대해 수준지표, 품질지표, 이용지표, 효과지표 등 네 가지 영역의 지표들을 선정했다. 이들 지표는 서로에게 영향을 준다. 즉 품질지표가 좋아지면 이용지표가 상승하고, 이에 따라 효과지표가 올라가는 것이다. 이는 결국 IT의 생산성 증가라는 결과를 낳게 된다.

따라서 IT의 생산성을 높이는 작업은 간단히 말해 이들 지표의 수준을 높이면 되는 것이다. KT는 IT의 생산성을 높이기 위해 우선 각 지표의 현재 수준을 파악한다. 지표들의 현재 상태를 파악하는 것만 가지고도 IT 생산성을 높이는 작업의 절반 이상은 끝난 셈이다. 왜냐하면 지표의 현황을 파악하여, 미흡한 지표를 도출하고 이들을 제대로 관리함으로써 IT의 생산성을 높일 수 있기 때문이다. 지표의 현재 수준을 파악하고 미진한 지표를 개선함으로써 IT의 생산성을 높이고 있는 것이다.

2. SK텔레콤 사례

SK텔레콤도 KT와 마찬가지로 IT의 비즈니스 가치를 정교하게 측정하고 있다. SK텔레콤은 ERP, 빌링시스템, 인트라넷 등 42개 주요 시스템에 대한 ROI를 측정하여 비즈니스에 미치는 영향을 정량적으로 파악하고 있다.

SK텔레콤은 지난해 IT 투자관리 프로젝트를 진행하면서 IT 투자에 대한 성과평가 방법론과 틀을 갖출 수 있었다. SK텔레콤은 42개에 이르는 각각의 애플리케이션에 대해 세 가지 관점의 평가 기준을 통해 성과평가 작업을 실시했다. 비용대비효과, 활용도, 전략적 가치 등이 바로 그것이다.

비용대비효과는 ROI와 관련되어 있다. 즉 각각의 시스템에 들어간 비용은 얼마이고 이를 통해 나타난 효과는 어느 정도가 되는지를 정량적으로 파악했다. 비용은 최초투자비용과 운영원가를 통해 구했으며 효과는 프로세스 효율성으로 인한 수익(예를 들어 빌링시스템을 통해 매출채권이 적어지고, 기회이자비용이 줄어드는 것이나 ERP 시스템의 FI 모듈을 통해 경리인원이 줄고, 결산기일이 앞당겨짐으로써 발생하는 수익이 여기에 해당한다)을 측정했다.

사실 IT를 통해 프로세스가 효율화됐다는 것은 모두 인정하지만 그 효과를 정량적 수치로 나타내는 작업은 결코 쉬운 일이 아니다. SK텔레콤은 프로세스의 효율성 가치를 정량적으로 측정하기 위해 각 애플리케이션으로부터 필요한 데이터를 2~4개월 정도 축적하여 최종결과값을 얻어 낼 수 있었다.

SK텔레콤이 IT 가치평가에 사용한 또 다른 잣대는 물리적 활용도이다. 물리적 활용도란 시스템을 어떻게 잘 쓰고 있느냐와 관련되어 있다. 시스템의 가용성이나 응답시간 등 현업 사용자의 입장에서 시스템의 질을 평가한 것이다. 물론 SK텔레콤은 물리적 활용도를 측정하는 데 필요한 데이터를 얻기 위해 많은 고생을 하기도 했다.

그러나 IT의 가치는 비용대비효과나 물리적 활용도만으로 평가될 수 없다. SK텔레콤은 이들 외에도 전략적 가치라는 또 하나의 눈으로 IT의 가치를 평가했다. 비용대비효과나 물리적 활용도 등의 정량적 평가로는 IT에 대한 완전한 평가가 이뤄지기 힘들기 때문이다. IT의 전략적 가치라는 정성적인 평가는 시스템이 얼마나 원래 목적에 맞게 구축/운영되고 있는가(목적적합성), 해당 시스템을 통해 기업가치가 얼마나 제고되었는가(기업가치 동인 제고도) 등을 기준으로 측정되었다.

기업들이 IT 투자에 대한 성과평가를 하는 이유는 조금씩 다를 수 있다. SK텔레콤은 조직 내 수많은 시스템을 어떻게 제대로 관리할 것이냐에 초점을 두고 IT 성과평가 작업을 추진했다. 그리고 그 목표에 맞는 결과를 얻어 내어 IT 투자관리에 효율적으로 활용하고 있다.

IT 투자에 대한 성과를 평가하는 작업은 CIO에게는 무척 힘든 작업이다. 하긴 하여야겠는데, 정확하고 확실한 방법이 마땅히 없어 보이기 때문이다. 다시 말해 필요는 하지만 어떻게 접근해야 할지 고민된다는 것이다. 하지만 KT와 SK텔레콤처럼 몇몇 CIO들은 IT 성과평가에 대한 과학적인 접근을 시도하고 있다. 그리고 이러한 시도들은 앞으로 더욱 많아질 전망이다.

제 8 장

IT 관리: IT 아웃소싱과 IT 프로세스

갈수록 치열해지는 경쟁 속에서 정보시스템은 기업이 경쟁 우위를 획득하고 유지하는 데 매우 중요한 역할을 한다는 것을 부정하는 사람은 없을 것이다. 생존을 위해 많은 기업이 고객만족을 해결해야 할 가장 중요한 과제로 보고 이를 위해 질 높은 품질 개발에 중점을 두는 추세는 정보시스템에서도 예외는 아니다. 그러나 현재까지 많은 정보시스템은 주어진 예산과 일정 안에서 신뢰성과 가용성을 모두 갖추어 개발 · 운영되지 못하였다. 또한 기업의 정보시스템 관리의 초점이 비즈니스로 옮겨감에 따라 정보시스템을 비즈니스와 연계하여 관리 · 운영할 수 있는 관리 측면이 부각되게 되었고 이를 반영한 관리 방법이 필요하게 되었다. 주로 지금까지의 정보시스템 관리는 네트워크, 애플리케이션, 시스템, 데이터베이스 등 기업의 정보시스템 관점에서 관리되어 왔으며 이로 인해 정보시스템이 비즈니스에 미치는 영향을 반영하여 체계적으로 운영 · 관리하는 데에는 어려움이 있었다.

이러한 정보시스템이 직면한 어려움들을 해결하고 기업경쟁력을 높이기 위해 다양한 정보시스템 관련 방법들이 제시되어 왔다. 우선 IT 아웃소싱은 외부의 전문회사를 활용하여 기업활동의 일부를 수행하게 하고, 이를 통해 기업의 핵심 역량을 강화하여 내부적으로 전략적 이득을 추구하는 활동이다. 이러한 방법을 통해서 기업은 비용절감, 위험분산 그리고 정보시스템의 성과 향상을 기대할 수 있으며 이를 통해 경영의 유연성과 효율성을 극대화하여 기업의 경쟁우위를 확보할 수 있다. 둘째로, 효율적인 IT 프로세스 관리를 위해 CMM, ITIL, COBIT, SPICE 등 다양한 관리방법론이 제시되었다. 이러한 IT 프로세스 관리방법론은 기업으로 하여금 세계적으로 검증된 표준화된 관리방법을 할 수 있도록 한다. 또한 보다 안정적인 IT 운영환경이 가능케 하며 비즈니스 목표를 반영한 품질이 보증된 IT 서비스를 유지할 수 있도록 한다.

본 장에서는 IT 관리방법의 핵심 사항인 IT 아웃소싱과 IT 프로세스 관리방법들을 살펴보고자 한다.

8

MINI CASE

온 디맨드(On-Demand)에 기반한 아웃소싱과 성과

운송업체 K사는 비즈니스 애플리케이션을 개발할 때 소요되는 초기 투자비용을 최소화하고, 시스템 개발 투자를 위한 승인 프로세스를 간소화하여 시장에 빠르게 대응하는 역량을 확보하길 원했다. 또한 이러한 비즈니스 요구사항 적용을 위해 새로운 IT 환경을 조성하고자 했지만 새로 도입된 환경과 현재 분산되어 있는 서버 환경의 빈번한 충돌 문제로 통합 플랫폼에 대한 필요성은 계속 커지고 있었다. 피크타임을 위한 탄력적인 IT 용량관리도 부담이 되고 있었다. IBM은 K사에 '리눅스(Linux) 가상 서비스'를 제안했다. 이는 리눅스 서버를 온 디맨드 방식으로 가상적으로(virtual) 서비스받아 사용하는 것을 말한다. 즉, 사용자들이 리눅스 서버가 필요하다고 느낄 때 IBM의 데이터센터 내 인프라를 이용해 가상으로 리눅스 서버를 만들어 제공하는 것이다. 이 가상 리눅스 서버를 제작하는 데 필요한 시간은 단 90초이며 현실에서 리눅스 서버를 도입하는 데 아무리 적어도 두 달은 걸리는 것을 감안하면 그야말로 '환상적인' 서비스라고 할 수 있다. K사는 Linux 서버를 소유하지 않고 '이용'함으로써 정보시스템 설비 비용을 절감하고, 서버, 디스크, 소프트웨어 통합으로 인해 비용도 줄일 수 있게 되었다. 또한 관리 및 기술 지원에 대한 인적 투자부담이 없어졌다. 뿐만 아니라 온 디맨드 방식으로 서비스가 제공되기 때문에 시스템 자원이 실시간으로 할당되어 사용한 만큼 요금을 내게 되므로 피크타임에 필요한 IT 용량을 확보하기 위해 무리하게 정보시스템 자원을 소유하지 않아도 되므로 IT 자산에 대한 부담이 많이 줄어들었다. 이 같은 변화로 비즈니스 요구사항에 대하여 IT가 빠르게 대응할 수 있기 때문에 해당 기업 전체적으로 시상에 대해 신속히 대응할 수 있는 역량이 향상되었다는 것이 온 디맨드에 기반한 아웃소싱 도입 후 성과이다.

미국의 리서치펌인 Stern Stewart & Co에서는 27개의 미국 기업에 대해 IT 아웃소싱 전후의 주가 동향에 대해 분석했다. 아웃소싱이 주가에 긍정적인 영향을 준다는 증거는 IT 아웃소싱을 시행한 기업들의 주가가 평균적으로 IT 아웃소싱에 대한 발표를 하기 전 두 달과 발표한 후의 두 달 동안 일반적인 시장의 주가 성장보다 약 5.7% 정도 더 올랐고, 65%의 기업이 실제로 시장의 주가 상승률보다 더 큰 상승률을 보였다. 이것이 뜻하는 것은 아웃소싱을 도입한 기업 중 중간 규모 기업의 순자본 평가가 70억 달러인데 이 경우 기업가치의 평균 증가가 4억 달러가 되는 것을 뜻한다. 중간 규모 기업의 아웃소싱 계약 규모가 10억 달러임을 감안한다면 이러한 이익은 상당한 것이라고 볼 수 있다.

IT를 아웃소싱함에 따라 창출되는 가치는 상식적으로나 경험적인 증거로 보아 명백하다. 어느 기업에게나 부족한 것은 경영진의 시간과 에너지이며 비전략적인 프로세스를 아웃소싱함으로써 진정으로 역량을 집중해야 하는 분야에 시간과 노력을 투자할 수 있게 된다. 테크놀러지는 계속 변화하고 있고 다양한 역량을 보유한 IT 서비스 제공업체는 IT가 고객사 경영진이 전략적인 비즈니스 플랜을 수행하는 데 장애가 될 수 있는 위험을 감소시켜 준다. 아웃소싱이란 고객과 서비스 제공업체 간의 신뢰를 바탕으로 돈독한 협력관계를 형성함으로써 전략적 시너지 효과를 창출해내는 계약이다. 아웃소싱은 급변하는 경영환경에서 기업 경쟁력을 강화해 지속적으로 수익을 창출하기 위한 하나의 전략적인 수단이지만, 이러한 아웃소싱에 대해 최고경영진들이 그 가치를 얼마나 잘 이해하고 활용하는가에 따라 그 효과는 기업마다 다르게 나타날 것이다. 아웃소싱은 더 이상 일시적으로 유행하는 경영기법이 아니라 기업가치 제고를 위해 반드시 수행해야 할 '경영전략'이다.

출처: IT Business Journal, 2004. 08.

8.1 정보시스템 아웃소싱

8.1.1 정보시스템 아웃소싱의 정의

아웃소싱(Outsourcing)이란 Out과 Sourcing의 결합어로 일반적으로는 외부의 전문회사를 활용하여 기업활동의 일부를 수행하게 하고, 이를 통해 기업의 핵심역량을 강화하여 내부적으로 전략적 이득을 추구하는 활동이라 할 수 있다. 정보산업 분야에서는 기업의 선산운영과 관련되는 정보기술(Information Technology: IT) 및 정보시스템(Information Systems: IS) 기능을 아웃소싱한다는 의미에서 'IT 아웃소싱' 혹은 'IS 아웃소싱'이라는 용어를 사용하고 있는데,[1] 이에 대한 정의는 외주의 범위나 형태에 따라 다양하게 나타날 수 있다.

Nam et al.[1992]은 '데이터센터의 관리, 운영, 하드웨어의 지원, 네트워크, 애플리케이션의 개발/유지보수와 같은 정보시스템 기능에 관하여 외부의 전문사업자와 체결하는 계약'이라 했고, Loh and Venkatraman[1992]은 '조직 내의 정보기술 인프라의 전체 또는 특정 부분과 관련된 인적 · 물적 자원을 외부 공급업자로부터 공급받는 것', 혹은 '조직 내의 데이터 처리, 하드웨어, 소프트웨어, 커뮤니케이션 네트워크, 시스템 부서 직원 등의 전부 혹은 일부를 제3의 기관에 이전하는 것'이라고 정의했다. 한편 정보기술 전문 조사기관인 가트너 그룹은 '정보시스템 사용기관이 정보시스템과 관련된 자산(H/W, S/W, 관련 인력 등)을 외부의 정보시스템 서비스 전문회사에 이양하고 일정기간(주로 장기)에 걸쳐 정보시스템 서비스 계약을 체결하여 일정 서비스 수준과 질을 요구하고 그 서비스 제공에 대한 요금을 외부 전문회사에 지불하는 계약'이라 정의했고, IDC(International Data Corporation)는 '고객의

1) 본 부분에서는 IT 아웃소싱, IS 아웃소싱, 정보시스템 아웃소싱, 정보기술 아웃소싱, 아웃소싱이라는 용어를 같은 의미로 사용한다.

정보기술 기능 중에서 일부 혹은 전부를 지속적으로 위탁 관리하는 활동'이라 정의하고 있다. 위의 견해들을 종합해 볼 때 일반적으로 IT 아웃소싱이란 고객의 다양한 정보시스템 관리 및 개발업무를 외부 전문회사가 위탁받아 수행하는 것이라고 할 수 있다. 다시 말해 기업을 운영하는 데 필요한 전산업무의 일부 또는 전부를 외부의 전문업체에 맡겨 운영하는 것을 일컫는다고 볼 수 있다. 국내의 경우 과거에는 시스템 개발을 중심으로 하는 SI(Systems Integration) 형태를 아웃소싱이라 하였지만 최근에는 SI 형태보다는 전산부의 인력이나 혹은 자산의 이관까지도 포함하는 형태를 의미하는 추세이다.

IT 아웃소싱이란 용어가 정보산업 분야에서 주목을 받게 된 것은 1989년 코닥사와 IBM이 10년 만기, 5억 달러 규모의 아웃소싱 계약을 체결하면서부터 이다. 이때 코닥은 전산실과 이에 속한 전산 인원을 IBM에게 넘기고, 네트워크 기능은 DEC에 그리고 PC부분은 Businessland에 아웃소싱을 동시에 함으로써 과거의 일반적인 용역 혹은 외주 방법과는 다른 새로운 형태와 가능성을 제시하게 된 것이다. 이 계약은 과거의 전산실 운영 방법과 비교할 때 그 규모와 기간에 있어서 크게 구분되기 때문에 당시 미국 정보산업 전반으로부터 큰 관심을 받았다. 그러나 더욱더 관심의 대상이 되었던 것은 전통적으로 전산실은 기업의 운용과 보안의 문제에 연루된 중추적인 역할을 하는 것으로 기업 스스로가 운영·통제하여야 한다는 기존의 생각에서 탈피하여 이러한 기능을 기업이 소유하지 않고 제3자가 소유 관리한다는 사실이었다. 그 이후 정보시스템의 아웃소싱의 시장은 EDS, CSC, IBM 등을 중심으로 본격적으로 활성화되었고, 정보기술의 발전과 관리자들의 인식의 변화에 힘입어 계속적으로 확대되어 현재는 정보시스템을 개발하고 운영하는 데 있어서 중요한 관리기법으로 인식되어지고 있다.

8.1.2 정보기술 아웃소싱의 목적

기업이 아웃소싱을 고려하는 이유를 간단히 설명하면 비용절감과 위험분산 그리고 정보시스템의 성과향상을 통해 경영의 유연성과 효율성을 극대화하여 기업의 경쟁우위를 확보하는 것이라 할 수 있다. 기업활동을 크게 생산활동과 거래활동으로 나누어 볼 때, 이에 소요되는 비용 역시 생산비용과 거래비용으로 구분할 수 있다. 만일 기업 내에서 생산하는 비용이 시장에서 구입하는 비용보다 적다면 당연히 시장에서 구입하게 된다. 이는 기업의 구조와 형태에도 적용될 수 있는데 특정부서를 소유하는 것보다 외부 전문업체를 이용하는 것이 훨씬 효율적이라면 외부에서 서비스받는 것을 택할 것이다. 이러한 비용우위에 따른 비용절감효과는 기업들이 아웃소싱을 하는 가장 큰 이유이다. 또 한편으로는 정보시스템 부서의 운영비용이 매년 20 ~ 30% 정도 증가하며, 정보기술의 변화속도가 너무나 급속하게 이루어지기 때문에 일반적으로 대규모의 투자자금이 소요되고, 선진 IT 기술을 적시에 받아들이고 유지하는 데는 자사 전산부서로는 불가능하기 때문에 이러한 정보기술을 자체적으로 보유/유지하는 데는 위험과 불확실성이 따르게 되므로 이를 외부 전문업체에 위탁함으로써 위험을 어느 정도 감소시킬 수 있다.

이러한 이유들과 함께 기업이 아웃소싱을 하는 목적을 자세히 살펴보면 다음과 같다.

경제성 측면: 기업 내부에 정보시스템조직을 유지하기보다 외부의 전문공급업체에게 맡김으로써 공급사에 의한 규모의 경제 효과로 비용절감을 실현할 수 있고, 공급업체의 전문성에 의해 적은 비용으로도 고부가가치의 업무를 수행할 수 있다.

최신기술의 습득 : 외부 공급사들은 경험이나 최신정보기술 습득능력에서 고객사보다 뛰어나기 때문에 그들이 제공하는 서비스는 공급사 자체 내에서 수행하는 것보다 효과적이고 품질이 높다.

예측가능성: 계약에 의해 서비스비용을 협의하기 때문에 발생 가능한 향후 비용을 예측할 수 있다.

유연성(Flexibility): 대상업무 영역에 근무하는 인력까지 아웃소싱함으로써 자사의 인력수급에 유연성을 확보할 수 있다.

인적 자산의 효율적 활용: 기업 자체의 능력 있는 전문인력이 전산센터를 관리/운영하는 단순업무를 탈피하여 전략적으로 중요한 업무에 집중하여 활동을 하도록 할 수 있다.

재무 자산의 효율적 활용: 정보기술에 투자한 자산을 외부 공급사에게 매각함으로써 재무자산을 효율적으로 활용할 수 있다.

결국 기업은 IT 아웃소싱을 함으로써 비용절감과 정보시스템 성과 향상이라는 목적이 달성되리라는 판단을 하게 되면 아웃소싱을 선택할 것이다. 즉 기업은 인소싱(Insourcing)함으로써 발생 가능한 여러 내부적인 갈등과 문제점을 제거하고, 경쟁우위를 획득할 수 있는 다른 차별화 요인에 기업의 자원에 집중적으로 투자함으로써 기업의 경쟁력을 강화하고 효율성을 극대화하고자 하는 것이다.

아웃소싱을 목적을 달성하기 위하여는 아웃소싱의 여러 가지 장점과 단점들을 살펴볼 필요가 있다. 아웃소싱이 성공적으로 수행되었을 경우 비용절감과 자원의 효율적인 관리와 배분 등을 통해 핵심기능에 역량을 집중할 수 있어 기업의 성과를 향상시킬 수 있다는 장점을 가지고 있으나, 아웃소싱을 추진하는 과정에서 여러 가지 위험이 발생할 수 있는데, 그 위험으로는 통제력의 상실, 위험의 증가 등이 있다. 따라서 아웃소싱을 고려할 때는 이러한 기대효과뿐만 아니라 발생 가능한 위험을 명확히 인식하고 적절한 대처를 취해야 한다.

만약 이러한 사항들에 주의를 기울이지 않는다면 IT 아웃소싱은 오히려 역효과를 발생하여 기업의 경쟁력을 상실시킬 수도 있다. 따라서 아웃소싱을 의뢰하기 전에 내부자원과 기능 그리고 서비스 공급사의 능력과 신뢰성에 대한 충분한 검토 선정을 행한 후, 고객의 핵심역량과 공급사의 핵심역량을 조화시켜 기업의 부가가치를 극대화시키는 공생전략인 윈-윈(Win-Win)전략을 구사해야 한다. 이 과정에서 기업 내 정보자산을 경영전략으로 이끌어 갈 수 있는 CIO의 역할은 매우 중요하다는 것을 인식해야 한다.

8.1.3 정보기술 아웃소싱의 형태

정보시스템 분야의 아웃소싱은 다양한 형태로 이루어지며 그 형태에 따라서 여러 가지 용어들이 쓰여지곤 한다. 이 가운데 아웃소싱에 대한 유형을 구분하면 아래와 같다.

(1) 선택적 아웃소싱

아웃소싱의 대상을 여러 부분으로 구분하고, 대상별로 분야별 전문업체에 위탁하는 아웃소싱 방법을 선택적 아웃소싱이라고 한다. 정보시스템상의 위험을 줄일 수 있고, 공급업체와의 협상에서 선택권을 가져 더욱 강력한 협상력을 행사할 수 있다. 또한 한 공급업체에 실망했을 때, 공급업체를 교체하거나 아웃소싱된 시스템을 다시 내부로 전환할 때 비용을 줄일 수 있는 장점이 있다. 반면 정보기술 분야의 분업화에 따라 공급업체 통제에 관련된 비용과 노력이 증가하거나 처리과정이 복잡해져서 발주 기업이 어떤 문제에 부딪쳤을 때 해결하기에 많은 시간이 소모된다. 또한 공급업체간 갈등이 생기면 협력이 제대로 되지 않아 심각한 문제를 야기될 수 있다.

(2) 일괄적 아웃소싱

단일 공급업체에 아웃소싱 대상 전체를 일괄적으로 위탁하는 방식을 일괄적 아웃소싱이라 한다. 여러 공급업체로 시스템을 분산 위탁하는 선택적 아웃소싱의 문제점을 어느 정도 해결할 수 있지만 공급업체의 기술과 정책에 대한 의존도가 높아지며, 공급업체 선택이 잘못 되었을 경우 교체비용 과다소요 등의 단점이 있다.

(3) 아웃바운드(Outbound)형 아웃소싱

기존에 내부에서 수행하던 업무 · 기능 · 활동들을 외부에 위탁하는 것으로 협의의 아웃소싱으로 볼 수 있다. 이와 같은 아웃소싱은 공급업체에게 업무를 위임하는 형태가 일반적이다. 이때 아웃소싱의 목적은 주로 효율성, 채산성, 조직의 유연성, 정치적 문제 등이 된다. 정보시스템 아웃소싱의 경우 주로 이러한 형태의 아웃소싱에 해당된다.

(4) 제휴형 또는 인바운드형(Inbound)형 아웃소싱

기존에 없는 기능 활동을 제휴관계를 통해 외부에서 도입하는 형태의 아웃소싱으로 넓은 의미의 아웃소싱에 포함된다. 예를 들어 벤처기업이나 중소기업이 개발한 상품을 대기업이 마케팅하는 사례 등이 있다. 이와 같은 아웃소싱은 전략적 제휴나 컨소시엄 형태를 띠게 된다. 그리고 이때 아웃소싱의 초점은 부가가치 창출, 전문성, 상호작용을 통한 협력증대(상호의 아웃소싱), 투자전략, 조직학습 등이 된다. 그 외에도 제휴형 아웃소싱은 전문적인 기술을 갖춘 기관으로부터 전문성을 확보하기 위한 방법으로도 사용된다. 예를 들어 기업들의 내부통제를 강화하기 위해 회계법인에 내부 감사를 맡기는 경우가 그러하다. 제휴형 아웃소싱은 최상의 업무처리(Best-Practice)를 외부로부터 배우는 효과, 즉 조직학습을 위해서도 활용되고 있는 방법이다.

(5) 시스템통합(System Integration: SI), 시스템관리(System Management: SM)

SI란 기존의 정보시스템을 통합하거나 혹은 새로이 개발하는 것에 초점을 맞춘 것이며, SM이란 구축보다는 이미 개발된 시스템을 운영, 유지, 보수하는 부분을 의미한다. 최근 들어서 아웃소싱이라고 할 때 전산인력 및 시설의 이관을 포함한 SM 계약을 말하는 추세이지만 예전부터 행하여지던 SI 형태도 아웃소싱이라고 할 수 있다.

(6) 기 타

정보시스템 아웃소싱의 형태를 '정보기술서비스 공급업체로의 업무이전 정도'와 '정보시스템 애플리케이션의 전략적 영향도'라는 두 가지 변수를 가지고 볼 때 [그림 8-1]과 같은 네 가지 형태로 구분할 수 있다. '정보시스템 공급업체로의 업무이전 정도'란 발주기업의 업무가 외

[그림 8-1] 아웃소싱 형태

정보시스템 공급업체로의 업무이전 정도		낮음	높음
	높음	의존관계 (Reliance)	동맹관계 (Alliance)
	낮음	지원관계 (Support)	제휴관계 (Allignment)

정보시스템 애플리케이션의 전략적 영향도

부 공급업체로 얼마나 많이 이전될 수 있는가를 의미한다. 이것은 공급업체의 능력에 영향을 받는다. '정보시스템 애플리케이션의 전략적 영향도'란 아웃소싱 되는 정보시스템 애플리케이션이 발주 기업의 사업목표 달성과 의사결정 수준에 어느 정도 영향을 주는가를 의미한다.

8.1.4 타분야 아웃소싱과의 차이점

최근에 들어 아웃소싱에 관한 관심이 경영 전 분야에서 높게 일어나고 있다. 그러나 정보시스템 아웃소싱을 성공적으로 실행하기 위하여는 다른 분야의 아웃소싱과 어떠한 차이점이 있는지 정확히 이해를 하여야 한다. 물론 앞에서 장점과 단점을 거론하였지만 많은 부분은 다른 분야의 아웃소싱과 유사한 측면이 있다. 따라서 다음과 같은 차이점에 관하여 강조가 되어야 할 것이다. 첫째, IT 분야의 특성으로 인하여 아웃소싱의 과정과 절차, 그리고 성과가 가시적으로 쉽게 확인되지 않는다. 다른 분야의 업무는 비록 비전문가일지라도 전반적인 업무의 성격을 비교적 용이하게 파악할 수 있다. 그러나 정보시스템 부분은 투자의 효과 분석이나 업무의 성과 측정 등이 전통적으로 어려우며, 특히 전문적인 용어가 개입될 때 일반관리자들은 이해하기가 어려운 차이점이 있다.

둘째, IT 아웃소싱은 기업 전체로의 파급효과가 커서 아웃소싱의 범위가 커지면 커질수록 그 파급효과는 기업 전체로 나타나게 된다. 현대 기업에 있어서 정보시스템의 역할은 기업의 기간 구조적인 성격을 갖게 되므로 만일 정보시스템 업무가 사업자의 실수로 인하여 중단되게 될 경우 상대적으로 위험도가 높게 된다. 특히 보안 문제에 있어서 파급효과는 심각히 고려되고 있는 부분이다.

셋째, 정보기술은 급속한 속도로 발전하지만 아웃소싱의 계약은 일반적으로 그 규모가 크면 기간 또한 장기적이기 때문에 미래에 대한 예측이 어렵다. 즉 불확실한 미래에 대한 장기계약이며 비가시적인 특성으로 인하여 계약서 작성 및 교섭이 다른 분야보다 어렵고 분쟁의 소지가 높다는 것이다.

넷째, 한번 아웃소싱 계약을 하고 나면 사업자의 교체가 어렵게 된다. 만일 전산부의 시설과 인력을 사업자에게 이관하였을 경우에는 상대적으로 사업자에 대한 의존도가 높아지게 되기 때문에 다시 인소싱을 하거나 다른 사업자로 바꾼다는 것은 현실적으로 많은 비용과 어려움이 따르게 된다.

아웃소싱을 성공적으로 행하기 위하여는 제시된 IT 아웃소싱의 특성에 관하여 이해를 하여야 하며, 이러한 어려움을 극복하기 위하여는 아웃소싱의 방법론 및 세부절차에 관하여 단계적인 접근을 하는 것이 요구된다.

8.1.5 아웃소싱의 장점과 단점

앞에서 아웃소싱의 발전단계를 검증했듯이 경험이 쌓임에 따라 아웃소싱의 목적은 당면한 문제의 해결에서부터 새로운 가치의 창조에 이르기까지 변화하는 사회의 요청에 따라 다양해진다. 따라서 아웃소싱에 성공하기 위해서는 그 목적과 기대효과를 명확히 해야 한다. 이러한 의미에서 우선 기업들이 아웃소싱을 하게 되는 이유들을 살펴보자.

첫째, 업무나 기능을 자체적으로 제공하거나 유지하기에는 채산성이 부족하기 때문에 아웃소싱을 선택한다. 즉 비용의 절감 및 서비스 수준의 향상을 위해서는 외부에 위탁하는 편이 유리하다. 그리고 자체적으로 직접 할 수도 있지만 외부에 맡길 경우 내부에서 하는 것과 같은 기능을 제공받을 수 있으면서 동시에 비용을 절감할 수 있다.

둘째, 조직 내부적인 정치적 갈등을 해결하기 위해 제3자에게 문제를 위임하고자 아웃소싱을 결정한다. 내부적인 이해 충돌이 있을 경우 제3자의 중립적인 위치가 문제해결에 적합하다. 조직 내의 갈등은 보통 조직이 큰 변화에 직면하게 될 때 발생하는데, 이러한 변화에 대한 반발이 회사 자체의 문화로 존재할 때 이를 극복하기 위해서는 외부의 도움에 의존하는 것이 효과적일 수 있다.

셋째, 내부적인 전문성이 없으나 현재 당장 그 기능이 필요하므로 그 부문을 밖에서 조달하고자 아웃소싱을 도입한다. 이러한 부문은 특히 재무관리 부문의 위험관리 기능에서 많이 나타나고 있다. 즉 기업의 핵심적인 능력을 중심으로 산업시장에서 경쟁력을 제고하기 위해서 부가적인 가치를 제공하는 기관들로부터 도움받는 것을 의미하는데 단순히 과학기술이나 지식뿐 아니라 물류, 생산, 마케팅 등 다양한 분야의 외부 전문성을 자신의 핵심역량과 접속하여 서비스의 부가가치를 높이는 차원에서 아웃소싱을 고려한다. 이러한 형태의 아웃소싱은 소위 전략적 제휴 또는 컨소시엄 등의 형태로 이루어지는 것이 보통이다.

넷째, 조직의 유연성을 확보하기 위해 아웃소싱이 필요한 경우이다. 기업의 핵심 경영전략 중 하나는 조직이 불확실한 환경에 유연하게 적응할 수 있는 능력을 확보하는 것이다. 즉 조직이 변화에 대응하는 능력을 제고하기 위해서는 조직의 기능이 분산화되면서 조정과 통제는 중앙집중화되는 조직의 형태가 갖추어져야 한다. 소위 네트워킹 조직의 필요성이 이제는 기업 전체뿐 아니라 특정 부서, 예를 들어 신제품 개발부서 등에도 요구되고 있다. 아웃소싱이 이러한 조직구조의 실현방안으로 활용될 수 있는 것이다. 또한 단순 반복적인 업무를 외주하여 일반관리자의 과업범위를 축소함으로써 조직의 기동성을 높일 수 있다.

다섯째, 재무적 상태를 개선하기 위한 적극적인 조치로 아웃소싱이 활용될 수 있다. 고정투자의 부담이 높은 부문을 유동화하기 위해 아웃소싱을 활용하는 것이다. 정보기술 부문의 경우도 일반적으로 정보시스템(Information Systems: IS) 투자 중 고정비 비율이 높아서 아웃소싱을 통해 자산을 유동화하는 경향이 커지고 있다. 다시 말해서 아웃소싱을 투자전략의 차원에서 고려할 수 있다.

반면 아웃소싱에 전적으로 의존하는 것은 다음과 같은 면에서 기업의 위험을 높일 수 있다. 첫째, 외주된 업무나 기능에 대한 변화를 감지하는 속도가 감소하여 환경변화에 능동적인 대응력이 떨어질 수 있다. 결국 아웃소싱을 하더라도 외주된 기능에 대한 지속적인 모니터링이 필요하다. 둘째, 아웃소싱 계약의 중도 파기로 예상치 못했던 비용이 발생할 수 있다. 따라서 아웃소싱을 위해서는 치밀한 계약체결과 사후관리가 매우 중요하다. 셋째, 사내의 정보나 데이터가 외주 공급업체에 의해 유출될 위험이 있다. 이 점 또한 계약과 사후관리를 통해 해결해야 할 문제다.

이 외에도 여러 단점이 있겠으나 국내 현실에서 가장 민감한 문제는 역시 내부 전문인력의 직업 안정성일 것이다. 경영자는 단순 반복적인 업무부터 아웃소싱을 시도하여 아웃소싱을 인력감축 방안으로 활용하기보다는 전체 조직원의 부가가치 창출능력의 제고방안으로 활용해야 할 것이다.

위에서 언급한 다섯 가지의 장점들은 아웃소싱을 통해 얻을 수 있는 단기적인 효과 측면의 아웃소싱 도입 목적이다. 하지만, 우리는 이러한 단기적인 효과뿐만 아니라 보다 전략적인 관점에서 왜 아웃소싱을 해야만 하는가를 살펴볼 필요가 있으며, 이에 대해 살펴보면 다음과 같다.

첫번째로, 아웃소싱은 기본적인 생존전략이다. 즉 현대의 불확실성이 높은 경제환경에서는 유연하고 적응력 높은 조직만이 살아 남을 수 있다. 이러한 관점에서 조직의 유연성과 민첩성을 제고하는 가장 효과적인 수단 중 하나가 바로 아웃소싱이다. 되도록 몸집은 가볍게 하면서 자신에게 필요한 기능들의 경쟁력을 향상시키는 방법으로 아웃소싱은 매우 효과적이다.

두 번째로, 기업의 핵심역량은 영구불변이며 지속적인 것이 아니라 변할 수 있다는 사실, 즉 핵심역량의 가변성에 대비하는 차원에서 아웃소싱이 필요하다. 한 기업이 같은 사업영역에서 100년, 200년 동안 지속적으로 경쟁력을 갖추기는 거의 불가능하다. 처음에는 전기밥솥을 개발했으나 실패하여 지금은 세계적인 가정용 사무용 가전제품 회사가 된 소니(SONY)나 초창기 용접기나 볼링장용 센서, 체중 감량기를 만들던 기업이 지금은 성공적인 컴퓨터 및 주변기기 업체가 된 휴렛팩커드(HP)의 사례를 보더라도 핵심역량은 변할 수 있는 것이다. 핵심역량이 변한다면 이를 위한 수혈은 밖으로부터 제공되어야 할 것이고, 이를 위한 효과적인 방법이 아웃소싱이다.

세번째로, 핵심역량에 집중하기 위해 아웃소싱을 도입한다. 모든 조직의 역량을 모든 부문에 투입하는 방법으로는 기업의 경쟁력을 유지하기 어렵다. 효율성 및 전문성이 산업 평균보다 떨어지는 부문은 기업의 핵심역량 강화에 짐이 될 수 있다. 따라서 경쟁기업보다 자신의 핵심역량을 단기간에 높이기 위해서는 아웃소싱을 활용하는 것이 유용하다.

위의 세 가지 전략적 배경을 종합해 보면 결국 기업은 우선 자신의 핵심역량과 함께 시장에서의 위치를 정확히 파악하고 있어야 아웃소싱을 성공적으로 수행할 수 있음을 알 수 있다. 그리고 아웃소싱은 기업들이 선택할 수 있는 여러 옵션 중의 하나지만 결국은 선택의 여지보다는 실행의지가 보다 중요한 문제일 것이다. 국내 기업들의 경우 그 동안 핵심역량의 파악에 미흡했으며, 노사관계의 경직성에 따른 인력감축의 어려움 때문에 본격적인 아웃소싱을 실행하기 어려운 면이 있었다. 하지만 앞으로는 기업이 생존을 위해 구조조정을 해야 되듯이 아웃소싱을 활용하게 될 것이다.

8.1.6 아웃소싱 대상의 선정

성공적인 아웃소싱을 위해선 '무엇을 가장 잘 할 수 있으며, 그것을 어떻게 할 것인가?' 라는 문제에 대해서 항상 신중하게 고려할 것이다. 이를 위해 아웃소싱을 단순히 정보기술이라는 하나의 측면이나 하나의 프로

[그림 8-2] 전략적 중요도와 전략적 위험도 매트릭스

전략적 중요도 \ 전략적 위험도	상	중	하
상	100% 인소싱	공급자 통제 방안을 겸비한 선택적 아웃소싱	100% 아웃소싱
중	100% 인소싱	공급자 통제 방안을 겸비한 선택적 아웃소싱	100% 아웃소싱
하		100% 아웃소싱	100% 아웃소싱

젝트에만 영향을 미치는 간단한 의사결정으로 보지 않는다. 대신에 전체 기업에 폭넓게 영향을 미치는 전략적인 의사결정으로 인식해야 한다.

기업의 전략적 관점에서 아웃소싱에 대한 목표가 설정되고 핵심역량 분석이 끝난 다음 내부적으로 수행할 부분이 무엇이고 외부에 아웃소싱해야 할 부분이 무엇인지를 분석해야 한다. 즉, 아웃소싱의 대상, 영역에 대한 결정이 이루어져야 한다. 이러한 아웃소싱 대상, 영역의 결정에는 몇 가지 고려해야 할 점이 있다.

아웃소싱 대상을 결정하는 데 제일 먼저 사용되는 기준은 전략적 중요도와 전략적 위험도이다. 전략적 중요도가 높은 기능, 부문, 프로세스란 조직이 보유한 독특한 기능, 부문, 프로세스로 조직 내부에 차별적 역량으로 구축된 것이다. 전략적 위험도란 아웃소싱 공급업체에 종속 당할 위험 정도나 아웃소싱이 실패했을 경우 발생할 수 있는 위험의 크기를 말한다. 이는 공급자의 교섭력, 중요기술의 상실 정도, 통합능력 상실 정도에 의해 평가될 수 있다. 이 두 가지 기준을 바탕으로 아웃소싱

의사결정 매트릭스를 만들면 [그림 8-2]와 같다.[2)]

위 매트릭스는 전략적 중요도가 높으면 자체적으로 하고 낮으면 아웃소싱한다는 기존의 일반적인 통설은 옳지 않다는 것을 보여준다. 전략적 중요도가 높더라도 전략적 위험도가 낮거나 기업이 여러 가지 방법을 통해 전략적 위험을 낮출 수 있다면 얼마든지 아웃소싱의 대상 영역이 될 수 있다. 앞에서 언급한 전략적 위험도를 결정하는 3가지 기준은 가지고 위험도를 파악해야 아웃소싱 대상 후보들을 선정할 수 있게 된다.

공급자 교섭력 정도: 전략적 위험도를 파악하는 가장 손쉬운 방법은 공급업체의 교섭력 정도를 파악해 보는 것이다. 강력한 공급업체들은 여러 가지 방법으로 전략적 위험도를 제고시킬 수 있다. 다음과 같은 상황에서는 공급업체들이 강력한 힘을 지니게 되고 따라서 전략적 위험도는 높아진다. 첫째, 공급 능력이 한 개나 몇 개 공급업체에게 독점 혹은 과점되어 있거나 집중되어 있는 경우 공급업체의 교섭력은 커진다. 둘째, 공급업체들이 판매하는 제품이나 기능에 대체품이 없는 경우 공급업체의 교섭력은 강화된다. 셋째, 공급업체에게 특정 고객이 차지하는 비중이 낮은 경우이다.

중요한 기술, 기능의 상실 가능성: 어떤 기능이나 기술을 아웃소싱함으로써 그 기술을 영원히 상실할 가능성에 관련된 것이다. 예를 들어 공급업체가 아웃소싱 계약 도중이나 완료된 후, 기준에 달하는 기능이나 제품을 제공할 능력이 없거나 제공하지 않으려고 할 경우, 그 기업은 이미 해당 부품이나 기술을 다시 사내에서 할 수 없게 되기 때문에 전략적 위험도는 높아진다.

기능을 통합 조정하는 능력의 상실 가능성: 기업의 높은 경쟁력은 여러 기능이 서로 조화를 이루어 상호 작용을 할 때만이 생겨날 수 있다. 이러한 기능 부문간의 통합, 조정을 얼마나 잘 하느냐는 경영자의 능력에 달려 있는 것이다. 그러나 아웃소싱을 통하여 여러 가지 기능을

2) Rajiv Kishore, H. R. Rao, K. Nam, S. Rajagopalan, & A. Chaudhury, "A Relationdship Perspective on IT Outsourcing," Communications of the ACM, 2003. 12.

외부화했을 때 이러한 통합기능이 상실될 가능성이 있다면 전략적 위험도는 상당히 높아지는 것이다.

8.1.7 서비스 수준 협약(Service Level Agreement: SLA)

기업활동은 조직간 혹은 조직 내 여러 부서간의 다양한 서비스의 교류를 포함한다. 이러한 과정에서 서비스 공급자와 서비스 수요자 사이에 기대 수준이 다르거나 또는 이해 관계가 불일치될 때 갈등과 분쟁이 생기기도 한다. 이해 관계와 성격이 다른 두 조직간의 공통된 언어는 기본적으로 계약 또는 계약서라는 문서화된 절차에 의존한다. 이러한 계약에 큰 비중을 차지하는 것 중의 하나가 서비스 수준 협약(SLA)이다. 서비스 수준 협약은 정보시스템 수요자와 기업의 정보시스템 공급자 상호간 동의에 의하여 일정 수준의 서비스를 명시하고 이를 명시화시킨 계약서이다. 이러한 서비스 수준 협약에는 다음과 같은 내용들이 포함된다. 첫째, 서비스 수요자가 대상 서비스에 대하여 정의한다. 둘째, 서비스 수요자가 해야 할 일과 공급자에게 기대하는 일에 대하여 명확하게 기술한다. 셋째, 기술된 서비스에 대해 평가할 수 있는 항목과 측정 방법에 대하여 구체적으로 기술하며 양자간의 협상과정을 통하여 현실적인 목표와 이를 달성할 수 있는 서비스 수준의 측정 지표를 포함한다.

(1) 서비스 수준 협약의 이점

서비스 수준 협약을 시행할 경우 여러 가지 이점이 생길 수 있다. 첫째로, 서비스 수준 협약은 정보시스템 서비스에 있어서 공급자와 수요자 사이에 일정 수준의 서비스를 보장한다. 정보시스템 수요자와 공급자들은 서로 다른 관점을 가지고 있으며 그들이 사용하는 언어 또한 다르기 때문에 서비스 수준 협약은 이러한 의사소통에서 발생할 수 있는 오해의 여지를 없애고 일정 수준의 서비스를 보장하도록 한다. 또한 일정 수준의 서비스가 달성되지 못할 때 공급자는 협의된 사항에 따라 벌금을 부과받기도 하고, 반대로 일정 수준의 서비스를 제공할 경우는 이에 해당하는 대가를 받기도 한다. 둘째로, SLA를 수립하는 과정을 통하여 상호 의사소통의 기회를 넓히고 원활히 함으로써 서비스 수요자와 공급자의 기대 차이를 좁히고 이를 통해서 서비스 공급자는 수요자의 기대 수준을 관리하고 적정한 서비스를 제공할 수 있다. 그리고 서비스가 개선된 이후에는 문서화되지 않은 서비스에 대한 고객의 요구와 기대를 적절히 차단할 수 있다. 이러한 의사소통 기회의 확보는 양자간 이해관계의 불일치로 인하여 생기는 갈등을 방지하고 해결할 수 있는 근거를 마련해준다. 셋째로 서비스 수준 협약은 경영자가 시스템 자원의 소비에 대한 적절한 통제와 정확한 성과측정을 하도록 돕는다. 정보시스템에 대한 투자 또는 서비스에 대한 성과와 시스템 자원의 관리에 관한 문제가 적절한 측정 방법과 평가 지표를 전제로 한다고 가정하면 서비스 수준 협약은 서비스 품질에 대한 객관적인 평가를 가능하게 한다.

(2) 서비스 수준 협약의 추진 절차

서비스 수준 협약은 많은 장점을 가지고 있지만 이를 효과적으로 추진하기 위해서는 세심한 주의가 필요하다. 서비스 수준 협약에 대한 추진 절차는 방법론에 따라 상이하지만 공통적으로 포함되는 요소는 다음과 같다.

우선, 도입 타당성에 대한 검토 후 경영자의 지지에 의해 개발과정이 시작된다. 전담 팀이 구성되고, 이러한 전담 팀을 중심으로 사전 준비과정을 거친 후 협의 서비스를 명확히 정의한다. 정의된 서비스 수준을 조정하고 초기 서비스 협정을 만들고 각 서비스에 대한 책임과 단계적인 절차를 규정하는 서비스협정을 한다. 그리고 이러한 협약 내용의 주요 성과지표와 측정 방법에 기초하여 서비스 성과를 추적, 측정하고 보고한다. 보고 내용을 분석하고 요구하는 서비스 수준의 조정협의 과정을 통하여 서비스의 정의, 도출, 협정, 성과측정, 보고, 통제의 과정을 반복하는 이러한 과정이 서비스협정이 이루어지는 지속적인 관리 프로세스이다.

[표 8-1] 서비스 수준 협약의 추진 절차

단계별 활동	내 용
도입 타당성 검토	서비스 수준 협약의 목적, 기대효과, 필요성, 적절성을 검토한다.
경영자의 지지	경영자의 지지를 얻는 것은 필수적인 요소이다. 전반적인 책임은 경영층에 있어야 중요한 영향력을 행사하게 된다.
전담 팀의 구성	정보시스템 수요자와 공급자가 포함된 팀을 구성한다. 서비스협약을 개발하는 책임을 지고 조직을 대표해서 협상을 할 수 있는 권한을 가지고 있어야 한다. 각각의 관점에서 협상에서 다루어야 할 서비스에 대한 지식을 갖고 있어야 한다.
자원조사	서비스 수준 협약에 대한 협상을 시작하기 전에 현재의 정보시스템 자원에 대한 실사를 행한다. 자원조사는 현재의 서비스 수준뿐만 아니라 미래의 사용량 예측도 포함을 한다. 가능한 모든 항목에 대한 계량화를 한다.
서비스 정의	역할과 책임을 명확히 하여 누가 의사소통 당사자인가를 정의한다. 서비스 항목을 조사하고 현실적으로 제공할 수 있는 서비스 수준을 결정하고 부가적으로 고객의 만족도를 조사한다.
서비스 도출	정보시스템 수요자 인터뷰, 지원스태프, 서비스를 받는 고객을 정의하고 서비스 요구를 문서화한다. 서비스 수준 협약문서에 대한 구조를 만들고 협상을 통하여 협정 내용에 대한 합의를 도출한다.
서비스 협약	최종적으로 합의된 서비스 수준 협약에 협약을 한다.
서비스 성과 측정	서비스 수준 협약에 근거하여 서비스를 제공하고, 성과 지표와 측정 방법에 다른 자료를 수집한다.
서비스 보고	상세한 성과 보고서를 합의된 형식에 따라서 정기적으로 보고한다.
서비스 통제	정기적 보고와 예외적인 보고를 통하여 문제점을 인식하고 분석하여 해결방안을 수립해야 한다.

8.2 CMM(Capability Maturity Model)

지속적으로 소프트웨어시장은 매년 규모가 커지고 있지만 그 생산성과 품질 수준은 기대치를 만족시키지 못하고 있으며 이를 위해 다양한 방법론과 CASE TOOL 활용 등을 시도하였지만 그 한계를 경험하게 되었고 소프트웨어 업계는 이를 해결하기 위해 조직의 현재 프로세스 상태를 파악하고, 해당 프로세스가 원하는 목표에 도달할 수 있도록 소프트웨어 개발에서 유지 보수하는 모든 과정을 프로세스 관점에서 접근하는 소프트웨어 프로세스 개선(Software Process Improvement: SPI)을 모색하게 되었다. 역량 성숙도 모델(Capability Maturity Model: CMM, 이하 CMM으로 표시)은 미국방성에서 납품업체의 소프트웨어 개발 능력을 객관적으로 평가하고 소프트웨어 품질 개선의 가이드라인을 제시하기 위하여 미연방예산으로 설립된 SEI(Software Engineering Institute)에 의해 개발되었다. SEI(Software Engineering Institute)는 1986년 Mitre Corporation의 도움을 받아 소프트웨어 프로세스의 개선을 도와주는 프로세스 성숙 프레임워크를 개발하기 시작하여 1987년 간단한 기본 틀을 발표하였다. 소프트웨어 프로세스 성숙도 프레임워크에 대한 4년 간의 경험과 1987년 성숙도 질의서 후에, SEI는 성숙도 프레임워크로부터 소프트웨어를 위한 CMM으로 발전시켰으며 이는 소프트웨어 프로세스 개선에 있어서 산업계 표준(De facto)이라 할 수 있다.

8.2.1 CMM의 프로세스 성숙도 단계

CMM은 높은 품질의 제품을 일관되고 예측 가능하도록 생산하기 위한 소프트웨어 조직의 역량에 초점을 둔다. 이러한 소프트웨어 조직의 역량은 소프트웨어 프로세스를 통해 진단 가능하다. 국제 전기전자표준(IEEE)에서는 프로세스를 어떤 일을 하기 위해 정의된 순서가 있는 활동으로 정의하고 있다. 목적을 위해 어떤 일을 해야 할 경우에는 일의 순서와 내용만 정의되는 것이 아니라 일을 수행하는 데 필요한 사람과 그 사람의 능력, 일을 하도록 도와주는 도구와 장비도 분명해야 한다. 소프트웨어 프로세스 관리하에 놓인 전제는 소프트웨어 제품의 품질은 주로 그것을 개발하고 유지하는 데 사용된 프로세스의 품질에 의해 결정된다는 것이며 효과적인 소프트웨어 프로세스는 사람, 도구, 방법을 하나의 통합된 전체로 묶는다.

소프트웨어 프로세스는 능력(Capability)과 소프트웨어 프로세스 성과(Performance) 그리고 소프트웨어 프로세스 성숙(Maturity)으로 구분될 수 있다. 소프트웨어 프로세스 능력이란 소프트웨어 프로세스를 수행하여 얻을 수 있는 예상 결과의 범위를 서술한다. 이를 통해 조직이 수행할 다음 소프트웨어 프로젝트의 결과를 보다 정확하게 예측할 수 있는 수단이 된다. 소프트웨어 프로세스 수행은 소프트웨어 프로세스를 준수함으로써 얻은 실제 결과를 나타낸다. 따라서 소프트웨어 프로세스 수행은 성취된 결과에 초점을 두는 반면, 소프트웨어 프로세스 능력은 예상되는 결과에 초점을 둔다. 소프트웨어 프로세스 성숙은 조직의 능력을 성과에 반영시키고, 나아가서는 프로세스 능력을 성장시킬 수 있는 조직의 잠재력을 의미한다.

조직의 소프트웨어 프로세스가 성숙하게 되면 성능도 향상되고 수행 성과가 좋아지는 방식으로 조직은 발전하게 되는 것이다. 그러므로 조직은 성숙 수준을 높이기 위해 노력해야 하며 CMM은 바로 이러한 성숙 수준을 높이기 위한 로드맵을 제공하는 것이다.

초기레벨(Initial Level): 초기 단계로 가장 낮은 성숙 수준을 나타낸다. 소프트웨어 프로세스는 임기응변 또는 무질서의 특성을 갖는다. 프

[그림 8-3] 프로세스 성숙도 5레벨

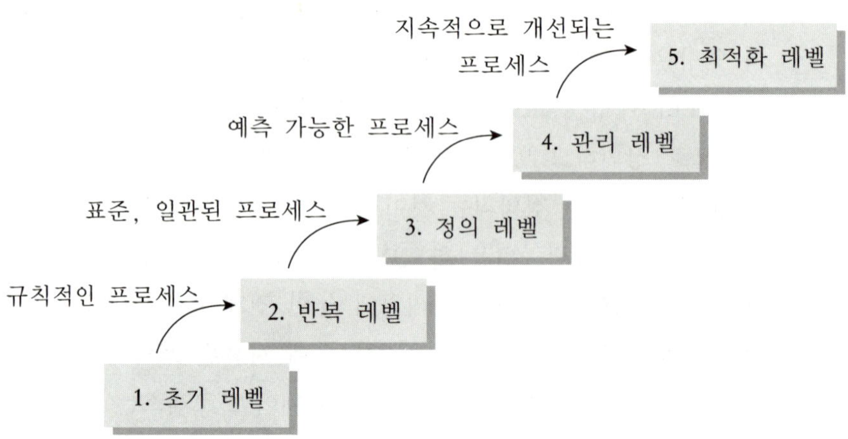

로세스가 거의 정의되어 있지 않고, 성공은 개인의 노력에 의존한다.

반복 레벨(Repeatable Level): 기본적인 프로세스 관리 프로세스가 비용, 일정 그리고 기능에 대한 정보를 추적하기 위해 설정된다. 성공적으로 완료된 프로젝트에 활용되었던 유사한 프로세스가 다시 사용된다.

정의 레벨(Defined Level): 소프트웨어 프로세스가 문서화되고, 표준화되고, 조직의 표준 소프트웨어 프로세스와 통합된다. 조직에서 수행되는 모든 프로젝트는 소프트웨어를 개발, 관리하기 위해 조직의 표준 소프트웨어 프로세스를 사용한다. 이때 조직의 표준 프로세스는 프로젝트의 특성에 맞추어 조정하여 적용된다.

관리 레벨(Managed Level): 소프트웨어 프로세스와 생산품의 품질에 대한 상세한 측정이 수집된다. 모든 프로젝트에 대한 중요한 소프트웨어 프로세스 활동의 생산성과 품질이 측정되며 성과의 변동을 수용 가능한 정량적인 범위 내로 최소화하여 제품과 프로세스에 대한 통제를 수행한다.

최적화 레벨(Optimizing Level): 지속적인 프로세스 개선이 프로세스에 대한 정략적 피드백과 혁신적인 아이디어, 기술의 적용으로 이루어진다. 그리고 발견된 결함의 형태가 다시 발생하지 않도록 소프트웨어 프로세스가 평가되고 얻어진 교훈이 전 조직에 확산된다.

8.2.2 CMM 모델의 구조

CMM은 [그림 8-4]와 같이 크게 성숙도 레벨(Maturity Level), 주요 프로세스 영역(Key Process Area), 공통 실행(Common Feature), 주요 실행 지침(Key Practiccs) 4가지 방식으로 구성되어 있다. CMM의 실제 프로세스 권고는 성숙도 레벨의 구조로부터 이끌어 낼 수 있다. 각 성숙도 레벨은 구성 요소 부분으로 분해될 수 있다. 초기 레벨(Initiative Level)을 제외하고, 각 성숙도 레벨은 몇 개의 주요 프로세스 영역(Key Process Area)으로 구성되고, 각 주요 프로세스 영역은 다시 공통 특성(Common Feature)라 불리는 다섯 개의 영역으로 구성된다. 각 공통 특

[그림 8-4] CMM 모델의 구조

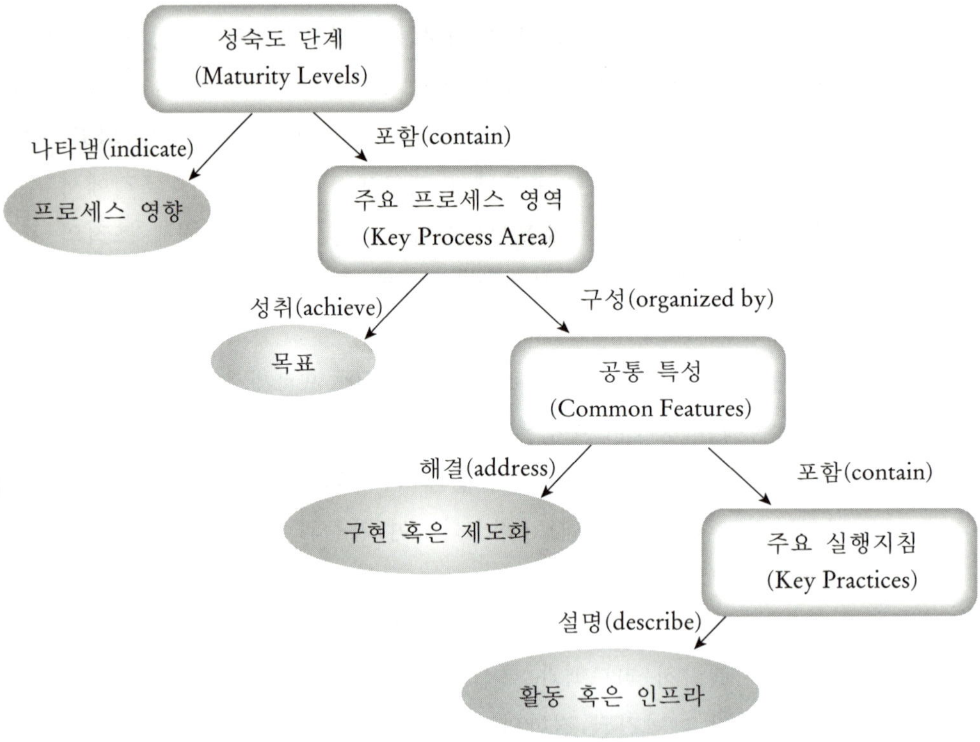

성은 주요 실행 지침을 가지고 있으며 이것이 집합적으로 해결될 때 주요 프로세스 영역의 목표를 달성하게 된다.

(1) 주요 프로세스 영역(Key Process Area)

레벨 1을 제외하고 각 성숙도 레벨은 몇 개의 주요 프로세스 영역으로 나뉘는데, 이 영역은 조직이 소프트웨어 프로세스를 개선하기 위해 초점을 두어야 할 곳이다. 주요 프로세스 영역은 성숙도 레벨 달성을 위해 반드시 해결해야 하는 목표(Goal)들이 있다. 만약 조직이 레벨 3이라면 레벨 2와 3의 모든 주요 프로세스 영역의 목표들을 해결해야 한다.

(2) 공통 실행(Common Feature)

주요 프로세스 영역을 기술하는 실행지침은 공통 특성에 의해 구성된다. 공통 특성은 주요 프로세스 영역의 구현과 제도화가 효과적인지, 반복적인지, 지속적인지 여부를 나타내는 속성이다. 공통 특성은 다음과 같은 다섯 가지가 있다.

수행 방침(Commitment to Perform): 수행 방침은 조직의 프로세스가 수립되고 지속되는 것을 확인하는 행동 방침을 기술한다. 수행 방침은 실제적으로 조직의 정책과 지도력의 수립을 포함한다.

수행 능력(Ability to Perform): 수행 능력은 소프트웨어 프로세스를 적합하게 구현하기 위해 조직/프로젝트에 있어야 하는 필수조건을 기술한다. 수행 능력은 자원, 조직 구조, 훈련을 포함한다.

수행 활동(Activities Performed): 주요 프로세스 영역을 구현하는 데 필요한 활동, 역할, 절차 등을 기술한다. 일반적으로 수행활동에는 계획과 절차 준비, 작업 수행, 추적 그리고 때에 따라 사정 조치 수행 등이 포함된다.

측정 및 분석(Measurement and Analysis): 프로세스와 관련된 상태를 결정하는 데 필요한 기초 측정 실행 지침을 기술한다. 이 측정은 프로세스를 통제하고 개선하기 위해 사용된다. 일반적으로 수행되었던 측정 예제들이 포함된다.

구현 검증 (Verify Implementation): 구현 검증은 프로세스와 조화를 맞추어 실행되는 활동을 검증하는 단계이다. 구현 검증은 검토와 관리에 의한 감사와 소프트웨어 품질 보증이 포함된다.

공통 특성의 구성요소 중 하나인 실행 지침인 수행 활동(Activities Performed)은 프로세스 능력을 확립하기 위해 반드시 구현해야 하는 것들을 기술하며 전체적으로 다른 실행 지침들은 수행 활동에 기술된 실행 지침들을 제도화할 수 있어야 하는 것을 전제 조건으로 하고 있다.

(3) 주요 실행지침(Key Practices)

각 주요 프로세스 영역(Key Process Area)은 주요 실행지침(Key Practices)으로 기술된다. 주요 실행지침은 주요 프로세스 능력의 구현과 제도화에 가장 많이 기여하는 활동과 이를 효과적으로 구현하고 제도화하는 데 필요한 기본 구조를 기술한다. 조직의 프로세스가 성숙할수록 각 주요 프로세스 영역에서 실행될 주요 실행지침은 발전해 나간다.

8.2.3 CMM의 심사

CMM의 평가는 SEI의 프로그램에 따라 양성된 선임심사원(Lead Assessor)에 의해서만 이루어지고, 선임심사원 양성을 위한 교육 및 자격인증 프로그램은 SEI에서 운영되고 있다. 따라서 CMM은 중앙집중화된 심사원 관리시스템을 통해 모델적용의 일관성을 유지한다고 볼 수 있다. CMM의 심사 평가는 수준에 따라 몇 가지로 구분할 수 있으며 이 중 조직 내의 프로세스 평가와 개선을 목적으로 활용하는 방법을 CBA-IPI(CMM Based Assessment for Internal Process Improvement)라고 한다. CBA-IPI는 크게 SPA(SW Process Assessment)와 SCE(SW Capacity Evaluation)로 구분되며 보통의 경우 선임심사원과 심사/평가에 대한 구체적인 내용을 숙지한 팀원(내부나 외부)들로 심사팀을 구성하여 실시한다. 심사팀은 프로세스 수준을 파악하기 위한 질문지와 기타 심사 도구를 준비하여 심사 대상 조직에 대한 인터뷰, 문서검토, 기타 확인과정을 거친다. 심사팀은 평가 대상 조직이 각 주요 프로세스 영역(KPA)의 목표(Goal)와의 일치 여부를 검토하여 그 결과를 문서화한다. 이러한 과정을 거쳐 작성된 소프트웨어 프로세스의 강점과 약점은 프로세스 향상을 위한 기초자료와 능력평가를 위한 자료로 활용할 수 있다.

CMM은 프로세스 심사에 관한 원칙과 프로세스를 제공하기 위해 CMM Appraisal Framework(CAF)라는 기준을 제시하고 이 프레임워크와 호환이 있는 심사방법을 활용할 것을 권고하고 있다. CAF가 제시하는 일반적인 심사의 원칙은 다음과 같다. 첫째, 프로세스 참조모델(CMM 등)이 있어야 한다. 둘째, 해당 조직의 최고경영자가 심사에 관계해야 한다. 셋째, 심사내용과 결과에 대한 보안을 유지해야 한다. 넷째, 개인, 특정 조직이 아닌 프로세스, 활동에 초점을 두어야 한다. CBA-IPI를 비롯한 심사의 목표는 일반적으로 CMM을 기준으로 비교한 정확한 상황을 제공하고 지속적인 프로세스 개선을 조직적 추진기반을 확립하는 것이다.

8.2.4 IDEAL 모델

IDEAL은 Initiating, Diagnosing, Establishing, Acting, Learning의 첫 글자를 딴것으로 CMM 심사 후, 소프트웨어 프로세스를 개선하기 위한 구체적인 방법과 지침에 대한 요구가 늘어남에 따라 SEI에서는 지속적인 SPI 활동을 조직 내부에 내재화할 수 있는 체계적인 개선 모델인 IDEAL을 개발하였다. SPI 활동을 위해서는 변화를 위한 목표 수립, 변화의 단계, 변화된 절차의 응용, 지속적인 교육 훈련, 정기적인

[그림 8-5] IDEAL 모델

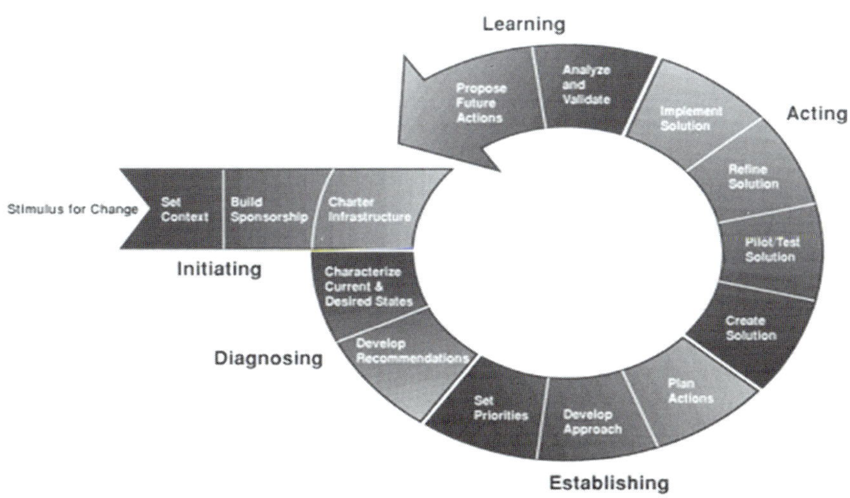

평가 등 일련의 체계화된 활동이 필수적이다. IDEAL은 이와 같이 SPI를 추진하는 조직이 필수적으로 수행해야 할 일을 상세하게 기술하고 있다.

IDEAL은 5개의 단계와 하위 14개의 세부 테스크로 구성되어 있으며 단계별 주요 수행 내용은 다음과 같다.

초기단계(Initiating): 초기에 개선을 위한 기반을 마련하는 단계

진단단계(Diagnosing): 프로세스 진단을 통하여 조직의 현재 상태에 대한 기준선을 수립하는 단계

착수단계(Establishing): 진단 단계에서 발견된 개선 이슈에 대한 우선 순위를 설정하고 목표 달성을 위한 접근방법 개발 및 실행 계획을 수립하는 단계

실행단계(Acting): 해결 방안 개발 및 이에 대한 파일럿을 시행하여 조직에서 이행토록 하는 단계

확대단계(Learning): 경험을 수집하여 조직의 개선 프로그램에 사용된 전략, 방법, 기반 조직에 대하여 평가하고 재조정하는 단계

8.2.5 CMMI(Capacity Maturity Model Integration)

CMMI는 이미 발표되어 사용하던 5가지 모델들을 통합한 통합 CMM 모델이라고 할 수 있다. 그 근간을 이루는 것은 소프트웨어 프로젝트에 활용되는 SW-CMM, 시스템 부서를 위한 SECM(SE-CMM & SECAM), SA-CMM, 제품 개발 체계를 관리하는 IPD-CMM이다. 다섯 가지 모델 중에서도 가장 널리 사용되던 것은 SW-CMM, SE-CMM, IPD-CMM으로 CMMI는 세 가지 모델을 중점적으로 통합하였다고 볼 수 있다. 여러 CMM이 존재하는 현실에서 적용하는 입장에서는 각각의 모델을 별개로 적용하는 것보다 통합하여 적용하는 방안이 필요하게 되었다. 예를 들어 전체 시스템을 관리하기 위해서는 IPD-CMM, 시스템 부서는 SE-CMM, 소프트웨어 프로젝트에는 SW-CMM

을 적용하는 조직의 경우 각각의 모델이 추구하는 목표가 통합적으로 관리되어야만 실질적인 개선 효과를 볼 수 있을 것이기 때문이다. 이런 요구에 따라 CMM 통합이 추진되었고, 최초로 CMMI-SE/SW v1.1이 발표되었으며 추가적인 작업을 거쳐 SA-CMM, IPD-CMM이 통합된 CMMI이 발표되었다. CMMI는 ISO 15504(SPICE)와의 호환성을 충분히 고려한 모델이다.

CMMI는 다양한 모델을 통합한 프로세스 성숙도 모델이기 때문에 다양한 분야에 적용할 수 있는 공통의 프레임워크를 제공하기 위해 개발되었다. 모델의 통합을 통해 모델간 불일치나 중복성을 제거히고 여러 가지 모델을 적용할 때 드는 비용을 절감할 수 있도록 하였고, 특히 동일한 용어와 일관성 있는 형태를 제시함으로써 기존의 모델보다 명확하게 이해할 수 있도록 개선한 모델이라고 할 수 있다. CMMI의 이런 특징 이외에 프로세스 성숙도 모델로서의 목적이나 취지는 CMM과 같다고 할 수 있다. 특히 CMMI는 CMM v1.1을 개선한 v2.0을 통합한 모델로 지난 10여년 간의 소프트웨어 프로세스 성숙도 적용 및 개선 사례를 충분히 반영한 것이다. 소프트웨어 엔지니어링, 시스템 엔지니어링, 통합 제품 개발에 관련된 CMM 모델을 통합한 것이 CMMI라고 할 수 있다.

8.3 ITIL(IT Infrastructure Library)

ITIL은 IT 서비스 관리에 대한 프레임워크 구현을 돕기 위한 문서들의 집합이다. 과거에 많은 기업들의 IT 조직이 내부적으로 기술 중심으로 업무를 집중하는 반면, 현재의 IT 조직은 비즈니스 조직의 요구사항에 따라 IT 서비스 품질 향상에 역량을 집중하고 있으며 고객 지향적인 접근방식을 채택하고 있다. 이를 위해 ITIL은 특정 기업 내의 복잡한 IT 환경에 대해 비즈니스와 서비스 중심의 최적의 프레임워크를 제

[그림 8-6] Jigsaw diagram

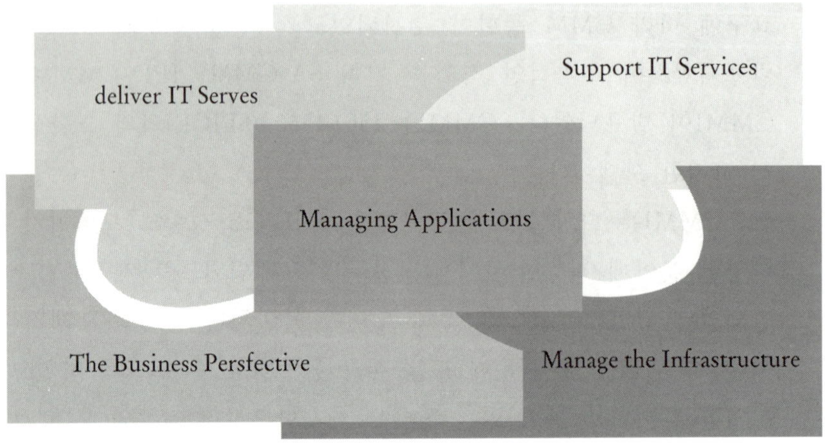

시하고 있으며 United Kingdom's Office of Government Commerce (OGC)에 의해 전세계의 IT 서비스 관리 분야 프로세스의 실천모델(Best Practice)을 정리한 것이다. 이를 통해 IT 서비스 관리분야에서 전세계적인 표준으로 IT 서비스를 지원, 구축, 관리를 가능케 한다. 이 프레임워크는 영국 정부에 의해 만들어졌으며 현재 전세계 많은 기업들로부터 그 유효성 및 효율성을 검증받아 표준 IT 서비스 관리 프레임워크로 활용되고 있다.

ITIL은 상호 연결되는 관리되는 다섯 가지 영역으로 구성되어 있다.

Service Delivery: IT 서비스 제공자가 비즈니스 고객에게 충족한 지원을 제공하기 위해 필요한 서비스 및 프로세스를 정의하고 있다.

Service Support: IT 서비스 사용자가 비즈니스 관련 IT 서비스를 항상 받을 수 있도록 보장하는 데에 필요한 관련 프로세스를 포함하고 있다.

Application Management: 소프트웨어 개발 라이프 사이클을 포함하고 있으며 소프트웨어 라이프 사이클 지원 및 IT 서비스 테스팅까지 확장하여 다루고 있다.

ICT Infrastructure Management: IT Infrastructure를 운영 관리하기 위해 필요한 주요 프로세스를 포함하고 있다.

The Business Perspective: 전체 비즈니스의 중요 부분으로서의 IT 서비스 제공 품질의 개선 및 이해를 다루고 있다.

기본적으로 ITIL은 ISO 9000 품질시스템과 EFQM(European Feature for Quality Management) 및 CMM(Capability Maturity Model)과 깊은 관계를 갖고 있으며 IT 서비스 관리에 필요한 주요 프로세스 및 실천모델(Best Practice)을 제공함으로써 이러한 품질시스템을 지원하고 있다. 따라서 ITIL 프레임워크 및 프로세스 모델을 채택함으로써 IT 서비스 관리 분야에서 ISO와 같은 품질시스템에 대한 인증을 공인받을 수 있다. 서비스 관리의 3대 핵심 목표는 비즈니스와 고객의 현재와 미래의 요구에 맞게 IT 서비스를 배치, IT 서비스 제공의 질 향상, 서비스 제공에 대한 장기간 비용 절감 등이다.

8.3.1 ITIL의 구성요소

ITIL의 다섯 가지 구성요소 중 ITSM(IT Service Management)은 ITIL의 핵심으로 IT 운영관리에 대한 실천모델 영역이다. ITSM의 영역은 IT 서비스의 일상적인 운영 및 지원에 초점을 맞춘 Service Support와 IT 서비스 제공의 장기적인 계획 및 개선에 초점을 맞춘 Service Delivery로 구성된다.

(1) Service Support

ITIL의 Service Support의 영역은 IT 서비스 사용자가 비즈니스 관련 IT 서비스를 향상받을 수 있도록 보장하는 데 필요한 관련 프로세스를 포함하고 있다.

서비스 데스크(Service Desk): 서비스 데스크란 모든 ITIL 프로세스

[그림 8-7] ITIL의 프레임워크(Framework)

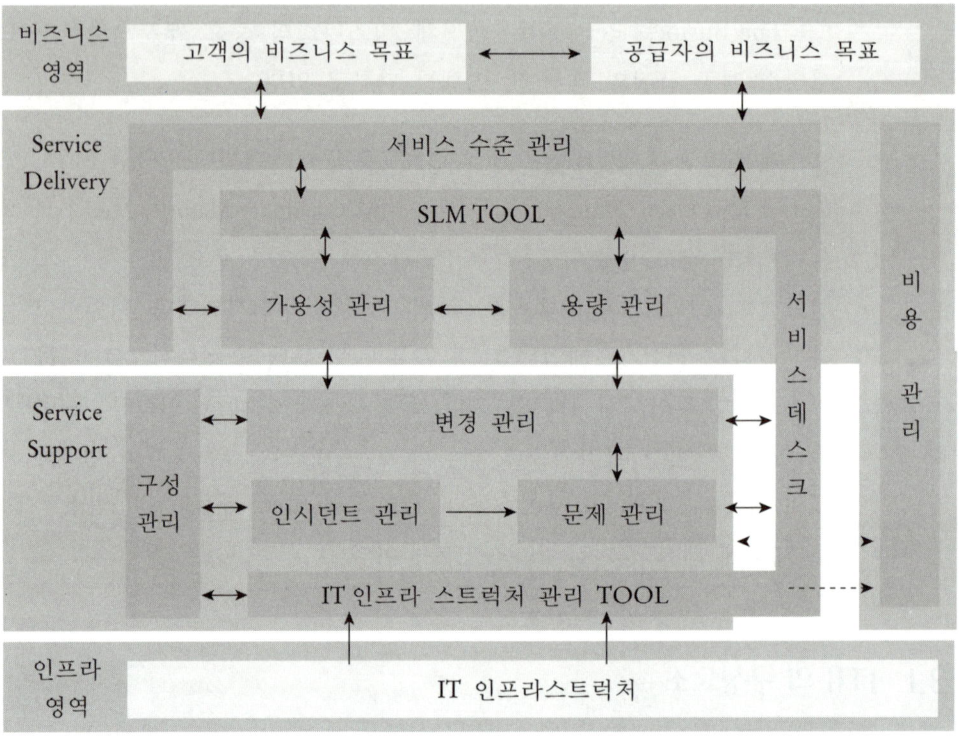

를 관리하는 수단 및 접점을 제공하는 기능이다. 고객(내부 · 외부)에게 인시던트(Incident) 해결을 위한 방법을 제공하며 비즈니스 서비스를 제공하기 위해 조직원, 프로세스, 기술을 혼합하는 매개체이다. 서비스 데스크에서는 모든 사건의 처리에 대해 시간이 기록되므로 어느 단계에서 지연이 되고 있는지 확인이 가능하며 서비스 수준 협약(Service Level Agreement)에 따라 시간 기준(Time base)으로 모니터링, 커뮤니케이션, 요청 사항에 대해서 접근할 수 있다. 또한 일의 진행 순서에 따라 커뮤니케이션을 하며 업무 진행을 해 나가므로 의사소통 향상을 가져올 수 있으며, 고객 접점의 단일화 및 문제 처리 상태에 대한 관리로 문제 인지 및 해결 시간을 단축하여 고객 만족도를 증가시킬 수 있다.

구성관리(Configuration Management): IT 조직이 고객에게 최적의 비용에 최상의 서비스를 제공하기 위해서 활용 가능한 자원에 대해 파악하고 관리하는 프로세스이다. 인프라구조 혹은 아이템의 구성요소는 CI(Configuration Item)로 구분되어 구성관리 데이터베이스인 CMDB(Configuration Management Database)에 정보가 저장되며, CI 정보의 수준은 IT 서비스 제공에 있어 필요한 정보를 판별하여 기록하고 관리한다. 각 CI 간에는 종속관계, 연결관계, 상호 보완관계에 대해 분석되어 관계가 구성되며 비즈니스 환경에 맞게 설계된 CMDB를 근간으로 다른 ITIL 프로세스듬은 필요한 데이터를 이용하게 된다.

인시던트 관리(Incident Management): 인시던트란 서비스의 정상적인 수행을 방해하거나 서비스의 질을 떨어뜨리는 이벤트를 말하며 인시던트 관리의 목적은 정상적인 서비스 제공을 위해, 문제 사항에 대한 빠른 해결 및 비즈니스 수행에 대한 반대 급부로 인한 충격을 최소화하는 것이다. 각 인시던트는 우선 순위가 정해져 관리되며 인시던트에 대한 모든 정보는 CMDB에 저장되어 관리되며 문제 관리와 변경 관리, 릴리즈 관리 프로세스로 연결되기도 한다. 또한 SLA를 따르는 SLM의 근간이 되는 장애 데이터를 제공하게 된다.

문제 관리(Problem Management): 문제 관리의 목적은 정보시스템 인프라의 장애로 인해 발생 가능한 비즈니스의 효과를 최소화하며, 비즈니스에 영향을 끼치는 인시던트 발생의 반복을 억제하는 것이다. 발생한 장애에 대해서는 원인을 아직 알 수 없는 단일, 혹은 복수의 인시던트를 의미하는 문제(Problem)과 문제의 원인 진단에 성공하여, 문제 사항의 상태가 정의된 알려진 에러(Known error)로 구분된다.

변경 관리(Change Management): 변경이란 하나 혹은 하나 이상의 정보시스템 인프라의 구성요소의 새로운 상태에 의한 결과이며 기술적인 변경이 아닌 프로세스와 관리적인 관점에서의 변경 관리를 의미한다. 변경 관리의 목적은 매일 발생되는 업무와 변경 관련 인시던트에 의해 발생 가능한 충격을 최소화하고 모든 변경 사항에 대해 즉각적인 조종과 효율적인 처리절차에 대한 표준화된 방법을 확립하는 것이다. 모든 변경의 시작은 변화 관리 요청에 의해 시작되며 변경 관리자에 의해 여과된 후 변경 절차가 진행된다. 변경 관리자, 고객, 사용자 대표, 애플리케이션 개발자, 기술 조언자 등으로 구성된 변경 조정위원회는 변경에 대한 최종승인권을 갖고서 의사결정을 하게 된다. 변경 관리를 통해 고객은 비즈니스 요구사항에 대해 정보시스템 서비스를 보다 효율적으로 배치, 변경 철회 사례 감소, 사용자의 생산성 향상, 큰 규모의 변경사항에 대해 조정할 수 있는 능력 향상 등의 이점을 얻을 수 있다.

릴리즈 관리(Release Management): 릴리즈 관리는 정보시스템 서비스 관점에서 보면 일종의 변경 사항이며 릴리즈시 모든 사항을 점검하고 확인하는 과정이다. 릴리즈는 IT 서비스에 대한 인가된 변경의 집합이며 RFC(Request For Change)에 의해 정의된다. 대표적으로 릴리즈는 서비스에 대한 장애해결 수와 품질개선으로 구성된다. 품질관리 및 테스팅을 통해 좋은 품질의 하드웨어 및 소프트웨어를 유지할 수 있으며 안정적이고 일관성 있는 관리가 가능하다. 또한 사전에 작성된 릴리즈 일정계획은 고객의 기대치를 정의할 수 있게 해준다. 데이터에 근거한 변경관리는 소프트웨어 설치 및 하드웨어 변경과 같은 프로덕션 실환경 변경사항에 대한 완벽한 감사 및 추적을 가능하게 하며 불법, 비인가 변경 위험을 감소시킨다.

(2) Service Delivery

Service Delivery 영역은 IT 서비스제공자가 고객에게 충분하고 만족할 만한 지원을 제공하기 위해 필요한 서비스 및 프로세스를 정의하고 있다.

서비스 수준 관리(SLM: Service Level Management): 서비스 수준 관리(이하 SLM)는 모든 IT 조직이 비즈니스를 지원하기 위해 제공하는 IT 서비스를 정의하고 서비스 수준의 충족 여부를 확인하기 위해 반드시 필요한 IT 프로세스이다. SLM 프로세스를 통해 관리 유지하는 SLA는 IT 조직의 성과를 측정하고 판단하는 구체적인 목표치를 제공하게 된

[그림 8-8] ITIL의 프레임워크(Framework)

계획단계(Planning)

- 최초 계획 활동
  - SLM 기능 및 목표 정의
  - SLM 수행을 위한 캠페인 실시
  - SLM 내에 포함될 IT 서비스 카탈로그 정의
  - 파일롯 작성
  - 모니터링을 위한 지원 도구
- 최초 서비스 수준 인식조사
- UC 및 OLA

구축단계(Implementation)

- 서비스 카탈로그 작성
  - 고객에게 제공되는 IT 서비스
  - 서비스 특징/고객정보/지원주체
- 기대치 관리
- SLA 작성
  - SLA구조계획 및 SLR설정
  - SLA 합의 및 모니터링 기능설정
  - 레포팅 기능 정의 및 절차 검토
  - OLA 검도 및 SLA 공개

진행단계(On-going)

- 모니터링 및 레포팅
  - 품질개선 조치내용/향후 예측치/모든 SLA 항목의 수행성과
- 서비스 검토회의
- 서비스개선 프로그램(SIP)
  - 서비스장애 발견 및 조치
- SLA 및 OLA 유지보수

다. SLM 목적은 IT 서비스 수준에 대한 합의, 모니터링, 리포팅 및 서비스 개선 활동과 같은 반복적인 SLM 프로세스를 통하여 IT 서비스 품질을 유지하고 개선하는 것이다. 이러한 SLM 프로세스는 반드시 비즈니스 및 비용적 요소와 연계하여 운용되어야 한다. 효과적인 SLM을 통한 서비스 중단 시간의 절감 및 서비스 품질의 개선은 궁극적으로 상당한 재정적 절감 효과를 가져오게 된다.

가용성 관리(Availability Management): 가용성 관리의 목적은 IT 인프라의 능력을 최적화하는 목표를 달성하기 위하여 비즈니스를 가능하게 할 수 있는 서비스의 가용성을 지속적인 수준으로 유지 및 비용 효과를 얻는 것이다. SLA에서 정의된 서비스 제공 가용성 대비 실제 제공된 서비스 시간을 계산하며, 이를 위해 각 장애처리 단계에 대한 기록은 서비스 데스크를 통해 CMDB에 저장되게 된다.

용량 관리(Capacity Management): 용량 관리의 목적은 효율적인 비용 제공을 통해 비즈니스 요구사항을 충족시키기 위한 현재와 미래의

용량계획이며 비용과 용량간의 균형과 공급과 요구의 균형을 맞추는 것이 중요하다. 용량계획은 비즈니스 확장성을 고려한 서비스와 IT 자원의 용량계획인 비즈니스 용량 관리, 고객에 의해 사용되는 IT 서비스의 운영 측면에서의 용량계획인 서비스 용량 관리, IT 인프라스트럭처(Infrastructure)의 개별 구성요소 측면에서의 용량계획인 자원 용량 관리로 나누어진다.

IT 서비스 지속성 관리(IT Service Continuity Management: ITSCM): IT 서비스 지속성 관리(이하 ITSCM)의 목적은 필수적인 IT 기술적 요소와 서비스 구성요소의 장애시, 합의된 시간 안에 복구가 가능하도록 하는 것이며, IT 서비스 복구 계획은 중대한 장애를 복구, 대처, 방지하기 위한 계획 및 절차를 만들기 위한 체계적인 접근방법이다. ITSCM은 비즈니스 지속성 관리[3)](Business Continuity Management: BCM) 프로세스 중의 한 부분이며 비즈니스 지속성 관리에 의해 파생된 정보에 의존한다. ITSCM은 비즈니스 측면에서 IT 서비스의 지속에 초점을 맞추고 있다.

반면 ITSCM의 범위를 결정하기 전에 비즈니스 현업과 IT 서비스 공급자간에 결정 및 합의되어야 할 최소 비즈니스 결정사항이 있다. 이러한 필요사항에는 대체 지역으로의 즉각적인 서비스 이전에 대한 필요성 또는 일정기간 이상의 장애시 서비스 구성요소의 복구 필요조건 등을 정의한다. 비즈니스 현업은 이런 사전 사항을 완벽히 이해, 정의 및 합의해야 하며 ITSCM 비즈니스 지속성 관리의 한 부분으로 이러한 필요사항을 제공하기 위한 가장 효율적이고 유효한 방법으로 사용할 수 있음을 이해하여야 한다.

금융 관리(Financial Management for IT Services): 금융 관리는 비즈니스 목표와 요구를 받아들여 계획하고 실행하는데 최소한의 손해와 최대 효과를 얻기 위한 비용의 관리를 의미하는 것이다. 특히, IT 서비스 제

---

3) 비즈니스 지속성 관리: 비즈니스를 지원하는 모든 서비스를 포함하는 비즈니스의 지속에 초점을 맞추고 있다. 비즈니스 지속성 관리는 조직 또는 기업이 사전에 설정한 최소 수준의 운영을 지속하기 위해 위험요소를 관리하는 것에 초점을 맞추고 있다.

공에 대한 비용 관리를 의미한다. 재정 부분은 IT 부서 단독으로 관리할 대상은 아니며 조직의 재무 부서와 긴밀한 협조를 통하여 진행되어야 하는 부분이다.

IT 조직은 3개의 주요 프로세스를 통해 IT 서비스의 금융 관리를 수행한다.

예산 설정(Budgeting): 조직 내의 비용 지출을 제어하고 예견하는 프로세스이며 주기적인 협의를 통해 예산을 수립하며 현재의 예산 대비 비용 집행에 대해 일상적으로 모니터링을 수행한다.

IT 비용(IT Accounting): IT 조직이 실제 비용 집행을 하기 위한 프로세스이다.

비용 청구(Charging): 고객에게 서비스 비용을 청구하는 프로세스로 상세한 분석을 통해 비용을 청구하고 이에 대해 보고하는 프로세스이다.

8.3.2 ITIL 성숙도 평가 프레임워크

OGC(The Office of Government Commerce)에서는 조직의 ITIL 평가

[표 8-2] ITIL 성숙도 프레임의 단계

단계	주요 단계	정의
1	Prerequisites	프로세스 활동을 지원하기 위한 사전 준비사항 여부
1.5	Management Intent	지침이 되는 조직정책, 비즈니스 목표 여부 점검
2	Process Capability	정의된 업무행위 수행 여부
2.5	Internal Integration	정의된 각 행위들이 프로세스 목적에 맞게 통합되어 있는지 점검
3	Products	프로세스 산출물이 제대로 나왔는지 점검
3.5	Quality Control	프로세스의 산출물이 질적인 면을 만족하는지 점검
4	Management Information	의사결정에 필요한 적절한 프로세스 관리 방식 점검
4.5	External Integration	모든 외부 조직과의 통합 여부 점검
5	Customer Interface	고객의 요구를 위해 지속적인 관리 여부 점검

단계를 아래와 같이 제시하고 있다.

이 프레임워크는 고객의 요구 사항, 내부 요구 사항, 프로세스 관리 향상을 위한 것이다. ITIL의 구성 요소마다 조직의 관리자가 진단할 수 있는 측정 질문을 통해 ITIL 성숙도 프레임 단계에서 제시하는 단계 측정을 할 수 있고 이를 통해 프로세스 능력이 향상되도록 유도한다.

8.3.3 ITIL의 기대효과

IT 관련 서비스를 창출하고 제공하는 기업들은 자사뿐만 아니라 고객사 및 외부 기업의 IT 관리조직이 세계적으로 검증된 표준이 될 만한 프로세스 모델인 ITIL을 통해 다음과 같은 많은 이점을 얻을 수 있다.

기업 내에서 얻는 효과: IT 변경 사항에 대한 관리, 제어권의 향상 효과, IT 비용 관리 프로세스를 통한 IT 비용의 절감, IT와 비즈니스를 연계하여 관리 가능, IT 관리도구의 적용을 위한 프로세스 설치, 아웃소싱에 대한 결정을 위한 프레임워크 준비, 상호 대화를 위한 단일화된 참조 모델, 프로세스의 표준화 등이다.

IT 고객이 얻는 효과: 문서로 상세하게 잘 정리된 IT 서비스, 보다 안정적인 IT 운영 환경, 제공 서비스에 대한 품질 보증에 따라 신뢰성 증가, 명확한 대화 통로 제공의 효과를 볼 수 있다.

8.4 COBIT

1969년 정보시스템 감사, 통제 및 보안 분야의 발전을 위해 설립된 미국의 전문협회인 정보시스템감사 · 통제재단(ISACA, ISACF)은 IT 보안 및 통제 부문에서의 모범적인 업무 수행 방법에 대한 일반적으로 적용 가능하고 인정되는 기준으로 COBIT(Control Objectives for

[그림 8-9] COBIT 제품군의 구성

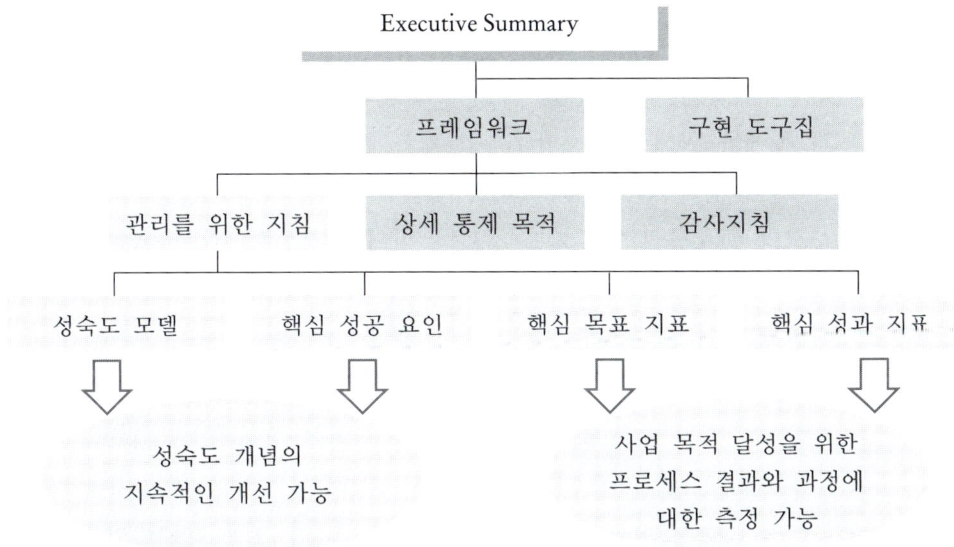

Information Technology and Related Technology)을 개발했다. 이는 정보기술 전문가들에게 정보시스템 통제에 대한 표준 모형으로서 일반적으로 적용 가능하고 인정되는 정보기술(Information Technology: 이하 IT)의 거버넌스[4] 및 통제[5] 수행 방법에 대한 하나의 프레임워크를 제공하고 있다. 이 기준은 비교적 규모가 작고, 기업이 채택하고 있는 기술적인 IT 플랫폼과는 독립적으로, 가능한 실용적이면서 기업의 요구 사항들을 충족시키려고 노력하였다.

4) IT 거버넌스: IT와 IT 프로세스에 대한 위험과 이익이 균형을 이루면서 가치를 부가하여 조직의 목표를 달성할 수 있도록 조직을 지도하고 통제하는 시스템이며 IT 프로세스, IT 자원 및 정보를 기업의 전략 및 목적과 연계토록 한다.

5) 통제: 경영 목표를 달성하고 원하지 않는 사건의 발생을 방지, 적발, 수정할 수 있다는 것을 적정하게 보증하기 위해서 수립된 정책, 절차, 업무수행 방법 그리고 조직구조.

8.4.1 COBIT의 개발 배경과 목적

(1) IT 통제의 필요성

규제기관, 입법기관, 사용자 그리고 서비스 제공업체들은 IT 보안과 통제를 위해서 참조할 수 있는 프레임워크가 필요하다는 사실을 최근 들어 점차 절실하게 느끼고 있다. 오늘날과 같이 세계화된 정보화 사회의 중요성이 대두되고 정보와 이러한 정보를 제공하는 정보시스템에 대한 의존도 증가, 사이버 범죄나 정보전 등과 같은 다양한 종류의 위협과 이러한 위협에 노출 가능성 증가, 정보와 정보시스템에 대한 현행 및 향후의 투자 규모 증가 등의 환경에서 기업의 성공과 생존을 좌우할 수 있는 요소 중의 하나는 IT를 얼마나 효과적으로 관리하느냐의 여부이다. 이를 위해 IT 통제 목적[6]의 기반이 되고, IT 감사·통제 부문에서 일관성 있는 연구를 유도할 수 있는 IT 통제 프레임워크 개발의 필요성이 대두되었다.

(2) IT 관련 위험과 제약 조건의 이해와 평가

정보와 조직을 지원해 주는 IT는 대부분의 기업에 있어서 중요한 기업자산 중의 하나이며 대부분의 기업들은 IT를 통해서 실현할 수 있는 효과를 인식하고 있다. 또한 성공적인 기업들은 새로운 IT를 구현하는 데 수반되는 위험을 이해하고 이를 관리하고 있다.

경영자들은 예측 불가능한 IT 환경하에서 IT의 보안과 통제를 위해서 어느 부문에 투자해야 하고, 위험을 통제하기 위해서 어느 정도나 투자해야 할지를 결정해야 한다. 정보시스템의 보안과 통제는 위험을 관리하는 것을 도와줄 수는 있지만, 위험을 완전히 없애지는 못한다. 그뿐만 아니라 언제나 얼마간의 불확실성은 존재할 수밖에 없기 때문에 사전에 위험도를 정확하게 알 수도 없다. 결국 경영자들은 자신들이 수용할 용의가 있는 위험 수준을 결정해야 한다. 특히 비용을 고려하면서

6) IT 통제 목적: 특정한 IT 활동에 대하여 통제 절차를 구축하여 달성하고자 하는 결과나 목적에 대한 기술서

감당할 수 있는 위험 수준을 결정하는 것은 매우 어려운 의사결정이다. 따라서 경영자들은 자신들이 현재 보유하고 있는 혹은 향후에 계획하고 있는 IT 환경을 벤치마크하는 데 사용할 수 있는 일반적으로 인정되는 IT 보안과 통제 방법의 프레임워크를 절실히 필요로 하고 있다.

IT 서비스 이용자들의 경우, 기업 내부의 정보시스템 부서나 외부 업체가 제공해 주는 IT 서비스에 대한 감사나 인증을 통해서 적절한 보안과 통제가 존재하고 있다는 것을 확인해야 하는 필요성이 점차 증가하고 있다. 그러나 현재로서는 정보시스템에 대한 모범적인 통제를 수립하는 것이 민간 기업, 비영리기관, 정부기관 어니에서나 효과적으로 추진되지 못하고 있다. 그 주요한 원인 중의 하나는 ITSEC, TCSEC, ISO 9000, 최근의 COSO 내부 통제 평가 등과 같은 다양한 평가 방법들이 존재하기 때문이다. 그 결과 사용자들은 가장 먼저 평가를 위한 일반적인 기반의 수립을 필요로 하고 있다.

일반적으로 감사인들이 이러한 국제적인 표준화 노력을 주도해 왔다. 왜냐하면 감사인들은 내부 통제에 대해서 경영진에게 제시하는 자신들의 의견을 실증해야 하는 필요성에 지속적으로 봉착하고 있기 때문이다. 프레임워크가 없다면 이것은 매우 어려운 작업이다.

(3) 경영환경: 경쟁, 변화 및 비용

경쟁은 세계화되고 있다. 기업들은 경쟁 우위를 달성하기 위해서 기업 운영을 효율화할 수 있도록 구조 조정을 단행하고 있고, 이와 동시에 발전된 IT를 최대한 활용하고 있다. 업무 프로세스 재혁신(business reengineering), 적정 규모화(right-sizing), 외주(outsourcing), 권한 강화(empowerment), 조직 구조의 수평화, 분산 처리 등은 모두 기업 및 정부기관의 운영 방식에 영향을 미치고 있는 변화들이다. 이러한 변화들은 전세계 모든 조직의 관리와 운영 통제구조에 지대한 영향을 미치고 있고 향후에서 계속해서 영향을 미칠 것으로 예상된다.

경쟁 우위의 확보와 비용 효율화를 추구하는 과정에서는 추진전략의 주요한 요소 중의 하나로 IT에 대한 의존도가 증가하게 된다. 조직

기능을 자동화하기 위해서는 보다 강력한 통제 메커니즘들을 하드웨어와 소프트웨어를 기반으로 하는 컴퓨터 및 네트워크에 수립할 필요가 있다. 그뿐만 아니라 이러한 통제의 근본적인 구조적 특성은 컴퓨터 및 네트워크 기반 기술이 진화하는 것과 동일한 속도로 더 나아가서 "몇 단계를 뛰어넘는" 형태로 발전해 나가고 있다. 변화가 가속화되고 있는 상황에서 경영자, 정보시스템 전문가 그리고 감사인들이 자신들의 맡은 바 역할을 효과적으로 수행하기 위해서는 이들의 업무 수행 기술 역시 기술과 환경의 변화 속도만큼 신속하게 발전해야 한다. 기업과 정부기관들에 수립되어 있는 통제시스템을 평가하는 과정에서 합리적이고 신중한 판단력을 발휘하기 위해서는 해당 통제에 관련된 기술과 기술이 변화하는 속성을 이해하고 있어야 한다.

(4) 필요성에 대한 대응

지속적인 변화 과정에서, IT 통제 목적에 대한 프레임워크를 개발하고, 이러한 프레임워크를 기반으로 하는 IT 통제에 대해서 지속적으로 연구하는 것은 IT 통제 분야를 효과적으로 발전시키기 위한 초석이다. 전반적인 경영에 대한 통제 모델 분야에서는 미국의 COSO (Committee of Sponsoring Organisation of the Treadway Commission – Internal Control – Integrated Framework, 1992), 영국의 Cadbury, 캐나다의 COCO, 남아프리카공화국의 King 등이 발표되었다. 또한 IT에 초점을 맞춘 통제 모델도 여러 가지가 존재하고 있는데, 그 예는 DTI(Department of Trade and Industry, 영국)의 보안 행동 강령(Security Code of Conduct), NIST(National Institute of Standards and Technology, 미국)의 보안 안내서(Security Handbook) 등이다. 그러나 이러한 IT 특화 모델들은 업무 프로세스를 지원하는 IT에 관한 종합적이고 사용 가능한 통제 모델을 제시해 주지 못하고 있다. 따라서 COBIT의 주요 목적은 IT에 초점을 맞추면서 동시에 경영 목표와 밀접하게 연계된 하나의 기반을 제공함으로써 이러한 괴리를 없애는 것이다.

(5) COBIT의 목적

IT의 통제에 관한 경영상의 요구 사항에 초점을 맞추고, 새로운 통제 모델과 관련 국제 표준들을 적용함으로써 감사인들만이 사용하던 도구였던 통제 목적을 경영자들이 사용할 수 있는 COBIT로 발전시키게 되었다. 따라서 COBIT는 경영자들이 정보와 IT에 수반되는 위험을 이해하고 관리하는 것을 도와주는 새롭고 혁신적인 IT 관리 도구이다. 이러한 COBIT 프로젝트의 주요한 목적은 첫째, IT 통제 목적의 기반이 되고, IT 감사/통제 부문에서 일관성 있는 연구를 유도할 수 있는 IT 통제 프레임워크를 개발하는 것이다. 둘째, 전반적인 프레임워크 및 개별 통제 목적을 기존의 산업(de facto) 및 공인(de jure) 국제표준 및 규정과 연계하는 것이다. 셋째, IT 통제 부문의 기반이 되는 다양한 활동과 작업들을 엄밀하게 검토하고, 관련 프로세스를 구체화시키는 것이다. 넷째, 정보시스템 감사 수행에 관한 기존의 지침서를 검토하여 개선시키는 것이다.

8.4.2 COBIT 프레임워크(Framework)

현재 사용되고 있는 통제 모델에는 COSO와 같은 비즈니스 통제

[그림 8-10] COBIT 프레임워크의 기본 개념

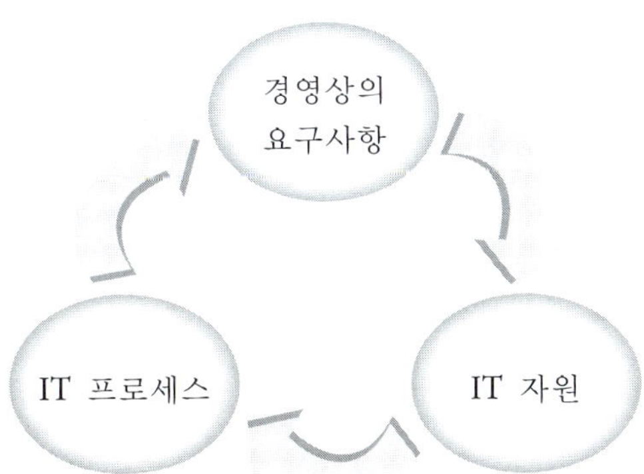

모델과 IT에 특화된 통제 모델이 존재한다. COBIT은 이러한 두 가지 종류의 모델들 간에 존재하는 괴리를 없앤 경영자를 위한 보다 종합적인 모델이며, 정보시스템 관리를 위한 기술적인 표준보다 더 상위 수준의 모델이다.

(1) COBIT 프레임워크(Framework)의 원칙

COBIT 프레임워크(Framework)의 기본 개념은 [그림 8-10]과 같이 경영목적이나 요구사항을 지원하는 데 필요한 정보를 검토하고, IT 프로세스를 통해서 관리할 필요가 있는 IT 자원들을 적용한 결과로 생성된 정보를 검토함으로써 IT에 대한 통제에 접근해 볼 수 있다.

(2) 경영상의 요구사항

정보가 조직의 목적을 충족시키기 위해서는 COBIT에서 정보에 대한 경영상의 요구사항이라고 부르는 특정한 기준을 충족시켜야 한다. 이러한 정보에 대한 경영상의 요구사항을 제시하기 위해서 COBIT은 기존에 잘 알려진 모델들의 근간이 되는 원칙들을 제시하고 있다. 품질, 수탁 요구사항, 보안 요건이라는 광의의 요건들을 분석하여 [표 8-3]과 같이 7가지의 요건을 도출하였다(일부 요건들은 서로 중복되는 면이 있음).

[표 8-3] IT 정보의 경영상의 요구사항

구 분	근간 원칙	경영상의 요구사항
품질 요구사항	품질 비용 서비스 제공	효과성 효율성
수탁 요구사항(COSO 보고서)	운영의 효과성 및 효율성 정보의 신뢰성 법률과 규정의 신뢰성	준거성 정보의 신뢰성
보안 요구사항	기밀성 무결성 가용성	기밀성 무결성 가용성

이러한 7가지 요건에 대한 COBIT의 정의는 다음과 같다

효과성(Effectiveness): 정보가 업무 프로세스와 관련된 정도와, 정보가 필요한 시기에 정확하고 일관성 있고 사용 가능한 형태로 제공되는 정도를 나타낸다.

효율성(Efficiency): 정보를 제공해 주기 위해서 자원을 최적으로(가장 생산적이고 경제적으로) 사용하는 정도를 의미한다.

기밀성(Confidentiality): 기밀을 요하는 정보를 불법 접근으로부터 보호하는 정도를 나타낸다.

무결성(Integrity): 정보의 정확성 및 완전성; 기업의 가치 및 기대를 충족시키는 정보의 타당성을 나타낸다.

가용성(Availability): 현재 혹은 미래에 업무 프로세스를 수행하면서 필요한 때에 정보가 가용한 정도를 의미한다. 또한 필요한 자원과 관련된 기능을 보호하는 정도를 나타낸다.

준거성(Compliance): 업무 프로세스를 수행하는 과정에서 준수해야 하는 법률, 규정 및 계약 등과 같은 외부 요건을 준수하는 정도를 나타낸다.

정보의 신뢰성(Reliability): 경영자들이 기업을 운영하고 재무 및 준수 보고 의무를 수행하는 데 필요한 적절한 정보를 제공하는 정도를 말한다.

(3) IT 자원

COBIT에서 제시하는 IT 자원은 다음과 같이 정의된다.

데이터: 가장 광범위한 의미의 데이터(즉 외부 데이터 및 내부 데이터 포함), 구조적 데이터 및 비구조적 데이터, 그래픽, 사운드 등.

응용시스템: 응용시스템은 수작업 절차와 프로그램화된 절차를 모두 포함한다.

기술: 기술에는 하드웨어, 운영체제, 데이터베이스 관리시스템, 네

트워킹, 멀티미디어 등이 포함된다.

시설: 시설은 정보시스템을 수용하고 지원하기 위해서 필요한 모든 자원을 말한다.

인력: 인력에는 정보시스템 및 정보 서비스를 계획, 조직화, 구입, 운영, 지원, 모니터 하는 인력들의 작업 기술, 인식, 생산성 등이 포함된다.

통제 목적을 분류하면서 자금이나 자본은 IT 자원으로 간주하지 않았다. 그 이유는 자금이나 자본은 위에서 언급한 자원들에 대한 투자로 간주할 수 있기 때문이다. 또한 프레임워크에서는 특정 IT 프로세스에 관련된 중요한 내용들을 문서화해야 한다는 사실은 별도로 언급하지 않는다. 문서화는 모범적인 통제를 위해서 필수적인 것으로 간주되기 때문이다. 따라서 문서화가 미흡하면 검토 대상 분야의 보상 통제를 추가적으로 분석하고 검토해야 하는 원인이 된다.

(4) IT 프로세스

정보에 대한 경영상의 요건을 충족시키기 위해서는 이러한 IT 자원

[그림 8-11] COBIT의 IT 프로세스

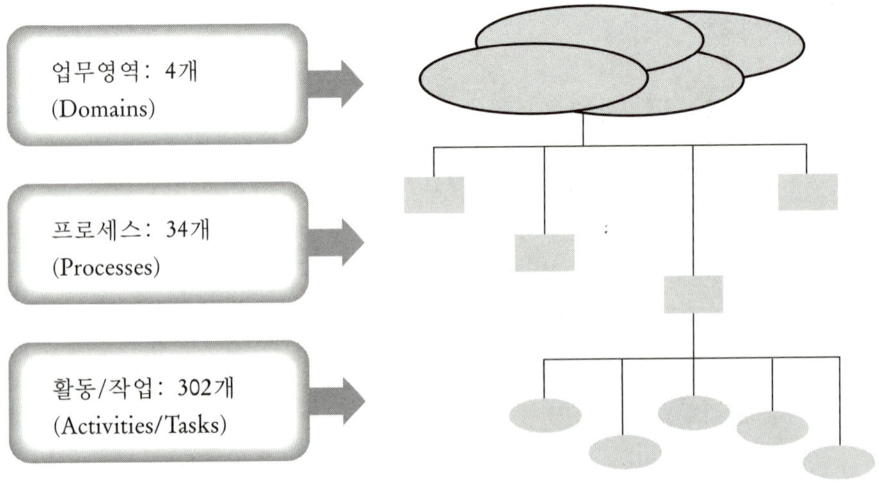

에 대한 적절한 통제 대책이 정의되고, 실행되고, 모니터 되어야 한다. 기업들이 생성 · 보유하고 있는 정보가 자신들이 필요로 하는 특성을 가질 수 있도록 하기 위해서 IT 통제 목적에 대한 건실한 프레임워크가 필요한 이유이다.

COBIT 프레임워크는 상위 통제 목적과 이러한 통제 목적들을 분류할 수 있는 전반적인 구조로 구성되어 있다. 분류에 사용된 기본적인 이론에 의하면, IT 자원을 관리하기 위해서는 다음과 같은 세 가지 수준의 IT 활동을 수행해야 한다. 가장 하부에는 측정 가능한 결과를 달성하기 위해서 수행해야 하는 활동(activities)과 작업(tasks)이 있다. 활동은 수명 주기적인 개념을 가지고 있는 반면, 작업은 개별적으로 분리될 수 있다. 수명 주기적인 개념은 개별적인 활동과는 다른 통제 요건을 가지고 있다. 다음으로는 여러 개의 활동이나 작업이 결합되어 하나의 업무 프로세스(processes)를 구성한다. 최상위 수준에서는 업무 프로세스들이 결합되어 하나의 업무 영역(domains)을 구성한다. 이러한 업무 영역은 조직구조상에서의 책임 영역과 일치하기도 하고 IT 프로세스에 적용되는 관리 사이클이나 수명주기와 일치한다.

업무영역(Domains): IT 프로세스들을 '경영 사이클 혹은 라이프 사이클과 일치하도록' 자연스럽게 그룹핑한 것이다.

프로세스(Processes): 자연스럽게 구분되는 활동/과업들의 결합된 연속물로서 두 번째 수준을 이룬다.

활동/작업(Activities/ Tasks): 측정 가능한 결과를 산출해야 하는 가장 낮은 수준의 IT 노력들이다.

각 업무 영역은 4가지 영역으로 제시하고 있다.

계획 및 조직: 이 업무 영역에는 전략과 전술이 포함되고, IT가 기업의 목적 달성에 기여할 수 있는 최선의 방법을 제시한다. 이러한 전략적인 목적 실현은 여러 가지 측면에서 계획되고 전달되고 관리되어야 한다. 마지막으로 기술적인 인프라와 함께 적절한 조직이 구성되어야

한다.

도입 및 구축: IT전략을 실현하기 위해서는 IT 솔루션을 도출하여 자체 개발하거나 구입해야 하고, 이것을 업무 프로세스에 구현하고 통합시켜야 한다. 이 업무 영역에는 이 외에도 기존 시스템에 대한 생명주기가 계속될 수 있도록 시스템의 변경과 유지 · 보수가 포함된다.

납품 및 지원: 이 업무 영역에서의 초점은 필요한 서비스를 실질적으로 제공하는 것이다. 여기에는 전통적인 운영, 보안, 훈련 등이 포함된다. 서비스를 제공하기 위해서는 필요한 지원 프로세스가 수립되어야 한다. 이 업무 영역에는 흔히 응용 통제로 분류되기도 하는 응용시스템을 통한 데이터의 실제적인 처리가 포함된다.

모니터링: 모든 IT 프로세스는 품질과 통제 요건의 준수성 측면에서 정기적으로 평가되어야 한다. 따라서 이 업무 영역에서는 기업의 통제 프로세스에 대한 경영진의 감독과 내부 및 외부 감사를 통한 독립적인 인증 문제가 다루어진다.

(5) COBIT의 개념적 프레임워크

개념적 프레임워크는 [그림 8-12]와 같이 정보기준, IT 자원, IT 프로세스의 세 가지 관점에서 접근할 수 있다. 계획 및 조직, 도입 및 구축, 운영 및 지원, 모니터링의 업무 영역을 갖는 IT 프로세스는 조직 내에서 여러 가지 차원에서 적용될 수 있다. 일부는 기업 전반적인 차원에서, 어떤 프로세스는 정보시스템 부서차원, 혹은 업무 프로세스 책임자 차원에서 적용될 수가 있다. 또한 경영상의 요구사항을 충족시킬 수 있도록 IT 프로세스의 효과성, 가용성, 무결성, 기밀성 등의 기준이 포함된다.

정리하면, 기업이 목적을 달성하기 위해 필요로 하는 정보를 제공해 주기 위해서는 일련의 업무 프로세스로 분할하여 IT 자원을 관리해야 한다.

[그림 8-12] COBIT Cube

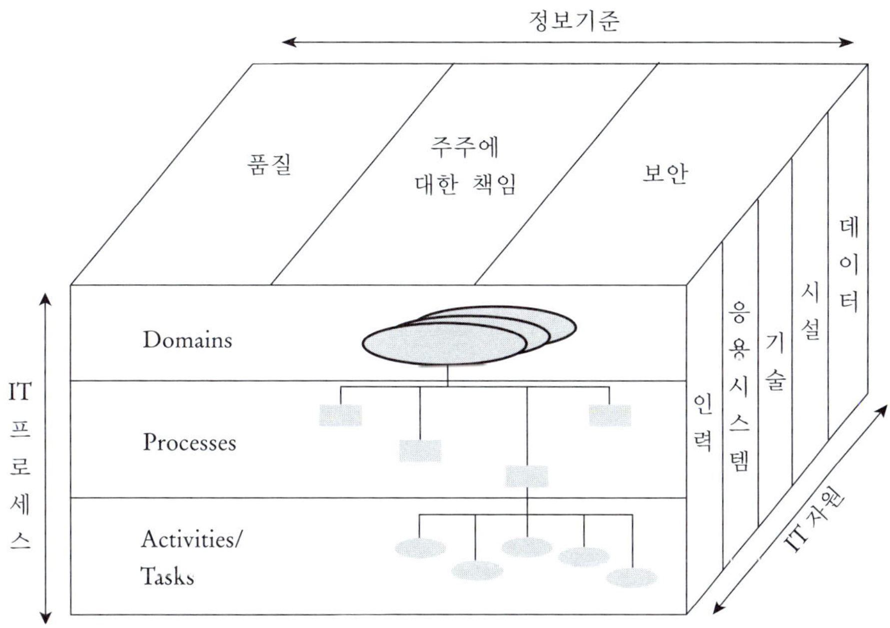

8.4.3 상위 통제 목적

상위 통제 목적에서는 COBIT의 34개 IT 프로세스 각각에 대해서 통제 대상 IT 프로세스, 충족시키려는 경영상의 요구사항, 통제에 대한 설명, 통제 실무 등을 설명한다. 기본적으로 IT 통제 목적은 IT 프로세스별로 구성되며 이는 전반적인 프레임워크를 세부통제 목적과 연계 시킨다. 또한 특정 프로세스의 수립/실행, 특정 프로세스에 대한 전반적인 관리 책임 도출, 특정 프로세스가 사용하는 IT 자원 파악 등과 같은 복합적, 전반석인 접근방법을 파악할 수 있도록 한다. 하지만 프레임워크에서 정의하는 IT 통제 목적은 매우 일반적이기 때문에 특수한 기술 환경에서는 별도의 통제 목적이 필요하다.

[그림 8-13] COBIT의 상위 통제 목적

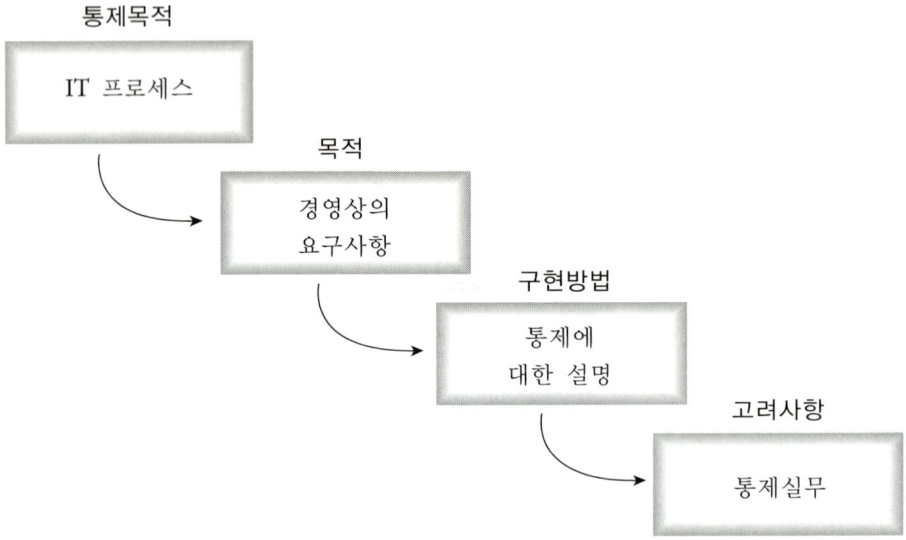

8.4.4 관리 지침서

관리 지침서는 IT Governance Institute와 전세계의 업계 전문가, 분석가 및 학자들을 통해서 정의된 것으로 성숙도 모델, 핵심성공요인(Critical Success Factor: CSF), 핵심목표지표(Key Goal Indicator: KGI), 핵심수행지표(Key Performance Indicator: KPI) 등으로 구성된다. 이는 COBIT 프레임워크, 통제 목적 및 감사 지침서와 일관성을 가지고 있다. 또한 성과 관리에 초점을 맞출 수 있도록 균형점수표(Balance Business Scorecard: BSC)의 원칙이 활용하여 프로세스의 결과를 식별하고 측정하는 핵심 목표 지표와 프로세스의 실행자를 측정하여 프로세스가 수행 정도를 평가하는 핵심수행지표를 정의하였다.

(1) 성숙도 모델

성숙도 모델은 조직의 위치에 대한 상대적인 측정지표를 제시하고 어디로 가야 할지를 효율적으로 결정하는 방법을 제시한다. 또한 조직

[그림 8-14] COBIT의 성숙도 모델

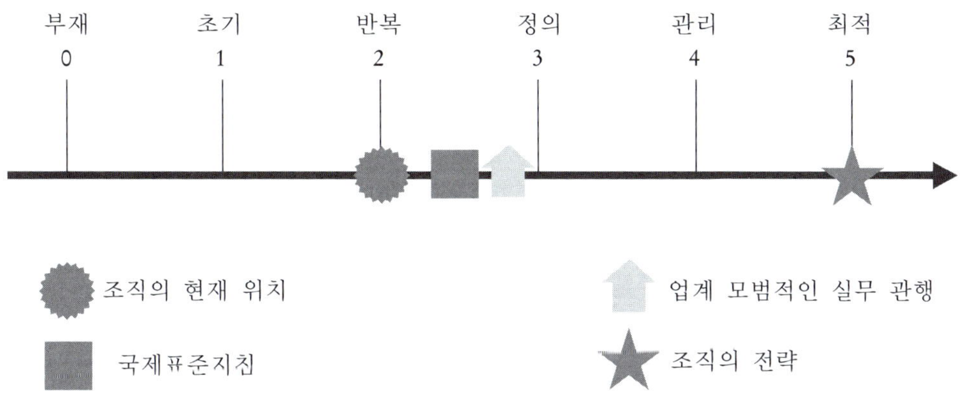

의 목표에 대비하여 그 진척도를 측정하는 도구가 된다. IT 프로세스의 통제에 대한 성숙도 모델의 접근 방법은 조직이 스스로 부재 단계(0점)에서 최적 단계(5점)까지 점수를 매기도록 하는 것이다. 34개의 프로세스에 대해서 부재 단계(0점)부터 최적 단계(5점)까지의 측정단위가 존재한다. 성숙도 모델의 장점은 관리자들이 자신의 조직이 어디에 위치해 있고, 개선을 위해서 무엇을 해야 하는지를 파악하기 쉽게 해준다.

부재 단계: 조직이 다루어야 할 프로세스를 전혀 인식하고 있지 못한 상태

초기 단계: 표준화된 프로세스는 없지만 개별적으로 또는 사례별로 적용하는 경향이 있는 임시적인 접근 방법이 있는 상태

반복 단계: 유사한 절차가 같은 업무를 맡은 다른 사람에 의해 따르게 되는 단계, 그러나 책임은 각 개인에게 위임되어 있는 상태

정의 단계: 절차는 표준화되고 문서화되었으며 훈련을 통하여 공지되는 상태. 절차 자체는 정교하지 않지만, 기존 실무의 형식화된 상태

관리 단계: 절차의 준수를 감시하고 측정하는 일이 가능하고 효과적으로 작용하지 않는 프로세스에는 조치를 취할 수 있는 상태. 자동화와 도구는 제한적이고 단편적인 방법으로 사용

최적 단계: 영속적인 개선과 다른 조직과의 성숙 모델 수행의 결과

를 바탕으로, 프로세스가 최상의 실무 수준으로 정제된 상태. 품질과 효과성을 개선하는 도구가 제공됨

(2) 핵심성공요소(CSF)

핵심성공 요인은 관리자들에게 IT와 IT 프로세스에 대한 통제를 구현하는 데 있어서 참조할 수 있는 지침을 제공한다. CSF는 IT 프로세스가 그 목표를 달성할 수 있도록 하기 위해서 수행해야 할 가장 중요한 사항들이다. 이는 표준이 무엇이고, 누가 이러한 표준을 수립하고, 누가 통제하거나 조치를 취해야 하는지 등을 제시하는 것이기 때문에 이 모델과 이러한 원칙들을 통해서 모든 프로세스에 적용될 수 있는 핵심성공 요인은 정의되고 문서화된 프로세스, 정의되고 문서화된 정책, 명확한 책임 소재, 경영진의 강력한 지원 및 의지, 이해 관계가 있는 내부 및 외부 인력과의 의사소통, 일관성 있는 측정 등이다.

(3) 핵심목표지표(KGI)와 핵심수행지표(KPI)

프로세스의 목표를 나타내는 핵심목표지표(KGI)는 무엇을 달성해야 할 것인가에 대한 측정 지표이다. 이것은 목표를 달성하는 프로세스에 대한 측정 지표로서 보통 달성해야 할 목표로 정의된다. 이에 비해 핵심수행지표(KPI)는 프로세스를 얼마나 잘 수행하고 있는지에 대한 측정 지표이다. 이 두 지표간의 관계는 균형점수표(BSC) 개념으로 잘 표현될 수 있다. 균형점수표도 목표의 달성을 가능하게 해 주는 실행자의 수행 지표와 목표의 결과 지표들을 측정한다. 이러한 균형점수표는 다음과 같은 4가지 측면을 가지고 있다.

재무: 주주들이 우리 조직을 어떻게 보고 있는가? 즉, 비용 대비 매출이다.

고객: 고객이 우리 조직을 어떻게 보고 있는가?

내부 프로세스: 우리가 우리 자신을 어떻게 보고 있는가? 즉 프로세스의 지향성 및 품질을 말한다.

[그림 8-15] 관리 지침서의 KGI, KPI

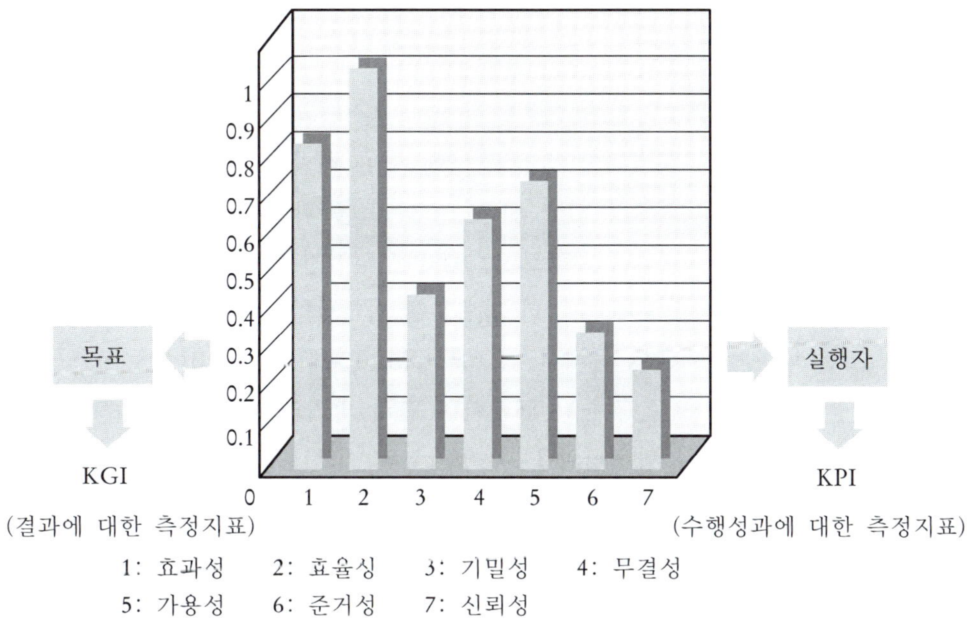

학습/혁신: 우리가 지속적으로 개선하고 가치를 창출할 수 있는가? 즉 인력의 지식 및 기술 인프라를 말한다.

IT의 핵심목표지표는 경영 지향적이고 보통 균형점수표의 재무 및 고객 측면을 지원하는 데 필요한 지표를 제공한다. 재무적인 결과와 고객 만족은 보통 경영 목표의 달성에 관한 지표이고 현상이 일어난 이후에 측정되는 사후 지표이다. 반면 핵심수행지표는 내부 프로세스 및 혁신에 초점을 두고 있으며 이는 프로세스의 우수성과 학습하고 혁신할 수 있는 능력을 조직이 얼마나 잘 수행하고 있는지를 나타내는 선행 지표이다.

요 약

정보시스템시장이 커지면서 정보시스템과 소프트웨어 부분에 다양한 문제들이 생겨나게 되었고 이에 대한 대처로 관리에 대한 필요성이 대두되었다. 신뢰성 있고 비즈니스 목표를 만족하는 품질 높은 서비스를 제공받아 효과적인 정보시스템을 운영하기 위해서 아웃소싱과 IT 프로세스 관리를 위한 다양한 방법론이 나타났다. IT 프로세스 관리의 대표적인 것으로 본 장에서 언급한 CMM, ITIL, COBIT 등이 있으며, 이는 세계적으로 검증된 표준화된 관리 방법을 사용하는 큰 이점이 있다. 또한 보다 안정적인 IT 운영환경과 비즈니스 목표를 반영한 품질이 보증된 IT 서비스 유지 등이 가능한 장점이 있다. CMM은 주로 S/W 개발을 위한 모델이며 S/W 프로세스가 갖는 종합적인 능력을 평가하기 위한 것이다. COBIT은 IT 서비스 관리를 위한 모델이며 고객 관점에서 경영 목표를 달성하기 위해 IT 전반의 통제 프레임워크를 제시하고 있다. COBIT은 IT 프로세스를 평가하고 국제적 수준으로 측정할 수 있는 성숙도 모델로 인정받고 있다. ITIL은 서비스 관리를 위한 모델로 고품질의 IT 서비스를 제공한다. 이를 통해 기업은 IT 서비스 관리분야에서 전세계적인 표준을 도입하게 된다. 이처럼 표준화되고 서비스 품질의 신뢰성을 보증하는 IT 관리방법론은 아웃소싱시 공급업체와의 상호 대화를 위한 단일 참조 모델이 될 수 있어 명확한 대화 통로를 제공하여 아웃소싱에서도 만족할 만한 품질의 서비스를 제공받을 수 있게 한다. 이러한 IT 프로세스 관리를 통해서 이루어지는 아웃소싱으로 기업은 비용절감과 위험분산 그리고 정보시스템의 성과향상을 통해 경영의 유연성과 효율성을 극대화하여 기업의 경쟁우위를 확보해 나갈 수 있다.

■■ 연습문제

1. 아래에 있는 용어에 대해 정의하시오.
   - IT 아웃소싱
   - CMM
   - IDEAL 모델
   - ITIL
   - Support Delivery
   - COBIT
   - COBIT의 관리 지침서
   - SLA
   - CMM 모델 구조
   - CMMI
   - Service Support
   - SLM
   - COBIT 프레임워크
   - COBIT 상위 통제 목적
2. 아웃소싱을 도입하는 목적을 서술하시오.
3. 아웃소싱의 형태는 어떠한 것들이 있는지 나열하시오.
4. 아웃소싱의 장·단점을 서술하시오.
5. SLA 추진 절차에 대해 간략히 서술하시오.
6. SLA의 이점은 무엇인지 설명하시오.
7. CMM 성숙도 단계와 각 단계에 대해 간략하게 서술하시오.
8. CMM 모델 구조의 구성요소와 각각의 구성요소의 세부 사항을 기술하시오.
9. IDELA 모델의 단계와 단계별 주요 수행 내용을 기술하시오.
10. ITIL을 구성하는 구성요소를 기술하시오.

11. ITIL에서 Service Support를 구성하는 구성요소와 구성요소의 세부 내용을 기술하시오.
12. ITIL에서 Service Delivery를 구성하는 구성요소와 구성요소의 세부 내용을 기술하시오.
13. COBIT의 제품군을 기술하시오.
14. COBIT 프레임워크의 기본 개념과 원칙은 무엇인가?
15. COBIT에서 정의한 IT 정보의 7가지 요건을 기술하시오.
16. COBIT에서 정의한 IT 자원을 기술하시오.
17. COBIT에서 정의한 IT 프로세스를 기술하시오.
18. COBIT의 성숙도 모델을 기술하시오.
19. COBIT에서 정의한 핵심성공요소, 핵심목표지표, 핵심수행지표에 대해 서술하시오.

사 례

1. 볼보건설기계코리아와 삼성SDS의 IT아웃소싱: M&A에 의한 아웃소싱 사례

(1) 아웃소싱 배경

1998년 7월 1일, 볼보건설기계코리아(Volvo Construction Equipment Korea: VCEK)는 설립과 동시에 정보시스템 부서의 모든 조직과 업무를 이관하는 아웃소싱 계약을 삼성SDS와 체결하였다. 3년 만기, 만기 후 1년씩 재계약한다는 조건으로 된 이 계약은 IMF체제하에서 구조조정의 일환으로 이루어졌다는 점과 외국계 기업이 국내의 정보시스템 종합서비스(System Integration: SI)[7] 사업자를 선정하였다는 점에서 그 당시 많은 관심을 집중시킨 아웃소싱 거래였다.

외국계 기업인 VCEK는 볼보라는 다국적기업이 삼성중공업의 건기부문을 M&A하면서 설립되었다. 삼성중공업은 IMF체제 이전부터 국내 건설경기 침체로 인해 사업부진에 빠져 있던 건기부문에 대해 다각도의 해결책을 모색하던 중이었고, 볼보는 매출의 85% 이상이 서부유럽과 중남미에 치중되어 있는 매출구조를 개선하고자 그룹차원에서 동아시아 시장확내선략을 추진해 오던 중 어려움에 빠져 있는 삼성중공업 건기부분을 인수하여 한국을 아시아시장을 확장하는 데 있어 중추적 교두보로 삼고자 하였다. 양사의 이러한 이해관계가 맞아 떨어져 합병이라는 극적인 전환국면을 맞게 되었다.

삼성건기의 인수를 결정한 볼보이사회는 건기 IS(Information Systems)실 운영에 대해 내부적으로 심각하게 고려하였다. VCEK가 볼보라는 다국적기업의 이미지에 일치하고 아시아 진출의 교두보로 삼기 위해서는 정보시스템의 중요성을 간과할 수는 없었고, 현재의 시스템으로는 VCEK의 비전인 'World Top 3 C. E. Maker'를 달성하기 위한 전략을 보조하기는 미흡하여 리엔지니어링이 꼭 필요한 상태였다. 또 합병되기 얼마 전부터 삼성건기에서 신정보시스템을 구축중이었고, 아직 Y2K 문제도 해결되지 않은 상황이었다. 이러한 이유들 때문에 일련의 조치가 필요하다고 볼보이사회는 판단했다. 그래서 볼보이사회는 IS실의 운영에 대하여 다각도로 모색하기 시작하였다. 그대로 내부운영을 할 것인가 아니면 아웃소싱을 할 것인가, 또 아웃소싱을 해도 외부 전문 공급업자에게 할 것인가 아니면 자회사인 Volvo IT[8]에 맡길 것인가 하는 등 여러 가지 방법을 고려하였다.

---

7) SI(System Intergration)란 순수한 의미로 시스템통합 업무를 의미하지만, 국내에서는 SI 사업자라는 용어가 정보시스템에 대한 종합서비스를 제공하는 사업자를 의미한다. 따라서 정보시스템운영서비스(System Maintenance: SM)를 포함하기도, 아웃소싱 사업자의 의미로 쓰이기도 한다.

8) 볼보그룹의 IT 자원을 통합하여 1998년 1월에 설립된 IT(Information Technology) 전문

그 당시의 상황은 볼보가 삼성건기의 지분을 그대로 인수하였기 때문에 기존의 애플리케이션과 시스템의 운영환경을 그대로 사용할 수밖에 없었고, 아무리 다국적 기업이라 해도 정보시스템 부분을 자체인력으로 효율적으로 운영할 수 있는 능력을 갖추기 위해서는 많은 시간과 노력이 소비될 수밖에 없었다. 또 볼보의 기본적인 M&A전략이 철저한 현지화(Localization)이기 때문에 외국회사인 볼보가 문화와 법적인 풍토가 특이한 한국에서 조기에 성장의 기틀을 다지기 위해서는 전산실의 아웃소싱을 최선의 대안으로 생각했다. 그리고 볼보 이사진과 VCEK의 임호열 CIO도 '전산분야의 아웃소싱은 세계적인 추세이다'라고 인정하고 있었던, 이런 여러 가지 상황이 복합적으로 작용하여 볼보 이사진은 VCEK의 전산실을 아웃소싱한다는 방침을 세워 추진하기 시작하였고 곧바로 사업자 선정에 들어갔다.

(2) 서비스 공급업체의 선정

볼보 이사진은 아웃소싱을 하기로 결정하고 나서 이번 아웃소싱이 성공하기 위해서는 신뢰할 수 있고 자사와 관계가 원만한 사업자를 선정하는 것이 가장 중요하다고 생각했다. 그 이유는 VCEK의 경우 외국 업체인데다가 한국 내에서의 사업을 막 시작하는 단계에서 한국의 문화와 법, 정치·경제 상황 등을 잘 모르고, 특히 정보시스템은 기업의 흐름을 관장하는 가장 핵심적인 부분이고, 아웃소싱했을 경우에는 회사의 거의 모든 정보를 외부 공급업체에게 공개해야 하기 때문에 완전히 신뢰할 수 있는 파트너가 꼭 필요한 상황이었다. 최종적으로 삼성SDS를 선정했는데 그 선정기준과 이유는 다음과 같다.

첫째, 문화적 친밀도이다. 볼보는 RFP를 보내는 등의 과정은 없었으나 가능한 후보벤더를 몇 개로 압축하여 이에 대한 평가를 하였다. 이때 회사의 규모, 평판도, 경험, 수단과 기술, 사업에 대한 열의 등 많은 요소를 고려하였는데 그 중에서 가장 중요하게 평가한 것은 문화적 친밀도였다. 이는 철저한 현지화라는 볼보의 M&A전략과도 일치하는 기준이었다. 따라서 국내업체로 범위를 한정한 볼보는 어느 정도 규모가 있는 국내 업체 중에서 삼성SDS가 VCEK의 전신이 삼성이고 한때 종업원들이 근무했던 곳이기 때문에 종업원들이 느끼는 부담감이 적을 것이라고 판단했다.

둘째, 사업자의 기술력과 인재가용 능력이다. VCEK는 Y2K 문제의 해결, 다국적기업인 볼보의 글로벌 유통망에 적합한 네트워크의 구축 그리고 전세계적인 경제환경하에서 유동성과 스피드를 확보하기 위해서는 경영혁신이 꼭 필요한 상황이었다. 이러한 경영혁신을 추진하기 위해서는 전사적 자원관리(Enterprise Resource Planning: ERP)의 전 모듈을 수행할 수 있는 전문인력과 기술이 필요한 입장이었다.

회사이다. 정보시스템운영(System Maintenance: SM) 사업을 주로 하고 인력은 약 2,000명 정도

VCEK는 삼성SDS를 국내 SI업체 중에서 규모나 기술적 측면에서 앞서나가고 있는 선도기업이라고 평가하였고, VCEK가 추진하는 프로젝트를 ERP로 구현해 줄 수 있다는 사실이 볼보의 이사진에게 큰 매력으로 비쳐졌다. 또한 볼보의 자회사인 Volvo IT도 그 당시에는 설립된 지 1년도 안되어 내부적으로 막 정립을 해나가는 과정이었기 때문에 기술적으로 삼성SDS에 미치지 못하는 상황이었다.

셋째, 사업자의 영업력이다. 국내에서는 그때야 비로소 아웃소싱 비즈니스가 활성화되기 시작하는 단계였고, 국내 SI업체들 또한 경험이 부족했기 때문에 서로간의 능력을 비교하여 사업자를 선정하기에는 적당하지 않다라고 판단한 볼보 이사회는 벤더 선정에 고민하고 있었다. 이때 삼성SDS는 매각을 위한 가격산정을 하면서 아주 적절하게 자사에 대한 이미지를 제고시키고 볼보에게 신뢰감을 주었다. 또 제시한 가격이 비교적 저렴하다라고 판단한 볼보는 관심을 갖기 시작했다. 즉 삼성SDS가 영업력을 발휘하여 다른 업체들보다 초반에 아주 유리한 기회를 선점하였다.

넷째, 현재 VCEK의 임호열 CIO의 역할이 중요했다. 합병 이전에 삼성에서 근무한 경험이 있었던 그는 삼성건기의 합병과정에 관여를 하게 되면서 VCEK가 설립되자 그곳의 CIO로 임명되었으며 사업자 선정과정에서 중요한 역할을 하였다.

나섯째, M&A에 의한 아웃소싱이었다. 볼보건기가 삼성건기를 인수하는 상황이기 때문에 건물이나 H/W, S/W, 네트워크 그리고 종업원들이 그대로 이관되었고, 또 VCEK 설립 이전부터 이미 신정보시스템 개발프로젝트가 구축되고 있는 중이었다. 이러한 상황들이 볼보의 선택의 폭을 좁게 함으로써 삼성SDS에 유리하게 작용하였다.

이러한 여러 가지 이유 중에서도 볼보 이사회에게 가장 인상적인 강점으로 작용했던 것은 사업자가 제시한 경쟁력 있는 가격과 보유하고 있는 SAP R/3 전문요원들이었다. 다국적기업인 볼보로서는 전세계적 추세인 ERP의 중요성과 SAP R/3 전문요원들의 인지도에 대해서 충분히 알고있는 상태에서 삼성이 제시한 ERP시스템 구축 가격은 보유하고 있는 자원에 비해 상당히 매력적인 조건으로 인식되어졌다. 이처럼 국내 아웃소싱시장 상황과 VCEK의 당면한 문제와 전략 그리고 삼성SDS의 자원과 노력이 일치하여 양사간의 아웃소싱 계약이 체결되었다.

(3) 서비스수준협약(SLA: Service Level Agreement)

서비스 수준을 결정하기 전에 먼저 서비스 범위(Service scope)를 결정해야 하는데, 볼보의 입장에서는 협상과정에서 삼성SDS에게 어떤 서비스가 필요하고 어떤 서비스는 필요하지 않다라고 요구조건을 제시할 수 있는 형편이 아니었다. 협상할 당시엔 삼성SDS가 삼성건기 IS실에 대해 정확한 파악을 하고 있었으며 강점과 약점을 확실히 알고 있었기 때문에, 협상과정에서 별다른 협의 없이 삼성SDS가 제시한 서비스 범위가 적용되었다. 서비스 범위는 삼성SDS가 SM 영업을 할 때 적용하는 표준을 보완해서 결정한 것이다. 이러한 서비스 범위를 바탕으로 서비스 기준서 역시 역시 관계사와 해오던 기존 SM 계약서를 참조하여 작성하였다. 서비스영역별 서비스수준 측정치는 가용성(availability), 성과(performance) 그리고 신뢰성(reliability) 등으로 평가했고 이러한 후에 재계약을 할 때 그 동안의 실적을 바탕으로 좀더 구체화시켜 나가기로 협의하였다.

이러한 사업자 주도의 서비스 범위와 수준의 결정은 까다롭고 복잡한 협상과정을 피할 수 있다는 장점도 있지만, 충분한 의견교환과 협상을 통한 결정이 아니기 때문에 양사의 의견이 충분히 반영될 수 없다. 따라서 계약이 체결되고 서비스 개시 이후에 볼보 측에서 만족할 수 있는 수준이 되지 않았을 때에는 지나친 요구사항의 제시와 빈번한 계약 변경 등으로 인한 운영상의 혼란을 초래할 수도 있었다. 양 사는 이에 대한 대비책으로 원칙적으로는 계약서상에 어느 정도의 유연성을 확보해 놓았고, 실무적으로는 매월 서비스 수준을 측정하여 서로 합의된 그래프 형식의 보고서를 웹(web)에 올려 놓으면 VCEK에서 확인하는 과정을 거치고 있다. 이 보고서에는 측정치들과 Y2K에 관련된 항목들이 포함되어 있다. 이렇게 함으로써 VCEK 측은 제공받는 서비스에 대한 자체적 검토를 할 수 있게 되었고, 삼성SDS로서도 볼보 측에 어떤 불만표시에 대한 빌미를 제공하지 않게 되었다. 결과적으로 상호 원할한 의사소통이 이루어짐으로써 서비스 수준이 향상되는 효과를 가져왔다.

(4) 아웃소싱의 효과

아웃소싱 계약이 체결되고 1년도 채 지나지 않은 현 상황에서, 양사는 아웃소싱으로 인해 나타날 수 있는 비용감소, 매출액의 증가 등 이러한 직접적인 효과는 현재 진행중인 프로젝트가 완료되고 난 후에야 서서히 나타날 것이라고 생각하고 있다. 즉 아웃소싱의 성공 여부는 몇 년 뒤에 판단해야 한다는 것이다. 그러나 볼보로서는 경영혁신 프로젝트를 비교적 우수한 인력과 저렴한 가격으로 수행할 수 있었고, 삼성SDS도 이번 계약을 계기로 국내 아웃소싱시장에서 중요한 위치를 선점하였다는 간접적인 효과를 얻을 수 있었다.

그러나 볼보와 삼성SDS는 아웃소싱 계약을 체결하면서 각자가 바라고 있는 아웃소싱 효과가 있었는데, 볼보가 가장 기대하였던 효과는 현재 개발중인 프로젝트가 완료되면 그 산출물을 볼보의 다른 사업부문(트럭, 차, 버스 등)과 동남아의 다른 시장에 확대 적용시킬 수 있다는 점이다. 사업자인 삼성SDS도 이번 아웃소싱의 효과를 금전적인 이익보다는 이 프로젝트를 수행하면서 나타날 수 있는 반사적인 효과에 더 관심을 두었다. 즉 외국 고객사와 아웃소싱 경험을 한다는 점과 이로 인한 국내 아웃소싱시장의 선점 그리고 프로젝트를 진행시키면서 축적된 노하우를 다른 데에도 사용할 수 있다는 것 등을 기대했었다.

(5) Volvo와 삼성SDS의 아웃소싱의 의의

이 사례는 M&A를 하면서 필요에 의해 이루어진 아웃소싱이고 특히 사업자가 합병되는 기업과 같은 계열사라는 사실 때문에 일반 아웃소싱과는 상이한 사항들이 많았다. 계약단계 이전의 과정(RFP의 발송과 평가 등)이 적어 계약체결까지의 기간이 비교적 짧았다라는 점, 사업자선정이 간단했다는 점, 종업원의 이관 등과 같은 주요 쟁점사항의 협상이 비교적 수월했다는 점 그리고 계약이 체결된 후 전산실과 타 부서간의 협조가 잘 이루어지는 점 등과 같은 이점을 들 수 있다. 그 반면에 서비스가 진행되면서 분쟁발생의 소지가 있고, 서로간에 친숙하다는 사실을 이용해 인간적인 면을 너무 강조하다 보면 오히려 기업의 목표에 역효과를 야기할 수도 있다라는 단점들도 있지만, 전반적으로 이러한 형태의 아웃소싱이 사업자의 능력만 받쳐주면 성공적인 사례가 될 수 있다는 사실을 보여준다.

이 사례에서 주목할 점은 아웃소싱이 성공하기 위해서는 여러 가지 요인이 있지만, 그 중에서도 가장 중요한 것은 신뢰를 바탕으로 한 거래여야 한다는 것이다. 볼보와 삼성SDS의 경우 아웃소싱 전에 M&A를 하기 위해서 협상하는 과정중에서 쌓여진 신뢰감이 성공적인 아웃소싱을 이끌었다. 따라서 아웃소싱을 하려는 고객사와 사업자는 서로간 먼저 신뢰를 조성하는 것이 중요하다.

마지막으로 이 아웃소싱 계약은 IT 아웃소싱 비즈니스가 척박한 국내시장에서 IT 아웃소싱이 본격적으로 시작될 수 있는 발판이 되었고, 이 거래에서 실행된 아웃소싱 거래형태나 관리방식 등은 선례가 별로 없는 국내에서 하나의 방법론으로 사용될 수도 있으며 향후 아웃소싱을 고려하는 다른 회사들과 정보시스템 공급업자로 성장하려 하는 업체들에게는 어떤 틀을 제공해주는 역할을 할 수 있다. 그리고 외국계 업체가 국내 순수 SI업체와 아웃소싱 계약을 체결했다는 사실과 국내의 대형 SI 사업자로서 계열사가 아닌 다른 기업에 시스템운영에 대한 계약을 성사시키고 이를 진행해 나가면서 발생한 여러 문제점과 이를 해결해 나가는 과정을 살펴보는 것은 향후 아웃소싱을 고려하고 있는 국내 기업들과 아웃소싱으로 사업영역을 확장하려고 하는 SI업체와 일부 컨설팅 업체들에게 시사하는 바가 크다.

2. 품질 평가의 객관성 확보, CMM에서 CMMI까지..

SI업계의 수익성 악화에 대한 우려의 목소리가 나온 지는 이미 오래 전 일이다. 그 동안 IT산업을 이끌며 급속히 성장한 SI산업은 전체 시장규모는 비약적으로 늘어났지만 정작 관련 업체들의 수익성은 나아지지 않았다는 게 업계의 중론이다.

이런 상황에서 SI업체들은 최근 수익성을 높이고 핵심역량을 강화하는 데 각고의 노력을 펼치고 있다. 업체들은 경쟁력 있는 사업을 집중 육성하거나 다양한 부가사업을 발굴하는 등 내실경영 체제에 돌입한 상태다. 실제로 국내 전체 SI시장은 매년 성장세를 보이면서 안정화 단계에 접어들었지만 업체들은 적정 이익을 내지 못해 어려움을 겪고 있다. 지난해 국내 주요 SI업체들의 매출 대비 수익률은 평균 5%에도 미치지 못할 정도이다.

이렇듯 SI업계의 수익성이 낮은 것은 장기간의 경기침체가 원인일 수 있지만 무엇보다 업체들의 난립에 따른 출혈경쟁 때문'이란 게 관계자들의 일반적인 의견이다. 한정된 시장에서 다수의 업체들이 경쟁하다 보니 저가 덤핑수주 등 악순환이 반복되고 있다는 얘기다. 특히 향후 글로벌 IT 서비스업체들과의 경쟁도 불가피해지고 있는 상황에서 국내 SI업체들의 어려움은 더욱 커질 것이란 전망도 제기되고 있다 SI업계 품질인증 관련 최근 동향은 무한경쟁에 대응하기 위한 방안으로 서비스 품질을 고도화해 생존 모색중이며 글로벌 업체들과 경쟁하기 위해 세계 수준의 품질 체계 확보가 필수적 요건으로 대두되고 있다. 또한 기존 ISO, SPICE, CMM 등의 품질인증이 CMMI로 통합화 경향이 있으며, 포스데이타의 국내 첫 CMMI 레벨5 획득, SI업계의 CMMI 인증 획득은 가속화하고 있으며 이는 선진화된 프로세스 구축, 대고객 신뢰도 향상, TCO 절감 등 인증 효과를 거두려는 경향이 나타나고 있다.

(1) 미 공공사업 참여 기준은 3레벨 이상

CMM(Capability Maturity Model for Software)은 1991년 미국 국방부의 요청으로 카네기멜론대학의 SEI(Software Engineering Institute)가 마련한 소프트웨어개발업체의 능력을 평가하는 기준이다. 총 5레벨로 구성돼 있으며 3레벨 이상의 인증을 획득해야 미국 정부에서 주도하는 IT 분야 공공사업에 참여할 수 있다. CMM 인증 취득에 국내 업체의 열기가 뜨거운 것은 '미국 공공사업에 참여할 수 있는 역량을 가진 업체'라는 마케팅적 요인도 한몫하고 있다. CMM의 특징은 우선 소프트웨어 프로세스 성숙도의 바탕이 되는 원리와 활동을 설명해 준다는 점이다. 또한 소프트웨어 조직이 현재 프로세스 성숙도를 판정하고, 소프트웨어 품질과 프로세스를 개선하기 위해 이슈를 파악해 그 조직의 프로세스 개선 전략을 선택하는 것을 도와주는 모델이다. CMM에서는 조직내 강점과 약점을 파악하고 서로 다른 입찰자들의 차별성을 부각시킬 수 있는 점을 인증에 반영한다.

일반적으로 CMM과 SPICE가 해당 조직의 프로세스 고도화를 측정하는 기준이란 점은 같다. 하지만 SPICE가 가능한 모든 조직의 프로세스를 평가 기준으로 삼는 데 반해 CMM은 최소한 필수 프로세스만 포함해 전체 평가 대상 조직에 초점을 둔다. CMM의 경우 이미 다수의 국내 SI업체들이 취득을 한 상태다. CMM 역시 조직의 역량에 따라 5단계의 레벨로 나눠진다. 국내 SI업체들은 보통 레벨 2나 3의 CMM을 취득한 후 CMMI 인증으로 옮겨가는 추세를 보이고 있다. 삼성SDS의 경우 지난 2002년 CMM 최고레벨인 5등급을 획득했으며, LG CNS도 지난 97년 CMM 레벨 2 획득을 시작으로 지난해 LG텔레콤 IT 서비스 조직이 CMM 레벨 3를 획득했다. 이 외에도 쌍용정보통신이 국방부문에 레벨 3를, SK C&C가 지난해 공공사업부문을 대상으로 레벨 3를 획득하는 등 CMM 인증은 SI업계 전반에 일반화된 상태다.

올해 들어 SI업계의 주목을 받고 있는 것이 CMMI이다. 기존 CMM이 소프트웨어, 시스템공학, 개인, 소프트웨어 획득, 통합 제품 부문 등 5개 뷰야에 대해 평가 기준을 마련해 운영했다면 CMMI는 분야를 나누지 않고 전체적인 관점에서 프로세스 및 프로젝트 수행능력을 평가한다. 따라서 CMMI는 CMM보다 신뢰성 및 조직역량 성과 측면에서 보다 높은 단계의 인증으로 평가를 받는다. 특히 그 동안 국내 공공 프로젝트 평가에 있어서 CMM 인증이 상당부문 영향을 미친 점을 감안할 때 CMMI 인증의 획득 효과는 더욱 높을 것이란 게 전문가들의 의견이다. 여기에 CMM 인증기관인 미국 카네기멜론대 소프트웨어 기술연구소가 최근 CMM 인증을 중단하고 CMMI만 운영하기로 한 것도 국내 업체들의 획득에 상당부문 영향을 미치고 있다. 따라서 기존 CMM 인증을 획득한 업체들도 CMMI 인증으로 전환을 준비하고 있으며, 아예 처음부터 CMMI 인증 획득에 포커싱한 업체들이 다수인 상태다.

(2) CMMI로 전환 움직임 활발

CMMI(Capability Maturity Model Integration)는 회사의 프로세스 성숙도 및 프로젝트 수행능력을 평가하는 모델로 수준에 따라 1단계에서 5단계까지로 구분된다. CMMI 역시 미국 카네기멜론대학의 소프트웨어공학연구소에서 미 국방성의 요청으로 개발돼 일반기업에도 적용된 것으로 CMM모델을 기초로 발전·통합된 모델이다. 지난 2001년 12월 첫번째 버전이 공식 발표된 후 지난해 말 현재 세계 60여개 기업에서 적용하고 있으며 1백여회의 평가가 이뤄졌다. CMM과 비교해 CMMI의 가장 주요한 차별점은 통합 평가의 유무라 할 수 있다. CMM이 소프트웨어 부문에만 국한해 성숙도를 평가했다면 CMMI는 시스템설계, 소프트웨어, 하드웨어, 운영능력 전반이 평가의 대상이다. 이처럼 CMMI는 IT 서비스 조직의 역량을 전반적으로 평가하는 것이라 할 수 있다. 따라서 관련 업체들이 CMMI 인증을 획득하면 대외적으로 품질 고도화에 대한 공신력을 확보할 수 있게 된다.

CMMI 인증은 레벨 1과 2를 획득한 업체들을 포함해도 60여개 업체 정도에 불과하다. 품질 평가가 전반적으로 이뤄지는 만큼 인증 취득이 쉽지 않기 때문이다. 지난해 말까지 최고등급인 CMMI 레벨 5를 획득한 업체는 전세계적으로 7개사로 미국 1개사와 6개의 인도 업체가 취득했다. 국내업체로는 최근 포스데이타가 세계에서 8번째로 CMMI 레벨 5 인증을 달성했으며, 한국IBM(레벨 2), 한국증권전산(레벨 3)도 획득했다. 포스데이타의 경우 지난 99년 CMM 레벨 2 인증을 획득한 이래 2002년 국내에서 처음으로 전사부문 CMM 레벨 4 인증을 받았다. 포스데이타는 CMMI 레벨 5 인증을 획득하기 위해 전사적 프로젝트 경영체제를 구축하고 전 직원을 대상으로 프로세스 관련 교육을 실시해왔다. 또한 업무 전 부문에 대해 디지털 경영체제를 구축하고 6시그마 도입 등 품질개선 작업을 진행해 최적의 프로세스 수준을 유지하기 위한 노력을 펼쳤다는 게 포스테이타 측의 설명이다. 포스데이타 품질보증 팀장인 이창근 부장은 'CMMI 레벨 5의 획득으로 생산성 향상을 통한 기업 경쟁력이 강화가 기대된다'며 '미국 공공기관 입찰참가 자격이 CMMI 레벨 3 이상인 만큼 해외진출을 가속화할 수 있는 여건이 마련됐다'고 설명했다. 포스데이타는 향후 지속적인 품질향상활동을 통해 연말까지 CMMI를 회사 전체 업무에 확산시켜 전사부문 레벨 5 기업을 달성한다는 계획이다.

(3) 포스데이타 최고등급인 레벨 5 획득

포스데이타의 CMMI 레벨 5 인증과 함께 관련 업체들의 CMMI에 대한 관심도 더욱 높아진 상태다. 품질고도화의 일환으로 관련 인증 취득이 필수요건으로 인식되면서 업체들의 취득전략도 구체화되고 있다. 지난 2001년 자사 소프트웨어공학센터가 CMM 레벨 3를 획득했던 삼성SDS도 올 하반기중 CMMI 레벨 5를 획득한다는 계획이다. 이를 위해 삼성SDS는 CMM 레벨 3의 프로세스 수준을 전사적으로 확대하고 고유의 품질 고도화를 위한 모델을 개발해 각 조직에 적용하고 있는 상태다. 삼성SDS 관계자는 '그 동안 전사적인 프로세스 향상 노력을 펼쳐 왔고 이미 CMM 레벨 5를 획득한 경험이 있다'며 '지속적인 품질활동과 전사 지원시스템을 기반으로 CMMI 상위 레벨을 획득해 품질 경쟁력을 높여나갈 것'이라고 밝혔다. CMM 레벨 5 조직인 대법원 등기전산화 프로젝트 부문을 보유하고 있는 LG CNS는 CMM 부문만큼은 국내 조직 중 독보적인 성과를 보였다고 자평하고 있다. 실제로 LG CNS의 경우 지난 97년 LG카드 전산화 프로젝트 부문을 시작으로 주요 프로젝트 수행시마다 해당 조직이 CMM 인증을 받아왔다. 특히 지난해 6월 취득한 CMM 레벨 5는 대법원 등기전산화 프로젝트가 대상이 된 것으로 고객에게 서비스되고 있는 프로젝트로는 국내 처음 획득한 인증이다. 이 외에도 지난 12월에는 공공사업본부 전체 조직이 CMM 레벨 3를 달성했다. LG CNS는 CMM 인증 획득 자체에 목표를 두기보다 꾸준한 품질개선 활동을 통해 CMM이라는 모델을 채택한 회사가 되겠다는 방침이다. 특히 향후 3년간 품질 개선 추진 계획을 수립한 LG CNS는 2005년경 전사조직이 CMM 레벨 5에 해당되는 역량을 갖출 것으로 기대하고 있다. SK C&C는 올해를 'CMMI로의 전환을 위한 전략 수립의 해'로 정했다. 내년 하반기 CMMI 레벨 4나 레벨 5로 전환해 인증획득을 목표로 하고 있는 SK C&C는 올해부터 사전 정지작업에 돌입한 상태다. 지난해 11월 전사부문 CMM 레벨 3를 획득한 쌍용정보통신도 현재 CMMI 레벨 3로 전환을 추진하고 있으며, 지난 3월 전사부문 CMMI 레벨 3를 획득한 한진정보통신도 2007년까지 CMMI 레벨 5를 획득한다는 목표를 세웠다. 현대정보기술은 전사부문 CMM 레벨 3를 내년까지 CMMI 레벨 5로 전환하는 작업을 준비중이며, 대우정보시스템도 올해부터 단계적으로 CMMI 레벨 인증을 높여 획득한다는 방침이다. 이 외에도 노틸러스효성, NDS, 신세계I&C 등도 CMMI 레벨로 인증을 전환하고 있거나 준비중이며 다수의 SI업체들로 CMMI 인증 획득은 확대될 전망이다.

SI업체들이 CMM 등 품질인증 체계를 획득하려는 것은 여러 가지 사업적인 효과를 기대하기 때문이다. 인증 획득이 SI업체 서비스의 품질 수준을 객관적으로 인정한다는 의미를 넘어서 영업활동에도 상당한 도움을 받고 있는 것이 사실이다. 노틸러스효성 품질 경영팀 이형히 부장은 'CMM 등 인증 획득은 회사나 고객, 직원 모두에게 긍정적인 영향을 미친다'면서 '우선 회사 입장에서는 수익증가는 물론 운영성과를 개선해 TCO를 절감할 수 있으며, 고객들도 요구사항과 일치하는 서비스를 제공받게 돼 프로젝트의 만족도가 높아진다. 또한 직원들도 프로세스의 체계화로 재작업률이 줄어드는 등 업무 만족감이 높아지는 효과가 있다'고 설명했다.

출처: 경영과 컴퓨터, 2004. 5.

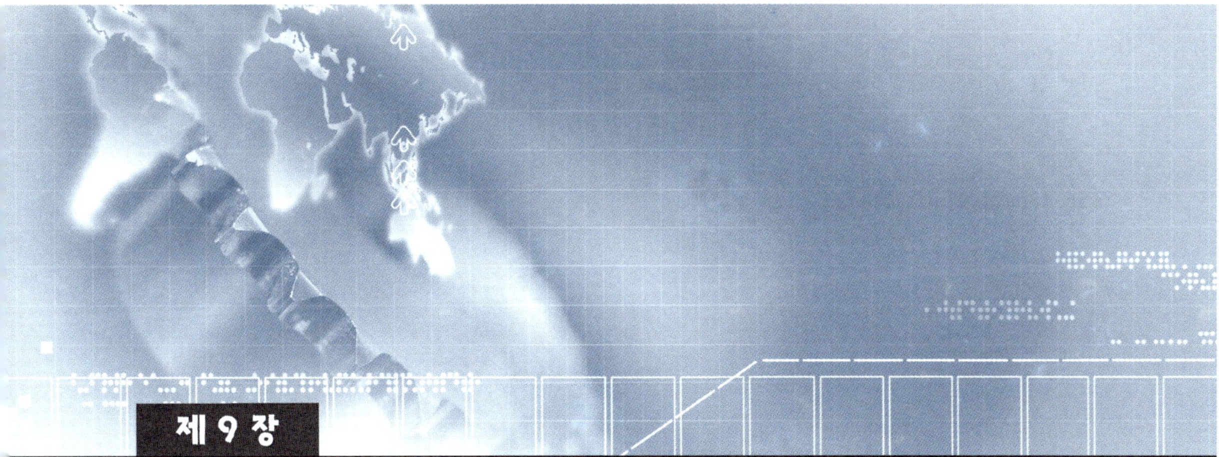

제 9 장

데이터베이스

기업의 정보시스템 설계와 구현에 있어서 가장 핵심적인 구성요소인 데이터베이스는 오늘날 개발되고 있는 대부분의 기업 정보시스템들의 근간을 이루고 있다. 데이터베이스를 통해 조직은 다양한 업무를 수행하는 데 필요한 각종 데이터를 수집 · 저장 · 유지 · 보수 · 활용할 수 있으며, 데이터베이스의 기능과 효율성은 전체 정보시스템의 성능에 큰 영향을 미친다.

정보시스템의 데이터베이스에 저장되어 있는 정보나 데이터가 적시에, 적절한 방법으로 이를 필요로 하는 조직원에게 전달되지 못하면, 혹은 아예 필요로 하는 정보나 데이터가 데이터베이스에 존재하지 않는다면, 그 정보시스템의 효과성이 크게 낮아질 뿐만 아니라 기업은 업무상 필요로 하는 중요한 의사결정을 제대로 수행할 수 없게 된다.

본 장에서는 이처럼 기업의 근간을 이루는 데이터베이스 시스템분석을 위한 기초와 데이터베이스 관리시스템에 대해 학습하고, 데이터베이스 시스템 설계를 위한 그 예제를 다루고 학습한다.

9

MINI CASE

"SK C&C, 정부통합전산센터 통합운영체계 보강 및 확충 사업 수주"

SK C&C(윤석경 대표이사)는 정보통신부(노준형 장관)가 발주한 '정부통합전산센터 통합운영체계 보강사업'을 수주했다고 16일 밝혔다.

이번 사업에서 SK C&C는 신규 이전 시스템에 대한 네트워크 관리시스템을 보강하는 한편 원격접속시스템의 이중화 등의 작업을 수행해 통합운영체계에 대한 안정화 및 보강 작업을 수행한다.

또한 데이터베이스 사용자 접속 관리 및 보안 강화를 위한 DBMS(데이터베이스 관리시스템, Data Base Management System) 원격접속 시스템, 웹서비스 보안을 위한 웹스캐너 도입 등 강화된 통합보안기능을 제공한다.

SK C&C 공공본부장 윤석원 상무는 "이번 사업은 제1정부통합전산센터 구축 관련 마지막 사업인 동시에 제2정부 통합전산센터와의 상호 호환성을 고려해야 하는 중요한 사업"이라며 "이번 사업 수행이 향후 있을 정부통합전산센터 관련 사업에서 유리하게 작용할 것"이라고 말했다.

출처: 전자신문, 2006년 10월 16일자

9.1 데이터베이스 시스템 분석-데이터베이스 기초

데이터베이스는 기업의 정보시스템 설계와 구현에 있어서 가장 핵심적인 구성요소로서 오늘날 개발되고 있는 대부분의 기업 정보시스템들의 근간을 이루고 있다. 데이터베이스를 통해 조직은 다양한 업무를 수행하는 데 필요한 각종 데이터를 수집 · 저장 · 유지 · 보수 · 활용할 수 있으며, 데이터베이스의 기능과 효율성은 전체 정보시스템의 성능에 큰 영향을 미친다. 정보시스템의 데이터베이스에 저장되어 있는 정보나 데이터가 적시에, 적절한 방법으로 이를 필요로 하는 조직원에게 전달되지 못하면, 혹은 아예 필요로 하는 정보나 데이터가 데이터베이스에 존재하지 않는다면, 그 정보시스템의 효과성이 크게 낮아질 뿐만 아니라 기업은 업무상 필요로 하는 중요한 의사결정을 제대로 수행할 수 없게 된다. 특히, 과거처럼 데이터베이스가 하나의 응용시스템에 종속되어 개발되지 않고, 기업의 모든 데이터를 논리적으로 하나의 데이터베이스에서 처리하는 목적으로 개발되는 경향으로 인해 효과적인 데이터베이스의 설계와 구현은 더욱 중요해지고 있다. 따라서 기업은 개발하고자 하는 정보시스템의 목적과 자신의 업무환경에 맞는 데이터베이스를 설계하고 구축할 수 있어야 한다.

데이터베이스는 변화하는 조직의 요구를 충족할 수 있도록 유연성 있게 설계되어야 한다. 조직에서 새로운 기능이나 업무에 대한 요구가 발생할 때마다 데이터베이스는 쉽게 관련된 새로운 정보를 저장하고 이를 관리할 수 있어야 한다. 조직의 데이터베이스 관리에 있어서 컴퓨터의 활용은 이러한 유연성을 제공할 수 있으며, 정보기술이 발달하고 컴퓨터의 성능이 강력해짐에 따라 데이터베이스 구현 기술에 대한 기초지식을 잘 알지 못하여도 쉽게 사용할 수 있는 데이터베이스 프로그램이 출시되기에 이르렀고, 조직은 자신의 요구와 환경에 알맞게 데이터베이스 시스템을 구축하여 쓸 수 있게 되었다. 그러나 이러한 유연성과 확장된 기능은 데이터베이스가 제대로 설계되어 있을 때만 제공되어질 수 있다.

초기의 데이터베이스는 하나의 업무를 지원하기 위해 사용되는 것이 보통이었으나 오늘날에는 조직의 수많은 업무를 지원하기 위해 많은 사용자 요구 기능을 통합하고 있다. 이에 따라 데이터베이스의 구조는 점차 복잡해지고 사용자는 보다 강력하고 다양한 기능을 요구하고 있다. 따라서 데이터베이스는 처음부터 가능한 모든 사용자 요구사항, 조직적/기술적 제약사항, 시스템 개발 조건 등을 고려하여 설계되어야 한다. 불완전한 데이터베이스의 설계는 이를 실제로 개발, 유지/보수하는 단계에서 더 큰 문제점을 일으키기 때문이다. 다음은 데이터베이스 설계시 기본적으로 고려해야 할 사항들을 나타낸 것이다.

- 데이터 중복성 최소화
- 변화하는 사용자 요구사항에 쉽게 대응할 수 있는 안정된 데이터 구조
- 일시적이고 특별한(Ad hoc) 데이터 요구에 대처
- 데이터 항목들 간의 복잡한 관계를 관리
- 다양한 의사결정을 지원
- 데이터베이스 및 관련 정보기술 들의 물리적(Physical) 구조

데이터베이스의 기초적인 개념을 이해함이 없이 설계된 데이터베이스는 모래판 위에 지워진 건물이나 다름없다. 기초가 튼튼하지 못한 모래판 위에 건물을 지을 경우에 처음에는 커다란 문제가 없을지는 모르시난 비바람이 몰아치게 되면 한 순간에 무너지고 마는 것처럼 처음에 적은 양의 데이터를 관리할 경우에는 문제 없이 잘 운영되던 시스템이 데이터의 양이나 제공해야 할 기능이 이 점차 많아짐에 따라 문제가 발생하기 시작하여 결국에는 데이터의 정확성까지 보장받을 수 없는 지경에 이를 수 있기 때문이다. 이러한 사태를 미연에 방지하기 위해서 우리는 데이터베이스의 기초적인 개념을 충분히 이해해서, 아무리 많은

양의 데이터를 저장할지라도 끄덕 없는 데이터베이스를 구축할 수 있도록 하여야 한다.

9.1.1 데이터의 구조

데이터는 현실 세계로부터 관찰이나 측정을 통해 얻어진 양, 행위, 객체 등을 표현하는 일정한 규칙을 가진 상징물로 언어, 문자, 숫자, 기호, 영상 등으로 표현된다. 이는 있는 그대로의 사실을 표현한 것으로 그 자체로는 의미가 없으며 사용자의 의도에 맞게 유용한 정보로 전환되었을 때 사용자의 의사결정에 의미를 가지게 된다. 즉, 정보는 데이터에 사용자의 '목적 적합성'(Relevance)이 부가된 것으로 의사결정을 위해 유용한 형태나 값으로 처리 또는 가공된 데이터를 의미한다.

데이터가 컴퓨터에 저장되는 가장 작은 단위는 비트(Bit)로 '0' 이나 '1' 을 의미한다. 이 비트들이 모여 바이트(Byte)를 형성하는데 1 byte가 하나의 영문자를, 2 byte가 하나의 한글 문자를 구성한다. 이들 바이트가 모여서 데이터가 정보의 의미를 지니기 위해 필요로 하는 최소의 데이터 단위인 필드(Field)를 구성한다. 필드는 데이터를 사용자에게 의미 있는 형태로 표현하는 최소 단위로 필드의 값이 더 이상 나뉘어지면 그 고유의 의미를 잃게 된다. 예를 들어, 학생의 '이름' 항목에 입력되는 값이 필드이며 여기에 입력된 '홍길동' 이라는 값이 '홍', '길', '동' 으로 나뉘어지면 각각의 데이터가 의미를 잃게 되는 것과 같다.

서로 관련있는 필드들이 함께 모이면 레코드(Record)를 이루게 된다. 위의 학생 데이터의 예에서 한 명의 학생에 대해 관리해야 할 데이터 항목(즉, 필드)이 학번, 이름, 전공, 주민등록번호라고 한다면 이들이 모여 하나의 레코드를 구성한다. 즉, 한 명의 학생이 새로 들어올 때마다 그 학생의 학번, 이름, 전공, 주민등록번호를 기록하여 하나의 레코드가 생성되는 것이다. 이렇게 동일한 형식으로 구성된 레코드들은 하나의 파일(File)로 묶여 저장된다. 앞의 예에서 수집된 모든 학생 레코드들의 집합이 학생 파일을 이루게 된다. 이렇게 생성된 파일들이 모

[그림 9-1] 데이터의 계층 구조

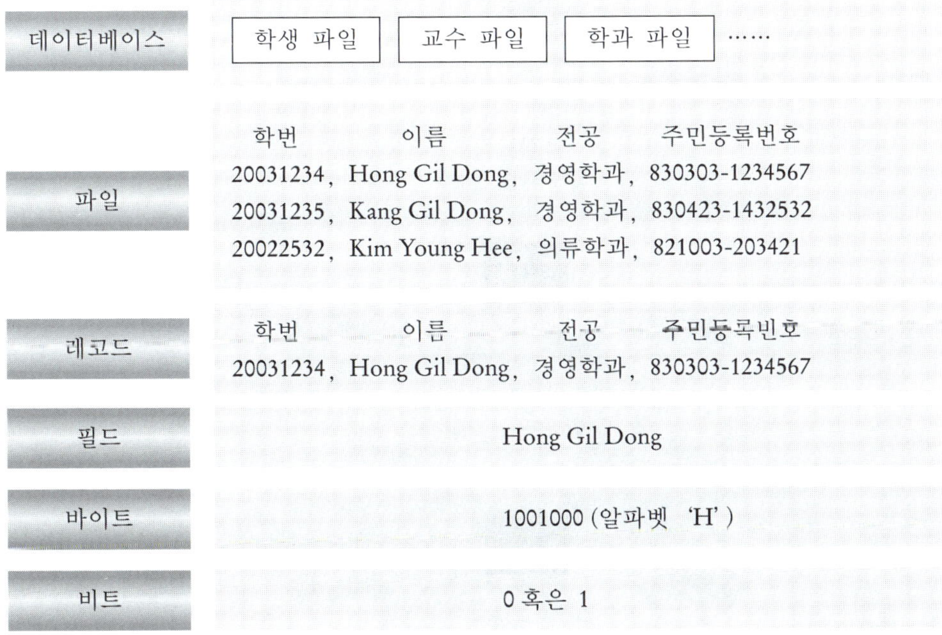

이면 하나의 데이터베이스(Database)가 구성된다. 학생의 학교 생활을 관리하는 데 있어서 학생 파일, 수강신청 파일, 교수 파일, 학과 파일, 학과목 파일 등을 하나의 데이터베이스로 관리를 한다면 학생들에 관한 학사 행정을 통합적으로 관리할 수 있을 것이다. 다음 그림은 데이터의 계층 구조를 예와 함께 정리한 것이다.

9.1.2 데이터 관리 방식

(1) 파일 중심의 데이터 관리 방식

1970년대에 데이터베이스 기술이 등장하기 전까지 컴퓨터를 이용한 데이터 관리 방식은 파일 중심의 관리 방식이었다. 파일 방식은 [그림 9-2]와 같이 특정부서의 업무에 필요한 데이터를 정의하고 해당 응용프

[그림 9-2] 파일 방식의 데이터 관리

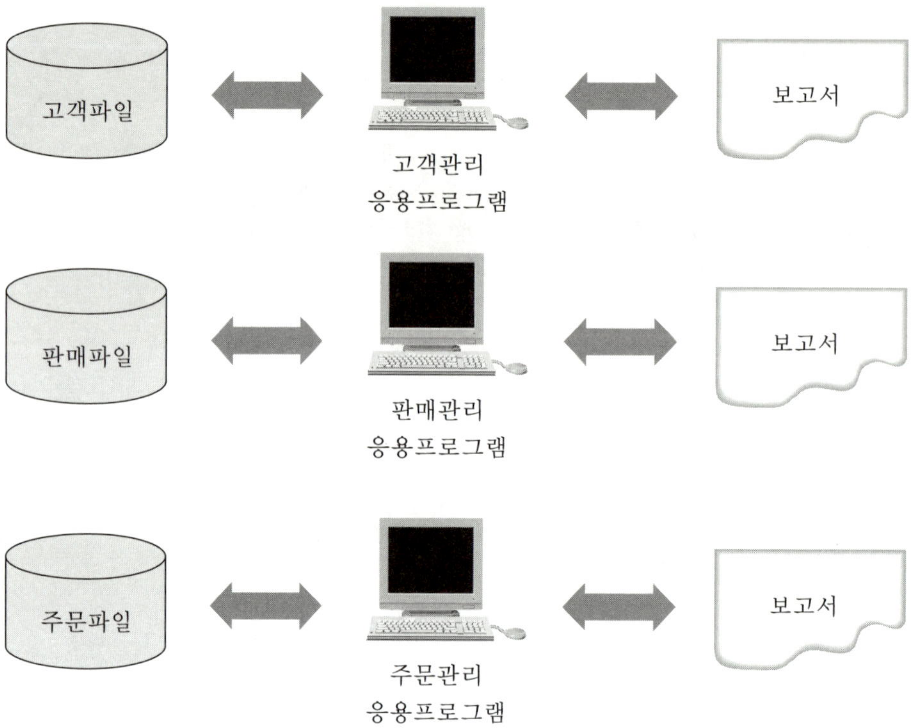

로그램이 고유의 파일을 소유하고 있는 형태이다. 예를 들어, 자동차 판매에서 고객관리 응용프로그램은 고객파일을, 판매관리 응용프로그램은 판매파일을, 주문관리 응용프로그램은 주문파일을 소유하고 있다.

파일 방식에서는 고유한 업무에 적합하도록 개별적인 데이터 파일과 프로그램을 보유하고 있어 데이터 처리속도가 향상되는 장점을 가지고 있으나 다음과 같은 문제점들로 인해 오늘날에는 거의 사용되지 않는다.

1) 데이터 중복성(Data Redundancy)

[그림 9-2]를 보면 고객, 판매, 주문 파일은 각 관련 부서에서 개별적으로 응용프로그램을 통해 생성·관리하고 있지만 판매·주문 파일

에서도 고객에 관한 사항들(예를 들어 고객의 이름, 주민등록번호, 주소 등)이 기록되게 될 것이다. 그러나 고객 파일은 고객관리 응용프로그램에서만 사용되어질 수 있기 때문에 판매관리, 주문관리 응용프로그램은 이에 접근해서(Access) 사용할 수 없게 되어 이들 응용프로그램은 자신의 판매파일, 주문파일에도 고객에 관한 사항들을 포함시키게 된다. 결과적으로 각 파일들 간에 데이터의 중복이 발생하여 관련 부서마다 같은 고객 데이터를 관리하게 되는 상황이 발생한다. 즉, 같은 고객 데이터를 관리하는 데 있어서 이중, 삼중의 노력이 요구될 뿐만 아니라 고객 데이터에 변경할 내용이 생길 때마다 이를 포함하는 모든 파일들을 변경해야 한다.

2) 데이터 의존성(Data Dependency)

파일 방식의 환경에서는 각각의 파일마다 고유의 응용프로그램이 작성되어야 한다. 이럴 경우 응용프로그램과 데이터 파일 간에 의존관계가 발생하여 데이터 파일의 구조가 변할 때마다 응용프로그램을 변경시켜주어야 한다. 또한 반대로 응용프로그램의 업무 방식이 바뀔 때마다 관련된 파일의 구조와 형식도 변경되어야 한다. 예를 들어, 고객 파일에 새로운 필드인 '배우자 이름'을 추가하거나 고객의 생일 표기를 '1975/1/1'에서 '1975년 1월 1일'로 변경하면 고객 파일을 사용하는 모든 응용프로그램들도 함께 수정되어야 한다.

3) 데이터 불일치(Data Inconsistency)

데이터 중복성으로 인해 발생하는 문제점으로 같은 데이터가 여러 파일에 중복되어 저장되어 있을 경우 아무리 정확하게 데이터를 갱신하고자 노력해도 각 파일들 간에 데이터가 완전히 일치하도록 관리하는 것은 현실적으로 어렵다. 예를 들어 고객의 주소가 변경되었을 경우, 관련된 모든 파일을 함께 수정해야 파일들의 데이터가 일치하게 되나 이는 실제 기업 환경에서 거의 불가능하다.

4) 데이터 공유의 어려움

각 파일은 해당 응용프로그램의 요구에 맞도록 설계되어, 데이터의 구조나 표기방식이 다를 경우, 응용프로그램 간의 데이터 공유 및 교환은 거의 불가능하다. 예를 들어 같은 고객의 신장이라도 신장을 표기하는 단위가 다르다면(예: cm vs. inch) 응용프로그램간 데이터 공유는 이루어지기 어렵다.

(2) 데이터베이스 중심의 데이터 관리 방식

데이터베이스(DataBase: DB)는 앞에서 지적된 파일 중심의 데이터 관리 방식의 문제점들에 대한 해결책으로 제시된 방식이다. 데이터베이스는 데이터를 중앙집중적인 방식으로 관리함으로써 데이터의 무결성을 유지하고 여러 응용프로그램들이 이를 공유할 수 있도록 구성되어 있는 데이터의 집합으로 정의된다. 이는 사용자 우선 방식으로 사용자가 필요한 데이터를 우선 설계하고 이 데이터를 데이터베이스에 저장하여 응용프로그램이 이용하도록 하는 것이다. 데이터베이스 방식은 응용프로그램마다 독자적으로 데이터 파일을 관리하는 파일 중심 방식과는 달리, 데이터의 통합적 관리를 통해 응용프로그램들이 보다 일관된 데이터를 효과적으로 공유할 수 있게 해준다. 다음 [그림 9-3]은 데이터베이스 중심의 데이터 관리 방식을 보여주고 있다.

데이터의 독립성과 다양한 응용프로그램에 의한 공유는 데이터베이스 관리시스템(DataBase Management System: DBMS)에 의해 가능하다. 데이터베이스 관리시스템은 데이터베이스의 생성 및 관리를 수행하고 개별적인 응용프로그램들이 데이터에 접근하는 것을 가능하게 해주는 소프트웨어이다. 데이터와 응용프로그램은 데이터베이스 관리시스템에 의해 상호 독립적인 관계를 유지할 수 있으며 응용프로그램은 데이터베이스 관리시스템을 통해서만 데이터에 접근할 수 있다. 데이터베이스 관리시스템에 대해서는 다음 절에서 보다 자세히 설명하기로 한다. 데이터베이스 방식은 파일 방식의 문제점을 개선하기 위한 것이므로 다음과 같은 주요 장점이 있다.

[그림 9-3] 데이터베이스 방식의 데이터 관리

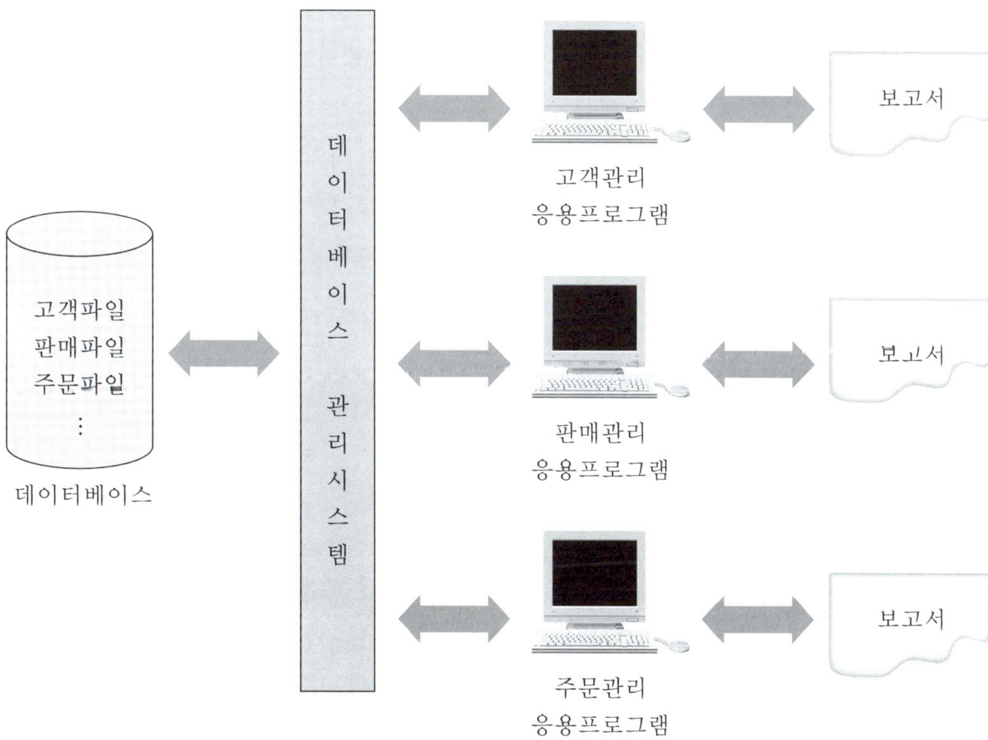

- **데이터 중복성 제거**: 데이터베이스에서는 하나의 파일을 여러 응용프로그램이 공유하게 되므로 응용프로그램마다 같은 내용의 파일을 소유할 필요가 없다. 따라서 저장공간도 보다 효율적으로 이용할 수 있다.
- **데이터와 응용프로그램 간의 독립성 유지**: 응용프로그램은 데이터와 완전히 독립적으로 개발, 운영되므로 데이터의 형식이나 위치가 변경되어도 응용프로그램을 변경시킬 필요가 없다.
- **데이터 접근의 용이성**: 데이터베이스의 접근이 표준화된 방식과 절차에 의해 쉽게 이루어진다. 이를 위해 응용프로그램은 SQL(Structured Query Language)이라고 하는 데이터 질의어로 작성된 단순한 명령만으로 필요한 데이터에 접근, 추출, 활용할 수

있다.

- 수정, 변경의 용이성: 데이터가 한 곳에만 존재하므로 한번의 수정으로 원하는 데이터의 변경을 수행할 수 있다. 이를 통해 데이터 무결성을 개선할 수 있다.
- 데이터의 보안강화: 모든 데이터는 데이터베이스 관리시스템에서 인증을 거쳐야지만 접근이 가능하므로 데이터의 보안관리가 수월해진다.

9.1.3 데이터베이스 관리시스템

데이터베이스 관리시스템이란 앞에서 설명한 데이터베이스를 효율적으로 저장하고 관리하여 응용프로그램이 데이터베이스를 공유할 수 있도록 해주는 프로그램들의 모임, 즉 소프트웨어로 정의할 수 있다. 데이터베이스를 구축하고자 할 때는 거의 필연적으로 상용 DBMS 제품을 구입하여 사용하게 되는데 이 책의 뒷부분에서 이용할 마이크로소프트사의 액세스(MS Access) 등이 그 좋은 예이다. 이외에 현재 기업에서 가장 많이 사용되고 있는 오라클(Oracle)을 비롯하여 인포믹스(Informix), 사이베이스(Sybase), DB2, MS SQL Server 등과 같은 제품들도 있다.

DBMS는 사용자가 데이터 언어로 표현한 데이터베이스 접근 명령을 받아들여 이것을 컴퓨터가 이해할 수 있는 언어로 변환한다. 따라서 응용프로그램은 데이터베이스 내부에서 발생하는 데이터베이스의 생성, 접근 방법, 처리 절차, 물리적 기술 구조 등에 대한 세부 사항을 이해할 필요없이 원하는 데이터와 처리 작업만을 DBMS에 요청하면 된다. DBMS는 독립적인 기능을 수행하는 다수의 모듈(Module)로 구성되어 있는데 이들은 데이터베이스의 구조를 관리하는 기능, 데이터베이스의 내용을 조작하는 기능, 데이터베이스의 내용에 대한 접근을 통제하는 기능 및 기타 기능으로 나누어 볼 수 있다. 이들을 자세히 설명하면 다음과 같다.

[그림 9-4] DBMS의 구성

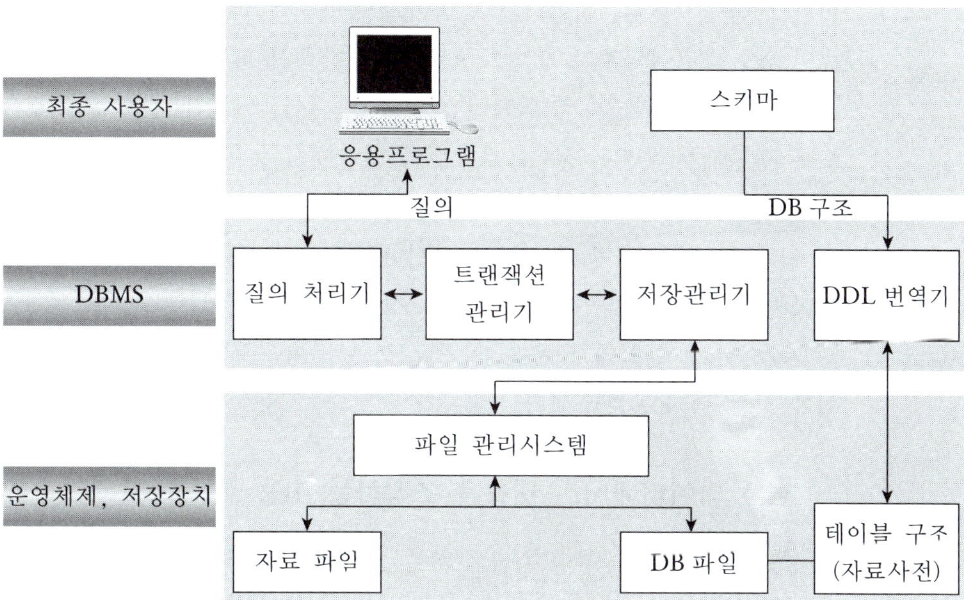

(1) 데이터베이스 구조를 관리하는 기능

데이터베이스가 정의될 때, 데이터베이스의 구성 항목과 이 항목의 유형(숫자, 문자, 논리, 날짜 등), 길이 등을 DBMS가 관리하기 때문에 응용 프로그램이 데이터베이스의 내부 구조를 정확히 알지 못하여도 쉽게 접근할 수 있게 한다. 데이터베이스의 구조가 바뀌면 DBMS 내부에 저장된 테이블의 구조에 대한 내용을 수정하여 다시 보관하게 된다. 사용자는 스키마(Schema)를 통해 데이터베이스의 구조를 결정하는데 DBMS의 DDL 번역기(Data Definition Language Compiler)는 사용자가 입력한 스키마를 DBMS의 내부 형태로 변환하여 데이터 사전에 저장하고 실제 자료가 기억될 수 있는 물리적 장소(예: 하드디스크)를 확보하게 된다.

이렇게 테이블의 구조에 관한 모든 정보를 DBMS가 관리하도록 함으로써 테이블의 구조가 바뀌거나 내부적인 저장 구조가 바뀌어도 응용 프로그램이 같이 따라 변하지 않아도 되도록 한다. 이를 데이터 구조의 변화에 대한 응용프로그램의 독립성, 즉 데이터 독립성(Data Independence)이라고 한다. 물론, 데이터가 변하여도 응용프로그램에 전혀 영향을 미치지 않는다고 볼 수는 없다. 예를 들어 항목의 배열이 성명, 나이 등의 순서로 저장되도록 정의되었던 구조가 나이, 성명의 순으로 저장되도록 변경되는 경우, 응용프로그램의 입장에서는 전혀 영향이 없게 되지만, 성별이란 항목이 더 추가되도록 하는 변화가 있을 경우에는 성별을 입력하는 프로그램과 성별을 표시하여야 하는 프로그램의 수정은 불가피하다. 반면에 파일시스템에서는 상기 두 항목간의 배열만 조정하여도 무조건 그 파일의 내용을 읽거나 쓰는 응용프로그램은 모두 변경되어야 하는 점과는 대조된다.

(2) 데이터베이스 내용을 조작하는 기능

데이터베이스의 내용을 조작하는 기능으로는 조회, 입력, 수정, 삭제 등이 있으며 이 작업들은 모두 사용자가 DBMS에 내리는 질의(Query)를 통해 이루어진다. 질의 처리기는 사용자가 요청한 질의를 처리하는 모듈로서 입력된 질의어를 해석한 후 트랜잭션 관리기의 도움을 얻어 해당 데이터의 접근을 저장 관리기에 요청한다. 이렇게 얻어진 데이터를 이용하여 사용자의 질의를 처리한 후 그 결과를 사용자에게 돌려주게 된다. 예를 들어, 나이가 24세 이상인 학생들에 대한 데이터를 조회하고자 할 때, 주어진 질의어로 DBMS에게 질의를 만들어 주면 DBMS는 해당 내역을 조회하여 표시해 준다.

(3) 데이터베이스 내용에 대한 접근을 통제하는 기능

트랜잭션 관리기는 질의 처리기가 정상적으로 동작될 수 있도록 병행제어, 무결성 보장, 보안, 통신 등의 기능을 지원한다. 또한 데이터베이스 개체의 변경사항을 로그(Log) 파일에 기록하고 있다가 데이터베이스 고장시 회복을 지원한다. 예를 들어, 비밀번호를 사용하여 데이터베이스에 대한 접근을 통제하고 테이블의 내용에 대해 각 항목별로 접근을 허가하고 막을 수 있는 기능은 데이터베이스에 보관된 데이터에 대한 접근을 효과적으로 통제할 수 있다.

(4) 기타 기능

데이터베이스의 내용을 백업하거나 복원할 수 있는 기능을 제공한다.

데이터에 대한 무결성을 유지하기 위해서 오류를 점검하는 작업을 실행한다. 예를 들면, 수강신청을 관리하는 데이터베이스에서 학생의 성별은 반드시 남성(male)과 여성(female) 두 가지의 값 중의 하나만 가질 수 있기 때문에, 그 이외의 값을 가짐으로써 데이터의 무결성(integrity)이 깨어지는 것을 방지하기 위해서 데이터가 입력될 때나 입력되는 값을 DBMS가 검증하도록 조치를 취할 수 있다. 이 또한 응용 프로그램의 부담을 크게 덜어 줄 수 있는 기능이다.

타 소프트웨어에서 만들어진 데이터를 읽어 들이거나 타 소프트웨어로 데이터를 넘겨주기 위해서, 특정한 형식으로 데이터를 지정하는 기능 등을 제공한다.

다수의 사용자가 사용할 수 있는 데이터베이스의 경우에는 여러 사람이 동시에 사용하여도 데이터의 정확성이 유지되도록 관리한다.

9.1.4 데이터베이스 설계

데이터베이스로 구축되어 관리될 수 있는 데이터들로는 우리가 늘 이용하고 있는 도서데이터, 인사데이터, 학사데이터 등과 같이 그 양이 방대하여 컴퓨터의 도움 없이는 상당한 노력과 시간이 요구되는 것들이 대부분이다. 이러한 데이터베이스는 용도에 따라, 도서관리를 위한 도서DB, 인사관리를 위한 인사DB 등으로 명명될 수 있다. 데이터가 컴퓨터 내에 보관될 때, 임의의 형식으로 저장되는 것이 아니라 어떤 특정한 형식을 빌어서 저장되는 것이 보통이다. 즉, 현실 세계에서 사용되는 데이터를 그대로 데이터베이스에 사용하기에는 너무 복잡하고 관리가 어렵기 때문에 현실의 데이터를 데이터베이스에서 사용 가능한 데이터의 형식과 구조로 변환시켜 주어야 한다. 이렇게 데이터베이스의 저장 형식과 구조를 결정하는 것을 데이터베이스의 설계라고 하는데, 데이터베이스의 설계는 개념적 설계와 물리적 설계를 거쳐 완성된다. 즉, 이는 현실 세계의 데이터를 데이터베이스에서 활용할 수 있도록 일정한 규칙을 사용하여 논리적으로 조직해주는 과정이라 할 수 있다. 이에 대해서는 2장에서 자세히 설명하기로 한다.

데이터베이스의 개념적 설계는 특정 DBMS 제품을 고려하지 않고 현실의 데이터 구조를 보다 잘 이해하는 데 목적이 있으며 보통 개체-관계 모델(Entity-Relationship Model: ERD)이 사용된다. 이는 데이터베이스에서 저장·관리되어야 할 데이터 개체들과 이 데이터 개체들 간의 관계를 정의하고 있는 것이다. 이를 바탕으로 데이터베이스의 구조를 결정하는 논리적 데이터 모형을 결정하게 되는데 여기에는 계층형 모델(Hierarchical model), 네트워크형 모델(Network model), 관계형 모델(Relational model) 등이 있다. 초창기에는 나무(Tree) 형태로 표현된 계층형 모델이 사용되었고, 차츰 그래프 형태의 네트워크 모델이 사용되다가 관계형 데이터 모델이 출현하면서 데이터 개체들과 그 관계가 테이블의 형식으로 저장되게 되었다. 물리적 설계에서는 이 논리 모델에 기초하여 데이터가 실제로 저장매체에 어떻게 물리적으로 배열될 것인가를 결정해 주게 된다.

1) 계층형 모델

계층형 모델은 데이터 개체들의 관계가 나무형태로 표현되는데 개념적으로 가장 단순한 데이터 구조이다. [그림 9-5]에서 상자로 표시된 레코드들이 부모와 자식관계의 나무모양으로 표현되어 있음을 알 수 있다. [그림 9-5]는 '프로젝트 A'를 3개의 부서에서 수행하며 각 부서에서 2명의 직원이 근무하고 있음을 나타낸다. 계층형 구조의 특징은 각 데이터 레코드가 오직 하나의 부모 노드를 가질 수 있으며(최상위 노드는 제외) 여러 개의 자식 노드를 가질 수 있다. 이는 데이터 개체들 간의 논리관계가 1:1 혹은 1:M일 경우 적당하나 M:N의 관계가 존재하면 이를 표현하기 어렵다. 예를 들어 [그림 9-5]의 '부서 1'이 동시에 '프

[그림 9-5] 계층형 모델의 예

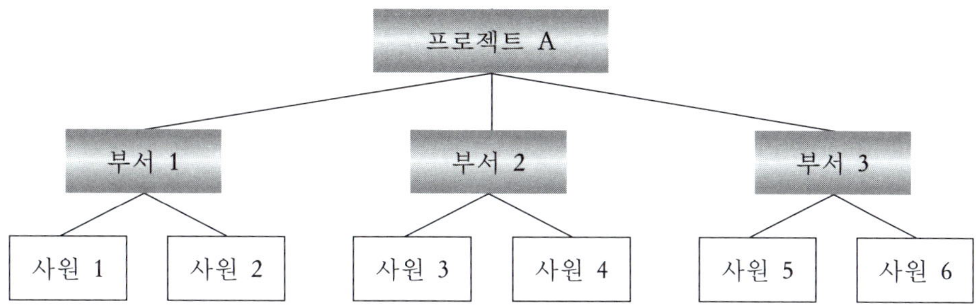

로젝트 B'를 수행하고 있다면 이를 표현하기 어렵다.

2) 네트워크형 모델

네트워크형 모델은 데이터 개체들 간의 관계를 연결한 그래프 형태로 표현되며 계층형 모형과 비슷하나 복수의 부모 노드를 가질 수 있다는 차이점이 있다. 이러한 차이점으로 인해 노드들 간의 관계를 부모-자식(Parent-Child) 관계라고 하기보다 소유자-구성원(Owner-Member) 관계라고 한다. [그림 9-6]의 예를 보면 알 수 있듯이 부서 1과 2는 프로젝트 A와 B에 동시에 참여하고 있음을 나타낸다.

네트워크형 모델은 계층형 모델에 비해 M:N의 관계까지 지원할 수 있으나 이로 인해 응용프로그램을 설계하고 구현하는 것이 복잡해

[그림 9-6] 네트워크형 모델의 예

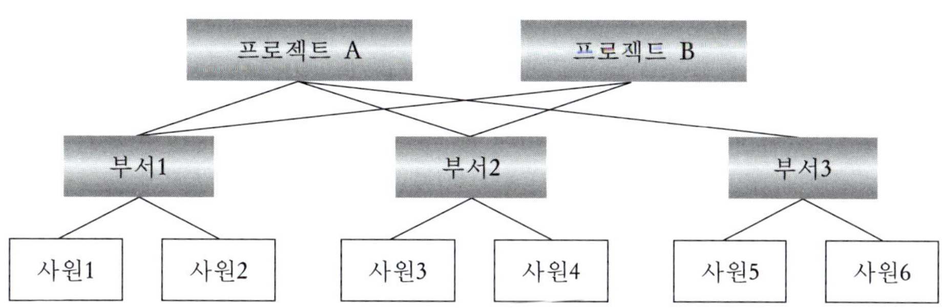

질 수 있다. 특히 각 데이터 개체들에 대해 소유주와 구성원의 연결은 포인터(Pointer)를 통해 정의되는데 이는 종종 프로그램 작성을 어렵게 한다. 또한 데이터 개체들 간의 관계가 한 번 설정되면 이를 수정하거나 새로운 관계를 생성시키는 것이 어려운데, 이는 계층형 모델도 마찬가지이다.

3) 관계형 모델

관계형 모델은 데이터 개체와 개체들 간의 관계를 모두 테이블 형태로 표현하고 이들 간의 연계관계는 동일한 속성 내의 동일한 데이터 값으로 표시한다. 이는 오늘날 데이터베이스 설계에서 가장 많이 활용되는 모델로서, 우리가 가지고 있는 데이터를 일목요연하게 볼 수 있도록 하고자 할 때, 자주 테이블을 만든다는 점을 생각하면 쉽게 이해할 수 있다. 관계형 모델에서 데이터는 모두 2차원적인 테이블로 표시되는데, 이 테이블은 파일과 유사한 개념으로 테이블의 각 행(Row)은 하나의 레코드(혹은 튜플)를, 각 열(Column)은 하나의 필드(혹은 속성)와 유사한 개념이다. 아래 [표 1-1]에서 학과 테이블과 학생 테이블은 각각의 데이터 개체를 나타내고 있고 두 개의 테이블에 동시에 존재하는 속성인 '학과명'의 값을 통해 두 개의 개체의 관계를 파악할 수 있다. 예를 들어 '홍길동'이라는 학생이 소속된 학과의 사무실 전화번호를 공통 속성인 '학과명'으로 알 수 있는 것이다.

이 관계형 모델을 사용하는 데이터베이스를 관계형 데이터베이스라

[표 9-1] 관계형 모델의 예

학과		
학과명	주임교수	전화번호
경영학과	박경영	1234
전산학과	이전산	5678

학생		
이름	학과명	학번
홍길동	경영학과	20030101
강길동	경영학과	20020114

고 하는데 이는 손쉽게 데이터를 조작할 수 있는 질의어를 제공하여 사용자가 데이터베이스의 내부구조를 잘 알지 못하여도 원하는 데이터를 쉽게 조작할 수 있기 때문에, 1980년대에 들어서면서부터 가장 널리 이용되고 있다. 따라서 이 책에서는 관계형 데이터베이스에 대한 내용으로 논의를 국한하고자 한다.

9.1.5 관계형 데이터베이스

앞서 말한 바와 같이 현재 사용중인 상용 DBMS에서 가상 많이 사용되는 것이 관계형 모델을 사용하는 관계형 데이터베이스 관리시스템(Relational Database Management System: RDBMS)이다. 이 RDBMS는 1970년에 E. F. Codd에 의해서 처음 제안되었으며, 주로 워크스테이션급 이상의 컴퓨터에서 널리 이용되고 있는 오라클(Oracle), 인그래스(Ingres), 사이베이스(Sybase), 인포믹스(Informix) 등과 개인용 컴퓨터급에서 널리 사용되고 있는 마이크로소프트사의 액세스(Access) 등이 있다. 지금부터 RDBMS에서 사용되는 중요 개념을 자세히 설명해 보기로 한다.

(1) 테 이 블

테이블은 일종의 행렬(Matrix)로 각 행은 여러 개의 열로 구성된다. 테이블, 행 및 열은 관계형 데이터베이스에서 각각 릴레이션(relation), 튜플(tuple) 또는 레코드(record), 그리고 속성(attribute) 또는 필드(field)로 불리어진다. 다시 말해서, 하나의 릴레이션은 여러 개의 튜플 또는 레코드로 구성되며, 각 튜플은 또다시 여러 개의 속성 또는 필드로 구성된다고 볼 수 있다. 하나의 릴레이션이 가지고 있는 튜플의 수를 Cardinality라고 하며 각 속성이 가질 수 있는 값의 집합을 도메인(Domain)이라고 한다. [그림 9-7]에 제시된 학생테이블은 5개의 속성으로 구성된 4개의 튜플을 갖는 테이블이다(Cardinality = 4). 또한 속성 '성별'의 도메인은 {남, 여}이며 '생활수준'의 도메인은 {상, 중, 하}라고 할 수 있다. 앞으로 이 책에서는 테이블과 릴레이션, 행과 튜플 또

[그림 9-7] 학생테이블

학번	성명	주민등록번호	성별	생활수준
970101	홍일동	800101-0000000	남	상
970102	강일동	801010-0000000	여	중
980106	양일동	810203-0000000	남	중
980105	마일동	810301-0000000	여	하

속성 또는 필드

튜플 또는 레코드

는 레코드 그리고 열과 속성 또는 필드를 구분없이 쓸 것이다.

(2) 기본 키

하나의 테이블에는 여러 개의 레코드가 저장되어 있고 같은 두 개의 레코드는 존재하지 않기 때문에, 이들 각 레코드를 유일하게 구별해주는 식별자를 속성으로 가져야 하는데 이러한 속성을 기본 키(Primary Key)라고 한다. 예를 들면, [그림 9-7]의 학생테이블에서 4개의 레코드를 구분하기 위해서 각 학생에게 유일하게 부여되는 학번이 있는데 이 속성('학번')이 학생테이블의 기본 키(Primary Key, 주 키)가 되는 것이다. 기본 키는 학생테이블에서와 같이 하나의 속성으로 구성되는 것이 보통이지만 때에 따라서는 여러 개의 속성이 합쳐져서 각 레코드를 유일하게 구분할 수 있는 경우도 있다. 이와 같이 여러 개의 속성의 조합으로 이루어진 기본 키를 복합 기본 키(Compound Primary Key)라 한다. [그림 9-8]의 가족테이블을 보면 복합 기본 키의 필요성을 쉽게 알 수가 있다.

한 학생은 여러 명의 가족을 가질 수 있고, 성명은 중복이 될 수 있기 때문에 가족테이블에 포함된 각 레코드를 유일하게 식별하기 위해서는 학번과 성명이 합쳐진 복합 기본 키가 필요하다. 여기서 한 가족 중에는 성명이 같은 경우가 없다고 가정한다. 각 레코드를 유일하게 구

[그림 9-8] 가족테이블

학번	성명	관계	성별	직업
970101	*홍동일*	부	남	상업
970101	*문 숙*	모	여	주부
970101	*홍이동*	제	남	학생
970102	*강동일*	부	남	회사원
970102	*문 숙*	모	여	공무원

분하기 위해서 사용되는 기본 키는 널(null: 아무것도 없음을 의미함, ASCII코드값으로 공백은 20h, 0은 30h로 표시된다는 점을 본다면 널이 공백 및 0과 값이 서로 다르다는 것을 쉽게 확인할 수 있음)을 가질 수 없다는 사실을 꼭 알아 둘 필요가 있다. 그 이유는 널을 허용할 경우에 기본 키가 각 레코드를 유일하게 구별하지 못할 수 있기 때문이다. 앞으로 테이블을 그릴 경우에는 기본 키 속성을 구분하기 위해서 해당 항목명을 진한 이태릭체로 표시한다.

기본 키는 아니지만 기본 키와 같이 각 레코드를 유일하게 구별해 줄 수 있는 속성들이 또 있을 수 있는데(예를 들어 학생테이블의 주민등록번호) 이러한 속성들을 기본 키가 될 수 있는 자격이 있다는 점에서 후보 키(Candidate Key)라 부른다.

(3) 보조 키

기본 키가 테이블의 각 행을 식별하는데 중요한 역할을 하지만 그 값들을 정확히 기억한다는 것은 그리 쉽지 않다. 따라서 사용자가 테이블에 저장되어 있는 레코드를 쉽게 식별할 수 있는 하나 또는 그 이상의 속성들로 구성된 또 다른 식별자를 사용하는데, 이를 보조 키(Secondary Key)라고 한다. 이 보조 키의 예로는 [그림 9-7] 학생테이블의 경우에 성명과 같은 속성이 될 수 있다. 물론 보조 키의 경우 모든 행을 유일하게 식별하지는 못할지라도 대부분의 경우에 찾고자 하는 레코드를 유일하게 구분할 수 있으면 그 가치를 충분히 인정받을 수 있다.

(4) 외래 키

하나의 테이블에 있는 속성들 중에서 다른 테이블의 기본 키로 정의된 속성이 있는데 이를 외래키(Foreign Key)라고 한다. 예를 들어 [표 1-1]의 학생 테이블에 있는 속성인 '학과명'는 학과테이블에서 기본 키로 지정되어 있기 때문에 학생테이블에서 '학과명'은 외래키가 된다.

"성명이 홍이동인 사람을 가족으로 가지고 있는 학생의 성명은 무엇인가?"란 질문에 대한 답을 [그림 9-8]의 가족테이블만 가지고 대답하는 것은 불가능하다. 다시 말해서, 해당 학생의 성명을 알아내기 위해서는 [그림 9-7]의 학생테이블을 참조하여야 한다. 관계형 데이터베이스의 전문용어로 조인(join)이란 연산을 써서 학생테이블과 가족테이블의 학번 속성에 저장된 값이 같은 레코드들에 대하여 학생테이블에 있는 성명과 가족테이블에 있는 모든 속성을 포함하는 [그림 9-9]와 같은 새로운 테이블을 임시로 생성한다면 쉽게 해당 학생의 성명을 알 수 있다.

여기서 [그림 9-9]와 같은 학생가족테이블은 사용자의 질의를 처리하는 과정에서 임시적으로 생성되었다가 없어지는 것이지만 설명을 돕기 위해서 의도적으로 그림으로 나타낸 것이다. 일반적으로 테이블로부

[그림 9-9] 학생가족테이블(뷰)

학번	성명	관계	성별	직업	학생명
970101	홍동일	부	남	상업	홍일동
970101	문 숙	모	여	주부	홍일동
970101	홍이동	제	남	학생	홍일동
970102	강동일	부	남	회사원	강일동
970102	문 숙	모	여	공무원	강일동

터 데이터를 조회하여 필요할 때 사용할 수 있도록 작성된 질의를 뷰(view)라고 말한다. 앞에서 설명하였던 것과 같이 이 뷰는 실제로 데이터를 하나의 테이블 형태로 저장하는 것이 아니라 질의가 실행되는 시점에서 일시적으로 계산되어 사용자에게 보여질 뿐이다. [그림 9-8] 가족테이블의 학번속성과 같이 다른 테이블, 즉 학생테이블의 기본 키 속성이 참조되어 사용되는 경우에 이 학번을 외래 키(Foreign Key)라고 한다.

앞에서 학생테이블과 가족테이블을 조인할 때에 가족테이블에 있는 학번, 즉 외래 키가 사용되고 있음을 알 수 있었다. 이러한 이유 때문에 가족테이블에 있는 각 행은 반드시 학생테이블에 존재하는 학생에 한해서 그 가족에 대한 데이터가 존재하도록 하는 것이 필요하다. 즉, 학생테이블에 존재하지 않은 학생의 가족사항이 존재할 경우에 그 행은 전혀 의미를 가지지 못하는 데이터가 된다는 것을 알 수 있어야 한다. 따라서, 외래 키를 갖는 테이블에 원래 테이블에 존재하지 않는 값을 갖지 못하도록 하기 위해서 참조무결성(Referential Integrity)을 정의하여 관리한다.

만일 [그림 9-7]의 학생테이블과 [그림 9-8]의 가족테이블을 외래 키를 이용하여 조인할 수 있도록 나누어 저장하지 않고 [그림 9-9]의 학생가족테이블과 같은 형태의 테이블을 구성하여 저장한다고 하면 어떤 일이 일어날까? 사용자가 원하는 데이터를 조회하는 질의를 받았을 때 조인이란 복잡한 연산을 하지 않아도 바로 검색이 가능할 것이다. 그러나, 각 학생테이블에 있는 학생의 성명이 그 가족 구성원의 수만큼 반복하여 저장되게 된다. 이것은 다량의 데이터를 저장해야만 하는 데이터베이스로서는 큰 부담이 아닐 수 없다.

뿐만 아니라, 학생의 성명이 잘못되어 수정하는 경우를 생각해 보면 [그림 9-7]의 학생테이블에서는 각 학생의 성명을 한번만 수정하면 늘 정확한 성명을 조회할 수 있지만, [그림 9-9]의 학생가족 테이블의 경우에는 해당 가족구성원에게 중복으로 저장되어 있는 성명을 모두 수정해 주어야만 한다는 점 또한 큰 부담이 아닐 수 없다. 혹, 수정을 하다가 하나라도 빠뜨리는 경우에는 조회할 때마다 어떤 학생의 성명이 서로 다르게 나타나는 문제점도 내포하고 있다.

즉, 늘 정확한 데이터를 제공하여야 하는 데이터베이스가 경우에 따라 잘못된 데이터를 제공할 수 있다고 생각한다면 이미 그 데이터베이스의 가치는 엄청나게 떨어지고 말 것이다. 이러한 데이터의 중복으로 인한 기억공간의 과다점유와 데이터의 비일관성 문제점(Inconsistency Problem)을 방지하기 위해서 데이터베이스를 설계할 때 학생가족테이블과 같이 만들지 않고 학생테이블과 가족테이블로 각각 나누어서 데이터를 저장할 수 있도록 테이블을 설계하는 것이 바람직하다.

9.1.6 데이터베이스 시스템과 정보시스템

우리는 지금까지 데이터베이스와 데이터베이스 관리시스템에 대하여 공부하였다. 그러나, '데이터베이스 시스템이란 무엇인가?' 라는 질문을 받았을 때 여전히 잠시동안 머뭇거릴 것이다. 그 답은 여기에 있다. 즉, 어떤 특정한 분야에서 필요한 데이터를 잘 분석하여 데이터베이스 관리시스템에게 의뢰하여 관리할 테이블을 설계하고, 이들 테이블에 데이터를 입력하고, 저장된 데이터를 수정하고, 여러 가지 원하는 형태로 데이터를 출력할 수 있는 응용프로그램을 만들었을 때 우리는 이것을 데이터베이스 시스템이라고 정의한다. 물론, 좀더 의미를 확장해 본다면 데이터베이스 시스템이 구축되는 하드웨어와 운영체제와 같은 시스템 소프트웨어도 포함시킬 수 있다. 어쨌든 데이터베이스 관리시스템을 이용하여 구축된 데이터베이스와 이를 조작할 수 있는 응용프로그램으로 이루어진 데이터베이스 시스템을 이용하여 우리는 우리가 원하는 작업을 실행할 수 있다.

지금 우리는 정보의 홍수 속에서 살고 있다고 해도 과언이 아니다. 인터넷이 탄생한 지 30년이란 세월이 지난 현재 하이퍼텍스트 또는 하이퍼미디어를 통하여 정보의 바다를 항해할 수 있도록 하는 월드와이드웹(World Wide Web) 서비스의 출현으로 우리가 찾고자 하는 데이터가 지구상의 어떤 컴퓨터에 있기는 있는데 어디에 있는지를 잘 찾는 능력이 높이 평가되기에 이르렀던 것이다. 자 그러면 정보란 무엇인가? 이에 대한 답을 하기 전에 우리는 먼저 데이터에 대한 정의를 내릴 필요가 있다. 데이터란 원래 만들어진 그대로의 모습, 즉 거의 가공되지 않는 상태의 자료로 정의할 수 있다. 이러한 데이터가 사람 혹은 컴퓨터의 응용프로그램을 통하여 다양한 각도에서 가공이 될 때 우리는 이를 정보라고 말한다. 일반적으로, 데이터베이스가 데이터를 저장하는 시스템이라면 저장된 데이베이스를 사용자의 요구에 맞게 가공을 할 수 있도록 지원하는 하드웨어적인 환경과 소프트웨어적인 환경이 추가되어 하나의 새로운 시스템의 모습을 갖추었을 때 우리는 이를 정보시스템이라고 부른다.

9.2 데이터베이스 시스템 설계

좋은 집을 지으려면 정교한 설계가 필요하듯이 데이터베이스를 구축함에 있어서도 대상이 되는 응용에서 존재하는 데이터를 정확히 분석하여, 이들 데이터를 관리하기에 적절한 테이블들을 생성해 내는 데이터베이스 설계과정이 매우 중요하다. 잘못 설계된 테이블을 이용하여 데이터베이스를 구축하는 경우 데이터베이스의 정확성을 유지하기가 매우 힘들게 되어 결국은 테이블을 다시 설계하여야 하는 경우가 발생할 수 있는데, 이 때 엄청난 노력과 비용이 든다는 점을 안다면 미리부터 튼튼한 구조를 갖는 데이터베이스를 설계하는 것에 대한 중요함을 알 수 있으리라 생각한다.

좋은 데이터베이스 시스템을 구축하기 위해서 테이블을 작성하는 데이터 모델링 과정뿐만 아니라 이들 테이블에 데이터를 생성하고 생성된 데이터를 수정, 삭제 및 조회하여 가공하는 업무처리 소프트웨어의 개발 또한 매우 중요하다. 좋은 소프트웨어 개발의 출발점 역시 업무규칙과 사용자 요구사항의 세밀한 분석에서 시작된다. 요구분석 과정에서 도출된 요구사항을 논리적인 모델로 표현할 수 있도록 하기 위해서 Yourdon과 DeMarco에 의해서 제안된 구조적 분석기법이 널리 활용되어 왔다. 이 기법에서는 데이터가 여러 단계의 업무처리 절차를 거쳐서 변환되는 과정을 도식화한 자료흐름도(Data Flow Diagram: DFD)를 작성함으로써 데이터의 생성, 수정 및 소멸 과정과 조회되어 활용되는 과정을 한 눈에 볼 수 있게 해 준다. 자료흐름도상에는 데이터를 입력으로 받아서 가공한 후에 다시 출력하는 업무처리 프로세스가 다수 존재하는데 이 업무처리 프로세스가 업무규칙을 정확히 반영하도록 작성되어야 한다. 이 업무처리 프로세스는 차츰 구체화되어 프로그램의 전단계인 의사코드 형태로 만들어지는 설계단계를 거쳐 특정 프로그래밍 환경에서 구현되고 시험과정을 거쳐 사용자에게 제공된다. 다시 말해서 소프트웨어는 요구분석, 설계, 프로그래밍 및 시험 과정을 거쳐 운영되게 된다. 소프트웨어가 설치되어 운영되기 시작된 후에도 오류의 수정이나 성능의 향상을 위해서 지속적으로 수정 및 보완되기 때문에 마치 살아 숨쉬는 것처럼 생명주기를 갖는다고 말한다.

본 교재에서는 데이터베이스 시스템의 구축과정의 두 핵심 부분인 데이터 모델링과 소프트웨어 개발 중에 데이터 모델링에 초점을 맞추고 있기 때문에 후자의 복잡한 과정에 대해서는 더 이상 자세히 다루지 않는다. 대신에 데이터 모델링 과정에서 도출된 테이블을 마이크로소프트 액세스로 생성한 후에 업무규칙의 분석을 통해서 찾은 업무처리 프로세스들을 4장에 제시함으로써 액세스의 질의, 폼 및 보고서 개체들을 적절히 만들어 수행할 수 있도록 하는 능력을 배양함에 초점을 맞추고자 한다.

9.2.1 데이터 모델링

모델은 실세계에 존재하는 사물 또는 사건을 간단하게 표현한 것이다. 예를 들면, 아파트를 짓기 전에 먼저 설계도면이 제작되고 분양을 위하여 모델하우스를 만들어 완공된 아파트의 모습을 미리 짐작해 볼 수 있도록 해준다. 이 아파트 모델하우스의 경우는 실제로 지워질 아파트의 마지막 모습과는 방향과 층 등과 같은 작은 부분만 다른 것이 보통이다. 이는 고객들에게 좀더 쉽게 실제 아파트의 모습을 추측할 수 있게 함으로써 빠른 의사결정을 얻어 내고자 함이 주된 목적이기 때문일 것이다. 하지만 모델을 이렇게 실제 사물과 거의 같은 모양으로 지으려면 비용이 많이 드는 단점이 있기 마련이다. 따라서, 보통의 경우 실제의 사물보다 훨씬 더 단순하게 작성하게 된다.

상암동에 세워진 월드컵 전용구장을 생각해보자. 건축자를 결정하기 전에 내노라 하는 건축 설계사들이 자신이 설계한 구장의 모델을 제출하여 평가를 받았을 것이다. 어느 누구도 상암동에 지워질 구장과 같은 크기로 모델을 만들지는 알았을 것이다. 이와 같이 실세계의 사물이나 사건에 대한 모델을 제작할 때에는 목적에 따라 적당한 수준으로 만드는 것이 보통이다. 즉, 꼭 자세히 나타내지 않아도 되는 부분은 구체적으로 표시하지 않고 추상화해 버리는 것이다. 여기서 우리는 모델링을 실세계에 존재하는 사물이나 사건에 대한 추상화(Abstraction)해 가는 과정으로 정의될 수 있음을 알 수 있다.

데이터 모델링 역시 집을 지을 때와 마찬가지로 대상 응용에 존재하는 데이터 및 업무규칙을 면밀하게 분석하여 추상화해서 마지막 목표물인 테이블을 만드는 과정이다. 여기서 다시 한번 관계형 데이터베이스에 초점을 맞추고 있다는 점을 지적하고자 한다. 데이터 모델링은 크게 업무규칙(Business Rule) 작성, 개념적 설계(Conceptual Design) 및 물리적 설계(Physical Design)의 3단계로 나누어 볼 수 있다. 첫째, 실세계에 존재하는 데이터 및 업무처리방법 등을 분석하여 업무규칙을 만들어 내는 과정이다. 대부분의 경우에 대상업무처리를 위하여 선산화되기 전에도 업무처리방법 등에 관한 문서형태로 규정집이 있기는 하지만, 데이터 모델링의 관점에서 이들을 심도있게 검증하는 일이 필요하다는 것이다.

그 다음으로 개념적 설계 단계에서는 앞 단계에서 만들어진 업무규칙으로부터 개체(사람, 사물, 장소, 사건 등과 같이 관리의 대상이 될 수 있

[그림 9-10] 데이터 모델링

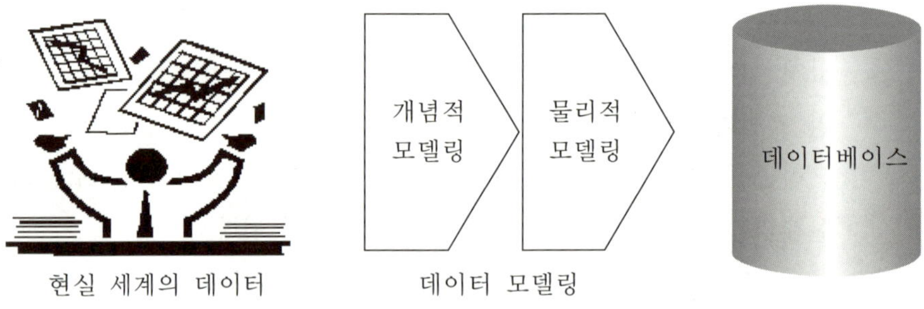

는 실체를 지칭함)들을 추출해 내고 이들 개체들간의 관계를 도출하여 개체-관계도를 작성하는 부분과 개체-관계도로부터 테이블을 도출하는 단계이다. 어떤 책에서는 개체-관계도를 작성하는 부분만을 개념적 설계 단계로 보고 여기에 구현 모델(예: 계층형 모델, 네트워크형 모델, 관계형 모델)을 설계하는 논리적 모델링(Logical modeling)을 합쳐 논리적 설계(Conceptual Design) 단계로 나누기도 하지만 크게 차이가 없음을 지적해 둔다.

이 단계에서 가장 널리 사용되고 있는 모델링 도구로는 1976년 Peter Chen이 제안한 개체-관계 모델(Entity-Relationship Model)이 있다. 개체-관계 모델에서는 복잡한 데이터 모델링 과정을, 개체를 도출하고 이들 간에 관계를 맺어 개체-관계도(Entity Relationship Diagram)란 그림의 형태로 표현하도록 하기 때문에, 누구나 쉽게 이해할 수 있고 건축 설계시 제작되는 청사진처럼 훌륭한 의사소통 도구로 사용되고 있다. 최근에는 이 개체-관계도를 쉽게 그릴 수 있도록 도와주는 소프트웨어가 많이 나와 있는데 ERWin이 그 좋은 예이다.

일단 개체-관계도가 완성되면 개체-관계도를 테이블로 바꾸는 작업이 필요하다. 이 때 개체, 속성, 대응수, 선택적 관계 및 필수적 관계 등과 같은 개체-관계도상에 표시된 정보를 이용하여 기계적으로 테이블로 변환하는 규칙들이 있다. 이렇게 만들어진 각 테이블들이 원하는 수준, 즉 데이터의 중복을 적절하게 허용하는지 혹은 질의 응답속도가 적절히 날 수 있는지 등을 검토한 후에 불만족스러운 부분들을 좀더 쪼개거나 아니면 역으로 합치거나 하는 과정을 반복하여 만족스러운 테이블을 얻는 것이다. 이러한 과정에서 사용될 수 있는 것이 바로 속성들간의 지배관계를 나타내는 함수적 종속성(Functional Dependency)이다.

데이터 모델링의 마지막 단계는 논리적으로 설계된 테이블을 특정 DBMS에 구현하기 위해서 고려하여야 할 사항들을 점검하는 물리적 설계 단계이다. 가장 먼저, 작성된 테이블을 목표로 하는 DBMS에서 제공하는 테이블작성 문장으로 만드는 일과 기본 키, 외래 키, 무결성 제약조건, 데이터가 입력, 수정 및 삭제될 때 기억공간의 효율적인 할당 및 회수를 위한 물리적인 계수 등을 정의하는 것을 말한다.

9.2.2 개체-관계 모델링

데이터 모델링 과정에서 업무규칙을 분석하여 개체들을 추출해 내고 이들 개체들 간에 관계를 간단한 도형을 사용하여 그림으로 표현하는 개체-관계 모델이 널리 활용되고 있다. 이는 현실 세계의 데이터 개체들과 그들의 관계를 컴퓨터가 이해하는 데이터베이스에 표현하기 전에 먼저 사람이 쉽게 이해하기 위한 개념적 모델링 도구이다. 이는 기본적으로 개체집합(Entity type)과 이들간의 관계집합(Relationship type)을 이용해서 현실 세계를 개념적으로 표현한다. 지금부터 개체-관계 모델링을 하기에 앞서 꼭 알아야 할 기본 요소들을 자세히 설명한다. 개체-관계도를 작성할 때 사용하는 표기법에는 여러 가지가 있을 수 있으나 여기서는 Peter Chen이 제안한 표기법을 사용한다.

(1) 개체, 관계 및 속성

개체란 현실 세계에서 데이터 수집이 되는 대상을 의미하며 보통 명사로 표현된다. 개체는 데이터베이스를 구축하고자 하는 업무에 관련된 사람, 사물, 장소, 사건 등이 될 수 있는데 데이터베이스의 주체로 다루어야 할 대상을 말한다. 수강관리 업무를 처리하는 응용을 생각해

보자. 이 업무에서 중요하게 다루어야 할 대상으로는 학생, 교수, 학과, 개설과목 등과 같은 개체일 것이다. 이들 개체들은 자신을 설명하는 여러 가지의 속성들로 정의될 수 있다. 예를 들면, 개체 학생은 학번, 성명, 성별, 입학일자, 전화 등과 같은 속성을 가지고, 개체 교수는 학생 개체와 비슷한 종류의 속성들을 가진다. 즉, 학생 개체에 속하는 하나의 인스턴스(Instance)는 '20031001, 홍길동, 남, 2003/03/01, 987-6543' 과 같이 학생 개체가 가지고 있는 속성의 값이 결정될 때 데이터베이스에서 정의되는 것이다. 속성 중에서 각각의 개체 인스턴스를 유일하게 식별할 수 있는 속성을 키(Key)라고 한다. 이와 같이, 개체와 그 개체를 설명하는 속성이 정의되면 이들이 데이터베이스에서 테이블로 표현되게 된다.

현실 세계의 데이터를 표현하는 데 가장 중요한 개념은 개체와 더불어 관계(Relationship)이다. 관계는 개체들 사이에 존재하는 연관성을 의미하며 보통 능동형 동사로 표현한다. 예를 들어, 학생과 교수라는 개체가 있다고 할 때, '어느 교수가 어느 학생을 지도하는가?' 라는 물음에 위의 두 개의 독립된 개체들만으로는 답을 얻기가 어렵다. 이 때, 두 개체들 사이에 '교수는 학생을 지도한다' 라는 관계를 설명해서 두 개체들에 포함되어 있는 개체 인스턴스들을 대응시켜 놓으면 위의 질문에 대한 답을 얻을 수 있는 것이다. 관계 또한 그 관계를 좀더 자세히 설명하는 속성들을 가질 수 있다.

본 교재에서는 개체는 직사각형, 관계는 마름모로 표시하고, 속성은 개체 혹은 관계 근처에 실선으로 연결된 원으로 표시한다. [그림 9-11]에 개체, 속성 및 관계에 대한 예를 제시한다. 첫번째 개체-관계도의 경우 "교수는 컴퓨터를 소유한다"라고 읽으면 되고, 두 번째 개체-관계도는 "교수는 학생을 지도한다"라고 읽으면 된다. 마지막 개체-관계도의 경우 "학생은 개설과목을 수강한다"라고 읽을 수 있다.

(2) 대 응 수

개체-관계도에서는 개체와 개체 사이에 관계가 성립될 때, 그 관

[그림 9-11] 개체, 속성 및 관계

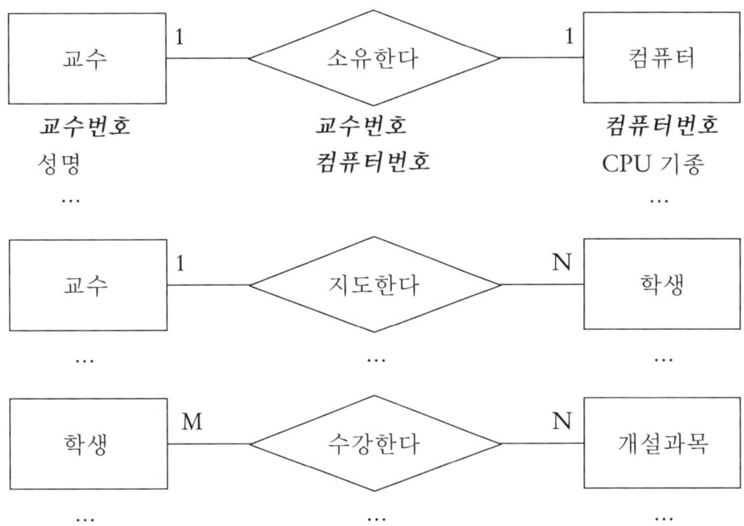

계에 포함되는 개체발생 건수를 나타내는 대응수(Mapping Cardinality)를 표시한다. 즉, 대응수란 두 개의 개체가 관계로 연결되어 있을 때, 한쪽 개체에 소속된 하나의 개체 인스턴스가 대응 관계를 맺을 수 있는 다른 쪽 개체에 소속된 개체 인스턴스의 수를 의미한다. 두 개체 사이에 관계가 성립될 경우에 가질 수 있는 대응수로는 1:1, 1:N 및 M:N이 있을 수 있다. 예를 들어 개체 A, B 사이에 관계가 정의될 때, 1:1 대응의 경우에는 개체 'A'에 속하는 한 개체 인스턴스에 대해서 개체 'B'에 속하는 단 하나의 개체 인스턴스가 대응될 수 있다는 것을 의미한다. 1:N 대응의 경우에는 개체 'A'에 속하는 한 개체 인스턴스에 대해서 개체 'B'에 속하는 하나 이상의 개체 인스턴스가 대응될 수 있지만, 개체 'B'에 속하는 개체 인스턴스는 반드시 하나의 개체 'A' 인스턴스와 대응된다. M:N 대응의 경우에는 개체 'A'에 속하는 한 개체 인스턴스에 대해서 개체 'B'에 속하는 하나 이상의 개체 인스턴스가 대응될 수 있을 뿐만 아니라 그 역도 성립할 경우를 가리킨다. M:N 대응이 발생하면 그 관계는 개체화되어(Entitized) 테이블이 생성되게 되는 데 이 때, 개체와 같이 그 관계는 속성을 가질 수 있다.

[그림 9-11]에서 보여진 교수와 컴퓨터와의 관계인 '소유한다'의 경우에는 양쪽 개체 모두에 1이 씌어져 있다. 따라서, 이 관계는 1:1 대응을 나타내고, '교수는 하나의 컴퓨터를 소유하고, 한 컴퓨터는 한 명의 교수가 독점한다'는 것을 의미한다. [그림 9-11]에서 교수와 학생 사이의 관계인 '지도한다'의 경우에는 1:N 대응을 나타내고 있다. 따라서, '한 교수는 여러 명의 학생을 지도할 수 있고, 한 학생은 반드시 한 명의 지도교수를 맞는다'는 것을 의미한다. [그림 9-11]에서 학생과 개설과목 사이의 관계인 '수강한다'의 경우에는 M:N 대응을 나타내고 있다. 따라서, '한 학생은 여러 과목을 동시에 수강할 수 있고, 한 과목은 여러 명의 학생이 동시에 수강할 수 있다'는 것을 의미한다. 이 때, 관계 '수강한다'는 학생이 과목을 수강할 때 발생하는 새로운 데이터인 '학점'이라는 속성을 가질 수 있다.

두 개체 A와 B에 대해서 대응수를 쉽게 결정하기 위해서 다음과 같은 두 질문에 대하여 답해 보는 것이 필요하다. 개체 A에 속하는 한 행은 개체 B에 속하는 한 개 이상의 행에 대응되는가?와 개체 B에 속하는 한 행은 개체 A에 속하는 한 개 이상의 행에 대응되는가?이다. 만일, 두 질문의 결과 모두 아니오라는 답을 얻으면 개체 A와 B의 관계는 1:1이고, 두 질문의 결과 모두 예란 답을 얻으면 개체 A와 B의 관계는 M:N이고, 그 이외의 경우에는 1:N으로 결정된다. 각자 [그림 9-11]에 있는 각 관계에 대한 대응수를 확인해 보자.

(3) 필수적 관계와 선택적 관계

개체와 개체간에 관계가 정의될 때, 어떤 개체집합에 속하는 모든 개체가 해당 관계에 반드시 참여하여야 하는 경우와 그렇지 않은 경우가 있다. 전자는 필수적 관계이고 후자를 선택적 관계로 정의된다. [그림 9-11]의 "소유한다"는 관계의 경우에는 한 컴퓨터는 반드시 한 명의 교수에 의해서 소유되지만 모든 교수가 반드시 컴퓨터를 소유하지는 않는다는 점에서 전자의 경우에는 필수적 관계가 되지만 후자는 선택적 관계로 구분해 볼 수 있다. 선택적인 관계를 표시하기 위해서 개체 옆에 원을 그리는 것이 보통인데, [그림 9-11]의 "소유하다"란 관계에 대한 선택적 관계를 [그림 9-12]에서 그림으로 표시하였다.

[그림 9-12] 개체, 속성 및 관계

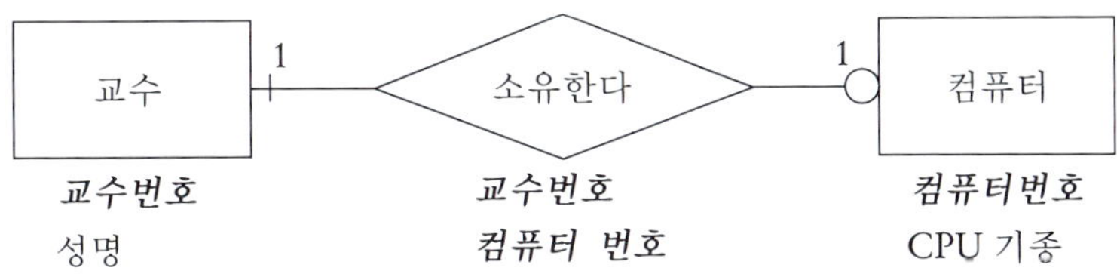

(4) 존재 종속성

어떤 개체의 존재가치가 다른 개체의 존재에 전적으로 의존할 때 그 개체들 간에는 존재 종속성(Existence Dependency)이 존재한다고 말할 수 있다. 이 때, 타 개체의 존재에 자신의 존재가치가 전적으로 의존하는 개체를 종속개체(Subordinate Entity) 또는 약성개체(Weak Entity)라고 지칭하고, 종속개체를 지배하는 개체를 지배개체(Dominant Entity)한다. [그림 9-13]의 학생과 가족간의 관계를 예로 들어 보자. 학교가 어떤 학생의 가족을 데이터로 관리해야 할 경우는 바로 그 학생이 학교에 다니고 있을 때, 즉 학생이 학생 개체에 존재할 때에만 발생한다. 따라서, 가족 개체를 종속개체로 정의할 수 있고, 두 겹의 직사각형으로 개체를 그린다. 이 종속개체의 경우 실제 테이블로 만들어질 때 반드시

[그림 9-13] 지배개체와 종속개체

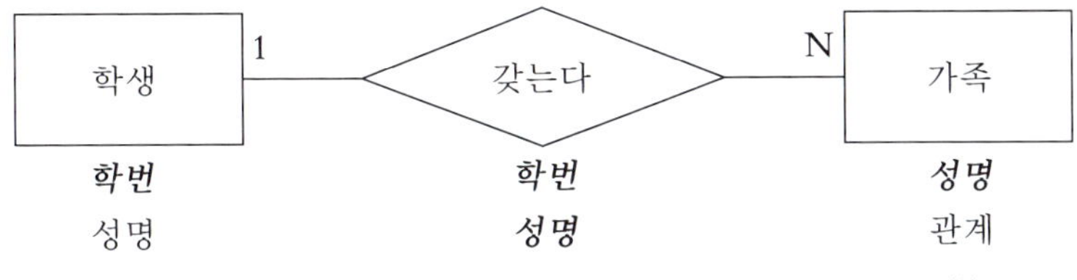

지배개체의 기본 키가 함께 종속개체 자신의 식별자와 합쳐진 복합 기본 키로 구성되어야만 두 테이블간의 조인을 통하여 데이터를 조회할 수 있게 된다.

(5) 일 반 화

어떤 회사에 근무하고 있는 직원들에 대한 인적사항을 관리하는 직원 테이블을 생각해 보자. [그림 9-14]에 보여진 테이블의 뒷부분에 있는 속성들의 경우 직원구분에 따라 사용되지 않는 속성들임을 볼 수 있다.

위의 그림에서 프로그래머는 '관리분야' 속성값이 결정되지 않고 관리자는 '프로그램 능력' 속성값이 결정되지 않는다. 즉, 많은 부분이 널로 채워져야만 한다. 이러한 저장공간의 낭비문제를 해결하기 위해서 앞부분에 공통적으로 사용하는 속성들과 각 직원구분마다 개별적으로 사용하는 속성들을 서로 분리하여 테이블을 만드는 방안을 생각해 볼

[그림 9-14] 직원 테이블 및 일반화

사번	성 명	나이	직원구분	프로그램 능력	관리분야
1	홍길동	25	프로그래머	상	
2	안길동	30	프로그래머	중	인사
3	우길동	56	관리자		재무
4	양길동	46	관리자		
5	박길동	35	프로그래머	상	

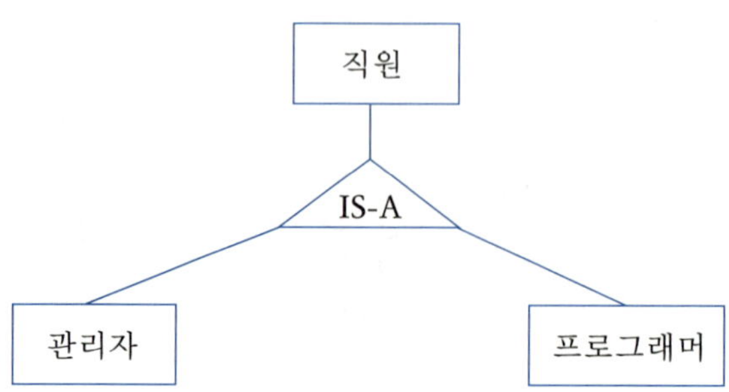

수 있다. 즉, 직원을 관리자 또는 프로그래머로 세분하여 [그림 9-14]와 같이 IS-A관계로 표현할 수가 있다.

이 때, 이 직원의 경우 관리자와 프로그래머가 공통으로 소유하고 있는 속성들을 포함하게 하고 관리자와 프로그래머 개체는 각각 해당자들만이 유일하게 갖는 속성을 갖도록 한다. 여기서 직원 개체를 상위 개체라고 하고 나머지를 하위 개체라고 지칭하며, 이들 상·하위 개체간에는 IS-A 관계가 성립된다고 한다. 다시 말해서, '관리자와 프로그래머는 직원이다' 라는 의미이다. 이제 우리는 일반화가 무엇인지를 정의할 수 있다. 일반화란 둘 이상의 하위 개체를 합하여 더 상위 개체로 추상화하는 과정을 말한다. 이렇게 일반화를 통하여 만들어진 상·하위 개체간의 관계의 경우에는 상위 개체의 모든 속성을 하위 개체가 상속받도록 함으로써 하위 개체가 쉽게 묘사될 수 있다.

9.2.3 예제 응용과 개체-관계 모델링

여기에서는 본 교재에서 사용할 수강관리 응용을 제시하고, 이에 대한 개체-관계도를 작성하고자 한다. 개체-관계도를 작성하기에 앞서 필수적으로 준비해야 할 일로는 수강관리에 대한 업무규칙을 정비하는 일이다. 특별히 양식을 만들 필요는 없고 각 항목을 조목조목 따져서 빠지지 않게 기술하면 된다. 어떤 책에서는 이 업무규칙을 서술식으로 나열하기도 하지만 본 교재에서와 같이 각 항목을 서로 구분하여 쓰는 것이 이해하기에 좋다. 다음에 간단한 수강관리 업무규칙을 제시한다. 물론, 아래에 제시한 수강관리 업무규칙이 현업에 적용되기 위해서는 일부항목이 변경되어야 할 뿐만 아니라 더 추가되어야 한다. 하지만 여기서는 개체-관계도를 작성하고 시제품을 만들어 보는 데 주안점을 두고 있기 때문에 이것으로 충분하다고 본다.

(1) 수강관리 업무규칙

규칙 1 각 학과에는 여러 명의 교수와 학생이 소속되어 있다. 어느 누구도 여러 학과에 소속될 수는 없다.

규칙 1.1 교수는 교수번호, 성명, 생년월일, 성별, 내선번호, 직위, 신장, 사진 등의 속성을 가진다.

규칙 1.2 학생은 학번, 성명, 성별, 입학일자, 전화, 생활수준(상, 중, 하), 주소, 우편번호, 학년, 사진 등의 속성을 갖는다.

규칙 1.3 학과는 학과코드, 학과명, 대표전화, 개설일자의 속성을 갖는다.

규칙 2 매년 봄, 여름, 가을, 겨울학기에 여러 개의 과목이 개설되며 학생들은 매 학기마다 적어도 한 과목 이상은 수강하여야 한다. 같은 과목일지라도 학기별로 서로 다른 과목번호를 부여받아 운영되고 주당시수, 학점 등의 속성이 관리된다.

규칙 2.1 각 과목은 학생들이 사용할 수 있도록 반드시 하나의 주교재를 지정해야 하고, 교재에 대한 정보로는 교재명, 대표저자, 출판사, ISBN 등의 속성이 관리된다.

규칙 3 한 과목은 여러 명의 교수에 의해서 강의가 이루어질 수 있다.

규칙 4 각 학생은 자신과 관련된 문제를 상담할 수 있는 단 한명의 지도교수를 가지며, 모든 교수가 반드시 한 명 이상의 학생들의 지도교수로 배정되는 것은 아니다.

규칙 5 학생들의 상담을 위한 기초자료로 이용하기 위하여 학생의 가족관계를 파악할 수 있도록 하여야 한다. 물론 경우에 따라 가족이 없는 학생도 있을 수 있다.

규칙 5.1 가족에 대하여 성명, 관계, 생년월일, 직업 등의 속성을 관리한다.

규칙 6 보통 교수는 컴퓨터를 이용하여 강의를 준비하고, 학교로부터 한 대의 개인용 컴퓨터를 지급받을 수 있다. 단, 하나의 컴퓨터는 한 교수가 독점하여 사용한다.

규칙 6.1 컴퓨터는 컴퓨터번호를 부여하여 관리하고 CPU 기종, 모니터명을 추가적으로 관리한다.

이상과 같은 업무규칙이 완성되고 나면 다각도로 점검하는 일이 필요하다. 먼저 작성자 스스로 자신이 갖고 있는 해당 응용에 대한 기초적인 지식, 수집한 자료 등을 토대로 혹시 빠진 항목이 없나, 잘못 정의된 부분은 없나 등을 세심히 점검하여야 한다. 그 과정이 끝나면 이 시스템을 사용할 사용자들에게 자신이 만든 업무규칙을 자세히 설명한 다음 다시 한번 함께 잘못된 부분이 있는지를 점검하여 반영한다. 특기할 만한 사항은 각 항목에 업무규칙과 함께 주요 관리 속성들도 제시되어 있다는 점이다. 이렇게 업무규칙이 완성되고 나면 개체-관계도를 작성할 준비가 다 되었다.

(2) 개체-관계도 작성

이제까지 작성된 업무규칙을 이용하여 개체-관계도를 작성하여 보자. 개체-관계도의 작성은 각 업무규칙을 하나씩 가지고 와서 단계적으로 추가해 가는 방법을 택하는 것이 좋다. 물론 앞의 각 단계에서 도출한 관계에 대해서 대응수도 함께 결정하여야 한다.

단계 1 규칙 1로부터 개체 학과, 교수, 학생을 추출하고 이들간의 관계 "근무한다"와 "속한다"를 개체-관계도에 반영한다. 규칙 1.1, 규칙 1.2 및 규칙 1.3으로부터 각 개체의 속성을 도출하여 개체-관계도에 반영한다.

단계 2 규칙 2로부터 개체 개설과목을 추출하고 학생과 개설과목 간의 관계 "수강한다"를 개체-관계도에 반영한다. 규칙 2.1로부터 개체의 속성을 도출하여 개체-관계도에 반영한다.

단계 3 규칙 3으로부터 개체 교수와 개설과목 간의 관계 "강의한다"를 개체-관계도에 반영한다.

단계 4 규칙 4로부터 개체 교수와 학생 간의 관계 "지도한다"를 개체-관계도에 반영한다. 개체 학생 옆에 선택적인 관계임을 표시하기 위해서 원을 그린다.

단계 5 규칙 5로부터 개체 가족을 추출하고 개체 학생과 가족 간의 관계 “갖는다”를 개체-관계도에 반영한다. 개체 가족 옆에 선택적인 관계임을 표시하기 위해서 원을 그리고 약성개체임을 표시하기 위해서 두 겹의 직사각형을 그린다. 규칙 5.1로부터 개체 가족의 속성을 도출하여 개체-관계도에 반영한다.

단계 6 규칙 6으로부터 개체 컴퓨터를 추출하고 개체 교수와 컴퓨터 간의 관계 “소유한다”를 개체-관계도에 반영한다. 개체 컴퓨터 옆에 선택적인 관계임을 표시하기 위해서 원을 그린다. 규칙 6.1로부터 개체 컴퓨터의 속성을 도출하여 개체-관계도에 반영한다.

9.2.4 개체-관계도를 테이블로 변환

개체-관계도가 완성되고 나면 이를 데이터베이스에서 관리될 테이블로 변환하는 일이 필요하다. 기본적으로 개체-관계도에 표현된 모든 개체는 하나의 테이블을 구성한다. 개체의 이름은 테이블의 이름이 되며 개체의 속성은 테이블의 속성이 된다. 이 때에는 앞에서도 기술한 바와 같이 개체-관계도에서 표시된 정보들을 잘 활용하여야 한다. 다음에 개체-관계도를 테이블로 변환하는 규칙을 제시한다.

(1) 개체-관계도를 테이블로 변환하는 변환규칙

규칙 1 대응수가 1:1인 관계의 경우에는 관계에 포함된 두 개체 중에 어느 한쪽에 반드시 다른 개체의 기본 키 속성을 포함시켜서 테이블을 만들어야 하고, 다른 한쪽은 자신의 속성으로만 테이블로 구성하도록 한다. 다른 쪽의 기본 키 속성을 외래 키로 포함시켜야 하는 쪽은 외래 키 속성이 널로 채워질 가능성이 적은 것이 선택되도록 하는 것이 좋다(보통 개체 인스턴스의 수가 적은 개체). 그 이유는 개체-관계도상에서 원이 있는 쪽 개

[그림 9-15] 수강관리 개체-관계도

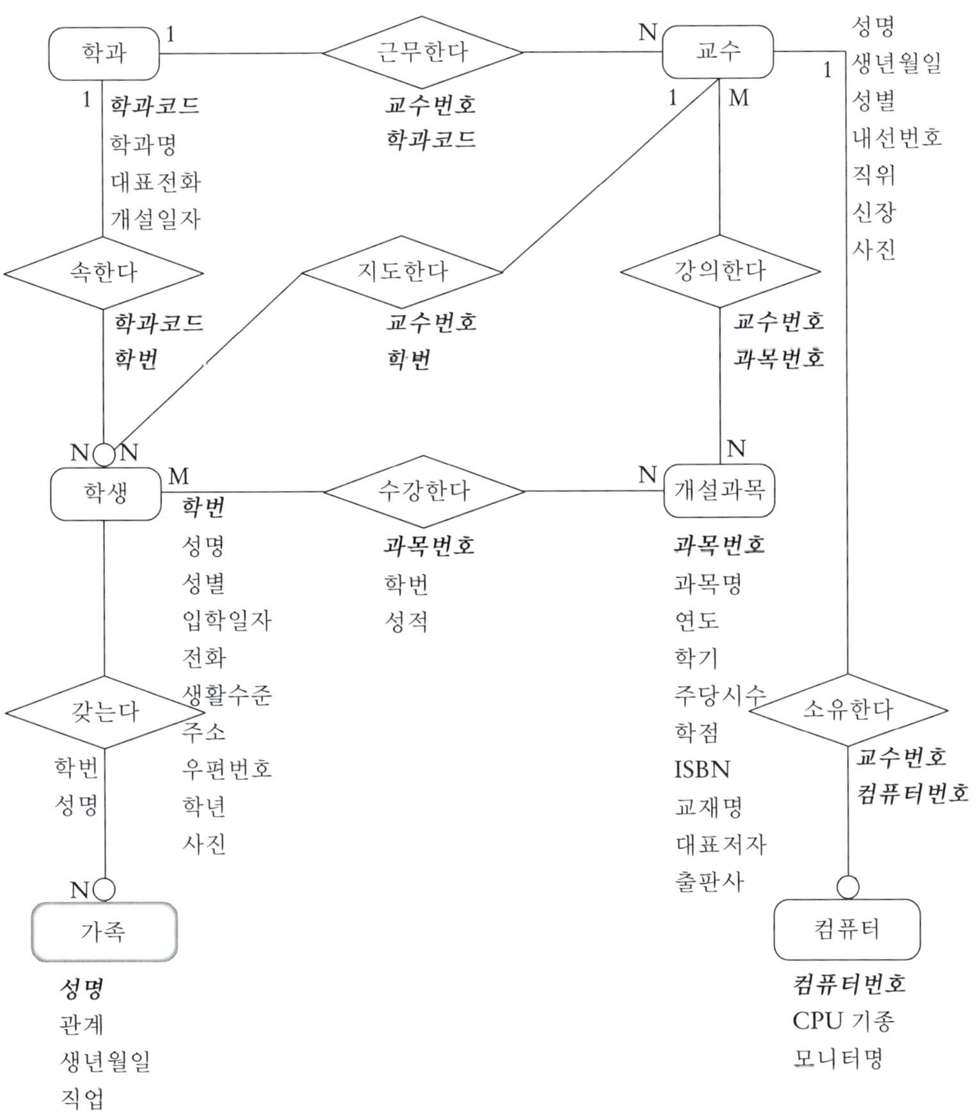

체가 없는 쪽 개체에 비해서 널을 포함할 가능성이 적어 기억 공간의 낭비를 줄일 수 있기 때문이다. 예를 들어, [그림 9-15]의 '교수', '컴퓨터'의 관계에서 학교의 교수 수가 컴퓨터

수보다 적을 경우가 보통이므로 '교수' 개체에 '소유 컴퓨터'라는 속성을 추가하고 '교수' 개체의 각 인스턴스는 해당 교수가 소유한 컴퓨터의 '컴퓨터번호'를 '소유 컴퓨터' 속성의 값으로 입력하면 된다. 그러나 이는 반드시 지켜야만 할 철칙은 아니며 순전히 기억공간을 줄이기 위한 고려임을 주목할 필요가 있다. 만일, 두 개체간에 모두 필수적 관계만 존재하거나 모두 선택적인 관계만 존재하는 경우에는 임의로 선택할 수 있다.

규칙 2 대응수가 1:N인 관계의 경우에는 관계에 포함된 두 개체 중에 대응수 N을 갖는 쪽에 반드시 다른 개체의 기본 키 속성을 포함시켜서 테이블을 만들어야 하고, 대응수 1을 갖는 쪽은 자신의 속성으로만 테이블을 구성하도록 한다. 예를 들어, [그림 9-15]의 '학과', '교수'의 관계에서 '교수' 개체에 '소속학과'라는 속성을 추가하고 각 '교수' 인스턴스는 교수가 소속된 학과의 '학과코드'를 '소속학과' 속성값으로 입력하면 된다.

규칙 3 대응수가 M:N인 관계의 경우에는 관계에 포함된 두 개체에 대하여 각각 자신의 고유 속성으로만 테이블로 만들고, 관계에 대해서는 두 인접개체의 기본 키 속성을 복합 기본 키로 하는 관계테이블을 만든다. 만일, 관계 고유의 속성이 있으면 관계테이블에 이들을 추가한다.

규칙 4 약성개체인 경우 지배개체의 기본 키 속성과 자신의 식별자를 기본 키를 복합 기본 키로 하는 테이블을 만들고, 약성개체 고유한 속성을 테이블에 추가한다.

규칙 5 일반화된 개체는 상위 개체를 하나의 테이블로 만들고 각 하위 개체에 상위 개체의 기본 키를 포함시켜 테이블로 만드는 방법과 하위 개체의 각 속성에 상위 개체의 모든 속성을 포함시켜 서로 다른 테이블로 만드는 방법이 고려될 수 있다. 목표로 하는 응용에 따라 두 방법 중 유리한 것을 골라서 사용할 수 있다.

(2) 개체-관계도를 테이블로 변환

[그림 9-15]의 개체-관계도로부터 각 관계와 인접 개체들을 차례로 테이블로 변환해 보자.

단계 1 규칙 1을 관계 '소유한다'에 적용하면, 교수와 컴퓨터 테이블을 새로 생성할 수 있다. 교수 테이블을 만들 때 개체 컴퓨터의 기본 키인 컴퓨터번호가 외래 키로 수입됨을 관찰할 수 있다. 여기서 컴퓨터 테이블에 교수번호를 외래 키로 추가하지 않고 반대로 만든 것은 교수가 컴퓨터를 소유하지 않을 수도 있지만 현실적으로 그러한 경우는 거의 발생하지 않을 것이기 때문에 기억공간의 추가적인 낭비는 없을 것이기 때문이다.

단계 2 규칙 2를 관계 '근무한다'에 적용하면, 학과 테이블은 새로 생성되고 이전에 생성된 교수의 테이블은 개체 '학과'의 기본 키인 학과코드가 외래 키로 수입되도록 수정된다.

단계 3 규칙 2를 관계 '속한다'에 적용하면, 학과 테이블은 변화없고, 학생 테이블이 새로 생성된다. 학생 테이블을 만들 때 개체 학과의 기본 키인 학과코드가 외래 키로 수입됨을 관찰할 수 있다.

단계 4 규칙 3을 관계 '강의한다'에 적용하면, 개설과목 테이블과 교수 테이블은 변화없고, 관계 '강의한다'에 대해 강의 테이블이 새로 생성된다. 강의 테이블을 만들 때 개체 개설과목과 교수의 기본 키인 과목코드, 교수번호가 외래 키로 수입되면서 해당 테이블의 복합 기본 키가 됨을 관찰할 수 있다.

단계 5 규칙 3을 관계 '수강한다'에 적용하면, 개설과목 테이블과 학생 테이블은 변화없고, 관계 '수강한다'에 대해 수강 테이블이 새로 생성된다. 수강 테이블을 만들 때 개체 개설과목과 학생의 기본 키인 과목코드, 학번이 외래 키로 수입되면서 해당 테이블의 복합 기본 키가 됨을 관찰할 수 있다. 또한 관계 '수강한다'에 부여된 성적이란 속성도 수강 테이블에 추가된다.

단계 6 규칙 2를 관계 '지도한다'에 적용하면, 교수 테이블은 변화없고, 학생 테이블에 개체 교수의 기본 키인 교수번호가 외래 키로 수입된다.

단계 7 규칙 2와 규칙 4를 관계 '갖는다'에 적용하면, 학생 테이블은 변화없고, 가족 테이블이 새로 생성된다. 가족 테이블을 만들

[그림 9-16] 개체-관계도로부터 도출된 테이블

학과
학과코드
학과명
대표전화
개설일자

교수
교수번호
성명
생년월일
성별
내선번호
소속학과
직위
신장
소유컴퓨터
사진

컴퓨터
컴퓨터 번호
CPU 기종
모니터명

개설과목
과목번호
과목명
연도
학기
주당시수
학점
ISBN
교재명
대표저자
출판사

가족
학번
성명
관계
생년월일
직업

수강
과목번호
학번
성적

학생
학번
성명
입학일자
전화
생활수준
교수번호
주소
우편번호
학과코드
학년
사진

강의
교수번호
과목번호

때 개체 학생의 기본 키인 학번이 외래 키로 수입되면서 해당 테이블의 복합 기본 키가 됨을 관찰할 수 있다.

[그림 9-16]에서 이탤릭체로 표시된 부분은 원래의 개체, 속성, 정의에서는 없었으나 관계를 표현하면서 새로 추가된 속성, 즉 외래키를 나타내고 있다. 이상에서 만들어진 테이블을 잘 관찰해 보면, 개설과목 테이블만 제외하고는 모두 다음절에서 설명할 3차 정규형에 적법하다. 다시 말해서, 대부분의 테이블은 그냥 사용하여도 적정한 수준의 중복만 허용한다는 뜻이다. 그러나 개설과목 테이블의 경우에는 주교재에 대한 정보가 있는데 이 주교재가 여러 학기에 서로 다른 과목에서 사용된다고 하면 주교재에 대한 교재명, 대표저자, 출판사 등의 데이터가 해당 개설과목이 발생할 때마다 계속 반복적으로 저장될 수 있다는 점을 쉽게 알 수 있다. 만일, 업무규칙에서 특별히 한 교재는 한 학기 동안 한 과목에서만 사용된다는 가정이 있었더라면 사실 그냥 두어도 무방할 것이다. 그러나 현재의 업무규칙에는 이러한 내용이 없기 때문에 최적화하는 작업을 더 진행하여야 함을 짐작할 수 있다.

9.2.5 정규화

개체-관계 모델링을 통하여 테이블을 작성한 경우에도 여전히 바람직하지 못한 데이터의 중복이 있을 수 있음을 보았다. 이러한 의도치 않은 데이터의 중복을 찾아 없애는 방법으로 정규화 이론이 널리 활용되고 있다. 정규화란 잘못 설계된 테이블에서 발생할 수 있는 데이터 중복이나 데이터 갱신에 따른 비정규성(Anomaly)들을 제거하여 보다 효율적인 테이블을 생성하는 작업이다. 본 절에서는 정규화 이론을 써서 우리가 목표로 하는 테이블을 만들어 가는 과정을 살펴본다.

(1) 함수적 종속성

테이블은 여러 개의 속성들로 구성이 된다. 이 속성들 중에 다른 모든 행을 구분할 수 있는 하나 혹은 그 이상의 속성들을 기본 키 혹은 복합 기본 키라고 함을 알고 있다. 다시 말해서, 기본 키 혹은 복합 기본 키에 속하는 속성들만 결정되면 여타의 속성들의 값들이 특정한 값으로 결정될 수 있다는 것을 의미한다. 이와 같이 어떤 속성이 다른 속성의 값을 정확히 결정할 수 있을 때, 결정되어지는 속성들은 결정을 짓는 속성에 대해 함수적 종속성(Functional Dependency)을 갖는다고 한다. 예를 들어, [그림 9-15]의 '학과' 개체에서 '학과코드'의 값이 결정되면 '학과명', '대표전화', '개설일자'의 값들이 결정되어진다. 테이블을 만들 때 한 테이블 안에 존재하는 속성들은 모두 기본 키 혹은 복합 기본 키의 속성에 의해서 직접적으로 함수적 종속관계가 성립되도록 함이 바람직하다. 이런 측면에서 볼 때, 앞의 개설과목 테이블은 잘 살펴보면 기본 키인 과목번호라는 속성 이외의 속성, 즉 ISBN이란 속성이 교재명, 대표저자, 출판사 등을 결정할 수 있다는 점을 알 수 있다. 따라서 이와 같은 부분들을 별도의 테이블로 분리하는 일이 필요함을 짐작할 수 있다.

(2) 정 규 형

테이블에 있을 수 있는 데이터 중복의 정도를 정의하는 기준으로 정규화 이론에서 오랫동안 연구되어온 정규형(Normal Form: NF)이 있다. 우리가 실제로 데이터베이스를 설계할 때 보통 3차 정규형(3NF) 정도를 목표로 하는 경우가 많다. 그 이유는 3차 정규형으로 설계된 테이블의 경우 데이터의 중복이 거의 허용되지 않아서 기억공간의 낭비를 막을 수 있기 때문이다. 따라서 본 절에서는 1차 정규형에서부터 3차 정규형까지의 제약조건을 제시하고 각 정규형을 만족시키는 방법에 대해 설명하고자 한다.

1차 정규형(1NF)

조건 1 각 속성은 원자값(Atomic value)을 가진다.

조건 2 기본 키가 아닌 모든 속성들은 기본 키에 함수적으로 종속된다.

데이터베이스의 테이블의 모든 속성값은(즉, 테이블의 열과 행이 교차되는 곳) 반드시 더 이상 쪼개지지 않는 단 한 개의 값(원자값)을 가져야 한다. 예를 들어, '학과' 개체가 다음과 같이 구성되어 있다고 가정해 보자.

학과코드	학과명	대표전화	교수번호	교수명	직위	내선번호
1	경영학과	1001	100 101 102	홍길동 강길동 이길동	정교수 부교수 부교수	1002 1003 1004
2	전산학과	2001	200 201	김전산 이길동	정교수 부교수	2002 2003

위의 테이블에서 하나의 학과코드에 대해 '교수번호', '교수명', '직위', '내선번호' 등의 속성은 여러 개의 값을 가지게 반복 그룹(Repeating group)을 가지게 된다. 이러한 경우, 반복 그룹을 가지게 되는 속성에 몇 개의 값이 존재할지 알 수 없기 때문에(즉, 위의 예에서 한 학과에 소속된 교수의 수가 몇 명이 될지 알 수 없기 때문에)DBMS는 반복 그룹을 가지는 해당 속성(즉, 필드)의 저장공간을 만약을 위해 최대로 확보해 놓는다. 예를 들어, 한 과의 교수가 최대 50명까지 있을 수 있다면 '교수번호', '교수명', '직위', '내선번호' 가 50개의 값을 가질 수 있도록 저장공간을 확보하게 되는 것이다. 이러한 경우, 위와 같이 각 과에 2~3명의 교수만 소속되어 있다면 저장공간의 낭비가 초래될 뿐만 아니라 '학과코드' 만 가지고 한 명의 교수에 대한 정보(교수번호, 교수명, 직위, 내선번호)를 유일하게 식별해 낼 수 없다.

따라서 위의 테이블을 1차 정규형으로 바꾸면 다음 [테이블 1]과 같다. [테이블 1]에서 '학과코드' 만을 가지고는 '교수번호', '교수명', '직위', '내선번호' 등을 식별할 수 없기 때문에 '학과코드' 와 '교수ID' 를 함께 모아서 복합 기본 키를 생성했음을 알 수 있다.

[테이블 1] 1차 정규형 예제

학과코드	교수번호	학과명	대표전화	교수명	직위	내선번호
1	100	경영학과	1001	홍길동	정교수	1002
1	101	경영학과	1001	강길동	부교수	1003
1	102	경영학과	1001	이길동	부교수	1004
2	200	전산학과	2001	김전산	정교수	2002
2	201	전산학과	2001	이길동	부교수	2003

2차 정규형(2NF)

조건 1 1차 정규형의 조건을 만족한다.

조건 2 어떤 속성도 복합 기본 키의 일부 속성에 함수적으로 종속되는 부분종속성(Partial Dependency)을 갖지 않는다.

[테이블 1]은 '학과코드'와 '교수번호'를 복합 기본 키로 하고 1차 정규형을 만족하는 테이블이나 여전히 데이터 갱신에 따른 비정규성이 발생함을 알 수 있다. 예를 들어, 경영학과의 '대표전화' 속성값이 '1001' → '3001'로 변경되면 경영학과에 소속된 모든 교수의 수만큼(예제에서는 3번) 해당 속성값을 변경해 주어야 한다. 또한 새로운 학과인 '경영정보학과'를 신설하고 관련 교수를 채용하고자 할 때, 아직 소속된 교수가 없기 때문에 '경영정보학과'에 관한 데이터를 위의 테이블에 입력할 수 없다. 왜냐하면 [테이블 1]의 복합 기본 키 중 '교수번호'가 널값이 될 수 없기 때문이다.

이와 같은 문제점은 [테이블 1]에서 키에 속하지 않은 속성들이 기본 키에 완전 종속되지 못하고 부분 종속되었기 때문이다. 2차 정규형은 이러한 문제를 해결하기 위해 1차 정규형 테이블에서 존재하는 부분종속을 제거하여 이를 두 개 이상의 테이블로 분해하는 것이다.

즉, [테이블 1]에서 '학과명'과 '대표전화'는 복합 기본 키 중에서 '학과코드'에만 부분 종속되어 있으며 '교수명', '직위', '내선번호'는 '교수번호'에만 부분 종속되어 있다. 이러한 경우, 해당 관련 속성만으

[테이블 2] 2차 정규형 예제

학 과

학과코드	학과명	대표전화
1	경영학과	1001
2	전산학과	2001

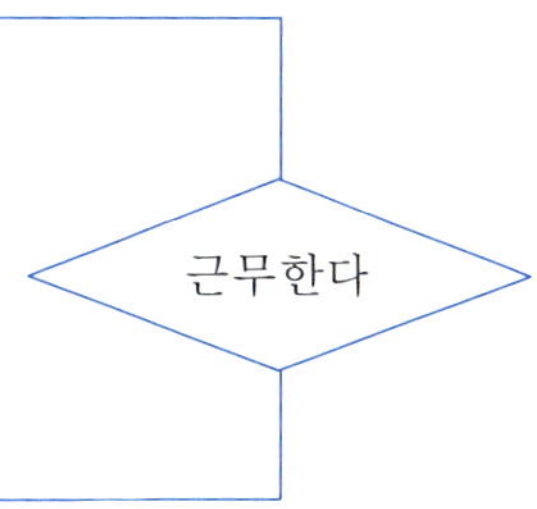

교 수

교수번호	교수명	직위	내선전화
100	홍길동	성교수	1002
101	강길동	부교수	1003
102	이길동	부교수	1004
200	김전산	정교수	2002
201	이길동	부교수	2003

로 구성된 테이블을 각각 생성하고 이 테이블들간에 관계를 정의하면 2차 정규형을 만족할 수 있게 된다.

3차 정규형(3NF)

조건 1 2차 정규형의 조건을 만족한다.

조건 2 어떤 속성도 기본 키 또는 복합 기본 키가 아닌 속성에 함수적으로 종속되는 전이종속성(Transitive Dependency)이 존재하지 않는다.

만약 '교수'의 시간당 비용이 직위에 따라 결정되고 '교수' 테이블에 '시간당 비용'이라는 속성을 추가하여 [테이블 3]과 같이 정의되어 있다고 가정하자. [테이블 3]은 1차, 2차 정규형을 만족하고 있지만 여전히 함수적 종속관계에 문제점이 발생하고 있다.

[테이블 3] 3차 정규형 위반 예제

교수번호	교수명	직위	내선번호	시간당 비용
100	홍길동	정교수	1002	100, 000
101	강길동	부교수	1003	80, 000
102	이길동	부교수	1004	80, 000
200	김전산	정교수	2002	100, 000
201	이길동	부교수	2003	80, 000

[테이블 3]에서 '교수번호'가 결정되면 나머지 속성들의 값이 식별될 수 있고 이들은 교수 테이블의 기본 키인 '교수번호'에 함수적으로 완전 종속되어 있다. 그러나 [테이블 3]을 자세히 살펴보면 '교수번호'가 '직위'를 결정하고 '직위'는 다시 '시간당 비용'을 결정함을 알 수 있다. 이와 같이 기본 키 X가 기본 키에 속하지 않은 속성 Y를 결정하고 다시 Y가 기본 키에 속하지 않는 속성 Z를 결정할 때 Z는 기본 키 X에 '전이종속'(Transitive dependency)되어 있다고 한다. 이러한 전이종속성 역시 데이터 갱신에 있어 비정규화를 초래한다. 예를 들어, 부교수의 시간당 비용이 80,000원에서 90,000원으로 인상될 경우 앞에서와 마찬가지로 모든 부교수의 수만큼 데이터를 수정해 주어야 한다. 따라서 이 경우에도 테이블을 분해해야 하는데 다음 절에서 그 방법을 자세히 설명하도록 한다.

(3) 함수적 종속도와 정규화

개체-관계도가 개체와 개체 간의 관계를 그림으로 표현하여 데이터 모델링 과정을 일목요연하게 보여 주었듯이, 각 속성들간의 함수적 종속성을 일목요연하게 파악하기 위해서 각 속성들간의 종속관계를 그림으로 표시하는 함수적 종속도가 널리 사용되고 있다. 이 함수적 종속도에는 기본 키 또는 복합 기본 키와 여타 속성들간의 함수적 종속성은

[그림 9-17] 함수적 종속도

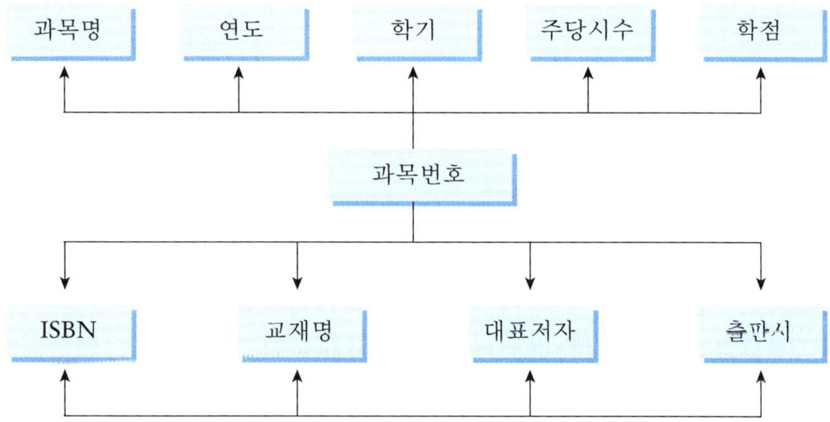

물론, 부분종속성 및 전이종속성도 한 눈에 파악할 수 있어 우리가 원하는 수준의 정규형 테이블을 찾는 데 큰 도움을 줄 수 있다. [그림 9-17]은 개설과목 테이블에 대한 함수적 종속도를 나타낸다.

2.4절에서 개체-관계도로부터 도출된 각 테이블의 경우에 대해서 3차 정규형의 제약조건을 모두 만족함을 쉽게 알 수 있다. 그러나 속성 ISBN과 교재명, 대표저자 및 출판사 간에 또 다른 함수적 종속성이 존재하고 있기 때문에 과목번호로부터 따져보면 전이종속성이 존재함을 알 수 있다. 따라서 이러한 전이종속성을 제거해 주어야만 우리가 목표로 하는 3차 정규형 테이블을 도출할 수 있게 된다. 전이종속성을 제거하는 규칙은 다음과 같다.

전이종속성 제거 규칙

규칙 1 현재 고려중인 테이블에서 전이종속성을 갖는 속성들을 별도의 테이블로 구성하고, 원래의 테이블과의 관계를 맺을 수 있도록 하기 위해서 만들어진 테이블의 기본 키 혹은 복합 기본 키에 속하는 속성들을 원래 테이블에 외래 키로 첨가한다.

이 규칙을 그림 [그림 9-17]에 적용하면 개설과목 테이블의 교재에 관한 속성들이 별도의 교재 테이블로 분리되어질 수 있다. 물론 교재 테이블의 기본 키에 해당되는 속성, ISBN은 개설과목 테이블에도 중복으로 포함되도록 함으로써 이 두 테이블간의 관계를 맺을 수 있도록 해주어야 한다. 이러한 과정을 통하여 우리가 목표로 한 3차 정규형에 적법한 테이블들을 도출할 수 있으며 [그림 9-18]에서 이를 확인할 수 있을 것이다.

본 교재에서 채택한 수강관리 데이터베이스의 개체-관계도로부터 도출된 테이블의 경우 속성들간에 부분종속성을 갖는 테이블은 없다. 그러나 현업에서 데이터베이스를 설계하다 보면 종종 이러한 부분종속성을 갖는 테이블을 볼 수 있는데, 이 때에는 다음과 같은 부분종속성 제거 규칙을 적용하면 된다. 연습문제 15의 테이블에 대한 함수적 종속도를 그려보면 부분종속성을 발견할 수 있을 것이다.

부분종속성 제거 규칙

규칙 1 복합 기본 키를 구성하고 있는 속성들에 부분적으로 종속되는 속성들을 각각 테이블로 만든다.

규칙 2 남은 속성들을 복합 기본 키와 함께 테이블로 만든다.

9.2.6 물리적 설계

앞에서 설계된 수강관리 데이터베이스를 마이크로소프트의 액세스에서 구현하기 위하여 해야 할 일들을 고려해 보자. 가장 먼저 할 일로는 테이블을 정의하는 일과 색인을 결정하는 일이라고 할 수 있다. 데이터 모델링 과정을 거쳐서 도출된 각 단위 테이블들을 액세스에 정의하기 위해서 해당 테이블들의 각 속성이 액세스의 어떤 데이터 형식으로 표현될 수 있는지를 점검하여야 한다. 만일 도출된 테이블의 어떤 속성이 액세스에서 제공되는 데이터 형식으로 직접 표현되지 않는 경우에는 해당 속성을 포기할 것인지 아니면 다른 방법으로 관리할 수 있는

[그림 9-18] 물리적 테이블 설계서

테이블명	필드명	데이터형식	길이	비 고
학과	***학과코드***	문자열	4	학부 2자리 수, 과 2자리 수
	학과명	문자열	30	
	대표전화	문자열	4	내선번호
	개설일자	날짜/시간	8	날짜(L)
컴퓨터	***컴퓨터번호***	문자열	5	
	CPU 기종	문자열	20	
	모니터명	문자열	30	
교수	***교수번호***	일련번호	4	
	성명	문자열	10	
	생년월일	날짜/시간	8	날짜(L)
	성별	예/아니오	1	-1: 예, 0: 아니오
	내선번호	문자열	4	
	학과코드	문자열	4	
	직위	문자열	1	1: 정교수, 2: 부교수, 3: 조교수, 4: 전임강사
	신장	숫자	2	
	컴퓨터번호	문자열	5	
	사진	OLE 개체		
교재	***ISBN***	문자열	17	
	교재명	문자열	30	
	대표저자	문자열	10	
	출판사	문자열	30	
개설과목	***과목번호***	일련번호	4	
	연도	문자열	4	
	학기	문자열	4	
	과목명	문자열	30	
	주당시수	숫자	2	
	학점	숫자	2	
	ISBN	문자열	17	

테이블명	필드명	데이터형식	길이	비고
학생	***학번***	문자열	7	
	성명	문자열	10	
	성별	예/아니오	1	
	입학일자	날짜/시간	8	날짜(L)
	전화	문자열	15	
	생활수준	문자열	2	상, 중, 하
	교수번호	숫자	4	
	주소	문자열	60	
	우편번호	문자열	6	
	학과코드	문자열	4	
	학년	문자열	1	
	사진	OLE 개체		
가족	***학번***	문자열	7	
	성명	문자열	10	
	관계	문자열	10	증조부, 증조모, 조부, 조모, 부, 모, 자, 처, 형, 제, 매
	생년월일	날짜/시간	8	날짜(L)
	직업	문자열	20	
수강	***과목번호***	숫자	4	
	학번	문자열	7	
	성적	문자열	1	
강의	***교수번호***	숫자	4	
	과목번호	숫자	4	

지를 다시 검토해 보아야 한다. 각 속성의 데이터 형식이 결정되고 나면 해당 속성에 저장될 데이터의 최대길이도 결정하여야 한다. 이렇게 각 테이블을 정의할 준비가 되고 나면 해당 테이블을 만드는 질의를 작성하는 것이 보통인데 액세스의 경우에는 테이블을 작성하는 도구를 제공하기 때문에 테이블 생성질의를 작성할 필요가 없다. 또한 DBMS에

따라서 각 테이블을 정의하기 전에 해당 테이블에 데이터가 생성되거나 삭제될 때 디스크의 공간을 최적으로 운용할 수 있도록 하는 복잡한 물리계수를 정의하는 일이 필요한 것도 있지만 액세스의 경우에는 이러한 계수를 별도로 조절할 수 없다.

테이블을 정의할 준비가 끝나고 나면 각 테이블에 대하여 색인을 작성하는 일이 필요하다. 데이터가 그다지 많지 않은 테이블의 경우에는 데이터의 조회속도에 큰 영향을 미치지 않겠지만 데이터의 양이 많은 경우에는 색인의 역할이 아주 중요하게 된다. 어떤 교재에서 특정한 용어의 의미를 알고자 하는 경우에 교재의 맨 뒷부분에 있는 색인의 효용성을 생각해 보라. 그러나 이 색인을 만들 경우는 해당 테이블에 데이터가 생성되거나 삭제될 때마다 색인 테이블의 갱신도 함께 이루어져야 하기 때문에 주의를 기울이지 않으면 오히려 데이터베이스 시스템의 성능을 저하시킬 수 있다는 점 또한 주목해야 한다. 색인을 만들면 좋은 경우를 예로 들어 본다면, 학생 테이블의 경우에 학번을 이용하여 조회하는 경우가 많지만 성명을 이용하여 대상 학생들을 조회하는 경우도 많이 있을 수 있다. 이 때, 성명순으로 만들어 둔 색인이 있다면 조회시간을 크게 단축시킬 수 있으리라 생각된다. 한번 정의되고 나면 변경이 대단히 어려운 테이블과는 달리, 색인의 경우에는 필요에 따라 정의하였다가 불필요하면 삭제하여도 데이터베이스 응용에 거의 영향을 미치지 않는다는 점에서 단계적으로 개선할 수 있는 여지가 충분하다고 하겠다.

[그림 9-18]은 수강관리 업무를 위해서 우리가 만든 각 테이블에 대해 액세스가 제공하는 데이터형식을 고려하여 작성한 물리적 테이블 설계서이다. 각 테이블의 기본 키는 진한 이태릭체로 표시되어 있다.

9.2.7 데이터베이스 언어: SQL

SQL(Structured Query Language)은 관계형 데이터베이스의 표준언어이다. SQL은 약 30여 개의 명령어로 구성되어 있으며 관계형 데이터베이스에 저장된 데이터에 관한 모든 처리 작업을 지원할 수 있다. 현재 거의 모든 관계형 DBMS는 SQL을 지원하고 있으며, 많은 DBMS 업체들이 기본적인 SQL 명령어들을 계속해서 확장시키고 있다. SQL은 C나 JAVA와는 달리 프로그램을 작성할 때 데이터 연산에 필요한 처리과정을 일일이 명시할 필요없이 데이터로부터 얻고자 하는 연산 결과만 명시하도록 되어 있는 비절차적(Nonprocedural) 언어이다. 따라서 사용자는 세부 데이터 연산이 어떻게 행해지는지 알 필요가 없이 어떤 결과를 얻어야 하는지만 명시하면 되므로 초보자들도 배우기 쉽다.

SQL이 적용되는 기본 대상은 테이블인데 테이블을 처리하는 목적에 따라 다음과 같이 구분할 수 있다.

(1) 데이터 정의 언어(Data Definition Language: DDL)

데이터베이스의 구조와 테이블의 구조를 생성하거나 수정, 제어하기 위해 사용되는 명령어로서 대표적으로 다음과 같은 형태와 의미를 가진 명령어를 포함하고 있다. 아래 명령어에서 알파벳 대문자로 쓰여진 부분은 SQL의 명령어, { }은 사용자가 임의로 입력할 수 있는 부분을 의미한다.

- CREATE DATABASE {데이터베이스 이름};

  데이터베이스 구조를 생성한다.

  예: CREATE DATABASE 학사관리DB;

- CREATE TABLE {테이블 이름} ({속성 데이터타입});

  데이터베이스 구조를 생성한 후에 데이터베이스에서 저장할 테이블 구조를 생성한다. 이 때 테이블에 포함될 속성들의 이름과 각 속성이 가질 수 있는 데이터 타입을 정의할 수 있다. 아래의 예는 '학과'라는 테이블을 생성하고 '학과' 테이블은 학과코드(정수), 학과명(문자열 30자 이하), 대표전화(문자열 4자 이하)를 속성으로 가진다. 이 때 '학과코드'는 기본 키이기 때문에 널값을 허용하지 않는다는 사실을 Option으로 지정해줄 수 있다.

  예: CREATE TABLE 학과 (학과코드 INTEGER NOT

NULL, 학과명 CHAR(30), 대표전화 CHAR(4));

- ALTER TABLE {테이블 이름} ADD {속성 데이터 타입};

  이미 생성되어 있는 테이블에 새로운 속성을 추가할 때 사용한다. ADD 대신에 MODIFY 명령어를 사용하면 해당 속성의 데이터 타입을 수정할 수 있다. 아래의 예는 앞서 생성한 '학과' 테이블에 DATE 타입을 가지는 속성 '개설일자'를 추가하고 '학과코드'의 데이터 타입을 문자열로(최대 4자) 수정한 것이다.

  예: ALTER TABLE 학과 ADD 개설일자 DATE;
  ALTER TABLE 학과 MODIFY 학과코드 CHAR(4);

- DROP TABLE {테이블 이름};

  해당 테이블을 데이터베이스에서 삭제한다. 이 때 물론 해당 테이블의 속성과 레코드 들도 모두 삭제된다.

(2) 데이터 조작 언어(Data Manipulation Language: DML)

데이터베이스 내의 데이터를 검색, 수정, 추가, 삭제하는 데 사용하는 명령어로서 대표적으로 다음과 같은 형태와 의미를 가진 명령어를 포함하고 있다.

- INSERT INTO {테이블 이름} VALUES {속성값 목록};

  해당 테이블에 하나의 레코드를 삽입한다.

  예: INSERT INTO 학과 VALUES ('1', '경영학과', '1001', 1990/01/01);

- UPDATE {테이블 이름} SET {속성 이름 = 값 혹은 산술식} [WHERE {조건식}];

  해당 테이블의 지정된 속성값을 갱신한다. 이 때, 조건식이 주어지면 조건식을 만족하는 모든 레코드들이 SET절에 정의된 대로 변경된다. 또한 SET절에 속성의 값 대신에 산술식을 입력하면 산술식의 계산결과가 속성값으로 입력된다. 아래의 예는 '학과' 테이블에서 '학과코드'가 1인 학과의 '대표전화'를 3001로 변경하라는 명령어이다.

예: UPDATE 학과 SET 대표전화=3001 WHERE 학과코드=1;

- DELETE FROM {테이블 이름} WHERE {조건식};

해당 테이블에서 조건식을 만족하는 레코드들을 삭제하는 명령이다. 아래의 예는 '학과' 테이블에서 '학과코드'가 4 이상인 레코드를 삭제하라는 의미이다.

예: DELETE FROM 학과 WHERE 학과코드 〉= 4

- SELECT {속성 이름} FROM {테이블 이름} [WHERE {조건식}];

SQL명령어 중에 가장 자주 사용되는 명령어로 해당 테이블에서 원하는 속성들의 값을 조회한다. 아래의 예는 '학과' 테이블에서 '학과명' 속성의 값들을 출력하는 명령어이다. 이 때 속성 이름에 특정 속성의 이름 대신 '*'를 입력하면 테이블의 모든 속성의 값들이 출력된다. 또한 WHERE 절이 포함되면 조건식에 맞는 속성만을 검색하여 보여준다.

예: SELECT 학과명 FROM 학과;
(학과 테이블에서 모든 학과명을 출력)

예: SELECT 학번, 성명 FROM 학생 WHERE 성별= '남';
(학생 테이블에서 성별이 남자인 학생의 학번과 성명을 출력)

예: SELECT 학생·학번, 학생·성명, 학과·대표전화 FROM 학생, 학과 WHERE 학과·학과코드=학생·학과코드 AND 학과·학과명= '경영학과' ORDER BY 학생·학번;
(경영학과에 소속된 학생들의 학번, 성명, 학과의 대표전화를 학번순으로 오름차순 정렬하여 출력한다 → 먼저 학생 테이블에서 경영학과라는 조회 조건을 검색할 수 없으므로 학과 테이블에서 경영학과를 검색한다. 경영학과의 학과코드를 확인한 후 경영학과의 학과코드와 일치하는 학과코드를 가진 학생의 학번, 성명을 학생 테이블에서 검색한다.)

이외에 SQL에는 다양한 명령어, 함수(예: SUM, AVG, MAX, MIN

등), 논리연사자(예: AND, OR, NOT 등)가 포함되어 있어 다양한 형태와 조건으로 데이터베이스 구조를 생성, 수정할 수 있다.

■ 요 약

본 장에서는 기업의 정보시스템 설계와 구현에 있어서 가장 핵심적인 구성요소인 데이터베이스에 대하여 학습하였다.

데이터를 중앙집중적인 방식으로 관리하고 데이터의 무결성을 유지하며, 여러 응용프로그램들이 이를 공유할 수 있도록 구성되어 있는 데이터의 집합인 데이터베이스는, 데이터베이스 관리시스템을 통해 데이터베이스의 생성 및 관리를 수행하고 개별적인 응용프로그램들이 데이터에 접근하는 것을 가능케 한다. 이는 데이터 중복성 제거, 데이터와 응용프로그램간의 독립성 유지, 데이터 접근의 용이성, 수정, 변경의 용이성, 데이터의 보안강화의 장점을 갖고 있다.

데이터베이스 설계시 데이터 중복성 최소화, 변화하는 사용자 요구사항에 쉽게 대응할 수 있는 안정된 데이터 구조, 일시적이고 특별한(Ad hoc) 데이터 요구에 대처, 데이터 항목들 간의 복잡한 관계를 관리, 다양한 의사결정을 지원, 데이터베이스 및 관련 정보기술 들의 물리적(Physical) 구조에 대해 기본적으로 고려하여야 한다.

관계형 데이터베이스를 통해 기본적 개념과 용어를 익히고 그 예제를 다뤘다. 또한 데이터 모델링과 개체-관계 모델링을 통해 개체-관계도 작성, 이를 테이블로의 변환, 정규화, 관계형 데이터베이스의 표준언어인 SQL도 학습하였다.

저장된 데이터베이스를 사용자의 요구에 맞게 가공을 할 수 있도록 지원하는 하드웨어적인 환경과 소프트웨어적인 환경이 추가되어 갖춘 하나의 새로운 시스템의 모습을 정보시스템이라 한다.

본 장을 통해 기업에 맞는 데이터베이스의 설계와 구축, 관리의 필요성을 학습하였다.

■■ 연습문제

1. 데이터베이스를 정의하시오.
2. 데이터베이스 관리시스템을 정의하시오.
3. 관계형 데이터베이스는 무엇인가?
4. 기본 키, 보조 키, 합성 키란 무엇인가?
5. 데이터의 무결성이란 무엇인가
6. 외래 키란 무엇이며 어떤 역할을 수행하는가?
7. 참조무결성은 무엇인가?
8. 데이터와 정보의 차이점을 정의하시오.
9. 데이터베이스 시스템과 정보시스템을 구분하여 설명하시오.
10. 모델과 데이터 모델링이란 무엇인가?
11. 추상화와 구체화란 무엇인가?
12. 개체-관계도를 작성할 때 사용되는 중요한 개념들을 나열하고 설명하시오.
13. 3차 정규형이 되기 위한 조건을 기술하고 그 의미를 자세히 설명하시오.
14. 소프트웨어의 생명주기를 구성하고 있는 각 단계들을 나열하고 간단히 설명하시오.

사례 A
예 제 1

김팔쥐 씨는 서울 인사동의 한식집으로 유명한 '믿음식당'의 주인 겸 주방장으로 점차 발전해가는 식당을 효율적으로 운영하기 위해 데이터베이스 시스템을 개발하기로 결정했다. 믿음식당의 현황은 다음과 같다.

각각의 고객은 고객이름, 주소, 전화번호로 구분된다. 주문은 주문 날짜와 돈을 지불한 고객으로 식별되며, 각각의 주문은 지불방법(현금, 신용카드, 수표)이 기록된다. 하나의 주문은 하나 또는 그 이상의 메뉴 항목으로(된장찌개, 김치찌개, 해물탕 등) 구성되어 있으며, 주문된 메뉴 항목에 대해 주문 수량을 기록하게 된다. 메뉴 항목은 항목번호로 구별되며 이름, 가격, 음식분류(예: 소고기, 닭고기, 돼시고기, 해산물 등) 등의 정보를 가지고 있다.

하나의 메뉴 항목을 조리하기 위해서는 다른 종류의 재료가 필요하다. 이 재료들은 그들의 이름으로 구분되며 각 재료마다 주문단위와 재주문량 정보를 기록해 둔다. 주방장 김팔쥐 씨는 어느 재료가 어느 메뉴항목에 얼마나 쓰이는지를 항상 알 필요가 있다.

또한 김팔쥐씨는 여러 재료들에 대한 공급자 명단을 가지고 있다. 공급자들은 공급자 번호로 구분되며 이름과 주소를 가진다. 같은 재료라도 공급자마다 가격이 다른 경우가 흔하고, 같은 공급자라도 재료에 따라 배달시간이 다르기도 한다.

[예제 1의 개체관계도 작성]

1. 개체와 속성 정의: 예제 1에서 개체로 정의될 항목들은 고객, 주문, 메뉴항목, 재료, 공급자가 있으며 이들의 속성은 다음과 같다.
   - 고객: 고객이름, 주소, 전화번호
   - 주문: 주문날짜, 지불고객, 지불방법
   - 메뉴항목: 항목번호, 이름, 가격, 음식분류
   - 재료: 재료이름, 주문단위, 재주문량
   - 공급자: 공급자번호, 이름, 주소
2. 관계 정의: 1에서 정의된 개체들 간의 관계를 정의하고 각 관계의 대응수를 결정한다. 이 때, 대응수가 M:N 관계일 경우 이 관계는 고유의 속성을 가진다. 예제 1에서 정의될 수 있는 관계와 각 관계의 대응수는 다음과 같다.
   - 고객, 주문 (1:M) - 주문한다
   - 주문, 메뉴항목 (M:N) - 포함한다 (속성: 주문번호, 지불고객, 항목번호, 주문수량)

- 메뉴항목, 재료 (M:N) - 사용한다 (속성: 항목번호, 재료이름, 사용량)
- 재료, 공급자 (M:N) - 공급한다 (속성: 공급자번호, 재료이름,공급가격, 배달시간)

3. 위와 같은 사항들을 바탕으로 개체관계도를 작성한다. 예제 1의 개체관계도는 다음과 같다.

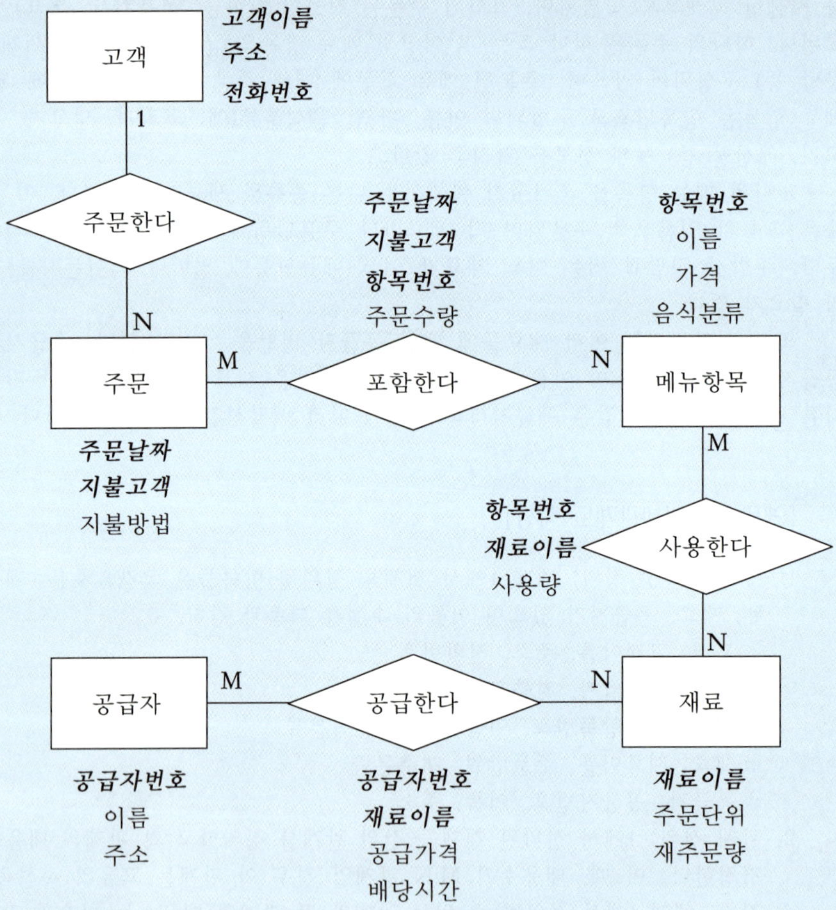

사례 B

예 제 2

'소망 Video'는 종로에 위치한 Video 대여 및 판매 도매상이다. 대여는 개인고객들에게, 판매는 소규모 Video점을 운영하는 소매점 고객들에게 이루어지고 있다. 소망 Video의 대표 홍길동 사장은 철저한 고객만족경영만이 곧 도래할 유선방송시대에서 살아남을 수 있는 유일한 길이라 믿고 이를 위한 정보시스템을 구축중이다. 소망 Video사의 현황은 다음과 같다.

각 고객은 고객번호로 식별되며 이름, 전화번호 및 주소를 가진다. 개인고객의 경우 신용카드번호가 필요하며, 소매점 고객의 경우 사업자등록번호와 Fax번호가 요구된다. 소망 Video는 고객에게 플라스틱으로 된 회원카드를 발급해 주고 있으며 이 회원카드에는 고객의 이름, 고객번호 및 회원가입날짜가 인쇄되어 있다. 소망 Video는 매달 회원들에게 새로 출시되는 영화에 대한 안내문을 보내주고 있다.

고객은 한번에 여러 개의 테이프를 대여할 수 있으나 대여일로부터 2일 이내에 반납하지 않을 경우는 테이프 한 개당 일일 1,000원의 벌금을 지불해야만 한다. 테이프 대여시 고객들은 대여비를 지급하고 테이프와 대여증을 받는다. 대여증에는 고객번호, 대여일, 반납만기일 및 대여한 영화(들)의 제목 등이 찍혀있다. 반납만기일까지 빌린 테이프들을 다 보지 못한 경우, 어떤 고객은 무더기 벌금을 피하기 위해 다 본 테이프들만 먼저 반납하고 나머지는 하루, 이틀 더 본 뒤 벌금과 함께 반납하기도 한다.

소망 Video는 현재 테이프가 들어와 있거나 곧 들어올 모든 영화에 대해 제목, 감독, 판매가격, 대여료 등의 정보를 유지한다. 한 영화에 대해 대여용 테이프가 여러 개인 경우는 테이프마다 일련번호를 붙여 관리하며 각 테이프마다 테이프형식을 기록한다. 소매점 고객이 테이프를 구매할 때는 구매일, 지불양식, 또 각 영화당 구매수량 등이 기록된다.

홍길동 사장은 최근 소망 Video의 고객들이 영화를 고를 때 특정 영화배우가 출연했거나 아카데미 영화상에 출연배우가 후보지명된 영화들을 특히 선호하는 현상을 보고, 고객서비스 차원에서 아카데미 영화상 연기부문 정보(연도, 부문, 상금, 후보영화, 후보배우 등)와 영화배우 정보(이름, 주소, 출연영화…)를 갖춰 고객의 영화선정을 도울 계획이다.

[예제 2의 개체관계도 작성]

1. 개체와 속성 정의: 예제 2에서 개체로 정의될 항목은 고객(개인고객, 소매점 고객), 회원카드('고객' 개체의 종속개체), 테이프, 영화, 영화배우, 아카데

미영화상 등이 있다. 이 때, '아카데미영화상'의 후보영화, 후보배우는 '아카데미영화상'의 속성이라기보다 '아카데미영화상'이 '영화', '배우'와 관계로 연결될 때 정의될 수 있는 속성이다.

- 고객: 고객번호, 이름, 전화번호, 주소
  개인고객: 신용카드번호
  소매점고객: 사업자등록번호, Fax번호
- 회원카드: 고객명, 고객번호, 회원가입날짜
- 테이프: 테이프일련번호, 형식
- 테이프구매: 구매번호, 구매일, 지불양식, 구매수량
- 영화: 영화제목, 감독, 판매가격, 대여료
- 영화배우: 배우번호, 이름, 주소
- 아카데미영화상: 연도, 부문, 상금

2. 관계 정의: 1에서 정의된 개체들 간의 관계를 정의하고 각 관계의 대응수를 결정한다. 앞에서 설명한 것처럼 대응수가 M:N 관계일 경우, 이 관계는 고유의 속성을 가질 수 있다.
   - 개인고객, 테이프 (M:N) – 대여한다 (속성: 고객번호, 테이프일련번호, 영화제목, 대여일, 반납만기일, 대여비, 벌금)
   - 소매점고객, 테이프구매 (1:M) – 구매한다
   - 고객, 회원카드 (1:1) – 발급받다
   - 테이프구매, 테이프 (1:1) – 포함한다.
   - 테이프, 영화 (M:1) – 수록한다
   - 영화, 영화배우 (M:N) – 출연한다 (속성: 영화제목, 배우번호, 역할)
   - 영화, 영화제 (M:N) – 지명되다(영화상) (속성: 영화제목, 연도, 부문, 수상 여부)
   - 영화배우, 영화제 (M:N) – 지명되다(배우상) (속성: 배우번호, 연도, 부문, 수상 여부)
     (수상 여부가 'No'이면 후보로 지명된 경우이며, 'Yes'이면 해당 부문에서 수상한 경우를 의미)
3. 위와 같은 사항들을 바탕으로 개체관계도를 작성한다. 예제 2의 개체관계도는 다음과 같다.

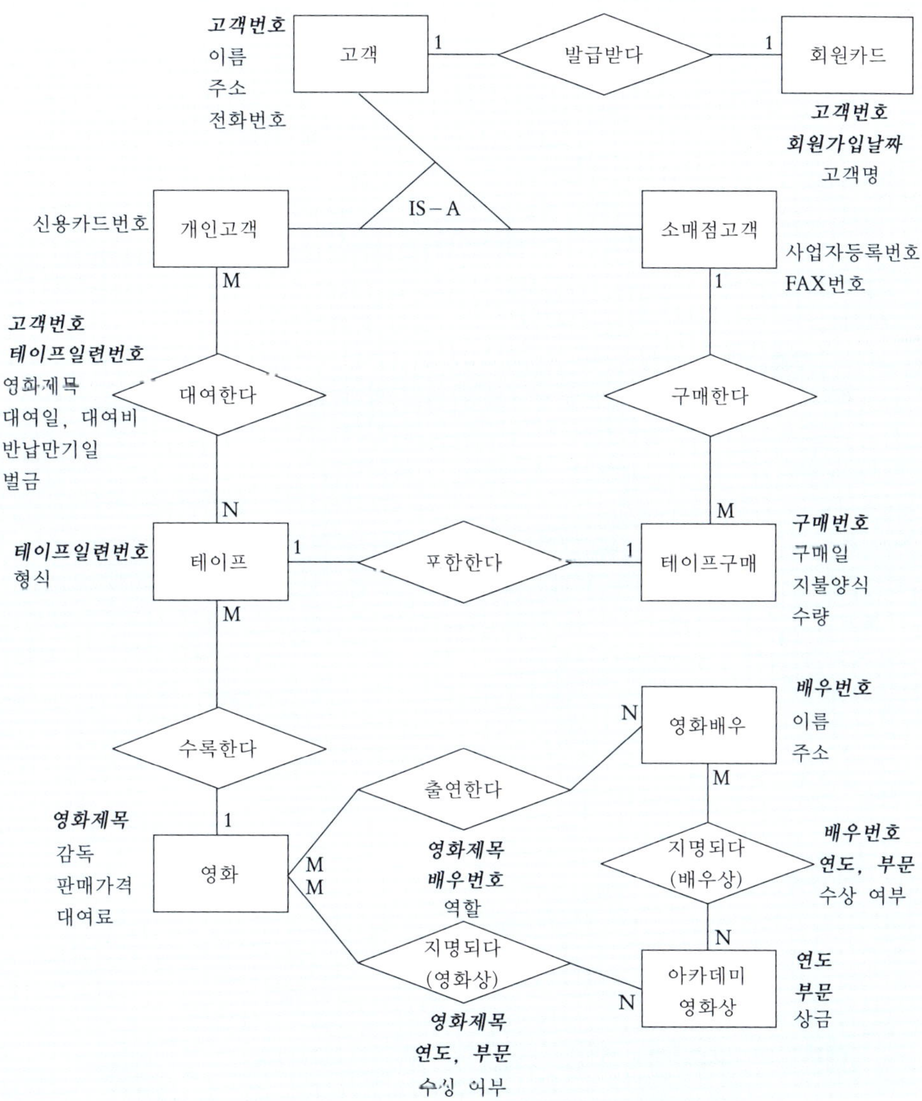

고객번호
이름
주소
전화번호
고객
1
발급받다
1
회원카드
고객번호
회원가입날짜
고객명
IS－A
신용카드번호
개인고객
소매점고객
사업자등록번호
FAX번호
M
1
고객번호
테이프일련번호
영화제목
대여일, 대여비
반납만기일
벌금
대여한다
구매한다
N
M
테이프일련번호
형식
테이프
1
포함한다
1
테이프구매
구매번호
구매일
지불양식
수량
M
배우번호
이름
주소
N
영화배우
수록한다
M
출연한다
1
영화제목
감독
판매가격
대여료
영화
M
M
영화제목
배우번호
역할
지명되다
(배우상)
배우번호
연도, 부문
수상 여부
N
지명되다
(영화상)
N
아카데미
영화상
연도
부문
상금
영화제목
연도, 부문
수상 여부

사례 C

예 제 3

믿음건축사는 700여명의 종업원이 있는 건축회사이다. 회사의 폭발적인 성장을 효과적으로 관리하기 위해 믿음건축사는 종업원들의 현황을 관리할 수 있는 Database를 개발하기로 결정하였다.

모든 종업원은 고유한 사원번호를 가지고 있으며 각각의 종업원에 대해 이름, 주소, 입사일 등을 기록해야 한다. 만약 한 종업원이 현재 회사내 다른 종업원과 결혼을 하였으면 회사는 세금 및 보험 관계를 정리하기 위해 결혼관계를 알고 있어야 한다.

믿음건축사에는 12개의 부서가 있으며 각 부서는 고유한 부서이름, 전화번호, 팩스번호를 가지고 있다. 하나의 부서에는 여러 명의 종업원이 근무하고 있으며 그 중 한 명은 그 부서의 관리자이다. 종업원은 오직 하나의 부서에만 소속될 수 있으며 관리자는 동시에 한 부서만을 관리할 수 있다.

새로운 프로젝트(공사)가 시작되면, 믿음건축사는 종업원들을 그 프로젝트에 배정한다. 이러한 배정은 종업원들이 가지고 있는 기술과 해당 프로젝트에서 필요로 하는 기술간의 일치 여부에 기초하여 이루어진다. 프로젝트는 프로젝트#에 의해 구분되며 프로젝트이름, 시작일, 기간, 예산 등의 정보를 가진다. 각 종업원은 동시에 하나 이상의 프로젝트를 수행할 수 있으나 각각의 프로젝트에서 수행하는 역할은 다를 수 있다(예를 들어 '프로젝트 1' 에서는 프로젝트 Leader, '프로젝트 2' 에서는 프로젝트 팀원 역할을 수행).

기술은 기술Code로 구분되며 각각의 기술에 대해 간단한 설명이 기록된다. 한 명의 종업원은 여러 기술을 가질 수 있으며 여러 명의 종업원이 같은 기술을 가질 수 있다. 또한, 각 사원이 보유한 기술들의 기술 수준도 함께 기록해야 한다. 각각의 프로젝트 역시 여러 기술을 필요로 하며 같은 기술이 여러 프로젝트에서 사용될 수 있다. 프로젝트를 시작할 때 회사는 그 프로젝트에서 필요한 기술에 대해 그 기술을 보유한 종업원이 몇 명 필요한지 기록해야 한다.

[예제 3의 개체관계도 작성]

1. 개체와 속성 정의: 예제 3에서 개체로 정의될 항목은 사원, 부서, 프로젝트, 기술이 있으며 이들의 속성은 다음과 같다.
   - 사원: 사원번호, 이름, 주소, 입사일, 지위
   - 부서: 부서이름, 전화번호, 팩스번호
   - 프로젝트: 프로젝트#, 프로젝트이름, 시작일, 기간, 예산

- 기술: 기술Code, 설명

2. 관계 정의: 1에서 정의된 개체들 간의 관계를 정의하고 각 관계의 대응수를 결정한다.
   - 사원, 사원 (1:1) - 결혼하다
   - 사원, 부서 (M:1) - 소속된다
   - 사원, 프로젝트 (M:N) - 참여한다 (속성: 사원번호, 프로젝트#, 역할)
   - 사원, 기술 (M:N) - 보유하다 (속성: 사원번호, 기술Code, 기술수준)
   - 프로젝트, 기술 (M:N) - 요구한다 (속성: 프로젝트#, 기술Code, 필요인력)
3. 위와 같은 사항들을 바탕으로 개체관계도를 작성한다. 예제 3의 개체관계도는 다음과 같다.

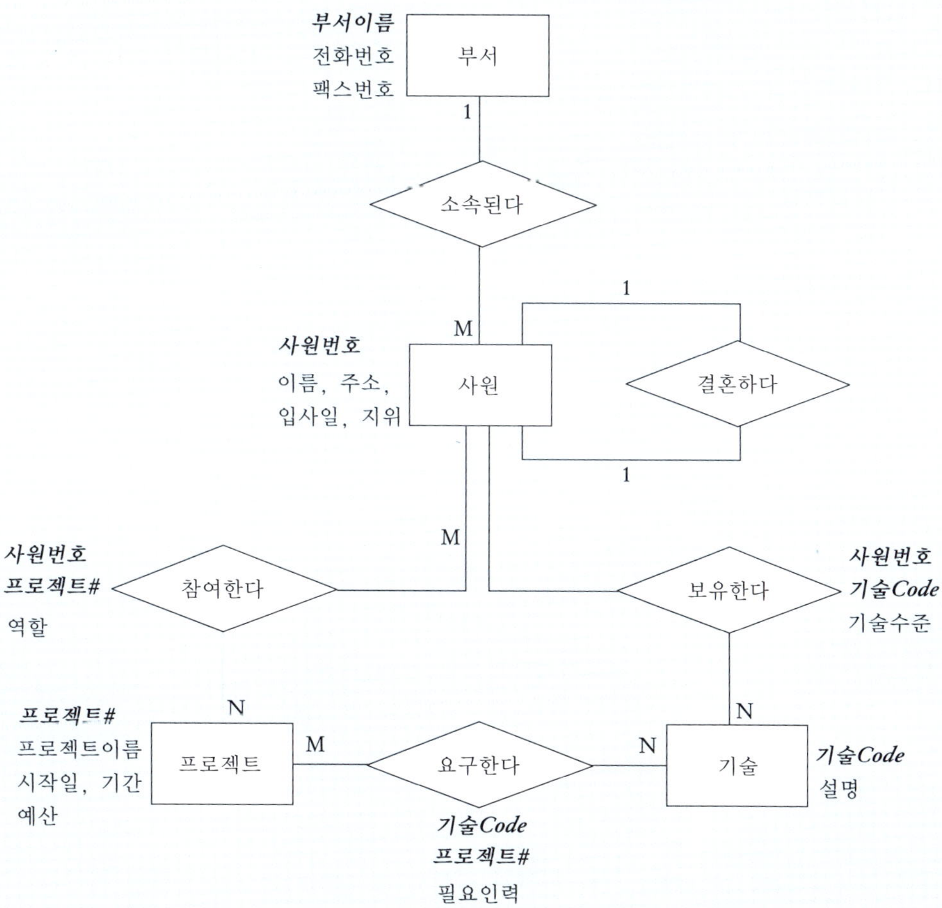

제 10 장

데이터통신

산업혁명 이후, 정보가 시장의 지배원리로 자리매김하면서 산업사회와는 다른 새로운 사회를 지칭하여 정보화 사회라 하였다. 수많은 정보들이 시시각각 생성되고 있으며, 필요에 따라 시간과 공간의 경계 없이 그야말로 '정보의 국경없는 횡단'이 보편화되었다. 정보교류의 필요성이 증대된 때문이다. 교류를 통해서 얻는 이익이 기대보다 크다는 경제적 논리가 존재한다. 정보교류를 통해서 새로운 지식을 얻게 되며, 자신의 노력으로 가공된 지식은 그 자체가 상품이 되어 가격을 형성할 수 있게 되었다.

지식정보화 사회는 진화되어, 지금은 인간과 컴퓨터가 혼재되어 있다. 인간생활 속에 깊숙이 파고든 컴퓨터의 기능은 인간의 순수활동과 컴퓨터를 이용한 컴퓨팅활동의 구분을 모호하게 만들었다. 인간에 내재된 컴퓨터가 등장된 것이라고 볼 수 있으며, 급기야는 컴퓨터가 인간과 하나되어 과거의 논리 연산장치로서의 기능을 수행했던 컴퓨터가 사라지고, 인간의 장기와 같은 신체의 일부로서 컴퓨터가 자리매김하고 있다. 언제 어디서나 필요한 만큼의 컴퓨터를 활용할 수 있는 유비쿼터스의 시대가 되었다.

오늘날의 유비쿼터스 컴퓨팅세상을 가장 잘 말하는 한 마디는 2004년을 강타한 한 드라마 속의 대사와 같다.

" 내 안에 너 있다."

본 장에서는 유비쿼터스 시대의 핵심이 되는 정보통신 전반에 대하여 이해하고자 한다. 네트워크의 동작원리는 무엇인지에 대한 이해를 바탕으로 네트워크의 구성요소에 대하여 학습하고자 한다. 유비쿼터스컴퓨팅은 어떠한 의미를 포함하는지, 어떠한 구성요소를 가지는지, 어떠한 연구가 진행되고 있는지에 대하여 살펴보고자 한다.

10

MINI CASE

HP-인천자유경제구역청, 인천 경제자유구역 송도지구에 미래 도시 '쿨타운' 건립 위한 공동협력 합의

한국HP(대표 최준근, www.hp.co.kr)는 인천 경제자유구역 송도지구에 HP의 첨단 미래도시 모델인 "쿨타운(Cool town)" 건립을 위해 이환균 인천경제자유구역청(이환균 청장, www. ifez.go.kr)이 HP 본사를 방문하여 향후 공동협력에 대해 합의했다고 밝혔다.

HP는 지난 1999년부터 자사의 역량을 집약하여 인간의 미래 삶에 대한 방향을 예측하고 새로운 비전을 제시하는 "쿨타운" 프로젝트를 진행해 왔다. 저명한 미래학자, 사회학자와 더불어 HP 연구소가 참여하여 첨단 IT 기술을 이용한 혁신적인 생활공간을 제시할 쿨타운은 그 동안 싱가포르의 쿨타운 체험 센터를 통해 사회 각층의 주요 인사 및 세계적인 기업들에게 그 가치와 비전을 전달해 왔다.

HP 쿨타운의 실제 도시 건설을 통한 현실화 시도는 이번이 처음으로, 인천 경제자유구역에 쿨타운이 건립될 경우 HP의 세계적인 IT 기술이 도입된 최초의 미래도시가 구축되게 된다.

유비쿼터스 컴퓨팅 기술개발을 선도해 온 HP는 이번 송도지구 쿨타운 건립을 통해 한국에서 이와 관련된 다양한 기술의 연구개발 및 상용화에 박차를 가할 계획이라고 밝혔다.

이번 합의를 토대로 인천경제자유구역청을 포함 정부관계자들과 TFT를 구성하여 대상 지역의 경쟁력 및 수축 여건을 검토한 뒤, 내년 3월까지 구체적인 개발계획을 수립할 계획이다.

인천 경제자유구역 송도지구는 중국 상하이나 싱가포르 등보다 미래 도시 구축을 위한 환경 면에서 유리한 조건을 갖춘 것으로 분석된다.

출처: 전자신문, 2006년 12월 27일자

10.1 네트워크의 개요

컴퓨터가 네트워크를 만났을 때, 두 개의 산업—컴퓨터와 통신—이 하나로 결합되고 있으며, 그 결과는 부품들의 단순결합 이상의 시너지를 발산하고 있다. 갑자기 컴퓨팅 애플리케이션은 기업과 기업간 상생(협력과 상거래)하기 시작하였으며, 이러한 현상은 대기업, 중소기업을 가리지 않고 일어나고 있다. 글로벌 인터넷은 공간적 제약없는 사이버상에서 공공의 장소를 생성시키고 있으며, 이 곳에 거주하는 원주민들은 자신들의 의견을 교환하며, 서로간 재화와 서비스를 거래하기도 하면서 자신들의 이해관계를 충족시키고 있다. 요약하면, 컴퓨팅과 통신은 사회 전반에 영향을 미치고 있으며 조직 구조를 크게 바뀌게 하였다.

조금은 과한 표현일지 몰라도 통신과 네트워크 기술은 서로 결합하여 기업과 사회를 진화시키고 있다. 사실 기업과 사회가 통신과 네트워크 기술을 활용하여 진화하고 있다고 한다면 좀더 부드러운 표현이 된다. 부드러운 표현보다 좀더 과격하게 표현한 것은 통신과 네트워크를 포함한 정보기술이 사회에 미친 영향이 너무나 폭넓고, 획기적이기 때문이다. 빌 게이츠는 자신의 저서에서 사회의 변화가 광속도로 일어나고 있기 때문에, 미래의 변화내용은 아무도 예측할 수 없다고 적고 있다. 기업은 독립적으로 존재할 수 없고 네트워크에 접속된 '네트워크화된 조직'이 되고 있다. 거대한 네트워크 사회의 일부분으로서 네트워크 사회가 필요로 하는 재화나 서비스를 제공하는 역할을 한다. 인터넷, 웹, 인트라넷 그리고 엑스트라넷은 업무 프로세스와 고용, 고객, 협력업체 그리고 업무와 관련된 이해당사자들과의 협력을 증대시키고 있다. 기업들은 그러한 결속을 창의적으로 재구축하고 있으며, 경영활동 및 자원을 보다 효과적으로 관리할 수 있도록 하며, 빠르게 변화하는 글로벌 경제에서 완벽한 승자가 될 수 있는 방안을 제시한다.

10.1.1 데이터통신

통신이란 서로 다른 객체끼리 정보를 교환하는 행위를 말하는 것이다. 객체는 가까운 거리에 있을 수도 있고 지구 맞은 편일 수도 있다. 가까울 경우에는 서로 얼굴을 마주 보고 통신할 수 있지만, 원거리일 경우에는 특별한 장치가 필요하다. 국제우편, 인편, 전보, 전화 등의 방편을 이용할 것이다. 사실 여러분들은 원거리일 경우에는 거의 대부분이 전자우편을 생각했을 것으로 예측된다. 통신이라고 하면 여러분은 전자우편을 가장 먼저 떠올린다. 그러나 불과 20년 전만 하더라도 우리나라에서 미국에 있는 친지나 친구와 통신한다고 하면 국제전화를 연상했다. 시대를 거슬러, 약 50년 전이라면 국제우편을 연상했을 것이다. 원거리간의 통신의 매체는 시대를 따라 발전되어 왔으며, 오늘날에는 통신의 상당부분이 컴퓨터를 이용한 데이터통신으로 전환하고 있다.

국제전화는 원거리통신(원격지 간의 통신이라는 의미에서 텔레커뮤니케이션이라고 한다)은 컴퓨터를 이용한 데이터통신(컴퓨터를 이용한다는 의미에서 컴퓨터통신, 또는 데이터커뮤니케이션이라고도 한다)으로 바뀌고 있다. 즉 데이터통신은 원격통신의 일부분이라고 할 수 있다. 대부분의 사람들은 원격통신과 데이터통신을 구분하지 않고 사용하나, 서로 다른 개념이다. 데이터통신은 정보의 전송이 디지털형태, 또는 컴퓨터가 읽을 수 있는 형태로 전환되어 이루어지는 것을 말한다. 이것은 정보의 전송이 아날로그형태로 이루어지는 원격통신의 극히 제한된 형태이다(Shelly, et. al., 2004). 보안시스템 건축, 근거리 또는 원거리 전화서비스, 팩스밀리서비스 등은 원격통신의 한 예이며, 이를 데이터통신이라고는 하지 않는다. [그림 10-1]은 데이터통신과 원격통신 간의 개념을 구분하고 있다. 우리의 교재에서는 데이터통신시스템을 통한 정보 전송에 관련된 절차에 집중한다.

[그림 10-1] 데이터통신과 원격통신

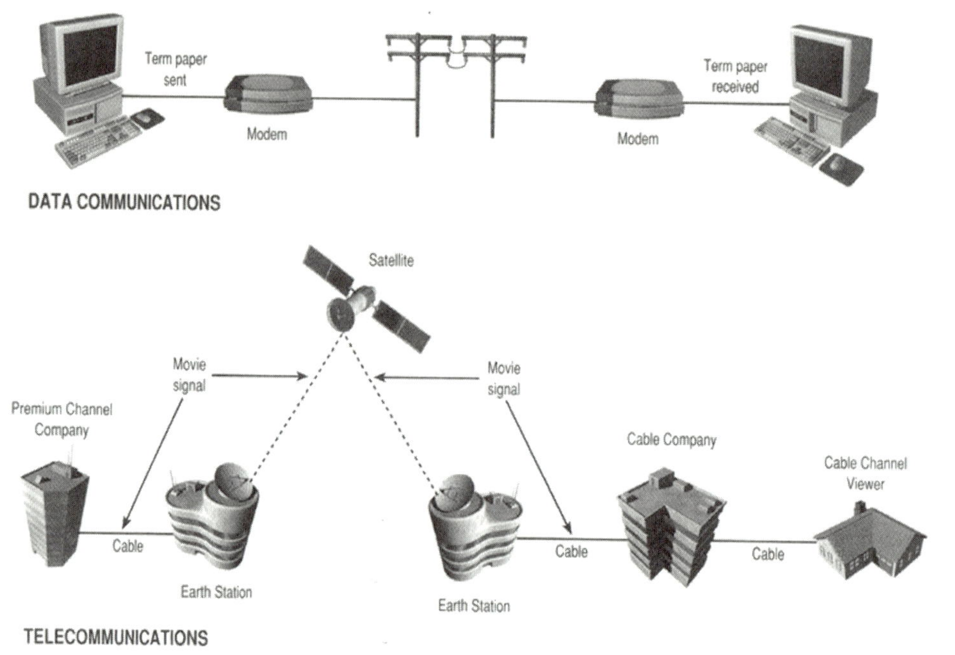

(1) 데이터통신의 구성요소

우리는 데이터통신에 대한 본격적인 이야기 이전에 데이터통신 시스템의 기본 구성요소를 살펴본다. 일반적으로 데이터통신은 [표 10-1]

[표 10-1] 통신의 기본 구성요소

구성요소	목 적	예 시
메시지	통신의 대상이 되는 정보	텍스트, 숫자, 그림, 소리, 화상 또는 이들의 조합
송신자	데이터 메시지를 보내는 장치	컴퓨터, 전화기, 비디오, 카메라 등
수신자	데이터 메시지를 수신하는 장치	컴퓨터, 전화기, 비디오, 카메라 등
전송매체	메시지가 전송자에서 수신자까지 이동하는 물리적인 경로	꼬임쌍선, 동축케이블, 광섬유케이블, 레이저, 무선파(지상 또는 인공위성)
프로토콜	데이터통신을 통제하는 규칙의 집합	TCP/IP, OSI

과 같이 ① 전송메시지, ② 송신자, ③ 수신자, ④ 전송매체, ⑤ 프로토콜로 구성되어 있다(Forouzan, 2004).

(2) 프로토콜과 표준

우리는 주변에서 프로토콜이라는 말을 자주 한다. 저 사람과 나는 프로토콜이 맞다. 아니면 저 사람과는 어떤지 프로토콜이 다르다라는 애기를 하곤 한다. 이 때, 프로토콜은 무엇을 의미하는 것일까? 서로간의 입장, 또는 견해를 의미하는 것이라고 보면 옳은가? 딱히 그런 것은 아니지만 서로간 공통의 이해관계가 형성되었다는 것을 의미하는 것이라고 볼 수 있다.

컴퓨터통신에서 서로 다른 컴퓨터에 있는 개체간에 이루어지는 정보의 교환과정을 의미한다. 개체는 정보를 송신하거나 수신하는 모든 일을 맡게 된다. 그 예로는 응용프로그램, 파일전송, 브라우저, 데이터베이스 관리시스템, 전자우편 브라우저 등이 있다. 시스템은 한 개 이상의 개체를 가지고 있는 물리적인 객체를 말한다. 예로는 컴퓨터단말기이다.

두 대 이상의 컴퓨터가 서로 연결만 되어 있다고 정보가 자동으로 교환되는 것은 아니다. 이는 전화기 두 대가 서로 연결만 되었다고 통화가 가능한 것이 아닌 것과 동일한 이치이다. 선이 연결된 뒤에, 전화 수화기를 들고, 다이얼링을 하고, 통화음이 들리고, 상대방이 수화기를 들었을 때 비로소 통화가 가능하게 된다. 일련의 절차가 있다. 통신을 위해서 지켜야 하는 사전에 정해진 약속이며, 이것을 프로토콜이라고 한다. 프로토콜은 무엇을 통신할 것이며, 어떻게 통신할지, 그리고 언제 통신할 것인지에 대한 규정을 포함한다.

프로토콜은 표준을 의미하는 것인가? 선뜻 대답하기 쉽지는 않지만, 두 개념이 똑 같은 것만은 아니다. 이 말은 프로토콜이 국제표준을 의미하는 것은 아니다라는 것쯤으로 이해하면 될 것으로 본다. 다음에서는 표준에 대한 이야기를 해 본다.

정확하고 효율적인 통신을 위해서는 많은 기능이 동시에 동작해야 하기 때문에 네트워크의 노드 간에 여러 가지 조정이 필요하다. 한 제조업체에서 서로 잘 동작하도록 만든 네트워크 카드가 다른 제품에서도 잘 동작할 수 있도록 만들어야 될 것이다. 표준을 정하여 둔다면 모든 제품에서 잘 동작하는 네트워크 카드를 만들 수 있을 것이다. 그러나 모든 것을 표준으로 정한다면, 국화빵과 같이 같은 디자인, 기능의 제품들만 있을 것이다. 현실이 그런가? 네트워크 카드를 보면 생긴 것이 제 각각이고 포함하는 기능도 제 각각이다. 국제표준은 최소한의 것만 정하는 것이고, 네트워크 카드는 최소한으로 정해진 국제표준을 준수하고 나머지는 자신만의 독창성을 포함한다. 자신만의 독창성을 국제적으로 인정받기 위하여 특허를 출원하는 것이다.

표준은 두 범주로 나눌 수 있다. 사실(De facto)표준과 법률(De jure)표준이다. 법률표준은 공식기관에서 만든 입법화된 표준이다. 반면에 어떤 공식기관에 의해서 공인되지는 않았으나 널리 사용되고 있는 표준을 사실표준이라고 한다. 사실 표준은 신제품이나 신기술의 기능을 정의하고자 하는 제조업체에 의해 개발된다.

사실표준은 다시 특허표준과 비특허표준으로 나눌 수 있다. 특허표준은 원래 자기 제품의 기본원리를 독점적으로 사용할 수 있는 권한을 의미하는 것으로서 폐쇄표준이라고도 한다. 비특허표준은 원래 집단이나 위원회에서 개발하여 공개영역에 공개한 표준으로서, 서로 다른 시스템간의 통신을 개방하므로 개방표준이라고도 한다.

국제적으로 공인된 표준은 국제적인 표준기구에서 제정한다. 표준제정위원회, 협의회, 관련 정부기관들이 국제표준기구활동에 개입하고 있다. 가장 대표적인 국제표준기구가 ISO(International Standard Organization)으로서 네트워크통신의 개방시스템인 OSI 모델을 만들었다. 미국은 ANSI가 미국을 대표하여, 우리나라는 TTA가 우리나라를 대표하여 ISO에 가입되어 있다.

10.1.2 데이터통신의 기본 개념

한 장치에서 다른 장치로 데이터 전송이 일어나는 구체적인 방법을 살펴보기 전에 통신기기간의 관계를 이해할 필요가 있다. 본 절에서는 회선의 구성, 접속형태, 접속방식, 네트워크의 범주, 네트워크간의 연결에 대하여 알아본다.

(1) 회선구성

회선구성이란 둘 이상의 장치가 하나의 링크에 연결되는 방식을 말한다. 링크(link)는 하나의 장치로부터 다른 장치로 데이터를 보내는 물리적인 채널로서, 쉽게 말해서 두 지점간에 연결된 하나의 선이다. 회선의 구성방식에는 점대점(point-to-point), 다중점(multipoint)이 있다. 점대점 회선구성이란 두 지점이 서로 전용 링크를 제공한다. 다중점은 둘 이상의 장치가 하나의 링크를 공유하는 방식이다.

(2) 접속형태(topology)

접속형태는 물리적이거나 논리적인 네트워크의 배치방식을 말한다. 두 개 이상의 장치가 하나의 링크에 연결되며, 두 개 이상의 링크가 접속형태를 이룬다. 접속형태는 링크와 연결된 장비 간의 기하학적인 모습에 따라 그물형, 성형, 트리형, 버스형, 링형이 있으며 이들의 형태

[그림 10-2] 토플로지 형태

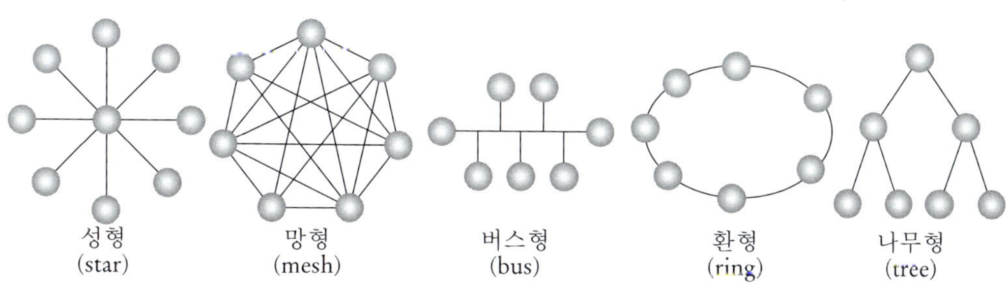

[표 10-2] 토플로지 형태와 장단점

토플로지	특 징	장 점	단 점
그물형	모든 장치는 다른 장치에 대해 전용 점대점 링크를 가짐	• 높은 전송속도 • 안정된 서비스 • 비밀성과 보안 • 결함식별과 분리의 용이	• 케이블의 양과 요구되는 I/O포트 수 과다 • 설치와 재구성이 어려움
성형	허브라는 중앙제어장치와 전용 점대점 링크를 가짐	• 중앙집중 네트워크 관리 • 융통성 우수(NODE 추가, 삭제)	• HUB 고장시 연결장비 장애
트리형	성형의 변형이나, 모든 장치가 직접 중앙허브에 연결되지는 않음	-성형과 같은 장점 -중앙허브에 더 많은 장치연결가능 -여러 컴퓨터장치로부터 분리 및 우선순위 부여 가능	-성형과 같은 단점
버스형	하나의 긴 케이블이 네트워크상의 모든 장치를 연결하는 백본역할	• 케이블링 비용 저렴 • 한 NODE가 고장시 네트워크 영향 없음 • 확장수월	• 중앙집중 네트워크 관리의 어려움 • 거리 제약(500M) • 낮은 성능
링형	각 장치는 단지 자신의 양쪽에 있는 장치와 전용으로 점대점 회선구성하며, 신호는 한 방향으로만 흐름	• 높은 성능 • 가격 저렴 • 단일설계	• 한 노드가 고장시 전체 네트워크 고장 • 개방화/표준화와 거리가 멈 • 확장의 어려움

및 장 · 단점은 [그림 10-2], [표 10-2]에서와 같다.

(3) 전송방식

전송방식이란 연결된 두 장치간의 신호흐름의 방향을 정의하는 것을 말한다. [그림 10-3]에서와 같이 단방향, 반이중 그리고 전이중 방식이 있다. 단방향통신은 한 방향으로만 전송되는 것을 말한다. 공항모니터, 프린터, TV, 부모님의 꾸지람 등이 해당된다. 어떤 것들은 두 장치 모두 보낼 수도 있고 받을 수도 있지만 반드시 이것을 교대로 해야만 하는 반이중 통신을 이용한다. 양방향 무전기(일면 워키토키), 가

[그림 10-3] 전송방식

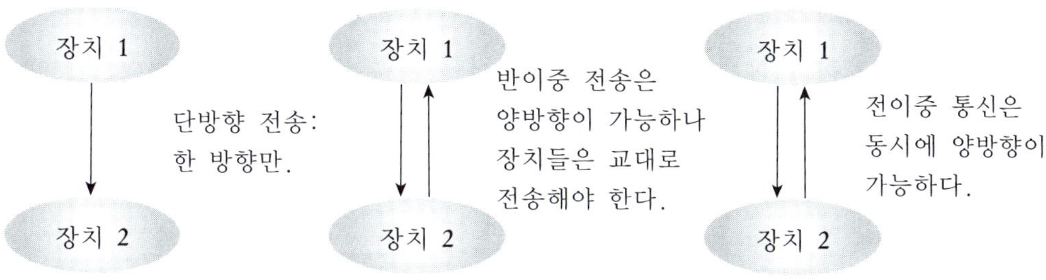

변차선 등이 여기에 속한다. 가장 융통성있는 방법은 전이중 전송방식으로서 하나의 장치가 송신과 수신을 동시에 할 수 있다. 장치는 한 선으로는 송신을 하면서 또 다른 선으로는 수신할 수도 있다. 주변장치의 대부분은 수신과 동시에 송신의 기능을 포함하고 있다.

(4) 네트워크의 분류

네트워크는 규모, 소유자, 거리 그리고 물리적인 구조에 따라 근거리통신망(LAN), 도시통신망(WAN), 그리고 광역통신망(MAN)으로 나눌 수 있다([그림 10-4] 참조).

먼저, 근거리통신망은 규모면에서 한 건물 안이나 또는 최대 수Km

[그림 10-4] 네트워크 분류

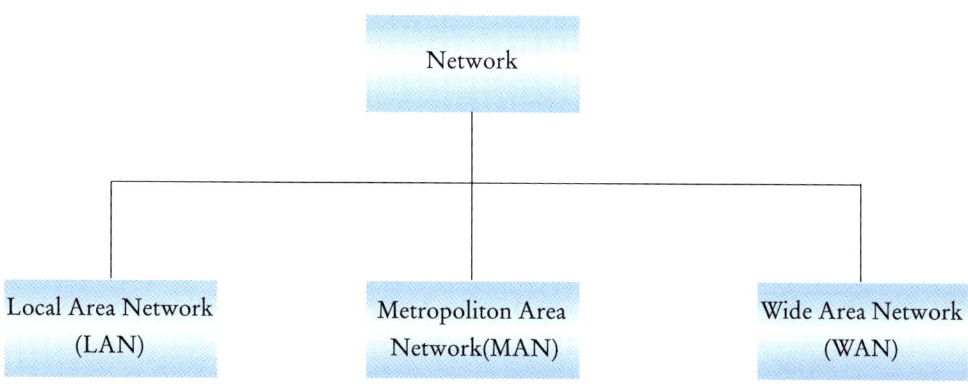

까지의 한정된 지역 내에서 이용되는 네트워크이다. LAN은 회사 사무실이나 공장에서 PC나 워크스테이션들을 연결하여 프린터 등의 자원을 공유하거나 정보를 교환하기 위하여 널리 쓰이고 있다. 10Mbps~100Mbps의 속도가 대부분이었으나, 최근에는 최대 10Gbps까지 동작하는 기가비트 시스템이 개발되었다.

MAN은 한 도시를 커버한다. 가장 잘 알려진 예로는 많은 도시에서 볼 수 있는 케이블TV네트워크이다. 이 시스템은 TV방송 수신이 잘 안 되는 지역에 사용된 초기 커뮤니티 안테나 시스템에서 발전되었다. 이들 초기 시스템에서, 큰 안테나 하나가 언덕 근처의 꼭대기에 놓여 있어서 신호가 가입자의 가정에 전송되고 있다. 사용의 예로는 한 회사는 도시 전역에 있는 사무실의 LAN을 연결하기 위해 MAN을 사용할 수 있다.

WAN은 국가, 대륙, 심지어는 전세계를 포함하는 커다란 지리적 영역에 데이터, 음성, 영상 및 비디오 정보의 장거리 전송을 제공한다. WAN에는 사용자들의 프로그램의 운영을 지원하는 추가적인 기기들이 많이 포함되어 있다.

(5) 네트워크간의 연결

두 개 이상의 네트워크를 연결할 때 인터네트워킹(internetworking) 혹은 인터넷(internet)이 된다. 즉, 네트워크와 네트워크의 연결을 통한 네트워크의 확장판을 의미한다. LAN, MAN 그리고 WAN이 서로 결합되어 커다란 네트워크 영역을 구축하고 있다. [그림 10-5]에서 R은 라우터를 의미하는, 간단히 전철역의 갈아타는 역이라고 생각하면 된다.

소문자 internet은 네트워크간의 연결을 의미하며, 이는 대문자 Internet과는 다른 개념이므로 구분해야 한다. 소문자 internet은 개별 네트워크를 상호 연결한 네트워크에서 사용되는 총칭적인 용어인 반면, 대문자 Internet은 전세계적으로 이용되고 있는 특정한 네트워크의 이름이다.

[그림 10-5] 네트워크의 연결

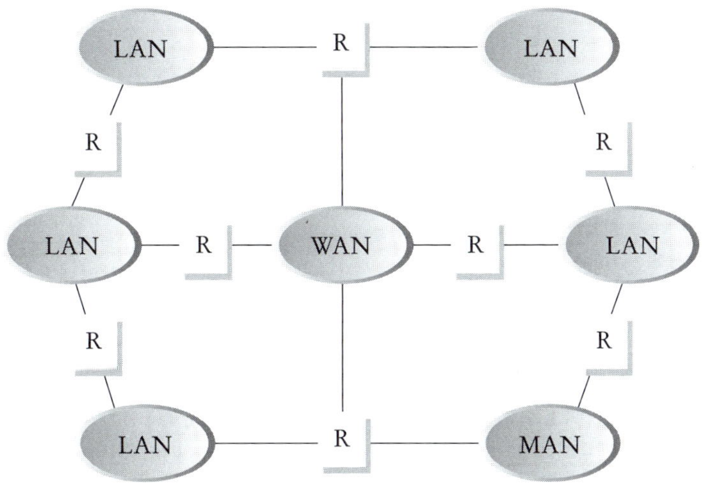

10.1.3 프로토콜

프로토콜은 비호환적인 시스템이 통신할 수 있도록 해 준다고 말했다. 두 개의 특정 시스템이 주어진 경우, 그 프로토콜의 정의는 명백하다. 유형이 다른 시스템 수가 증가할수록 문제는 더 커지고 어려워진다. 어떤 다른 두 시스템이라도 그 근본구조와 무관하게 통신을 가능하게 해주는 프로토콜의 역할을 기대하게 된다. 예를 들어, [그림 10-6]에서와 같이 몇 나라 정상들이 회담을 하는 과정을 생각해 보자. 각 지도자는 자기 생각을 알리도록 할 필요는 없지만, 흔히 비위에 거슬리지 않도록 그 개념을 적절한 외교용어로 다시 고쳐야 한다. 더욱이, 그들이 모두 다른 언어로 말한다면 통신의 기본 형태로서 한 가지 언어를 택해야 한다. 서로 다른 언어를 이용하고 있지만 외교적인 마찰없이 상호 이익의 공동실현을 위해 적절한 변환과정을 필요로 하고, 그 과정에 필요로 하는 절차와 형식을 규정해 둔 것이 프로토콜이다.

[그림 10-6] 두 국가 정상간의 회담과정에서 프로토콜의 역할

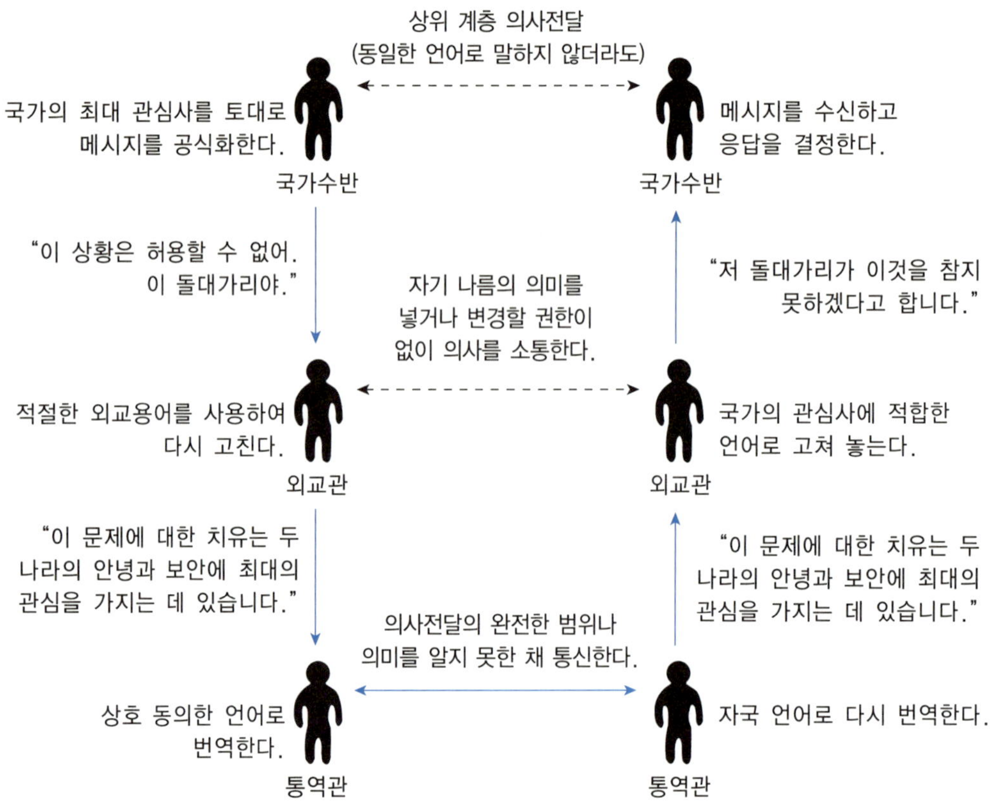

(1) OSI모델

통신을 위한 프로토콜을 이야기할 때 가장 먼저 떠올리는 것이 OSI모델이다. 1947년에 설립된 국제표준기구 ISO는 네트워크 통신전반을 관장하는 개방형 시스템 상호연결(Open System Interconnection: ISO) 모델을 개발하였다. 개방시스템은 기반 구조에 관계없이 서로 다른 두 시스템간에 통신을 하기 위한 프로토콜을 모아 놓은 것이다. 판매자에 의해 개발된 특정 프로토콜은 다른 제품의 시스템과 통신할 수 없다. OSI모델의 목적은 하드웨어나 소프트웨어의 논리적인 변화없이 서로 다른 시스템간의 통신을 개방하는 것이다. OSI 모델은 모든 종류의 컴퓨터 시스템간의 통신을 허용하는 네트워크 시스템의 설계를 위한 계층

[그림 10-7] OSI모델 계층구조

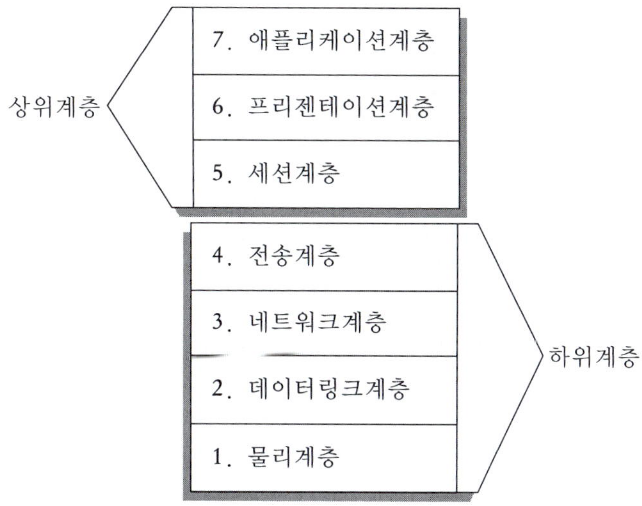

구조이다. 서로 연관된 7개의 계층으로 구성되어 있고, 각 계층은 네트워크를 통해 정보를 전송하는 일련의 과정이 규정되어 있다.

각 계층별 기능은 [표 10-3]과 같다. 사실, 이 계층들의 기능과 세부적인 논의의 대상은 매우 포괄적이고, 그 깊이도 심오하다. 네트워크 관련 과목에서 한 학기 이상을 대상으로 학습하는 대분량이므로 본 교재에서는 간략하게 계층구조와 계층별 기능에 대한 이해에 한정하여 소개한다.

[표 10-3] OSI모델의 계층 요약

애플리케이션계층	전자우편, 파일전송을 포함한 다양한 사용자 서비스를 제공한다.
프리젠테이션계층	데이터 형식을 번역하고, 데이터를 암호화하고 해독한다.
세션계층	통신하는 사용자들을 동기화하고, 오류를 복구하고, 명령들을 일괄하여 다룬다.
전송계층	네트워크를 결정하고, 패킷을 조립하거나 분해할 수도 있다.
네트워크계층	경로를 결정하고, 청구 정보를 관리한다.
데이터링크계층	오류를 검출하거나 정정하고, 프레임들을 정의한다.
물리계층	물리적인 데이터를 전송한다.

(2) 인터넷모델

OSI 참조모델은 국제표준기구인 ISO에서 제정한 표준모델인데, 미국 국방성에서도 60년대부터 자체적으로 통신 모델 개발연구를 수행했으며 그 결과로 만들어진 것이 바로 TCP/IP이다. TCP/IP는 80년대 초에 발표되었고, 인터넷의 공식 프로토콜로 채택되었다. TCP/IP에서는 OSI 참조 모델과 마찬가지로 상위계층인 애플리케이션계층과 하위계층인 전송계층, 네트워크계층, 데이터링크계층, 물리계층으로 구분하고 있다. TCP/IP의 각 계층은 OSI 참조 모델의 각 계층이 담당하는 기능과 마찬가지의 역할을 수행한다.

[그림 10-8] 인터넷모델

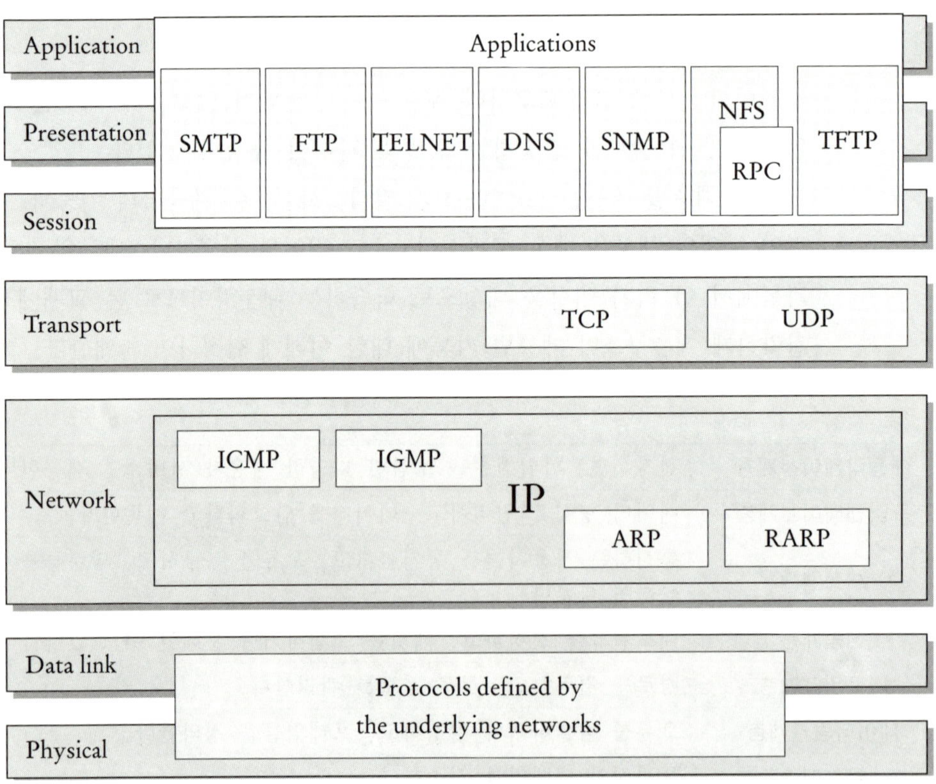

TCP(전송제어규약: Transmission Control Protocol)는 컴퓨터간에 자료를 전송할 때 지켜야 할 규약을 말하며, IP(인터넷규약: Internet Protocol)는 인터넷에서 지켜야 할 약속을 말한다. TCP/IP는 인터넷의 기본 프로토콜로 응용계층, 전송계층, 네트워크계층, 링크계층, 물리계층의 5개의 계층으로 구성되어 있다. 4개의 하위계층은 대략 OSI모델의 하위 4계층과 일치한다. OSI모델의 최상위 3계층의 역할은 전송층에서 가지고 있는 표현층의 일부 기능과 함께, 인터넷모델의 응용층에서 담당하고 있다. [그림 10-8]은 인터넷모델과 OSI모델 간의 비교이다.

10.2 정보통신의 새로운 동향

텔레커뮤니케이션은 컴퓨터기반 네트워크를 이용하여 음성, 데이터, 문자, 이미지, 오디오, 비디오 등과 같은 다양한 형태의 정보교환을 말한다. 정보교환과 관련된 분야에서 텔레커뮤니케이션은 의사결정과정에 상당한 충격을 주었다. 일반적으로 의사결정자들은 지금까지 자신이 지니고 있는 경험에 근거하여 판단하고자 한다. 그러나 오늘날과 같은 복수의 이해관계자들이 존재하는 다원화된 사회에서 자신의 경험만으로 판단하는 것은 합리적 의사결정이 되지 못할 수 있다. 경영의사결정자들은 여러 가지 대안을 수립하고, 그 중에서 가장 최적의 안이 무엇인지 판단하게 된다. 경영의사결정자들은 의사결정과정에서 복수의 대안을 필요로 한다. 텔레커뮤니케이션 산업, 기술 그리고 관련 애플리케이션은 의사결정자들이 필요로 하는 복수의 대안을 제공하고 있다. 여러분이 텔레커뮤니케이션을 정확히 이해해야 하는 이유는 합리적 의사결정의 도출에 텔레커뮤니케이션이 필요로 하기 때문이다.

10.2.1 산업동향

지금 우리 주변에는 텔레커뮤니케이션 서비스를 위한 경쟁이 산업내, 산업간, 한 국가 내는 물론 국가간에도 치열하게 일어나고 있다. 텔레커뮤니케이션 산업은 정부가 규제를 통해 마련해 준 독점 위주의 경영활동의 변화를 요구하고 있다. 전세계 다양한 국가에서 수많은 기업들이 인공위성, 모바일 라디오, 케이블 TV, 무선 휴대전화서비스, 그리고 인터넷 서비스에 진출하고 있다.

인터넷과 웹의 폭발적인 성장은 텔레커뮤니케이션 제품, 서비스 및 사업자와 같은 새로운 무리를 탄생시켰다. 이러한 성장의 원천에 대처하기 위하여, 기업은 전자상거래 및 협업활동에서 인터넷과 웹의 활용을 대폭 확장하고 있다. 기업들이 필요로 하는 텔레커뮤니케이션에 대한 요구에 적절하게 대응할 수 있는 서비스 및 공급업체들이 속속 등장하고 있으며, 새로운 시장은 의사결정자의 빠르고, 정확한 의사결정을 지원하고 있다.

10.2.2 기술동향

기업들은 자신들의 기술 플랫폼으로서 인터넷 네트워크 기술을 사용하기 때문에 공개시스템은 오늘날의 기본 텔레커뮤니케이션 기술의 원동력이 되고 있다. 웹 브라우저 묶음—HTML 웹 페이지 편집기, 인터넷 및 인트라넷 서버 및 네트워크 관리 소프트웨어, TCP/IP 인터넷 네트워킹 제품 그리고 네트워크 보안방화벽—은 극히 일부일 뿐이다. 이러한 기술은 인터넷, 인트라넷 그리고 엑스트라넷 애플리케이션, 특히 전자상거래 및 협업과정에 적용되고 있다. 이 현상은 이전의 산업 및 기술을 공개시스템 아키텍처 기반의 클라이언트/서버 네트워크 구축으로 전환하는 것을 의미한다.

공개시스템은 하드웨어, 소프트웨어, 애플리케이션 그리고 네트워크 활용을 위한 공통표준을 사용하는 정보시스템이다. 인터넷이나 기업

인트라넷 및 엑스트라넷과 같은 공개시스템은 최종사용자들이 자신이 필요로 하는 네트워크에 쉽게 접속할 수 있게 한다. 공개시스템은 상당한 연계성을 제공한다. 연계성이란, 컴퓨터를 네트워크에 연결할 수 있는 능력을 말하는 것이며 서로 다른 장치들이 각각 서로 다른 장치에 쉽게 접근할 수 있으며, 그들간에 정보를 교환할 수 있도록 한다. 공개시스템 기반구조는 긴밀한 네트워크 상호 연동을 제공한다. 즉, 공개시스템은 각기 다른 유형의 애플리케이션 유형을 사용하는 최종사용자가 서로 다른 유형의 컴퓨터 시스템, 소프트웨어 패키지, 데이터베이스의 상호 연동을 가능하게 한다. 소위 미들웨어라고 말하는 소프트웨어는 다양한 시스템 작업들이 다 같이 연동될 수 있게 해 준다.

텔레커뮤니케이션 세계는 아날로그에서 디지털 네트워크 기술로 빠르게 이동하는 혁명이 지금도 진행되고 있다. 텔레커뮤니케이션 시스템은 사람의 음성이 만들어 내는 다양한 전자 형태의 주파수의 전송을 위해서 설계된 음성 위주의 아날로그 전송시스템에 의존해 왔다. 그러나 로컬 및 글로벌 텔레커뮤니케이션 네트워크는 빠르게 디지털로 전환하고 있다. 파장을 만드는 사람의 음성은 "0"과 "1"의 조합으로 된 펄스로 변환되고 있다. 이러한 디지털 전송 기술은 (1) 전송속도의 개선, (2) 대량정보의 전송 가능, (3) 비용절감, (4) 전송에러율 감소와 같은 성과를 나타내고 있다. 뿐만 아니라, 디지털 전송방식은 데이터, 음성, 비디오가 혼합된 멀티미디어 정보의 전송을 가능하게 해 준다.

텔레커뮤니케이션 영역의 다른 주요 변화는 구리방식의 전송매체의 의존에서 지상기준 고주파 릴레이 시스템, 광섬유전송 및 이동전화, PCS, 통신위성, 기타 무선통신으로 전환하는 것이다.

10.2.3 비즈니스 애플리케이션 동향

텔레커뮤니케이션 산업 및 기술의 변화는 비즈니스 애플리케이션의 변화를 수반하고 있다. 더 많아진 사업자, 서비스, 인터넷 기술 그리고 공개시스템과 관련된 기술 동향, 인터넷, 웹, 기업 인프라넷 및 엑스트라넷의 급격한 성장은 텔레커뮤니케이션의 활용영역을 확대하였다. 텔레커뮤니케이션 네트워크는 기업 내에서 웹기반 e-비즈니스 프로세스, 전자상거래, 전사적 협업, 기타 다양한 기업경영활동에서 사용되고 있다.

10.3 텔레커뮤니케이션 네트워크의 비즈니스 가치

기업이 텔레커뮤니케이션 네트워크를 활용함으로써 기대되는 비즈니스 가치는 얼마나 될까? 사실 관리자의 입장에서는 도입 전과 도입 이후 무엇이 달라지는지 관심을 가지게 된다. 인터넷, 인트라넷, 엑스트라넷을 비롯한 여타의 텔레커뮤니케이션 네트워크 기술의 도입에는 비용이 수반되게 마련이며, 도입과정에서 기대되는 반대 급부를 예상하는 것이 당연하다. 네트워크 기술은 여러 곳에 흩어진 정보자원을 한 곳에 모으고, 모아진 정보를 여러 곳에 빠르고, 정확하게 확산하는 데

[표 10-4] 텔레커뮤니케이션 네트워크가 제공하는 비즈니스 가치

전략적 가능성	e-비즈니스 예시	비즈니스 가치
지리적 한계 극복: 원격지로부터 비즈니스 거래에 대한 정보수집	인터넷과 인트라넷을 통하여 출장중인 판매사원으로부터 발생된 고객주문 내용을 주문생성 및 재고갱신을 위해 전사적 데이터 센터에 전송	주문프로세스의 시간단축을 통한 고객만족 및 cash-cow 실현
시간적 한계극복: 신속한 원격지 정보전달	온라인 POS 네트워크를 통한 판매시점에서 신용 확인	신용조회가 단 몇 초 내에 완료
비용한계극복: 전통방식의 통신수단에 비해 비용절감	기업과 고객사 간의 데스크탑형 비디오화상회의	출장시간 및 비용감축;의사결정시간 단축을 통한 신속한 고객대응
구조적 한계극복: 경쟁적 우위확보를 위한 연결고리 제공	인터넷과 인트라넷을 이용한 기업과 협력업체 간의 기업과 기업간 전자상거래 웹사이트	빠르고, 편리한 서비스로서 고객 및 협력업체 유인

일등공신이다. 중복된 투자, 작업을 줄임으로써 비용절감을 기대할 수 있으며, 지리적 · 시간적 제약없이 업무를 진행할 수 있음으로써 글로벌 경영의 수문장 역할을 한다. 고객의 소리를 가까이서 들을 수 있는 계기를 마련해 줄 뿐만 아니라, 사이버공간을 통한 기업 공시, 쇼핑몰 등의 e-비즈니스를 가능하게 하는 기반이 된다.

[표 10-4]는 텔레커뮤니케이션 네트워크가 제공하는 비즈니스 가치에 대한 요약이다.

10.4 유비쿼터스 컴퓨팅

유비쿼터스란 '언제 어디서나 존재한다'는 라틴어로서 유비쿼디스 컴퓨팅의 줄임말이다. 그 의미는 언제 어디서나 어떤 것을 이용해서라도 온라인 네트워크상에 있으면 서비스를 받는 환경 · 공간을 의미한다. 1988년 XEROX의 Palo Alto Research Center에서 Mark Weiser가 Ubiquitous Computing을 주장하였다. 컴퓨터를 사용하여 일을 하는 사람이 일보다는 컴퓨터 조작에 더 몰두해야 하는 문제점을 지적하여 인간중심의 컴퓨팅 기술(Ubiquitous Computing)을 하는 것을 의미한다. 일반적으로 물 · 공기처럼 도처에 편재해 있는 자연자원이나, 종교적으로 신이 언제 어디서나 시공을 초월하여 존재한다는 것을 상징할 때에 사용한다

[그림 10-9]는 유비쿼터스 컴퓨팅이 실현되는 모습을 보여주고 있다. 가정, 의료, 교통정보 등이 하나의 단일 네트워크로 결합되어 유기적으로 교신하고 있다.

[표 10-5]는 유비쿼터스 컴퓨팅을 가능하게 하는 기술을 설명하고 있다. 기초기술로서 인식을 위한 센서와 이를 처리할 수 있는 소자, 그리고 각 장치들을 연결하는 네트워크로 구성되어 있다. 인간생활에 응용할 수 있는 응용기술에는 상황인지, 인간행동패턴분석, 반응생성, 통

[그림 10-9] 유비쿼터스 컴퓨팅 환경

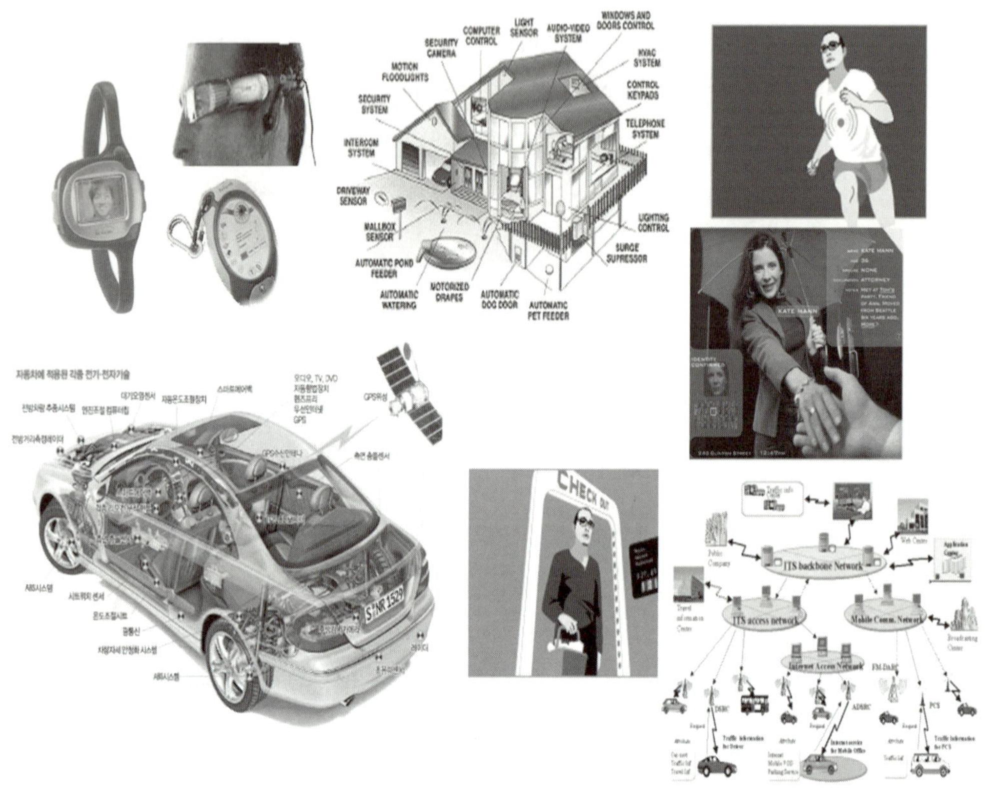

합적 관리를 의한 통합환경으로 구성된다.

정보통신부는 참여정부의 정보화 비전인 'Broadband IT Korea Vision 2007' 계획을 수립하고 'IT 신성장 동력 마스터플랜' '광대역통합망(BcN) 구축 기본계획' 'u-센서네트워크 구축계획' 등을 현재 추진 중에 있다. 이들 계획은 모두 u-Korea를 현실화하기 위한 구체적인 실행안이다.

정보통신부는 2004년 광대역통합망(BcN) 구축 계획 수립을 마치고 2005년에 1단계 사업에 착수하였다. 광대역통합망은 통신, 방송, 인터넷 등의 여러 통신서비스 융합을 지원하는 차세대 통신망이다. 2010년까지 2,000만 가입자를 대상으로 현재의 통신속도인 1.5-2Mbps보다 50

[표 10-5] 유비쿼터스 컴퓨팅의 구성 기술

핵심기술		주 요 내 용
기초 기술	센서	지능형 환경이 사람의 활동과 명령에 반응하게 하기 위한 장치기술(RFID, Bio칩, MEMS, 온도감지장치)
	소자	극소형 노드(저전력 초소형 프로세서, 기억장치) 및 OS 설계 기술
	네트워크	센서 네트워크(Sensor Network) 고속 근거리 유무선 네트워크, 무선 개인 네트워크(WPAN) 기술
응용 기술	상황인시	음성인식 기술, 문자인식 기술, 동작인식 기술 대상의 위치나 현재 상태를 감지할 수 있는 기술 사용자의 의도를 파악할 수 있는 기술
	인간의도 파악	지능형 환경이 사용자와의 상호 작용을 위해 사용자의 의도나 상태를 추측하는 기술
	반응 생성	사용자의 명령에 반응하여 환경을 변화시키거나 필요한 정보를 세시하는 기술
	통합환경	사용자들이 컴퓨터를 손쉽게 사용할 수 있도록 하는 기술 외부로 드러나지 않으면서 환경 내에 효과적으로 통합하는 기술

배 빠른 100Mbps급 통신서비스가 제공될 예정이다.

유비쿼터스 환경으로 변하게 되면 모든 곳에 칩이 존재하게 된다. 우리가 보는 모든 사물에 칩이 사용되게 된다. 책, 침대, 의자, 보일러, 차량, 냉장고, 전등, 모든 사물이 디자인을 가지듯이 유비쿼터스는 모든 사물에 칩을 가지게 한다. 그 연결고리의 칩은 RFID라고 부른다. 칩이 존재하는 모든 사물은 모두 컴퓨터가 되며 우리는 컴퓨터 속에서 살게 된다.

10.5 RFID(Radio Frequency IDentification)

10.5.1 개 념

최근 자동인식시스템은 서비스 산업, 구매 및 유통·재고관리 산업 분야, 제조사 및 자재 유통 등 다양한 분야에서 보편화되어 있다. 자동식별시스템의 혁명을 유발하였던 바코드는 가격이 매우 저렴하다는 장점을 가진 반면, 낮은 기억용량, 재프로그램 불가, 여러 상품 동시 식별 불가 등의 단점을 가지고 있다. 이러한 바코드의 단점을 해결하기 위해 개발된 것이 IC(Integrated Circuit)칩 카드이다. IC칩 카드는 데이터 장치와 사용자 사이의 접촉 여부에 따라 접촉형과 비접촉형으로 나눌 수 있는데, 이 중 비접촉식 ID시스템을 RFID(Radio Frequency IDentification systems; 무선주파수신원시스템)이라 한다.

정보통신부는 U-Sensor Network 서비스로서 RFID를 정의하고 있으며, 이는 '사물에 전자태그를 부착하고 각 사물의 정보를 수집·가공함으로써 개체간 정보교환, 측위, 원격처리, 관리 등의 서비스를 제공하는것' 으로 정의하고 있다. 산업자원부는 RFID에 대해 '제품에 부착된 칩의 정보를 주파수를 이용해 읽고 쓸 수 있는 무선주파수 인식으로 사람, 상품, 차량 등을 비접촉으로 인식하는 기술' 로 정의한다. 국내연구기관인 IITA의 경우 'Micro-chip을 내장한 Tag, Label, Card 등에 저장된 Data를 무선주파수를 사용하는 소형 IC칩을 사용하여 비접촉으로 사물을 인식하는 기술로서, 사물의 위치파악 및 경로추적을 통해 기업에게 실시간으로 제품의 상황에 관한 정보를 전달할 수 있는 기술' 로 정의한다.

10.5.2 구성요소

RFID는 일반적으로 Tag, Reader, Middleware로 이루어져 있다.

Tag는 일반적으로 전지가 내장된 Active Tag와, Reader가 전파범위 내에서 에너지원을 얻는 Passive Tag로 분류한다. Active Tag는 전지가 유지되는 동안에 미리 저장된 시간간격에 따라 RF신호를 전달하며, 원거리 데이터 송수신이 가능하나, 가격이 비싸고 배터리 수명에 따라 사용기간의 제약을 받는 것이 단점이 있다. Passive Tag는 안테나 코일과 Chip으로 구성되어 Reader에서 방출하는 전자기장 범위 내에 Tag가 들어가면 Tag의 안테나 코일에 인가된 AC전압을 DC로 정류, Chip에 필요한 전원으로 사용한다.

RFID Reader는 Passive Tag에 RF 에너지를 공급하여 활성화하게 하고 Tag로부터 정보를 받아들이는 역할을 수행한다. 이를 위해 Reader는 RF 신호의 발신, 수신과 데이터 디코딩을 하는 부분을 포함하고 있으며 그 외에 호스트 컴퓨터와의 직렬통신(RS232C), USB, Ethernet 등의 통신을 수행한다. RFID 전송부는 안테나회로와 동조(tuning)회로, RF carrier generator를 포함하는데, 안테나 동조회로와 안테나가 최상의 성능을 발휘하기 위해서 적절하게 동조할 수 있도록 설계되었다. 수신되고 있는 신호는 마이크로 컨트롤러를 통해 디코딩되어서 데이터를 얻을 수 있으며, 마이크로 컨트롤러 내의 펌웨어 알고리즘은 RF 신호를 발신하고, 수신된 데이터를 해석하며, 호스트 컴퓨터와 통신을 수행한다.

세번째 미들웨어는 Enterprise Business Application(기업형 솔루션)과

[그림 10-10] RFID 기본 구성

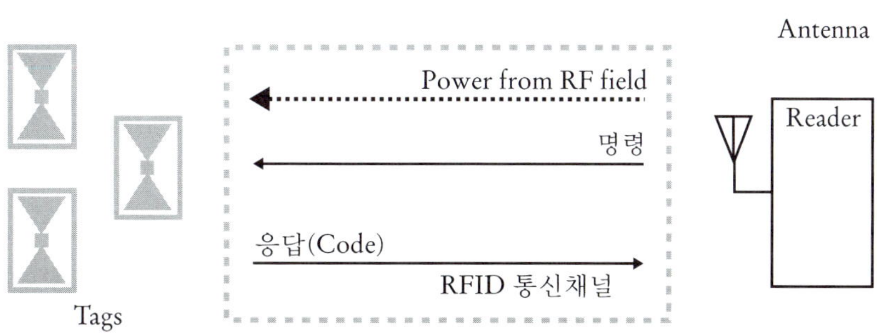

[표 10-6] RFID 태그의 종류 및 주요 특징

구분		주요 특징
태그 전원 유무	능동형(Active)	• 태그에 배터리가 부착되어 있으며, 수십 m 원거리 통신용 • 가격 고가, 수명 제한, UHF 대역 이상에서 사용
	수동형(Passive)	• 태그에 배터리가 없으며, 수 m 이내 근거리 통신용 • 가격 저렴, 수명 반영구적(약 10년 이상)
태그 읽기/쓰기	읽기 전용	• 제조시 프로그래밍하여 정보내용은 변경 불가능함 • 바코드와 같은 단순인식(예: EPC Class 0)
	읽기/쓰기	• 데이터 변경 가능 • 고가이나 다양한 분야에서 고도의 활용이 가능
주파수 대역	저주파 대역 (100KHz~500KHz)	• 동물인식, 마라톤기록 측정 등 근거리 용도로 활용 • 시스템 가격 저렴, 용도 한정
	중간주파수 대역 (10MHz~15MHz)	• 교통카드 등(거리 10cm 이내)에서 실용화 • 1m 전후의 응용분야도 있음
	고주파 대역 (860MHz~930MHz, 2.4GHz~5GHz)	• 433MHz, 860~960MHz 대역을 이용 • 마이크로파 대역에 비해 무선인식 성능이 우수 • EPC 태그 등 국제적으로 활성화 전망 • 2.45GHz의 ISM 대역 이용, 태그의 저가화 가능 • UHF 대역보다 수분, 금속 환경에서 인식률 저하

Enterprise Device Management(전사적 장비관리)간 연계를 담당하여 RFID 시스템으로부터 획득된 데이터가 기업내부로 이동되어 저장, 여과, 운용되기 위해서는 RFID 태그, 리더는 물론 네트워크, 하드웨어, 이들을 연결하는 소프트웨어인 미들웨어로 구성된다.

RFID Tag는 태그의 전원유무, 읽기 및 쓰기 기능의 제공, 주파수 대역에 따라서 [표 10-6]에서처럼 구분할 수 있으며 각 유형별 특징이 상이하므로 그 쓰임새도 다르다.

10.5.3 장점 및 단점

(1) 장　　점

RFID는 상품과 단말기 사이에 접촉 없이도 짧은 시간에 많은 정보를 송·수신할 수 있다는 장점이 있다. RFID의 태그는 반영구적으로 사용이 가능하며, 저장된 정보의 손상이 거의 없다. 또한, 복제가 거의 불가능하며 카드의 손상률이 매우 낮은 등의 장점이 있다.

(2) 단 점

RFID는 tag의 가격이 바코드 등에 비해 높은 수준이며, 판독기의 가격이 비싸 초기 투자비용이 부담으로 작용할 수 있는 문제를 가지고 있다. 가장 큰 문제로는 소비자의 개인 사생활 침해 가능성을 들 수 있다. 만약, 소비자가 제품을 구입하여 태그를 집으로 가져가게 되면, 소비자의 소비행태 및 사용도 등의 추적 및 분석이 가능하다. 따라서, 소비자 개인생활에 대한 정보가 고스란히 판매업체에 전달될 수 있다는 문제가 있다.

RFID을 비롯한 현재의 무선식별 방법간의 주요 특징을 비교하면 [표 10-7]과 같다. 각 방식별로 장점과 단점을 가짐을 알 수 있다.

[표 10-7] 무선식별 기술의 비교

구 분	Bar code	Magnetic code	IC Card	RFID
인식방법	비접촉식	접촉식	접촉식	비접촉식
인식거리	0~50cm	리더기에 삽입	리더기에 삽입	0~5m
인식속도	4초	4초	1초	0.01~1초
인식률	96% 이하	99.9% 이상	99.9% 이상	99.9% 이상
투과력	불가능	불가능	불가능	가능(금속 제외)
사용기간	-	1만번 이내	1만번	10만번
데이터 보관	1~100byte	1~100byte	16~64kbyte	64kbyte 이하
데이터 기록	불가능	가능	가능	가능
카드 손상률	매우 잦음	잦음	잦음	거의 없음
Tag Cost	가장 저렴	저렴	높음($10 이상)	보통($0.5~$1)
보안능력	거의 없음	거의 없음	복제 불가	복제 불가
재활용	불가능	불가능	가능	가능

10.5.4 RFID 도입 전망과 우리 기업에의 시사점

(1) 사생활 보호 문제

소비자 보호차원에서 보면 개인별 보유상품 내역 및 상품보유자의 위치 추적, 상품보유자의 신상 파악 등의 우려가 있다. 국가별 특성도 반영되고 있는데 영국소비자는 상대적으로 엄격한 정보 및 사생활 보호에 관한 법률로 개인생활 침해에 대한 불안이 적은 데 비해 미국소비자들은 개인사생활 침해에 대한 심각한 우려를 나타내고 있다. 영국의 Tesco의 경우 소비자보호행동단체 CASPIN(Consumers Against Supermarkt Privacy Invasion Numbering)에서 2005년 2월 이후 Tesco 매장 불매운동을 포함하여 장기적인 RFID 도입 반대운동을 벌이고 있는 상황이다.

(2) 초기 투자비용 및 태그 가격

RFID 도입에 따른 비용도 적지 않을 것으로 예상되고 있다. 초기 RFID 시스템 구축비용은 물류센터당 40만 달러, 점당 10만 달러 정도가 소요될 것으로 예상되고, 시스템 통합에도 3,500 ~ 4,000달러 정도의 비용이 필요한 것으로 보고 되고 있다. 현재 RFID 태그가격은 성능에 따라 0.15~100달러까지 그 폭이 매우 넓은 상태이다. 업계에서는 개당 5센트까지 하락해야만 활성화가 가능할 것으로 보고 있는데, 현 추세라면 2007년쯤에는 이러한 가격 달성이 가능할 것으로 예상되고 있다.

(3) 국제표준

RFID 관련 국제표준 부재로 인한 상호 호환성 부족 문제도 RFID 활성화를 위해 반드시 필요한 부분이다. 현재 ISO(International Organization for Standardization: 국제표준화기구)에서 유통물류분야에서 사용될 주파수대역에 관한 표준화 작업은 마친 상태이다. 그러나 태그와 판독기의 네트워크와 관련된 표준화 작업은 아직까지 완료되지 못한 상태로 현재 EPC global에서 작업이 진행중인 상태이다.

(4) 우리 기업들의 대응책

RFID 도입은 해외뿐 아니라 국내 여러 업체에서도 시범사업을 실시하는 등 활발한 움직임을 보이고 있는 상황이다. 삼성테스코, CJ GLS 등은 각각 콘소시엄을 구성하여 이미 지난 2003년에서부터 2004년까지 1년간 시범사업을 실시하는 등 본격적 도입을 위해 박차를 가하고 있다. 또 여타의 유통업체 역시 RFID 도입을 위한 내부 검토를 마치고 이의 도입을 위해 다각적으로 접근하고 있다. 이처럼 RFID는 해외의 몇몇 업체가 주도하는 기술이 아니라 전세계적으로 물류의 혁명을 일으키는 새로운 기술로 받아들여져야 할 것이다. 따라서 해외 유통업체에 납품을 하는 제조업체들뿐 아니라 다른 모든 제조업체들도 RFID라는 새로운 기술의 도입에 적극적으로 대비하여야 할 것이다.

중·장기적으로 볼 때 RFID는 제조업체 및 유통업체 모두에게 상당한 긍정적 효과를 가져다 줄 것으로 예상되기 때문이다. 물류 및 유통비용 감소, JIT(Just In Time) 재고관리를 통한 공급자 납품 효율성 증대 등의 혜택이 예상된다.

요 약

본 장에서는 지식정보화 사회의 혈관과 같은 네트워크의 전반에 대하여 살펴보았다. 네트워크가 무엇인지에 대한 개념의 인식에서부터 출발하여 어떻게 동작하는지에 대하여 학습하였다. 컴퓨터 네트워크의 주요 구성요소는 무엇이며, 국제간의 표준은 어떻게 설정되어 있는지 살펴보았다. 이 과정에서 프로토콜이라는 중요한 원칙이 존재함을 인식할 수 있었다.

본 장을 통해 유비쿼터스 시대의 핵심이 되는 정보통신 전반에 대하여 학습하였고, 네트워크의 동작원리는 무엇인지에 대한 이해를 바탕으로 네트워크의 구성요소에 대하여 학습하였다. 유비쿼터스 컴퓨팅은 어떠한 의미를 포함하는지, 어떠한 구성요소를 가지는지, 어떠한 연구가 진행되고 있는지에 대하여 살펴보았다.

후반부에는 언제, 어디서나 컴퓨터를 이용할 수 있는 실생활 속의 공기와 같이 인간이 숨쉬는 그 어디에서나 컴퓨터를 이용 가능한 유비쿼터스 컴퓨팅에 대하여 살펴보았다. 산업뿐만 아니라 일반 가정생활에서도 유비쿼터스 컴퓨팅이 실현되고 있음을 발견할 수 있었다. 유비쿼터스의 핵심기술인 무선식별인식(RFID)를 살펴보았다. 아직은 한창 기술이 개발되고 있는 단계이고 보면 누가 먼저 선점하는가에 따라서 미래의 선도자가 될 기회를 가질 것이다.

연습문제

1. 프로토콜은 무엇을 의미하는가?
2. 링형 토플로지 형태의 특징과 장단점은 무엇인가?
3. 전이중 전송방식의 특징은 무엇인가?
4. LAN은 무엇인가?
5. OSI 모델의 7가지는 무엇인가?
6. 유비쿼터스는 무엇인가?
7. RFID는 무엇인가?
8. RFID의 장단점을 제시하시오.

월마트의 선전포고: 모든 박스 · 팔레트에 'RFID'

세계적인 유통업체 월마트는 올 초 100개 상품 공급업체에 전자태그(RFID)에 기반을 둔 전자상품코드(EPC) 도입과 관련한 공식문서를 일제히 발송했다. 이 문서에는 내년 1월부터 100개 업체에 한해 상품 박스와 팔레트에 전자태그를 반드시 부착해야 한다는 공지와 함께 이와 관련한 구체적인 EPC 사양이 제시돼 있다. 이와 별도로 37개 업체는 자발적으로 EPC를 사용하겠다고 월마트에 통보했다.

이에 따라 내년부터는 월마트의 137개 거래선이 RFID 시스템을 이용하게 된다. 나아가 월마트는 내후년 1월부터 모든 업체에 전자태그 부착을 의무화할 것이라고 공언했다. 월마트의 이 같은 방침이 알려지면서 전문가들은 유통 · 물류 분야에도 새로운 시대가 열렸다고 의미를 부여했다. 당시 미국 소매연합(NRF) 최고정보책임자인 데 이브 호간은 "상상 속에 있던 RFID가 이제 현실로 구현됐다"며 "내년은 RFID를 기반으로 한 전자상품코드 시대가 열리는 소매유통 분야의 의미 있는 해가 될 것"이라고 말했다.

월마트는 이미 미국 전역의 7개 매장을 중심으로 '베르사인 존'이라는 일종의 테스트베드를 구축하고 상용화를 위한 만반의 준비를 마쳤다. 월마트의 데스트센터를 직접 방문한 CJ GLS 윤희식 부장은 "월마트는 이미 EPC를 부착한 박스를 대상으로 상용화를 위한 모든 시험을 끝낸 상태"라며 "EPC 보급을 위해서는 태그 가격이 현실화되고 주파수 문제나 기술적 결함이 보완되어야 하지만 월마트가 이를 실제 매장에 적용하는 내년은 시장 활성화를 위한 기폭제가 될 것"이라고 진단했다.

월마트가 전세계 유통업체를 통틀어 가장 많은 4,750개의 매장을 가진 1위의 글로벌 유통업체라는 면에서 이 프로젝트는 당연히 RFID 나아가 EPC 보급에 상당한 파장을 불러일으켰다. 이 발표 이후 미국 국방부, 독일계 유통업체 매트로, 영국의 테스코 등이 잇따라 이를 도입하겠다고 나서는 상황이다.

미 국방부는 내년 1월부터 주요 군수물자 납품업체를 대상으로 RFID 파일럿 프로젝트를 진행키로 했다. 유럽에서도 각 지역 소매상의 RFID와 EPC 접목이 활발하다. 세계 4 위 유통업체 독일 매트로도 2002년 7월 오토ID센터에 가입한 뒤 EPC 개발에 공동참여해 왔으며 지난해 4월에는 인텔 · SAP · IBM · MS 등과 공동으로 세계 최초의 RFID 결합 매장인 '퓨처스토어'를 개설하기도 했다. 이 회사는 오는 11월까지 100여 곳의 대형 공급선을 중심으로 독일 내 10개 창고와 250여 점포에 EPC를 부착한 상품을 공급할 계획이다. 영국 테스코도 올해 안에 상품 박스에 태그를 부착해 이를 시범 운영하는 사업을 진행중이다.

국내 업체의 움직임도 빨라지고 있다. 미국 월마트 · 국방부와 관련 있는 제조업체는 별도 팀을 구성하고 EPC 시스템 구축에 적극 나서고 있다. 월마트 공급선인 미국 HP에 주문자상표부착생산(OEM) 방식으로 PC를 공급하는 LG전자와 삼보컴퓨터는 PC와 PDA 생산라인에 EPC를 부착하는 프로젝트를 진행중이다. 한국타이어도 해외 자동차업계로부터 RFID 태그 부착을 요구받아 파일럿 프로젝트를 준비하고 있다.

출처: 전자신문, 2004년 9월 9일자

제 11 장

인공지능, 전문가시스템, 인공신경망

인간과 기계는 문제해결 방식이 다르다. 그러나 인간이 문제를 해결하기 위해서는 기계 등 유용한 도구를 사용해야 하기 때문에 서로 다른 문제해결 방식의 적절한 조화가 필요하다. 이를 위해서는 먼저 인간과 기계의 문제해결의 방법이 어떠한 차이점이 있는지를 간파하는 것부터 시작한다. 체스 세계챔피언을 이긴 것으로 유명한 컴퓨터 딥블루를 개발한 프로그래머들이 지적한 바는 다음과 같다. 예를 들어 넓은 바닷가 모래사장에 반지가 떨어져 있는 경우 그것을 찾아내기 위해서 인간이라면 자신의 발자국을 따라가면서 모래더미를 유심히 살펴보거나 금속탐지기와 같은 도구를 추가로 사용할 수 있을 것이다. 그러나 컴퓨터라면 아예 모래사장의 모래를 모조리 쓸어 담은 뒤 모래 입자를 하나씩 찾아서 반지가 나올 때까지 계속 똑같은 작업을 반복수행할 것이다. 이를 두고 인간은 휴리스틱(heuristic)한 방법, 컴퓨터는 결정론적(deterministic)인 방법을 사용한다고 한다.

이러한 사례와 마찬가지로 기계, 특히 컴퓨터로 하여금 보다 인간과 비슷한 형태의 작업을 수행하도록 하여 빠른 문제해결에 이용하기 위한 시도가 오랫동안 수행되었다. 이러한 시도는 인공지능(artificial intelligence)이라는 큰 학문적 실무적 분야를 잉태하였고 컴퓨터의 성능과 기능이 보다 나아짐에 따라 앞으로도 정보분석 등 여러 분야에 응용될 것으로 기대되고 있다. 그러나 컴퓨터가 사람과 같은 지능형 행동(intelligent behavior)을 수행하도록 하는 것은 지극히 어려운 작업이며 현재까지 상당한 발전을 이루었음에도 애당초 목표로 했던 부분에는 미흡한 실정이다.

이번 장에서는 인공지능의 개념을 살펴보고 그것이 가진 한계와 이를 극복하고자 수행했던 많은 연구 등의 과정에 대해서 알아볼 것이다. 또한 현재까지 개발된 인공지능의 수행과정들과 가장 실무적으로 유용한 전문가시스템 및 인공신경망의 발달과정 및 실행현황 등에 대해서도 검토해 볼 것이다.

11

MINI CASE
가정으로 들어온 인공지능 제품

사람의 손이 덜 가는 이전보다 훨씬 사용하기 편리한 제품들이 이제는 가정에서도 흔히 만나 볼 수 있게 되었다. 이른바 백색가전으로 불리우는 가정용 제품들은 안정적이면서도 꾸준한 수요가 존재하기 때문에 이러한 시장으로 인공지능을 갖춘 제품들이 앞으로도 더욱 나디날 깃으로 보인다.

대표적인 가전제품 중 하나인 밥솥도 이제는 예전의 밥솥이 아니다. 밥솥을 전문으로 생산하는 쿠쿠홈시스는 밥솥에 통신기능을 탑재한 새로운 제품을 선보였다. 이 제품은 사용자와 밥솥 간의 정보를 적외선통신으로 연결해 보온환경을 조절하는 것은 물론 요리법을 다운로드 받아 스스로 요리를 만들기까지 한다. 또한 인공지능을 갖춘 가정용 제품으로서 최근 가전업체들의 관심을 받고 있는 것이 청소기이다. 실내에 있지 않아도 밖에서 휴대폰으로 청소를 지시할 수 있는 청소기는 물론이고 충돌이나 추락 등을 방지하기 위한 안전장치가 마련되어 있으며, 주행각도 및 거리를 스스로 계산하여 최적의 경로를 계산하여 청소를 자동으로 해주는 청소기도 판매되고 있다.

이뿐만 아니라 TV, 냉장고, 세탁기 등 거의 대부분의 가전제품에 인공지능을 갖춘 제품이 속속 개발되고 있으며 사용자의 편의성을 크게 추구하고 있다.

11.1 인공지능의 개념과 응용

11.1.1 인공지능의 개념

인간은 도구(tool)를 사용할 수 있는 동물로서 노동력을 대신할 수 있는 로봇을 만들거나, 시간이나 날짜의 흐름을 알 수 있도록 시계를 만들어 사용하기도 하였다. 이처럼 인간이 도구를 사용할 수 있는 능력은 다양한 측면에서 인류사회에 편리함을 제공하고 있다. 예를 들어 멀리 떨어진 곳을 가기 위해 자동차, 선박, 비행기 등을 만들어 손수 걸어서 가는 피곤함을 줄이고 또한 빠른 시간에 목적지에 다다를 수 있도록 하였다. 인간이 도구를 사용할 수 있는 능력의 한 가지 형태로 "인간의 지적 능력을 대신할 수 있는," 다시 말해 인간의 지적 능력을 도구화하여 사용할 수 있는 그 무엇을 만들고자 노력한 것이 인공지능의 태동이다. 인공지능(artificial intelligence)이란 인위적인(artificial) 지적 능력(intelligence)을 갖춘 실제(entity)를 구현하는 작업이다. 다시 말하면 인간 또는 동물들의 지능적인 프로세스들을 기계가 대신할 수 있도록 연구하는 분야가 인공지능의 학문적인 영역이다.

인간의 지적 능력을 대신할 로봇 또는 도구(?)를 만드는 일은 그리 쉽지 않다. 이는 청소를 돕기 위해 청소하는 로봇을 제작하는 것과는 큰 차이가 있다. 우선 먼저 지적 능력이란 무엇인가를 정의해야 할 것이다. 일반적으로 인공지능 및 인접분야의 학자들은 지적 능력 또는 지능적인 프로세스를 '문제 해결 능력' 또는 '문제를 해결하는 단계'라고 정의한다. 이러한 지적 능력을 구비해서 나타난 연구의 결과물은 어쩌면 당연하게도 컴퓨터(computer)를 중심으로 연구되어 왔다. 인공지능의 발전은 컴퓨터의 발달과 밀접한 관계를 갖고 있다. 다시 말하면 컴퓨터를 통해 인간의 지적 능력을 대신하는 기능을 구현하려는 학문 분야이다.

인공지능의 학문분야는 매우 실천적이다. 현상의 이해수준을 넘어서 그 자체를 실질적으로 구현하는 것이 목표다. 다시 강조하지만 인공지능은 지능 자체에 대한 이해를 넘어 어떻게 지능을 컴퓨터(또는 로봇을 통해)로 "구현하느냐"에 더 관심을 두고 있다. 인간에게 생각하고, 행동하는 행위는 쉬우나 컴퓨터를 통해 이러한 능력(생각하고 행동하는)을 실제로 구현하기는 매우 힘들고 어려운 작업이다.

가까운 장래에 완벽한 인공지능 컴퓨터를 구현한다면 어떤 일이 발생할까? 적어도 인공지능컴퓨터가 나의 해야 할 일, 예를 들어 기말고사를 위해 공부해야 하는 일들을 모두 대신해 줌으로써 우리는 좀더 여가를 즐길 수 있을지 모른다. 나아가 이러한 완벽한 인공지능 컴퓨터를 구현할 수 있다면 인간이 인간지능을 만들 수 있는 새로운 시대가 열리는 것이라 할 수 있다. 그러나 아직도 완벽한 "인간지능 구현"은 최근 과학기술의 급속한 발달에도 불구하고 매우 어려운 그리고 할일이 많은 학문분야로 남아 있다. 인공지능은 여러 학자들에 의해 다양하게 개념이 정의되고 있으며 인공지능은 [그림 11-1]에서처럼 크게 4가지로 분류, 접근하여 살펴볼 수 있다.

[그림 11-1]을 살펴보면 가로축은 인간(human)적인 측면과 합리적(rational)인 측면 등 크게 2가지로 분류했고 세로축은 인간의 사고작용(thinking)과 행동(acting)의 측면에서 크게 대별하여 ① 인간처럼 생각하는 시스템, ② 합리적으로 생각하는 시스템, ③ 인간처럼 행동하는 시스템, ④ 합리적으로 행동하는 시스템 등 총 4개의 인공지능에 대한 접근방법이 설정되었다.

[그림 11-1] 인공지능에 대한 접근방법

인간의	인간적	합리적
생각	인간처럼 생각하는 시스템	합리적으로 생각하는 시스템
행동	인간처럼 행동하는 시스템	합리적으로 행동하는 시스템

출처: Russell & Norvig, *Artificial Intelligence, A Modern Approach*, 1995.

특히 가로축의 경우에는 인간적인 측면과 합리적인 측면으로 대별되고 있는데, 이는 다시 극단적으로 말하면 비합리적인 측면과 합리적인 측면으로 구분한 것이라 할 수 있다. 즉 인간사고 및 행동의 판단을 합리성에 근거해서 볼 것인가 아니면 인간의 사고와 행동을 그 자체로 있는 그대로 판단할 것인가에 대한 대립이다. 예를 들어 담배를 피는 것은 몸의 건강에 좋지 않은 영향을 미친다. 합리적인 입장에서 보면 담배를 피는 것은 폐암 등 각종 질병을 유발할 수 있는 가능성이 높아 건강에도 매우 나쁜 영향을 미치는 위험한 행동이다. 즉 합리적인 입장에서 담배는 피워서는 안 되는 행위이나 많은 사람들이 이러한 위험에도 불구하고 담배를 기호식품으로 애호한다. 이러한 행위를 단도직입적으로 비합리적이라고 단정짓기는 어렵다. 그러나 위의 예와 같이 합리적으로 보이지 않는 인간적인 사고와 행동들을 이 책에서는 인간적(human)적이라고 구분하고 있다. 그럼 각각의 접근방법에 대해 좀더 자세히 설명한다.

(1) 인간처럼 생각하는 시스템

인간처럼 생각하는 기계, 즉 컴퓨터를 만들려는 분야다. 이러한 인공지능의 접근방법을 따르면 먼저 인간이 어떻게 생각하는가? 즉 인간의 사고작용(thinking process)에 대해 연구할 필요가 있다. 인간처럼 생각하는 시스템을 만들려는 입장, 또는 접근방법은 여러 가지 실험을 통해 인간의 사고작용을 연구하는 인지과학(cognitive science)과 밀접한 연관을 갖고 있다. 인지과학 분야는 다양한 사고(thinking) 노력을 통해 또는 심리학적, 정신적인 실험을 통해 인간사고작용 프로세스를 이해하려고 노력한다. 다시 말하면 다양한 실험을 통해 가설을 설립하고 이를 통해 프로그램을 구현하여 인간사고작용을 모방하려는 연구행위가 인공지능을 인간처럼 생각하는 시스템의 입장에서의 접근방법이다.

(2) 합리적으로 생각하는 시스템

인간 지성을 합리성에 근거한 문제해결과정으로 접근하는 방법이다. 이는 삼단논법(syllogisms)이나 로직(logic)에 기초하여 정보시스템을 설계 구현하고자 하는 것이다. 즉, "사람은 생명체이다. 생명체는 죽는다. 그러므로 사람도 죽는다"라는 사고과정에는 올바르게 생각하고 문제를 풀어가려는 합리적 사고의 논리적인 과정이 담겨 있다. 이러한 과정에서 인간의 비형식적인 자연어를 컴퓨터 형식적인 논리언어로 전환하는 것이 필요하고 또 저장된 지식데이터베이스에서 각각의 추론들을 정확하게 연결하여야 하는 과정 등이 중요하다.

이 같은 합리적으로 생각하는 인공지능 시스템에 대한 접근법에는 두 가지 문제점이 있을 수 있다. 첫째, 암묵적인(informal or tacit) 지식 등을 합리적인 또는 로직에 근거하여 표현하기 어렵다. 특히 이러한 암묵적인 지식이 100% 확실하지 않을 때 이러한 합리적인 접근법은 문제 자체를 정형화하기도 힘들다. 둘째, 이같이 합리적으로 생각하는 시스템을 구현하였다 하더라도 이러한 시스템이 합리적인 실행을 통해 합리적인 결과를 도출하지 않을 수도 있다는 것이다.

(3) 인간처럼 행동하는 시스템

인간처럼 행동하는 시스템으로 인공지능 분야를 접근하는 것은 Alan Turing(1950)의 연구에 기초한다. Alan Turing은 지적 행위를 상당한 수준의 높은 인간적 능력이라고 정의했다. 여기서 말하는 "상당한 수준"이란 예를 들어 직면한 문제에 대한 해결책을 제시받았을 때, 이 해결책이 컴퓨터가 제시한 것인지 아니면 사람들이 회의를 통해 제안한 것인지 모를 정도의 높은 수준, 또는 상태라고 Turing은 말한다. 이러한 그의 이론에 기초하여 제안한 튜링 테스트는 자연어 처리(natural language processing), 지식 표현(knowledge representation), 내장된 지식으로부터의 자동화된 추론(automatic reasoning), 패턴 인식(pattern recognition), 기계 학습(machine learning) 등 다양한 응용 분야를 갖추게 되었으며 인간처럼 행동하기 위해 컴퓨터 자체도 인간처럼 행동하기 위해 컴퓨터 비전(computer vision), 로보틱스(robotics) 등 다양한 분야가 인공지능을 행동하는 시스템적으로 접근하는 데 적당한 분야로 인식되어 많은 발전을 이루고 있다. 특히 이 인공지능 접근법은 시스템의 인간과 같은(humanlike) 행동측면을 구현하는 임무에 포커스가 있음이 중요한 사실이다.

(4) 합리적으로 행동하는 시스템

합리적(rationally)으로 행동하는 시스템을 구현하는 인공지능 접근법이다. 합리적인 인공지능 접근법은 주어진 상황하에서 적절한 행위를 통해 문제를 해결하는 시스템, 또는 프로그램을 구현하는 것을 말한다. 우리는 이러한 시스템이나 프로그램을 합리적인 에이전트(agent)라 부르는데, 이러한 접근방식은 주어진 상황을 인식하고 이에 반응하는 시스템을 말한다. 이러한 합리적 행동에 기초한 인공지능 접근방법은 정확한 판단(correct inference)에 의해 문제를 해결하는 것을 의미하지 않는다. 다시 말해 이러한 합리적 행동에 기초한 인공지능의 접근법은 주어진 환경에 제약을 받는 합리성(limited rationality)을 인정한다. 그래서 늘 정확한 판단에 의해 문제해결을 하는 시스템이 아니라 잘못된 행위를 인정하고 점진적으로 문제를 해결하는 실질적인(practical) 측면에서 인공지능을 정의하는 것이다. 이러한 접근법은 유연하고 실질적이며, 주어진 환경변화에 계속적으로 적응할 수 있다는 측면에서 인공지능을 구현하는 데 보다 포괄적인 입장이다. 이러한 접근법은 지속적으로 환경변화에 대응하는 동적인 에이전트, 프로그램, 시스템을 구현하는 합리성과 행동측면을 강조한 인공지능 접근방법으로 현재 많은 학자들은 주로 이 접근방법을 통해 인공지능의 개념을 정의, 발전시키고 있다고 볼 수 있다.

위에 설명한 인공지능에 대한 4가지 접근방법은 인공지능의 학문분야를 여러 가지 각도에서 어떻게 볼 수 있는가에 대해 이해를 돕고자 인간의 생각과 사고, 그리고 합리적 vs 비합리적인 틀에 따라 분류한 것이다. 다음은 이러한 인공지능이 시대적으로 어떻게 발전되어 왔는지 살펴본다.

11.1.2 인공지능의 발전

인공지능의 발전에는 철학, 수학, 심리학, 컴퓨터, 논리학 등 다양한 학문분야가 여러 방향에서 영향을 미치고 있으나 실제적으로는 이러한 모든 학문의 융합을 통해 인간의 지적 능력을 대체할 실제 컴퓨터를 만들어 가는 과정을 시대적으로 관찰하는 것이라 할 수 있다. 본 절에서 인공지능의 발전과정을 ① 인공지능 시작, ② 인공지능 시련기, ③ 전문가시스템 발전, ④ 신경망과 유전자시스템 등 시대별로 분류하였다. 실제로 인공지능은 여러 학문들의 복합학문이므로 위와 같이 4가지로 획일적으로 분류되지 않지만 학생들의 이해를 위해 아래와 같이 시대적으로 분류하여 살펴본다.

(1) 인공지능 시작(1940년대 초반~1960년대 초반)

인공지능 분야가 처음으로 학문적인 영역으로 연구 또는 인식된 시점은 Warren McCulloch와 Walter Pitts(1943)의 인간 뇌에서의 뉴론(neuron)의 역할에 대한 연구로부터라고 할 수 있다. 이들 연구는 인간의 사고 과정을 '뉴런'과 '시냅시스'라는 연결 네트워크를 통해 모델화했다는 점에서 인공지능 역사상 매우 큰 의의를 지니고 있다. 이후 Claude Shannon(1950)과 Alan Turing(1953)은 체스게임 프로그램을 개발하였고 Marvin Minsky와 Dean Edmond는 1951년 첫번째 신경망 컴퓨터(SNARC)를 구현하였다. 이외에도 초기 유명한 학자로는 John McCarthy, Nathaniel Rochester, Trenchard More, Arthur Samuel, Ray Solomonoff, Oliver Selfridge, Allen Newell, Herbert Simon 등을 들 수 있다.

이들 학자들은 각 대학간의 공동연구 및 워크숍을 통해 새로운 학문인 '인공지능(Artificial Intelligence)'이라는 새로운 분야를 개척하게 된다. 예를 들면 McCarty(1960)는 수치와 기초를 자유롭게 처리할 수 있는 인공지능의 대표적인 프로그래밍 언어인 'LISP'을 개발하였고, 이후 Minsky(1961)는 인공지능에서 다루어야 할 과제로 탐색, 패턴인식,

학습, 문제 해결과 계획 등 네 가지 과제를 제시하는 논문을 발표하면서 인공지능이라는 용어가 널리 알려지게 되었다. 또한 Nowell과 Simon은 GPS(General Problem Solver: 일반적 문제해결시스템)라는 일반적인 문제해결하는 과정을 모델화한 프로그램을 개발하였다. Widrow(1961)는 Adaline라는 인공신경망을 제안하였고, Rosenblatt(1962)는 '퍼셉트론 수렴이론(perceptron convergence theorem)'을 발표하기도 하였다.

이 시기에는 새로운 학문 정의, 접근, 발전방향에 대한 여러 가지 시도가 진행되었고 어느 정도 성공사례들이 구축되었다. 또 이를 바탕으로 향후 인공지능의 발전에 큰 기대를 품게 하는 시대였다.

(2) 인공지능의 시련기(1960년대 초반~1970년대 후반)

초창기 크게 발전할 것으로 여겨지던 인공지능의 연구는 이 시기에 들어 여러 가지 시련을 맞게 된다. Nowell과 Simon이 개발한 GPS(General Problem Solver: 일반적 문제해결시스템)는 계획했던 것과 같은 일반적인 문제에 대한 답을 제공하지 못했다. 인간에게는 쉽게 해결할 수 있는 간단한 문제도 GPS는 전혀 해결하지 못하는 경우가 비일비재했다. 특히 1969년 Minsky와 Papert의 논문은 이후 인공지능 분야가 약 20년에 가까운 침체기를 맞이하게 되는 결정적인 계기를 주었다. Minsky와 Papert는 퍼셉트론(Perceptrons)이란 책에서 인공지능의 결점을 지적했는데, 특히 XOR 기능을 구현할 수 없는 점을 지적하였다. 이는 인공지능이 인간이 표현하는 어떤 기능을 표현할 수 없다는 것을 증명한 것과 다름없는 연구 발표였다. 이에 많은 학자들이 인공지능의 한계점을 인식하고 보다 발전가능성이 많은 학문분야로 이동하는 계기를 마련하게 된다. 이 시기의 주요 관심사는 증명정리와 계획 등으로 요약될 수 있고 주요 업적인 도출 원리(1965년), DENDRAL(1965년), 프로덕션 시스템(1967년), 의미네트워크(1968년)의 완성 등을 들 수 있다.

(3) 전문가시스템의 발전기(1970년대 초반~1980년대 중반)

동시기의 주요 관심사는 지식표현과 전문가시스템의 약진으로 요약될 수 있다. LISP에 이어 인공지능의 대표적인 언어인 Prolog가 1973년 개발되었고 GPS 시스템의 실패는 학자들로 하여금 보다 세밀하고 작은 전문분야에 대한 지식을 집중적으로 연구하는 계기를 마련했다. 또한 Minskey가 제시했던 XOR 기능 문제도 해결되면서 인공지능의 발전은 크게 진전되었다. 예를 들어 프레임(1974년), MYCIN, HEARSAY-II, 지식공학(knowledge engineering)의 제창(1977년), 시스템 구축 언어와 틀 등 각 분야에서 인공지능 산업의 활성화가 크게 진척되었다.

(4) 유전자시스템, 신경망의 발전기(1990년대 초반~현재)

최근 네트워크 기술의 발달, 특히 인터넷의 사용이 보편화되면서 인공지능의 발전도 이러한 네트워크, 분산시스템 발달과 함께 크게 성장하고 있다. 신경망 이론은 초기의 공학기반의 기술개발에서 벗어나 기업경영, 특히 재무, 마케팅, 정보기술 등에 활발히 적용되고 있고 또한 유전자기술과 접목되면서 제3의 도약기를 맞고 있다.

전문가시스템은 자연어 처리, 로보틱스, 음성 및 시각 등의 다양한 분야에 걸쳐 응용되고 있으나 90년대에 들어서면서 다소 침체되는 경향을 보였다. 그러나 21세기 지식경영사회에 진입하면서 전문가시스템의 재도약이 여러 응용분야에서 이루어지고 있다. 예를 들면, 의약지식 전문가시스템과 인터넷이 연결되어 과거에는 어려운 진료를 산간벽지에서도 쉽게 접근할 수 있다. 다시 말하면 정보사회의 사회간접 인프라만 구비되어 있으면 서비스 정도는 축적된 전문가시스템의 양과 질에 의존하게 되어 전문가시스템의 꾸준한 발전이 기대된다.

최근에는 학무간의 영역이 불투명해지면서 다양한 학제간의 연구도 증진되고 있다. 예를 들어, 인공신경망과 네트워크망과의 연결, 인공의 삶(artificial life), 퍼지시스템, 에이전트 이론, 셀프오거나이징 이론(self-organizing theory), complex theory, 유전공학, 생명공학 등이 서로 연결되면서 새로운 지식에 대한 발견 및 축적, 이를 인접 학문에 적용시켜가는 일련의 지식정보처리과정이 매우 중요한 관심사이다.

[표 11-1] 인공지능의 발전과정

발전단계	연 대	주요 관심사	주요한 일
인공지능 시작	1940년대 초반 ~1960년대 초반	퍼즐과 게임, 탐색과 문제해결	• 사이버 네틱스(Cybernetics) 제창(1947년) • Dartmouth 국제회의(1956년) • 인공지능의 제창(1956년) • LISP(1960년) • GPS(1963년)
인공지능 시련기	1960년대 중반 ~1970년대 후반	정리증명과 계획	• 도출 원리(1965년) • DENDRAL(1965년) • 프로덕션 시스템(1967년) • 의미네트워크(1968년)
전문가시스템 발전기	1970년대 초반 ~1980년대 중반	지식표현 전문가시스템	• Prolog(1973년) • 프레임(1974년) • MYCIN, HEARSAY-Ⅱ • 지식공학의 제창(1977년) • 시스템 구축 언어와 틀 • 인공지능 산업의 활성화
유전자시스템, 신경망 발전기	1980년대 초반 ~현재	지식정보처리	• 인공지능 제품의 판매 • 신경망, 유전자 알고리즘 • 생명공학

11.1.3 인공지능의 연구분야

초기 인공지능의 연구는 논리 및 수학적인 정리를 증명하는 분야에서 출발하였다. 이를 위해 인공지능의 기본적인 가정은 무엇인지, 인간지능의 모델화는 어느 선까지 할 것인지 등이 초기 단계의 인공지능의 연구 목표였다. 점차 초기 단계를 지나 인공지능의 연구영역은 [그림 11-2]에 표현된 것처럼 로보틱스, 시각 및 음성, 자연어 처리, 인공신경망, 전문가시스템, 학습, 응용분야 등의 크게 9가지 분야로 정착되었다.

또한 최근 인공지능은 생명공학, 유전공학, 분산시스템, 멀티미디어, 게임 등의 인접학문들과 지속적인 교감을 통해 새로운 학문의 영역을 흡수·확장·창조해 가는 학문적 교두보 역할을 하고 있다.

[그림 11-2]는 인공지능과 밀접된 학문과 인공지능의 연구분야를

[그림 11-2] 인공지능의 연구분야

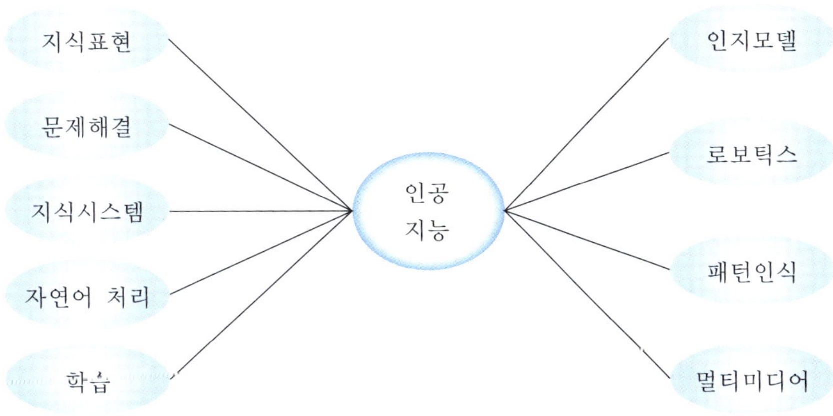

함께 보여주고 있다. 지능을 갖춘 기계 또는 컴퓨터를 구현하기 위해서는 다양한 학문분야와 밀접하게 연관될 필요성이 높다. 인공지능과 밀접한 학문으로는 컴퓨터, 심리학, 철학, 언어학, 전자공학, 경영학 등이 있다. 컴퓨터 및 전자공학은 인공지능을 직접 구현하기 위한 하드웨어, 소프트웨어, 프로그래밍, 영상처리, 제어이론, 패턴인식, 로보틱스 등의 분야와 밀접한 관계가 있고 심리학, 철학 및 언어학의 경우에는 인식, 심리언어, 논리 등의 영역과 연결되어 있다. 또 최근에는 경영과 조직이론, 통계학, 수학, 경영과학, 경영정보 등 보다 실용적인 학문들에 다양하게 응용되면서 인공지능의 영역이 확대되고 있는 추세다.

[그림 11-3]에서 인공지능의 연구분야는 기계학습, 시각 및 비전, 게임, 전문가시스템, 담화이해, 자동프로그래밍, 자연어 처리, 지능형 가정교사 등으로 세분하였다.

다음 장에서 우리는 전문가시스템과 인공신경망에 대하여 자세하게 살펴 볼 계획이므로 본 장에서는 인공지능의 연구분야 중에서 인공신경망과 전문가시스템을 제외한 연구분야들에 대하여 상세히 설명하기로 한다.

[그림 11-3] 인공지능의 영역과 인접분야

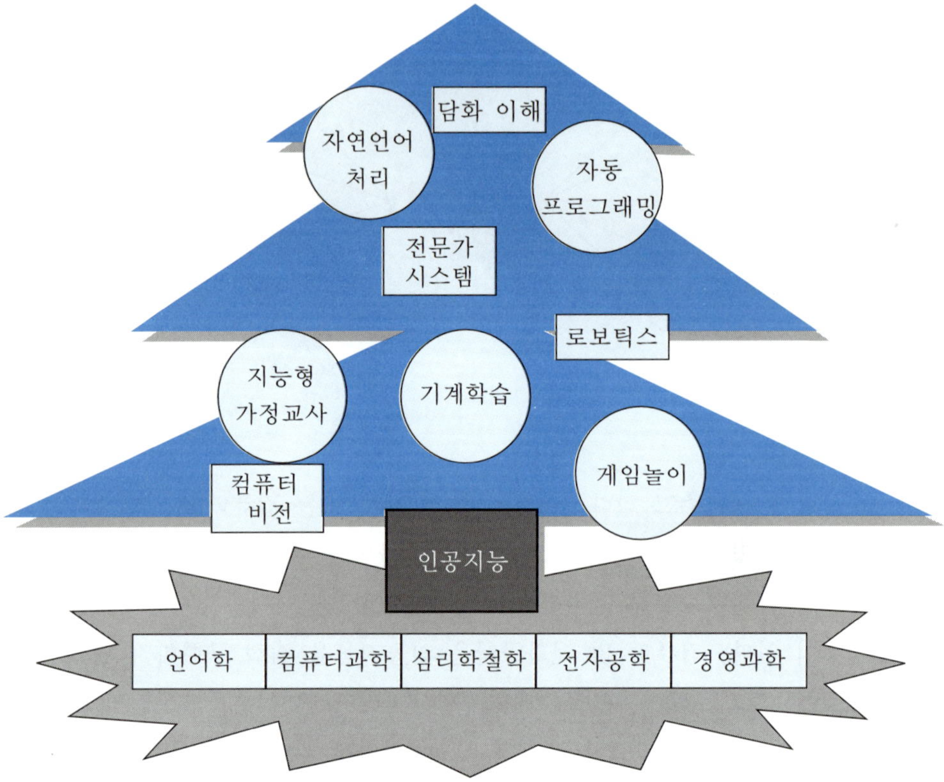

출처: 이상용, 「인공지능」, 상조사, 1999.

(1) 사회과학 특히 경영학 분야에의 적용

다양한 인공지능 모델이 사회과학, 특히 경영학 분야에 적용되기 시작한 것은 1990년대 초라고 할 수 있다. Odom and Sharda(1990)는 인공지능 기법을 재무관리, 부도예측 분야에 적용하였다. 이후 많은 학자들이 부도예측, 신용평가, 소비자행동 패턴연구 등에 인공지능 기법을 적용하면서 사회과학 분야는 연구모델 및 기법의 다양화를 통해, 기업경영과 관련된 전략적 의사결정에 보다 나은 위치에 서게 되었다. 특히 사회과학의 분야는 절대적인 사실에 의존하기보다는 변화하는 인간사를 연구하는 학문으로 이에 전문가시스템, 지식관리시스템 등이 경영, 경제, 사회, 인문 분야의 발전에 중추적 역할을 하고 있다.

(2) 자연언어 처리 및 담화(음성)이해

자연언어 처리기술(natural language process technology)은 컴퓨터 사용자에게 인간이 사용하는 일반적인 언어로 컴퓨터와 대화할 수 있는 능력을 제공하는 것을 말한다. 또 담화이해 분야는 구어(spoken language)에 대하여 컴퓨터를 이용하여 인식하고 이해하는 것이다. 담화이해는 사람이 구어를 사용하여 컴퓨터와 대화하도록 해 주는 과정이다. 최근 컴퓨터는 음성인식 기술이 크게 발달하여 휴대폰 또는 워드프로세서 등이 인간의 음성을 인식하여 문제를 처리하는 등, 자연언어 처리 및 담화(음성)이해 분야는 빠르게 성장하고 있다. 특히 하나의 언어를 다른 언어로 변환시키는 기술, 예를 들면 영어를 해석하여 한국어로 만드는 등 자연언어를 처리하는 기술은 최근 급격히 발전하고 있으며 향후 5년 내에 크게 실용화되어 사용될 것으로 보인다.

(3) 로보틱스와 센서시스템

일반적으로 신호 처리, 촉각시스템과 같은 센서시스템(sensor system)이 인공지능과 결합되었을 때, 우리는 이를 움직이는 로봇, 또는 움직이는 컴퓨터라고 분류한다. 최근에는 다양한 로봇들의 제작하고 TV 등을 통하여 매스컴에서 서로 기능의 장단점을 테스트하는 등 로봇 분야는 빠른 발전을 하고 있다.

그러나 모든 로보틱스가 인공지능의 연구 분야로 고려되는 것은 아니다. 예를 들면 시계와 같은 로봇은 인공지능의 대상이 아니다. 왜냐하면 시계는 미리 프로그램된 행동만을 수행하는 로봇(기계)에 불과하기 때문이다. 인공지능이 연구하고자 하는 로봇은 지능을 가진 로봇으로 환경에 대한 정보수집을 통해 자신의 행동을 결정지을 수 있는, 환경변화를 인식할 수 있는 센서시스템, 신호처리와 행위를 할 수 있는 프로그램을 갖추고 있어야 한다. 이러한 지능형 로봇에 대한 시장수요는 매우 클 것으로 판단되고 최근에는 청소 로봇, 애완견 로봇 등이 크게 각

광을 받고 있는 상태다.

(4) 시각인식

시각인식은 센서로부터 받은 디지털화된 정보에 관한 컴퓨터 지능 프로세스로 정의될 수 있다. 이와 같은 시각인식은 앞에 설명한 로봇틱스와도 밀접한 관계를 갖고 있다. 시각인식은 최근 상용화되어 사용하고 있는 GPS시스템 등 기업사회에 다양한 어플리케이션을 제공할 것으로 판단된다. 예를 들어 인공위성에서 최근의 기상변화, 날씨, 온도 등을 찍은 화상의 해석을 통해 수해지역, 곡물피해지역을 대략적으로 예상할 수 있을 것이며, 이에 따라 수확량의 변화, 해외수입물자 등을 결정하는 자료로 사용가능할 것이다.

최근에는 RFID(Radio Frequency IDentification)기술이 시각인식과 결합되면서 물류 및 정보처리 분야에 유비쿼터스 혁명을 일으키고 있다. 예를 들면 슈퍼마켓에서 하나의 물건을 사거나 또는 인천부두에서 하나의 콘테이너가 인도네시아 지역으로 이동된다고 가정해 본다. 이러한 경우 슈퍼마켓의 물건 또는 인천항에 있는 콘테이너에 시각인식 장치를 부착하고 이를 센서를 통해 인식하면 물류이동에 대한 전체적인 관리체계가 언제 어디서나 정확하게 이루어진다. 이와 같은 시각인식시스템의 응용분야는 매우 다양할 것으로 보인다.

(5) 지능형 교육

지능형 컴퓨터교육(Intelligent Computer Aided Instruction: ICAI)은 인간의 학습에 있어서 인공지능 기법을 이용하는 것이라 정의된다. 현재 인공지능 기법은 각 학생들의 학습형태에 적합한 기술을 갖춘 컴퓨터 개인교사를 만들기 위하여, 지능형 컴퓨터 보조교육시스템의 개발에 적용되고 있다. 최근에는 많은 사이버교재 및 웹사이트들이 개발되고 있는데 이러한 웹기술과 디지털 컨텐츠가 결합되어 각 교육 분야에 적용되면서 컴퓨터를 통한 교육이 일반화되고 있다.

ICAI의 적용 분야는 학교에만 제한되지 않고, 실제적으로 군사 분야나 공동 분야에서 적합한 적용 범위를 발견해 왔다. 오늘날 ICAI 시스템은 문제 해결, 시뮬레이션, 발견, 학습, 훈련 및 연습, 게임과 같은 여러 분야에 사용되고 있다.

11.2 전문가시스템의 개념과 응용

11.2.1 전문가시스템의 개요

특정분야(specialized area)의 범위 내에서 전문가와 같은 문제해결능력을 가진 시스템을 구현하는 것이 전문가시스템(expert system)의 궁극적인 목표이다. 이러한 전문가시스템은 컴퓨터의 하드웨어 발달로 인해 많은 저장능력과 빠른 검색, 추출이 가능해지면서 최근 재도약을 시도하고 있는 분야이다. 특히 21세기가 네트워크(network) 및 지식기반(knowledge-base)사회로 전환되면서 기술경영, 지식경영의 중요성이 부각되고 각 분야의 지식들은 내부적으로 체계적으로 정리되고 외부적으로 서로 연결됨에 따라, 시너지 효과를 창출할 수 있는 노력이 요구되면서 전문가시스템에 대한 새로운 출발이 크게 기대된다.

전문가시스템을 예를 들어 설명하도록 한다. 외딴섬에 위급한 환자가 발생하였다. 이 섬에는 의사 및 약사가 살고 있지 않고 섬주민들도 의학지식이 전무한 상태라고 가정하자. 이러한 상황에서 인터넷을 통해 의학지식 사이트에 접속하여, 환자에 대한 증상과 대처방법들을 접할 수 있다는 것은 인터넷 등 사회간접자본 등 정보인프라가 설비되어 있어야 하는 것이 선결조건이다. 또 하나 중요한 것은 의학지식에 대한 자료가 체계적으로 준비되어 있어야 한다. 이와 같은 의학, 법률, 경영, 경제, 사회분야 등 특정 전문분야의 지식, 정보처리 및 관리에 관한 학문이 전문가시스템(expert system) 또는 지식기반 전문가시스템(knowledge-based expert system)이다.

11.2.2 전문가시스템의 발전

전문가시스템(expert system)의 연구는 1950년대의 뉴웰(Newell), 쇼우(Shaw) 그리고 사이먼(Simon)에 의해 개발된 일반문제 해결자(general problem solver, GPS)가 전문가시스템의 효시로 볼 수 있다. 이들 과학자들은 일반적 문제해결시스템(GPS)을 구현함으로써 세상에서 일어나는 모든 문제를 해결할 수 있는 "전능한 또는 초인적인" 시스템을 구현하려고 했으나 여러분이 짐작하듯이 그들의 노력은 실패로 끝났다. 그리고 이들이 연구에서 얻은 한 가지 큰 경험은 "모든 문제를 해결할 수 있는 시스템 구축"은 너무도 큰 과제라는 인식이다.

만일 이들 과학자들의 만들려고 했던 일반문제 해결시스템이 성공을 하였다고 가정하면 어떻게 되는가? 우리는 그들이 만든 일반문제 해결시스템에게 해결하지 못하는 각종 질문을 던지면 그 시스템은 똑똑하게도 정확한 답을 제공하는 것이다. 예를 들어 섬주민이 복통을 일으켰다고 가정할 때, 이 배아픔의 원인(예를 들면 단순소화불량, 식중독, 위장병, 십이지장궤양, 위염, 위암 등)이 무엇이고, 각각의 경우에 따라 어떠한 처방들이 있는지, 또 그 섬 내에서 병의 치료에 관한 충분한 한방 및 양방의 동식물들을 충분히 찾을 수 있는지 등의 질문에 대해 일반문제 해결자는 정확한 답을 제공하는 것이다. 그렇다면 이러한 일반문제 해결시스템만 가지고 있으면 정치, 경제, 사회, 군사, 생물, 인문, 심리, 수학, 철학 등의 모든 분야의 문제를 해결할 수 있는 정말 행복한 세상이 되는 것이다. 그러나 이러한 일은 이루어지지 않았고 세 명의 과학자들의 노력과 실패를 통해 우리는 일반적이고 큰 문제를 세분하여 작고 잘 정의될 수 있는, 특정 분야(Domain)의 지식관리시스템의 구축이 보다 현실적이고 실질적이란 점을 깨달았다.

이처럼 문제에 대한 기본적인 접근방식의 변화로 인해, 과학자들의 지식을 체계화하는 방법에도 큰 변화를 가져왔다. 매우 구체적이고 세밀한 분야에 대한 데이터와 정보를 축적하고 관리하는 시스템에 대한 시도가 시작되었다. 예를 들어 스탠포드(Stanford)대학에서는 'DENDRAL'

이라는 질량분석계(mass spectrometer)의 자료로 분자구조를 결정하는 전문가시스템이 개발되었다. 이어 다양한 전문가시스템에 대한 연구가 1960년대 시작을 필두로 1970년대를 풍미하면서 크게 발전하였다.

그러나 1980년대 중반 이후 전문가시스템은 지속적인 발전에도 불구하고 컴퓨터 발전과 밀접한 다른 학문들의 비약적 발전에 비해 상대적으로 저조하였고 1990년대 중반까지 답보상태를 나타냈다. 1990년대 중반 네트워크의 발전을 통한 사회경제 다방면에서 전문가시스템을 응용, 특히 인터넷의 발전에 따른 전자상거래 등의 사회적·경제적 변화 물결은 연구자의 관심과 열정을 지식기반 시스템으로부터 다소 멀리하게 하는 동기를 제공하기도 했다.

그러나 세계는 21세기로 진입하면서 전 지구적인 인터넷 기반의 첨단지식사회로 진화되면서 인터넷을 통해 모든 것을 공유할 수 있는 시스템을 구축했음을 인식한 학자들은 다시금 지식기반(knowledge-based)에 대한 관심이 높아지고 있으며 전문가시스템(expert system)은 제2의 전성기를 맞고 있다고 해야 할 것이다. 이러한 인문, 사회, 자연, 공학, 예술 등 모든 학문을 총 망라한 공유(shared) 데이터, 정보를 체계적으로 정리·지식화하여 시너지효과를 극대화하고자 하는 목표와 이러한 목표의 달성이 인간의 부(well-being)에 크게 기여할 것으로 보이기 때문이다.

[그림 11-4]는 전문가시스템의 형성과정에 대한 예시, 즉 전문가시

[그림 11-4] 전문가시스템 형성과정

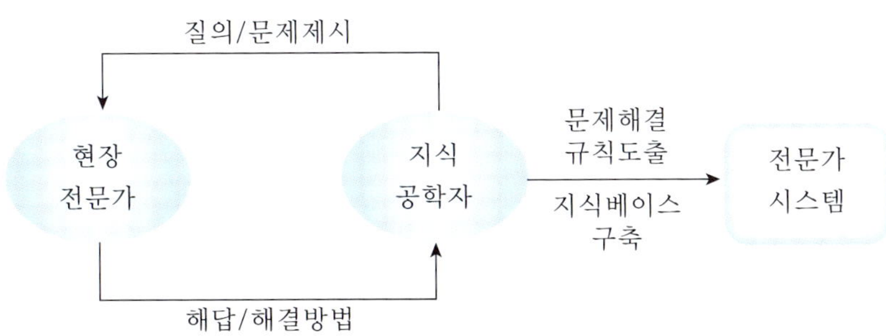

스템의 주요한 컴포넌트들은 무엇인지를 보여준다. 전문가시스템의 형성과정은 현장전문가(field specialist), 지식공학자(knowledge engineer), 그리고 데이터베이스라 할 수 있는 전문가시스템(expert system)의 크게 세 가지로 나누어 각각 이들 간의 접촉을 통해 형성된다고 할 수 있다.

[그림 11-4]에서 알 수 있듯이, 지식공학자는 현장전문가에게 특정 분야에 대한 질문을 통해 문제를 제시하거나, 자료를 요구한 뒤, 현장전문가로부터 제공된 전문지식이나 자료를 수집하고 지식(데이터)베이스를 구축하여 가능한 잠재된 규칙을 도출하는 등의 과정을 통해 전문가시스템을 구축하게 된다.

11.2.3 전문가시스템의 주요 구조

이렇게 형성된 전문가시스템의 주요 구성요소는 저장공간인 데이터베이스(또는 지식베이스), 저장된 지식을 통해 추론하는 추론기관(inference engine) 및 사용자 인터페이스(user interface) 등 크게 3가지로 구분된다. [그림 11-5]는 이들 세 가지 구성요소들 간의 관계를 시각적으로 보여주고 있다. 다음에서 각각 세부 구성요소들에 대해 알아보자.

[그림 11-5] 전문가시스템의 주요 구조

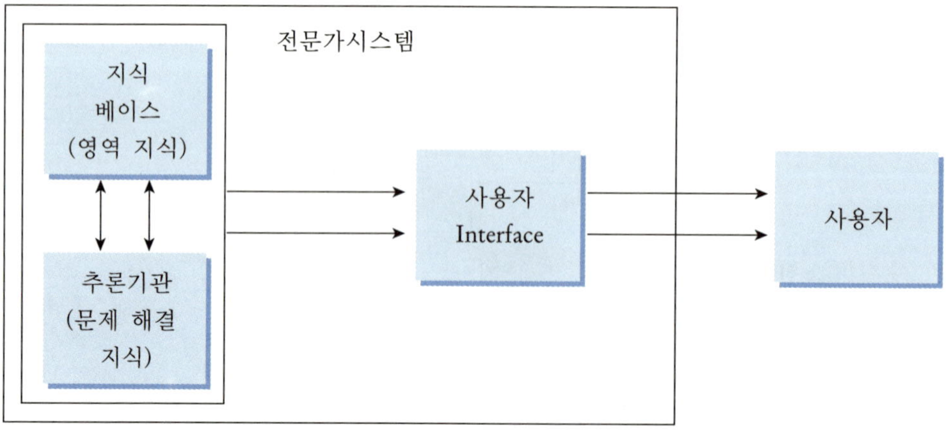

(1) 지식베이스(knowledge base)

문제를 이해하고 해결하기 위한 전문가의 지식을 저장하는 공간으로 특정 문제에 대해 시스템이 보유하고 있는 규칙(rule)과 사실(fact)로 구성되어 있다. 지식베이스(knowledge base)는 크게 데이터베이스(data base), 지식베이스(knowledge base) 그리고 알고리즘과 휴리스틱(algorithm and heuristic)으로 구분할 수 있다. [그림 11-6]에서 볼 수 있듯이, 모든 전문가시스템은 지식베이스시스템이 될 수 있지만, 지식베이스시스템 전부는 전문가시스템이 될 수는 없다. 다시 말해서 전문가시스템은 지식베이스시스템 내에 존재한다는 것이다. 즉 데이터, 또는 정보의 저장관리 없이는 전문가시스템이 존재할 수 없음을 알 수 있는 것처럼, 지식베이스는 전문가시스템의 핵심적인 요소이다. 우리는 여기에서 데이터베이스와 지식베이스를 나누어 설명하고 있다. 아래의 데이터베이스와 지식베이스를 확실하게 구분하기는 힘들다. 그러나 데이터베이스는 사실(fact) 위주로의 정보를 의미하고 지식베이스는 이들 사실들(facts)간의 인과관계, 네트워크관계 등을 통해 얻어지는 지식들의 저장이라 할 수 있다.

[그림 11-6] 전문가시스템과 지식베이스시스템

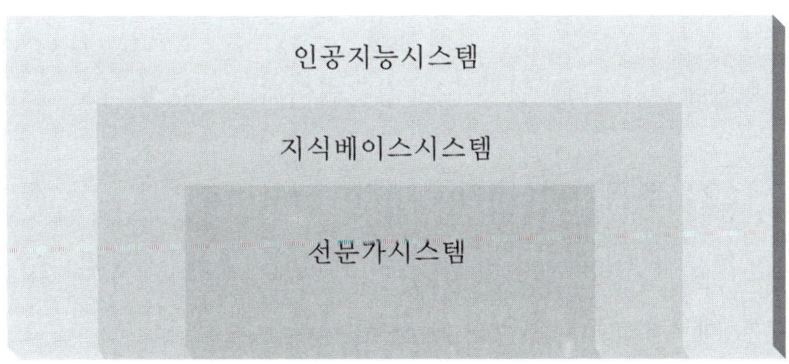

1) 데이터베이스(data base)

데이터베이스는 기존 정보나 자료를 저장할 수 있도록 만들어진 공간으로, 명백한 사실에 대해서는 확실한 답을 줄 수 있지만, 현실의 복잡한 상황을 묘사하기에 부족하고 특히 인과관계에 관한 정보, 저장된 자료에서 지식을 도출해 낼 수 없다.

2) 지식베이스(knowledge base)

지식베이스는 데이터베이스보다 큰 범주로 인식되고 있다. 데이터베이스와 같이 명백한 사실을 수록하고, 인과관계에 관한 정보, 부정확하거나 확률적인 정보도 수록할 수 있다.

3) 휴리스틱(heuristic) vs 알고리즘(algorithm)

대부분 전문가시스템의 규칙은 휴리스틱(heuristic)에 의존한다. 휴리스틱이란 경험을 통해 얻어진 규칙 또는 제한된 조건하에서만 적용할 수 있는 단순화된 규칙들을 말한다. 이러한 규칙들은 좀더 발달된 알고리즘 방법과는 상반된 경우도 있다. 알고리즘 방법을 통해서는 문제의 뜻에 맞는 정확한 답 또는 최상의 답을 얻을 수 있지만, 휴리스틱적인 방법은 대부분 최상의 답은 아니지만 사용자가 받아들일 수 있는 정도의 답을 제공한다. 우리는 인공지능(artificial intelligence)의 네 가지 접근법을 앞 절에서 설명했다. 특히 우리는 합리성과 인간적인 측면을 크게 대조하였는데, 전문가시스템은 휴리스틱적인 접근법을 알고리즘에 우선하는 점을 감안할 때, 합리성을 강조한다기보다는 인간적인 생각과 행동측면에 치중하는 인공지능 접근법이라 할 수 있다.

(2) 추론기관(inference engine)

추론기관(inference engine)은 지식베이스에 저장된 지식을 비교하여 문제 해결을 위해 지식이 포함된 프로그램을 제어하는 하나의 프로세서를 말한다. 이 추론기관은 어떻게 효과적으로 검색을 하고 또 가능하면 새로운 지식을 생성할 수 있는가에 주요한 역할이 있다. 이 추론기관(inference engine)은 다시 크게 규칙해석기와 스케줄러의 두 가지로 나뉜다. 새로운 지식의 추론을 위해 어떻게, 어떠한 규칙의 적용을 결정하는 규칙해석기(interpreter)와 적용되는 규칙의 순서를 결정짓는 스케줄러(scheduler)로 구성되어 있다.

(3) 사용자 인터페이스(user interface)

사용자가 전문가시스템을 접할 수 있는 공간을 말한다. 이러한 사용자가 접하게 되는 특정 전문가시스템의 인터페이스는 사용자에게 빠르게, 쉽게, 편리하게 정보에 접근할 수 있도록 설계되어야 한다. 최근에는 많은 전문가시스템이 인터넷을 통해 제공되기도 하는데 이러한 면에서 보면 머지 않아 인터넷은 이러한 특정분야의 전문가시스템들을 모두 연결하여 정보를 제공하여 주는 슈퍼정보망(Super Information highway)이라고 할 수 있다.

11.2.4 전문가시스템의 응용분야

인간의 지적 활동을 하는 모든 분야에서 전문가시스템은 없어서는 안 될 꼭 필요한 응용시스템이 되었다. 전문가시스템이 사용되고 있는 영역은 경영(management), 농업(agriculture), 광업(mining), 교통(transportation), 제조(manufacturing), 화학(chemistry), 수학(mathematics), 컴퓨터 시스템(computer systems), 의학(medicine), 전자공학(electronics), 기상학(meteorology), 공학(engineering), 군사학(military science), 지질학(geology), 물리학(physics), 생물학(biology), 정보처리(information), 공정제어(process control), 법률(law), 우주기술(space technology), 통신(communication), 환경(environmental) 등 인류의 삶 모든 분야에 지대한 영향을 미치고 있다. 하지만 전문가시스템은 여러 다른 정보시스템들과 다양한 형태로 통합·발전되어 가고 있는 상태이기 때문에 이들의 종류와 개수 등을 정확하게 파악하기는 힘들다. 우리는 이 중 몇 개의 전문가시스템을 살펴보도록 하자.

화학분야에서 전문가시스템 연구는 1965년에 시작된 혁신적 연구과제로 시작된 DENDRAL이 시초가 되었다. 앞에서 소개된 이

[표 11-2] 대표적인 전문가시스템

분야	이름	설명	개발자
연구용	SYNCHEM2	화학자의 도움 없이 복잡한 유기물의 분자식을 합성한다.	State Univ. of New York at Stony Brook
	DENDRAL	많은 화학물질의 자료로부터 분자구조를 분석한다.	Stanford Univ.
	MACSYMA	수학의 대수식을 변환하고 계산한다.	MIT
	MYCIN	포도상구균의 감염 여부에 대한 진단을 돕고 의학교육을 돕는다.	Stanford Univ.
상업용	ACE	전화선의 고장위치 및 고장의 특성을 제시한다.	AT&T Bell Lab
	DELTA	디젤 기관차의 수리와 진단을 한다.	GE
	SPE	염증의 원인을 분석한다.	Helena Labs
	XCON	컴퓨터 시스템의 기본설계에 관한 제안을 한다.	DEC Carnegie-Mellon Univ.
	YES/MVS	MVS 운영체제를 운영하고 모니터하는 데 도움을 준다.	IBM

DENDRAL은 스텐포드대학에서 구축한 시스템으로 유기물질의 구조분석을 위해 인공지능 기법을 적용·개발하였는데, 현재 분자구조해석, 유기물합성 및 분자생물학에서의 실험계획 등에 이용되는 화학분야의 전문가시스템(expert system)이다. MIT 대학에서 1960년대 중반에 개발을 시작한 MACSYMA 시스템은 수학의 대수식을 변환, 제한된 범위 내에서 계산·기호통합·등식해결 등의 계산을 대신해 주는 전문가시스템이다.

컴퓨터 시스템 분야에서는 XCON이 최초로 성공한 전문가시스템이다. 카네기 멜론대학과 Digital Equipment가 1970년대 공동으로 연구·개발한 것으로 컴퓨터의 시스템 구성을 도와주는 상업시스템으로 발전하였다. XCON은 VAX 컴퓨터의 이상적인 시스템 설계에 도움을 줄 뿐만 아니라, 컴퓨터 시스템 전체의 윤곽과 각 부품 관계 및 위치에 관한 도표까지 제시하며 각 부품을 연결하는 케이블의 길이까지 결정해

준다. XCON은 숙련된 전문가나 할 수 있는 작업을 전문가보다 빨리 일을 처리한다. 현재 고장진단, 컴퓨터 구성, 제조공정에 관한 제어 등이 컴퓨터 시스템 분야에서 행해지는 전문가시스템이다.

이 밖에도 기계공학 분야의 전문가시스템으로 1980년대 중반에 General Electronic이 개발한 DELTA, 지질학 분야의 전문가시스템으로 1970년대 중반에 스탠포드 연구소에서 개발한 PROSPECTOR, 1960년대 말 화학자의 도움 없이 유기화학식을 구성할 수 있는 SYNCHEM2가 뉴욕주립대학에서 개발되었고, 1980년대 초, AT&T Bell 연구소에서 개발된 전화선의 불량지점, 고장 내용의 특성을 제시해 주는 전사공학 분야의 전문가시스템인 ACE, 1970년대 중반에 개발된 의학 분야의 전문가시스템인 MYCIN이 대표적이다.

경영분야에서의 전문가시스템은 경영의 각 기능별로 특화된 전문가시스템들이 개발되었다. 예를 들면, 주식투자를 위해 증권회사들은 분석가(analysts)들을 고용하여 개별증권들의 등락, 수익률, 보유전략 등에 대해 증권투자자에게 조언을 해 준다.이러한 애널리스트들은 회사 내 또는 회사 외부의 특정프로그램들을 이용하여 각 증권들의 행위(behavior)를 관찰, 예측하여 매도 또는 매수시점을 결정한다. 이러한 증권투자는 휴리스틱한 의사결정의 주를 이루는 전문가시스템인 것이다. 이러한 투자전략을 위해 많은 소프트웨어 시스템(예를 들면, 그래프를 통해)이 개발되어 사용되고 있는 상태이다. 마케팅의 경우, 전문가시스템은 고객의 카드소비 형태를 지속적으로 분석하여, 고객이 카드를 분실하고도 그 사실을 모르고 있다 하더라도, 전문가시스템의 입장에서 이를 감지, 고객에게 연락, 확인할 수 있는 시스템이 개발되고 상용화되어 있는 등 다양한 분야에서 전문가시스템이 활용되고 있다.

특히 경영분야는 전략적인 판단이 매우 중요하고, 또한 많은 경우의 수가 축적되어 있으나 미래에 대한 경쟁자보다 빠른 결정을 내려야 하는 제약조건을 가진 분야이다. 이에 많은 상용화된 전문가시스템이 존재하고 있고 어떤 면에서 보면 사내의 경영정보시스템은 그 기업을 위한 전문가시스템이라고도 할 수 있다.

11.3 인공신경망의 개념과 응용

11.3.1 인공신경망의 개요 및 발전

인공신경망(neural network) 이론은 인간 두뇌와 같이 생각하고 판단하며, 인식할 수 있는 능력을 구현하기 위해, 두뇌를 구조적으로 관찰하여 뇌와 비슷한 기계(컴퓨터)를 만들어 보자는 개념에서 출발했다. 인간의 두뇌는 약 140억 개 뉴런(neuron)이라는 신경세포가 존재하고 이들 뉴런은 여러 주위의 신경세포들과 복잡하고 다양하게 연결되어 있다. 이러한 뉴런들과 이를 연결하는 복잡한 연결고리(network)을 통해 인간처럼 정보와 지식을 처리(process)할 수 있는 모델을 설계한 것이 인공신경망, 또는 신경망모델이다. 이렇게 다양한 연결고리를 형성하고 있는 점에 착안하여 신경망모델을 연결모델(Connectionist model) 또는 여러 뉴런들이 병렬로 연결되어 있는 점을 일컫어 병렬처리 모델(parallel distributed processing model)이라고도 한다.

앞에서 언급한 것처럼 인공지능(artificial intelligence)의 주요 분야인 신경망에 대한 연구는 인간 뇌의 구조를 컴퓨터로 어떻게 구현하는지와 밀접하게 연결되어 있다. [표 11-3]은 연대별로 두뇌 연구, 인공신경망 연구 그리고 대응되는 컴퓨터발전 관계를 보여주고 있다. 이러한 신경망 모델은 공학분야뿐만 아니라 정보시스템, 재무관리 등의 다방면의 기업경영 의사결정에 이용도가 높아, 인문 사회분야에서도 많은 연구와 관심이 집중되고 있다. 특히 인공신경망은 환경에 적응하는 학습능력(learning) 현상을 일반화(generalization)하고 추상화(abstraction)할 수 있는 능력 등 인공신경망만이 같은 여러 가지 기능(function)과 태도(behavior)를 나타내어 다양한 인접 학문분야에 적용 가능성이 높다.

이같이 인공신경망의 발전은 [표 11-3]에서 보듯 ① 정착기, ② 시련기, ③ 재도약기, ④ 발전기 등 크게 4가지 시기로 나누어 볼 수 있다.

[표 11-3] 인공신경망, 인간의 뇌, 컴퓨터의 관계

연 도	인간 두뇌 연구	신경망 이론	컴퓨터 연구
1930~ 1960	뇌파	McCulloch-Pitts Hebb Learning	Turing 기계
1960~ 1980	미소전극 Hodgkin-Huxley 억제 시냅스(Eccles) Hubel-Wiesel 노자계(Cohen)3(IC)	Perceptron ADALINE Minsky-Papert	Eniac(진공관) 첫 인공지능 회의 트랜지스터 컴퓨터
1980~ 1990	X선-CT 분리뇌(Sperry) NMR CT 소뇌학습경험	Hopfield Kohonen Fuzzy 모델	Lisp Prolog IC, LSI
1990~ 현재	인지과학	뉴로-컴퓨터 통신 및 멀티미디어 유전자 모델 분산시스댐	VLSI 멀티미디어 network 인터넷

(1) 제1기: 시작기(1930년대~1960년대)

인공신경망의 시작은 1930년대부터라고 할 수 있다. 그러나 인간은 아주 오래 전부터 자신들이 어떻게 사고하는지에 대해 매우 궁금해 왔다. 인간이 어떻게 생각하는지에 대한 질문은 여러 과학자들 사이에 수세기를 거쳐 조금씩 발전해 오다가, 복잡하게 연결된 인간 두뇌세포가 어떻게 작동하는지에 대한 연구가 1930년대부터 매우 활발하게 진행되었다. 대표적 연구로는 1943년 매쿨로치(McCulloch)와 핏츠(Pitts)가 뇌의 기본 구성단위인 뉴런(neuron)을 단순모델화하여 연산작용 등에 이용하는 논문을 발표했고 이 McCulloch와 Pitts의 연구는 인공신경망 분야를 시작하는 계기가 되었다. 또한 허브(Hebb)는 학습이론(Learning law)을 발표하여, 인공신경망의 알고리즘을 제시함으로써, 동 분야에 대한 이론(매쿨로치와 핏츠의 연구)과 실질적 출발(허브의 학습이론)을 동시에 하게 되었다.

(2) 제2기: 침체기(1960년대~1980년대)

이후 인공신경망은 1950년대와 1960년대를 거치면서 많은 학자들이 실제로 두뇌구조를 구현하는 실험을 하거나, 컴퓨터 시뮬레이션을 통해, 많은 학문적인 발전을 이루었다. 그러나 1969년 인공신경망의 한계성에 관한 민스키(Minsky)와 패버트(Papert)의 연구가 발표되면서 인공신경망 연구는 약 20년에 가까운 침체기를 맞이하게 된다. 구체적으로 민스키(Minsky)와 패버트(Papert)는 퍼셉트론(Perceptrons)이란 책에서 인공신경망의 결점을 크게 다음 두 가지(XOR문제 및 학습문제)로 지적하여 인공신경망의 침체기를 가져오는 결과를 불러왔다.

첫째, 퍼셉트론은 논리연산 문제 중 XOR(exclusive or)문제에 대한 해를 제시할 수 없다. 둘째, 퍼셉트론의 학습이 어떠한 경로로 이루어졌는지 밝힐 수 없고 또 내부연산이 어떻게 이루어졌는지 알 수 없어 퍼셉트론의 연산프로세스를 블랙박스(black box)로 취급해야 한다는 것이다. 특히 XOR 연산기능을 표현할 수 없음은 인공신경망의 기능적인 한계로 여겨져 많은 과학자들은 신경망분야를 떠나 그 당시 비약적인 발전을 거두고 있던 컴퓨터의 다른 분야로 전환하였다. 즉 반도체 기술의 비약적인 발달과 회로의 고집적화, 고속화, 저렴화 추세로 인하여 컴퓨터 연구는 Von Neumann이나 Turing의 알고리즘에 기반을 둔 프로그램 내장 방식에 따라 뇌의 연구와 상관없이 크게 발전해 왔다. 또한 이러한 강력한 컴퓨터의 발전을 배경으로 하여 뇌의 정보처리 원리와 전혀 다른 형태로 인공지능 기술(예를 들면, 전문가시스템, 데이터베이스 등)이 발전하여 큰 시장을 형성하였던 것이다.

그러나 몇몇의 열정적인 인공신경망 연구자들, 예를 들면, 코호넌(Kohonen), 그로스버그(Grossberg), 앤더슨(Anderson) 등과 같은 학자들은 퍼셉트론이 표현할 수 있는 기능적 결함이 증명되었음에도 불구, 신경망분야의 발전을 위해 어두운 시대를 극복하기 위해 꾸준히 노력하였다.

(3) 제3기: 재도약기(1980년대~1990년대)

신경망 모델의 재도약기의 시작은 1982년 Hopfield 교수가 XOR의 문제점을 역전파 알고리즘(Back Propagation Algorithm)을 통해 해결하면서부터이다. 이는 민스키(Minsky)가 제시한 XOR의 문제점에 대한 해답을 제시한 것이다. 즉 인공신경망의 기능적인 결함을 극복할 수 있는 알고리즘을 생각해 낸 것이다. 또한 인공신경망을 지원하는 하드웨어의 성능이 1,000배 이상 향상되어 다른 인공지능 분야에서 해결하지 못한 분야(예를 들면, 패턴인식 등)에서 인공신경망이 이용되면서 매우 좋은 결과를 보여, 비약적인 발전이 이루어졌다. 이 시기에 Backpropagation, Hopfield network, ART(Adaptive Resonance Theory), Self-organizing feature map 등 다양한 종류의 인공신경망 모형이 개발, 설계되었다. 또한 미국 국방성을 중심으로 많은 연구가 진행되었고 이러한 연구를 리브만(Lippmann, 1987)이 요약하여 발표하면서 당당하게 재도약기를 열게 되었다.

(4) 제4기: 발전기(1990년대~현재)

90년대 이후 신경망분야는 순차정보 처리에서의 문제점을 처리한, 병렬정보처리 형태의 컴퓨터를 개발, 즉 분산처리시스템을 구현하려는 활발한 연구를 시작하게 된다. 또한 이 시기에는 유전자시스템, 학습에 필요한 다양한 알고리즘이 개발되는 등 여러 인접분야와 접목되면서 신경망분야는 인공지능분야의 중요한 자리매김을 하게 된다. 또한 신경망이론이 여러 응용분야에 적용되면서 이학, 공학뿐만 아니라, 기업경영, 경영정보 분야에도 큰 영향을 미치게 된다. 특히 경영정보, 경영과학, 재무, 회계관련, 마케팅, 통계학 등 경영학의 세부관련 분야와 연관된 신경망을 응용한 연구들이 쏟아져 나오게 되면서 신경망이론은 기업경영에 필요한 중요한 이론적 실질적 적용기법으로 각광을 받게 된다.

최근 신경망분야는 네트워크, 멀티미디어, 분산시스템 등 다양한 인접분야와의 협력을 통해 인공생명(artificial life), 복잡시스템(complex theory) 등으로 발전, 새로운 전성기를 맞이하고 있다.

11.3.2 인공신경망의 특성

인공신경망 모델은 인간 두뇌와 같이 생각하고 판단하며, 인식할 수 있는 능력을 구현하는 것이다. 이를 위해 인공신경망은 인간의 뇌와 비슷한 네트워크 구조를 설계하여 이 구조적 특징을 부각시키는 알고리즘을 통해 인간의 사고능력을 구현(emulate)하고자 했다. 이러한 네트워크 구조로 인해 인공신경망 모델은 많은 수의 프로세서가 병렬로 연결되어 동시에 처리된다. 때문에 직렬(serial)중심의 현재 사용되는 폰 노이만(von Neuman) 방식의 컴퓨터와는 큰 차이를 보인다.

[표 11-4]는 인공신경망이 궁극적으로 구현하고자 하는 인간 두뇌와 현재 일반적으로 사용되는 컴퓨터간의 차이점을, 처리속도, 프로세서의 배열, 프로세서의 개수, 기억의 저장방법, 내고장성, 제어방법 등으로 나누어 비교분석한 것을 나타냈다.

[표 11-4]에서 보듯이 인공신경망의 특징은 수백-수만의 프로세서들이 각기 자발적으로 행동하는 병렬분산 처리 형태를 갖추고 있다. 이러한 인공신경망 컴퓨터는 그 데이터 값이 연결강도에 저장되고 이렇게 저장된 값들의 개별적인 자체적인 조정을 통해 전체적인 문제의 해결을 갖추게 된다. 반면 현재 일반적으로 사용되는 폰 노이만형 컴퓨터(일반

[표 11-4] 인간의 두뇌와 컴퓨터와의 비교

비 교	인간 두뇌(인공신경망)	컴 퓨 터
처리속도	2ms	1ns
프로세서의 배열	병렬분산 처리	직렬 처리
프로세서의 개수	약 140억 개	1개 또는 몇 개
기억의 저장방법	연결강도 조정	외부 저장장치
내고장성	내고장 기능 있음	내고장 기능 없음
제어방법	두뇌 전체를 통한 분산처리	CPU에 의한 중앙처리

출처: 김화수 · 조용범 · 최종욱, 「전문가 시스템」, 집문당, 1995.

적으로 사용되는 컴퓨터)는 빠른 시간에 많은 양을 정보를 처리하는 직렬(serial)의 수학적인 계산에 적합한 반면 인공신경망은 애매한 패턴을 인식하거나 비선형 함수를 예측하는 응용에 적합하다. 다시 말하면 인공신경망 모델은 주어진 입력에 대해 일반화를 통해 근사한 접근값을 추출하는 데 반해 현재의 디지털 컴퓨터들은 주어진 계산식에 의해 어떤 하나의 값을 제시한다.

인공신경망과 폰 노이만형 컴퓨터 간의 차이점을 예를 들어 설명하자. 향후 인천 송도지역의 10년 뒤 미래상을 그려 보는 프로젝트를 해결하고자 한다. 현재 사용되는 디지털 컴퓨터는 다양한 입력 데이터들을 주어진 알고리즘에 의해, 또는 시뮬레이션을 통해 어떤 미래상을 제시한다. 주어진 값은 보통 하나의 값으로 표현되든지 아니면 약간의 환경변화에 따른 몇 가지 시나리오를 반영하는 다양한 값으로 표현될 것이다. 그러나 이 같은 해답은 주어진 계산체계에 따라 주어진 전망치에 불과하다. 각각의 데이터에 영향을 미치는 또는 데이터들 간에 영향을 미치는 여러 변수들 간의 상호작용 등은 고려되지 않고 있다.

반면 인공신경망 컴퓨터는 이러한 데이터들 간의 병렬적인 상호작용을 통해 문제를 해결한다. 인공신경망을 통해 얻어진 해답은 근사값

[표 11-5] 디지털 컴퓨터와 인공신경망의 비교

비　교	디지털 컴퓨터	인공신경망
처리하는 데이터의 종류	1 또는 0 디지털 데이터	아날로그 데이터
의사결정방법	예 또는 아니오 수학적 또는 논리적 함수사용	치중된(Weighted) 결정 불완전, 또는 모호하고 상충되는 데이터로부터 결정
해답 접근방법	정확한 해답 (Precise Solution)	근사한 해답 (Approximate Solution)
데이터베이스 검색방법	특정 데이터에 대한 정확한 검색(Exact Match)	전체적인 정보에 의한 근사 검색(Closed Match)
저장방법	외부 저장장치	연결강도 조정

출처: 김화수 · 조용범 · 최종욱, 「전문가 시스템」, 집문당, 1995.

으로 여러 가지 가능성 중에 가장 높은 가능성을 가진 통계값으로 보아야 한다. 다시 말해 인공신경망의 해답은 입력데이터 간의 상호작용, 즉 송도의 미래에 영향을 미치는 여러 변수와 요인들 간의 상호작용에 의해 보여지는 하나의 가능성을 제시하게 된다. 이러한 결과는 디지털 컴퓨터가 풀어낸 답과는 그 성격면에서 크나큰 차이가 있다고 할 것이다. [표 11-5]에서 디지털 컴퓨터와 인공신경망과의 차이점을 처리하는 데이터의 종류, 의사결정 방법, 해답 접근방법, 검색, 저장방법 등으로 비교분석하였다.

11.3.3 인공신경망의 학습

이 같은 인공신경망은 예제(examples)를 통하여 학습(learning)한다. 학습방법에는 크게 (문제-답)을 가지고 훈련되는 지도학습(supervised learning)과 (문제)만을 가지고 답을 예상해 보는 자율학습(unsupervised learning)의 두 가지 종류가 있다. 본 절에서는 학습에 쓰이는 뇌의 신경구조와 컴퓨터의 구조를 서로 비교하여 이들 간의 차이점을 도출하고 나아가 이러한 뇌의 구조를 어떻게 인공신경망을 통해 구현하고자 하는지를 알아본다.

(1) 뇌의 신경구조

인간의 학습은 뇌의 신경조직구조 변화를 통해 이루어진다. 여러 가지 사고능력을 통해 인지작용을 하는 인간 뇌에는 약 10억~100억 개의 뉴런(neuron)이라 불리는 신경세포가 있고 이들은 각각의 다른 뉴런들과 시냅시스(synapse)라고 불리우는 연결고리를 통해 연결되어 있다.

이렇게 많은 뉴런들은 시냅시스들로 각각 연결되면서 매우 복잡한 네트워크를 형성하고 있는데, 이 같은 네트워크 구조를 통한 병렬처리가 가능한 점이 인간의 뇌가 매우 발달한 컴퓨터보다 기능 및 역할 면에서 크게 앞서고 있는 이유이다. 구체적으로 현대 컴퓨터의 CPU Clock 처리 주기는 나노초(10^{-9}) 단위의 고속처리가 이루어지는 반면,

뇌의 뉴런이 어떤 외부 자극에 응답하는 데는 밀리초(10^{-3}) 단위의 시간이 필요하다. 이러한 처리속도의 차이에도 불구하고 다양하며 복잡한 병렬처리가 가능한 점이 뇌의 신경망의 큰 장점이다. 이러한 신경구조에서 정보는 시냅시스라고 불리우는 연결고리에 강도(weight)로 저장된다. 다시 말하면 정보의 변화(예, 환경변화)에 대해 뇌의 신경망의 연결고리 부분의 적응강도를 조절하면서 적응하는 것이다. 이 같은 뇌의 신경구조를 인간이 구현하고자 하는 인공신경망에 어떻게 적용시켰는지 알아보기로 한다.

(2) 뉴런의 구조

짐작했듯이 인공신경망의 기본적 구성요소는 [그림 11-6]에서 보듯, 뉴런과 이들을 연결하는 연결고리를 나타내는 연결선으로 구성되어 있다. [그림 11-6]은 하나의 뉴런이 n개이 입력을 받을 수 있고 내부적으로 간단한 연산처리를 통해 출력시스널을 보낼 수 있도록 설계되어 있음을 알수 있다. 특히 n개의 입력정보는 그 중요도에 따라 강도(W_n)의 크기가 다르게 반영될 수 있도록 설계되어 있는 점에 주의할 필요가 있다.

(3) 인공뉴런의 기능

[그림 11-6]과 같은 모델에서 인공신경망을 구성하는 프로세서인 뉴런의 기능은 다음과 같다. 단순히 입력된 신호 $\boldsymbol{x}=[\boldsymbol{x}_1, \boldsymbol{x}_2, \cdots, \boldsymbol{x}_n]$을

[그림 11-6] 인공 뉴런의 구조

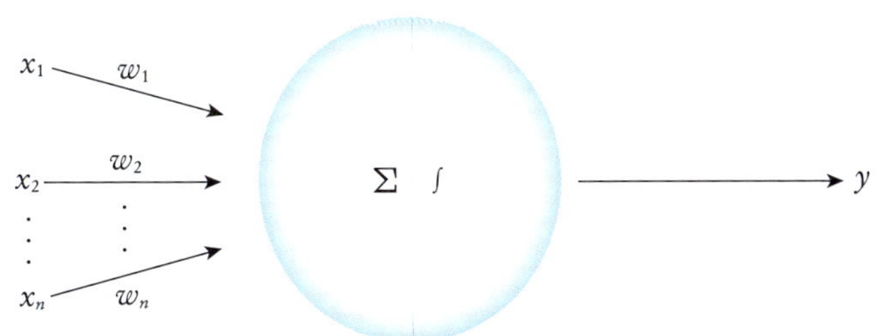

연결가중치 $w=[w_1,\ w_2,\ \cdots,\ w_n]$와 곱한 값을 모두 더한 다음, 그 결과에 비선형 함수 f를 취하는 것이다. 이때 동일한 입력 x를 가했을 때의 출력은 w에 따라 다른 값이 된다. 따라서 정보는 바로 연결가중치 벡터 w에 저장된다고 볼 수 있다. 출력 y의 값은 아래와 같이 계산된다.

$$y = f(\sum_{i=1}^{n} x_i \cdot w_i - \theta \cdot w_0)$$

이 때 f는 비선형 특성을 갖는 함수로서, 이를 활성함수(activation function) 또는 전달함수(transfer function)라 한다. 여기에서 θ는 뉴런 자체의 임계값(threshold)으로 $\sum x_i \cdot w_i$의 값이 임계치보다 작을 때는 뉴런이 활성화되지 않고 임계값보다 클 경우에만 뉴런이 활성화되는 역할을 한다.

11.3.4 인공신경망의 응용분야

인공신경망은 기존 컴퓨터의 한계를 극복할 수 있는 특징으로 인하여 기존의 인공지능 기법이나 계산이론 기법으로 해결하기 힘들었던 분야, 즉 패턴인식, 음성인식, 자연언어이해 등의 응용 분야에 주로 많이 적용되고 있다. 이 같은 인공신경망은 최근 사회과학, 특히 경영정보 분야에도 많이 응용되고 있다. 단지 이 같은 인공신경망을 적용시에는 일반적으로 요구되는 통계표본보다 훨씬 많은 표본이 요구되는 단점이 있다. 이는 신경망이 비선형함수를 통해 의사결정을 하고 있는 데 기인한다. 그러므로 인공신경망은 특히 데이터의 양의 많은 분야, 즉 데이터 웨어하우징(data warehousing) 또는 데이터 마이닝(data mining) 등을 수행하는 데 적합한 모델이기도 하다.

요 약

본 장에서는 인공지능의 개념을 살펴보고 그것이 가진 한계와 이를 극복하고자 수행했던 많은 연구 등의 과정에 대해서 알아보았다. 또한 현재까지 개발된 인공지능의 수행과정들과 가장 실무적으로 유용한 전문가시스템 및 인공신경망의 발달과정 및 실행현황 등에 대해서도 검토해보았다.

본 장을 통해 컴퓨터로 하여금 보다 인간과 비슷한 형태의 작업을 수행하도록 하여 빠른 문제해결에 이용하기 위한 시도가 인공지능(artificial intelligence)이라는 큰 학문적 실무적 분야를 잉태하였고 컴퓨터의 성능과 기능이 보다 나아짐에 따라 앞으로 정보분석 등 여러 분야에 응용될 수 있음을 확인하였다.

인간과 기계는 문제해결 방식이 다르다. 그러나 인간이 문제를 해결하기 위해서는 기계 등 유용한 도구를 사용해야 하기 때문에 서로 다른 문제해결 방식의 적절한 조화가 필요하며 이를 위한 도구와 그에 대한 이론 및 응용을 학습하였다.

:: 연습문제

1. 인공지능의 개념을 서술하시오.
2. 인공지능의 네 가지 접근방법은 무엇인가?
3. 인공지능의 발전이 애초 기대했던 수준에 미치지 못한 이유는 무엇인가?
4. 전문가시스템의 형성과정을 서술하시오.
5. 진문가시스템의 규칙 중 휴리스틱 방식에 대해서 논의하시오.
6. 인공신경망과 인간의 두뇌를 비교해 보시오.
7. 인공신경망의 응용분야와 경영학적 접근방법에 대해서 논의해 보시오.

사례 A

인공신경망 기술을 적용한 승용차 등장

파이낸셜타임스(FT)는 최근 고급 승용차업체 애스턴 마틴(Aston Martin)이 기존의 어떤 자동차보다 배출가스가 적은 2005년형 'DB9' 모델을 선보였다고 보도했다. 고급 스포츠 카로 배기량 5,953cc, 12기통 엔진에 300km/h의 최고속도를 낼 수 있는 'DB9' 신모델은 엔진의 연소 제어시스템에 인간의 신경세포(뉴런) 작동 원리를 활용한 인공신경망 기술을 적용한 것이 특징이다.

사람이 외부의 반응을 각종 신경세포를 통해 전기적 신호로 두뇌에 전달받아 판단하는 것처럼 엔진 내 점화장치의 연소 여부를 전기적 신호로 감지, 전달해 연료의 완전연소를 유도한다는 것이다.

기존 방식의 연소 제어시스템은 연료가 연소하는 짧은 순간(1,000분의 1.3초)에 완전연소가 이뤄졌는지를 파악해 제어하는 것이 불가능했다. 하지만, 신모델은 신호가 들어오는 23개의 인공신경망을 통해 엔진 내에서 계속해서 변하는 상황을 파악하기 때문에 불완전연소로 인한 배기가스를 줄일 수 있다고 FT는 전했다. 영국 업체인 애스턴 마틴을 지난 1987년 인수한 미국 포드사는 "배출가스 규제 강화 추세에 맞춰 점차 낮은 사양의 자동차에까지 적용할 방침"이라고 밝혔다.

출처: 중앙일보, 2005년 3월 3일자

사례 B

인공신경망(Neural Network)을 사용한 투자

투자에 성공하기 위해서는 미래를 예측하는 것이 상당히 중요하다. 투자는 예측의 영역이 아니라 대응의 영역이라는 말도 있지만 미래의 예측을 배제한 투자라는 것은 생각하기 어렵다. 특히 미래예측이 곧 수익성을 좌우하는 금융기관들은 일찍부터 보다 나은 예측 모델을 만들기 위해 많은 돈을 투자해왔다. 인공지능을 이용한 연구도 이 과정에서 상당한 가능성을 보여주었다.

인공지능이란 사람이나 동물이 지니고 있는 자연지능을 기계로 비슷하게 구현해내려는 시도이다. 동물의 두뇌는 수많은 신경망으로 이루어져 있는데, 컴퓨터와 같이 한번에 하나의 신호를 빠르게 여러 번 처리하는 것이 아니라 신경세포들이 촘촘하게 그물처럼 연결되어 있어 동시에 여러 개의 신경세포가 병렬적으로 신호를 처리하는 구조이다. 이를 모방한 것이 신경망(Neural Network) 프로그래밍 기법이다. 이 밖에도, Yes/No뿐만 아니라 제3의 모호한 상태를 수학적으로 정식화한 퍼지이론을 응용한 프로그래밍 및 유전자 알고리즘을 이용한 프로그래밍도 넓은 의미의 인공지능 프로그래밍 기법에 속한다.

신경망을 이용한 시스템은, ① 입력 데이터의 에러에 크게 영향을 받지 않고, 학습이 가능한 특성이 있다. 즉 변동성이 심하고 모델에서 벗어나는 데이터가 상당히 많이 들어올 수밖에 없는 금융시장에 적합한 특성을 지녔다고 할 수 있다. ② 신경망시스템은 신경망의 구조를 설계한 후 과거의 데이터를 입력하여 학습을 시키는 방법으로 만들어지는데, 이 학습과정은 신경망시스템을 실제 시장에서 사용하는 과정에서도 계속될 수 있으므로 시장의 환경이 변하더라도 시스템이 환경에 어느 정도 적응하게 되어 시대에 뒤떨어지는 일이 없게 된다. ③ 신경망시스템은 변수와 데이터만 주어져도 스스로 학습을 통해 최적화되므로 제작하기가 상당히 간편하다는 것이다. 이는 전문 계량경제학자나 통계학자들을 고용하기 힘든 소규모 금융기관에 특히 반가운 특성일 것이다.

신경망시스템은 채권의 신용등급 예측에도 사용되고 있다. 채권의 신용등급은 채권 발행자의 현금흐름에 결정적인 변수이지만 무디스 등의 외부 평가기관에 의해 정해지므로 예상하기가 쉽지 않다. 신용등급을 예측하는 신경망시스템은 여러 종류가 소개되어 있는데, 그 중 하나는 4-레이어 BPN 신경망을 이용하고 입력변수로 레버리지, 커버리지, ROE, ROE의 분산계수, 총자산, 건설비용/현금유입 등을 사용하여 AT&T에서 분사된 18개의 베이비벨 회사채의 신용등급을 예측하였다. 그 결과 예측 성공률은 무려 90%였다. 그러나 계량경제학자들이 전통적인 통계방법론인 선형 추정식과 중회귀분석을 사용하여 예측한 결과 성공률은 겨우 39%에 지나지 않았다.

신경망시스템이 가장 활발하게 사용되고 있는 분야는 상품선물시장이다. 곡물

선물시장에 적용된 한 BPN 신경망시스템은 날씨를 포함한 37개의 입력변수를 통하여 학습되었는데, 그 결과 과거의 데이터를 통한 백테스트에서는 무려 95%의 승률을 가지는 전략이 도출되었으며 수익률은 1,000%를 기록했다(신경망이 과거 데이터에 최적화되기 때문에 일어나는 현상이다). 이렇게 도출된 전략을 실제 시장에 적용한 결과 역시 의미있는 초과수익률을 얻을 수 있었다고 한다.

신경망시스템은 위에서 살펴보았듯이 입력변수만을 설정하고 데이터를 통해 학습시킴으로써 손쉽게 뛰어난 성능을 가지는 예측 모델을 만들 수 있어서 금융시장에서 광범위하게 사용되고 있다. 또한 신경망시스템은 입력변수의 유효성을 손쉽게 테스트할 수 있는 편리한 도구로도 이용된다. 그러나 신경망시스템 역시 과최적화 문제(과거의 데이터에만 최적화되어 실제 데이터를 통해서는 좋은 성능을 발휘하지 못하는 현상)에서 자유로울 수는 없다. 즉, 입력변수와 신경망 구조의 정교한 설계가 없는 무조건적인 학습 프로세스의 진행은 결코 좋은 결과로 이어지지 않음을 기억해야 한다. 이런 점 등에 주의하여 신경망시스템을 제작한다면, 적은 비용과 인력으로도 손쉽게 복잡한 문제의 분석과 예측을 돕는 프로그램을 만들 수 있다.

출처: 머니투데이, 2006년 11월 14일자
(발췌 및 수정)

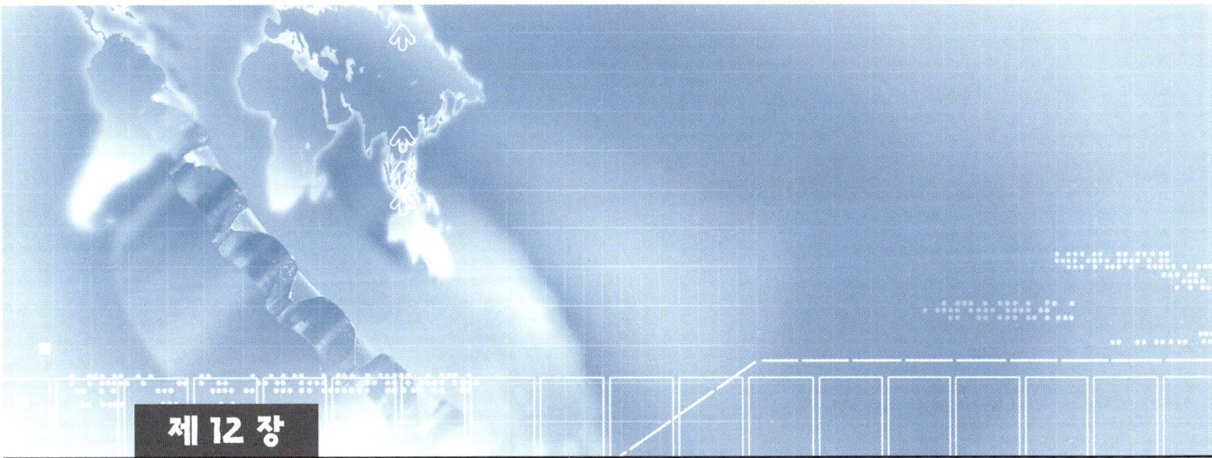

제 12 장

정보기술과 e-Business

산업사회에서 정보사회로, 아날로그에서 디지털로, 패러다임 시프트가 일어나면서 새로운 기술은 이에 주요한 원동력으로 작용하였다. 새로운 기술의 대표적인 주자는 정보기술(IT)과 통신망의 기술이다. 그리고 근래에 들어 우리 개개인의 일상생활뿐만 아니라 기업에게도 많은 영향을 미치고 있는 신기술로 인터넷을 들 수 있다. 인터넷은 기업의 거래관계에 새로운 변화를 주었고, 흔히 우리는 이것을 인터넷 비즈니스라고 한다.

그 어느 때보다 다양하고 빠른 속도로 변화하는 환경은 기업들에게 소비자의 욕구, 경쟁기업의 행동과 같은 외부의 환경변화에 민첩하고, 유동성 있게 대처할 것을 요구하고 있다. 기업환경의 급속한 변화에 대한 기업의 효과적인 대응책으로 많은 기업들은 인터넷을 그들의 업무에 도입하고 있다. 기업에 있어서 인터넷은 없어서는 안 되는 주요한 경영 수단이 되었고, 인터넷 비즈니스는 정보기술과 인터넷을 활용하여 기업의 구매, 제조, 유통, 판매, 서비스로 이어지는 비즈니스 활동 전 과정을 재조정하여 생산성과 경영활동 효율성을 높이며, 동시에 새로운 사업기회를 창출하기 위한 혁신 활동으로 볼 수 있다.

본 장에서는 이와 같이 사회구조와 경제구조를 변화시키고, 기업의 거래관계에 새로운 변화를 가져온 인터넷 비즈니스의 정의, 인터넷 비즈니스 모델의 정의와 주요 구성요소에 대해 학습하고 인터넷 비즈니스 모델의 종류에 대해 학습한다. 인터넷 비즈니스 모델의 가치구조에 대해 학습하고, 인터넷 비즈니스 모델 개발 방법론에 대해 학습한다.

12

MINI CASE

"포스데이타, 현대중공업 건설장비 통합영업정보시스템 수주"

포스데이타(대표 유병창)가 현대중공업 건설장비 부문의 통합영업정보시스템 구축 사업을 수주하고 프로젝트에 본격 착수했다.

이 사업은 현대중공업 건설장비사업본부의 굴삭기, 휠로다, 지게차 등의 건설장비에 대한 영업 경쟁력을 강화하기 위해 업무 프로세스를 새롭게 정립하고, e비즈니스 기반으로 관련 시스템을 통합하여 재구축하는 것이다.

이번 사업을 통해 현대중공업은 시스템간의 상호 운용·연계성을 높여 영업정보를 공유함으로써 신속한 고객 대응체계를 마련할 수 있게 됨은 물론 해외 수주관리 및 딜러견적 계획 관리 기능을 강화하여 보다 효율적인 글로벌 영업 체계를 마련할 수 있을 것으로 기대된다.

포스데이타 IT서비스사업본부 강신환 상무는 "그 동안 포스코를 비롯한 국내외 철강 및 제조기업에 대한 정보화 사업을 추진해온 경험과 노하우를 바탕으로 에너지, 환경, 중공업, 건설 등의 분야로 사업영역을 확장할 계획"이라고 말했다.

출처: 전자신문, 2007년 2월 13일자

12.1 인터넷 비즈니스

12.1.1 인터넷 비즈니스와 디지털경제

새로운 기술은 사회 변화에 있어서 주요한 원동력이다. 새로운 기술의 개발은 우리의 일상적인 생활을 크게 바꾸어 놓는다. 그리고, 이런 기술 변화는 개인뿐만 아니라 기업의 제도나 구조에도 지대한 영향을 미친다. 근자에 들어 우리 개개인의 일상생활뿐만 아니라 기업에게도 많은 영향을 미치고 있는 신기술로 인터넷을 들 수 있다. 인터넷은 기업의 거래관계에 새로운 변화를 주었고, 흔히 우리는 이것을 인터넷

[그림 12-1] 디지털경제와 인터넷 비즈니스

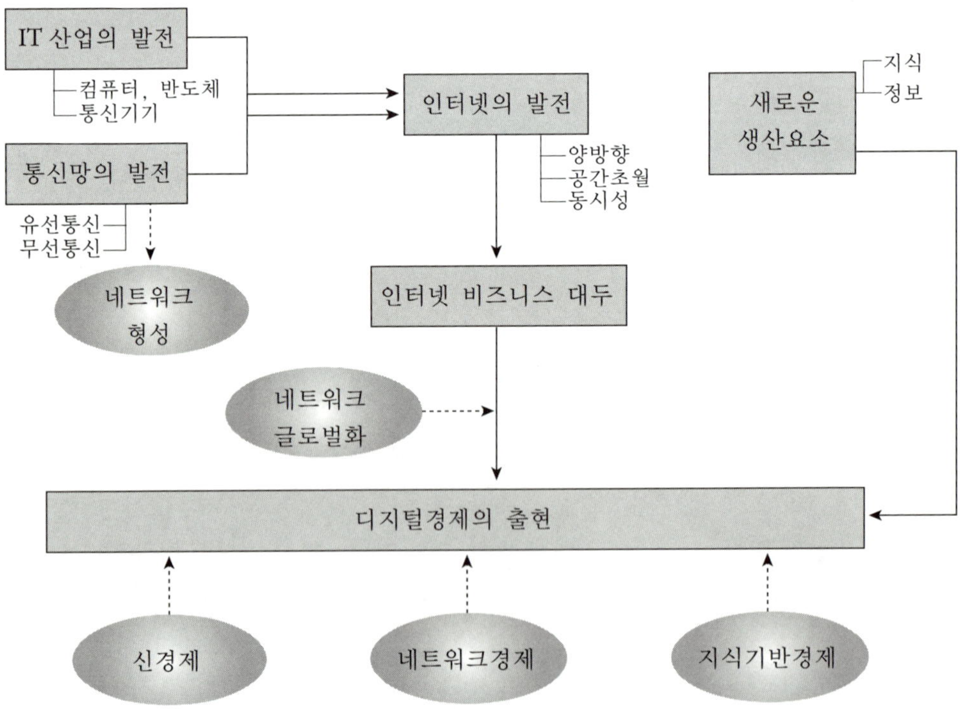

참조: 2003 e-비즈니스 백서(산업자원부, 한국전자거래진흥원).

비즈니스라고 한다. 또한 인터넷 비즈니스의 등장은 사회구조와 경제구조를 변화시켰는데 이러한 변화가 디지털경제를 도래시켰다고 말할 수 있다. [그림 12-1]은 인터넷 비즈니스가 어떻게 대두되었고, 이것이 우리의 사회에 미치는 영향이 어떠한지를 설명하고 있다.

새로운 기술의 대표적인 주자는 정보기술(IT)과 통신망의 기술이다. 이 기술의 원천은 오픈 네트워크라는 인터넷의 출현을 이끌어내었고, 이런 새로운 변화는 오프라인 시장뿐만 아니라 온라인 시장이라는 새로운 시장을 형성하게 되었다. 온라인 시장에서의 비즈니스 활동은 오프라인에서의 비즈니스 활동과는 다른 유형의 비즈니스를 수행하게 되는데 이를 인터넷 비즈니스라고 한다. 이런 비즈니스는 또다시 새로운 경제구조에 영향을 미치는데, 이를 디지털경제라고 부른다.

12.1.2 인터넷 비즈니스의 개념 변화

오늘날 기업환경은 그 어느 때보다 다양하고 빠른 속도로 변화하고 있다. 이러한 환경 변화는 기업들에게 소비자의 욕구, 경쟁기업의 행동과 같은 외부의 환경변화에 민첩하고, 유동성 있게 대처할 것을 요구하고 있다. 기업환경의 급속한 변화에 대한 기업의 효과적인 대응책으로 많은 기업들은 인터넷을 그들의 업무에 도입하고 있다. 초기에는 그들의 또 다른 하나의 판매 채널로서, 혹은 오프라인 채널을 보조하기 위한 수단으로 인터넷을 사용하였다. 우리는 과거에 이런 전자 기반의 거래를 e-commerce 혹은 internet commerce라고 하였다. 그러나 그들의 인터넷 사용에 대한 Know How가 축적되면서 고객에게 그들의 재화나 서비스 판매를 위해서뿐만 아니라 조직 내부의 업무, 더 나아가서는 공급자와 같은 다른 기업과의 협업을 위해서 인터넷을 사용하기에 이르렀다. 이것을 우리는 흔히 인터넷 비즈니스라고 한다. 근자에 들어서는 기업에 있어서 인터넷은 없어서는 안되는 주요한 경영수단이 되었다. 인터넷 비즈니스는 정보기술과 인터넷을 활용하여 기업의 구매, 제조, 유통, 판매, 서비스로 이어지는 비즈니스 활동 전 과정을 재조정하여

[그림 12-2] 인터넷 비즈니스의 개념의 변화

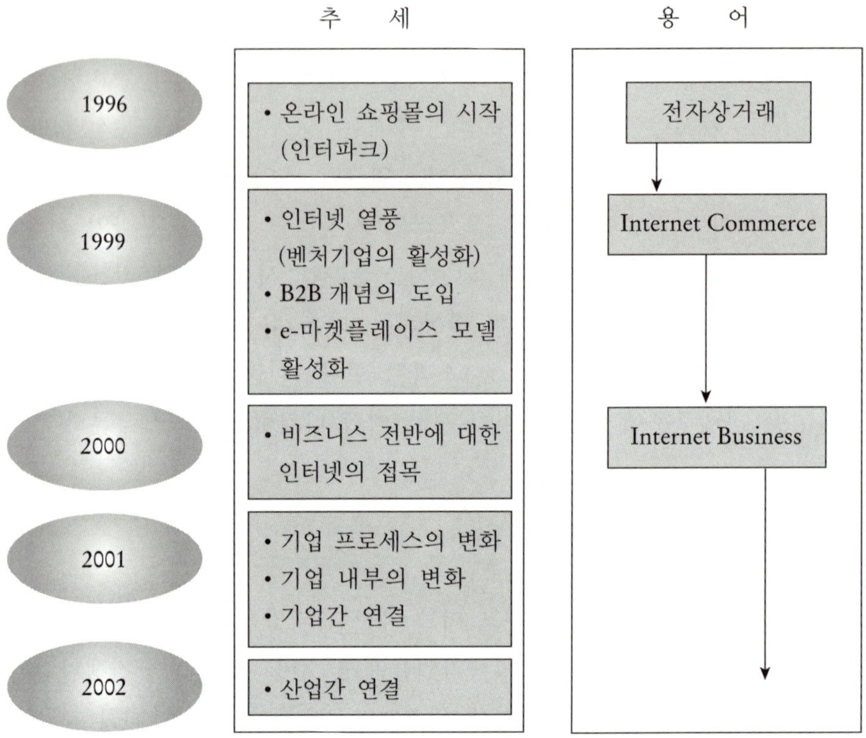

참조: 2003 e-비즈니스 백서(산업자원부, 한국전자거래진흥원).

생산성과 경영활동 효율성을 높이며, 동시에 새로운 사업기회를 창출하기 위한 혁신 활동이라고 정의하고 있다(전자상거래 연구조합, 2003).

이러한 정의를 바탕으로 볼 때 Internet Commerce가 기업과 외부와의 거래를 전산화한 것이라고 말한다면 전체적인 기업의 비즈니스 관점으로의 변화가 인터넷 비즈니스이다. 협의의 인터넷 비즈니스는 고객과 다른 기업과의 거래에 바탕을 둔 전자상거래라고 정의할 수 있고, 광의의 인터넷 비즈니스는 기업 외부와의 거래뿐만 아니라 기업 내부에서 디지털 기술을 활용한 모든 활동이라고 정의할 수가 있다.

12.1.3 인터넷 비즈니스 모델의 출현

기업이 인터넷을 그들의 업무에 사용함으로 해서 추가적인 수익 창출, 새로운 시장 개척, 그리고 업무의 효율성 증대와 같은 다양한 혜택을 얻을 수 있다. 그러나 기업의 인터넷 사용이 성숙기에 들어선 근자에 들어 인터넷은 기대와는 달리 많은 기업들에게 커다란 실망을 안겨다 주고 있다. 인터넷을 기업 활동을 전개하는 도구로 사용하기 시작한 초기에는 대부분의 기업들이 기업의 비용을 최소화하면서 최대의 효과를 얻을 수 있는 도구로 인터넷을 생각하였다. 인터넷기업은 기존의 전통기업과는 달리 적은 비용으로 쉽게 창업을 할 수가 있고, 오프라인 기업들보다 많은 고객을 짧은 시간에 확보할 수 있다는 기대 때문에 많은 인터넷기업들이 생겨났다. 인터넷기업들이 근자에 들어서 당면하고 있는 가장 큰 문제 중 하나는 다각화된 수익 모델의 부재를 들 수 있나. 예를 들어, 물리적 상품이 아닌 디지털 상품을 판매하는 온라인 컨텐츠 제공업체(Contents Providers: CP)들에 있어서는 새로운 수입모델은 그들의 생존을 결정하는 주요한 요소로 대두되고 있다. 근자에 들어 많은 업체들은 시장의 치열한 경쟁에서 생존하기 위한 새로운 수입모델로서 그들이 소유하고 있는 컨텐츠를 단계적으로 유료화하는 작업을 실시하고 있다. 그러나 온라인 컨텐츠의 유료화에는 많은 장벽이 있어 업체들은 어려움을 겪고 있다. 그 중에서도 가장 큰 장벽은 소비자의 심리적인 장벽일 것이다. 광고를 주 수입원으로 여겨졌던 제1세대의 CP들은 접속건수와 회원의 수를 늘리기 위하여 소비자에게 음악, 게임, 영화와 같은 다양한 컨텐츠를 인터넷을 통하여 무료로 제공하였었다. 그러다가 어느날 갑자기 과거에 무료로 제공되던 동일한 온라인 컨텐츠를 유료로 전환하면서 많은 소비자들의 저항을 불러일으켰다. 많은 CP들은 그들의 생존을 위해서는 컨텐츠 유료화가 매우 시급하다는 것을 알고 있으면서도 시장에서의 소비자들의 반발을 걱정하여 유료화 하는 시기를 무작정 늦추고 있는 실정이다. 그러나 온라인 컨텐츠시장의 활성화를 위해서는 컨텐츠의 유료화는 불가피할 것이다. 현재까지 성공적으로 온라인 컨텐츠를 유료화한 사례를 찾기가 그리 쉽지 않다. 많은 인터넷기업 전문가들은 유료화 실패의 주요한 원인으로 CP의 컨텐츠 차별화 방안의 부재를 유료화 실패의 원인으로 꼽고 있다. 무료 컨텐츠가 유료 컨텐츠로 바뀌는 것에 대한 소비자의 저항을 감소시킬 수 있는 하나의 방안은 기존에 무료로 제공되던 컨텐츠를 차별화하는 방법이 있을 수 있다. 무료로 제공되던 동일한 컨텐츠를 소비자가 인지할 정도로 크게 차별화하지 않고 그대로 유료화한 정책은 쉽게 실패할 것이다. 치열한 경쟁시장에서 기업이 어떤 식으로 이윤을 추구해야 하는지는 기업에 있어서 매우 중요한 요소일 것이다.

인터넷기업뿐만 아니라 전통적인 기업에서도 인터넷을 그들의 업무에 사용하는 데 많은 투자와 노력을 기울였다. 그러나 인터넷 비즈니스의 성숙기에 들어선 근자에 들어서는 많은 기업들은 실제로 인터넷이 그들의 비즈니스의 생산성과 수익성을 짧은 시간에 증가시킬 수 있는 만병통치약이 아님을 깨닫고 있다. 예를 들어 웹마케팅 방법을 사용하고 있는 대부분의 기업들은 온라인상에서 고객을 모으는 데 드는 비용이 오프라인상에서 고객을 획득하는 비용보다 1.5배에서 2.5배 정도 더 드는 것을 이미 경험하였다(백승익, 2001). 기업이 인터넷을 활용하여 경제적인 수익을 창출하기 위해서는 고객의 반복적인 방문을 유도하면서 동시에 고객이 방문할 때마다 고객에 대한 정보를 끊임없이 생성 활용해야 한다. 그러나 많은 기업들은 인터넷을 사용하여 획득한 고객 정보를 활용하여 제대로 고객의 재방문을 유도하지 못하고 있는 실정이다. 단순히 고객이 오기만을 기다리는 기업의 정책보다는 고객이 요구하는 시점에 재화나 서비스를 적재적소에 전하겠다는 정책의 전환이 필요하다.

이러한 맥락에서 기업이 인터넷을 활용하여 어떻게 이윤을 추구하고, 어떻게 기업의 내부 효율성을 높일 수 있는지에 대한 의사결정이 기업의 생사를 가름하는 중요한 요소가 되었다. 이것을 우리는 비즈니스 모델이라고 한다.

12.2 인터넷 비즈니스 모델

인터넷 비즈니스 모델은 기업 설립과 지속적인 성장의 근간이 되는 주요 가치 명제를 분석하기 위한 틀이 된다. 비즈니스의 초기 단계에서 성장 및 지속 가능성이 높은 비즈니스 모델을 개발하는 것이 기업의 주요한 성공요인이다. 비즈니스 모델이라는 단어는 새롭게 등장한 단어가 아니다. 오래 전부터 기업이 어떻게 운영되고, 수익을 창출하는지에 대한 기업의 모델은 존재하였다. 기업 활동을 보조하기 위해서 인터넷을 널리 활용하면서 좀더 구체적으로 인터넷을 수익의 원천으로 어떻게 활용하는지에 대한 모델이 필요하게 되었다. 비즈니스 모델에 대한 논의는 인터넷의 등장에 따라 파생적으로 다양한 사업 영역이 발생하면서 인급되기 시작하였다. 특히 사업 초기 단계에 아무런 실적이나 매출이 없는 인터넷기업을 평가하기 위해서 초점이 맞추어져야 할 평가 대상으로서 비즈니스 모델을 많이 사용하였다. 과거의 매출이나 실적이 없기 때문에 기업의 비즈니스 모델의 잠재성을 평가하게 되었다. 인터넷을 이용하는 각각의 기업은 인터넷을 이용하여 어떻게 장기적으로 수익을 창출할 것인가를 표현한 것이 인터넷 비즈니스 모델이다. 이것은 기업이 인터넷을 이용하여 수익을 유지할 수 있게 하는 일련의 인터넷과 비인터넷 관련 활동들을 포함한다(Afuah & Tucci, 2001).

12.2.1 비즈니스 모델의 정의

비즈니스 모델을 정의하려는 목적은 해당 비즈니스 모델이 기술적으로 실현 가능한 것인가와 이 모델이 사업으로서의 가능성이 있는가를 평가하기 위함이다. 비즈니스 모델은 반드시 상업성과 연관되는 것은 아니나 상업성이 비즈니스 모델의 주요한 요소 중에 하나임은 사실이다. 단순히 기업이 어떻게 운영되는지에 대한 모델인 비즈니스 모델 그 자체로서는 해당 비즈니스 모델의 사업성을 평가할 수가 없다. 그러한 이유 때문에 일반적인 비즈니스 모델에는 사업 환경을 비롯하여 고객, 경쟁기업 등 시장에 대한 분석과 사업 모델을 추진하기 위한 마케팅 전략, 재무 전략 등 여러 가지 요소가 포함되어야 하고, 한 걸음 더 나아가서 사업 모델을 누가 어떻게 운영하는가도 포함되어야 한다(임춘성, 2000).

비즈니스 모델들은 매우 다양할 뿐만 아니라, 기존의 모델들이 조금씩 변형되고, 여러 모델이 서로 결합되면서 새로운 모델들이 나타나고 있어 인터넷 비즈니스 모델을 정의하고 구분하는 것은 어려운 일이다. 그러나 다양한 비즈니스 모델들도 그것을 구성하는 기본적이고 공통적인 요소를 포함하고, 그 공통적인 요소들이 약간 변형이 되거나 두 개 이상의 요소들이 결합되어 새로운 비즈니스 모델을 만들어 내고 있다.

비즈니스 모델에 대한 최초의 체계적 연구자라 할 수 있는 Timmer (1998)는 비즈니스 모델 구조를 확인하는 데 있어서 가치사슬(Value Chain)의 분해와 재조합을 통해 체계적인 접근을 시도하였다. 즉, 가치사슬의 요소를 확인하고, 가치사슬을 통해 정보를 통합하는 방법을 이용하여 비즈니스 모델을 정의하고 있다. Timmer(1998)는 인터넷 비즈니스 모델을 세 가지의 관점에서 다음과 같이 정의하였다.

- 다양한 비즈니스를 운영하는 주체와 역할을 포함하며, 제품과 서비스와 정보흐름에 대한 아키텍처를 설명한다
- 다양한 비즈니스 주체가 만들어 내는 잠재적인 기업의 이득을 설명한다
- 수익의 원천이 무엇인가를 설명한다.

따라서 인터넷 비즈니스 모델은 모델을 구축하는 주체는 무엇이고, 이 주체들이 달성하고자 하는 비즈니스 목적은 무엇이며, 제품과 서비스 및 정보 흐름의 구조를 가지고 있고, 이득을 얻어 낼 수 있는 수익의 원천이 기본적으로 포함되어야 한다. Amit & Zott(2001)는 비즈니스

모델을 가치를 창출할 수 있도록 디자인된 거래의 내용, 구조 그리고 지배구조를 총체적으로 칭한다고 정의하고 있다. 이 정의에서의 거래 내용은 거래하는 상품, 정보, 돈 등을 지칭하고, 거래구조는 거래 주체들 간의 연관 관계를 칭한다. 마지막으로, 거래의 지배구조는 거래 당사자들의 돈, 정보, 상품의 흐름을 누가 통제하느냐 하는 것을 의미한다. Mahadevan(2000)은 비즈니스 모델은 기업의 가치흐름(Value Stream), 이윤흐름(Revenue Stream) 그리고 물류흐름(Logistical Stream)으로 구성되어 있다고 정의하고 각 기업마다 독특한 세 가지 흐름의 조합을 만들어 비즈니스 모델을 구축하고 있다고 설명하고 있다. 가치흐름은 인터넷상에서의 고객, 판매자 그리고 시장 생성자(Market Maker)를 위한 가치 제안(Value Proposition)을 확인한다. 이윤흐름은 비즈니스로부터 이윤이 생성되는지를 확인하게 된다. 그리고 물류흐름은 공급자와의 관계에서 발생되는 다양한 이슈들을 포함하고 있다. 기업의 세 가지 흐름을 정의함으로 해서 우리는 비즈니스 모델을 구축할 수 있다. [표 12-1]은 세 가지의 다른 인터넷 비즈니스 모델의 정의를 비교하고 있다.

전자상거래표준화통합포럼(2001)은 "비즈니스 모델이란 고객 서비스에 대한 수익 모델, 업무 방식, 제휴 전략 등을 총칭하는 기업의 창업,

[표 12-1] 인터넷 비즈니스 모델에 대한 정의

Timmer(1998)	Amit & Zott(2001)	Mahadevan(2000)
Product, service and information flows, business actors, roles	Scope Implementation	Logistics Stream
Value (Potential benefits) for actors	Customer value	Value Stream
Sources of revenues and profits	Revenue source Pricing Sustainability	Revenue Stream
	Connected activities Implementation Capabilities	

운영전략 등을 의미한다"라고 정의하고 있다. 위의 모든 정의들을 종합해 보면 비즈니스 모델이란 기업이 인터넷을 이용해 비즈니스를 수행하는 데 있어서 가용자원의 동원전략과 수익 창출 및 비용 배분의 방식을 구체적으로 표현한 것이다.

12.2.2 비즈니스 모델의 구성요소

비즈니스 모델의 정의는 각기 다르나 모든 정의가 수익을 어떻게 창출하는지에 대한 구체적인 설명이 비즈니스 모델에 포함되어야 한다는 것에 동의를 하고 있다. 비즈니스 모델은 다양하지만 어떤 구성요소로 구성되어 있는지를 [그림 12-3]에서 살펴보기로 한다.

[그림 12-3] 비즈니스 모델의 구성요소

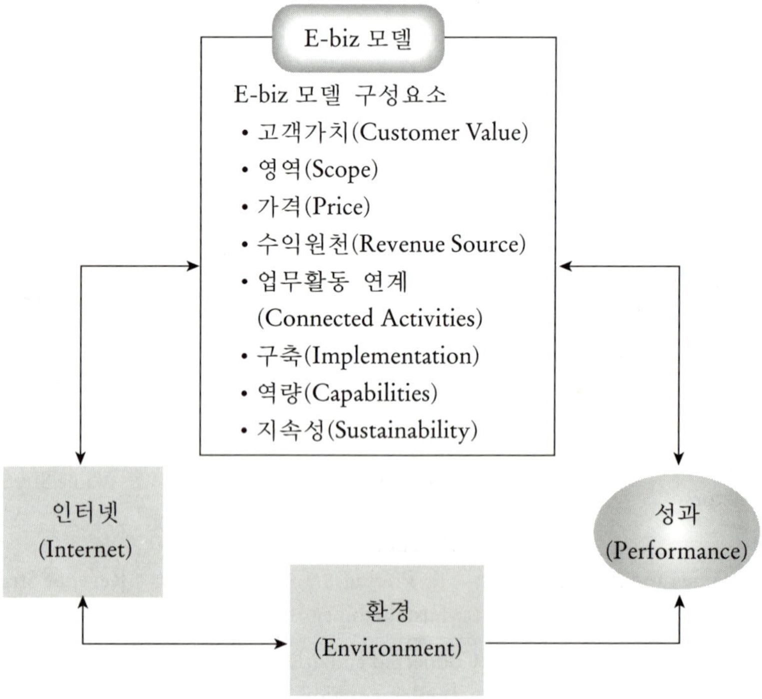

참조: Afuah & Tucci(2001).

위의 그림은 Afuah와 Tucci(2001)가 인터넷 비즈니스 모델 구성요소와 기업의 성과는 중요한 관계를 가지고 있음을 묘사하였다. 그들이 설명하는 인터넷 비즈니스 모델의 구성요소와 구성요 간의 관계는 다음과 같다: 고객가치(Customer Value), 영역(Scope), 가격(Price), 수익원천(Revenue Source), 업무활동 연계(Connected Activities), 구축(Implementation), 역량 (Capabilities) 및 지속성(Sustainability)

(1) 고객가치(Customer Value)

고객은 기업으로부터 가치 있는 제품과 서비스를 구입한다. 이 제품과 서비스는 다른 경쟁기업이 제공할 수 없는 가치를 가지고 있어야 한다. 가장 대표적인 예로서, 고객가치는 차별화(Differentiation)와 저가(low Price)의 형태로 나타날 수 있다.

1) 차별화(Differentiation)

차별화는 고객이 기업이 제공하는 제품의 가치가 다르게 느끼는 차이를 말한다. 이 차별화의 요소는 제품 특성(Product Features), 시기(Timing), 위치(Location), 서비스(Service), 제품 믹스(Product Mix), 연결(Linkage) 및 평판(Reputation) 등이 포함된다.

제품 특성(Product Features): 제공되는 제품의 특징을 차별화시키는 방법이다. 다른 경쟁사 제품에 비해 새로운 디자인을 사용하거나 새로운 기능을 추가하여 제품 특징을 차별화시키는 것이다. 또한 제품 차별화 외에도 제품과 관련된 기업의 업무활동의 특징을 차별화시킨다. 예를 들어 인터넷을 통한 제품 관련 정보제공과 고객 개인에 맞는 맞춤 서비스를 제공하는 것이 하나의 예가 될 수 있다.

시기(Timing): 시장에 제품을 최초에 도입하는 것에 의해서 기업은 차별성을 얻을 수 있다. 이런 최초의 도입된 제품은 시장에서 유일한 제품이 되므로, 도입 시기는 차별화의 주요한 요소이다. 왜냐하면 최초에 도입된 제품의 특징은 시장의 기존 제품이 가지고 있지 않은 특징을 가지고 있기 때문이다.

위치(Location): 두 개의 동일한 기능을 가진 제품의 경우에 고객이 어느 제품에 쉽게 접근할 수 있는가가 대단히 중요하다. 제품에 대한 이런 접근성은 기업이 시장에 공급하는 제품의 차별화의 요인이다. 최근 은행에서 제공하는 보험 제품은 기존의 보험상품들과 달리 자주 이용하는 은행에서 업무를 처리할 수 있으므로 접근성이 좋다.

서비스(Service): 제품 사후처리 서비스는 차별화의 한 요소이다. 제품의 고장시에 신속하게 수리하거나, 수리요원과의 의사소통의 원할함은 기업의 중요한 차별화이다. 고객이 구입한 제품에 대한 사전 사후관리는 고객에게 큰 가치를 줄 수 있다.

제품 믹스(Product Mix): 다양한 제품을 구매하거나 원스톱(One-stop)구매를 원하는 고객에게 제품 믹스는 차별화의 중요한 원천이다. 온라인 쇼핑몰은 다양한 제품군을 제공함으로써 제품믹스을 통한 차별화를 제공하고 있다.

연결(Linkage): 다른 기업과의 제휴는 차별화의 또 다른 원천이다. 평판이 좋은 기업과의 제휴는 혹은 브랜드 이미지가 좋은 기업과의 제휴는 기업에게 좋은 차별화의 원천이 된다

평판(Reputation): 마지막으로 기업이 가지고 있는 브랜드에 대한 평판은 장기적인 측면에서 좋은 차별화의 요소가 된다.

2) 저 가(Low Price)

저가정책은 경쟁자보다 더 낮은 가격에 제품을 판매하는 것이다. 경쟁자보다 낮은 가격에 제품을 판매하는 것이 고객에게 너 나은 가치를 제공한다는 가정하에 이 정책을 구현하게 된다.

(2) 영 역(Scope)

영역은 세분화된 시장이나 지리적인 영역을 말한다. 즉 가치가 내재되어 있는 제품이 공급되는 영역을 의미한다. 이 시장 세분화는 인구통계학적이거나 지리적이거나 라이프 스타일 등에 의해서 구분된다.

1) 지리적 세분화

지리적 세분화는 시장을 국가 · 주 · 지역 · 카운티 · 시 · 인근 등의 상이한 지리적 단위로 나누는 것이다. 기업은 하나 또는 몇 개의 지리적 지역에서 영업활동을 하거나, 또는 모든 지역에서 활동을 하되 지역의 차이에 주의하여야 할 것이다. Hilton 호텔은 호텔의 위치에 따라 객실과 로비를 고객별화하는 것이 하나의 예이다.

2) 인구통계적 세분화

인구통계적 세부화는 연령, 성별, 가족구성인 수, 가족생활주기, 소득, 직업, 교육, 종교, 인종, 국적, 세대, 사회계층 등의 인구통계적 변수에 기초하여 시장을 몇 개의 집단으로 분할하는 것이다.

3) 연령과 생활주기 단계

소비자의 욕구와 능력은 연령에 따라 변화한다. 마케팅 관리자는 반드시 그 연령층에 알맞은 제품을 소비자에게 제공해야만 고객의 로열티를 향상시키는 동시에 기업의 성과를 제고할 수 있다. 예를 들어, Gerber사는 연령의 소비에 영향을 미치는 것을 파악하고 자사의 전통적인 유아용 식품계열의 차원을 넘어 확대하기 시작하였다. 자사의 새로운 "Graduates" 계열은 1~3세 아기에 맞는 것이었다. 이런 새로운 세분시장으로 Gerber사가 확대한 이유가 아이가 너무 일찍 딱딱한 식품을 빠르게 이용한다는 것을 파악하였기 때문이다.

4) 성 별

성별 세분화는 의복, 헤어스타일, 화장품, 잡지에서 오랫동안 사용되어져 있다. 간혹 다른 분야의 마케팅 관리자들은 성별 세분화의 기회를 발견하곤 한다. 담배시장이 좋은 예로 Virginia Slim과 같은 여성용 상표가 여성 이미지를 강화시켜 주는 적당한 향, 포장, 광고단서를 사용하여 점점 더 많이 도입되고 있다.

5) 소　득

소득 세분화는 자동차, 보트, 의류, 화장품, 여행과 같은 제품 및 서비스 범주에 적용되는 아주 오래된 관행이다. 그렇지만 소득은 항상 특정한 어떤 제품에 대한 최고의 고객을 예측할 수 있는 것은 아니다. 예를 들면 육체 노동자들이 컬러 TV를 첫번째로 구입한 사람들 중의 하나였다.

6) 세　대

많은 조사자들은 이제 세대 세분화로 전향하고 있다. 그러한 생각은 각 세대가 성장하고 있는 환경, 즉 음악, 영화, 정치 및 당시의 사건에 의해서 심오하게 영향을 받는다는 것이다. 예를 들어, 베이비 붐 세대(1946년부터 1964년)의 특징은 낙관주의에 수구하는 커뮤니케이션이고, X세대(1964년부터 1984년)의 특징은 사회, 정치가 및 교묘한 광고와 상품구색을 신뢰하지 않는다.

7) 사회계층

사회계층은 자동차, 의복, 가정용 가구, 여가활동, 독서습관, 소매점포 등에 대한 그 사람의 선호성에 강하게 영향을 미친다.

8) 라이프스타일

사람들은 7개의 사회계층에 의해서 제기되기보다는 더욱더 많은 라이프스타일을 표출한다. Oldsmobile사는 능동적인 라이프스타일을 가진 고소득층에 속한 사람들을 탐색하면서 골퍼들을 조사하였다. 이 사람들은 통상 여러 대의 자동차를 구입하여 소유하고 있으며, 또한 조사결과, 골프를 치는 사람들은 일반적인 사람들보다 새로운 자동차를 구입할 가능성이 143%임을 밝혔다. 이러한 자료에 입각하여 Oldsmobile사는 Olds 판매상들과 예상잠재 구매자들을 위해 미국 전역의 골프 클럽에서 Oldsmobile Scramble 골프경기를 주최하였다.

(3) 가 격(Price)

기업이 고객에게 제공하는 가치인 제품으로부터 수익을 얻기 위한 주요한 요소가 바로 가격이다. 잘못된 가격전략은 금전적 손실뿐만 아니라 제품 자체에 치명적인 영향을 미친다.

1) Markup Pricing

가장 많이 사용하는 가격정책으로서 단위 원가에서 기업에서 예상하는 수익률을 고려하여 일반소비자에게 판매하는 가격을 설정하는 방법이다.

단위원가 = 변동비 + 고정비/판매량

Markup Pricing = 단위원가/(1 − 예상 판매수익률)

2) Perceived-value Pricing

점차 많은 기업들이 제품에 대한 고객들의 지각적 가치를 기준으로 자사의 제품가격을 결정하고 있다. 기업은 가격결정에서 중요한 것은 기업의 원가가 아니라, 구매자가 지각하는 가치라고 생각한다. 그들은 구매자의 마음 속에 지각적 가치를 높이기 위해서 광고 및 판매원과 같은 마케팅 믹스에서 비가격 변수를 많이 이용한다. 지각적 가치 가격결정방법에 있어 중요한 것은 제조업자의 제품에 대한 가치를 시장이 어떻게 지각하고 있는가를 명확하게 결정하는 것이다.

3) Value Pricing

최근 몇 년 동안 몇몇 기업들은 고품질 제공물에 대해 저가격을 부과함으로써 가치가격법을 적용하고 있다. 가치가격법은 낮은 가격으로 소비자에게 높은 가치가 있는 제공물을 제시하는 방법이다. 예를 들어, 미국의 Southwest Airline은 경쟁기업에 비해 1/3 가격으로 요금을 책정하지만, 매우 안락한 비행 그리고 매우 친절한 서비스를 제공하고 있다. 가치가격법의 한 가지 중요한 유형은 매일 저가격화(EDLP: Everyday Low Pricing)로서 이것은 소매 수준에서 많이 사용된다.

4) Going-Rate Pricing

이 방법은 가격결정의 기초를 주로 경쟁사의 가격에 두는 것이다. 기업은 주요 경쟁사의 가격과 동일하게 가격을 책정하거나, 경우에 따라서 높게 또는 낮게 책정할 수 있다. 경쟁사를 모방하여 가격을 결정하는 것은 매우 흔히 사용되는 방법이다. 즉 원가 측정이 어려운 경우, 또는 경쟁사의 반응이 불확실한 경우, 기업들은 경쟁사의 현행가격을 따르는 것이 좋은 해결방법이라고 생각하기 때문이다.

5) Sealed-Bid Pricing

공개입찰가격은 경쟁사 지향적 가격결정방법 중의 하나이다. 이 방법을 따르는 기업은 자사의 원가나 수요에 대한 관계보다는 경쟁사들이 어느 정도로 책정할 것인가에 기초하여 가격을 결정한다. 입찰가격을 결정하는 기준으로 기대이익을 사용하는 것은 많은 입찰기회를 갖는 기업에게 적합한 방법이다.

(4) 수익원천(Revenue Source)

비즈니스 모델 분석에서 가장 중요한 요소는 기업의 수익과 이익의 원천이 무엇인가을 결정하는 것이다. 전통적인 기업에서 수익은 제품과 서비스의 판매로부터 직접 얻을 수 있다. 그러나 인터넷 비즈니스는 이것 이외에도 두 가지의 요소가 있다: 중개성(Mediating), 네트워크 외형(Network Externalities). 중개성은 인터넷을 통하여 거래할 때 물건 판매 이외에도 거래와 관련된 수수료 및 광고료 등을 동시에 수익의 원천으로 활용할 수 있는 것이다. 또한 막대한 양의 정보를 판매자와 공급자에게 동시에 제공할 수 있다. 네트워크 외형(Network Externalities)은 네트워크의 트래픽(Traffic)을 의미한다. 인터넷에서 트래픽이 많은 업체가 시장에서 점유율이 높은 업체이므로 중요한 수익의 원천이다.

(5) 업무활동 연계(Connected Activities)

기업은 고객에게 제공하는 가치, 즉 서비스와 제품을 공급하기 위해서는 일련의 가치창조 업무활동을 수행해야 한다. 예를 들어 R&D, 마케팅, 생산활동 등을 말한다. 고객이 요구하는 가치를 제공하기 위해서는 기업은 어떤 업무활동을 수행하고, 언제 이런 업무활동을 수행해야 하는지에 대한 선택의 문제가 중요하다.

1) 무슨 업무활동을 수행

가치를 창조하기 위해서는 어떤 업무활동을 수행할 것인가 선택에는 다섯 가지의 기준이 있다. 첫째, 가치생산활동을 일관성 있게 지원해야 한다. 예를 들어 기업이 저가전략이나 차별화전략을 선택하였다면 이를 일관성 있게 모든 업무활동이 지원해야 된다. 둘째, 각기 서로 다른 업무를 상호 지원해야 한다. 온라인 쇼핑몰의 고객 인터페이스에는 다양한 판매촉진을 위한 내용이 담겨 있고, 이를 통하여 기업은 브랜드 이미지를 높일 수 있다. 셋째, 기업의 가치창조 업무활동은 기업이 성공하기 위한 주요한 요인이다. 예를 들어 온라인 상점은 신속하고 빠른 주문처리가 이 기업의 성공요인이다. 네 번째, 독특한 업무 활동을 구축할 수 있는 역량이 인터넷기업의 성공의 주요한 열쇠이다. 온라인 기업들은 물류활동을 어떻게 하느냐가 중요한 성공의 요인이다. 바로 이런 업무활동을 구축하고 운영하는 능력이 기업의 성공의 요소이다. 다섯째, 매혹적인 산업으로 이동을 유도하는 업무활동인가 하는 것이다.

2) 언제 업무활동을 수행

산업이나 시장의 환경이 변하기 때문에 기업이 언제 어떤 업무를 수행하는가 하는 것은 대단히 중요한 문제이다. 또한 산업도 역시 제품수명주기처럼 산업주기를 가지고 있으므로 성장기에 있는 산업인가 쇠퇴기에 있는 산업인가에 따라 수행하거나 운영해야 되는 업무활동은 상이하다. 또한 산업 안에서 경쟁자들의 행동과 신호에 따라서 역시 어떤 업무 수행을 언제 수행하는가는 중요한 요소이다.

(6) 구축(Implementation)

구축의 의미는 어떤 의사결정을 하는가의 문제이다. 무엇을 언제 그리고 어떻게 고객에게 전하는가 하는 문제를 결정하는 것이 대단히 중요하다. 바로 무엇을 할 것인가에 대한 의사결정의 문제이다.

1) 구 조(Structure)

기업의 구조는 업무보고는 어떻게 이루어지고 의사전달과정은 어떻게 수행되고, 어떤 업무를 수행할 것인가이다. 올바른 구조를 설명하기 위해서는 다음과 같은 특징을 가져야 한다. 첫째, 조정(coordination)이다. 조정은 어떻게 기업은 올바른 자원(resources)이 필요할 때 적절한 가격에 이용 가능한가, 고객에게 가치를 제공하기 위해서 정확한 시간에 필요한 정보를 제공을 관리할 수 있는가를 말한다. 두 번째, 차별성(differentiation)과 통합성(integration)이다. 차별성은 각기 개별업무는 서로 다른 고유한 특성을 가지고 있다는 것이다. 그러나 이 업무들은 가치 제공을 위해서는 통합되어 있어야 한다.

2) 시스템(systems)

구조는 무엇을 할 것인가를 설명해주기는 하지만 어떻게 종업원들이 자신의 일과 책임에 대한 동기유발을 이루는가는 설명해 주지 않는다. 동기 부여를 위한 성과와 보답에 대한 구조를 설명해야 한다. 이를 통하여 종업원이 업무에 대한 책임과 책무를 다 할 수 있는 동기를 부여 해준다.

(7) 역 량(Capabilities)

어떻게 기업이 필요한 자원을 획득하고 기업에 전개하는가의 문제이다. 그리고 이 자원을 활용하여 경쟁자와는 다른 경쟁우위를 가지게 하는 것이다.

1) 자 원(Resources)

기업이 고객이 원하는 가치를 제공하기 위해서는 자원이 필요하다. 이 자원은 유형(tangible), 무형(Intangible) 및 사람(Human)이다. 유형의 자원은 설비, 장비, 건물, 현금 등으로 보이고 존재하는 자원을 말한다. 무형의 자원은 특허, 저작권, 평판, 브랜드 등 눈에 보이지 않는 자원들을 말하며 인터넷기업에서는 대단히 중요한 자원이다. 사람은 유·무형의 자원을 활용하는 주체이다.

2) 역 량(Competencies)

자원 그 자체가 고객에게 제공하는 가치를 창출하는 것은 아니다. 고객이 원하는 가치로 자원을 전환하는 능력을 역량이라 한다. 이런 역량이 경쟁자와 차별화되는 요소이다. 이 요소가 기업이 경쟁우위를 가지게 만드는 것이다.

(8) 지속성(Sustainability)

기업이 경쟁우위를 가지게 된다면 이것이 경쟁자를 따라잡거나 추월하는 힘이 된다. 지속성은 이런 경쟁우위를 지속적으로 유지하는 것이다. 경쟁우위를 유지하는 것은 기업을 둘러싼 환경, 기술 및 역량과 밀접한 관계를 가지고 있다. [표 12-2]는 비즈니스 모델의 구성요소를

[표 12-2] 비즈니스 모델의 구성요소

고객가치	기업이 고객에게 제공하는 가치
영 역	기업이 그들이 제공하고자 하는 가치를 제공할 타겟 고객과 그들이 제공하고자 하는 서비스 범위
수익원천	기입의 수익 창출방법
가 격	기업이 소비자에게 제공하는 서비스/제품 가격 설정 전략
업무활동의 연계	기업이 고객에게 서비스/제품을 공급하기 위한 일련의 가치창조 활동
역 량	업무를 수행할 수 있는 능력
지 속 성	기업이 시장에서 경쟁적 우위를 가지기 위해서 무엇을 해야 하는가?
구 현	비즈니스 모델의 구성요소를 구현

정리하였다.

12.2.3 비즈니스 모델의 유형

최근의 많은 연구들이 '보편적인(generic)' 비즈니스 모델 이론 체계(framework) 또는 분류(taxonomies)를 유형화하려고 시도하였다. 이 곳에서는 가장 보편적으로 언급되어지고 있는 세 가지 비즈니스 모델 분류에 대하여 설명하기로 하겠다. Sawhney와 Kaplan의 모델 분류 그리고 Rayport, Jaworski와 Siegal의 분류에 대해서도 살펴볼 것이고, 마지막으로 Timmer의 비즈니스 모델과 Rappa의 비즈니스 모델에 대하여 설명하겠다.

(1) Sawhney and Kaplan Model

인터넷 비즈니스을 설명하는 모델 중 가장 일반적인 모델이 비즈니스-대-소비자(B2C)와 비즈니스-대-비즈니스(B2B)이었다. Sawhney와 Kaplan은 전자 허브(eHubs)라는 개념을 도입하여, 비즈니스-대-소비자(B2C)와 비즈니스-대-비즈니스(B2B)의 차이를 허브를 통해 밝혔다. 그들은 B2B eHub를 '특정 산업의 수직적 혹은 특정 비즈니스 프로세스에 초점을 두고 전자시장을 생성하여 어떠한 비즈니스간의 거래라도 중재하는 중립적인(neutral) 인터넷 기반의 중재자' 라고 정의한다. Sawhney와 Kaplan은 B2B 허브는 구매자와 판매자를 모으고, 시장 유동성을 생성하며, 거래 비용을 줄임으로써 가치를 창출해낼 수 있는 새로운 중재자라고 설명하였다.

더 나아가, Sawhney와 Kaplan은 B2B 허브를 수직적 허브(vertical hubs) 또는 기능적 허브(functional hubs)로 분류하였다. 수직적 허브는 수직적 시장이나 특정의 제한된 산업에 초점을 두고 제공되는 반면에 기능적 허브는 일반적인 비즈니스 기능을 제공하거나 똑같은 비즈니스 프로세스를 상이한 산업에 걸쳐 수평적으로 자동화한다. [그림 12-4]는 수직적 허브와 기능적 허브간 관련성을 설명하고 있다.

[그림 12-4] Sawhney and Kaplan 모델(B to B)

참소: 김재경 외 4인 (2002).

일반적으로, 수직적 허브는 특정 산업에 대한 지식은 깊지만 비즈니스-프로세스에 관한 전문지식은 부족한 경향이 있는 반면, 기능적 허브는 비즈니스-프로세스에 관한 전문지식은 있지만, 특정 산업에 대한 지식에서는 깊이가 낮은 경향이 있다. 수직적 허브가 그들의 자산을 증폭시킬(leverage) 수 있는 관련 분야를 발견하지 못하게 되면, 그들은 다른 수직적 시장으로 다각화하기가 어렵게 된다. 수평적 허브는, 특정 산업에 대한 컨텐츠를 제공하는 능력이 부족하기 때문에, 수직적 허브의 후미적(back-end) 서비스 제공자가 될 위험부담을 안고 있다. 결국, 수직적 허브는 수평적 허브와 제휴(alliance)를 맺거나 아니면 대안적으로 다양한 수직적 허브가 공통의 후방과 기능 서비스를 공유하게 되는 '메타허브(matahubs)'가 나타날 수 있다.

(2) Rayport, Jaworski and Siegal Model

Rayport, Jaworski 그리고 Siegal(RJS Model)에 의해 제시된 모델은

2×2 분류 도식을 나타낸다. X축은 컨텐츠가 시작된(content origination) 근원을 나타낸다. 이러한 맥락 속에서 컨텐츠란 제품, 서비스 그리고 (또는) 정보를 지칭할 수 있다. 비즈니스는 단일한 근원(예, Landsend.com은 단일한 브랜드만을 사용한다) 또는 다양한 근원(예, Bluefly.com은 다양한 브랜드 네임을 사용한다)으로부터 나온 컨텐츠에 초점을 둘 수 있다. Y축은 비즈니스전략에서의 초점이다. 초점이 백 오피스(back-office)나 공급-체인 향상에 맞추어져 있으면 공급자측(supply-side)으로 분류되고, 더 나은 고객 경험에 초점이 맞추어져 있으면, 수요자측(demand-side)으로 분류된다. 아래에서 제시되겠지만, 이러한 분류에 포함되는 옵션은 상호 배타적이지 않다.

1) 전방통합절차

전방통합절차(forward integrated producers)란 공급 채널의 효과(effectiveness) 또는 효율(efficiency)을 강화하는데 초점을 두는 단일한 기업의 주도권(initiatives)을 의미한다. 우리가 이를 전방통합절차라고 명명한 것은 공급자들과의 관계를 강화하거나 또는 공급-체인의 비효율성을 줄이는 인터넷전략을 추구하기로 결정한 기업들을 지칭하기 때문이다. 좋은 예로 Wal-Mart를 들 수 있다. 이 기업의 온라인 비즈니스 모델은 보다 효율적이고 효과적인 방식으로 제품을 시장에 공급하도록 설계되어 있다. 이 모델은 빠른 조달 시간, 저비용 지향이라는 점에서 효율적이고, 수익과 잠재적으로는 마진을 향상시킬 가능성을 가지고 있다는 점에서 효과적이다.

2) 공급집합

공급집합(supply-side aggregators)은 전방통합절차(forward-integrated producers)와 초점이 유사하다. 즉, 이들은 공급 체인의 효과 또는 효율을 강화한다. 그러나 공급집합은 공급 체인에서 다양한 주자(객체)들을 모음으로써 수행을 한다. 이는 그들이 자체 제품을 제공하지 않으며, 오히려 많은 공급자들을 모은다는 의미이다. 좋은 예로 'Big Three' 자동차 제조업체가 그들의 산업에 대한 공급 체인을 창출해내기로 최근 결정한 것을 들 수 있다.

3) 후방통합 사용자

후방통합 사용자(backward- integrated user)는 하나의 기업이 웹 인터페이스(Web interface)를 통해 고객들에게 더 나은 서비스를 제공하고자 하는 상황을 지칭한다. 전체 취지는 하나의 기업 사이트를 통해 기존의 또는 새로운 고객들에게 더 나은 서비스를 제공하는 것이다. 예로 Forrester.com을 들 수 있다. Forrester는 기술과 전자상거래의 빌진에 대한 시장정보를 제공한다. 이는 예약구독 고객들에게 온라인으로 standard reports 시리즈를 제공한다. 또한 고객분석(custom analysis)도 제공한다. 그러나 Jup.com과 같이 경쟁사들에 관한 보도는 제공하지 않는다.

4) 수요집합

수요집합(demand-side aggregators)은 하나의 단일한 사이트에 많은 잠재 구매자들을 모두 모은다. MobShop.com은 각 개인 소비자들의 구매력을 강화하고, 더 낮은 가격에 구매가 가능하도록 구매자들의 집단을 모은다.

이러한 분류 도식에서 중요한 점은 이러한 선택이 상호 배타적이지 않다는 것이다. 오히려 대부분의 비즈니스는 혼합적(hybrid) 접근을 추구한다. 혼합 모델을 통해, 기존의 기업은 많은 공급원과 수요원을 모으는 선택을 할 수 있고, 따라서 매트릭스에서 공급집합(supply-side aggregation)과 수요집합(demand-side aggregation) 셀(cell)을 통합할 수 있다(예, 전통적인 metamarkets switchboard). 유사하게, 한 기업은 모든 공급자들과 구매자들을 기업-특정의 단일한 허브로 집결시킬 수도 있다(예, Cisco.com). [그림 12-5]는 네 가지의 다른 비즈니스 모델을 설명하고 있다.

[그림 12-5] Rayport, Jaworski and Siegal 모델: RJS 모델

		컨텐츠 기원	
		단일브랜드	다중브랜드
전략 초점	공급	전방통합절차 (Forward-Integrated Producers)	공급집합 (Supply-Side Aggregators)
	수요	후방통합 사용자 (backward-Integrated User)	수요집합 (Demand-Side Aggregators)

참조: 김재경 외 4인 (2002)

(3) Timmers의 e-비즈니스 모델

Timmers(1998)는 비즈니스 모델 아키텍처를 확인하는 데 있어서 가치사슬(Value Chain)의 분해(Deconstruction)와 재결합(Re-Construction)을 통해 체계적인 접근을 시도하였다. 즉 가치사슬상의 요소를 확인하고, 거래 참여자의 상호활동 패턴을 분석하여 가치사슬에 따라 정보를 통합하는 방법을 밝혀냄으로써 비즈니스 모델을 구분하고자 하였다. 가치사슬이란 Porter가 언급하였듯이 본원적 활동과 지원활동으로 구분이 되며, 상호활동 패턴이란 1:1, 1:다수, 다수:1, 다수:다수로 구분하였다. 가사슬의 재결합이란 가치사슬상의 여러 가지 단계를 따라서 이루어지는 정보처리과정을 통합하는 것으로 이를 통해 가치사슬 요소의 조합이 이루어진다. 가능한 비즈니스 모델 아키텍처는 가치사슬 통합과 상호패턴을 혼합해 재구성할 수 있다. 예를 들어, e-shop은 1:1 마케팅과 판매로 이루어진다. 기초적인 인터넷 쇼핑몰은 1:다수의 인터넷 상점으로 상점으로 구성되어 있다. 공동 브랜드를 중심으로 구축된 인터넷 쇼핑몰은 다수의 공급업체가 브랜드 정보를 공유하기 때문에 다수:1의 마케팅과 판매를 제공한다. 다수의 구매자가 한 공급업체의 제품을 놓고 경쟁하는 인터넷 경매는 다수의 구매자로부터 호가정보를 모아 다수 구매자의 구매와 한 공급업체의 마케팅과 판매를 연결하므로 다수:다수

의 형태를 보이며 현재의 e-marketplace의 대표적인 형태이다.

Timmer는 e-비즈니스 모델을 시장환경에 따른 시장전략과 결합하여 11가지의 모델을 제시하였다: e-shop, e-procurement, e-auction, e-mail, 3rd party marketplace, virtual communities, value chain service provider, value chain integrator, collaboration platforms, information brokers 및 trust service

1) e-shop

e-shop은 기업이나 상점들의 웹 마케팅 비즈니스 모델이 여기에 속한다. 웹을 통하여 고객에게 다양한 제품과 서비스에 대한 촉진 활동이나 기업의 이미지를 높이기 위한 모델이다. 전통적인 채널과 함께 결합하고, 주문이나 지불 등도 제고한다. 이 비즈니스 모델로부터 얻어지는 이득은 증가되는 수요, 글로벌화를 위한 비용의 절감, 판매와 판매촉진을 위한 비용절감 등이 있다. 고객이 얻게 되는 이득은 제품 가격의 저렴함, 폭넓은 선택, 풍성한 정보 획득, 편리한 제품 선택 및 24시간 이용성 등이 있다. 개인 고객을 대상으로 하는 대부분의 상업적인 웹사이트가 이에 해당된다.

2) e-procurement

e-procurement는 전자적으로 제품과 서비스를 조달하는 것이다. 대기업이나 공공기간 등은 웹을 통하여 필요한 물품들을 조달한다. 이득은 저렴한 비용, 향상된 품질 조달 비용의 감소 등을 얻기 위하여 폭넓게 공급자를 접촉할 수 있다. 전자적인 협상과 계약은 편리함과 저비용 및 시간의 절약 등을 가져왔다. 공급자의 이득은 더 많은 기회, 글로벌화의 규모을 크게 하고, 저렴한 가격에 물품을 공급할 수 있다.

3) e-auction

e-auction는 전통적인 경매를 전자적인 시스템으로 수행하는 모델

이다. 이 모델은 계약, 지불 및 배송까지도 경매와 통합되어 있는 기능을 제공한다. 수익의 원천은 옥션관련 기술의 판매, 광고 및 경매 수수료 등이 있다. 구매자와 판매자의 이득은 거래의 효율성과 시간절약 등이 있다. 공급자의 이득은 과잉 제고를 감소시킬 수 있고, 생산 능력을 유연하게 유지할 수 있으며, 경비 절감을 얻을 수 있다. 구매자는 구매와 관련된 비용을 절감할 수 있다.

4) e-mall

e-mall는 e-shop의 군집 형태이다. 이 모델은 다양한 형태의 지불을 지원한다. e-mall 운영자는 개별 비즈니스에는 관심을 갖는 것보다는 판매 향상을 이끌어내는 지원기술을 통하여 수익을 얻어내는 것에 더 큰 관심이 있다. 고객은 다양한 e-shop을 단일한 창구를 통하여 편리하고 쉽게 접촉할 수 있는 접근성의 이점을 가지고, 평판이 있는 브랜드 이름의 공유를 통하여 더 많은 신뢰감을 얻을 수 있다. e-shop은 저렴한 비용과 트랙픽 통제 및 다양한 지불 방식 등의 이점을 얻을 수 있다.

5) 3rd party marketplace

이 모델은 웹마케팅을 제3자에게 위탁할 때 유용한 모델이다. 그리고 지불, 물류, 주문 처리 및 보안 등의 다양한 기능 등이 지원된다. 이 모델의 수익의 원천은 특정한 이벤트 행사에 따른 대행 수수료, 거래에 따른 배당금 등이 있다.

6) virtual communities

이 모델은 가상 공동체를 구성, 운영하는 모델이다. 가입시 수집된 회원정보를 마케팅 활동에 활용하며, 고객 충성도를 강화하는 프로그램을 전개한다. 이 모델에서는 게시판, 홈페이지 같은 특정 기능을 무료로 제공함으로써 고객을 유인하고, 그 고객들이 개인의 정보를 인터넷을 통하여 제공하고, 기업은 회원 수수료나 광고를 통하여 수익을 창출한다. 이 모델은 고객의 충성도와 피드백을 얻기 위하여 다른 마케팅 채널에 결합하여 사용된다. 이 모델은 구성원인 멤버 사이의 커뮤니케이션을 통하여 가치가 증가된다. 이 모델은 다른 e-비즈니스 모델에게 새로운 기회를 제공한다.

7) value chain service provider

이 모델은 기업이 경쟁우위를 가질 수 있게 특정 기능—물류, 봉안, 지불 등—을 더욱더 차별화되게 만들어 주는 모델이다. 가치사슬상의 단일 활동, 예를 들어 물류나 전자지불 영역을 지원하는 모델이다. 이 모델의 수익의 원천은 거래 수수료나 매출에 따른 배당금이다.

8) value chain integrator

이 모델은 가치 증식을 가속화시키기 위하여 가치사슬 각 단계의 정보의 흐름의 탐색과 함께 멀티구조가 되게 가치사슬을 통합하는 것이다. 수익은 마찬가지로 회비와 거래에 따른 일정 수수료가 원천이다. 3rd party marketplace가 이 모델로 진출을 시도한다.

9) collaboration platforms

이 모델은 기업 간의 정보흐름의 환경과 이를 관리하기 위한 일련의 도구와 기술을 제공한다. 기업 간의 특정 프로젝트을 지원하기 위한 특정 기능, 예를 들어 설계, 공학적 해석 등을 위한 협력 기능을 지원한다. 이 모델의 비즈니스 기회는 멤버/사용 수수료의 관리 및 특정 도구나 기술—문서관리 시스템, 작업관리 도구, 설계를 위한 프로그램 등 의 판매가 기회이다.

10) information brokers 및 trust service

이 모델은 개방 네트워크를 통해서 막대한 양의 데이터를 가치 증식을 위한 방식으로 상용하고, 이를 통하여 비즈니스 통합—정보탐색, 고객 프로파일링, 투자 상담 등—을 위한 광범위하고 새로운 정보서비스 모델이다. 수익의 원천은 광고 등의 간접적인 수입보다는 직접적인 컨설팅 요금이 정보사용료가 주요한 수익의 원천이다. trust service는 이 모델 중에 특수한 형태이다. trust service는 인증이나 공증 서비스 같은 유형의 서비스를 기반으로 하는 모델이다.

Timmer는 가치사슬 분해에 따라 비즈니스 모델을 위와 같이 11가지로 구분하고 다시 혁신의 정도(Degree of Innovation)와 기능통합 정도(Extent of Integration of Function)의 정성적인 두 가지 척도로 구분하였다([그림 12-6] 참조). 어느 기업의 비즈니스 모델도 Timmer가 주장한 11가지 모델 중 하나에 적합하지는 않다. 많은 기업의 비즈니스 모델은 11가지 비즈니스 모델 중 몇 개가 결합되어진 형태를 취하고 있다. 예를 들어, 미국의 Amazon.com은 e-mall과 virtual community의 형태의 비즈니스 모델이 융합되어진 비즈니스 모델을 취하고 있다. 근자에 들

[그림 12-6] Timmer의 비즈니스 모델 분류

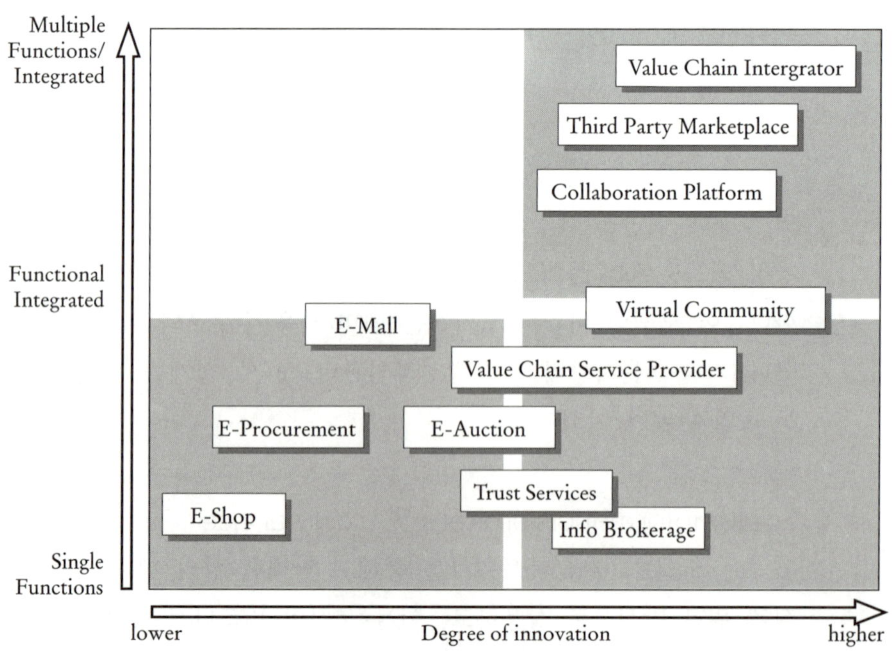

어서 trust service까지 제공하고 있다.

(4) Rappa의 비즈니스 모델

Rappa(1999)의 비즈니스 모델은 다른 문헌들에서처럼 분류 기준을 설명하고 있는 것이 아니라, 하나의 분류 기준으로 모든 비즈니스 모델을 설명할 수 없기 때문에 약간의 포괄적인 형태의 비즈니스 모델을 제시하였다. Rappa는 9가지 일반 비즈니스 모델 유형을 제시하면서, 각 유형별로 사업운영 방식에 따라 보다 구체적인 모형들을 제시하였다. 이 모델들은 독립적으로 응용될 수도 있지만 사업전략상 여러 다른 모델을 조합해서 적용하는 경우가 많다.

Rappa의 비즈니스 모델에는 Timmer(1998)가 제시한 대부분의 사업 모델들이 포함되어 있다. Rappa는 중개형(Brokerage), 광고형(Advertising), 정보중개형(Informediary), 상인형(Merchant), 제조업체형 (Manufacturer), 제휴형(Affiliate), 공동체형(Community), 등록형 (Subscription), 사용료형 (Utility)의 비즈니스 모델을 규정하였다.

12.3 인터넷 비즈니스 모델의 가치구조

다양한 인터넷 비즈니스 모델의 공통적인 특징은 수익을 창출하는 것이다. 수익은 기업에서 만든 인터넷 비즈니스 모델을 통하여 시장에 고객이 원하는 제품이나 서비스를 저렴한 가격으로 제공하는 가치에 의해서 생성된다. 비즈니스 모델에 의해서 만들어진 총 가치는 인터넷 비즈니스에 참석한 모든 주체들이 생산하고 만든 가치의 총합으로 정의할 수 있다. Amit & Zott(2001)는 가치의 생성과 구성요소 및 그들의 관계를 가치창조이론을 통하여 설명하고 있다. Amit & Zott(2001)는 가치창조 근원은 Efficiency(효율성), Complementarities(대체성), Lock-in(고객고정), Novelty(참신성)의 4가지로 범주화하였다.

[그림 12-7] 인터넷 비즈니스 모델의 가치구조

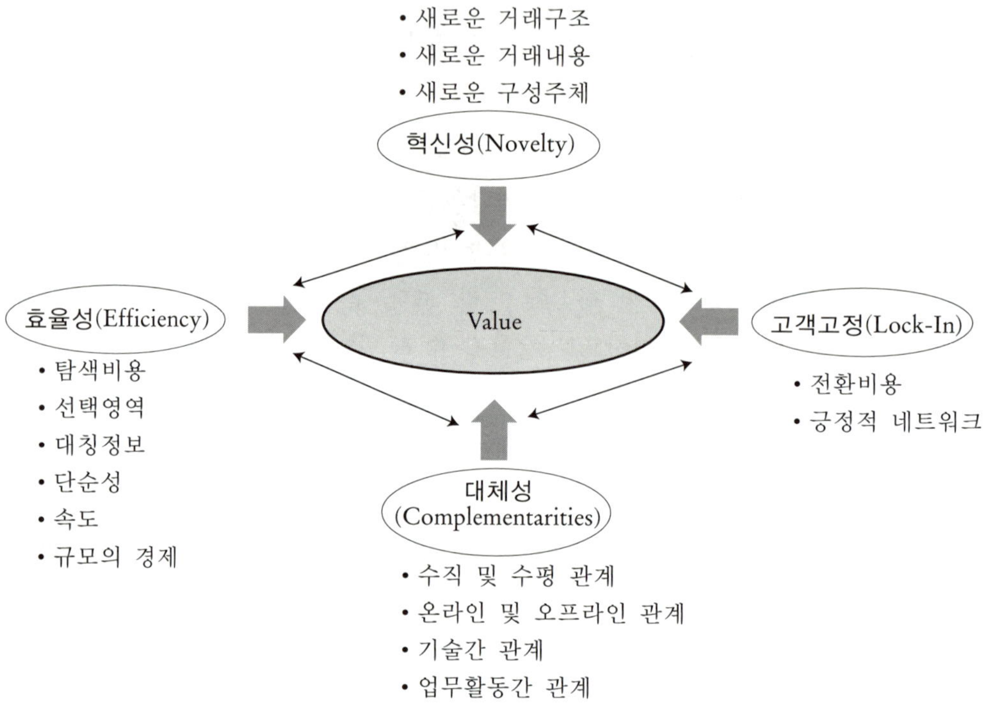

12.3.1 효율성(Efficiency)

가치생성의 주요한 요인 중의 하나가 거래효율성(transaction efficiency)이다. 거래비용이론에 의하면 거래의 효율성은 단위거래당 비용이 감소하는 곳에서 높아진다. 즉 거래의 효율성이 높아지면 질수록 거래비용은 더욱더 낮아질 것이다. 온라인과 오프라인에서 효율성의 향상에 대한 무수히 많은 논의들이 이루어졌고, 그 중의 하나가 구매자와 판매자 간의 정보의 비대칭성(Information Asymetry)에 관한 논의이다. 비대칭성을 없애는 것이 거래의 효율성을 높이고, 또한 소비자와 공급자 사이에 최신 정보교환과 조정비용 감소(거래절차 간소화, 재고 감소, 유통비용 감소 등) 등을 통하여 효율성을 높일 수 있다. 수요의 통합(Demand aggregation)과 대량구매(bulk purchasing)를 통한 규모경제 실현,

즉 구매비용 감소를 통하여 거래비용의 효율성을 높일 수 있다. 비즈니스 모델에 있어서 효율성은 다음의 요인에 의하여 추구될 수 있다.

(1) 탐색비용(Search cost)

고객이 자신이 원하는 제품과 서비스를 찾기 위해서 다양한 방법을 통하여 정보를 획득한다. 이런 정보를 통하여 고객은 원하는 제품을 찾게 된다. 가상시장에서는 이런 비용을 현격히 낮추어 줄 수 있다. 구매자와 판매자 양쪽이 동시에 정보를 주고받을 수 있으며, 또한 다양한 형태의 정보를 세공할 수 있다. 이러한 환경하에서는 고객이 그들이 원하는 쉽게 찾을 수가 있다. 이렇게 고객의 탐색비용을 낮춤으로써 효율성을 추구할 수가 있다.

(2) 선택영역(Selection range)

고객이 원하는 가치를 제공하는 기업을 가상시장에서는 다양하게 접할 수 있다. 특히 실시간으로 혹은 동시적으로 접촉할 수 있다. 이를 통하여 고객이 선택할 수 있는 폭이 넓어진다. 오프라인 기업에 비하여 온라인 기업일 경우에는 소비자에게 넓은 선택의 폭을 제공한다. 예를 들어, 아마존은 세상에서 가장 많은 책을 보유하고 있다. 오프라인에서는 감히 그 정도 규모의 책을 보유할 수가 없을 것이다. 고객에게 넓은 선택의 폭이 제공된 것과 동시에 탐색의 비용을 최소화할 수 있는 서비스를 제공하여야만 이 기업은 원하는 효율성을 추구할 수 있는 것이다.

(3) 대칭정보(Symmetric information)

제품에 정보나 기업 정보는 구매자인 고객이나 기업에게는 제한적이거나 가지고 있지 않는 경우가 많았다. 그러나 가상시장을 통하여서 구매자와 판매자 사이의 이런 정보의 비대칭성을 극복할 수 있다. 또한 제품 사용소감 등의 정보를 통하여 구매자가 원하는 정보를 구매자 간에도 교류할 수 있다. 구매자와 판매자가 하나의 제품이나 서비스에 대한 같은 지식을 가지고 있음으로 해서 거래에서 발생할 수 있는 비효율성을 방지할 수 있다. 판매자와 구매자 사이의 원활한 의사소통과 정보교환을 위해서 인터넷은 매우 큰 기여를 하였다.

(4) 단순성(Simplicity)

가상시장을 통하여 구매자와 판매자 간에 주문, 배송 등의 처리를 통합함으로써 보다 단순한 구매과정을 보여준다. 이를 통하여 시간 절약, 비용의 감소 등의 이점을 얻을 수 있다. 근자에 들어 많은 기업들이 고객이 원하는 서비스를 한 곳에서 제공하는 One-Stop 서비스를 제공하고 있는 것을 쉽게 찾아 볼 수 있다. 이것은 기업이 단순성을 통하여 효율성을 높이려는 시도이다.

(5) 속 도(Speed)

가상시장은 정보 전달 및 탐색 처리 과정을 실시간으로뿐만 아니라 전통적인 방식에 비해서 빠른 속도로 처리할 수 있다.

(6) 규모의 경제(Scale economies)

다중의 구매자와 단일 구매자가 만나서 판매되는 것의 대표적인 예가 공동구매이다. 전통적인 방식의 공동구매 방식과 유사하지만 가상시장에서의 공동구매는 구매자의 규모가 더욱더 커질 수 있고 다양한 상품을 동시에 판매할 수 있으면 현격하게 낮은 거래 비용을 사용할 수 있는 장점이 있다.

12.3.2 대체성(Complementarities)

대체성은 분리되어 있는 개별상품을 구매하는 것보다 묶음상품(Bundle Goods)으로 구매하는 것이 더 가치가 크다는 것이다. 개별상품이나 특정의 기능 및 온라인, 오프라인 단독으로 가치를 제공하는 것보다 묶거나 통합하여 제공하는 가치가 더욱더 증가된다. 대체성을 사용하여 시장에 가치를 증진시키는 전략은 크게 네 가지 전략이 있을 수가 있다. 기업은 아래의 네 가지 전략을 활용하여 새로운 비즈니스 모델을 구축하고 있다.

(1) 수평 및 수직관계(Between products and services for customers: vertical vs. horizontal)

수직적 대체성(Vertical complementarities)은 제품 판매 후 서비스를 통합하여 제공하는 것이다. 특정 제품이나 서비스의 판매부터 사후 서비스까지의 서비스를 단일가치 사슬구조하에서 제공함으로써 고객의 만족을 높이려는 시도이다. 수평적 대체성(Horizontal complementarities)은 다양한 제품과 서비스를 한 곳에서 원스톱쇼핑(One-stop shopping) 형태로 제공하는 것이 있다. 다중가치 구조하에서 제공하는 가치이다.

(2) 온라인 오프라인 관계(Between on-line and off-line assets)

온라인(on-line)과 오프라인(off-line)은 온라인이 가지고 있는 실시간 정보 제공이나 실시간 처리 등과 오프라인이 가지고 있는 직접적인 접근성이나 이동성을 결합하여 더 많은 가치를 제공하는 것이다

(3) 기술 간의 관계(Between technologies)

인터넷상에서 제공하는 다양한 기술들을 통합하여 제공한다. 단일하게 제공하는 것보다 통합하여 제공함으로써 고객의 다양한 욕구를 충족할 수 있다. 예를 들어 홈페이지 제작과 이메일 사용 및 FTP 사용 등을 통합하여 제공한나. 그리고 기능적으로 통합된 기능 상품들이 있다. 프린터와 스캐너를 통합한 기기나 휴대폰과 PDA을 결합한 상품 등이 있다.

(4) 업무활동 간의 관계(Between activities)

가치사슬상에서 발생하는 여러 가지 행동을 통합함으로써 고객의

만족을 추구할 수 있다. 예를 들어, Supply Chain을 통합함으로써 가치를 창조할 수가 있다.

시장의 변화에 신속하게 대응하고 적시에 고객의 요구에 맞는 제품을 공급하기 위해서는 기업간 업무와 통합되어야 한다. 인터넷 같은 오픈 네트워크을 이용하여 의사소통 구조를 통합하면 업무의 성과가 높아지고, 분권화된 의사결정 구조를 지원하는 데 유리하다.

12.3.3 고객고정(Lock-in)

고객이 지속적인 거래를 해야 하는 동기가 있거나, 파트너 기업이 지속적인 관계를 유지할 수밖에 없는 유인은 또 다른 가치 창조의 원천이다. 즉 고객 또는 파트너의 로열티를 증대시켜, 기업에 예속시켜 고객과 파트너의 이탈을 방지함으로써, 고객이나 파트너로부터의 수익창출 기회를 증대시킬 수 있다는 것이다. 가치 창조의 잠재성은 고객이 계속해서 재구매를 하도록 하게 만드는 것이다. 그래서 기존 고객이나 협력기업이 경쟁사로 넘어가는 것을 방지해야만 한다. 고객고정(Lock-in)은 고객이나 전략적 파트너가 다른 경쟁업체로의 이주를 방지하기 위한 것이다. 이탈을 방지하기 위해서 교체비용(switching costs), 네트워크의 외형성 등이 이탈을 방지한 고객고정 방법이다.

(1) 전환비용(Switching costs)

전환비용은 기업이 제공한 가치를 고객이 다른 경쟁자가 제공하는 가치로 전환할 때 발생하는 비용을 말한다. 이 비용이 높으면 높을수록 고객은 경쟁자가 제공하는 가치로 전환이 어려울 것이다.

(2) 충성도 프로그램(Loyalty programs)

충성도 프로그램은 반복적으로 구매가 이루어지는 고객에게 다양한 서비스를 제공하는 것이다. 예를 들어 마일리지를 제공, 구매 상품에 대하여 반복 구매시 할인율을 높여주던지 하여 고객으로 하여금 충성도를 유지하게 하는 것이다.

(3) 차별화 디자인(Dominant design)

다른 경쟁기업이 제공하지 않는 독특한 기술을 제고하거나 업무 프로세스를 개선하여 고객의 이탈을 방비하는 것이다. 예를 들어, 신용카드 결재시 암호화된 기술을 사용하여 고객이 거래간 안전성을 보장하는 것 등이다.

(4) 신뢰성(Trust)

구매자와 판매자 간에 거래의 신뢰성을 높이는 것이다. 제3의 인증 기간을 통하여 쌍방간의 신뢰를 유지하게 하는 것이다. 이런 제3의 인증기관을 통하여 거래의 위험성과 거래 후 발생할 수 있는 위험성을 제거함으로써 상호 신뢰감을 높인다.

(5) 맞춤화(Customization)

고객이 원하는 맞춤정보와 맞춤상품을 제공하는 것이다. 예를 들어 인터넷상에서 제공하는 이메일 화면을 단일한 화면만 제공하는 것이 아니라 고객에게 여러 유형의 화면을 제공하고 고객이 이를 선택하도록 하는 것이다.

(6) 긍정적인 네트워크의 외형(Positive network externalities)

네트워크의 규모나 외형은 고객으로 하여금 처리속도와 접근속도에 대한 신뢰성을 가지게 한다. 이 신뢰성을 통하여 고객이 원하는 다양한 서비스를 정확하고 신뢰성 있게 받을 수 있다.

12.3.4 혁신성(Novelty)

가치 창출의 중요한 요인 중 하나는 혁신(innovation)이다. 인터넷 비즈니스 역시 기업의 거래방식에서 전통기업의 방식에 비해 혁신적인 구조를 가지고 있다. 또한 거래 관련한 구성주체와 그 형식 등도 혁신적인 변화가 있다. 비즈니스 모델에서 혁신성을 추구할 수 전략은 크게 세 가지로 분류할 수 있다.

(1) 새로운 거래구조(New transaction structures)

인터넷이 비즈니스에 사용되면서 과거에는 상상할 수 없었던 새로운 방식들이 생겨났다. eBay가 제공하는 고객간 경매 프로세스가 그 좋은 예이다. 또한 중고차 판매 경매는 경매를 주간하는 업체가 인증을 하고, 실시간으로 경매를 통하여 판매하는 방식으로 판매자인 고객은 직거래를 통하여 이득을 얻을 수 있고 고객은 인증기관을 통하여 신뢰할 수 있는 제품을 구매하는 형식도 좋은 예이다. Priceline과 같은 인터넷 역경매도 과거에는 찾을 수 없었던 비즈니스 모델이다.

(2) 새로운 거래 내용물(New transactional content)

기존의 제품들뿐만 아니라 새로운 정보들도 거래의 내용물이 된다. 구인 구직 관련 정보 사이트의 정보 제공과 eLancer라 불리는 자유 계약자들의 계약과 보고물에 대한 인증을 통한 수익의 창출 등이 있다.

(3) 새로운 구성주체(New participants)

가상시장 안에서 거래에 참여하는 참석자들을 자유롭게 구성할 수 있고 이들 간의 관계는 전통적인 방식에 비해 느슨하다. 또한 제3자 방식을 통하여 유연하게 구성주체를 바꿀 수 있고 시장 변화에 민감하게 반응할 수 있다. 예를 들어, 인터넷 서비스 제공자와 케이블 TV 사업자가 함께 전략적 제휴를 하여 고객에게 혁신적인 서비스를 제공할 수 있다.

12.4 인터넷 비즈니스 모델 구축 방법론

김재경 외 4인(2001)은 인터넷 비즈니스 모델을 구축하는 방법론을 다음과 같이 정의하고 있다([그림 12-8] 참조).

첫째, 목표시장 혹은 고객에게 가치 제안(Value Proposition), 가치군(Value Cluster)이 비즈니스 모델에 구체적으로 정의되어야 한다.

둘째, 기업이 가지고 있는 가치 제안을 이용하여 시장에서 제공하고자 하는 제품, 서비스, 정보 등의 품목이 구체적으로 정의되어야 한다.

셋째, 시장에서 제공하고자 하는 품목을 생산하고, 판매하기 위한 기업 내부의 고유한 자원시스템(Resource System)이 정의되어야 한다.

넷째, 기업이 어떻게 이윤을 추구할 것인지에 대해 정의되어야 한다.

[그림 12-8] 인터넷 비즈니스 모델 구축 방법론

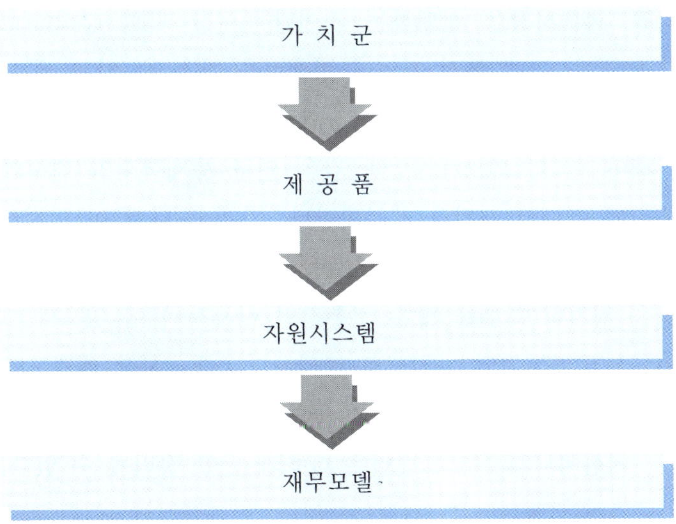

12.4.1 가치 제안

비즈니스 모델을 구축하기 위해서 우선 기업이 해야 할 첫번째 활동은 사업을 위한 가치 제안(value proposition)을 명확히 하는 것이다. 시장에서 기업이 경쟁하기 위하여 그 기업만이 가지고 있는 핵심 역량이 무엇인지를 정의해야 한다. 가치 제안은 다음의 세 가지 부분으로 구성되어 있다.

- 목표 세분시장들의 선택
- 고객에게 제공되는 혜택의 선택
- 이 기업과 이 기업의 파트너가 다른 경쟁사들보다 더 탁월하게 가치를 제공할 수 있는지에 대한 논리적 근거를 명확히 정립

(1) 세분시장 선택(Choice of Segments)

가치집단(또는 가치 제안) 구성에서 첫번째로 결정하여야 하는 것은 목표 세분시장을 선택하는 것이다. 시장-기회 분석(market-opportunity analysis)을 통해 특정 기업이 경쟁력을 가질 수 있는 세분시장이 어디인지를 밝혀내야 한다. 세분시장의 선택에 앞서 우선 기업의 시장을 세분화해야 한다. 연령 · 직업과 같은 인구 통계학적인 변수와 고객의 구매 행위에 따라서 시장을 세분화한다. 그리고 나서 어느 시장이 공략할 시장인지를 여러 가지 척도를 사용하여 선택하게 된다. 세분시장 선택 결정을 평가하기 위한 많은 전통적인 이론적 틀이 있으나, 대부분은 다음 두 가지 기본적인 차원으로 축약된다. 즉, 시장 매력도와 그 시장에서 기업이 가지는 경쟁력이다. 시장 매력도는 다양한 변인들이 작용하지만, 핵심이 되는 결정 변인은 다음과 같이 정리될 수 있다.

- 시장 규모와 성장률: 시장의 총 달러 규모와 세분 시장의 성장률이 고려되어야 한다.
- 충족되지 않거나 불충분하게 충족된 고객의 요구: 고객들이 기존

의 기업들에게 서비스를 제대로 받고 있는가에 대한 평가가 이루어져야 한다.

- 약하거나 존재하지 않는 경쟁자들: 경쟁이 없거나, 약한 시장을 공략하는 것이 최선책임은 분명하다.

기업이 특정 세분시장에서 가지는 경쟁력은, 얼마나 그 기업의 강점이 경쟁사들에 비해 세분시장에서 추구되는 고객 혜택과 잘 들어맞느냐에 따라 평가될 수 있다.

(2) 핵심 혜택의 선택(Choice of Focal Customer Benefits)

가치 제안 혹은 가치 집단을 규명하는 두 번째 단계는 목표 세분시장에 제공되는 핵심 혜택이 무엇인가를 명확히 정의하는 것이다. 전통적인 오프라인 마케팅과 비즈니스전략에 관한 교과서에서는, 기업이 하나 또는 두 개의 중요한 혜택에 초점을 두어야만 한다고 권고한다. 그러나 인터넷기업에서는 다양한 혜택을 고객에게 제공하여야만 시장에서 경쟁력을 유지할 수 있다. 인터넷은 과거 전통적인 방식의 비즈니스 세계와 비교해 훨씬 더 차별화 방향으로 나아갈 것이라고 확신할 수 있다. 경쟁사보다 더 좋은 서비스 및 혜택을 많이 제공할 수 있는 기업들은 계속 경쟁을 할 수 있게 될 것이고, 가격 이외의 다른 특징으로 경쟁에서 이길 수 있을 것이다. 선택한 세분시장에서 어떤 경쟁력 있는 제품 혹은 서비스를 제공할지를 정의해야 한다.

(3) 고유하면서 차별화된 역량의 선택(Choice of Unique and Differentiating Capabilities)

가치 제안의 세 번째 요소는 특정 온라인기업이 어떻게 경쟁사들보다 혜택을 훨씬 더 제공할 수 있는지에 대한 논리적 근거를 명확히 하는 것이다. 따라서, 이 세 번째 요소는 세분시장 및 혜택의 선택과는 반대로, 목표가 되는 혜택들을 우세하게 제공하도록 이끄는 기업, 혹은 파트너의 내적 요인들에 초점을 두고 있다. 이러한 요인들은 '핵심 역량(core competence)', '비즈니스 강점(business strength)', '전략적 통제 포인트(strategic control points)', '고유의 자원(unique resource)' 그리고 '고유한 역량(unique capability)' 등 다양하게 불리운다. 중요한 것은 이러한 고유 역량이 가치 제안을 형성하는 핵심 혜택들과 직접적으로 연결이 될 수 있느냐 하는 것이다. 여기서 역량(capabilities)이란 유형자산(예를 들어, 위치), 무형자산(예를 들어, 브랜드 네임), 그리고 조직의 역량/기술(예를 들어, 공급체인관리)을 포함한 광의의 개념으로 정의된다. 이 중 몇몇 능력이 우세하다는 것이, 반드시 중요한 혜택을 제공하는 것으로 연결되는 것은 아니다. 고유한 역량의 우수성은 고객 혜택과 직접 연관되는가 하는 것에 의하여 좌우된다. 역량의 개념에 관해서는 이후 자원 시스템(resource system) 부분에서 더 자세하게 설명하도록 하겠다.

12.4.2 제공하고자 하는 품목: 제품, 서비스, 정보

일단 가치 제안이 명백해지면, 다음 단계는 제공되는 온라인 제품, 서비스, 정보를 명확하게 규정하는 것이다. 이 단계는 웹사이트의 컨텐츠 및 감성설계를 의미하는 것이 아니라, 온라인에 제시될 실제 제품 또는 서비스를 총괄적으로 살펴보는 데 그 목적이 있다. 구체적으로 다음과 같은 세 가지 순차적 과업을 완성해야 한다.

- 시장에 제공하고자 하는 품목의 범위 규정,
- 고객 의사결정과정(Customer Decision Process) 규명,
- 제공하고자 하는 제품, 서비스 그리고 정보 등을 고객 의사결정 과정상에 배치

(1) 제공 범위(Scope of Offering)

제공 범위(scope)란 사이트에서 제공되는 제품과 서비스의 카테고리의 수를 말한다. 하나의 제품 카테고리에만 초점을 두는 기업에서부터(일명 '카테고리 킬러'), 여러 개의 카테고리들에 초점을 두는 기업까지

다양하다.

- Category-Specific Dominance: 꽃, 캔디, 또는 선물 등 하나의 제품 카테고리에만 주력하는 기업을 지칭한다. 그러나 면밀히 관찰해 보면 하나의 카테고리만을 공략하는 기업은 점차 찾아보기가 힘들다. 온라인 꽃 카테고리 내에서는 꽃, 선물, 기타 캔디와 같은 보완적 제품들을 함께 판매하는 기업이 대다수이다.
- Cross-Category Dominance: 온라인상에서 흥미로운 것 중 하나는 cross-category dominance를 지향하는 시도의 일환으로, 단일 가테고리에서 다수의 제품 카테고리로 제공하는 제품을 확장시키는 것이다. 가장 잘 알려진 사례는 물론 Amazon.com을 들 수 있다. Amazon은 처음 책에서 시작하여 점차 CD, 비디오, 장난감, 가정용품, 경매에 이르기까지 영역을 확장시켰다. Amazon은 공급자 측면의 cross-category dominance의 흥미로운 사례이다. 즉, Amazon은 물류와 분배 관점에서 자연스럽게 묶이는 제품들을 함께 제공한다.

최근, '메타마켓(metamarkets)'이라는 개념이 제품과 서비스들의 카테고리들을 자연스럽게 묶어서 무리 지어놓은 사이트들을 지칭하는 데 사용된다.

(2) 소비자 의사결정 프로세스의 규명(Identify Customer Decision Process)

온라인으로 제공하는 품목들을 구성하는 두 번째 단계는 다양한 제품 카테고리에 대한 소비자 의사결정 프로세스를 규명하는 일이다([그림 12-9] 참조).

그림은 소비자 의사결정 프로세스를 요약해 놓은 것이다. 소비자 의사결정 프로세스는 구매 전 단계, 구매 단계, 구매 후 단계라는 세 단계로 분류될 수 있다. 구매 전 단계에서 소비자들은 여러 단계를 거

[그림 12-9] 구매자의 의사결정 과정

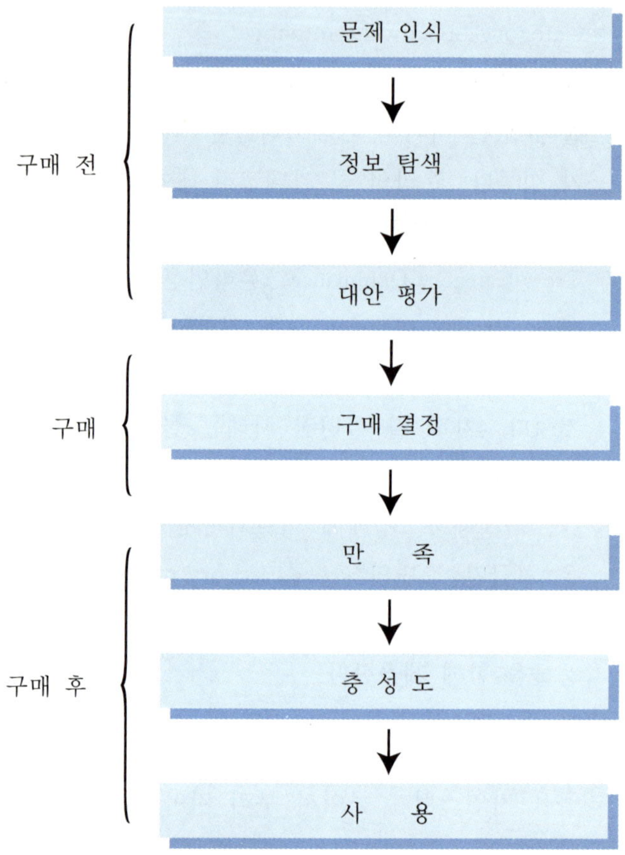

치게 되는데, 문제 또는 요구의 인식, 아이디어와 제품의 검색, 대안의 평가 등이 이에 속한다. 구매 단계에서는 구매를 결정하게 되고, 구매 절차를 거치게 된다. 구매 후 단계는 구매 후 만족 수준에 대한 사후 평가와 지속적으로 충성도 높은 고객이 될 것인지를 고려하는 과정이 포함된다. 최종적으로 소비자는 그 제품을 처분해 버릴 수도 있고 처분하지 않을 수도 있다.

소비자가 꽃을 구매할 때 프로세스의 각 단계에서 하는 행동을 예로 설명해 보겠다. 꽃이 필요하다는 인식은 공휴일(예, 발렌타인 데이), 또는 개인의 생활이벤트(예, 기념일) 또는 보다 일상적 이벤트(예, 첫번째 데이트) 등으로 인해 유발될 수 있다. 소비자는 온라인 또는 오프라인 꽃 상인으로부터 이용 가능한 모든 아이디어와 제공되는 제품에 관한 정보 검색을 하게 된다. 선물 아이디어, 추천 항목, 조언을 수집한 후, 소비자는 가격, 매력도, 이용가능성, 편리성, 기타 다른 여러 지표를 사용하여 대안들에 대한 평가를 하게 된다. 이렇게 여러 대안을 고려·평가한 후, 소비자는 구매 결정을 하게 되고, 꽃과 함께 어울리는 간단한 메모 또는 메시지를 함께 보내기로 결정한다. 구매를 하고 난 후, 그 꽃 주문이 성공적으로 적절하게 배달되었다면 소비자는 만족감을 느끼게 된다. 거래가 완성된 후, 소비자는 꽃과 꽃꽂이에 내해 더 많은 정보를 원할 수 있으며, 판매자는 고객의 충성도를 확보하기 위해 추가적인 인센티브를 주고 싶어할 수 있다. 기업에서 제공하는 제품과 서비스를 고객이 어떤 과정을 거쳐서 구매하는지를 분석해 보아야 한다.

(3) 제공 품목과 고객 의사결정 과정상의 배치

제공하는 품목 구성의 세 번째 단계는 고객 의사결정 프로세스상에 제품과 서비스를 어떻게 배치시킬 것인가 하는 것이다. 웹 사이트는 소비자가 전체 구매 의사결정 사이클을 거칠 수 있도록 하여야 하며, 소비자가 그 사이클을 지속적으로 재방문하도록 고무시킬 수 있어야 한다. 중요한 것은 이러한 의사결정 사이클은 그 사이트에 포함된 제품 카테고리 각각에 대해서 반복되어야 한다는 것이다. 고객의 구매 프로세스의 각 단계에서 기업은 어떤 제품이나 서비스를 제공할 것인지를 결정함으로 해서 그 기업에 목표시장에 제공하는 품목의 범위가 결정하게 된다. 소비자의 의사결정 프로세스와 제공하고자 하는 품목들의 관계를 에그 다이어그램(Egg Diagram)을 사용하여 표현할 수 있다. 이 다이어그램을 통하여 고객 의사결정 프로세스의 각 단계에서 기업이 제공할 수 있는 제품과 서비스를 정의할 수 있다([그림 12-10] 참조).

[그림 12-10] 에그 다이어그램

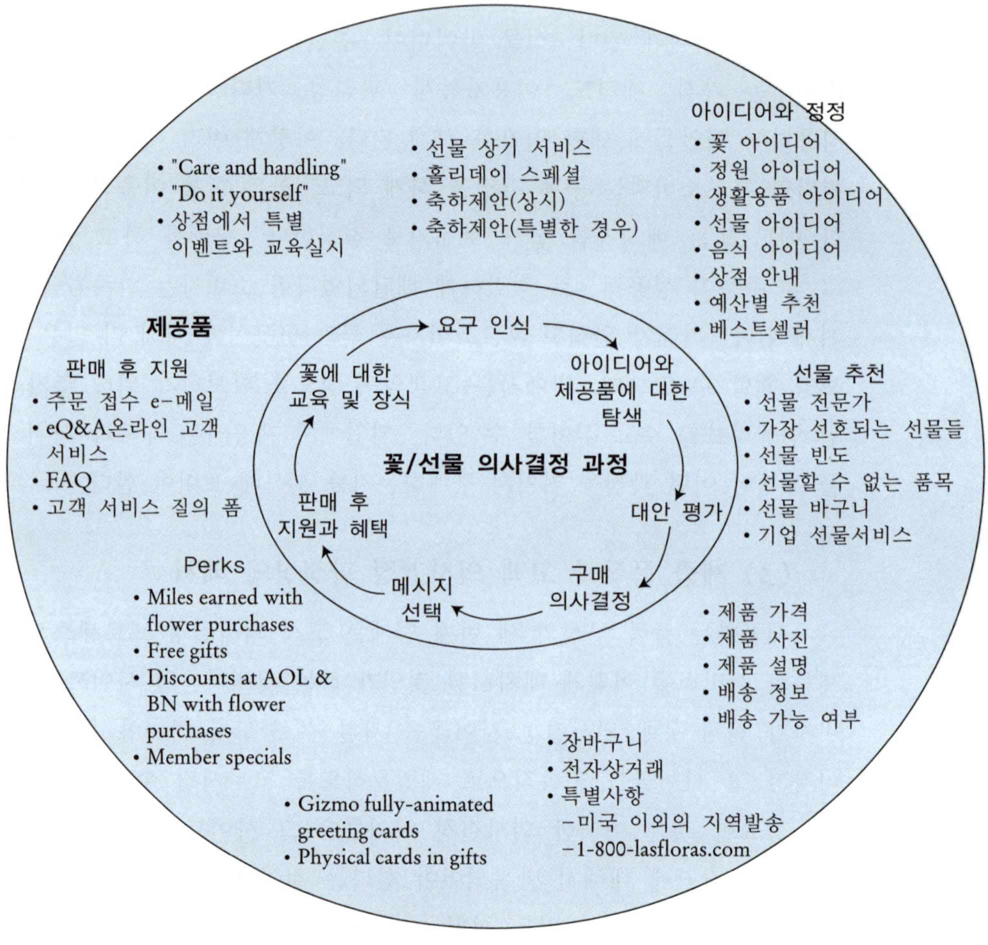

12.4.3 자원시스템(Resource Systems)

목표시장과 그 시장에 어떤 제품과 서비스를 제공할 수 있을지에 대한 결정이 내려진 후에 기업은 그 중 어떤 제품과 서비스를 어떤 방식으로 제공하는 것이 우선인지를 평가해야 한다. 현재 이 기업이 가지고 있는 자원을 최대한 활용한다면 어떤 제품, 서비스를 제공하는 것이

성공확률이 높을지를 평가해야 한다. 이 의사결정을 위해서 기업의 자원시스템을 정의해 보아야 한다.

(1) 자원시스템

자원시스템은 가치 제안 혹은 가치집단의 혜택을 제시하기 위해 내부 시스템과 파트너를 기업이 어떻게 정렬해야 하는지를 보여준다. 성공적인 기업과 그렇지 않은 기업을 구분하는 요인은 단순한 가치 제안이 아니라, 그 가치 제안을 전달하는 데 활용할 자산(asset)과 행동(action)을 선택하는 데 있다. 여기서 행동(action)은 가치 제안을 고유하게 수행하는 역량과 활동(activities)을 선택하는 것을 포함한다.

(2) 자원시스템의 명확화

자원시스템을 명료화하는 단계는 다음의 다섯 단계로 이루어져 있다([그림 12-11] 참조).

1단계: 가치집단에서 핵심 혜택을 정의해야 한다. 가치 제안 또는 가치집단을 구성함에 있어서 핵심혜택이 무엇인지 규명되어야 한다. 자원시스템에서는 중앙에 원으로서 표현하게 된다(그림에서는 신선한 꽃, 다양한 선물, 적절한 가격, 용이한 접근 등의 혜택들이 핵심 혜택으로 정의되었다).

2단계: 각 혜택과 관련된 기업의 역량을 정의해야 한다. 이 단계는 고객 혜택과 이를 수행하는 데 필요한 능력들을 연결하는 것이다. 이 단계에서는 기업이 그러한 능력을 수행할 수 있는지의 여부보다는 특정 혜택을 제공하기 위해서 필요한 기업의 역량이 무엇인지를 정의하는 단계이다. 예를 들어, '용이한 접근'이라는 혜택은 웹사이트의 인지도, 폭넓은 고객접근경로, 다양한 고객접촉 포인트 그리고 브랜드 네임이라는 네 가지 역량이 필요하다.

3단계: 자원을 각각의 역량에 연결하여 기업에서 제공할 수 있는 혜택을 결정하게 된다. 역량을 규명하고 난 후, 기업은 각 역량을 제공하는 기업의 자원을 규명할 수 있다. 이는 기업의 역량을 창출해 내는 주요 자산, 활동, 행동, 파트너십 또는 제휴 등을 의미한다. 예를 들어, 고객과의 다양한 접촉을 가능하게 만드는 역량은 전화, 온라인, 소매 상점 그리고 제휴 프로그램 등을 포함한 많은 접촉 포인트를 사용함으로써 이루어진다.

4단계: 기업이 어느 정도의 역량을 가지고 있는지를 검토해야 한다. 네 번째 단계는 기업의 내부를 면밀하게 관찰해야 한다. 예를 들어, 기업은 필요한 역량을 모두 갖추고 있는가, 아니면 부족한 역량을 채우기 위해 다른 기업과 파트너 관계를 맺거나, 아

[그림 12-11] 자원시스템

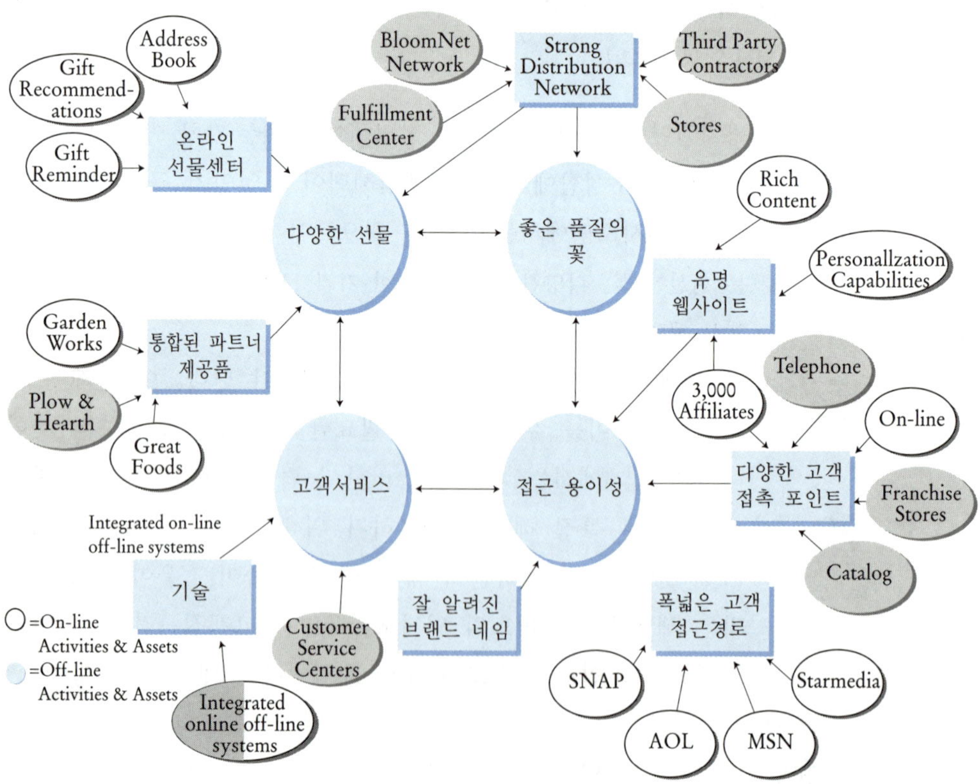

웃소싱을 해야 하는가 하는 것을 살펴보는 것이다. 이 기업이 필요한 모든 역량을 자체적으로 모두 소유하고 있지는 않다는 사실은 자원시스템 차트를 보면 명백하게 나타난다.

5단계: 역량을 완성할 수 있는 파트너를 확인해야 한다. 마지막 단계는 자원시스템을 풍성하게 채울 수 있는 핵심 주자들을 확인하는 것이다.

12.4.4 재무 모델(Finance Model)

기업에서 비즈니스 모델을 사용하여 어떻게 이윤을 추구할지에 대하여 결정하여야 한다. 기업들은 여러 가지 수익 모델을 추구할 수 있다. 다음은 가장 빈번하게 언급되는 수익의 원천들이다.

광고: 사이트들은 배너 등 광고 판매, 사이트 스폰서십, 이벤트의 인수 또는 기타 유형의 커뮤니케이션을 통해 광고 수익을 올릴 수 있다.

제품, 서비스 또는 정보 판매: 사이트상에서 제품 판매를 통해 형성되는 수입을 지칭한다.

거래: 고객과 판매자 간의 거래(예, Schwab, eBay 등)를 촉진하여 거래금액의 일부를 받거나, 수수료를 부과함으로써 발생하는 수익을 지칭한다.

구독: 잡지나 신문, 또는 기타 정보 및 서비스 비즈니스에 대한 구독료를 지칭한다.

주요 용어

- 인터넷 비즈니스 모델
- 가치사슬
- 수직적 허브/기능적 허브/메타 허브
- 전방통합절차/후방통합절차/공급집합
- 가치군

-제공품
-자원시스템
-재무 모델
-에그 다이어그램

■ 요 약

본 장에서는 근래에 들어 많은 기업에서 이슈가 되고 있는 인터넷 비즈니스 모델에 대해 설명하였다. 인터넷 비즈니스 모델은 정보기술과 인터넷을 활용하여 기업의 구매, 제조, 유통, 판매, 서비스로 이어지는 비즈니스 활동 전 과정을 재조정하여 생산성과 경영활동 효율성을 높이며, 동시에 새로운 사업기회를 창출하기 위한 혁신 활동으로 정의될 수 있다.

인터넷 비즈니스 모델의 구성요소로 고객가치, 영역, 가격, 수익원천, 업무활동 연계, 구축, 역량, 지속성이 있다. 각 구성요소들은 기업이 고객, 수익, 경쟁력, 구조를 설명하는 속성을 갖고 있다.

인터넷 비즈니스 모델의 유형으로는 Sawhney and Kaplan Model의 eHub, Rayport, Jaworski and Siegal Model, Timmers의 e-비즈니스 모델, Rappa의 비즈니스 모델이 있다.

인터넷 비즈니스 모델의 가치구조를 통해 효율성(efficiency), 대체성(complementarities), 고객고정(lock-in), 혁신성(novelty)의 4가지 요소가 가치를 이루는 것을 학습하였다.

인터넷 비즈니스 모델 구축 방법론 4단계를 통해 기업이 어떻게 이윤을 추구할 것인지에 대한 정의를 최종적으로 내리는 것을 학습하였다. 가치제안을 통해 세분시장을 선택하고, 선택한 세분시장에서 어떤 경쟁력 있는 제품 혹은 서비스를 제공할지를 정의하여 고유하면서 차별화된 역량을 선택하면 제공하고자 하는 제품, 서비스 또는 정보에 대해 그 제공범위와 소비자의 의사결정 프로세스를 규명해야 함을 보았다. 제공 품목과 고객 의사결정 과정상의 배치가 이뤄지면 자원시스템을 통해 내부 시스템과 파트너를 기업이 어떻게 정렬할지 재무모델이 도출되는 것을 학습하였다.

:: 연습문제

1. 인터넷 비즈니스 모델이 무엇인지를 설명해 보시오.
2. 인터넷 비즈니스 모델이 왜 근자에 들어서 많은 기업에서 이슈가 되고 있는지에 대하여 설명해 보시오.
3. Timmer가 주장한 인터넷 비즈니스 모델의 구성요소가 무엇인지에 대하여 설명해 보시오.
4. Timmer가 주장한 11가지의 비즈니스 모델이 무엇인지를 설명해 보시오. 그리고 amazon.com이 어떤 형태의 비즈니스 모델인지에 대하여 설명해 보시오.
5. 다섯 가지의 가격정책에 대하여 설명해 보시오.
6. 수직적 허브와 기능적 허브가 무엇인지에 대하여 설명해 보시오.
7. 네 가지의 가치창조 요인에 대하여 설명해 보시오.
8. 비즈니스 모델을 만들어 가는 절차에 대하여 설명해 보시오.

능률교육, 2006 e비즈니스대상 우수상 수상

능률교육(대표 이찬승, http://www.neungyule.com)이 26일 산자부가 주최하고, 한국전자거래진흥원이 주관하는 제10회 한국 e비즈니스대상에서 e비즈니스 전문기업부문에서 '우수상'을 수상하는 영광을 안았다.

26년 전통의 영어교재 출판전문기업인 능률교육은 영어출판 부문에서 쌓아온 오랜 노하우를 바탕으로 온라인 교육사이트 이티하우스(www.et-house.com)를 출범시키며 e비즈니스 사업에 본격 착수, 성공적인 온오프 통합교육의 모델을 제시했다는 평가를 받고 있다.

능률교육은 업계 최초로 월 1만원에 400여 개의 동영상강의를 모두 이용할수 있는 파격적인 최저가 정액유료제를 실시한 데 이어 강력한 영어검색서비스와 국내 처음 선보인 영어기반 UCC서비스 등을 앞세워 공격적인 마케팅을 진행, e비즈니스 사업에 착수한 지 불과 한달여 만에 업계 3위에 올라서는 등 놀랄만한 성과를 올렸다.

능률교육은 중고등 영어참고서시장에서 판매율 1위를 자랑하는 능률교육의 영어교재 속에 온라인 영어사이트 이티하우스를 연계하는 드림넘버를 삽입, 400만 명에 달하는 충성도 높은 출판교재 구매고객들을 끌어들이는 독특한 마케팅전략을 구사하고 있다.

'드림넘버'란 개인인증 기능이 있는 쿠폰 개념의 핀코드 서비스로, 능률교육의 교재 및 제휴업체 제품에 적용하고 있는데, 비회원에게 이티하우스의 유료회원권한을 기간제로 부여하는 방법으로 비즈니스 모델 특허를 출원해놓은 상태다.

즉 오프라인에서 능률교육 교재를 구입하는 사람이면 누구나 교재와 연계된 온라인 교육사이트 이티하우스의 400여 개의 영어동영상강의 및 350여 개 MP3 파일, 50여 개의 영어훈련코스 등의 영어 콘텐츠를 무료로 이용할 수 있는 개념이다.

능률교육 이찬승 사장은 "성공적인 e러닝사업을 위해 출판분야의 오랜 노하우와 함께 지난 5년간 콘텐츠 개발에 수십억원을 투자,고품질의 온라인 영어콘텐츠 DB를 구축하는 데 성공했다"면서 "이번 수상을 계기로 모든 대학생, 직장인들이 비용부담 없이 양질의 영어 콘텐츠를 이용할 수 있도록, 전 국민의 영어격차를 해소해 나가는 e러닝전문기업으로 거듭나겠다"고 말했다.

한편, e비즈니스대상은 e비즈니스를 추진하는 전국의 국내기업을 대상으로 e비즈니스를 통한 산업경쟁력 강화와 국가경제발전에 공이 큰 기업에 포상하는 것으로, 비즈니스 관련 학계, 업계, 단체, 정부 등 관련 전문가로 구성된 '한국 e비즈니스 대상 심사위원회'의 평가를 거쳐 산업자원부 공적심사위원회에서 포상을 결정하는 공정하고, 권위있는 상이다.

"능률교육의 e비즈니스 사업 진출이 성공적임을 이번 수상을 계기로 제대로 평가받아 대단히 기쁘고, 영광스럽습니다" 제10회 한국 e비즈니스 대상 전문기업 부문, 우수상을 수상한 능률교육 이찬승 대표는 이번 수상에 만족스러워 하며 이 같은 소감을 밝혔다.

"글로벌 시대를 넘어서 우리 사회의 현재 모습은 영어를 잘하면 인정받고, 못하면 덜 인정받는 구조인 게 사실"이라며 "능률교육은 이런 불균형을 해소하고자 e비즈니스 사업목표를 영어격차해소에 최우선으로 두고 월1만원 정액제라는 파격적인 가격정책으로 사업을 추진해 왔다"고 설명했다.

또 "능률교육은 파격적인 가격정책에만 머무르는 것이 아니라 수년간의 자금투자와 더불어 전체 직원의 50%를 차지하는 R&D인력을 투입하여 유례가 없는 영어표현 100만DB 구축 및 업계최고 수준의 온라인강의 개발에 힘써왔다"고 덧붙였다.

또한 이찬승 대표는 "급변하는 IT기술과 이용자 요구에 발맞춰 UCC(사용자저작콘텐츠)나 온오프 융복합회된 e러닝 콘텐츠 등의 개발을 통해 e비즈니스 사업변화에 유연하게 잘 대처하는 한편, 파격적인 가격정책을 앞세워 e러닝시장의 거품을 제거하고 교육비용의 합리적인 소비문화를 정착시키는 데 앞장서 나가겠다"고 포부를 밝혔다.

출처: 전자신문, 2006년 10월 27일자

■Role playing 문제

- 온라인서점인 아마존과 Yes24 사이트를 방문해 보고 각 사이트가 Timmer가 주장한 11가지의 비즈니스 모델 중에 어느 비즈니스 모델에 속하는지를 비교해 보시오.
- Daum 사이트를 방문해 보고 다음에서 제공하는 서비스를 에그 다이어그램을 사용하여 정리해 보시오.

연습문제 해설

제 1 장

1. 시스템 소프트웨어와 응용 소프트웨어의 차이점을 설명하시오.

시스템 소프트웨어는 컴퓨터가 자체의 내부 기능을 통제하고 응용 소프트웨어를 실행시키기 위해 사용하는 소프트웨어로서, 하드웨어 자원의 할당과 응용을 제어하여 응용 소프트웨어가 실행될 수 있게 한다. 반면에 응용 소프트웨어는 특정한 업무수행을 지원하기 위해 작성된 프로그램을 말하는데, 사용하는 대부분의 소프트웨어는 바로 이 응용 소프트웨어를 말하며 일반적인 사용자들에게 있어서 하드웨어적인 지식이나 운영체계와 같은 전문적인 지식보다는 실질적인 측면에서 응용 소프트웨어의 활용이 부각되고 있다.

2. 1킬로바이트는 대략 몇 바이트 정도 되는가?

정확한 수치로는 1,024바이트며 대략 1,000바이트로 통용된다.

3. 컴퓨터는 하드웨어와 소프트웨어로 나누어지는데, 각각은 다시 어떻게 분류되며, 해당되는 예들을 열거하시오.

1) 하드웨어는 중앙처리장치(CPU: Central Processing Unit)와 입력장치(Input Device), 출력장치(Output Device), 보조기억장치(Secondary Storage Device) 등으로 구성되는데, 중앙처리장치는 주기억장치, 제어장치, 연산장치로 구성되어 있고, 입력장치는 키보드(Keaboard), 마우스(Mouse), 스캐너(Scanner), 광학판독기(Optical Reader), 터치스크린(Touch Sensitive Screen), 조이스틱(Joystick), 음성인식장치(Voice Recognition Dcvice) 등으로 구성되어 있으며, 출력장치는 화면표시장치, 프린터, 플로터, 음성출력장치 등으로 구성되어 있고, 보조기억장치는 자기테이프(Magnetic Tape), 자기디스크(Magnetic Disk), 광디스크(Optical Disk) 등으로 구성되어 있다.

2) 소프트웨어는 시스템 소프트웨어, 응용 소프트웨어로 구성되는데, 시스템 소프트웨어는 DOS, Windows, Unix, Linux 등의 운영체제와 유틸리티 프로그램, 언어번역기 등으로 구성되어 있으며, 응용 소프트웨어는 회계분석, 판매분석 및 자재소요분석 등과 같은 전용 소프트웨어와 최종사용자의

정보처리 작업을 위한 워드프로세스, 스프레드시트 및 데이터베이스와 같은 범용 소프트웨어로 구분할 수 있다. 그 밖에 수학, 엔지니어링, 일기예보 등과 같은 과학계산용 소프트웨어, 통계분석을 위한 SAS, SPSS와 같은 통계용 프로그램 등이 있다.

4. 컴퓨터를 구성하는 장치들과 각각의 기능에 대해서 설명하시오.

컴퓨터는 과학자들이 복잡한 계산을 신속하고 정확하게 계산하기 위해 발명한 도구로서, 기본적으로 입력기능, 기억기능, 제어기능, 연산기능, 출력기능을 수행하는 여러 장치들이 서로 연결되서 작동한다. 즉, 컴퓨터는 정보를 처리하기 위하여 입력, 기억, 연산, 제어, 출력의 5가지 기능을 수행하고 있다. 그리고 컴퓨터가 주어진 업무를 처리하며, 다른 계산 도구와 비교해서 갖는 특징은 다음과 같다

- 프로그램에 의해 데이터를 자동으로 처리한다.
- 대량의 데이터를 저장할 수 있고, 기억된 데이터를 신속하게 검색할 수 있다.
- 데이터의 산술적인 연산과 비교, 이동 등의 논리적 연산을 수행한다.
- 수치데이터 이외의 문자, 영상, 한글, 음성 등 다양한 데이터를 처리할 수 있게 한다.
- 통신망에 의해 다수의 사용자가 정보를 교환할 수 있으므로 시간적, 공간적 한계를 극복할 수 있다.
- 복잡하게 변하는 정보화 사회에 적절하게 대응할 수 있도록 도와준다.

5. 시스템 소프트웨어의 의미와 역할에 대해서 설명하시오.

시스템 소프트웨어는 컴퓨터가 자체의 내부 기능을 통제하고 응용 소프트웨어를 실행시키기 위해 사용하는 소프트웨어로서, 하드웨어 자원의 할당과 응용을 제어하여 응용 소프트웨어가 실행될 수 있게 한다. 시스템 소프트웨어의 종류로는 운영체제, 유틸리티 프로그램, 언어번역 프로그램 등이 있다.

6. 컴퓨터의 정보처리 형태에 대해서 설명하시오.

컴퓨터의 정보처리시스템의 형태에는 4가지로 볼 수 있는데, 첫번째로, 일괄처리시스템은 처리할 데이터를 일정 기간이나 일정량이 되도록 수집하여, 이를 일괄적으로 처리하는 상식이고, 두 번째로, 실시간 처리시스템은 일괄처리에서 필요했던 처리준비 작업이 없이 필요한 정보를 주어진 시간 내에 즉시 처리하는 방식으로, 온라인(on line) 처리시스템이라고도 한다. 세 번째로, 시분할처리시스템은 중앙에 주 컴퓨터를 설치하고 주위에 원격 터미널을 설치하며, 주 컴퓨터는 각 원격 터미널에 일정한 처리시간을 순서적으로 할당하며, 원격 터미널은 할당된 시간 안에 주 컴퓨터를 이용하여 데이터를 처리하는 방식이다. 마지막으로, 분산처리시스템은 각 지역에 컴퓨터를 설치하

고, 이를 통신 회선으로 연결하여 데이터를 발생한 그 지역에서 처리하는 동시에 타 지역이 데이터가 필요하면 통신회선을 이용하여 즉시 처리하는 방식이다. 이 시스템은 분산처리기, 네트워크, 분산 데이터베이스 등으로 구성된다.

[사례 연습문제] 병원 업계의 정보시스템 도입 및 디지털화의 근본적인 이유는 무엇인가?

국내 주요 대형 병원들이 병원업무 개별 프로세스의 정보화에만 주력하던 이전과는 달리 전체 업무 프로세스를 통합하고 종합적으로 분석하는 경영차원의 접근을 시도하고 있다. 이것은 진료 프로세스 중심의 정보화에서 탈피하고 IT를 통한 총체적 접근이 필수적이기 때문이다. 병원업계가 OCS 등 진료 프로세스 중심의 정보화에서 IT 투자를 병행하게 된 것은 무엇보다 의료개방화에 따른 무한경쟁시대에 대한 부담감 때문이다. 또 갈수록 깊어지는 수익성 악화를 극복하기 위한 경영차원의 접근이 필요해진 것도 한 이유다. 이에 따라 다른 병원과의 서비스 차별화를 위해 경영진에 의한 체계화된 데이터를 통한 IT의 차별화가 무엇보다 필수적인 요소가 되었다.

제 2 장

1. 경영시스템과 MIS는 어떠한 관계가 있는가?

MIS는 경영시스템에 정보기술이 도입될 때 조직이라는 변수에 의하여 구현 가능한 함수로 표현될 수 있다.

$$\text{MIS} \leqq f \text{ 조직 (경영시스템, 정보기술)}$$

경영시스템은 임직원, 업무활동, 프로세스, 조직구조, 제도 및 규정, 조직문화 등으로 구성된다. MIS는 정보기술을 활용하여 전략적인 비교우위를 가져간다.
정보기술은 통합과 24시간 언제 어디서나 연결하여 주는 능력을 제공한다. 신속하고 정확한 정보 제공 능력도 갖게 해주는데, 이를 위해서는 경영시스템과 정보기술이 조화롭게 접목되어야 한다.

2. 정보기술이란 무엇인가?

정보기술(Information Technology)이란 좁은 의미에서는 정보시스템의 기술적인 측면을 의미하며 컴퓨터 하드웨어, 컴퓨터 소프트웨어, 저장기술, 통신기술 등을 포함한다. 이러한 관점은 정보기술을 정보시스템의 하위시스템으로 간주하는 것이지만 때때로 정보기술이란 용어는 정보시스템이란 용어와 상호

교환적으로 사용되고 있거나, 전체의 조직을 위한 여러 가지 정보시스템, 사용자, 그리고 관리의 집합체로 생각하는 넓은 의미로 사용되기도 한다.

3. 경영철학이 MIS에 어떠한 관계가 있는가?

경영철학은 회사조직의 비젼, 목표, 전략에 반영되며 이것을 근거로 경영시스템의 방향이 결정된다. 경영정보시스템은 경영시스템을 지원하는 개념이므로 궁극적으로 경영철학의 바탕에서 이루어진다. 이러한 바탕 위에 최고경영자의 지원을 이끌어내야 성공적인 정보시스템을 만들어낼 수 있다. 이것은 정보시스템을 위한 예산, 조직의 협조 등을 위해 중요한 요소라고 할 수 있다.

4. 기업문화가 MIS의 수준과 연관이 있는가?

정보기술은 기업 프로세스를 24시간 언제 어디서나 연결, 통합하여 주는 능력을 제공한다.

오늘날 모든 기업은 경영과 정보기술의 집합체인 MIS를 보유하고 있다고 할 수 있으며 단지 MIS 수준의 문제라 할 수 있다. 기업에서 구현되는 MIS의 수준을 높게 하기 위해서는 정보기술 활용 능력을 높여야 하고 이를 위해서는 경영시스템의 고도화 작업이 선행되어야 한다. 하지만 그 이전에 기업의 MIS 수준은 최고경영자의 경영철학 및 리더십이라는 기업문화에 의해서 먼저 결정될 것이다. 최적화된 경영시스템에 조화롭게 정보기술을 접목시킬 때 최고수준의 MIS를 구현할 수 있을 것이다.

5. MIS를 어떻게 정의할 수 있는가?

MIS는 경영시스템에 정보기술이 도입될 때 조직이라는 변수에 의하여 구현가능한 함수라 표현할 수 있다.

$$\text{MIS} \leqq f\ \text{조직(경영시스템, 정보기술)}$$

경영시스템은 임직원, 업무활동, 프로세스, 조직구조, 제도 및 규정, 조직문화 등으로 구성된다. 기업은 정보기술을 활용하여 전략적인 비교우위를 가지려고 하는데, 즉 조직 안에서 경영시스템에 정보기술이 접목됨으로써 MIS는 구현되는 것이다.

6. MIS의 개념이 어떻게 발전하였는가?

국내에 MIS 개념이 도입되었던 초기에는 MIS를 고도로 통합된 거대한 단일시스템으로 인식하였으나 이는 실무적으로 복잡하고 실제적용이 불가능한 것이므로 MIS의 회의론을 불러일으켰다. 1970년대 중반 이후 MIS 분야는 질적으로나 양적으로 발전하게 되었는데 G. Davis, M. Olson 등의 여러 연구자들에 의해 MIS개념은 실무적 차원에서 재정립되었고, MIS는 이를 구성하는 하위시스템들의 총합으로 정의되어 DP, DSS, EIS 등이 포함되는 개념으로 이해되고 있다. Anthony는 3가지의 의사결정 유형을 전략적 계획, 경영통제의사결정, 업무통제의사결정으로 나누었고, Simon은 의사결정의 유형을 프로그램화된 의사결정과 비프로그램화된 의사결정으로 나누어 기법에 적합한 각각의 문제들을 해결할 수 있다고 보았다.

Gorry-Scott Morton은 Anthony와 Simon의 연구결과를 종합하여 정보시스템을 위한 framework를 제시하여 여러 가지 다른 종류의 시스템들을 연구하는데 도움을 주었다.

7. MIS가 전략수단으로 활용될 수 있는가?

몇몇 대기업들은 정보기술의 전략적 사용을 통하여 경쟁적 우위를 획득했다. American Airlines의 Sabre 시스템은 항공사의 운항일정을 제공하는 예약시스템으로써 예약 취급사가 항공편을 체크할 때 자사의 운항일정이 우선 제시되도록 설계되어 있다. 따라서, 예약 취급 회사들은 American 항공편에 승객들을 예약할 가능성이 더 많이 있다.

전략적 우위를 차지할 수 있는 기본적인 전략행동으로 차별화, 비용절감, 혁신, 성장 그리고 동맹의 형성을 들 수 있다.

8. MIS와 ERP는 어떠한 차이가 있는가?

MIS는 경영시스템에 정보기술이 도입된 시스템이고, ERP는 경영정보시스템의 도구로서 해결책을 제공하는 것이다. ERP는 전사적 자원관리로 회사의 모든 자원을 관리하고 지원하는 기능을 가지고 있다. 즉 이것은 표준화된 기능, 프로세스, 정보제공 프레임워크를 가지고 경영시스템을 지원한다. 회사의 경영시스템에서는 ERP 기능을 벤치마킹하여야 하므로, 변화관리가 중요한 요소가 된다. 변화관리가 제대로 되지 않으면 ERP가 제공하는 자원을 사용할 수 없게 되고, 결국 실패한 ERP시스템으로 되어버린다.

9. BPR과 ERP는 어떻게 연계되는가?

BPR은 업무시스템을 근본적(fundamentally)으로 철저하게(radically) 재설계하여 극적인 효과(dramatic improvement)를 가지도록 하는 개념이다. 이에 반하여 ERP는 표준화된 ERP 기능에 업무를 맞춰 사용하는 벤치마킹 개념이다. 따라서 회사가 BPR을 하기를 원한다면, 회사의 BPR전략이 수행할 수 있는 ERP를 찾도록 노력해야 한다. 만일 BPR 지원을 위한 ERP가 많은 수정이 되어야 한다면, ERP의 본래 목적을 상실한 것으로 시스템 개발보다도 훨씬 많은 노력이 들게 된다.

10. eBusiness는 무엇인가?

eBusiness란 인터넷 기술을 포함한 정보기술을 이용하여 기업경영(Business)을 디지털화하는 것으로 기업의 관리 절차 및 행위를 근본적으로 변화시켜 비즈니스의 초점을 내부에서 외부로 전환시키는 것이다. 그렇게 함으로써 원가를 낮추어 고객에게 저렴한 가격으로 공급할 수 있게 되고 Cyber공간에서 고객은 언제 어디서나 누구든지 거래가 자유롭게 가능한 환경으로 전환이 된다.

제 3 장

1. 시스템 개발에 사용자를 참여시키는 목적은 무엇이며 사용자는 어떠한 형태로 참여를 하는가?

MIS의 구성요소 중에서 변화에 적응하고 조절할 수 있는 유일한 구성요소는 인간이다 그러므로 MIS 성공에 가장 중요한 요소는 인간이다. 인간은 분석가로서, 설계자로서, 사용자로서 매우 중요한 역할을 수행하고 있다. 특히 사용자로서 MIS의 성공에 매우 중요한 요소가 된다. MIS가 성공적으로 구현되려면 사용자의 정보활동에 관한 요구사항이 명확해야 한다. 시스템 개발에 사용자의 참여는 참여 정도 및 방식에 따라 자문적 참여(consultative), 대표적 참여(representative), 동의적 참여(consensus)등이 있다.

2. 조직구성원으로서 사용자가 저항하는 요인들에 대해 설명하시오.

사용자는 일반적으로 일상적인 일과 구습에 젖은 사고방식을 가지고 있고, 이미 결정된 해결책에 시스템을 맞추려고 하는 습성이 있으며, 성공이 불확실한 시스템 혹은 싫은 사람과의 작업을 꺼리는 습성이 있다. 조직구성원으로서 사용자가 저항하는 구체적인 요인은 다음의 9가지로 설명할 수 있다.

① 지위에 대한 위협
새로운 시스템에서 감독자가 기술자로 바뀔 수 있다.

② 자아 존재에 대한 위협
정보처리직무가 없어질 수 있다.

③ 경제적 위협
업무가 자동화되는 경우 직급이 낮은 현장 감독직이 감소되거나 직무자체가 없어질 수 있다.

④ 직무의 복잡성
감독자를 새로이 채용하거나 새로운 직종의 전문기술자를 감독해야 할지도 모른다.

⑤ 안전에 대한 위협
최고경영자는 그가 개인적으로 가지고 있던 정보를 잃게 되고 컴퓨터 출력에 의존하게 될지 모른다.

⑥ 조직의 상하관계 변화
새로운 정보시스템의 도입으로 인해 권력관계가 변하게 되고 조직의 상하 관계까지도 변화를 가져올 것이다.

⑦ 명확한 직무정의와 좀더 유용한 정보를 얻기 위해서 보다 높은 수준의 분석기술이 요구될 것이다.

⑧ 시간압력의 증가
MIS는 협력작업을 요구하며 그 협력작업이 달성되도록 정보를 시간 내에 제공해야 할 것이다.

⑨ 인간관계의 변화
작업집단뿐 아니라 비공식집단들도 변화할 것이다.

3. MIS 개발시에 의사결정이 중요한 이유를 생각해보고, 특히 의사결정의 인지유형 관점에서 설명하시오.

의사결정이란 여러 대안 중에서 가장 좋은 대안을 합리적으로 선택하는 과정으로서 집단의 효율성과 성과에 가장 근본적인 요인이 된다. MIS의 이용목적은 효과적이고 효율적인 의사결정에 있다. 그런데 사용자인 의사결정권자는 각기 다른 인지유형을 갖고 있어 의사결정 유형이 다를 수 있다. 그러므로 이들의 의사결정을 지원하는 MIS를 성공적으로 구축하여 활용시키려면 사용자들의 인지유형 특성을 고려해야 할 필요가 있다.

인지유형의 가장 기본적인 분류로 Carl Jung의 분류가 있다. Jung은 인지유형을 정보수집과 정보평가의 두 차원으로 구분하여 정보수집차원에 감각(sensing)과 직관(intuition) 그리고 정보평가 차원에 사고(thinking)와 감정(feeling)으로 구분하였다. 감각은 사실 자체에 근거하여 자료나 정보를 수집하고, 직관은 관계와 가능성에 근거하여 자료나 정보를 수집하는 행동양식을 말한다. 사고는 분석과 논리로서 자료나 정보를 평가하고, 감정은 직접실행과 개인적인 가치에 중점을 두고 자료나 정보를 평가·처리하는 행동양식을 말한다.

4. 경영조직구조에 대해 설명하고 조직구조와 정보처리의 관계를 설명하시오.

조직구조는 조직 하위 시스템들의 배열과 이에 수반되는 분업 및 계층적 권한관계를 의미한다. 여러 이유로 조직의 구조는 상이하다. MIS를 개발하면서 기업의 조직구조를 파악하고 염두에 두는 일이 매우 중요하다. 그 기업의 조직구조에 따라 의사결정의 과정이나 커뮤니케이션 방법 등 MIS 개발에 중요한 영향을 미치는 내용이 달라지기 때문이다.

조직화에서 어떤 조직구조가 가장 적합한가를 결정하는 최적의 기준을 결정하는 것이 중요하다. 이에 대한 접근법으로 조직의 정보처리와 커뮤니케이션 요구사항에 기초하는 조직설계에 관한 상황접근법이 있다. 상황접근법의 기본전제로서 조직구조가 다양한 이유는 상이한 조직 간에는 과업 불확실성의 차이가 있고, 이 불확실성을 다루기 위해 정보를 처리하고 커뮤니케이션하는 능력의 차이에 의해 설명된다는 것이다.

5. 조직의 문화와 하위 부서의 문화가 MIS 개발에 미치는 영향을 생각해보자.

조직은 문화를 가지며 조직 내의 하위단위도 문화를 갖는다. 그러나, 이것은 잘 드러나지 않으며 모호할 수 있다. 문화는 설립자나 그 후의 강력한 지도자들의 지배적인 사상 또는 그 조직의 역사, 기술단계, 과거의 성공에 대한 경험 등에 의해 형성된다. 상이한 조직문화로 인해 조직에 제공되는 자료와 정보가 부여하는 가치에 차이가 생긴다.

6. Lewis의 조직변화 모델을 생각해보고, ERP와 같은 대규모 MIS 구축시 조직을 변화시키기 어려운 이유가 무엇인지 설명하시오.

ERP와 같은 대단위 MIS 시스템의 경우에는 조직변화 모델에 매우 유의하여 구축하고 발전시켜 나가야 한다. Lewis의 모델에 입각해보면 ERP의 경우에는 변화(change) 이전의 해빙(unfreezing)부터가 시간이 많이 소요된다. 기존의 업무를 넘어서고 업무 프로세스를 획기적으로 변화시키는 경영혁신을 해야 하기 때문이다. ERP는 시스템 구축 도중에, 그리고 구축 후에 어쩔 수 없이 겪게 되는 적응과정을 제대로 넘기지 못하면 성공하기 어렵다. 적응과정의 어려움을 실패라고 인식하기 때문에 효과가 없다는 단정을 하는 것이고, 구축을 완료한 이후에는 유지를 위한 노력에 대해서는 큰 비중을 두지 않고 있다는 점이 실패를 자초하게 되는 것이다. 다시 Lewis의 모델에 입각해보면 변화단계를 거쳤다고 하더라도 재동결(refreezing) 단계에 매우 유의하여야 경영혁신 기반이 공고해지고, 지속적인 경영혁신을 위해서는 이와 같은 해빙, 변화, 재동결의 조직변화 모델의 과정을 여러 차례 극복해야만 진정한 성공이 보이기 때문이다. 물론 한번 이러한 변화를 극복하면 그 다음은 상대적으로 비교적 수월해지지만 최고경영층에서 인내심을 가지고 지속적으로 후원해 주어야 가능할 것이다.

7. MIS 설계자가 알아야 할 조직이론에는 어떠한 것들이 있는지 나열하고, 각 조직이론의 중요성을 생각해보자.

조직이론은 기업 경영자원의 배열 및 집합에 관한 것이다. 사람 또는 조직흐름과 관계된 구조적인 것을 다루며 때로는 인적자원에 수반되는 재화, 기계 등의 배열과도 연관이 있다. 이에는 고전학파, 행동학파, 상황학파 등의 이론이 있다.

고전학파의 조직이론에 의하면 경영자원은 기능적 라인에 따라 배열되어야 하고 조직구조는 명확해야 하며 조직의 모든 구성원은 전문화되고 확정된 임무를 가져야 한다. 행동학파는 이에 비공식적인 구조 또는 비공식적 커뮤니케이션의 흐름을 추가하였다. 반면에, 상황학파에 의하면 조직화에는 최선의 방법이 없으며 모든 연구결과 등은 각각의 적합한 상황에 이용될 수 있다고 하였다.

이러한 조직이론들 대부분이 정보관리와 의사결정과정 등과 관련이 있다. MIS는 어떠한 모든 형태의 조직에서도 커뮤니케이션과 의사결정흐름을 개선하기 위한 기회를 제공해야 한다. 따라서 MIS 설계시에 관리수준과 조직집단에 관심을 쏟아야 하며, 이러한 구조들이 정보요구들에 대해 갖는 효과에도 관심을 가져야 한다. 또한 MIS 설계에서 중요한 것은 비공식적 조직구조에 대해서도 관심을 가져야 한다.

8. Leavitt의 조직구조 변수 모델의 4가지 요소를 기술하시오.

Leavitt 모델은 과업, 기술, 구조, 구성원의 4가지 구성요소를 설명하고 있다. 먼저 과업은 조직구성원 각자가 수행하는 직무로써 조직체에서 주어진 공식적인 직무와 그 직무를 수행하는 과정에서 자생적으로 발생되는 역할로 구분할 수 있다. 기술은 '생산시설이나 정보처리 기기 등' 하드웨어 기계와 도구를 의미할 때가 많다. 그러나 넓은 의미에서 기술은 생산관리나 정보처리 프로그램 등 각종 경영 아이디어와 방법 및 모형 등도 포함한다. 따라서 기술은 사람이나 기계를 사용하여 입력자원을 산출로 전환시키는 데에 적용되는 모든 물질적 기계와 도구 그리고 기법과 아이디어를 의미한다. 구조는 조직체의 구성형태와 부문화 방법 그리고 절차와 규율 등을 포함한다. 마지막으로 구성원은 조직체를 형성하고 있는 인력을 의미한다.

9. Nolan의 MIS 성장단계를 기술하시오.

Nolan의 MIS 성장단계

단 계	통제 및 여유의 수준
초 기 (Initiation)	주로 비용을 절감시키기 위한 목적으로 소수 사용자들에 의한 컴퓨터 시스템의 초기 설치. 주로 회계분야에 먼저 컴퓨터시스템이 도입되는 경우가 많음. 분권화된 통제 및 최소한의 계획수립 낮은 통제, 정보시스템 계획이 미비하거나 없음.
확 장 기 (Contagion)	컴퓨터시스템 이용에 의한 효용의 증가를 기업 내에서 인식하게 됨으로써 많은 새로운 응용시스템이 개발되고 점차 비용의 급격한 상승에 따른 위기 발생. 컴퓨터 사용을 보급하기 위한 전산부서 규모의 증가, 계획의 결여, 비용증가와 통합의 비용이 두드러지게 나타남.

통 제 기 (Control)	무계획적인 컴퓨터 사용증가 억제를 위한 조직 통제의 설정 및 비용/효과 기준의 적용, 집중화, 높은 통제, 정보시스템 계획이 강조되며 이를 위한 운영위원회가 설치된다.
통 합 기 (Integration)	응용시스템의 통합, 조정된 통제 계획 수립의 확립, 정보시스템과 조직의 합치 서로 다른 시스템에 존재하는 데이터들을 통합함으로써 각각의 시스템들간의 데이터 교환이 가능하게 된다.
데이터관리 (Data administration)	데이터관리에 초점, DBMS를 개발하게 되며 조직의 전략적 우위에 공헌하는 시스템 개발을 촉진함.
성 숙 (maturity)	지금까지 개발된 경영정보시스템이 제 역할을 충분히 수행하며 조직목적에 부응함. 통제기에 설치된 운영위원회가 전반적인 통제를 수행하고 있으며 정보서비스가 기업의 주요 기능영역이 되고, 사용자들은 MIS에 대한 전문지식이 개발되어 최종사용자 컴퓨팅이 실현된다.

10. MIS가 어떤 과정을 거쳐서 직무구조를 변화시킬 수 있는지를 설명하시오.

정보시스템의 도입은 조직구조상에 충격과 변화를 야기시킬 뿐 아니라, 조직구성원의 직무내용이나 직무환경에도 여러 가지 영향을 미칠 것이다. 예를 들어, MIS와 같은 컴퓨터시스템의 도입으로 중간경영자의 역할이 근본적으로 변해버렸다. 많은 중간경영자의 기능이 상급경영진이 직접 할 수 있는 기능으로 흡수되어 버렸다. 즉, 중간경영진의 전문기술의 일부를 빼앗아 버린 것이다. 이는 상급경영자가 필요로 하는 정보가 중간경영자의 중재 없이 현장에서 곧바로 상급경영자에게 흘러가기 때문이다. 컴퓨터시스템의 도입과 자료의 분산처리에 의해 경영조직은 현재 변화해 가고 있다. 산업사회의 전형적인 피라미드 형태가 아니라 전체적으로 수평적인 평평한 구조가 될 수 있다. 상급경영자도 그들의 경영능력에 컴퓨터의 적절한 이용이 불가피하게 되었다.

11. MIS가 인력구조에 미치는 영향을 기술하시오.

컴퓨터는 정보처리에 관련된 인력에 가장 많은 변화를 야기시킨다. 거래자료를 수집하고 집계하는 경리부서의 인력과 기타 실무부서에서의 거래정보자료를 처리하는 인력에 가장 많은 영향을 준다. 컴퓨터 도입 초기 단계에 정보처리에 관련된 사무직 인력을 감소시키는 동시에 관리 및 기술인력의 비율을 증가시킨다. 초기단계에는 단순사무직 인력이 감소되는 효과가 이들을 감독해 온 관리자들의 필요성도 적게 하여 관리계층에도 영향을 미칠 수 있다. 그러나 반드시 인력의 감소 효과를 가져오는 것만은 아니다. 컴퓨터시스템이 이전에는 할 엄두를 내지 못했던 부가가치 있는 업무를 수행하도록 도와줌으로써 보다 지식 전문가를 많이 필요하게 인력구조를 바꿀 수도 있다.

12. 기업전략이 MIS 도입에 미치는 영향과 MIS를 전략적으로 활용하는 방안에 대하여 설명하시오.

정부규제, 사회경제적 조건, 외국정부의 행동, 국제관계, 경쟁자의 행동, 기술발전, 정치상황과 같은 외부환경요인이 조직내 이해집단의 욕구를 결정한다. 반면에 조직의 생존과 성장은 이러한 이해집단의 욕구충족 능력에 달려 있다. 또한 이러한 이해집단에 대한 욕구충족능력은 조직의 상품 및 서비스 제공 능력 등 조직자원의 내부요인에 달려 있다. 즉, MIS의 도입목표는 이러한 여러 가지 요인들을 포함한 기업의 경영전략을 지원하는 차원에 두어야 한다. 그러므로 조직의 목적목표 · 전략과 일치하는 정보시스템 개발계획이 수립되어야 한다. 이렇게 도입된 MIS를 전략적으로 활용하는 방안으로는 전사적인 네트워크와 데이터베이스 구축을 통한 저렴한 구매가격 설정, 고객들에게 경쟁자들보다 새로운 형태의 서비스를 제공함으로써 기업의 매출을 확대시킬 수 있는 방안 모색, 물류센터나 배달경로 등을 시스템화한 계량적 모형 등을 이용한 원가절감, 각 점포에 연결된 종합적인 네트워크의 구축을 통한 고객기호의 신속한 파악 등이 있다.

13. 동부제강에서 현업을 활용하여 ERP 교육을 시키고 변화관리에 성공하게 된 과정을 기술하시오.

동부제강에서는 2003년 2월부터 경영혁신을 추진하며 ERP와 SEM시스템을 도입하면서 회사의 업무 관행을 획기적으로 변화시키자 현업 담당자들의 엄청난 저항에 직면하였다. 많은 고심을 거듭한 끝에 이런 어려움을 극복하고자 TFT 요원을 대신할 '불씨요원'으로서 현업강사 요원을 양성하였다. 현업이 불씨가 되어 전사에 혁신의 불씨를 뿌리는 것은 MIS 개발자가 교육을 하는 것보다 훨씬 더 큰 효과가 있다고 생각되었다. 왜냐하면 같은 현업 업무를 하던 구성원들이 직접 변화된 프로세스와 시스템을 설명함으로써 훨씬 더 효과적인 변화분위기와 심리적인 해빙 역할을 할 수 있었기 때문이다. 그리하여 총 12개 모듈에 단위과정 수가 109개 과정, 본사 5곳과 공장 6곳 그리고 지사 1곳 등 모두 12개 교육장에서 강의가 이루어졌으며 이를 통해 연 인원 3,703명, 연간교육시간 1만 5,162시간, 교육참석률 97%의 실적으로 현업 사용자 교육을 성공리에 수행할 수 있었다.

제 5 장

1. **기업 내에서 IS 조직의 위치와 형태 그리고 내부 구조는 어떠한 요인에 의하여 결정되어지는가? 최근의 IS 조직구조의 경향은 어떠한가?**

IS 조직구조는 기업이 처해 있는 경영환경, 정보기술 환경, 기업의 규모 및 기업조직의 구조 형태 그리고 조직 내의 IS 역할과 정보시스템에 의해 관리되는 기술의 유형 등에 의해 결정된다. 기업은 현재 조직이 다루고 있는 기술 및 상품이 정보시스템의 어떤 지원을 어떤 형태로 얼만큼 받고 있는지, IS 조직의 중앙컴퓨터에서 각 기능부서에서 필요로 하는 어플리케이션 및 데이터의 지원을 직접 하는 것이 보다 효과적인지, 혹은 각 사업부 및 기능부서에서 퍼스널 컴퓨터를 통하여 분산형으로 직접 관리하는 것이 보다 효율적인지를 판단하여야 한다. 현재 기업이 조직 각 부문에 다양한 어플리케이션을 보다 신속히 기획, 구축하여야 하는 필요가 있다면, 더불어 사용자들의 참여와 지원이 적극적으로 요구되는 경우 각 사용자 부서에 IS 개발 및 운영 부문을 포함하는 구조가 적합하다. 한편 CIO의 조직 내 영향력 또한 IS 조직구조의 위치와 구조를 결정하는 데 영향을 미치는 요인이다.

최근의 IS 조직구조는 현재 기업이 처한 상황에 맞게 중앙집중형과 분산형의 장점을 취하여 절충형, 연방형을 수용하는 경향이다. 따라서 조직 전사적인 중요성을 갖는 어플리케이션이나 네트워크, 데이터베이스 그리고 정보센터의 관리와 통제는 중앙에서 담당하고, 각 사업부 및 기능부서에서 보다 신속히 사용자들의 요구를 반영하여 구축 및 운영하여야 하는 부문은 분산형의 형태를 가지고 대응하는 것이다. GM의 IT 부문은 북미, 유럽, 아시아/태평양, 중남미/아프리카/중동 등의 글로벌 사업부문과 제품개발, 공급망 관리, 생산, 고객경험, 비즈니스 서비스 등의 전문영역을 매트릭스 조직을 통하여 구조화하였다. 지역별 사업부문은 CIO가, 전문영역별 사업부문은 PIO(Process Information Officer)가 맡아 GM의 IT 관리조직인 IS&S(Information Systems & Services)을 만들어 IT를 이끌어가고 있다. 미국 CBS의 IT 부문은 네트웍 텔레비전, TV 방송국, 라디오, 옥외광고 사업 등의 사업부문별 IT 조직에서 제품센터 IT 조직인 재무/총무, 영업/교섭, 프로그램/제작, 상호작용 시스템 등의 4종류의 소프트웨어 제품을 책임지는 구조로 나누고, 이를 다시 작은 소형팀으로 나누어 보다 기민하게 사용자들의 요구에 대응하는 형태를 취하고 있다.

국내 기업들도 1970년대 이후, 현재까지 시대의 흐름과 조직의 요구에 따라 자료처리 중심의 IS 지원에서 고객 및 상품, 외부 이해관계자들과의 통합을 지원하는 전략적 IS 지원을 위하여 그에 적합한 효율적 IS 조직의 위치, 형태를 취하며 변화하고 있다.

2. 기업에서 CIO의 주된 역할은 무엇이며, 특히 IS 조직 내에서는 어떠한 의미를 갖는가?

CIO는 조직에서 크게 3가지 영역에서의 역할을 수행하여야 한다. 첫째, 경영진 영역에서의 역할로 경영전략과 정책 수립에 참여하여 기업의 현재 상황을 인식하고 파악함으로써 이를 IS 전략과 연계하고 IS를 통해 기업의 목표와 비전을 이룰 수 있도록 지원하는 것이다. 또한 CEO 및 다른 경영진들에게 IS의 중요성과 역할을 이해시키도록 하여 IS의 필요 자원을 지원받을 수 있도록 하여야 한다. 기업 내에서 IS 부문을 총체적으로 책임져야 하기 때문에 IS 관련 법률이나 정부 규제에 대해서 기민하게 대응할 수 있도록 한다. 둘째, 최종사용자 부문에서의 역할로는 경영 각 부문에 정보시스템의 전략적 의의와 효과적인 활용 방안을 전달할 수 있도록 하며, 어플리케이션을 포함하는 정보자원과 관련한 부서간 갈등을 조정하고 조직 전체적으로 효과적으로 정보화할 수 있는 체계적이고 장기적인 프로그램을 마련하도록 지원한다. 마지막으로 정보시스템 부문에서의 역할로는 IS 부문의 미션과 비전을 명확히 하여 IS 전문가들의 업무 방향을 분명히 하고, IS 전문가들의 역할 모델이 되어 직무성과를 향상시킬 수 있도록 동기부여 한다. 또한 기업을 효과적으로 지원할 IS 조직구조를 마련하고 IS 부문의 예산을 확보하여 정보자원을 효과적으로 배분, 조정, 통제한다. IS를 통해 기업의 문제를 해결할 수 있는 최적의 솔루션을 마련하도록 한다.

특별히 CIO의 존재와 영향력의 정도는 IS 부문에 매우 중요하다. 이는 IS 조직이 기업 내에서 어떤 위치와 어떤 형태로 IS의 역할을 수행할 수 있느냐와 깊은 관계가 있기 때문이다. CIO는 IS 조직 외부적으로 기업 각 부문 및 조직원들에게 IS의 중요성과 역할을 알리고, 조직의 정보화를 위한 다양한 프로그램을 마련하도록 하며 IS의 운영을 위한 예산 확보 활동을 수행하여 IS 부문의 입지를 확고히 하는 사람이어야 한다. 반면, IS 조직 내부적으로는 IS 전문가들이 최선의 역량을 발휘하도록 구조 및 제도, 규정, 관리 프로세스 등을 효과적으로 마련하여야 하는 책임자인 동시에 IS 전문가들이 비전을 가질 수 있도록 역할 모델자로서의 존재가 되이야 한다.

3. 오늘날 IS 전문가들의 직무 유형에는 어떠한 것들이 있으며, 바람직한 경력경로의 설계를 어떻게 하여야 하는가?

전통적으로 IS 전문가들의 직무는 정보시스템 개발과 운영에 국한되었다. 그러나 정보기술이 복잡해지고 조직 내의 정보시스템의 종류와 형태, 그리고 역할이 다양해지면서 그에 따라 IS 전문가들의 직무도 기획, 컨설팅, 개발,

운영, 기술지원 등으로 확산되고 있다. 직무 유형을 크게 시스템 지향적, 기술 지향적, 운영 지향적으로 나누어 보면 시스템 지향적 직무로는 IS 전략 수립, Enterprise Architecture 기획 및 관리, 업무 프로세스 분석 및 혁신, 전사적 지식관리, e-biz 기획, 전사적 데이터베이스 기획 · 구축 · 관리 등으로서 조직이 필요로 하는 사용자들의 요구사항을 분석 및 파악하여 조직의 정보흐름과 체계를 이해하고 각 부분을 체계적인 정보시스템 아키텍처로 구축하도록 지원하는 업무의 카테고리이다. 기술 지향적 직무유형은 네트워크 구축 및 관리, 어플리케이션 개발, 웹 기술관련 직무, 최신의 정보기술 연구 및 제공, 품질관리 등의 업무를 수행하는 카테고리로서 시스템의 개발 및 유지보수 업무와 정보통신망의 설계 · 구축 · 관리, 데이터베이스 관리, IT 연구개발/기술지원/품질보증 등의 업무 등이 포함된다. 마지막으로 운영 지향적 직무 카테고리는 시스템이 정상적으로 운영되도록 하고, 업무의 변동에 따른 시스템 보완을 지원하는 업무로서 시스템 운영, 보안, 프로젝트 관리, 변화관리, 문서관리 등의 직무 유형이 포함된다. 그 밖에 종합적인 성격의 IT 컨설팅 직무도 있다.

따라서 향후 IS 전문가들의 경력경로는 기술자에서 출발하여 대부분 관리자로 나아가는 단일 경로보다는 전략적, 기술적, 관리적 등의 다양한 경력경로를 마련하여 자신의 자질과 목표에 따라 전문 기술자로서 성장하거나 기획, 전략 부문의 업무를 주로 담당하여 IS를 통한 조직의 문제를 해결하는 조타수의 역할을 담당하는 전문가, 혹은 관리자 그리고 IS 부문의, 혹은 현업의 관리자로 나아갈 수 있도록 하기 위하여 기술업무에서 점차로 관리업무를 두루 경험하게 하는 경력경로를 마련할 수도 있다. 이는 물론 기업의 규모, IS 조직의 규모, IS의 기능 등, 조직의 상황에 따라 기업마다 다소 상이할 수 있다. 그러나 오늘날과 같이 정보기술과 관련한 업무 유형이 다양해지고 각 업무마다 전문성이 심화되고 있는 상황에서 전형적인 승진경로에 따라 직무를 수행하는 방식에서는 탈피하여야 한다. 조직의 입장에서 보나, 개인의 입장에서 보나 업무 만족도를 높이고 직무성과를 최대화하기 위해서는 각 개인의 역량과 기술적 관심도, 자질에 따라 기술적, 전략적, 관리적 업무를 찾아 지속적으로 개발하는 것이 요구된다.

4. 오늘날 IS 전문가들에게 요구되는 핵심 직무 역량들은 무엇인가? 왜 그와 같이 다양한 역량들이 요구되는가?

오늘날 IS 전문가들은 기술적, 혹은 관리적인 업무와 상관없이 경영 및 관리 지식과 기술, 인간관계 기술 그리고 IT와 관련한 전문지식의 습득이 요구된다. IS 전문가들의 과업 범위와 내용이 조직 내/외의 전반에 걸쳐 확산되고 경영목표 및 전략과 연계한 IT 전략, 기획, 평가 등의 업무 비중이 높아지는 가운데 다양한 시스템 사용자들과의 협업 기회가 많아지고 경영환경 및 기능 업무, 프로세스 지식에 대해 적극적으로 이해하여야 하는 필요가 증가하기 때문인 것으로 판단된다.

보다 구체적으로는 산업 및 경영업무에 대한 이해, 지식뿐 아니라 조직문제에 IT 기술 적용 능력, IT 전략 수립 능력, 손익분석 및 투자 분석 능력, 커뮤니케이션 기술, 팀워크 기술, 리더십 기술 및 갈등 해소, 변화관리 능력, 고객 마인드, 협상 기술 등이 요구된다. 또한 요구사항 분석 및 관리 능력, 형상관리, 품질관리, IT 핵심 요소기술, 인터넷/인트라넷 환경과 복합 플랫폼에서 시스템 구현하는 능력, 데이터베이스 설계 능력, 구조적 분석 능력 등의 기술 능력이 필요하다. 따라서 기업에서는 장기적인 관점에서 IS 업무 성과를 높이기 위하여 전문기술 교육 외에 경영 부문과 인간관계 부문의 교육, 훈련 프로그램 체계적으로 마련하여 지속적으로 제공하는 것이 필요하다.

5. IS 혁신의 유형에는 어떠한 것들이 있으며, IS 조직혁신에 영향을 미치는 요인들은 무엇인가?

IS 혁신의 유형에는 Swanson(1994)이 제시한 바와 같이 IS 조직내부의 기술적, 혹은 관리적 혁신, 기업조지 경영 부문의 관리적인 혁신, 기술적인 혁신 그리고 IS를 통한 제품 및 서비스 혁신, 외부 조직과의 경영통합 혁신 등으로 구분할 수 있다. 이상의 혁신 내용들은 IS 조직의 활동과 최신의 정보기술, 정보시스템을 통하여 가능하다. 특별히 IS를 통해 경영의 혁신적인 발전을 위해서는 선행적으로 IS 부문의 관리적, 기술적, 인적 부문에서의 혁신이 이루어져야 한다. IS 개발을 위해 새로운 개발 방법론 및 기법, 도구 등을 도입하여 개발 업무의 생산성과 품질을 높이고, IS 업무와 관련한 관리 프로세스 부문에서 효율화가 향상되며, IS 전문가들의 역량과 업무 의식이 증진되면 정보시스템 개발 및 정보서비스 부문의 성과가 획기적으로 향상되어 기업의 목표와 전략을 효과적으로 지원할 수 있게 된다.

IS 조직혁신에 영향을 미치는 요인으로는 첫째, 기업 특성 요인으로서 조직의 규모, 최고경영자의 지원, 기업전략, IT 기술정책, IS 역할의 중요성에 대한 조직의 인식, 혁신적 기업 문화 등이다. 둘째, IS 조직 내부의 특성 요인으로서 IS 조직의 규모, 전문화, 직무 순환, 혁신에 대한 훈련, 외부와의 정보교류, 제도적인 리더십, 참피온의 존재, IS 기대와 성과와의 차이 등이 긍정적인 요인으로서, 혁신에 대한 불안, IS 조직의 역할 불확실성 등은 부정적인 요인으로 포함된다. 셋째, IS 조직원들의 혁신적인 성향과 전문적인 지식 및 기술 수준 또한 혁신에 영향을 미친다. 기업은 IS 부문이 혁신적으로 발전될 수 있도록 조직 및 조직원들의 의식과 업무구조, 제도, 문화, 프로그램, 자원 등에서 적극적으로 지원하여야 IS를 통한 기업의 경쟁우위를 성취할 수 있다.

제 4 장

1. MIS 계획의 정의와 필요성에 대해 서술하시오.

1) MIS 계획은 조직의 정보기술 활용목표를 설정하고 장차 조직에서 실행해야 할 잠재적인 응용시스템을 규명하는 과정이다.

2) MIS 계획의 필요성
   - 현대 경영환경의 특성(고객, 경쟁, 변화), 새로운 기술의 출현, 확산
   - 경영환경의 변화요인(신제품이나 신공정의 개발, 경영혁신의 추진)

2. MIS 계획의 계층적 관점과 기간적 관점에 대해 서술하시오.

1) MIS 계획의 계층적 관점으로 전략적, 전술적, 운영적 계획으로 나눌 수 있다.

   ① 전략적 정보시스템 계획은 경영전략을 수립함으로써 생성되는 기업목표와 업무처리를 기초로 하여, 경영전략과 정보시스템 전략을 일치시키는 정보시스템 아키텍처를 개발하는 데 목적이 있다.

   ② 전술적 정보시스템 계획은 경영전략과 정보시스템 전략에 기반을 두고 보다 구체적인 활동을 명시한다.

   ③ 운영적 정보시스템 계획은 연간 운영예산을 수립하고 시기에 적절한 신규 정보시스템 개발하는 등의 프로젝트를 수행하기 위한 것이다(시스템 운영, 시스템 유지보수, 프로젝트 계획).

2) MIS 계획의 기간적 관점으로 단기적, 중기적, 장기적 계획으로 나눌 수 있다.

   ① 장기적 정보시스템 계획은 약 10여 년의 미래를 내다보고, 기업이 필요로 하는 정보 요구사항과 경쟁우위를 확보하기 위한 정보시스템 개발 계획이다.

   ② 중기적 정보시스템 계획은 현 상황에서 기업에 필요한 정보 요구사항을 충족시켜 주는 정보시스템 개발을 위한 측면이다.

   ③ 단기적 정보시스템 계획은 중기적 정보시스템 계획에서 작성된 기초 계획서(master plan)를 가지고 연간 계획과 같이 1, 2년 안에 써먹을 수 있는 단기간의 계획목표를 달성하기 위한 세부 운영기준을 세우는 단계이다.

3. Wetherbe(1993)의 4단계 정보시스템 계획모형에 대해 서술하시오.

1) 전략적 정보계획(Strategic Information Planning): 정보시스템의 임무규정, 시스템의 이용가능성과 수용능력 및 주위환경 평가, 조직 목표 및 전략 평가, 정보시스템의 목표와 전략 및 잠재 효과 평가 등이다.

2) 정보요구사항분석(Information Requirements Analysis): 조직의 의사결정과 운영처리를 지원하는 데 필요사항을 규명하는 것이다.
3) 자원배분(Resource Allocation): 이해관계를 조정하면서 동시에, 경영목적과 경영전략의 합리적 이행을 지원할 수 있는 시스템 개발과 운영에 우선적인 자원할당이 이루어지도록 해야 한다.
4) 프로젝트 계획(Project Planning): 개별 정보시스템 개발의 구체적 일정 및 자원을 계획하는 것을 의미한다.

4. 시나리오 접근법(Scenario Approach)을 정의하여라.

1) 1950년대에 Rand Corporation의 Herman Kahn은 기업에 있어서 기업의 장기 전략 수립 및 예측을 위한 개발방법론을 제시하였다.
2) 미래의 환경이나 추세와 같은 변화를 예측하여 대안 시나리오(alternative scenario)를 작성하고 실행함으로써 미래를 현실화하는 방법이다.

5. 주요성공요인(CSF: Critical Success Factors)을 정의하여라.

1) John Rockart에 의해 개발된 정보시스템 계획 방법
2) 특정 조직의 정보 요구사항(Information Requirements)은 주요성공요인에 의해서 결정된다는 것이다.
3) 주요성공요인은 기업의 성공에 중요하다고 판단되는 몇 가지 요인들이고, 그 수는 약 3~6개이다.

6. 경영시스템 계획(BSP: Business Systems Planning)의 장점과 단점에 대해 서술하시오.

1) 장점: BSP를 통해서 전사적 정보흐름을 분석함으로써 정보시스템 결정에 대한 종합적 근거를 얻을 수 있다.
   정보시스템 관리자 자신은 최고경영진에게 정보시스템의 중요성을 제고시킬 수 있고 의사소통을 증가시킬 수 있는 방편이 된다.
   조직 전체 구조에 발맞춘 정보시스템 구축이 가능하고, 자료의 일관성과 공유성을 보장할 수 있다.
2) 단점: 인력 및 비용이 많이 든다.
   대부분의 내용이 중간관리자급이나 고위층으로부터 주도되는 만큼 실무자나 일선관리자의 견해가 소홀히 취급되어질 수 있다.

7. Richard L. Nolan(1979)의 정보시스템 성장의 6단계 모형에 대해 서술하시오.

1) 초기 단계(Initiation): 조직에 컴퓨터 시스템을 처음 도입하는 단계이다. 비용 절감 및 조직의 기본요구사항 충족을 위한 시스템 설치가 목적이다.
2) 확장 단계(Expansion): 응용시스템에 대한 수혜를 기대하면서 시스템 요구

수준이 높아지기 때문에 정보시스템은 급속히 성장한다.

3) 통제 단계(Control): 정보시스템을 계획하고 통제하기 위한 운영위원회가 설치된다.
4) 통합 단계(Integration): 각 업무별 기능별 응용시스템들이 조직 전반에 걸쳐 통합된 시스템으로 거듭나게 된다.
5) 데이터관리, 자료관리 단계(Data Administration): 데이터 사용 계획 및 통제에 대한 데이터관리 기능이 중요시된다. 시스템 활용을 통한 전략적 우위를 점하고자 하는 노력이 시작된다.
6) 성숙 단계(Maturity): 조직에서는 정보시스템 이용 계획이 경영계획과 면밀히 조정된다. 정보자원에 대한 전략적 계획을 하고, 기업 전사적인 시스템 구축이 이루어진다.

8. 정보시스템 아키텍처의 종류에 대해 서술하시오.

1) 중앙집중형: 하나의 컴퓨터에 모든 통제와 처리에 관한 권한을 주고 여타 장치에 필요시 자원을 배분하는 방식
2) 분산형: 개별화된 컴퓨팅 환경
3) 혼합형: 중앙집중형과 분산형의 혼합된 형태
4) 최종사용자형: 개인용 컴퓨터(PC)는 일반 최종사용자에게 더할 수 없는 힘과 자유와 융통성을 부여한다.
5) 클라이언트/서버 아키텍처: 클라이언트가 응용프로그램을 통해 생산한 자료를 가지고 서버에 인쇄 및 자료 검색과 같은 요청을 할 수 있다.

9. 업무재설계(BPR: Business Process Reengineering)를 정의하여라.

1) 직무처리재설계, 업무재설계
2) Michael Hammer는 "비용, 품질, 서비스, 속도와 같이 경영성과의 핵심이 되는 지표들을 정보처리 기술을 이용하여 경영혁신을 이루고, 결과적으로 핵심적 성과에서 극적인 향상을 이루기 위해 기업 업무처리과정을 기본적으로 다시 생각하고 근본적으로 설계하는 것"

10. 인터넷 환경에서의 MIS 계획에 대해 서술하시오.

1) 앞으로 점차 비중이 커질 인터넷환경에 대비한 계획은 전략적 정보시스템 계획 수립의 한 부분으로 볼 수 있지만, 독립적이고 자율적으로 추진될 수 있다(e-Planning).
2) e-planning은 e-business를 위한 기반구조를 구축하고 응용시스템 및 응용프로그램간 조정을 결정하는 등의 일련의 의사결정과정을 이루어가는 것을 의미

제 6 장

1. 데이터 흐름도(DFDs)를 사용하는 목적은 무엇인가?

비즈니스 시스템(정보시스템)에서 어떻게 작동하는지 표현하는 방법 중에 한 가지이다. 이러한 표현 방법을 사용함으로써 시스템에서 혹은, 시스템과 시스템 사이에서 데이터가 어떻게 처리되고, 작동하는지에 대하여 보다 쉽게 알 수 있다.

데이터 흐름도(DFDs)는 데이터 자체에 초점을 두고 있는 표현 방법이 아니다. 데이터 흐름도(DFDs)는 정보시스템의 프로세스의 동작에 초점을 두고 있는 방법이라고 할 수 있다. 이러한 프로세스 모델링은 시스템 분석가에게 요구되는 가장 중요한 기술 중의 한 가지이다.

2. 그레이홀 오류를 범하게 되는 이유에는 어떤 것이 있는가?

그레이홀 오류를 범하게 되는 이유에는 여러 가지 이유가 존재하고 있지만 가장 범하기 쉬운 실수를 크게 3가지로 볼 수 있다. 프로세스의 ① 이름을 잘못 지은 경우, ② 입력과 출력 데이터 흐름의 이름을 잘못 지은 경우, ③ 불완전한 사실들을 적용한 경우, 이러한 3가지의 이유로서 그레이홀을 유발하는 가장 보편적인 이유들이며, 이러한 그레이홀의 경우에는 출력 데이터의 값이 정확한 값을 줄 수 없으므로 주의하여야 할 것이다.

3. 상황도는 무엇인지 설명하고, 예를 제시하시오.

시스템에 대한 일반적인 범위, 환경 등과 같은 내/외부 여건적인 면을 고려하여 시스템에 대한 관계를 나타내게 되는데, 이러한 표현을 상황도라고 한다.

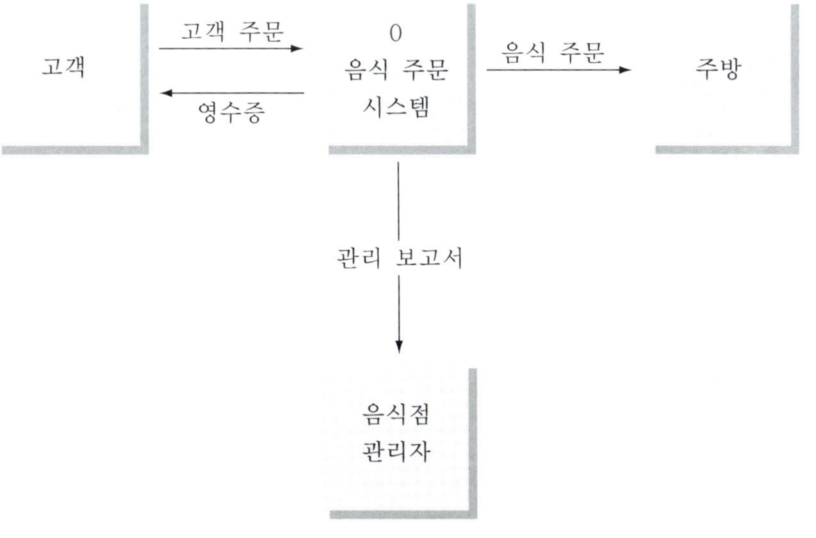

4. UML이란 무엇인가?

UML은 1997년 Object Management Group(OMG)에 의해서 공표가 되었으며 이후 관리 개발되어 왔다. 시스템을 구축한다는 과정도 건물을 만드는 것처럼 매우 유사한 방법으로 구축하게 되는데, 건물의 설계도에 해당하는 것이 UML이다. UML에서 시스템에 포함되는 다양한 요소들이 서로 어떠한 관계를 가지고 동작하게 되는지에 대한 일종의 청사진이라고 할 수 있다.

5. 객체 지향적인 기법은 프로세스 지향적인 기법과 어떻게 다른가?

프로세스 지향적인 기법이라는 것은 시스템의 프로세스를 구조화하여 처리순서 등에 초점을 맞추고 개발하는 방법이라고 할 수 있다. 이러한 방법과는 다르게 데이터 지향적인 방법은 시스템에 존재하는 데이터의 관계를 어떻게 설정하고 유지하는가에 중점을 둔 방법이라고 할 수 있다.

6. UML 작성 도구는 어떤 것이 있으며, 특징은 무엇인가?

UML 작성 도구로는 Rational에서 개발한 Rose라는 도구가 있으며, 특징들을 3가지로 정리하면 다음과 같다.

1) 변경이 용이

Rational Rose는 개발자 혹은 사용자가 UML 모델 요소들을 추가, 삭제, 변경할 때마다 자동적으로 모델 전체에 변경을 주게 된다. 이러한 변경이 시스템에 적합한지 검사할 수 있는 기능을 가지고 있어 모델의 오류와 완전성을 확인할 수 있는 기능을 제공하고 있다. 만약 이러한 기능이 없는 시스템 작성 도구라면, 한쪽 시스템에서 추가, 삭제, 변경이 일어나는 경우에 해당 시스템에 연결되어 있는 다른 시스템에서도 개발자들이 수정을 요하는 방법에 비하면 매우 효율적이고 효과적이라고 볼 수 있다. 또한 수정을 한다고 하더라고 시스템 전체적으로 오류 및 완전성의 검증이 필요하기 때문에 많은 인력과 시간을 소요하게 되는 것에 비하여 매우 발전되었다고 할 수 있다.

2) 다양한 프로그래밍 언어 지원

Rational Rose에서는 다른 도구들에 비하여 보다 강력한 코드 생성 기능을 제공하고 있다. 작성된 모델을 다양한 프로그래밍 언어인, ANSI C++, JAVA, Visual Basic, Visual C++, C++ 등 외에도 다양한 언어로의 변환이 가능하다. 반대로 작성된 코드로부터 모델 추출이 가능하다. 모델과 작성 코드가 별도로 가는 것이 아니라 병행적으로 이루어지기 때문에, 시간과 인력을 절약할 수 있을 뿐만 아니라, 모델과 작성 코드가 일치하기 때문에 시스템 설계의도에 보다 정확하게 부합할 수 있는 장점을 가지고 있다.

3) 팀 작업을 지원

Rational Rose는 시스템 전체의 모델을 해당 팀들이 서로 분할하여 작성하고 설계된 모델을 통합할 수 있는 기능을 제공하고 있다. 따라서 팀들 간에서 서로 독립된 작업을 할 수 있도록 도와줌으로써 보다 효율적인 업무 활동을 지원하고 있다.

제 7 장

1. IT 비용은 어떻게 구성되며 IT 투자의 목적은 무엇인가?

IT 비용은 개발비용과 운영비용, 공통비용, 기타비용 등으로 구분할 수 있다. 그 외에 시스템의 능력이 실제수요를 감당하지 못할 때 발생하거나 시스템의 능력이 실제수요보다 클 경우, 즉 유휴자원이 생길 경우에 발생하는 비용인 기회비용은 시스템에 대한 투자결정에 있어서 매우 중요하다.

2. IT 프로젝트의 경제적 평가기법은 어떤 것들이 있는가?

IT 프로젝트의 평가기법은 목적에 따라 재무분석, 순현가법, 다요인분석, 행렬표, 전략적 분석법, 테스트법, 사례 조사, 사업계획 수립 등이 있다.

3. IT 프로젝트의 효과에 대한 것은 어떻게 측정할 것인가?

IT 투자에 대한 성과 평가 목적은 투자를 통해 발생하는 효익, 비용 및 위험을 분석하여 투자의 효율성과 효과성을 측정하고, 궁극적으로 투자 대비 효과(ROI) 및 기업가치(corporate value) 극대화에 기여하기 위함이다. 그러나 IT 투자에 대한 성과 평가는 IT 투자로부터 수익이 발생하기까지의 시간(revenue distance), 기회비용, IT 도입에 따른 조직혁신, 고객과 관련된 가치 혹은 경쟁자들의 모방 등과 같은 이유 때문에, 무형적 성과들의 정량화된 측정이 쉽지 않다. 그럼에도 불구하고 앞선 몇몇 CIO들은 IT ROI 측정에 대한 과학적인 접근을 시도하고 있다.

IT 투자 대비 효과분석은 정보시스템뿐만 아니라 IT와 관련된 활동, 조직, 비용, 효과 등을 대상으로 기술적 관점의 분석이 아닌 경영자 관점의 분석을 의미한다.

4. IT 프로젝트의 소요되는 자금은 어떻게 조달할 것인가?

IT 비용의 조달 방법은 3가지가 있다. 첫번째는 정보시스템 부서를 하나의 비할당적 비용센터로 보는 것과 두 번째는 정보시스템의 모든 비용을 사용자들에게 사용 정도에 따라서 배분하는 비용부과시스템인 할당적 비용센터가 있다. 마지막으로 사용자의 행위에 영향을 주는 행위 지향 비용회수시스템이 있다.

5. IT ROI에 대해 설명하시오.

기업의 경쟁력을 알아보는 지표 중의 하나가 투자대비효과(ROI: Return On Investment)이다. 투자대비효과는 기업이 어느 정도의 비용을 투자하여 얼마만큼의 이익을 올리는 지를 알아보는 지표이다.

> ※ 투자대비효과(**ROI**)
> = 순효과(net benefit) / 비용(cost)

전통적인 ROI 분석은 비용과 효과를 조사하고 계산하여 프로젝트를 추진할 가치가 있는지 평가하는 것이다. 이러한 재무적 기법들이 IT 예산이 줄어들고, IT 투자의 성과에 대한 회의적인 시각이 생겨나면서 IT 투자에 대한 효과를 분석하는 방법으로 많이 활용되고 있다.

제 8 장

1. 아래에 있는 용어에 대해 정의하시오.

- IT 아웃소싱: 정보산업분야에서는 기업의 전산운영과 관련되는 정보기술(IT: Information Technology) 및 정보시스템(IS: Information Systems) 기능을 아웃소싱
- CMM: 소프트웨어 프로세스 개선에 있어서 산업계 표준(De facto)
- IDEAL 모델: CMM 심사 후 소프트웨어 프로세스를 개선하기 위하여, SPI 활동을 조직 내부에 내재화할 수 있는 체계적인 개선 모델
- ITIL: IT 서비스 관리에 대한 프레임워크 구현을 돕기 위한 문서들의 집합
- Service Delivery: IT 서비스 제공의 장기적인 계획 및 개선에 초점
- COBIT: 정보시스템감사 · 통제재단(ISACA, ISACF)은 IT 보안 및 통제 부문에서의 모범적인 업무 수행 방법에 대한 일반적으로 적용 가능하고 인정되는 기준
- COBIT의 관리 지침서: IT Governance Institute와 전세계의 업계 전문가, 분석가 및 학자들을 통해서 정의된 것으로 성숙도 모델, 핵심성공요인(CSF: Critical Success Factor), 핵심목표지표(KGI: Key Goal Indicator), 핵심수행지표(KPI: Key Performance Indicator) 등으로 구성
- SLA: 정보시스템 수요자와 기업의 정보시스템 공급자 상호 동의에 의하여 일정 수준의 서비스를 명시하고 이를 명시화시킨 계약서.

- CMM 모델 구조: 성숙도 레벨(Maturity Level), 주요 프로세스 영역(Key Process Area), 공통 실행(Common Feature), 주요 실행 지침(Key Practices) 4가지 방식으로 구성
- CMMI: 이미 발표되어 사용하던 5가지 모델(SW-CMM, SE-CMM, SECAM, SA-CMM, IPD-CMM)들을 통합한 통합 CMM 모델
- Service Support: IT 서비스의 일상적인 운영 및 지원에 초점
- SLM: 모든 IT 조직이 비즈니스를 지원하기 위해 제공하는 IT 서비스를 정의하고 서비스 수준의 충족 여부를 확인하기 위해 반드시 필요한 IT 프로세스
- COBIT 프레임워크: 경영목적이나 요구사항을 지원하는 데 필요한 정보를 검토하고, IT 프로세스를 통해서 관리할 필요가 있는 IT 자원들을 적용한 결과로 생성된 정보를 검토함으로써 IT에 대한 통제에 접근
- COBIT 상위 통제 목적: COBIT의 34개 IT 프로세스 각각에 대해서 통제 대상 IT 프로세스, 충족시키려는 경영상의 요구사항, 통제에 대한 설명, 통제 실무 등을 설명

2. 아웃소싱을 도입하는 목적을 서술하시오.

정보기술 아웃소싱의 목적은 비용절감과 위험분산 그리고 정보시스템의 성과향상을 통해 경영의 유연성과 효율성을 극대화하여 기업의 경쟁 우위를 확보하는 것

3. 아웃소싱의 형태는 어떠한 것들이 있는지 나열하시오.

선택적 아웃소싱, 일괄적 아웃소싱, 아웃바운드(Outbound)형 아웃소싱, 제휴형, 인바운드(Inbound)형 아웃소싱, 시스템 통합(System Integration), 시스템 관리(System Management)

4. 아웃소싱의 장·단점을 서술하시오.

1) 아웃소싱 장점: 비용의 절감 및 서비스 수준의 향상. 내부적인 이해 충돌 시 제3자의 중립적인 위치가 문제 해결에 적합. 부가적인 가치를 제공하는 기관들로부터의 도움. 고정투자의 부담이 높은 부문을 유동화. 조직의 유연성과 민첩성을 제고하는 데 효과적. 핵심역량의 가변성에 대비. 경쟁기업보다 자신의 핵심역량을 단기간에 높임.
2) 아웃소싱 단점: 외주된 업무나 기능에 대한 변화를 감지하는 속도가 감소하여 환경변화에 능동적인 대응력이 떨어짐. 아웃소싱 계약의 중도 파기로 예상치 못했던 비용이 발생. 사내의 정보나 데이터가 외주 공급업체에 의해 유출될 위험. 내부 전문인력의 직업 안정성

5. SLA 추진 절차에 대해 간략히 서술하시오.

도입 타당성 검토 → 경영자의 지지 → 전담 팀의 구성 → 자원조사 → 서비

스 정의 → 서비스 도출 → 서비스 협약 → 서비스 성과 측정 → 서비스 보고 → 서비스 통제

6. SLA의 이점은 무엇인지 설명하시오.

정보시스템 서비스에 있어서 공급자와 수요자 사이에 일정 수준의 서비스 보장. SLA를 수립하는 과정을 통하여 상호 의사소통의 기회를 확보. 서비스 품질에 대한 객관적인 평가 가능

7. CMM 성숙도 단계와 각 단계에 대해 간략하게 서술하시오.

1) 초기레벨(Initial Level): 초기 단계로 가장 낮은 성숙 수준을 나타낸다. 소프트웨어 프로세스는 임기응변 또는 무질서의 특성을 갖는다. 프로세스가 거의 정의되어 있지 않고, 성공은 개인의 노력에 의존한다.
2) 반복레벨(Repeatable Level): 기본적인 프로세스 관리 프로세스가 비용, 일정 그리고 기능에 대한 정보를 추적하기 위해 설정된다. 성공적으로 완료된 프로젝트에 활용되었던 유사한 프로세스가 다시 사용된다.
3) 정의레벨(Defined Level): 소프트웨어 프로세스가 문서화되고, 표준화되고, 조직의 표준 소프트웨어 프로세스와 통합된다.
4) 관리레벨(Managed Level): 소프트웨어 프로세스와 생산품의 품질에 대한 상세한 측정이 수집된다. 모든 프로젝트에 대한 중요한 소프트웨어 프로세스 활동의 생산성과 품질이 측정되며 성과의 변동을 수용 가능한 정량적인 범위 내로 최소화하여 제품과 프로세스에 대한 통제를 수행한다.
5) 최적화레벨(Optimizing Level): 지속적인 프로세스 개선이 프로세스에 대한 정략적 피드백과 혁신적인 아이디어, 기술의 적용으로 이루어진다. 그리고 발견된 결함의 형태가 다시 발생하지 않도록 소프트웨어 프로세스가 평가되고 얻어진 교훈이 전 조직에 확산된다.

8. CMM 모델 구조의 구성요소와 각각의 구성요소의 세부 사항을 기술하시오.

1) 주요 프로세스 영역(Key Process Area)

   레벨 1을 제외하고 각 성숙도 레벨은 몇 개의 주요 프로세스 영역으로 나뉘는데, 이 영역은 조직이 소프트웨어 프로세스를 개선하기 위해 초점을 두어야 할 곳이다. 주요 프로세스 영역은 성숙도 레벨 달성을 위해 반드시 해결해야 하는 목표(Goal)들이 있다. 만약 조직이 레벨 3이라면 레벨 2와 3의 모든 주요 프로세스 영역의 목표들을 해결해야 한다.

2) 공통 실행(Common Feature)

   주요 프로세스 영역을 기술하는 실행지침은 공통 특성에 의해 구성된다. 공통 특성은 주요 프로세스 영역의 구현과 제도화가 효과적인지, 반복적인지, 지속적인지 여부를 나타내는 속성이다. 공통 특성은 다음과 같은

다섯 가지가 있다. 수행방침, 수행능력, 수행활동, 측정 및 분석, 구현 검증

3) 주요 실행 지침(Key Practices)

각 주요 프로세스 영역(Key Process Area)은 주요 실행지침(Key Practices)으로 기술된다. 주요 실행지침은 주요 프로세스 능력의 구현과 제도화에 가장 많이 기여하는 활동과 이를 효과적으로 구현하고 제도화하는 데 필요한 기본 구조를 기술한다. 조직의 프로세스가 성숙할수록 각 주요 프로세스 영역에서 실행될 주요 실행지침은 발전해 나간다.

9. IDELA 모델의 단계와 단계별 주요 수행 내용을 기술하시오.

1) 초기단계(Initiating): 초기에 개선을 위한 기반을 마련하는 단계
2) 진단단계(Diagnosing): 프로세스 진단을 통하여 조직의 현재 상태에 대한 기준선을 수립하는 단계
3) 착수단계(Establishing): 진단 단계에서 발견된 개선 이슈에 대한 우선 순위를 설정하고 목표 달성을 위한 접근방법 개발 및 실행 계획을 수립하는 단계
4) 실행단계(Acting): 해결 방안 개발 및 이에 대한 파일럿을 시행하여 조직에서 이행토록 하는 단계
5) 확대단계(Learning): 경험을 수집하여 조직의 개선 프로그램에 사용된 전략, 방법, 기반 조직에 대하여 평가하고 재조정하는 단계

10. ITIL을 구성하는 구성요소를 기술하시오.

IT서비스의 일상적인 운영 및 지원에 초점을 맞춘 Service Support와 IT 서비스 제공의 장기적인 계획 및 개선에 초점을 맞춘 Service Delivery로 구성

11. ITIL에서 Service Support를 구성하는 구성요소와 구성요소의 세부 내용을 기술하시오.

1) 서비스 데스크(Service Desk): 모든 ITIL 프로세스를 관리하는 수단 및 접점을 제공하는 기능
2) 구성관리(Configuration Management): IT 조직이 고객에게 최적의 비용에 최상의 서비스를 제공하기 위해서 활용 가능한 자원에 대해 파악하고 관리하는 프로세스
3) 인시던트 관리(Incident Management): 정상적인 서비스 제공을 위해, 문제사항에 대한 빠른 해결 및 비즈니스 수행에 대한 반대 급부로 인한 충격을 최소화하는 프로세스
4) 문제 관리(Problem Management): 정보시스템 인프라의 장애로 인해 발생 가능한 비즈니스의 효과를 최소화하며, 비즈니스에 영향을 끼치는 인시던

트 발생의 반복을 억제하는 프로세스

5) 변경관리(Change Management): 매일 발생되는 업무와 변경 관련 인시던트에 의해 발생 가능한 충격을 최소화하고 모든 변경 사항에 대해 즉각적인 조종과 효율적인 처리 절차에 대한 표준화된 방법을 확립하는 프로세스
6) 릴리즈 관리(Release Management): 정보시스템 서비스 관점에서 보면 일종의 변경 사항이며 릴리즈시 모든 사항을 점검하고 확인하는 과정

12. ITIL에서 Service Delivery를 구성하는 구성요소와 구성요소의 세부 내용을 기술하시오.

1) 서비스 수준 관리(SLM: Service Level Management): 모든 IT 조직이 비즈니스를 지원하기 위해 제공하는 IT 서비스를 정의하고 서비스 수준의 충족 여부를 확인하기 위해 반드시 필요한 IT 프로세스
2) 가용성 관리(Availability Management): IT 인프라의 능력을 최적화하는 목표를 달성하기 위하여 비즈니스를 가능하게 할 수 있는 서비스의 가용성을 지속적인 수준으로 유지 및 비용 효과를 얻기 위한 프로세스
3) 용량관리(Capacity Management): 효율적인 비용 제공을 통해 비즈니스 요구사항을 충족시키기 위한 현재와 미래의 용량계획이며 비용과 용량 간의 균형과 공급과 요구의 균형을 맞추는 프로세스
4) IT 서비스 지속성 관리(ITSCM: IT Service Continuity Management): 목적은 필수적인 IT 기술적 요소와 서비스 구성요소의 장애시, 합의된 시간 안에 복구가 가능하도록 하는 프로세스
5) 금융 관리(Financial Management for IT Services): 비즈니스 목표와 요구를 받아들여 계획하고 실행하는 데 최소한의 손해와 최대 효과를 얻기 위한 비용의 관리

13. COBIT의 제품군을 기술하시오.

경영자를 위한 요약으로 구현 도구집이 있으며 프레임워크 밑에 관리를 위한 지침서, 상세통제목적, 감사지침서가 있다. 또한 성숙도 모델과 핵심성공요인, 핵심목표지표, 핵심성과지표가 필요하다.

14. COBIT 프레임워크의 기본 개념과 원칙은 무엇인가?

경영목적이나 요구사항을 지원하는 데 필요한 정보를 검토하고, IT 프로세스를 통해서 관리할 필요가 있는 IT 자원들을 적용한 결과로 생성된 정보를 검토함으로써 IT에 대한 통제에 접근

15. COBIT에서 정의한 IT 정보의 7가지 요건을 기술하시오.

1) 효과성(Effectiveness): 정보가 업무 프로세스와 관련된 정도와 정보가 필요한 시기에 정확하고 일관성 있고 사용 가능한 형태로 제공되는 정도를 나

타낸다.

2) 효율성(Efficiency): 정보를 제공해 주기 위해서 자원을 최적으로 사용하는 정도를 의미한다.
3) 기밀성(Confidentiality): 기밀을 요하는 정보를 불법 접근으로부터 보호하는 정도를 나타낸다.
4) 무결성(Integrity): 정보의 정확성 및 완전성; 기업의 가치 및 기대를 충족시키는 정보의 타당성을 나타낸다.
5) 가용성(Availability): 현재 혹은 미래에 업무 프로세스를 수행하면서 필요한 때에 정보가 가용한 정도를 의미한다. 또한 필요한 자원과 관련된 기능을 보호하는 정도를 나타낸다.
6) 준거성(Compliance): 업무 프로세스를 수행하는 과정에서 준수해야 하는 법률, 규정 및 계약 등과 같은 외부 요건을 준수하는 정도를 나타낸다.
7) 신뢰성(Reliability): 경영자들이 기업을 운영하고 재무 및 준수 보고 의무를 수행하는 데 필요한 적절한 정보를 제공하는 정도를 말한다.

16. COBIT에서 정의한 IT 자원을 기술하시오.

1) 데이터: 가장 광범위한 의미의 데이터(즉 외부 데이터 및 내부 데이터 포함), 구조적 데이터 및 비구조적 데이터, 그래픽, 사운드 등
2) 응용시스템: 응용시스템은 수작업 절차와 프로그램화된 절차를 모두 포함한다.
3) 기술: 기술에는 하드웨어, 운영체제, 데이터베이스 관리시스템, 네트워킹, 멀티미디어 등이 포함된다.
4) 시설: 시설은 정보시스템을 수용하고 지원하기 위해서 필요한 모든 자원을 말한다.
5) 인력: 인력에는 정보시스템 및 정보 서비스를 계획, 조직화, 구입, 운영, 지원, 모니터하는 인력들의 작업 기술, 인식, 생산성 등이 포함된다.

17. COBIT에서 정의한 IT 프로세스를 기술하시오.

가장 하부에는 측정 가능한 결과를 달성하기 위해서 수행해야 하는 활동(activities)과 작업(tasks)이 있다. 활동은 수명 주기적인 개념을 가지고 있는 반면, 작업은 개별적으로 분리될 수 있다. 수명 주기적인 개념은 개별적인 활동과는 다른 통제 요건을 가지고 있다. 다음으로는 여러 개의 활동이나 작업이 결합되어 하나의 업무 프로세스(processes)를 구성한다. 최상위 수준에서는 업무 프로세스들이 결합되어 하나의 업무 영역(domains)을 구성한다.

18. COBIT의 성숙도 모델을 기술하시오.

조직의 위치에 대한 상대적인 측정지표를 제시하고 어디로 가야 할지를 효율

적으로 결정하는 방법을 제시한다. 또한 조직의 목표에 대비하여 그 진척도를 측정하는 도구가 된다. IT 프로세스의 통제에 대한 성숙도 모델의 접근 방법은 조직이 스스로 부재 단계(0점)에서 최적 단계(5점)까지 점수를 매기도록 하는 것이다. 34개의 프로세스에 대해서 부재단계(0점)부터 최적단계(5점)까지의 측정단위가 존재한다.

19. COBIT에서 정의한 핵심성공요소, 핵심목표지표, 핵심수행지표에 대해 서술하시오.

1) 핵심성공요인은 관리자들에게 IT와 IT 프로세스에 대한 통제를 구현하는데 있어서 참조할 수 있는 지침 제공
2) 핵심목표지표(KGI)는 무엇을 달성해야 할 것인가에 대한 측정지표
3) 핵심수행지표(KPI)는 프로세스를 얼마나 잘 수행하고 있는지에 대한 측정지표

제 9 장

1. 데이터베이스를 정의하시오.

데이터를 중앙집중적인 방식으로 관리. 데이터의 무결성을 유지. 여러 응용프로그램들이 이를 공유할 수 있도록 구성되어 있는 데이터의 집합

2. 데이터베이스 관리시스템을 정의하시오.

데이터베이스의 생성 및 관리를 수행하고 개별적인 응용프로그램들이 데이터에 접근하는 것을 가능하게 해주는 소프트웨어

3. 관계형 데이터베이스는 무엇인가?

데이터 개체와 개체들 간의 관계를 모두 테이블 형태로 표현하고 이들 간의 연계관계는 동일한 속성내의 동일한 데이터 값으로 표시하여 관계형 모델을 사용하는 데이터베이스

4. 기본 키, 보조 키, 합성 키란 무엇인가?

1) 기본 키: 각 레코드를 유일하게 구별해 주는 식별자
2) 보조 키: 사용자가 테이블에 저장되어 있는 레코드를 쉽게 식별하기 위해 사용하는 하나 또는 그 이상의 속성들로 구성된 또 다른 식별자
3) 합성 키: 여러 개의 속성의 조합으로 이루어진 키

5. 데이터의 무결성이란 무엇인가

데이터를 인가되지 않은 방법으로 변경할 수 없도록 보호하는 성질

6. 외래 키란 무엇이며 어떤 역할을 수행하는가?

1) 외래 키: 하나의 테이블에 있는 속성들 중에서 다른 테이블의 기본 키로 정의된 속성
2) 역할: 데이터의 중복으로 인한 기억공간의 과다점유와 데이터의 비일관성 문제점(Inconsistency Problem)을 방지

7. 참조무결성은 무엇인가?

관련된 테이블 레코드 간의 관계를 유효하게 하고 사용자 실수로 데이터를 삭제하거나 변경하지 않도록 하기 위해 따르는 규칙

8. 데이터와 정보의 차이점을 정의하시오.

1) 데이터: 현실 세계로부터 관찰이나 측정을 통해 얻어진 양, 행위, 객체 등을 표현하는 일정한 규칙을 가진 상징물. 언어, 문자, 숫자, 기호, 영상 등으로 표현
2) 정보: 데이터에 사용자의 '목적 적합성'(Relevance)이 부가된 것으로 의사결정을 위해 유용한 형태나 값으로 처리 또는 가공된 데이터

9. 데이터베이스 시스템과 정보시스템을 구분하여 설명하시오.

1) 데이터베이스 시스템
   특정한 분야에 필요한 데이터를 잘 분석하여 데이터베이스 관리시스템에게 의뢰하여 관리할 테이블을 설계하고, 이들 테이블에 데이터를 입력하고, 저장된 데이터를 수정하고, 여러 가지 원하는 형태로 데이터를 출력할 수 있는 응용 프로그램을 만들었을 때, 이를 데이터베이스 시스템이라고 정의함.
2) 정보시스템
   저장된 데이베이스를 사용자의 요구에 맞게 가공을 할 수 있도록 지원하는 하드웨어적인 환경과 소프트웨어적인 환경이 추가되어 갖춘 하나의 새로운 시스템의 모습

10. 모델과 데이터모델링이란 무엇인가?

1) 모델: 실세계에 존재하는 사물 또는 사건은 간단하게 표현
2) 데이더 모델링: 현실세계를 컴퓨터가 이해할 수 있는 데이터로 변환하는 과정

11. 추상화와 구체화란 무엇인가?

← 추상화 / 단순화

요구사항 분석 - 개념적 모델 - 논리적 모델 - 물리적 모델 - 데이터베이스

구체화 / 세분화 →

12. 개체-관계도를 작성할 때 사용되는 중요한 개념들을 나열하고 설명하시오.

- 개체(entity): 데이터베이스의 주체로 다루어야 할 대상
- 속성(attribute): 개체를 설명하는 여러 가지의 성질
- 키(Key): 각각의 개체 인스턴스(Instance) 를 유일하게 식별할 수 있는 속성
- 관계(Relationship): 개체들 사이에 존재하는 연관성

13. 3차 정규형이 되기 위한 조건을 기술하고 그 의미를 자세히 설명하시오

1) 1차 정규형(1NF)

조건 1. 각 속성은 원자값(Atomic value)을 가진다.

조건 2. 기본 키가 아닌 모든 속성들은 기본 키에 함수적으로 종속된다

2) 2차 정규형(2NF)

조건 1. 1차 정규형의 조건을 만족한다.

조건 2. 어떤 속성도 복합 기본 키의 일부 속성에 함수적으로 종속되는 부분종속성(Partial Dependency)을 갖지 않는다.

3) 3차 정규형(3NF)

조건 1. 2차 정규형의 조건을 만족한다.

조건 2. 어떤 속성도 기본 키 또는 복합 기본 키가 아닌 속성에 함수적으로 종속되는 전이종속성(Transitive Dependency)이 존재하지 않는다.

14. 소프트웨어의 생명주기를 구성하고 있는 각 단계들을 나열하고 간단히 설명하시오.

소프트웨어 생명주기(software life-cycle): 요구에 의해서 소프트웨어 시스템이 탄생하고, 가동, 운용되는 가운데 보수가 반복되고, 최종적으로 파기될 때까지의 기간

- 문제정의: 해결해야 할 문제를 정의
- 요구 분석: 니즈 분석, 요구사양화
- 설계: 소프트웨어 요구사양서를 어떻게 실현할지 결정하는 단계
- 실현: 코딩, 모듈테스트, 디버깅을 거쳐 프로그램화
- 운용 · 유지 보수: 관리와 변경 요구에 대한 대응

제10장

1. 프로토콜은 무엇을 의미하는가?

컴퓨터통신에서 서로 다른 컴퓨터에 있는 개체 간에 이루어지는 정보의 교환 과정을 의미한다. 네트워크에서 컴퓨터가 정보를 교환하는 공인된 규칙과 절

차를 지칭하는 통신규약이다.

2. 링형 토플로지 형태의 특징과 장단점은 무엇인가?

각 장치는 단지 자신의 양쪽에 있는 장치와 전용으로 점대점 회선구성하며, 신호는 한 방향으로만 흐름

1) 장점: 높은 성능, 저렴한 가격, 단일 설계
2) 단점: 한 노드가 고장시 전체네트워크 고장남, 개방화/표준화가 힘듦, 확장의 어려움

3. 전이중 전송방식의 특징은 무엇인가?

연결된 두 장치 간의 신호흐름의 방향을 정의하는 것을 전송방식이라 하고, 전이중 전송방식은 하나의 장치가 송신과 수신을 동시에 할 수 있다. 장시는 한 선으로는 송신을 하면서 또 다른 선으로는 수신할 수도 있다. 주변장치의 대부분은 수신과 동시에 송신의 기능을 포함하고 있다.

4. LAN은 무엇인가?

근거리통신망으로 규모면에서 한 건물 안이나 또는 최대 수 Km까지의 한정된 지역 내에서 이용되는 네트워크이다. 주로 사무실, 빌딩, 제조공장 등 제한된 공간에서 존재한다.

5. OSI 모델의 7가지는 무엇인가?

애플리케이션계층	전자우편, 파일전송을 포함한 다양한 사용자 서비스를 제공한다.
프리젠테이션계층	데이터 형식을 번역하고, 데이터를 암호화하고 해독한다.
세션계층	통신하는 사용자들을 동기화하고, 오류를 복구하고, 명령들을 일괄하여 다룬다.
전송계층	네트워크를 결정하고, 패킷을 조립하거나 분해할 수도 있다.
네트워크계층	경로를 결정하고, 청구 정보를 관리한다.
데이터링크계층	오류를 검출하거나 정정하고, 프레임들을 정의한다.
물리계층	물리적인 데이터를 전송한다.

6. 유비쿼터스는 무엇인가?

유비쿼터스란 '언제 어디서나 존재한다'는 라틴어로서 유비쿼터스 컴퓨팅의 줄임말이다. 그 의미는 언제 어디서나 어떤 것을 이용해서라도 온라인 네트워크상에 있으면 서비스를 받는 환경/공간을 의미한다.

7. RFID는 무엇인가?

IC칩 카드는 데이터 장치와 사용자 사이의 접촉 여부에 따라 접촉형과 비접촉형으로 나눌 수 있는데, 이 중 비접촉식 ID 시스템을 RFID(Radio Frequency IDentification systems; 무선주파수신원시스템)이라 하고, 사물에 전자태그를 부착하고 각 사물의 정보를 수집/가공함으로써 개체간 정보교환, 측위, 원격처리, 관리 등의 서비스를 제공하는 것을 의미한다.

8. RFID의 장단점을 제시하시오.

1) 장 점

RFID는 상품과 단말기 사이에 접촉 없이도 짧은 시간에 많은 정보를 송·수신할 수 있다는 장점이 있다. RFID의 태그는 반영구적으로 사용이 가능하며, 저장된 정보의 손상이 거의 없다. 또한 복제가 거의 불가능하며 카드의 손상률이 매우 낮은 등의 장점이 있다.

2) 단 점

RFID는 tag의 가격이 바코드 등에 비해 높은 수준이며, 판독기의 가격이 비싸 초기 투자비용이 부담으로 작용할 수 있는 문제를 가지고 있다. 가장 큰 문제로는 소비자의 개인 사생활 침해 가능성을 들 수 있다. 만약 소비자가 제품을 구입하여 태그를 집으로 가져가게 되면, 소비자의 소비 행태 및 사용도 등의 추적 및 분석이 가능하다. 따라서 소비자 개인 생활에 대한 정보가 고스란히 판매업체에 전달될 수 있다는 문제가 있다.

제 11 장

1. 인공지능의 개념을 서술하시오.

인위적인(artificial) 지적 능력(intelligence)을 갖춘 실제(entity)를 구현하는 작업으로써 인간 또는 동물들의 지능적인 프로세스들을 기계가 대신할 수 있도록 연구하는 분야

2. 인공지능의 네 가지 접근방법은 무엇인가?

인간(human)적인 측면과 합리적(rational)인 측면 등 크게 2가지로 분류할 수 있고, 인간의 사고작용(thinking)과 행동(acting)의 측면에서 크게 대별하여 ① 인간처럼 생각하는 시스템, ② 합리적으로 생각하는 시스템, ③ 인간처럼 행동하는 시스템, ④ 합리적으로 행동하는 시스템 등으로 구분할 수 있다.

3. 인공지능의 발전이 애초 기대했던 수준에 미치지 못한 이유는 무엇인가?

인간에게는 쉽게 해결할 수 있는 간단한 문제도 인공지능으로는 해결이 어려웠다. 인공지능의 결점 중 특히 XOR 기능을 구현할 수 없는 점이 지적되면서 인공지능의 한계점을 인식하고 보다 발전가능성이 많은 학문분야로 이동하는 계기를 마련하게 된다.

4. 전문가시스템의 형성과정을 서술하시오.

전문가시스템의 형성과정은 현장전문가(field specialist), 지식공학자(knowledge engineer) 그리고 데이터베이스라 할 수 있는 전문가시스템(expert system)의 크게 세 가지로 나누어 각각 이들 간의 접촉을 통해 형성된다. 지식공학자는 현장전문가에게 특정분야에 대한 질문을 통해 문제를 제시하거나, 자료를 요구한 뒤, 현장전문가로부터 제공된 전문지식이나 자료를 수집하고 지식(데이터)베이스를 구축하여 가능한 잠재된 규칙을 도출하는 등의 과정을 통해 전문가시스템을 구축하게 된다.

5. 전문가시스템의 규칙 중 휴리스틱 방식에 대해서 논의하시오.

휴리스틱이란 경험을 통해 얻어진 규칙 또는 제한된 조건하에서만 적용될 수 있는 단순화된 규칙들을 말한다. 이와는 상반된 알고리즘 방법을 통해서는 문제의 뜻에 맞는 정확한 답 또는 최상의 답을 얻을 수 있지만, 휴리스틱적인 방법은 대부분 최상의 답은 아니지만 사용자가 받아들일 수 있는 정도의 답을 제공한다. 전문가시스템은 합리성을 강조한다기보다는 인간적인 생각과 행동 측면에 치중하는 인공지능 접근법이라 할 수 있다.

6. 인공신경망과 인간의 두뇌를 비교해 보시오.

비교	인간 두뇌(인공신경망)	컴퓨터
처리속도	2ms	1ns
프로세서의 배열	병렬분산 처리	직렬 처리
프로세서의 개수	약 140억 개	1개 또는 몇 개
기억의 저장방법	연결강도 조정	외부 저장 장치
내고장성	내고장 기능 있음	내고장 기능 없음
제어방법	두뇌 전체를 통한 분산처리	CPU에 의한 중앙처리

7. 인공신경망의 응용분야와 경영학적 접근방법에 대해서 논의해 보시오.

인공신경망은 기존 컴퓨터의 한계를 극복할 수 있는 특징으로 인하여 기존의 인공지능 기법이나 계산이론 기법으로 해결하기 힘들었던 분야, 즉 패턴 인식, 음성 인식, 자연 언어 이해 등의 응용 분야에 주로 많이 적용되고 있다. 최근 경영정보 분야에도 많이 응용되고 있는데, 이 같은 인공신경망을 적용시에는 일반적으로 요구되는 통계표본보다 훨씬 많은 표본이 요구되는 단점이 있다. 이는 신경망이 비선형함수를 통해 의사결정을 하고 있는 데 기인한다. 그러므로 인공신경망은 특히 데이터의 양의 많은 분야, 즉 데이터 웨어하우징(data warehousing) 또는 데이터 마이닝(data mining) 등을 수행하는 데 적합한 모델이다.

제 12 장

1. 인터넷 비즈니스 모델이 무엇인지를 설명해 보시오.

기업이 인터넷을 이용해 비즈니스를 수행하는 데 있어서 가용 자원의 동원 전략과 수익 창출 및 비용 배분의 방식을 구체적으로 표현한 것이다.

2. 인터넷 비즈니스 모델이 왜 근자에 들어서 많은 기업에서 이슈가 되고 있는지에 대하여 설명해 보시오.

다각화된 수익 모델의 부재는 차별화 방안을 통해 기업의 정책보다는 고객이 요구하는 시점에 재화나 서비스를 적재적소에 전하겠다는 정책의 전환을 요구하였고, 기업이 인터넷을 활용하여 어떻게 이윤을 추구하고, 어떻게 기업의 내부 효율성을 높일 수 있는지에 대한 의사결정이 기업의 생사를 가름하는 중요한 요소로 작용하면서 인터넷 비즈니스 모델이 출현하였다.

3. Timmer가 주장한 인터넷 비즈니스 모델의 구성요소가 무엇인지에 대하여 설명해 보시오.

- 다양한 비즈니스를 운영하는 주체와 역할을 포함하며, 제품과 서비스와 정보흐름에 대한 아키텍쳐를 설명한다.
- 다양한 비즈니스 주체가 만들어 내는 잠재적인 기업의 이득을 설명한다.
- 수익의 원천이 무엇인가를 설명한다.

4. Timmer가 주장한 11가지의 비즈니스 모델이 무엇인지를 설명해 보시오. 그리고, amazon.com이 어떤 형태의 비즈니스 모델인지에 대하여 설명해 보시오.

1) e-shop: 기업이나 상점들의 웹마케팅 비즈니스 모델
2) e-procurement: 전자적으로 제품과 서비스를 조달하는 것
3) e-auction: 전통적인 경매를 전자적인 시스템으로 수행하는 모델
4) e-mall: e-shop의 군집 형태. 판매 향상을 이끌어내는 지원기술을 통하여 수익을 얻어내는 것에 관심
5) 3rd party marketplace: 웹마케팅을 제3자에게 위탁할 때 유용한 모델

6) virtual communities: 가상공동체를 구성, 운영하는 모델
7) value chain service provider: 기업이 경쟁우위를 가질 수 있게 특정 기능–물류, 봉안, 지불 등—을 더욱더 차별화되게 만들어 주는 모델
8) value chain integrator: 가치 증식을 가속화시키기 위하여 가치사슬 각 단계의 정보의 흐름의 탐색과 함께 멀티 구조가 되게 가치사슬을 통합하는 것
9) Collaboration platforms: 기업 간의 정보흐름의 환경과 이를 관리하기 위한 일련의 도구와 기술을 제공
10) information brokers 및 11) trust service: 개방 네트워크를 통해서 막대한 양의 데이터를 가치 증식을 위한 방식으로 상용

5. 다섯 가지의 가격정책에 대하여 설명해 보십시오.

1) Markup Pricing: 단위 원가에서 기업에서 예상하는 수익률을 고려하여 일반 소비자에게 판매하는 가격을 설정하는 방법

단위원가 = 변동비 + 고정비/판매량

Markup Pricing = 단위원가/(1–예상 판매수액률)

2) Perceived-value Pricing: 구매자가 지각하는 가치
3) Value Pricing: 낮은 가격으로 소비자에게 높은 가치가 있는 제공물을 제시하는 방법. 매일 저가격화(EDLP: Everyday Low Pricing)
4) Going-Rate Pricing: 가격결정의 기초를 주로 경쟁사의 가격에 둠.
5) Sealed-Bid Pricing: 경쟁사 지향적 가격결정방법 중의 하나

6. 수직적 허브와 기능적 허브가 무엇인지에 대하여 설명해 보십시오.

1) 수직적 허브: 특정 산업재나 시장에 초점을 두고, 어느 특정분야에 특화된 서비스를 제공한다.
2) 기능적 허브: 서로 다른 산업에 걸쳐 동일한 기능이나 동일한 비즈니스 프로세스를 제공한다.

7. 네 가지의 가치창조 요인에 대하여 설명해 보십시오.

1) 효율성(Efficiency): 거래의 효율성이 높아지면 질수록 거래비용은 더욱 더 낮아질 것이다.
2) 대체성(Complementarities): 분리되어 있는 개별 상품을 구매하는 것보다 묶음 상품(Bundle Goods)으로 구매하는 것이 더 가치가 크다.
3) 고객고정(Lock-in): 고객 또는 파트너의 로열티를 증대시켜, 기업에 예속시켜 고객과 파트너의 이탈을 방지함으로써, 고객이나 파트너로부터의 수익창출 기회를 증대
4) 혁신성(Novelty): 새로운 거래 구조, 거래 내용물, 구성주체

8. 비즈니스 모델을 만들어 가는 절차에 대하여 설명해 보십시오.

1) 목표시장 혹은 고객에게 가치 제안(Value Proposition), 가치군(Value Cluster)이 비즈니스 모델에 구체적으로 정의되어야 한다.
2) 기업이 가지고 있는 가치 제안을 이용하여 시장에서 제공하고자 하는 제품, 서비스, 정보 등의 품목이 구체적으로 정의되어야 한다.
3) 시장에서 제공하고자 하는 품목을 생산하고, 판매하기 위한 기업 내부의 고유한 자원시스템(Resource System)이 정의되어야 한다.
4) 기업이 어떻게 이윤을 추구할 것인지에 대해 정의되어야 한다.

참고문헌

제 1 장

권영국, 『인터넷 시대의 핵심 경영정보학 개론』, 형설출판사, 2000.
김승호 외 2인 역, 『컴퓨터의 이해』, 이한출판사, 2000.
김은홍, 『경영정보학 개론』, 다산출판사, 1999.
김효석 · 홍일류, 『디지털경제시대의 경영정보시스템』, 법문사, 2000.
신호균, 『경영정보시스템, 형설출판사, 2000.
오상엽 외 3인, 『디지털 시대와 함께 하는 COMPUTERS!』, 이한출판사, 2002.
이건장, 『최신경영정보시스템』, 무역경영사, 2000.
이상문, 『초일류기업을 위한 경영정보시스템』, 형설출판사, 1999.
이재범, 『정보기술과 PC 활용』, 범문사, 1999.
황효숙 외 2인, 『실용 COMPUTERS』, 프리렉, 2002.

Carpon, *Computers: Tools for an Information Age*, 6/E, Prentice-Hall, 2000.
Gordon, *Information Systems*: a Management Approach, 3/E, Wiley, 2000.
McLeod, Raymond, *Management Information Systems*, 8/E, Prentice-Hall, 2001.

전자신문 http://www.etnews.co.kr
서울시 버스운행 정보사이트 http://bus.seoul.go.kr
http://www.iti.co.kr

제 2 장

Ackoff, R. L., "Management Misinformation Systems," *Management Science*, December 1967.
Anthony, R. N., *Planningand Control Systems: A Framework for Analysis*, Harvard University Press, Cabridge, 1965.
Davis, G. B., Management Information Systems: Conceptual Foundations, Structure, *and Development*(2nd ed.), McGraw-Hill, NewYork, 1985.

Davis, G. B., and M. H. Olson, *Management Information Systems: Conceptual Foundations, Structure, and Development*(2nd ed.), McGraw-Hill, NewYork, 1985.

Dearden, J., "MIS is a Mirage," *Harvard Business Review*, Jan./Feb., 1972.

Dickson, G. W., "Management Information Systems: Evolution and Status," *Advances in Computers*, 20, 1981.

Drucker, Peter F., "What the computers Will Be Telling You," *Nations' s business,* August 1966.

Gorry, G. A., and M. S. Scott Morton, "A Framework for Management Information Systems," *Sloan Management Review*, Fall 1971.

Hicks, J. O., Jr., *Management Information Systems: A User Perspective*, West, New York, 1984.

Keen, P. G. W., "Interactive Computer Systems for Managers: A Modest Proposal," *Sloan Management Review*, Fall 1976.

Olson, M. H., and H. C. Lucas, Jr., "The Impact of Office Automation on the Organization: Some Implications for Research and Practice," *Communications of the ACM*, 25(11), 1982.

Scott, G. M., *Principles of Management Information Systems*, McGraw-Hill, NewYork, 1986.

Simon, H. A., *The New Science of Management Decision*, Harper & Row, New York, 1960.

McKenney, James L., and F. Warren McFarlan, "The Information Archipelago - Maps and Bridges," *Harvard Business Review*, Sept.-Oct., 1982.

O`brien, James A., *Management Information System: A Managerial End User Perspective*, 2nd ed., Richard Erwin, 1993.

McLeod, Jr., Raymond, *Management Information System*, 6th ed., Prentice-Hall International, Inc., 1995.

Thong, James Y. L., Yap, Chee-Sing and Seah, Kin-Lee., "Business Process Reengineering in the Public Sector: The Case of the Housing Development Board in Singapore," *Journal of Management Information Systems*, 2000.

Hitt, Lorin M., Wu, D. J. and Zhou, Xiaoge., "Investment in Enterprise Resource Planning: Business Impact and Productivity Measures," *Journal of Management Information Systems*, 2002.

Wang, Eric T. G., Klein, Gary and Jiang, James J., "ERP Misfit: Country of Origin and Organizational Factors," *Journal of Management Information*

Systems, 2006.

제 3 장

김민수, "통합 비즈니스 프로세스를 통한 기업정보시스템의 상호 운영성," 정보과학회지, 2004, 제22권 제7호.

김현정 · 이영희, "전사적 자원관리시스템의 조직내 확산에 대한 저항요인," 하계통합학술대회(경영정보학회 part), 2005.

박주석, "IT BSC, CMM, Six Signa의 비교 분석을 통한 인과관계 도출에 대한 연구," 대한산업공학회, 2004.

황재훈, "ERP 시스템의 구축 후 운영성공에 관한 사례연구," 정보기술과 데이터베이스 저널, 2002, 제10권 제1호.

Amako-Gyampha, K and A. F. Salam, "An Extension of the Technology Acceptance Model in an ERP implementation Environment," *Information and Management*, 2004, Vol. 41.

Armenakis, A. A., S. G. Harris, and K. W. Mossholder, "Creating Readiness for Change," *Human Relations*, 1993, Vol. 46.

Gattiker, T. F and D. L. Goodhue, "What Happens after ERP implementation: Understanding the Impact of Interdependence and Differentiation on Plant-Level Outcomes," *MIS Quarterly 2004*, Vol. 29, No. 3.

Lapointe, L. and S. Rivard, "A Multilevel Model of Resistance to Information Technology Implementation," *MIS Quarterly 2005*, Vol. 29, No. 3.

Markus, M. L., "Technochange Management: Using IT to Drive Organizational Change," *Journal of Information Technology 2004*, Vol. 19.

Venkatesh, V., M. G. Morris, G. B. Davis, and F. D. Davis, "User Acceptance of Information Technology: toward a Unified View," *MIS Quarterly*, Vol. 27, No. 3.

제 4 장

권석균, "지식 경영과 인적자원 개발 및 교육: 역량 중심 인적자원 관리 관점에서," 『경영교육연구』, 제4권, 제1호, 2000.

김효석 · 홍일유, 『디지털 경제 시대의 경영정보시스템』, 법문사, 2000.

박호경, "IT 조직혁신," CIO Journal, Jan. 15, 2002.

박호경, "연방형 IT 조직으로의 전환," CIO Journal, Dec. 01, 2002.

이재규 · 권순범, 『경영정보시스템 원론』, 법영사, 2002.

장윤희, "IS 조직혁신의 영향요인과 성과에 관한 연구—IS 연구방법론을 혁신 대상으로—," 『경영정보학연구』, 제12권 제3호, 2002.

조남재 · 노규성, 『경영정보시스템—전략적 비전 실현을 위한 접근법—』, 세영사, 1998.

천명주 · 이인화 · 남기찬, 『경영정보시스템』, 대명사, 2000.

투이컨설팅(주), 한국 소프트웨어 진흥원, "국내 소프트웨어 산업계의 IT 프로세스 능력 성숙도 조사 결과 보고서," 2001년 8월, 2002년 7월, 2003년 6월.

CIO Observer, "스텝은 CIO에 대해 어떻게 말하고 있는가," CIO Journal, Nov. 1, 2003.

Martha Heller, "사기 진작을 위한 6가지 방법," CIO Journal, Jan. 1, 2004.

Sprague, Jr., 신경철 역, 『경영정보시스템 관리』, 이한출판사, 1997.

Cheney, P. H., D. P. Hale, G. M. Kasper, "Information Systems Professionals; Skills for the 1990s," In Proceedings of the 22nd Annual Hawaii International Conference on Systems Science, J. F. Nunamaker, Jr. and R. H., Sprague, Jr.(eds.), IEEE Computer Society Press, Honolulu, HI, January, 1989.

John, B. and L. L. Alber, "Nine IT Management Problem due to Rapid IT Change," Eight Americas Conference on Information Systems, 2002.

Lee, D. M. S., E. M. Truth, and D. Farwell, "Critical Skills and Knowledge Requirements of IS Professionals: A Joint Academic/Industry Investigation," *MIS Quarterly*, September, 1995.

Leitheiser, R. L., "MIS Skills for the 1990s: A Survey of MIS Managers' Perceptions," *Journal of MIS*, Vol.9, No.1, Summer, 1992.

Martin, E. W., Carol V. Brown, Daniel W. Dehayes, Jeffrey A. Hoffer, and William C. Perkins, *Managing Information Technology? What Managers Need to Know?*(3rd ed.), Prentice-Hall, N.J., 1999.

Rai, A. and G. S. Howard, "An Organizational Context for CASE Innovation," *Information Resource Management Journal*, Vol. 6, No. 3, 1993.

Swanson, E. B. "Information Systems Innovation among Organizations," Management Science, Vol. 40, No. 9, 1994.

Turban, Efraim, Ephraim McLean, James Wetherbe, *Information Technology for Management? Improving Quarlity and Productivity*, John Wiley & Sons Inc., 1996.

Uma G. Gupra, *Information Systems? Success in the 21st Century?*, Prentice-Hall, N.J., 2000.

Yasin, M., "Leadership Style in Information Technology Projects," *International Journal of Project Management*, Vol. 18, No. 4, 2000.

■ 제 5 장

Boar, B. H., *The Art of Strategic Planning for Information Technology*(2nd ed.), NY: Wiley, 2000.

Callon, J. D., *Competitive Advantage Through Information Technology*, NY: McGraw-Hill, 1996.

Cassidy, A., *A Practical Guide to IT Strategic Planning*, Boca Ration, FL: CRC Press, 1998.

Clark, T. H., and D. B. Stoddard, "Interorganizational Business Process Redesign: Merging Technological and Process Innovation," *Journal of MIS*, Fall, 1996.

Curry, J., and J. Ferguson, "Increasing the Success of IT Strategic Planning Process," Proceedings, 33rd Hawaii an International Conferenceon Systems Sciences(HICSS), Hawaii, January, 2000.

Doherty N. F., et al., "The Relative Success of Alternative Approaches to Strategic Information Systems Planning," *Strategic Information Systems*, Vol. 8, 1999.

Hammer, M., and J. Champy, *Re-engineering the Corporation*, NY: Harper Business, 1993.

Jarrar, Y. F., and E. M. Aspinwall, "BPR: Learning from Organizational Experience," *Total Quality Management*, March, 1999.

Ketting, W. J., et al., "Business Process Change: A Study of Methodologies, Techniques and Tools," *MIS Quarterly*, March, 1997.

Khan, M. R. R., "BPR of an Air Cargo Handling Process," *International Journal of Production Economics*, January, 2000.

Lederer, A. L., and V. Sethi, "Seven Guidelines for Strategic Information Systems Planning," *Information Strategy: The Executive Journal*, Fall, 1998.

Nolan, R. L., "Managing the Crises in Data Processing," *Harvard Business Review*, March-April, 1979.

O`brien, James A., *Management Information System: A Managerial End User*

Perspective(2nd ed.), Richard Erwin, 1993.

Papp, R.(ed.), *Strategic Information Technology: Opportunities for Competitive Advantage*, Hershey, PA: Idea Group, 2001.

Ruohonen, M., and L. F. Higgins, "Application of Creativity Principles to IS Planning," Proceedings HICSS, Hawaii, January, 1998.

Turban, E., et al., *Electronic Commerce. A Managerial Perspective*(2nd ed.), Upper Saddle River, NJ: Prentice-Hall, 2002.

Ward, J., and P. Griffiths, *Strategic Planning for Information Systems*(2nd ed.), Chichester: Wiley, 1996.

Wetherbe, J. C., "Four-Stage Model of MIS Planning Concepts, Techniques, and Implementation," in R. Banker, R. Kaufman and M. Mahmood(eds.), *Strategic Information Technology Management: Perspectives on Organizational Growth and Competitive Advantage*, Harrisburg, PA: Idea Group, 1993.

■ 제 6 장

곽재용(Joseph Schmuller), 『초보자를 위한 UML 객체 지향 설계』(3판), 정보문화사, 2004.

김길수(Technical ART), 『그림으로 설명하는 UML사전』, 영진닷컴, 2005.

김덕화(Wendy Boggs and Michael Boggs), 『UML과 Rational Rose 비주얼 모델링』, 에이콘, 2003.

김종진 · 박장준(Simon Bennett, John Skelton and Ken Lunn), 『사례중심 UML 개발 단계별 활용법』, 인터비전, 2004.

서우종 · 임규건 · 홍태호(Valacich, George, Hoffer), 『Essentials of Systems Analysis and Design』(2nd ed.), 사이텍미디어, 2005.

서윤준, 『UML Rose Rup』, 가남사, 2004.

Donald Bell, 『UML의 기초: Unified Modeling Language 소개』, IBM, 2003.

Dennis, Alan and Barbara Haley Wixon, *System Analysis and Design*(2nd ed.), 2003.

Hoffer, Jefferey A., Joey F. George, Joseph S. Valacich, *Modern System Analysis and Design*(3rd ed.), 2002.

Kendall and Kendall, *System Analysis and Design*(5th ed.), Prentice-Hall, 2001.

Rosenblatt, Shelly Cashman, *System Analysis and Design*(5th ed.), Thomson, 2003.

Whitten, Jeffrey L. and Lonnie D. Bently, *System Analysis and Design Methods*(international edition), McGraw-Hill, 1998.

제 7 장

김정유 · 이승아, IT 투자평가방법론과 활용방안, 이비즈그룹 Working Paper No. 28, 2001.

문홍근 · 김종환, 『정보화 투자성과평가』, 삼성 SDS, 2004.

박주석, 『IT 평가 그리고 IT 효과』, 한국경영정보학회 정보시스템관리연구회, 2004.

한국경제신문, KT와 SK텔레콤, 2004. 2. 15.

홍성완 · 박기한 · 서한준 역, 『IT ROI IT투자가치분석』, 대청, 2004.

e-SME, 중소기업정보화경영원,

Earl, M., *Management Strategies for Information Technology*, Prentice-Hall International(UK) Ltd., 1989.

Lee, Y. S., J. W. Kim, "From design features to financial performance: A comprehensive model of design principles for online stock trading systems," *Journal of Electronic Commerce Research*, Vol. 3, No. 3, 2002.

McCosh, A. M., H. Rahman, M. J. Earl, *Developing Management Information Systems*, Dow Jones Irwin, 1983.

McGee, M. K., "IT Leadership put to the test," *Information Week*, July 2, 2001.

Mingfang, L., L. R. Ye, "Information technology and firm performance: Linking with environmental, strategic and managerial contexts," *Information & Management*, Vol. 35, 1999.

Turban, E., E. McLean, J. Wetherbe, *Information Technology for Management*(3rd ed.), John Wiley & Sons Inc., 2002.

Well, P., "The relationship between investment in information technology and firm performance: A study of the valve manufacturing sector," *Information System Research*, Vol. 3, No. 4, 1992.

제 8 장

곽수일 · 김현수 · 남기찬 · 노규성 · 조남재, 『중소기업 경영혁신을 위한 정보화 경영: 이론과 실제』, 중소기업정보화 경영원, 2002.

김영수 · 김종인 · 남기찬 · 안준모 · 박광태 · 함유근, 『핵심기능만 빼고 전부 아웃소싱하라』, 삼성경제연구원, 1999.

남기찬, "An Analytical Framework of Information Systems Outsourcing(정보시스

템아웃소싱의 분석모형),"『경영정보학 연구』, 제6권 제2호, 1996. 12.

남기찬, "정보시스템 아웃소싱의 관계 지속성에 관한 연구: Time-Event Survival 분석,"『한국경영과학회지』, 2003.

남기찬 · 이재남,『정보시스템 아웃소싱: 방법론과 사례』, 도서출판 아진, 1999.

안준모 · 이영택 · 최정호,『정보시스템 아웃소싱』, 대청, 1999.

천면중 · 이민화 · 남기찬,『경영정보시스템』, 대영사, 2000.

카네기멜론대학교 소프트웨어 공학 연구소, CMM 역량 성숙도 모델, (주)피어슨 에듀케이션 코리아, 2003.

2003 IT 아웃소싱 백서, 한국 소프트웨어 산업협회, 2003.

COBIT Goverance, *Control, and Audit for Infrormation and Related Technology*(3rd ed.).

Kishore, Rajiv, H. R. Rao, K. Nam, S. Rajagopalan, and A. Chaudhury, "A Relationship Perspective on IT Outsourcing," *Communications of the ACM*, 2003. 12.

OGC, ITIL Managing IT Service ? Service Delivery, The Stationery Office, 2001.

OGC, ITIL Managing IT Service ? Service Support, The Stationery Office, 2000.

Software Engineering Institute, Software Risk Management, SW-CMM v2.0 Draft 4, 1997.

제 9 장

김상하 · 이영신,『관계형 데이터베이스: 모델링 및 설계구축 실무』, 광문각, 1997.

이석균 · 정철용,『데이터베이스 시스템』, 사이텍미디어, 2003.

Chen, P., "The Entity-Relationship Model-Toward a Unified View of Data," *ACM Transactions on Database Systems*, Vol. 1, March 1976.

Date, C. J., *An Introduction to Database Systems*, Addison-Wesley, 1995.

Hoffer, Jeffrey A., Mary B. Prescott and Fred R. McFadden, *Modern Database Management*(7th ed.), Pearson Prentice-Hall.

Kim, W., *Introduction to Object-Oriented Databases*, The MIT Press, 1991.

Silberschatz, Abraham, *Database System Concepts*(5th ed.), McGraw-Hill Higher Education, 2006.

제 10 장

Amor, Daniel, *The E-Business Revolution*(2nd ed.), Upper Saddle River, N.J.: Prentice-Hall, 2002.

Dignan, Larry, "RFID: Hit or Myth?" *Baseline Magazine*, Feb. 2004

Fisher, K., and M. D. Fisher, *The Distance Manager*, NY: McGraw-Hill, 2000.

Housel, Tom, and Eric Skopec, *Global Telecommunication Revolution: The Business Perspective*, NY: McGraw-Hill, 2001.

Isakowitz, Tomas, Michael Bieber, and Fabio Vitali. "Web Information Systems," Communications of the ACM 41, No.7, July, 1998.

Keen, Peter, Competing in Time: Using Telecommunications for Competitive Advantage, Cambridge, Mass.: Ballinger, 1986.

Keen, Peter, "Ready for the 'New' B2B?" *Computerworld*, September 11, 2000.

Ngwenyama, Ojelanki, and Allen S. Lee, "Communication Richness in Electronic Mail: Critical Social Theory and the Contextuality of Meaning," *MIS Quarterly 121*, No. 2, June, 1997.

Talbot, David. "The Internet is Broken," *Technology Review*, December, 2005/January, 2006.

Wooldridge, M., *An Introduction to MultiAgent Systems*, NY: Wiley, March, 2002.

제 11 장

Bigus, J. P., *Data Mining with Neural Networks*, NY: McGraw-Hill, 1996.

Bourbaki, N., "Turing, Searle, and Thought," *AI Expert*, July, 1990.

Cawsey, A., *The Essence of Artificial Intelligence*, Old Tappan, NJ: Pearson Printers, 1998.

Dreyfus, H. and S. Dreyfus, *Mind Over Machine*, NY: Free Press, 1988.

Edwards, J. S. et al., "An Analysis of Expert Systems for Decision Making," *European Journal of Information Systems*, March, 2000.

Eriksson, H., "Expert Systems as Knowledge Servers," *IEEE Expert*, June, 1996.

Giarratano, J. C., *Expert Systems: Principles and Programming*, Boston, MA: PWS Publishing, 1998.

Gregor S. and I. Benbasat, "Explanations from Intelligent Systems," *MIS Quarterly*, December, 1999.

Haykin, S., Neural Networks: A Comprehensive Foundation, *Upper Saddle River*,

NJ: Prentice-Hall, 1998.

Jackson, P., *Introduction to Expert Systems*(3rd ed.), Reading, MA: Addison Wesley, 1999.

Li, S., "The Development of a Hybrid Intelligent System for Developing Marketing Strategy," *Decision Support Systems*, January, 2000.

Murch, R. and T. Johnson, *Intelligent Software Agents, Upper Saddle River*, NJ: Prentice-Hall, 1999.

Ramsay, A. M., ed., *Artificial Intelligence: Methodology, Systems, and Applications*(2nd ed.), Amsterdam: IOS Press, 1996.

Trippi, R., and E. Turban(eds.), *Neural Computing Allpications in Investment and Financial Services*(2nd ed.), Burr Ridge, IL: R.D. Irwin, 1996.

Turban, E. and J. Aronson, *Decision Support Systems and Intelligent System*(6th ed.), Upper Saddle River, NJ: Prentice-Hall, 2001.

Witten, I. H. and E. Frank, *Data Mining: Practical Machine Learning Tools*, San Francisco: Morgan Kaufmann, 1999.

제12장

김재경 · 권순범 · 신경식 · 백승익 · 이경전, 『e-Business』, McGraw-Hill Korea, 2002.

임춘성, 『e-Business File』, 영진.com, 2000.

전자상거래 연구조합, "한국 e-비즈니스 추진 현황, 환경, 대책," 2003.

전자상거래표준화통합포럼, "비즈니스 모델의 분류와 표준 프로파일 작성 지침," ECIF TR 8, 2001.

Afuah, A. and C. L. Tucci, *Internet Business Model and Strategies: Text and Cases*, McGraw-Hill, 2001.

Mahadevan, B., "Business Models for Internet-Based E-Commerce," *California Management Review*, 42(4), 2000.

Rappa, M., "Business Models on the Web," http://ecommerce.ncsu.edu/business/model.html, 1999.

Rayport, J. F. and B. J. Jaworski, *e-Commerce*, McGraw-Hill, 2001.

Timmer, P., "Business Models for Electronic Markets," *Electronic Markets*, 8(2), 1998.

색　　인

공저자 소개(가나다 순)

대표저자: 이 재 범

김 정 욱

서강대학교에서 전자공학 학사, 한국과학기술원에서 공학 박사를 받았으며 현재 세종대학교 e-Business 전공 교수로 재직중이다. 경영과학회지 편집위원을 역임했다.

김 진 화

서강대학교에서 영문학, 경영학 학사를 취득하고 University of Wisconsin—Madison에서 경영학 석사, 전산학 석사, 경영학 박사를 취득하였다. 오클라호마 주립대에서 조교수를 역임했으며 현재 서강대학교 경영학과에서 부교수로 재직중이다.

남 기 찬

서강대학교 영어영문학 학사(87), University of Mississippi(1989) 경영학 석사를 거쳐 State University of New York at Buffalo에서 경영정보학(MIS) 박사학위(1995)를 취득하였다. 현재 서강대학교 경영학과 교수로 재직중이며 한국경영정보학회 수석부회장, IT SMF Korea 회장, IT 아웃소싱 리더스 포럼 대표, 서강대학교 아웃소싱연구센터 센터장을 맡고 있다.

문 용 은

서강대학교 학사, 석사, 동대학교 경영학 박사학위(MIS 전공)를 취득하고 미국 Claremont Graduate University에 방문교수로 재직했다. 선문대학교 경영학부를 거쳐 신라대학교 e-비즈니스학과 교수로 재직하고 있다. 한국경영정보학회 e-Biz연구회 회장, 한국정보시스템학회 편집위원장, 행정자치부 지방행정혁신평가위원, 조달청 기술평가위원 등으로 활동하고 있다.

백 승 익

서강대 경영학 학사, George Washington Univ.에서 경영학 석사, 박사를 받았다. Georgia State Univ.와 st. Joshph's Univ.에서 교수를 역임했으며 현재 한양대학교 경영정보 전공 주임으로 재직중이다. EJIT, 전자거래학회지 등의 학술지의 편집위원을 역임했다.

서 창 갑

현재 동명대학교 경영정보학과 부교수로 재직중이며, 주요 관심사는 e-Learning, 항만 및 물류정보화, e비즈니스, u-Tourism 등이다. 부산광역시 CRM 자문위원, 행정자치부 지방행정혁신 평가위원, 한국해양수산연수원 e-Ocean 자문위원을 역임한 바 있다. 산업자원부, 해양수산부, 교육인적자원부 및 부산광역시와 같은 정부, 정부 출연기관 및 지방자치단체, KT 및 SKT 등의 민간위탁과제를 수행한 바 있으며 한국경영정보학회, 한국정보시스템학회, 한국디지털정책학회, 한국해양항만학회 등의 관련 학회에 논문발표 및 조직위원, 편집위원, 이사 등으로 참여하고 있다.

신 미 향

현재 동명대학교 경영정보학과 조교수로 재직중이며, 주요 관심사는 정보기술과 의사결정, 인터넷 창업, 아웃소싱, ERP 등이다. 한국경영정보학회, 한국정보시스템학회, 대한경영정보학회 등 관련학회 회원 및 편집위원으로 활동하고 있다.

이 기 동

서강대학교에서 경영학 학사를, University of Maine에서 MBA(Honer of Beta Gamma Sigma)를, Kent State University에서 Ph.D.를 받았다. 현재 인천대학교 경영대학 경영학과 교수로 재직중이며 Information & Management, Expert Systems with Application, Lecture Notes in Computer Sciences, Analytical Biochemistry, 경영정보학연구, 한국경영과학회지 등에 다수의 연구실적이 있다.

이 상 근

서강대학교에서 경영학 학사, 석사를, Univ. of Nebraska—Lincoln에서 박사학위를 취득하였다. 현재 아주대학교 e-비즈니스학과 전공 교수로 재직중이며 대한경영학회 편집간사를 지냈다.

이 재 범

서강대학교 경상대학 학사(1978), 인디애나대학교 경영대학원 MBA(1982)를 거쳐 New York University에서 M.Phil과 경영정보학 박사학위(1986)를 취득하였다. 현재 서강대학교 경영학과 교수로 재직중이며, 다수의 대기업 및 금융권에서 컨설팅 및 경영고문을 해오고 있다. 주요 관심분야는 비즈니스 리엔지니어링, 정보시스템전략계획, 정보시스템 구현 등이며 이외에 e-Business 등이 있다. 현재 사단법인 CIO 학회장과 한국경영정보학회의 감사직을 맡고 있다.

장 윤 희

이화여자대학교에서 문학사(1985), 서강대학교에서 경영정보 전공으로 경영학 석사(1993), 박사(1998)를 취득하였다. 현재 단국대학교 경영대학, 경영정보 전공 부교수로 재직중이며, 재경부 재정정보화 추진위원회 위원, 경영정보학회 이사, (주)위세아이텍의 감사 등을 맡고 있다. 주요 관심분야는 IS 프로젝트 관리, m-Learning, 유비쿼터스 비즈니스 모델 및 전략 수립 등이다. "성공적인 RFID 구현을 위한 산업별 SWOT 분석에 관한 연구," "정보시스템 개발 프로젝트 성과 향상을 위한 PMO 핵심 기능과 관리수준에 관한 연구," "소프트웨어 프로세스 능력 성숙도 향상을 위한 IS 인적자원 교육방향에 관한 연구" 등 다수의 논문과 「21세기의 경영학원론」, 「경영경제와 PC응용」, 「정보기술과 경영혁신—사이버강의 교재」 등의 저서가 있다.

함 용 석

서강대학교에서 학사, 석사, 박사를 취득하고, 삼성SDS와 글로벌 경영컨설팅 회사인 Accenture 및 SAP Korea 등에서 근무하며 국내 유수기업들의 경영 컨설팅을 담당한 바 있다. 인천시립대학교와 서강대학교의 MIS 겸임교수를 역임한 바 있으며 현재는 동양공업전문대학 경영학부 교수로 근무하면서 e-비즈니스 관련 과목을 강의하고 있다. 또한 미국 APICS 공인 생산/물류관리사(CPIM) 자격증을 보유하고 있으며, 독일 SAP사의 ERP 관련 공인자격증을 가지고 있다. 현 관심분야는 ERP를 활용한 경영혁신과 Supply Chain Management 등 기업성과 향상 방안 등이다.

경영정보시스템

2007년 11월 10일 초판인쇄
2007년 11월 20일 초판발행

共著者 이재범 외
發行人 安 鍾 萬
發行處 (株) 博 英 社
서울特別市 鍾路區 平洞 13-31番地
電話 (733)6771 FAX (736)4818
登錄 1959. 3. 11. 제300-1959-1호(倫)

www.pakyoungsa.co.kr e-mail: pys@pakyoungsa.co.kr

定 價 35,000원 ISBN 978-89-7189-554-2